물적 담보제도

-부동산 물권을 중심으로-

KSI 한국학술정보㈜

물적 담보제도

-부동산 물권을 중심으로-

김성욱 지음

KSI 한국학술정보㈜

머리말

　현실에서 발생하고 있는 다양한 손해의 유형을 어떠한 기준에 의하여 공평하게 분담할 것인지를 판단하는 것은 용이(容易)한 것이 아닙니다. 이러한 이유로 다양하게 발생하고 있는 법적 분쟁을 합리적으로 해결하기 위해서는 우선 관련 법제도에 관한 이해와 현행 대법원의 입장을 명확하게 이해할 필요가 있습니다. 특히 부동산을 중심으로 하는 물적 담보제도는 다양한 이해관계인이 분쟁당사자로서 관여하게 된다는 점에서 복잡한 법률관계의 발생 가능성을 충분히 예측할 수 있습니다. 이러한 점을 고려하여 이 책은 물적 담보제도와 관련한 기초개념과 다양한 분쟁유형에 대하여 학설 및 판례는 어떠한 논거에 기하여 그 해결책을 제시하고 있는지를 정리한 것입니다. 특히 중요한 법 규정과 판례라고 생각되는 경우에는, 당해 규정의 내용은 물론이고 실제 분쟁사건이 어떻게 진행되었는지, 원심과 상고심에서 담당변호사는 어떠한 논거를 설시하였는지 등에 대하여 빠짐없이 기술하고자 하였습니다. 또한 중요한 법 규정과 판례를 자연스럽게 숙지시키기 위하여 필요한 부분에서 중복적으로 그 내용을 소개하였습니다. 이러한 구성방식이 학생들에게 보다 유익한 것으로 판단했기 때문입니다. 이 책의 출판과 관련하여 학문적 울타리는 물론이고 항상 따뜻한 관심과 배려를 해 주시는 제주대학교 법학전문대학원의 민사법 교수님들과 전체 동료교수님들께 감사한 마음을 전하고 싶습니다. 이들 선배 및 동료교수님들과 함께 생활을 하면서 인격적으로 그리고 학문적으로 많은 성장을 할 수 있었습니다. 특히 제4장 저당권 분쟁과 관련하여 관련 판례를 정리해 준 제주대학교 법학전문대학원 학생들(2011년 1학기 보증과 담보 수강생)과 여러 가지로 배려를 해 주신 한국학술정보(주)에 대하여도 고마운 마음을 전합니다. 마지막으로 지난날 소중한 인연의 시작을 흔쾌하게 허락해 주신 저의 스승이신 명순구 교수님(고려대학교 법학전문대학원)께 깊은 존경심과 감사한 마음을 전하고 싶습니다. 그리고 항상 자식을 위해서 절대적인 희생을 하고 계시는 소중하고 존귀한 저의 어머님에게도 한없이 감사한 마음을 전하고 싶습니다. 또한 결혼 이후부터 현재까지 홀로 두 아이(도윤, 도형)의 어머니로서만 살아가는 아내에게도 이 글을 통하여 깊은 존경심과 미안한 마음을 전합니다.

2011년 12월
제주대학교 법학전문대학원 연구실에서
김 성 욱 드림

CONTENTS

CONTENTS

제3편 비전형담보제도   283

제1장 비전형담보제도의 개관   285

제2장 가등기담보   321

CONTENTS

제1편 저당권

제1장 의의

1. 개념

저당권이란 채무자 또는 물상보증인이 점유를 이전하지 않은 채 채무의 담보로 제공한 부동산에 대해 채권자가 관념상 지배권을 행사하다가 채무불이행 시에 그 부동산의 교환가치로부터 우선변제를 받을 수 있는 담보물권(제356조)을 말한다.

> **민법**
>
> 제356조(저당권의 내용) 저당권자는 채무자 또는 제삼자가 점유를 이전하지 아니하고 채무의 담보로 제공한 부동산에 대하여 다른 채권자보다 자기채권의 우선변제를 받을 권리가 있다.

저당권은 약정담보물권이라는 점에서 질권과 공통점이 있지만, 저당권은 소유권의 권능 중에서 처분권을 지배한다는 점에서, 점유를 매개로 하여 계약목적물을 지배하는 질권과는 차이가 있다. 저당권은 저당권 설정자에게 목적물의 사용, 수익가치를 유보시키고, 그 교환가치만을 지배하기 위하여 탄생된 권리이다. 저당권의 인정이유가 그러하다면, 당연히 목적물의 인도가 저당권의 성립 및 효력요건일 수는 없다. 따라서 당사자들이 저당권설정의 합의내용에 점유이전을 하는 것을 조건으로 하였다면 당해 저당권설정계약은 무효가 될 여지가 있다. 그런데 이 경우에 당사자들이 저당권설정의사를 가지고 저당권설정등기를 경료하였을 뿐만 아니라, 또한 그 무효를 알았더라면 다른 법률행위를 하는 것을 의욕하였으리라고 인정될 때에는 일부무효의 법리(제137조)와 무효행위의 전환이론(제138조)에 의하여 저당권의 설정합의와 함께 당해 목적물에 대하여 무상의 사용대차 내지 임대차가 체결된 것으로 볼 여지는 있다.

> **민법**
>
> 제137조(법률행위의 일부무효) 법률행위의 일부분이 무효인 때에는 그 전부를 무효로 한

다. 그러나 그 무효부분이 없더라도 법률행위를 하였을 것이라고 인정될 때에는 나머지 부분은 무효가 되지 아니한다.
제138조(무효행위의 전환) 무효인 법률행위가 다른 법률행위의 요건을 구비하고 당사자가 그 무효를 알았더라면 다른 법률행위를 하는 것을 의욕하였으리라고 인정될 때에는 다른 법률행위로서 효력을 가진다.

이렇게 저당권은 물건의 교환가치에 대한 배타적 지배를 내용으로 하는 전형적인 가치권이라고 할 수 있다. 물론 예외적인 경우에 법정저당권이 성립하는 경우도 있지만, 저당권은 원칙적으로 저당권설정계약과 등기에 의하여 성립되는 것이 일반적인 모습이다. 그리고 저당권의 설정과 관련하여, 등기서류교부 시에 당사자사이의 물권적 의사표시의 합치인 물권적 합의(저당권설정계약)가 있었던 것으로 보는 것이 일반적이다.

*법정저당권의 대표적인 예

민법
제649조(임차지상의 건물에 대한 법정저당권) 토지임대인이 변제기를 경과한 최후 2년의 차임채권(연체한 차임 중에서 최후 2년분의 차임채권만이 피담보채권이 된다)에 의하여 그 지상에 있는 임차인소유의 건물을 압류한 때에는 저당권과 동일한 효력이 있다.

2. 법적 성질

저당권은 담보물권이므로, 담보물권의 일반적인 성질이 그대로 적용된다. 첫째, 저당권은 타인소유의 물건을 권리객체로 하여 성립하는 물권이라는 점에서 타물권이라고 할 수 있다. 그리고 저당권은 소유권의 모든 권능을 지배하려는 것이 아니고, 소유권의 권능 중에서 교환가치만을 지배하는 물권이다. 둘째, 현행 민법은 명시적으로 저당권의 독립성을 인정하지 않고, 피담보채권을 전제로 하는 부종성을 인정하고 있다(제369조). 그 결과 피담보채권계약이 무효 또는 취소되면 이에 부종하여 저당권도 효력이 상실되고, 피담보채권이 변제 등 기타 사유로 소멸하면 이에 부종하여 저당권도 소멸된다. 또한 피담보채권은 저당권과 분리하여 처분하지 못한다(제361조).

민법

제369조(부종성) 저당권으로 담보한 채권이 시효의 완성 기타 사유로 인하여 소멸한 때에는 저당권도 소멸한다.

제361조(저당권의 처분제한) 저당권은 그 담보한 채권과 분리하여 타인에게 양도하거나 다른 채권의 담보로 하지 못한다.

＊담보물권에 있어서 부종성의 문제

1. 법정담보물권에서의 부종성의 '엄격성'

　유치권(제320조)·법정질권(제648조)·법정저당권(제649조)은 일정한 채권과 일정한 행위가 있는 때에 법률상 당연히 발생하는 담보물권으로서 법정담보물권에 해당하는데, 이러한 법정담보물권은 현행 민법은 채권의 존재를 떠나서는 존재할 수 없으므로 이에는 부종성이 엄격히 적용된다(근저당권은 예외가 되지만 결산기를 기준으로 채권이 성립하면 되므로 성립상의 부종성은 완화된다).

2. 약정담보물권에서의 부종성의 완화

　질권(제329조)·저당권(제356조)은 당사자의 설정행위에 의해 발생하는 약정담보물권인데, 이는 채권담보를 목적으로 한다는 점에서 채권에의 부종성을 요한다. 한편, 약정담보물권은 목적물의 교환가치를 지배하는 가치권으로서의 성질을 가지고 이에 근거하여 투자매개수단으로서 기능한다는 점에서 부종성의 완화를 요구한다. 이러한 요구에 부응하여 일부 법률규정과 학설·판례는 질권·저당권의 부종성을 완화시키고 있으며, 부종성 완화의 경향은 저당권에서 특히 강하다.

　㉮ 근질·근저당 기타 장래채권을 위한 담보: 담보물권 실행 시에 채권이 존재한다면 목적물 교환가치의 지배와 투자매개라는 담보물권의 기능이 충분히 발휘되므로, 성립상의 부종성을 완화시켜 장래의 채권을 담보하는 담보물권을 인정해도 무방할 것이다. 이러한 취지에서 민법은 장래의 불특정채권을 담보하는 근저당(제357조)을 명문으로 인정하고 있으며, 학설은 근질도 인정한다. 한편, 조건부채권(부동산등기법 제140조 제1항)·기한부채권처럼 장래에 효력이 발생할 특정채권을 담보하기 위한 질권·저당권도 인정된다. 근저당의 경우에는 피담보채권이 일시 소멸하더라도 저당권이 존속하는데, 이는 존속상의 부종성에 대한 예외를 인정하는 것이다.

㉯ 무효인 저당권등기의 유용: 통설·판례[70다1630전합]는 실체적 권리관계에 부합하는 등기의 유용은 유용합의 이전에 등기부상 이해관계를 맺은 제3자가 없는 한 유효하다고 하는데, 무효인 저당권등기가 새로운 채권의 담보를 위해 유용된 경우에 기존의

저당권등기와 새로 발생한 채권 사이에는 성립상의 부종성이 없으므로, 무효인 저당권등기의 유용을 인정하는 것은 부종성에 대한 예외를 인정하는 것이 된다.

㉰ 소유자저당권: 저당권을 투자매개수단으로 중시하면서 이를 소유권에 흡수되지 않는 독자적인 가치권으로 인정하는 독일 등에서는 저당권의 부종성을 완화하여 피담보채권 없이 자기 소유물 위에 저당권을 설정하는 소유자저당권을 인정하지만, 우리 민법은 이를 인정하지 않는다. 다만, 저당권자가 당해 저당목적물을 매수하였는데 그 저당권이 제3자의 권리의 목적이거나(제191조 제1항 단서) 후순위 저당권자가 있는 경우에는 혼동의 예외로서 저당권이 소멸하지 않고 피담보채권이 없는 소유자저당으로 존속한다.

셋째, 피담보채권이 동일성을 유지한 채 상속·양도되면 저당권도 이전된다. 이러한 점에서 저당권은 수반성이 있다. 이와 관련하여 제361조를 수반성을 명시한 규정으로 이해하는 견해도 있다.

> **＊부종성과 수반성의 구별여부**
>
> 부종성과 수반성은 '모두' 담보물권이 피담보채권에 대한 종된 지위에서 나오는 성질이라고 할 수 있다. 따라서 양자의 구별기준을 명확하게 설명하는 것이 어렵고 또한 그렇게 할 실익도 없다. 따라서 부종성과 수반성에 대하여 각각의 성질로서 파악하기보다는 부종성 하나로 설명하는 것이 타당하다. 이러한 이유로 부종성과 수반성을 합해서 부수성(附隨性)이라고 표현하기도 한다.

넷째, 저당권은 불가분성(제370, 제321조)이 있다. 즉 저당권에 있어서 불가분성은 피담보채권의 전부에 대한 변제가 있을 때까지 목적물의 전부에 대하여 저당권의 효력이 미치는 성질을 말한다. 다만, 공동저당의 경우에는 예외가 있다.

> **민법**
>
> 제370조(준용규정) 제214조, 제321조, 제333조, 제340조, 제341조 및 제342조의 규정은 저당권에 준용한다.
> 제321조(유치권의 불가분성) 유치권자는 채권전부의 변제를 받을 때까지 유치물전부에 대하여 그 권리를 행사할 수 있다.

　다섯째, 저당권은 물상대위성(제370조, 제342)이 있다. 물상대위성은 법률상 또는 사실상 그 목적물의 형태가 변경된 경우에 그 변형된 존재위에도 저당권의 효력이 미치는 성질을 말한다. 즉 목적물의 멸실, 훼손 또는 공용징수 등으로 목적물의 소유권자가 받을 수 있는 금전 기타의 물건에 대해서도 저당권의 효력이 미치게 된다. 다만, 물상대위에 의하여 변형물 위에 저당권의 효력이 미치게 하기 위해서는 그 변형물의 지급 또는 인도 전에 압류하여야 한다(제342조 단서, 제370조).

민법

제370조(준용규정) 제214조, 제321조, 제333조, 제340조, 제341조 및 제342조의 규정은 저당권에 준용한다.

제342조(물상대위) 질권은 질물의 멸실, 훼손 또는 공용징수로 인하여 질권설정자가 받을 금전, 기타 물건에 대하여도 이를 행사할 수 있다. 이 경우에는 그 지급 또는 인도전에 압류하여야 한다.

---

3. 관련문제

물상대위성은 우선변제적 효력이 있는 담보물권(질권, 저당권)에만 인정되는 것이다. 따라서 우선변제적 효력이 없는 담보물권인 유치권은 물상대위성이 존재하지 않는다. 왜냐하면 유치권은 공평의 관념에 기하여 목적물을 단지 유치할 수 있는 것을 물권의 내용으로 하는 법정담보물권이기 때문이다. 따라서 목적물의 교환가치의 지배를 물권의 내용으로 하는 약정담보물권(질권, 저당권)과는 차이가 있다. 우선변제권은 목적물의 교환가치를 지배하고 있는 채권자가 이행기에 채무자의 채무불이행이 있는 경우에 당해 목적물의 환가를 통하여 피담보채권을 다른 후순위 기타 채권자보다 우선적으로 변제받을 수 있는 권리이다. 즉 우선변제권은 교환가치를 지배하고 있다는 것이 전제되어 인정되는 담보물권의 경우에만 적용된다는 점을 유의할 필요성이 있다. 따라서 목적물의 물질적 형태가 변경되더라도 그 교환가치를 실현할 수 있는 변형물이 존재하게 된다면, 그 변형물 위에도 담보물권의 우선변제적 효력이 인정되는 것이다. 그런데 법정담보물권인 유치권은, 전술한 것처럼 약정담보물권과 같이 목적물의 교환가치의 지배를 목적으로 하는 권리가 아니기 때문에 목적물의 환가과정에서 우선변제권이 발생할 수 있는 전제가 상실되었다. 이러한 이유로 유치권자에게 경매청구권이 인정되더라도(제322조), 그에게 우선변제권은 인정되지는 않는 것이다. 물론 경락인은 피담보채권을 변제하지 않으면 경매목적물을 수취할 수 없다. 이러한 점에서 본다면, 사실상 우선변제권이 인정되는 것으로 볼 여지는 있다.

민법

제322조(경매, 간이변제충당)

① 유치권자는 채권의 변제를 받기 위하여 유치물을 경매할 수 있다.

② 정당한 이유 있는 때에는 유치권자는 감정인의 평가에 의하여 유치물로 직접변제에 충당할 것을 법원에 청구할 수 있다. 이 경우에는 유치권자는 미리 채무자에게 통지하여야 한다.

4. 근대적 저당제도와 우리나라의 저당제도

1) 공시의 원칙

저당권의 존재는 반드시 등기 또는 등록에 의하여 공시되어야 한다는 원칙을 말한다. 이렇게 저당권의 존재를 공시해야 하는 이유는 다음과 같다. 저당권은 저당물의 점유를 여전히 저당권설정자인 채무자에게 둔 상태에서 대세적 배타적 효력을 인정하는 물권이다. 따라서 제3자가 저당권의 존재를 인식할 수 없다면 불측의 손해를 입을 가능성이 있다. 따라서 저당권의 성립 및 소멸사실을 제3자가 인식할 수 있는 공시의 원칙이 관철될 필요가 있다. 이러한 이유로 우리 민법은 부동산을 객체로 하는 저당권의 물권변동은 등기하여야 그 효력이 발생하도록 규정하여 공시의 원칙을 엄격하게 인정하고 있다(제186조). 그리고 그 등기신청의 기재내용과 관련해서는 절차법인 부동산등기법(제140조)이 구체적으로 규율하고 있다.

민법

제186조(부동산물권변동의 효력) 부동산에 관한 법률행위로 인한 물권의 득실변경은 등기하여야 그 효력이 생긴다.

부동산등기법

제140조(저당권)

① 저당권의 설정등기를 신청하는 경우에는 신청서에 채권액과 채무자를 적어야 한다. 이 경우 등기원인에 변제기, 이자 및 그 발생기·지급시기, 원본 또는 이자의 지급장소, 채무불이행으로 인한 손해배상에 관한 약정이나 「민법」 제358조 단서의 약정이 있는 경우 또는 채권이 조건부일 경우에는 이를 적어야 한다.

② 제1항의 저당권의 내용이 근저당인 경우에는 신청서에 등기원인이 근저당권설정계약이

라는 사실과 채권의 최고액 및 채무자를 적어야 한다. 이 경우 등기원인에「민법」제358

조 단서의 약정이 있는 경우에는 이를 적어야 한다.

그러나 예외가 있을 수 있다. 물론 예외를 인정하기 위해서는 반드시 법적 근거가 있어야 한다. 왜냐하면 저당권의 대세적 효력을 고려한다면 일반원칙에 대한 예외를 허용하기 위해서는 명시적인 법적 근거가 존재하여야 하기 때문이다. 즉 일반법인 민법은 저당권의 물권변동과 관련하여 공시(등기, 등록)의 원칙을 관철하고 있다(제186조). 이것은 일반원칙이다. 따라서 민법상의 물권변동과 관련한 공시의 원칙을 배제하기 위해서는 반드시 특별규정이 존재하여야 한다. 따라서 특별규정을 근거로 하여 비록 공시가 없더라도 선순위저당권에 우선하는 권리를 창설할 수 있다. 만약 그러한 특별규정이 존재하지 않는다면 물권변동과 관련하여 엄격하게 공시의 원칙을 인정하고 있는 민법 제186조가 예외 없이 적용되어야 할 것이다.

(1) 임차인 소유건물에 관한 토지임대인의 법정저당권취득(제649조)

토지임대차계약을 체결한 경우에, 토지임차인이 변제기가 경과한 최후 2년의 차임을 연체하고 있는 경우에, 토지임대인은 그 지상에 있는 임차인소유의 건물에 압류등기를 하게 되면 마치 저당권 설정등기가 경료된 것과 동일한 법적 지위를 취득하게 된다.

> **민법**
>
> 제649조(임차지상의 건물에 대한 법정저당권) 토지임대인이 변제기를 경과한 최후 2년의 차임채권(연체한 차임 중에서 최후 2년분의 차임채권만이 피담보채권이 된다)에 의하여 그 지상에 있는 임차인소유의 건물을 압류한 때에는 저당권과 동일한 효력이 있다.

(2) 조세우선특권(국세기본법 제35조, 지방세법 제31조)

> **국세기본법**
>
> 제35조(국세의 우선)
>
> ① 국세·가산금 또는 체납처분비는 다른 공과금 기타의 채권에 우선하여 징수한다. 다만, 다음 각 호의 1에 해당하는 공과금 기타의 채권에 대하여는 그러하지 아니하다.
>
> 1. 지방세 또는 공과금의 체납처분에 있어서 그 체납처분금액중에서 국세·가산금 또는 체납처분비를 징수하는 경우의 그 지방세 또는 공과금의 가산금 또는 체납처분비

2. 강제집행·경매 또는 파산절차에 의한 재산의 매각에 있어서 그 매각금액중에서 국세·가산금 또는 체납처분비를 징수하는 경우의 그 강제집행·경매 또는 파산절차에 소요된 비용

3. 다음 각목의 1에 해당하는 기일(이하 "법정기일"이라 한다) 전에 전세권·질권 또는 저당권의 설정을 등기 또는 등록한 사실이 대통령령이 정하는 바에 의하여 증명되는 재산의 매각에 있어서 그 매각금액 중에서 국세 또는 가산금(그 재산에 대하여 부과된 국세와 가산금을 제외한다)을 징수하는 경우의 그 전세권·질권 또는 저당권에 의하여 담보된 채권

   가. 과세표준과 세액의 신고에 의하여 납세의무가 확정되는 국세(중간예납하는 법인세와 예정신고납부하는 부가가치세를 포함한다)에 있어서 신고한 당해 세액에 대하여는 그 신고일

   나. 과세표준과 세액을 정부가 결정·경정 또는 수시부과결정하는 경우에 고지한 당해 세액에 대하여는 그 납세고지서의 발송일

   다. 원천징수의무자 또는 납세조합으로부터 징수하는 국세와 인지세에 있어서는 가목 및 나목의 규정에 불구하고 그 납세의무의 확정일

   라. 제2차납세의무자(보증인을 포함한다)의 재산에서 국세를 징수하는 경우에는 「국세징수법」 제12조의 규정에 의한 납부통지서의 발송일

   마. 양도담보재산에서 국세를 징수하는 경우에는 「국세징수법」 제13조의 규정에 의한 납부통지서의 발송일

   바. 「국세징수법」 제24조 제2항의 규정에 의하여 납세자의 재산을 압류한 경우에 그 압류와 관련하여 확정된 세액에 대하여는 가목부터 마목까지의 규정에 불구하고 그 압류등기일 또는 등록일

4. 「주택임대차보호법」 제8조 또는 「상가건물 임대차보호법」 제14조가 적용되는 임대차관계에 있는 주택 또는 건물을 매각함에 있어서 그 매각금액 중에서 국세 또는 가산금을 징수하는 경우 임대차에 관한 보증금중 일정액으로서 동조의 규정에 의하여 임차인이 우선하여 변제받을 수 있는 금액에 관한 채권

5. 사용자의 재산을 매각하거나 추심함에 있어서 그 매각금액 또는 추심금액 중에서 국세 또는는 가산금을 징수하는 경우에 「근로기준법」 제38조의 규정에 의하여 국세 또는 가산금에 우선하여 변제되는 임금·퇴직금·재해보상금 기타 근로관계로 인한 채권

조세우선특권은 특별법에 의하여 인정되는 권리로서, 공시방법을 갖추지 않더라도 납세의무자의 전 재산에 대하여 우선변제권을 가질 수 있는 권리이다. 이러한 점에서 살펴본다면, 조세우선특권은 특별법에 의하여 공시의 원칙이 적용되지 않는다고 할 수 있다.

(3) 주택임차인과 상가임차인의 일정금액에 관한 최우선특권(주택임대차보호법 제8조, 상가임대차
    보호법 제14조)과 보증금전액에 관한 선순위자로서의 우선특권(주택임대차보호법 제3조의2,
    상가임대차보호법 제5조 제2항)도 공시(등기, 등록)가 없더라도 선순위 저당권에 우선한다.

주택임대차보호법

제8조(보증금 중 일정액의 보호)

① 임차인은 보증금 중 일정액을 다른 담보물권자(擔保物權者)보다 우선하여 변제받을 권리가 있다. 이 경우 임차인은 주택에 대한 경매신청의 등기 전에 제3조 제1항의 요건(주택의 인도와 주민등록을 마친 때에는)을 갖추어야 한다.

주택임대차보호법 시행령 제3조(보증금 중 일정액의 범위 등)

① 법 제8조에 따라 우선변제를 받을 보증금 중 일정액의 범위는 다음 각 호의 구분에 의한 금액 이하로 한다. [개정 2010.7.21]

1. 서울특별시: 2천500만 원

2. 「수도권정비계획법」에 따른 과밀억제권역(서울특별시는 제외한다): 2천200만 원

3. 광역시(「수도권정비계획법」에 따른 과밀억제권역에 포함된 지역과 군지역은 제외한다), 안산시, 용인시, 김포시 및 광주시: 1천900만 원

4. 그 밖의 지역: 1천400만 원

주택임대차보호법

제3조의2(보증금의 회수)

① 임차인(제3조 제2항의 법인을 포함한다. 이하 같다)이 임차주택에 대하여 보증금반환청구소송의 확정판결이나 그 밖에 이에 준하는 집행권원(執行權原)에 따라서 경매를 신청하는 경우에는 집행개시(執行開始)요건에 관한 「민사집행법」 제41조에도 불구하고 반대의무(反對義務)의 이행이나 이행의 제공을 집행개시의 요건으로 하지 아니한다.

② 제3조 제1항 또는 제2항의 대항요건(주택의 인도와 주민등록을 마친 때에는)과 임대차계약증서(제3조 제2항의 경우에는 법인과 임대인 사이의 임대차계약증서를 말한다)상의 확정일자를 갖춘 임차인은 「민사집행법」에 따른 경매 또는 「국세징수법」에 따른 공매(公賣)를 할 때에 임차주택(대지를 포함한다)의 환가대금(換價代金)에서 후순위권리자(後順位權利者)나 그 밖의 채권자보다 우선하여 보증금을 변제(辨濟)받을 권리가 있다.

③ 임차인은 임차주택을 양수인에게 인도하지 아니하면 제2항에 따른 보증금을 받을 수 없다.

④ 제2항에 따른 우선변제의 순위와 보증금에 대하여 이의가 있는 이해관계인은 경매법원이나 체납처분청에 이의를 신청할 수 있다.

⑤ 제4항에 따라 경매법원에 이의를 신청하는 경우에는 「민사집행법」 제152조부터 제161조까지의 규정을 준용한다.

⑥ 제4항에 따라 이의신청을 받은 체납처분청은 이해관계인이 이의신청일부터 7일 이내에 임차인을 상대로 소(訴)를 제기한 것을 증명하면 해당 소송이 끝날 때까지 이의가 신청된 범위에서 임차인에 대한 보증금의 변제를 유보(留保)하고 남은 금액을 배분하여야 한다. 이 경우 유보된 보증금은 소송의 결과에 따라 배분한다.

(4) 임금우선특권(근로기준법 제38조)도 공시(등기, 등록)가 없더라도 선순위 저당권에 우선한다.

근로기준법

제38조(임금채권의 우선변제)

① 임금, 재해보상금, 그 밖에 근로관계로 인한 채권은 사용자의 총재산에 대하여 질권 또는 저당권에 따라 담보된 채권 외에는 조세·공과금 및 다른 채권에 우선하여 변제되어야 한다. 다만, 질권 또는 저당권에 우선하는 조세·공과금에 대하여는 그러하지 아니하다.

② 제1항에도 불구하고 다음 각 호의 어느 하나에 해당하는 채권은 사용자의 총재산에 대하여 질권 또는 저당권에 따라 담보된 채권, 조세·공과금 및 다른 채권에 우선하여 변제되어야 한다.

1. 최종 3개월분의 임금

2. 재해보상금

2) 특정의 원칙

저당권은 특정·현존의 목적물 위에만 성립할 수 있다는 원칙이다. 따라서 채권자의 전 재산상에 인정되는 일반저당권은 인정되지 않는다. 특정의 원칙은 일물일권주의의 한 표현이라고 할 수 있는데, 이 원칙은 우리 민법에서도 관철되고 있다. 그리고 특정의 원칙은 피담보채권의 특정에도 그대로 관철된다. 따라서 저당권등기를 하기 위해서는 피담보채권액을 특정하여 저당권설정등기신청서에 정확하게 기입하여야 한다(부동산등기법 제140조). 이렇게 특정의 원칙에 의거하여 부동산등기법은 '피담보채권액'이나 '저당목적물'은 항상 특정되어 등기되어야 한다고 규정한다(제140조).

> **부동산등기법**
>
> 제140조(저당권)
>
> ① 저당권의 설정등기를 신청하는 경우에는 신청서에 채권액과 채무자를 적어야 한다. 이 경우 등기원인에 변제기, 이자 및 그 발생기 · 지급시기, 원본 또는 이자의 지급장소, 채무불이행으로 인한 손해배상에 관한 약정이나 「민법」 제358조 단서의 약정이 있는 경우 또는 채권이 조건부일 경우에는 이를 적어야 한다.
>
> ② 제1항의 저당권의 내용이 근저당인 경우에는 신청서에 등기원인이 근저당권설정계약이라는 사실과 채권의 최고액 및 채무자를 적어야 한다. 이 경우 등기원인에 「민법」 제358조 단서의 약정이 있는 경우에는 이를 적어야 한다.

물론 법정저당권(제649조)이나 각종의 우선특권에 있어서는 피담보채권의 구체적 금액이 확정될 수 없다. 따라서 이러한 경우에는 특정의 원칙이 관철될 수 없을 것이다.

3) 순위확정의 원칙

동일한 목적물위에 설정된 저당권은 각각 확정된 순위를 가지게 된다는 원칙이다. 즉 동일한 목적물 위에 수개의 저당권이 설정된 경우에, 저당권의 순위는 등기의 선후에 의해 결정된다. 이러한 의미의 순위확정의 원칙은 우리 민법에도 관철되고 있다(제370조가 제333조 준용).

> **민법**
>
> 제370조(준용규정) 제214조, 제321조, 제333조, 제340조, 제341조 및 제342조의 규정은 저당권에 준용한다.
>
> 제333조(동산질권의 순위) 수개의 채권을 담보하기 위하여 동일한 동산에 수개의 질권을 설정한 때에는 그 순위는 설정의 선후에 의한다.

한편, 순위확정의 원칙은 다음과 같은 의미로도 사용된다. 선순위의 저당권이 설정되고 이후에 후순위의 저당권이 설정될 수 있다. 이 경우에, 선순위의 저당권이 소멸된다고 하더라도 후순위의 저당권은 영향을 받지 않고 종래의 확정된 순위를 유지하는 것도 순위확정의 원칙의 한 내용이다. 예를 들어, 1번 저당권, 2번 저당권, 3번 저당권이 있는 경우, 1번 저당권이 소멸한다 하더라도 다른 저당권의 순위는 변화가 없다. 독일의 경우에는 이러한 의미의 순위확정의 원칙이 철저하게 지켜지고 있지만, 우리 민법은 선순위의 저당권이 소멸하게 되면 후순위의 저당권이 승진하게 되는 '순위승진의 원칙'을 채택하고 있다는 점에서 차이가 있다.

＊case: 순위승진의 원칙과 대항력 있는 임차인의 보호문제

갑의 A주택은 토지·건물의 감정가가 1억 원이다. 갑의 채권자인 을은 채권액 1천만 원으로 1번 저당권을 설정하고 있다. 그 후에 병이 보증금 5천만 원인 임차인으로서 대항력을 갖추었고, 그 후에 정이 채권액 3천만 원의 2번 저당권을 설정하였다. 이 경우에 을이 갑으로부터 이행기에 피담보채권을 모두 변제받았다면 을의 1번 저당권은 소멸하고 정이 1번 저당권자가 된다(순위승진의 원칙). 물론 병은 대항력을 갖춘 선순위임차인이 된다. 만약 을이 갑으로부터 이행기에 피담보채권을 모두 변제받지 못한 경우에는 저당권의 불가분성으로 인하여 을은 임의경매를 신청할 수 있다. 경매에서 유찰이 거듭되어 최저경매가가 7,000만 원이 되었다고 가정하자. 이후 경매절차가 진행되어 경락되면, 을의 1번 저당권에 대항할 수 없는 병은 임차권을 상실하게 된다. 이 경우에 병이 취할 수 있는 구제수단은 다음과 같다. 병은 을의 채권을 대신 변제하여 을의 저당권을 소멸시킬 수 있다. 이렇게 되면 경매절차가 취소되어 결국 병은 대항력 있는 선순위임차권자가 됨으로서 경락인에게 대항할 수 있다. 따라서 존속기간까지 거주하면서, 존속기간 만료 시 경락인인 새로운 소유권자에게 보증금반환을 청구할 수 있다.

4) 독립의 원칙

저당권을 특정채권의 담보라는 종된 지위에서 파악하는 것이 아니라, 독립된 가치권으로서 파악하여 독자적 지위를 확보시켜 주어야 한다는 원칙이다. 독립의 원칙은 저당권을 피담보채권으로부터 분리하여 종속성을 배제하고자 하기 위한 것이다. 따라서 피담보채권을 전제로 하는 부종성은 부정된다. 우리 민법은 이러한 의미의 독립의 원칙을 부인하고 있다(민법 제361조, 제369조). 다만 근저당권의 경우에는 부종성이 완화되고 있다. 독립의 원칙은 선순위저당권이 후순위저당권의 실행에 의해서도 영향을 받지 않는다는 것을 내용으로 하고 있다. 독일의 경우에는 이러한 의미의 독립의 원칙이 관철되고 있다. 즉 후순위저당권이 실행되면, 선순위저당권까지 영향을 받아서 소멸되는 것이 아니라, 선순위저당권은 경락인에 의하여 인수되는 것으로 본다. 우리 민법은 이러한 의미의 독립의 원칙을 부인하고 있다. 즉 후순위저당권이 실행되면 선순위저당권도 소멸하게 되고(민사집행법 제91조 제2항), 다만 경매에 참여하여 그 순위에 따라 우선변제를 받을 수 있을 뿐이다.

> **민법**
>
> 제361조(저당권의 처분제한) 저당권은 그 담보한 채권과 분리하여 타인에게 양도하거나 다른 채권의 담보로 하지 못한다.
>
> 제369조(부종성) 저당권으로 담보한 채권이 시효의 완성 기타 사유로 인하여 소멸한 때에는 저당권도 소멸한다.
>
> **민사집행법**
>
> 제91조(인수주의와 잉여주의의 선택 등)
>
> ① 압류채권자의 채권에 우선하는 채권에 관한 부동산의 부담을 매수인에게 인수하게 하거나, 매각대금으로 그 부담을 변제하는 데 부족하지 아니하다는 것이 인정된 경우가 아니면 그 부동산을 매각하지 못한다.
>
> ② 매각부동산 위의 '모든 저당권'은 매각으로 소멸된다.
>
> ③ 지상권·지역권·전세권 및 등기된 임차권은 저당권·압류채권·가압류채권에 대항할 수 없는 경우에는 매각으로 소멸된다.
>
> ④ 제3항의 경우 외의 지상권·지역권·전세권 및 등기된 임차권은 매수인이 인수한다. 다만, 그중 전세권의 경우에는 전세권자가 제88조에 따라 배당요구를 하면 매각으로 소멸된다.
>
> ⑤ 매수인은 유치권자(留置權者)에게 그 유치권(留置權)으로 담보하는 채권을 변제할 책임이 있다.

5) 유통의 원칙

목적물의 교환가치를 지배하는 저당권은 저당증권을 통해 금융시장에서 안전하고 신속하게 유통될 수 있어야 한다. 즉 저당권을 하나의 독립된 담보가치로 파악하고 이를 금융시장에서 자유로이 유통될 수 있어야 한다는 원칙이다. 유통의 원칙이 확보되기 위해서는 저당권등기의 공신력이 인정되어야 하고, 또한 저당권의 증권화(즉 저당권을 증권에 화체하여 유통시킬 수 있어야 한다)가 가능하여야 하다. 우리 민법은 저당권등기의 공신력을 부인하고 있지만[동산물권의 경우에는 선의취득규정(제249조)이 존재하지만, 부동산물권의 경우에는 공신력 인정규정이 없다], 저당권의 증권화는 제한적으로 인정하고 있다(예: 자산유동화에관한법률, 주택채권유동화회사법).

* 우리나라의 저당제도의 특징

우리나라의 저당제도는 특정채권의 담보에 국한되어 있어서 근대적 저당제도와는 거리가 멀다. 그리고 양도담보·가등기담보 등 변칙적 담보로 인해 담보제도에 있어서 저당권의 중심적 지위가 약하다.

① 공시의 원칙(민법 제186조)은 엄격히 준수되고 있다.

② 특정의 원칙(부동산등기법 제140조)은 대체로 준수되고 있지만, 법정저당권·조세우선특권 등에서는 특정의 원칙이 관철되지 않는다.

③ 선순위저당권의 소멸 시에 후순위저당권의 순위가 상승하는 순위승진의 원칙이 인정된다. 즉 순위불변의 원칙은 인정되지 않는다.

④ 저당권은 본질적으로 피담보채권에 부종하고(제361조·제369조), 특히 처분시의 부종성이 강하며(제361조: 채권으로부터의 독립의 부정), 저당물에 의해 변제받지 못한 채권부분은 채무자의 일반재산으로부터 변제받을 수 있고(제370조, 제340조 제1항: 일반재산으로부터의 독립을 부분적으로 인정함), 후순위저당권의 실행 기타 사유로 인한 경락 시에는 선순위저당권도 소멸한다(민사집행법 제91조 제2항: 후순위저당권으로부터의 독립의 부정). 근저당권(제347조)은 부종성의 예외에 해당한다. 용익권으로부터의 독립은 우리 민법에서도 지켜지고 있다.

⑤ 등기의 공신력이 인정되지 않고, 저당권의 증권화도 원칙적으로 인정되지 않는다. 다만, 주택저당채권유동화회사법(1999. 4. 30. 시행)은 일정한 주택에 설정된 저당권에 의해 담보된 채권(주택저당채권)에 기초한 주택저당채권담보부채권 및 주택저당증권의 발행을 허용하고 있다.

제2장 저당권의 성립

저당권은 원칙적으로 당사자 간의 저당권설정계약(물권적 합의)과 등기에 의하여 성립하지만(제186조), 일정한 경우에는 임차지상의 건물에 대한 법정저당권(제649조)이 성립하고, 부동산공사수급인의 저당권설정청구권(제666조)의 행사에 의해서도 저당권은 성립한다.

민법

제186조(부동산물권변동의 효력) 부동산에 관한 법률행위로 인한 물권의 득실변경은 등기하여야 그 효력이 생긴다.

제649조(임차지상의 건물에 대한 법정저당권) 토지임대인이 변제기를 경과한 최후 2년의 차임채권에 의하여 그 지상에 있는 임차인소유의 건물을 압류한 때에는 저당권과 동일한 효력이 있다.

제666조(수급인의 목적부동산에 대한 저당권설정청구권) 부동산공사의 수급인은 전조의 보수에 관한 채권을 담보하기 위하여 그 부동산을 목적으로 한 저당권의 설정을 청구할 수 있다.

---

1. 저당권설정계약에 의한 성립

저당권설정계약은 저당권설정을 목적으로 하는 물권적 합의를 말한다. 저당권설정계약, 즉 저당권설정합의는 당사자가 저당권의 설정을 약정하는 채권계약의 성질이 있다. 또한 저당권설정계약은 물권인 저당권설정 자체를 목적으로 하는 물권적 합의 내지 물권계약의 성질이 있다. 이 경우에 저당권설정을 목적으로 하는 물권적 합의는 언제 있었던 것으로 볼 것인가? '저당권설정계약서의 작성'과 '등기서류의 교부'가 별개로 행해진 경우 등기서류교부 시에 당사자 사이의 물권적 의사표시의 합치인 물권적 합의(저당권설정계약)가 있었던 것을 보아야 한다. 만약 양자가 동시에 행해진 경우 채권계약과 물권적 합의가 동시에 이루어진 것으로 보아야 한다. 현행 민법에 의하면, 저당권은 물권적 합의와 등기에 의하여 성립된다(제186조). 저당권은 채권의 존재를 전제로 하므로, 저당권설정계약은 종된 계약이라고 할 수 있다.

1) 저당권설정계약의 당사자

저당권설정계약의 당사자는 저당권을 취득하고자 하는 자(즉 저당권자)와 특정 부동산 위에 저당권을 설정하는 자(즉 저당권설정자)이다. 그런데 채무자인 소유권자도 저당권자가 될 수 있는지 문제가 된다. 현행 민법은 독일민법과 같이 일반적으로 소유자저당을 인정하지 않는다. 따라서 저당권자는 채권자에 한하고, 채권자가 아닌 자는 저당권을 설정할 수 없다. 다만, 현행 민법상 소유자저당은 저당권자가 목적물을 매수하였는데 그 저당권이 제3자의 권리의 목적이거나(제191조 제1항 단서) 후순위 저당권자가 있는 경우(혼동의 예외) 등은 인정될 수 있지만, 이를 제외하고는 원칙적으로 인정되지 않는다.

> **＊소유자저당의 기능**
>
> 자기 소유의 부동산에 대하여 자기 자신이 저당권을 갖는 것을 말한다. 저당권을 투자매개 수단으로 중시하면서 이를 소유권에 흡수되지 않는 독자적인 가치권으로 인정하는 독일 등에서는 저당권의 부종성을 완화하여 피담보채권 없이 자기 소유물 위에 저당권을 설정하는 소유자저당권을 인정하지만, 우리 민법은 이를 인정하지 않는다. 다만, 저당권자가 당해 저당목적물을 매수하였는데 그 저당권이 제3자의 권리의 목적이거나(제191조 제1항 단서) 후순위 저당권자가 있는 경우에는 혼동의 예외로서 저당권이 소멸하지 않고 피담보채권이 없는 소유자저당으로 존속한다.

다만, 판례는 채무자와 채권자 및 제3자 사이의 합의가 있고 제3자에게 그 채권이 실질적으로 귀속되었다고 볼 수 있는 특별한 사정이 있는 경우에는 제3자 명의의 저당권등기도 유효하게 인정하고 있다[94다33583].

> **＊대법원 2001. 3. 15. 선고 99다48948 전원합의체 판결 【배당이의】**
>
> <사실관계>
>
> 갑이 을에게 A토지를 매도하면서 을의 잔대금지급채무를 담보하기 위해 소유자 갑을 채무자로 하고 갑의 처 병을 근저당권자로 하는 제1순위 근저당권을 설정하였는데, 그 근저당권 설정을 위해 갑은 병에게 금전대차 없이 차용금증서를 작성해 주었다. 소유권이전등기 경료 전에 A토지를 담보로 제공하고 대출받는 돈으로 중도금 및 잔대금을 지급하기로 한 을은 갑으로부터 교부받은 근저당권설정서류를 이용하여 A토지에 대해 채무자를 정으로 하여 금융기관 무에게 제2순위 근저당권을 설정해 주고 무로부터 정 명의로 대출받았다. 그러나 을은

갑에게 잔대금을 지급하지 않았고, 무는 이행지체를 이유로 제2순위 근저당권 실행의 경매신청을 하여 A토지는 낙찰되었다. → 대법원 다수의견대로라면 을이 이익을 얻는 한편 갑은 별 손해를 입지 않고 정 또는 무가 손해를 입는데, 정이 무자력이면 낙찰대금으로부터 채권전액을 배당받지 못한 무가 손해를 입는다.

【판시사항】

부동산 매매대금의 지급을 담보하기 위하여 당사자 간의 합의에 의하여 소유권이전등기를 매수인에게 경료하지 않은 상태에서 목적 부동산 위에 근저당권자를 매도인이 지정하는 제3자로, 채무자를 매도인으로 하는 근저당권을 설정한 경우, 그 근저당권설정등기가 담보물권의 부수성에 반하여 무효인지 여부(＝제한적 유효)

【판결요지】

[다수의견] 근저당권은 '채권담보'를 위한 것이므로 원칙적으로 '채권자'와 '근저당권자'는 동일인이 되어야 하지만, 제3자를 근저당권 명의인으로 하는 근저당권을 설정하는 경우 그 점에 대하여 채권자와 채무자 및 제3자 사이에 합의가 있고, 채권양도, 제3자를 위한 계약, 불가분적 채권관계의 형성 등 방법으로 채권이 그 제3자에게 '실질적'으로 귀속되었다고 볼 수 있는 특별한 사정이 있는 경우에는 제3자 명의의 근저당권설정등기도 유효하다고 보아야 할 것이고, 한편 부동산을 매수한 자가 소유권이전등기를 마치지 아니한 상태에서 매도인인 소유자의 승낙 아래 매수 부동산을 타에 담보로 제공하면서 당사자 사이의 합의로 편의상 매수인 대신 등기부상 소유자인 매도인을 채무자로 하여 마친 근저당권설정등기는 실제 채무자인 매수인의 근저당권자에 대한 채무를 담보하는 것으로서 유효하다고 볼 것인바, 위 양자의 형태가 결합된 근저당권이라 하여도 그 자체만으로는 부종성의 관점에서 근저당권이 무효라고 보아야 할 어떤 질적인 차이를 가져오는 것은 아니라 할 것이다. 그리고 매매잔대금 채무를 지고 있는 부동산 매수인이 매도인과 사이에 소유권이전등기를 경료하지 아니한 상태에서 그 부동산을 담보로 하여 대출받는 돈으로 매매잔대금을 지급하기로 약정하는 한편, 매매잔대금의 지급을 위하여 당좌수표를 발행·교부하고 이를 담보하기 위하여 그 부동산에 제1순위 근저당권을 설정하되, 그 구체적 방안으로서 채권자인 매도인과 채무자인 매수인 및 매도인이 지정하는 제3자 사이의 합의 아래 근저당권자를 제3자로, 채무자를 매도인으로 하기로 하고, 이를 위하여 매도인이 제3자로부터 매매잔대금 상당액을 차용하는 내용의 차용금증서를 작성·교부하였다면, 매도인이 매매잔대금 채권의 이전 없이 단순히 명의만을 제3자에게 신탁한 것으로 볼 것은 아니고, 채무자인 매수인의 승낙 아래 매매잔대금 채권이 제3자에게

제3자에게 이전되었다고 보는 것이 일련의 과정에 나타난 당사자들의 진정한 의사에 부합하는 해석일 것이므로, 제3자 명의의 근저당권설정등기는 그 피담보채무가 엄연히 존재하고 있어 그 원인이 없거나 부종성에 반하는 무효의 등기라고 볼 수 없다.

[반대의견]

매도인이 부동산을 매도하면서 잔대금 채권의 지급확보를 위하여 매도인과 제3자 사이에 아무런 금전 대차관계가 없음에도 불구하고 형식상 제3자로부터 금전을 차용한다는 내용의 차용금증서를 작성하고 그 제3자 명의의 근저당권을 설정하였다면, 아무리 당사자들의 일련의 행위를 종합적으로 파악하더라도 이를 가리켜 '매도인이 차용금증서를 작성·교부하는 방법으로 매매잔대금 채권을 제3자에게 양도하고 채무자는 그 양도를 승낙함으로써 그 매매잔대금 채권이 제3자에게 이전'되었다고 해석할 수는 없다 할 것이다. 한편, 근저당권설정등기에 '본래 채권자라고 되어야 할 소유자인 자가 채무자로 되는 것'을 허용하게 되면 이는 마치 우리 민법이 채택하지 않은 독일 민법의 유통저당권이나 토지채무제도를 승인하는 것과 같은 결과로 되므로, 이때에는 부종성의 관점에서 그 근저당권을 무효라고 보아야 하고 이를 유효로 하는 것은 비록 당사자 간의 의사의 합치가 있다 하더라도 그에 의한 새로운 제도의 창설을 금지하는 물권법의 대원칙인 물권법정주의에 반하게 되어 허용될 수 없다 할 것이다. 그리고 다수의견이 채권자 아닌 제3자를 근저당권 명의로 하여 근저당권을 설정하는 경우 그 점에 대하여 채권자와 채무자 및 제3자 사이에 합의가 있고, 채권이 제3자에게 이전 또는 실질적으로 귀속되었다고 볼 수 있는 특별한 사정이 있으면 제3자 명의의 설정등기도 유효하다고 보는 것은 부동산실권리자명의등기에관한법률이 규정한 부동산 물권에 관한 명의신탁금지를 잠탈하는 것으로 보아야 할 것이다.

【참조조문】

민법 제186조[명의신탁], 제356조, 제361조, 제369조, 부동산실권리자명의등기에관한법률 제3조

저당권설정자는 채무자 또는 제3자(물상보증인)가 될 수 있다. 물상보증인의 성질 및 그의 구상권에 관하여는 질권의 경우와 유사하다.

*물상보증인과 보증인의 구별

　물상보증인은 타인의 채무를 위하여 자기의 재산위에 물권을 설정하는 자를 말한다. 이러한 물상보증인은 '채무 없이' 책임을 지는 자이므로, 주채무자의 채무를 보충적으로 부담하는 보증인과는 개념적으로 구별된다. 따라서 보증인의 경우와 달리, 채무가 없기 때문에 채권자가 물상보증인에게 채무이행의 소를 제기하거나, 주채무자의 자력이 부족한 경우에 물상보증인의 일반재산에 대하여 강제집행을 할 수 없다. 다만, 물상보증인이 채무 없이 책임을 지는 자이지만, '주채무자를 위하여' 물적 보증을 한 자이므로, 변제에 이해관계 있는 자라고 볼 수 있다. 이러한 점에서는 보증인과 유사한 면이 있다. 따라서 물상보증인은 보증채무에 관한 규정에 근거하여 채무자에 대한 구상권이 있다(제341조). 그리고 물상보증인은 보증인과 마찬가지로 변제에 이해관계 있는 제3자라고 볼 수 있다. 왜냐하면 채무자가 이행하지 않으면 소유권이 상실될 가능성이 있기 때문이다. 따라서 물상보증인이 변제를 하게 되면 그의 구상권의 범위 내에서 종래 채권자의 지위를 법정대위할 수 있다(제481~485조).

　저당권설정자는 그 목적물에 관하여 소유권 기타 처분권(예: 대리권)이 있어야 한다. 다만, 목적물의 소유자라 하더라도 '법률상' 처분권을 제한당하고 있는 자(예: 파산선고를 받은 자, 처분금지가처분을 받은 자)는 저당권을 설정할 수 없다. 이러한 점은 질권에서와 마찬가지이다.

2) 저당권의 목적물

　저당권은 목적물의 점유를 요건으로 하지 않으므로, 저당권의 객체는 등기·등록에 의해 공시될 수 있는 물건이나 권리에 한한다. 이와 관련하여 현행 민법은 부동산(토지, 건물)과 부동산 물권(지상권, 전세권)이 저당권의 객체가 될 수 있다고 규정하고 있다(제356조, 제371조).

민법

제356조(저당권의 내용) 저당권자는 채무자 또는 제삼자가 점유를 이전하지 아니하고 채무의 담보로 제공한 부동산에 대하여 다른 채권자보다 자기채권의 우선변제를 받을 권리가 있다.

제371조(지상권, 전세권을 목적으로 하는 저당권)

① 본장의 규정은 지상권 또는 전세권을 저당권의 목적으로 한 경우에 준용한다.

② 지상권 또는 전세권을 목적으로 저당권을 설정한 자는 저당권자의 동의없이 지상권 또는 전세권을 소멸하게 하는 행위를 하지 못한다.

민법 이외의 법률에 의하여 저당권의 객체로 될 수 있는 경우에는 상법상 등기된 선박(상법 제871조), 입목등기가 이루어진 입목, 광업권, 어업권, 공장재단, 광업재단. 등록에 의하여 공시되는 특수한 동산(자동차, 항공기, 중기계 등) 등이 이에 해당된다.

(1) 1필의 토지의 일부: 불가능

1필의 토지의 일부에 대해서는 저당권을 설정할 수 없다. 왜냐하면 저당권은 저당권자에게 점유이전을 하지 않고 관념적으로 교환가치만을 지배하는 물권이기 때문에 등기의 대상부분을 구체적으로 확정할 필요가 있다. 따라서 분필등기를 한 후 저당권을 설정하여야 한다(부동산등기법 제93조). 한편, 목적물의 이용가치를 지배하는 용익물권의 경우에는 그 범위를 특정하여 이용할 수 있기 때문에 토지일부에 대한 이용범위를 특정하여 설정등기를 할 수 있을 것이다.

부동산등기법

제93조(토지의 분필)

① 갑지를 분할하여 그 일부를 을지로 한 경우에 분필의 등기를 할 때에는 등기용지 중 등기번호란에 지번을 적고 표시란에 분할로 인하여 등기 제몇호의 토지의 등기용지로부터 옮겨 적은 뜻을 적어야 한다.

② 제1항의 절차를 마쳤을 때에는 갑지의 등기용지 중 표시란에 남은 부분의 표시를 하고 분할로 인하여 다른 부분을 등기 제몇호의 토지의 등기용지에 옮겨 적은 뜻을 적으며, 종전의 표시와 그 번호를 붉은 선으로 지워야 한다.

제136조(지상권) 지상권의 설정 또는 이전의 등기를 신청하는 경우에는 신청서에 지상권 설정의 목적과 '범위'를 적고, 만일 등기원인에 존속기간, 지료(地料), 그 지급시기 또는 「민법」 제289조의2 제1항 후단의 약정이 있는 경우에는 이를 적어야 한다.

(2) 공유자의 지분에 대한 저당권의 효력

공유물이 분할되면 저당권은 공유물 전체에 효력을 가진다(대법원 1993. 1. 19. 선고 92다30603 판결).

*대법원 1989. 8. 8. 선고 88다카24868 판결 【소유권이전등기말소】

【판시사항】
부동산의 공유지분위에 근저당권이 설정된 후 그 공유부동산이 분할된 경우 저당권이 근저당권설정자에게 할당된 부분에 집중되는지 여부

【판결요지】
갑, 을의 공유인 부동산 중 갑의 지분위에 설정된 근저당권 등 담보물권은 특단의 합의가 없는 한 공유물분할이 된 뒤에도 종전의 지분비율대로 공유물 전부의 위에 그대로 존속하고 근저당권설정자인 갑 앞으로 분할된 부분에 당연히 집중되는 것은 아니므로, 갑과 담보권자 사이에 공유물분할로 갑의 단독소유로 된 토지부분 중 원래의 을지분부분을 근저당권의 목적물에 포함시키기로 합의하였다고 하여도 이런 합의가 을의 단독소유로된 토지부분 중 갑지분부분에 대한 피담보채권을 소멸시키기로 하는 합의까지 내포한 것이라고는 할 수 없다.

【참조조문】
민법 제358조

【전문】
【원고, 피상고인】 박승열 소송대리인 변호사 이웅행
【피고, 상고인】 주식회사 조흥은행 소송대리인 법무법인 태평양합동법률사무소담당변호사 김인섭 외 5인
【원심판결】 인천지방법원 1988. 8. 26. 선고 88나1103 판결

【주문】
원심판결을 파기하고 사건을 인천지방법원 합의부에 환송한다.

【이유】
1. 피고 소송대리인들의 상고이유 제1점을 본다.
(1) 원심판결 이유에 의하면, 원심은 그 거시증거를 종합하여 인천시 북구가좌동 465 답 640㎡(이하 이 사건 토지라 한다)와 같은 동 476의 2 공장용지 459.3㎡ 및 같은 동 476의3 공장용지 958.5㎡는 원고가 816의 176지분, 소외 한영금속주식회사가 816분의 640지분을 가

진 공유부동산인데 피고은행은 이 사건 토지 및 위 각 공장용지 중 위 소외회사 소유의 816분의 640지분에 대하여 1978. 2. 10, 1979. 1. 20, 그해 4. 27, 1980. 2. 18, 그해 12. 19. 모두 5회에 걸쳐 채무자를 위 소외회사로 한 각 근저당권설정등기를 경료한 사실, 그 후 원고와 위 소외회사는 1981. 4. 17. 공유물인 이 사건 토지 및 위 각 공장용지 중 이 사건 토지는 원고의, 위 각 공장용지는 위 소외회사의 단독소유로 하는 공유물분할의 합의를 하고, 소외회사는 1981. 4. 20. 근저당권자인 피고은행의 동의를 얻어 위 각 공장용지 중 원고 명의의 816분의 176 지분에 대하여 위 소외회사 앞으로 공유물분할에 인한 소유권이전등기를 경료한 사실, 피고은행은 위 소외회사와 사이에 1981. 4. 29. 위 각 근저당권에 관한 목적물변경계약을 체결하고 그달 30. 위 소외회사의 단독소유로 된 위 각 공장용지 중 원고지분이던 각 816분의 176지분에 대해서도 위 각 근저당권의 효력이 미치게 하는 변동등기를 경료하는 한편, 원고의 단독소유로 된 이 사건 토지 중 위 소외회사 명의의 816분의 640 지분에 대하여는 위 각 근저당권의 피담보채권이 소멸한 것으로 하기로 소외회사와 합의한 사실을 각각 인정한 다음 위 인정사실에 의하면 이 사건 토지 중 816분의 640지분에 관한 피고 명의의 각 근저당권설정등기는 그 피담보채권이 소멸하여 무효이므로 이를 기초로 하여 그 후에 이루어진 위 지분에 관한 피고은행 및 피고 회사 명의의 각 소유권이전등기도 모두 무효라고 판단하였다.

(2) 그러나 원심이 위 사실인정의 증거로 거시한 것들을 기록에 의하여 면밀히 검토해 보아도 원고의 단독소유로 된 이 사건 토지 중 소외회사 명의의 816분의 640지분에 관한 각 근저당권의 피담보채권을 소멸시키기로 피고은행과 위 소외회사 사이에 합의하였다고 인정할 만한 아무런 자료를 찾아볼 수 없다.

공유자의 한 사람의 지분위에 설정된 근저당권 등 담보물권은 특단의 합의가 없는 한 공유물분할이 된 뒤에도 종전의 지분비율대로 공유물 전부의 위에 그대로 존속하는 것이고 근저당권설정자 앞으로 분할된 부분에 당연히 집중되는 것은 아니므로, 위 소외 회사의 지분위에 설정된 피고은행의 근저당권은 공유물분할 후에도 이 사건 토지와 위 각 공장용지 위에 위 지분의 비율대로 존속하는 것인바, 위 소외 회사와 피고은행 사이에 소외회사의 단독소유로 된 위 각 공장용지의 원래 원고지분 부분을 근저당권의 목적물에 포함시키기로 합의하였다고 하여도 이런 합의가 원고의 단독소유로 된 이 사건 토지의 위 소외회사 지분에 대한 피담보채권을 소멸시키기로 하는 합의까지 내포한 것이라고는 할 수 없는 것이다.

(3) 결국 이 사건 토지 중 816분의 640지분에 관한 피고은행 명의의 근저당권설정등기가 피

담보채권이 소멸하여 무효라고 판단한 원심판결은 채증법칙에 위반하여 적법한 증거가 없이 사실을 인정한 위법이 있고 이는 소송촉진등에관한특례법 제12조 제2항 소정의 파기사유에 해당하므로 이 점에 관한 논지는 이유 있다.

2. 그러므로 나머지 상고이유에 관한 판단을 생략하고, 원심판결을 파기환송하기로 하여 관여 법관의 일치된 의견으로 주문과 같이 판결한다.

대법관   김상원(재판장)   이회창   배석   김주한

3) 저당권설정등기

저당권설정등기를 하기 위해서는 부동산등기법에 따라 신청서에 일정한 등기사항을 기입하여야 한다(부동산등기법 제140조). 등기하여야 할 사항에는 채권액, 채무자, 변제기, 이자 및 그 지급시기 등이며, 기타 저당권의 효력범위에 관한 특별한 약정이 있는 경우에는 그 내용도 기재해야 한다.

부동산등기법

제140조(저당권)

① 저당권의 설정등기를 신청하는 경우에는 신청서에 채권액과 채무자를 적어야 한다. 이 경우 등기원인에 변제기, 이자 및 그 발생시기·지급시기, 원본 또는 이자의 지급장소, 채무불이행(채무부이행)으로 인한 손해배상에 관한 약정이나 「민법」 제358조 단서의 약정이 있는 경우 또는 채권이 조건부일 경우에는 이를 적어야 한다.

② 제1항의 저당권의 내용이 근저당(근저당)인 경우에는 신청서에 등기원인이 근저당권설정계약이라는 사실과 채권의 최고액 및 채무자를 적어야 한다. 이 경우 등기원인에 「민법」 제358조 단서의 약정이 있는 경우에는 이를 적어야 한다.

(1) 저당권등기의 불법말소

저당권설정등기가 유효하게 경료된 후 일정한 사유로 불법말소등기되거나 유탈된 경우가 있을 수 있다. 이 경우에 저당권은 소멸되는가, 아니면 소멸되지 않기 때문에 저당권자가 말소회복등기를 청구할 수 있는지 문제가 된다. 특히 제3자가 저당권의 말소 등을 신뢰하여 이해관계를 가지게

되는 경우에는 제3자의 법적 지위가 어떻게 되는지 문제가 된다. 이에 대하여 등기는 부동산물권변동의 효력발생요건인 동시에 존속요건이라는 견해가 있다. 이러한 견해에 의하면, 등기가 말소되었다면 저당권자는 회복등기를 할 수 없다(회복등기부인설). 한편, 등기는 부동산물권변동의 효력발생요건일 뿐이지 존속요건은 아니라는 견해가 있다. 이러한 견해에 의하면, 등기가 말소되었다고 하더라도 저당권자는 회복등기를 할 수 있다(회복등기인정설). 후자의 견해가 다수설이며 판례(대법원 2002. 10. 22. 선고 2000다59678 판결)의 입장이다. 생각건대, 현행 민법은 등기를 물권변동의 효력발생요건으로 규정하고 있지, 존속요건으로 규정하고 있지 않다. 그리고 현행 민법은 등기에 공신력을 인정하지 않기 때문에 불법말소등기를 신뢰한 제3자는 보호될 수 없다. 따라서 물권에 관한 등기가 원인 없이 말소된 경우에는 그 물권의 효력에는 아무런 변동이 없기 때문에, 비록 말소등기를 제3자가 신뢰하였다고 하더라도 보호되지 않는다고 보는 것이 일반 국민의 법 감정에도 합치되는 것이다. 만약 등기의 불법말소등기로 저당권이 소멸되는 권리변동의 효과가 생긴다면, 이러한 외관을 신뢰한 제3자는 보호되어야 하는데, 이를 인정하게 되면 결국 말소등기에 공신력을 인정하는 결과가 된다. 그런데 등기의 공신력을 인정하는 규정이 없음에도 불구하고 해석에 의하여 이를 인정하는 것은 부당한 확장해석이라고 보아야 한다. 왜냐하면 물권변동은 제3자에게 미치는 영향이 크고, 또한 등기의 공신력을 부인하고 있는 현행 민법의 기본입장은 물권관계의 경우에 정적 안정을 중심으로 규율하고 있다는 점을 고려할 필요가 있다. 더욱이 등기는 권리의 표상이지 권리 그 자체를 의미하는 것이 아니라는 점에서 다수설 및 판례의 태도와 같이 불법말소등기가 된 저당권자는 말소회복등기를 청구할 수 있다고 보아야 한다[81다카923]. 그리고 저당권설정등기 말소회복등기청구의 상대방은 말소 당시의 소유명의인이다[69다1617].

＊공신의 원칙

　　현행 민법은 부동산등기에 공신력을 인정하고 있지 않는다고 보아야 한다. 왜냐하면 현행 민법은 동산의 점유에는 공신력을 인정하는 규정을 두고 있지만(제249조), 부동산의 등기에는 공신력을 인정하는 규정을 두고 있지 않기 때문이다. 특히 동산의 점유에는 공신력이 민법규정(제249조)에 의하여 인정되므로, 동산의 점유자가 비록 무권리자인 경우에도 거래의 상대방이 그가 권리자인 줄 믿고 거래를 한 경우에는 그 동산의 소유권을 취득할 수 있게 된다. 이를 선의취득이라고 한다. 현행 민법은 동산의 선의취득규정을 다음과 같이 규정하고 있다. 동산을 선의·무과실·평온·공연하게 양수하여 점유한 자는 양도인이 정당한 소유자가 아닌 때에도 즉시 그 동산의 소유권을 취득한다(제249조). 다만, 동산이라도 등기나 등록 등으로 '공시'방법이 존재하는 경우에는 선의취득이 인정되지 않는다. 선박, 항공기, 자동차 등이 그 예이다. 명인방법에 의하여 '공시'되는 지상물은 선의취득이 인정되지 않는다. 수목, 미분리의 과실 입도 등이 그 예이다.

한편, 저당권이 불법말소되었다면, 이후 경매절차에서도 저당권이 소멸된 것으로 취급되는지가 문제가 된다. 이와 관련하여 부동산에 관하여 근저당권설정등기가 경료되었다가 그 등기가 위조된 등기서류에 의하여 아무런 원인 없이 말소되었다는 사정만으로는 곧바로 근저당권이 소멸되었다고 볼 수 없다. 그런데 저당권설정등기가 불법말소된 후 목적 부동산이 경매절차에서 경락된 경우에 그 근저당권은 소멸되었다고 보아야 하는지가 문제가 된다. 이와 관련하여 다른 근저당권자 등 권리자의 경매신청에 따라 경매절차가 진행되어 경락허가결정이 확정되고 경락인이 경락대금을 완납하였다면, 원인 없이 말소된 근저당권은 이에 의하여 소멸한다고 보아야 한다(민사집행법 제91조의 소제주의).

민사집행법

제91조(인수주의와 잉여주의의 선택 등)

① 압류채권자의 채권에 우선하는 채권에 관한 부동산의 부담을 매수인에게 인수하게 하거나, 매각대금으로 그 부담을 변제하는 데 부족하지 아니하다는 것이 인정된 경우가 아니면 그 부동산을 매각하지 못한다.

② 매각부동산 위의 모든 저당권은 매각으로 소멸된다.

③ 지상권·지역권·전세권 및 등기된 임차권은 저당권·압류채권·가압류채권에 대항할 수 없는 경우에는 매각으로 소멸된다.

④ 제3항의 경우 외의 지상권·지역권·전세권 및 등기된 임차권은 매수인이 인수한다. 다만, 그중 전세권의 경우에는 전세권자가 제88조에 따라 배당요구를 하면 매각으로 소멸된다.

만약 경매의 경우에 저당권이 소멸된다면 불법말소된 저당권자의 구제방법은 무엇인지를 검토할 필요성이 있다. 이와 관련하여 피담보채권액에 해당하는 금액을 배당받지 못한 근저당권자는 배당기일에 출석하여 이의를 하고 배당이의의 소를 제기하여 구제를 받을 수 있고, 가사 배당기일에 출석하지 않음으로써 배당표가 확정되었다고 하더라도, 확정된 배당표에 의하여 배당을 실시하는 것은 실체법상의 권리를 확정하는 것이 아니기 때문에 위 경매절차에서 실제로 배당받은 자에 대하여 부당이득반환 청구로서 그 배당금의 한도 내에서 그 근저당권설정등기가 말소되지 아니하였더라면 배당받았을 금액의 지급을 구할 수 있다. 이와 같은 경우에는 근저당권은 소멸하는 것으로 보는 것이 판례의 입장이다(대법원 1998. 10. 2. 선고 98다27197 판결). 즉 부동산에 관하여 근저당권설정등기가 경료되었다가 그 등기가 위조된 등기서류에 의하여 아무런 원인 없이 말소되었다는 사정만으로는 곧바로 근저당권이 소멸하는 것은 아니라고 할 것이지만, 부동산이 경매절차에서 경락되면 그 부동산에 존재하였던 (모든) 근저당권은 당연히 소멸하는 것이므로, 근저당권설정등기가 원인 없이 말소된 이후에 그 근저당 목적물인 부동산에 관하여 다른 근저당권자 등 권리자의 경매신청에 따라 경매절차가 진행되어 경락허가결정이 확정되고 경락인이 경락대금을 완납하였다면, 원인 없이 말소된 근저당권은 이에 의하여 소멸한다고 한다(민사집행법 제91조의 소제주의).

＊대법원 2002. 10. 22. 선고 2000다59678 판결 【배당이의】

【판시사항】

　근저당권설정등기가 위법하게 말소되어 그 부동산에 대한 경매절차에서 배당받지 못한 근저당권자의 구제방법

【판결요지】

　등기는 물권의 효력 발생 요건이고 존속 요건은 아니어서 등기가 원인 없이 말소된 경우에는 그 물권의 효력에 아무런 영향이 없고, 그 회복등기가 마쳐지기 전이라도 말소된 등기의 등기명의인은 적법한 권리자로 추정되므로, 근저당권설정등기가 위법하게 말소되어 아직 회복등기를 경료하지 못한 연유로 그 부동산에 대한 경매절차의 배당기일에서 피담보채권액에 해당하는 금액을 배당받지 못한 근저당권자는 배당기일에 출석하여 이의를 하고 배당이의의 소를 제기하여 구제를 받을 수 있고, 가사 배당기일에 출석하지 않음으로써 배당표가 확정되었다고 하더라도, 확정된 배당표에 의하여 배당을 실시하는 것은 실체법상의 권리를 확정하는 것이 아니기 때문에 위 경매절차에서 실제로 배당받은 자에 대하여 부당이득반환 청구로서 그 배당금의 한도 내에서 그 근저당권설정등기가 말소되지 아니하였더라면 배당받았을 금액의 지급을 구할 수 있다.

【참조조문】

　민사집행법 제148조 제4호, 제154조, 민법 제741조

【참조판례】

　대법원 1988. 11. 8. 선고 86다카2949 판결(공1988, 1522), 대법원 1997. 9. 30. 선고 95다39526 판결(공1997하, 3253), 대법원 1998. 10. 2. 선고 98다27197 판결(공1998하, 2576)

【전문】

【원고, 상고인】　남미자

【피고, 피상고인】 이인권

【원심판결】 수원지법 2000. 9. 20. 선고 99나 16429 판결

【주문】

원심판결을 파기하고, 사건을 수원지방법원 본원합의부에 환송한다.

【이유】

상고이유를 판단한다.

1. 원심은 그 채용 증거를 종합하여, 원고는 김명재 소유의 이 사건 부동산에 관하여 1995. 11. 17. 채무자 김명재, 근저당권자 원고, 채권최고액 36,000,000원으로 한 근저당권설정등기를 마친 사실, 이 사건 부동산에는 이미 1993. 8. 23. 주식회사 부산은행 명의의 채권최고액 60,000,000원의, 1995. 11. 16. 주식회사 조흥은행 명의의 채권최고액 40,000,000원의 근저당권설정등기가 마쳐져 있었던 사실, 한편 원고 명의의 이 사건 근저당권설정등기에 대하여는 1996. 6. 19. 수원지방법원 성남지원 접수 제77418호로 같은 날 해지를 원인으로 한 말소등기가 마쳐진 사실, 이 사건 부동산에 관하여 1997. 2. 20. 신현길 명의의 채권최고액 90,000,000원의 근저당권설정등기가 마쳐졌다가, 1998. 1. 6. 계약양도를 원인으로 하여 피고를 근저당권자로 하는 부기등기가 마쳐진 사실, 선순위 근저당권자인 부산은행의 이 사건 부동산에 관한 임의경매신청에 의하여 진행된 임의경매절차에서 경매법원은 1999. 1. 29. 실제 배당금액 136,379,738원을 근저당권자인 부산은행에 60,000,000원, 조흥은행에 40,000,000원, 피고에게 36,379,738원을 배당하는 것으로 배당표를 작성한 사실을 인정한 다음, 원고 명의의 위 근저당권은 불법으로 말소된 것이므로 원고 명의의 근저당권설정등기가 회복되는 경우에 원고는 피고에 앞서는 선순위 근저당권자로서 우선 배당받아야 한다는 이유로 배당표의 경정을 구하는 원고의 청구에 대하여 원고 주장과 같이 이 사건 근저당권이 불법하게 말소되었다고 하더라도 이 사건 부동산은 위 경매절차에서의 대금납입에 따라 그 소유권이 낙찰자에게 이전됨으로써 위 근저당권설정등기는 그 회복등기가 이루어지더라도 말소될 운명에 있어 원고는 위 근저당권설정등기의 회복등기절차를 구할 수는 없는바, 원고는 위 근저당권설정등기가 김명재의 위법행위로 불법 말소되었음을 전제로 후순위 배당권자인 피고에 대하여 부당이득을 구함은 별론으로 하더라도 이미 말소되어 회복 불능한 위 근저당권설정등기가 유효하게 존재함을 전제로 피고에 대하여 배당이의의 소를 제기할 수는 없다고 판단하였다.

2. 등기는 물권의 효력 발생 요건이고 존속 요건은 아니어서 등기가 원인 없이 말소된 경우에는 그 물권의 효력에 아무런 영향이 없고, 그 회복등기가 마쳐지기 전이라도 말소된 등기의 등기명의인은 적법한 권리자로 추정되므로(대법원 1997. 9. 30. 선고 95다39526 판결 등), 근저당권설정등기가 위법하게 말소되어 아직 회복등기를 경료하지 못한 연유로 그 부동산에 대한 경매절차의 배당기일에서 피담보채권액에 해당하는 금액을 배당받지 못한 근저당권자는 배당기일에 출석하여 이의를 하고 배당이의의 소를 제기하여 구제를 받을 수 있고, 가사 배당기일에 출석하지 않음으로써 배당표가 확정되었다고 하더라도, 확정된 배당표에 의하여 배당을 실시하는 것은 실체법상의 권리를 확정하는 것이 아니기 때문에 (대법원 1988. 11. 8. 선고 86다카2949 판결 등 참조) 위 경매절차에서 실제로 배당받은 자에 대하여 부당이득반환 청구로서 그 배당금의 한도 내에서 그 근저당권설정등기가 말소 되지 아니하였더라면 배당받았을 금액의 지급을 구할 수 있다(대법원 1998. 10. 2. 선고 98다27197 판결 참조).

그럼에도 불구하고, 원심은 이와 다른 견해에서 근저당권설정등기가 위법하게 말소되어 아직 회복등기를 경료하지 못한 연유로 그 부동산에 대한 경매절차에서 피담보채권액에 해당하는 금액을 배당받지 못한 근저당권자는 이미 말소되어 회복불능한 근저당권설정등기가 유효하게 존재함을 전제로 배당이의의 소를 제기할 수는 없다고 판단하였으니, 거기에는 불법말소된 등기의 추정력 및 배당에 관한 법리를 오해한 위법이 있다고 할 것이다. 이 점 을 지적하는 상고이유의 주장은 정당하다.

3. 그러므로 원심판결을 파기하고, 사건을 다시 심리·판단하도록 원심법원에 환송하기 로 하여 관여 대법관의 일치된 의견으로 주문과 같이 판결한다.

대법관 박재윤(재판장) 서성 이용우(주심) 배기원

(2) 무효등기의 유용(流用) 문제

저당권등기에 기재된 피담보채권이 무효·취소·변제 등으로 인해 소멸한 후에 채권액·변제기 등이 동일한 새로운 채권이 성립한 경우, 종전채권과 신규채권은 동일성이 없지만 종전의 저당권등기를 신규채권에 관한 저당권등기로 이용할 수 있는지를 검토할 필요성이 있다. 물론 담보물권의 부종성을 관철시킨다면, 무효, 취소, 변제 등으로 피담보채권이 소멸하면 저당권도 소멸하게 된다(제369조). 따라서 종래의 저당권등기는 원인무효가 되므로 저당권등기는 말소되어야 한다. 그런데 종래의 당사자들이 저당권등기를 말소하지 않고 그대로 둔 상태에서 계약으로 다른 피담보채권에 대한 저당권등기로 이용할 수 있는지가 무효등기의 유용문제이다.

＊무효인 저당권등기의 유용문제를 해결하기 위한 접근방법

피담보채권의 소멸에 의하여 저당권은 당연히 소멸한다는 저당권의 부종성의 법리와, 실체적 권리관계에 부합하지 않는 무효의 등기도 그것이 현재의 권리상태와 일치하면 이를 권리상태의 공시로서 유용할 수 있다는 이론을 어떻게 조화할 것인지의 문제라고 할 수 있다.

＊case: 무효등기의 유용문제

갑은 을로부터 1억을 빌리면서 그 채무담보를 위하여 자신소유의 부동산에 저당권을 설정하여 등기를 경료해 주었다. 이후 갑은 이행기에 을에게 1억을 변제하였지만, 말소등기를 경료하지는 않았다(즉 말소등기 여부와 관계없이 갑이 변제기에 을에게 채무를 변제하였다면 피담보채권의 소멸로 인하여 저당권은 당연히 소멸하게 되고(제369조), 이에 기한 저당권등기는 원인무효의 등기가 된다). 3개월 후에 갑이 을에게 다시 1억을 빌린 경우에 종래에 말소하지 않고 있었던 무효의 저당권등기를 두 번째 1억의 채권담보를 위한 저당권등기로 유용하기로 합의한 경우에, 두 번째 1억의 채권을 담보하는 저당권등기로서 유효성을 인정할 수 있는가? 민사적 측면에서 살펴본다면, 이해관계인이 없는 경우에 당사자 사이에 무효등기를 유용하는 합의를 하더라도 종래의 등기상태가 현재의 권리관계에 합치되는 것이라면 이를 부정할 필요가 없다. 다만, 등록세 등을 절감하였다는 점에서 본다면 행정법적 제재는 발생할 여지는 있다.

> **민법**
>
> 제369조(부종성) 저당권으로 담보한 채권이 시효의 완성 기타 사유로 인하여 소멸한 때에는 저당권도 소멸한다.

한편, 통설과 판례는 실체적 권리관계에 부합하는 등기의 유용은 유용합의 이전에 등기부상 이해관계를 맺은 제3자가 없는 한 유효하다고 본다(대법원 2002. 12. 6. 선고 2001다2846 판결).

＊대법원 1970. 12. 24. 선고, 70다1630 전원합의체 판결 【소유권이전등기등】

【판시사항】

"갑"에 대한 귀속재산의 불하계약이 취소되고 이를 "을"이 불하하여 그 이전등기를 거쳐 "병"에게 다시 매도하고 역시 이전등기도 마쳤으나 그 후 "갑"에 대한 위 불하계약의 취소처분은 이를 취소한다는 재판이 확정되었다면 의당 위 "을"과 "병" 앞으로의 이전등기는 모두 무효로 될 것이지만 그 뒤 "병"이 다시 "갑"으로부터 매수하고 아울러 위 "병" 앞으로 된 무효의 등기를 유효한 것으로 전용하는 데 합의를 보았다면 그 이전등기는 유효하다.

【판결요지】

토지매매계약서와 같은 처분문서는 그 성립을 인정하는 이상 반증이 있거나 또는 이를 조신할 수 없는 합리적인 이유설시 없이는 그 기재내용을 조신할 수 없다고 하여 배척할 수 없다.

【참조조문】

민법 제186조

이 사건에 있어서 순리적인 등기절차를 이행하려면 국은 소외 조간란에 대한 소유권이전등기를 원인무효의 것이라고 하여 그 말소를 구하고 소유명의를 피고 국으로 회복한 다음 피고 최영섭에 대하여 매매(매각처분)를 원인으로 하는 소유권이전등기를 경유하여야 할 것이며 동 피고는 다시 동 피고로부터 매수한 다른 사람 앞으로 소유권이전등기를 경유하는 것이 실질적인 권리변동의 내용에 부합되는 것이라고 할 것이지만, 그러나 부동산등기는 부동산물권의 표증방법에 지나지 않는 것으로서 그 등기가 현재의 권리관계를 여실히 표증하고 있는 이상, 그 내용에 있어서 권리변동의 경료와 일치하지 아니한다고 하더라도 유효한 것이라고 하여 그 효력을 인정함이 상당할 것이며, 등기가 유효하기 위하여는 그 표증하는 실체법상의 권리관계가 존재함을 필요로 한다고 할 것이나 이와 같은 실체적 유효요건의 흠결이 있음으로 인하여 무효라고 하여야 할 등기가 그 후에 그 등기면에 대응하는 실체관계가 존재하게 된 때에는 그 후부터는 유효한 등기가 된다고 할 것이고, 그것이 처음부터 무효한 등기였으나 그 후에 실체적 유효요건을 충족하게 되는 경우는 물론 처음에는 유효한 등기였으나 후에 실체관계의 흠결을 가져오게 됨으로써 인하여 무효가 되고 그 후에 다시 권리관계의 내용에 있어서 처음의 것과 동일한 실체관계를 구비하게 된 때라 하더라도 이미 등기상 이해관계 있는 자가 생긴 것이 아닌 이상, 무효등기를 유효한 것으로 유용할 수 있는 것이라고 하여야 할 것이므로(대법원 1961. 12. 14. 선고 4293민상893 판결, 1963. 10. 10. 선고 63다583 판결 참조) 이 사건 부종산의 현재의 등기명의인인 피고들은 그 등기원인이 무효가 되어 그 명의의 소유권이전등기도 무효가 되었다 할지라도 이 사건 부동산을 피고국으로부터 적법히 매수하여 이미 그 대금을 완납한 피고 최영섭으로부터 다시 매수하여 그 대금까지 전액 지급하고 동 피고와의 사이에 무효로 된 위 등기를 유효한 것으로 할 것을 합의하였다면 등기상의 다른 이해관계인에게 영향을 주지 아니하거나 그들의 이의가 없는 이상, 위 무효등기를 새로 설정된 권리관계에 부합되는 유효등기로 하자는 위의 당사자 사이의 합의의 효력을 유효한 것이라고 보는 것이 상당할 것이다. 그리고 위와 같은 법리는 귀속재산인 부동산에 관하여도 다를 리가 없다.

귀속재산에 관하여 그 매수인의 명의변경이 허용되지 아니한다는 취지의 판례(대법원 1964. 9. 30. 선고 64다 499 판결 참조)는 귀속재산처리법상의 매매조건에 위배함이 없도록 하기 위한 것이라고 할 것인바, 적법한 매매계약에 의하여 귀속재산을 매수한 매수인이 매매대금 전액을 납부한 이상, 그 매수인은 국에 대하여 자기에게 그 부동산의 소유권이전등기를 이행하라는 청구를 할 권리(구민법 시행 중에는 당사자 사이에 반대특약이 없는 한 그 소유권 자체를 취득할 것이다)를 취득하여 이러한 권리를 제3자에게 양도하거나 또는 기타의 처분을 할 수 있는 지위에 있다 할 것이고 이를 매각한 관재당국이 위의 제3자에 관하여 귀속재산을 취득할 수 있는 조건이 있는지, 없는지를 심사하여 그 가부를 결정할 수 있는 성질의 것이 아니므로 매매대금 전액을 납부한 귀속재산 매수인의 위와 같은 제3자에 대한 처분에 관하여 그 법률상 효력을 부인할 아무런 이유가 없고 이 사건에 있어서와 같이 이미 취득한 제3자 명의의 등기가 무효가 되었으므로 적법한 귀속재산 매수인으로부터 위의 제3자가 다시 위와 같은 권리를 취득하고 위 무효의 등기를 유효한 것으로 전용할 것을 합의한 경우에 그 등기에 위 합의에 따른 효력이 있다고 하여 법률상 이를 허용한다 하더라도 위 제3자가 귀속재산 불하처분의 당사자가 되는 것도 아니고 또 귀속재산처리법상의 귀속재산 취득자격의 심사를 받아야 하는 자가 되는 것도 아니니 위의 판례의 견해가 반드시 위 설시와 같은 해석과 저촉되는 것이라고 볼 것은 아니다. 그럼에도 불구하고 원심이 귀속재산에 있어서는 불하한 관재당국은 반드시 당해 귀속재산의 당초의 적격자로서 매수한 사람에게만 그 소유권이전등기를 이행하여야 하고 불하대상자가 아닌 사람(매각처분이 취소된 사람)인 조간란에 대한 이전등기가 무효로 돌아간 이상 후일 실질적 이해관계 당사자사이에 등기에 부합하는 실체상

법률관계를 설정하고 무효등기를 유효등기로 전용할 합의를 하였다 하더라도 그 합의의 효력을 인정할 수 없다고 판단하였음은 위에서 설시한 귀속재산 매각에 관한 법리와 부동산등기의 법률상 효력을 잘못 이해한 위법이 있다고 할 수밖에 없다.

그리고 또 원심은 을 제1호증의 1의 성립을 인정하면서 그 기재내용을 믿을 수 없다고 배척하고 있으나 동 호증은 피고 최영섭과 이 사건 토지의 현재의 소유명의자인 피고들과 사이에 체결된 이 사건 토지매매계약서로서 이와 같은 문서는 그 성립을 인정하는 이상 그 반증이 있거나 또는 이를 조신할 수 없는 합리적인 이유설시 없이는 그 기재내용을 조신할 수 없다고 하여 배척할 수 없는 것이라고 할 것이니 원판결에는 처분문서의 성립을 인정하면서 정당한 이유 없이 그 기재내용을 배척한 채증법칙 위배의 위법이 있다고 할 수밖에 없다.

따라서 원판결에는 귀속재산처리법 또는 등기의 효력에 관한 법리를 오해하고 채증법칙에 위배하여 피고들 주장사실에 관한 증거를 배척한 위법이 있다는 상고논지는 이유 있다 할 것이고 다른 상고논지는 판단할 것 없이 원판결은 이점에 있어서 파기를 면치 못한다고 하여야 할 것이다.

대법관   민복기(재판장) 손동욱 김치걸 사광욱 홍순엽 양회경 방순원 나항윤
이영섭 홍남표 유재방 김영세 한봉세 민문기 양병호

저당권등기 유용의 합의에 따른 저당권 이전의 부기등기가 경료된 경우에도 유효하다. 부동산의 소유자 겸 채무자가 채권자인 저당권자에게 당해 저당권설정등기에 의하여 담보되는 채무를 모두 변제함으로써 저당권이 소멸된 경우 그 저당권설정등기 또한 효력을 상실하여 말소되어야 할 것이나, 그 '부동산의 소유자'가 새로운 제3의 채권자로부터 금원을 차용함에 있어 그 '제3자와 사이에' 새로운 차용금 채무를 담보하기 위하여 잔존하는 종전 채권자 명의의 저당권설정등기를 이용하여 이에 터잡아 새로운 제3의 채권자에게 저당권 이전의 부기등기를 경료하기로 하는 내용의 '저당권등기 유용의 합의'를 하고 실제로 그 부기등기를 경료하였다면, 그 저당권이전등기를 경료받은 새로운 '제3의 채권자'로서는 언제든지 부동산의 소유자에 대하여 그 등기 유용의 합의를 주장하여 저당권설정등기의 말소청구에 대항할 수 있다고 할 것이고, 다만 그 저당권 이전의 부기등기 이전에 등기부상 이해관계를 가지게 된 자에 대하여는 위 등기 유용의 합의 사실을 들어 위 저당권설정등기 및 그 저당권 이전의 부기등기의 유효를 주장할 수는 없다(대법원 1998. 3. 24. 선고 97다56242 판결).

(3) 멸실건물에 대한 등기를 신축건물에 유용하는 문제

　판례에 의하면, 저당권이 설정된 건물을 부수고 대신 새 건물을 신축하면서 당사자 간에 구 건물에 대한 저당권을 신축건물에 대한 것으로 하기로 약정하였다 하더라도 구 건물의 멸실로 저당권은 소멸하고 따라서 저당권자는 신축건물의 경락대금으로부터 우선변제를 받지 못한다고 하여 부정하고 있다(대법원 1992. 3. 31. 선고 91다39184 판결). 무효등기의 유용문제는 저당권의 목적물이 동일성을 유지한다는 전제에서 피담보채권의 부종성과 실체관계의 부합과의 조화차원에서 접근하는 문제이다. 즉 무효등기의 유용문제는 동일한 저당목적물과 관련하여 저당권설정등기가 종전에 경료되었다는 점을 출발점으로 하면서, 피담보채권의 존재를 전제로 하는 담보물권의 부종성 완화의 차원에서 접근하는 논의이다. 따라서 물권의 객체가 멸실된 이후에 신축한 목적물의 저당권 유용과는 그 전제가 다른 차원의 문제이다. 왜냐하면 신축건물의 경우에는 당연히 원시취득으로서 종래의 권리관계는 완전하게 절연되었다고 보아야 하고, 또한 실체관계의 부합에는 저당목적물의 동일성도 포함되는 것으로 보아야한다. 따라서 신축건물의 보존등기이후에 저당권설정등기가 경료된 바가 없다면 종래의 멸실된 저당권등기의 무효를 유용할 수 있는 전제조건이 충족되지 않는다고 보아야 한다. 따라서 종전의 멸실된 저당권설정등기를 현재의 신축건물에 대한 저당권으로 합의하였다고 하여 신축건물에 대한 저당권등기가 경료된 것으로 보는 것은 해석의 한계를 넘는 것이다. 즉 신축건물의 소유권취득이 종래의 권리관계와는 무관한 원시취득이라는 점과 양자는 권리객체의 동일성이 인정될 수 없다는 점을 고려하여야 한다.

*대법원 1976. 10. 26. 선고 75다2211 판결 【가옥명도】

【판시사항】
　신축된 건물에 대한 등기를 멸실된 건물의 등기부에 한 경우의 효력과 이미 멸실된 건물에 대한 근저당권등기에 기하여 신축된 건물을 경락받은 경우의 효과

【판결요지】
　기존건물이 멸실된 후 그곳에 새로이 건축한 건물의 물권변동에 관한 등기를 멸실된 건물의 등기부에 하여도 이는 진실에 부합하지 아니하는 것이고 비록 당사자가 멸실건물의 등기로서 신축된 건물의 등기에 갈음할 의사를 가졌다 하여도 그 등기는 무효이니 이미 멸실된 건물에 대한 근저당권설정등기에 신축된 건물에 대한 근저당권이 설정되었다고는 할 수 없으면 그 등기에 기하여 진행된 경매에서 신축된 건물을 경락받았다 하더라도 그로써 소유권취득을 내세울 수는 없다.

【전문】

【원고, 상고인】 주식회사한일은행 소송대리인 변호사 한복

【피고, 피상고인】 차재숙 소송대리인 변호사 유재방

【원심판결】 서울고등법원 1975. 10. 31. 선고 74나1907 판결

【주문】

상고를 기각한다. 상고비용은 원고의 부담으로 한다.

【이유】

1. 상고이유 1점에 대하여,

신축된 건물과 멸실된 건물이 그 자료 위치 구조 기타면에 있어서 상호 같다고 하더라도 그로써 신축된 건물이 멸실된 건물과 동일한 건물이라고는 할 수 없으므로(신축된 건물 그것이 곧 멸실된 바로 그 건물이라고 할 수 없다) 기존건물이 멸실된 후 그곳에 새로이 건축한 건물의 불권변동에 관한 등기를 멸실된 건물의 등기부에 하여도 이는 진실에 부합하지 아니하는 것이고 비록 당사자가 멸실건물의 등기로서 신축된 건물의 등기에 갈음할 의사를 가졌다 하여도 그 등기는 무효라고 아니할 수 없으며 따라서 이미 멸실된 건물에 대한 근저당권설정등기에 의하여 신축된 건물에 대한 근저당권이 설정되었다고는 할 수 없으니 그 등기에 기하여 진행된 경매에서 신축된 건물을 감정평가하여 이를 경락받았다 하더라도 그로써 이건에 있어서 원고는 피고에 대하여 소유권 취득을 내세울 수는 없다고 할 것이므로 같은 취지로 판단한 원심의 조치는 정당하며, 논지에서 인용한 당원의 판례도 건물이 전연 별개의 건물인 경우에까지 타당한 취지로 풀이할 수 없으니 이와 반대의 견해에서 원판결을 비의하는 논지는 이유 없다(등기부상으로는 건물이 바뀌게 되면 표시란 자체를 달리하게 되므로 이중등기의 위험성이 많게 되어 이점에 있어서 단지 사항란의 등기의 변동만을 가져오게 될 경우와 동일하게 논단할 수 없게 된다).

2. 상고이유 2점에 대하여,

원심이 그 거시의 증거에 의하여 소외 주식회사 동아빌딩이 등기부상 표시건물을 그 소유자였던 소외 조옥현으로부터 이를 양도받아 동회사에서 1957. 6.경 그 건물을 다 헐어 버리고 이건 건물을 신축하였다고 인정하고 이에 반하는 원심증인 강시호의 일부 증언은 믿기 어렵다고 판시함으로써 동 증인의 위 인정에 반하는 증언은 적법히 배척되었다 할 것이고, 이건 건물 신축 당시에는 일반적으로 서기년호를 사용하지 아니하였고 상량에는 간지를 쓰는

것이 상식이라 하여도 원심이 검증의 결과 이건 건물의 상량일자를 서기 1957. 6. 27.임을 인정하고 다른 증거와 종합하여 이건 건물은 1957. 6.경 신축하였다고 인정하였는바 기록에 비추어 보아도 그것이 경험칙이나 논리칙에 위반된 사실인정이라 보여지지 아니하므로 논지 이유 없다.

3. 상고이유 3점에 대하여,

일건 기록에 의하면 피고는 등기부상의 건물은 이미 노후되어 수년전 철거되어 없어졌으며 이건 건물은 새로이 수차에 걸쳐 건축을 하여 확장한 것이라 주장하고(1974. 6. 8.자 준비서면 기록 206면) 또 등기부상의 건물은 1963년경 완전 취훼(取毁)되었으며 이건 건물과는 전혀 상위한 별개의 건물이라고 주장하였는데(1975. 3. 6.자 준비서면 기록 271면) 이 양주장의 취지는 다 같이 구 건물은 철거 또는 완전 취훼(取毁)되고 이건 건물은 새로이 건축한 별개의 건물이라는 점에 있으며 그 외 피고가 등기부상의 건물을 후일 증개축한 것이라고 주장한 흔적을 찾아볼 수 없어서 위 양주장이 상호 모순된다고 인정되지 아니하고 단지 위 주장이 1974. 4. 6.자 답변서에서 주장하는 바와 상호 저촉되는 점이 있기는 하나 이건에 있어서 위 저촉되는 점에 대하여 석명을 하지 아니하였다고 해서 그로써 원심판결을 위법시할 사유로 할 수 없으며, 피고주장의 주된 취지가 위와 같이 등기부상의 표시된 건물은 멸실되었으며 이건 건물은 새로 건축된 별개의 건축이라는 데 있으므로 원심이 인정한 사실관계에서 이건 건물의 연도를 원고주장과 다소 달리 인정하였다 하여 당사자가 주장하지 아니한 사실을 인정하였다고도 할 수 없으므로 논지 역시 이유 없다.

그러므로 이건 상고는 이유가 없으므로 민사소송법 제400조, 제395조, 제384조 제1항의 규정에 의하여 기각하기로 하고 소송비용의 부담에 관해서는 같은 법 제95조, 제89조에 의하고 관여법관의 일치된 의견으로 주문과 같이 판결한다.

대법관   홍순엽(재판장) 양병호 이일규 강안희

4) 피담보채권

피담보채권이 금전채권인 것이 일반적이지만, 저당권에 의하여 담보되는 채권의 종류에는 제한이 없다고 보아야 한다. 즉 피담보채권이 처음부터 금전채권일 필요가 없고, 저당권실행시에 금전

채권으로 되어 있으면 충분하다. 왜냐하면 금전채권 이외의 채권도 불이행 시에 금전에 의한 손해배상채권으로 전환되기 때문이다. 한편, 현행 부동산등기법은 피담보채권이 금전채권이 아닌 경우에는 저당권등기를 신청할 경우에 신청서에 그 금액을 금전으로 평가하여 등기부에 표시하도록 규정하고 있다(부동산등기법 제143조). 이러한 공시를 통하여 제3자를 보호할 목적이다. 따라서 실제 채권액이 등기상에 표시된 가액을 넘더라도 등기된 가액의 한도 내에서만 우선변제권을 주장할 수 있다(대법원 1980. 9. 18. 선고 80다75 판결). 즉 공시된 경우에만 저당권의 효력이 있는 것으로 본다는 의미이다. 거래안전을 고려하기 위함이다.

> **민법**
>
> 제143조(피담보채권의 가액) 일정한 금액을 목적으로 하지 아니한 채권의 담보인 저당권의 설정등기를 신청할 때에는 신청서에 그 채권의 가격을 적어야 한다. [전문개정 2008.3.21]

(1) 수개의 채권 또는 채권의 일부

여러 개의 채권을 피담보채권으로 하여 저당권을 설정할 수 있다. 채권자가 다른 수개의 채권을 피담보채권으로 하여 저당권이 설정된 경우에 수인의 채권자는 저당권을 준공유하게 된다. 예를 들어 갑과 을이 각각 100만 원과 50만 원의 채권을 하나의 피담보채권으로 하여 저당권을 설정한 경우에 갑과 을은 피담보채권의 비율로 지분권을 갖게 된다. 그리고 채권의 일부만을 피담보채권으로 할 수 있다.

(2) 장래의 채권

피담보채권의 부종성 문제는 저당권의 실행 당시에 채권과 저당권이 함께 존재하면 충족한다. 따라서 장래의 채권을 위해서도 저당권을 설정할 수 있다. 특히 근저당권은 장래의 증감변동하는 불특정다수의 채권을 담보하는 저당권이다. 이와 관련하여 현행 민법은 장래의 채권에 대한 담보를 인정하는 규정을 두고 있다. 이에는 제26조 제1항, 제206조, 제443조, 제558조, 제639조, 제2항, 제662조 제2항, 제918조 제4항, 제956조 등이 해당된다. 따라서 장래의 특정채권을 담보하기 위한 저당권도 유효하게 인정된다. 물론 저당권의 효력으로서 우선변제권이 인정되기 위해서는 채권이 실제 발생하여야 할 것이다.

> **민법**
>
> 제26조(관리인의 담보제공, 보수)
>
> ① 법원은 그 선임한 재산관리인으로 하여금 재산의 관리 및 반환에 관하여 상당한 담보를 제공하게 할 수 있다.
>
> ② 법원은 그 선임한 재산관리인에 대하여 부재자의 재산으로 상당한 보수를 지급할 수 있다.
>
> ③ 전2항의 규정은 부재자의 생사가 분명하지 아니한 경우에 부재자가 정한 재산관리인에 준용한다.
>
> 제206조(점유의 보전)
>
> ① 점유자가 점유의 방해를 받을 염려가 있는 때에는 그 방해의 예방 또는 손해배상의 담보를 청구할 수 있다.
>
> ② 공사로 인하여 점유의 방해를 받을 염려가 있는 경우에는 전조 제3항의 규정을 준용한다.
>
> 제443조(주채무자의 면책청구) 전조의 규정에 의하여 주채무자가 보증인에게 배상하는 경우에 주채무자는 자기를 면책하게 하거나 자기에게 담보를 제공할 것을 보증인에게 청구할 수 있고 또는 배상할 금액을 공탁하거나 담보를 제공하거나 보증인을 면책하게 함으로써 그 배상의무를 면할 수 있다.

2. 법률규정에 의한 성립

일정한 경우에는 법률의 규정에 의하여 당연히 저당권이 성립되는 경우가 있다. 이와 관련하여 현행 민법은 법정저당권이 발생하는 경우로 한 가지만(제649조: 법정지상권)을 규정하고 있다.

> **민법**
>
> 제649조(임차지상의 건물에 대한 법정저당권) 토지임대인이 변제기를 경과한 최후 2년의 차임채권에 의하여 그 지상에 있는 임차인소유의 건물을 압류한 때에는 저당권과 동일한 효력이 있다.

제649조가 적용되기 위한 요건은 다음과 같다. 토지임차인이 임차지에 자기 소유의 건물을 가지고 있어야 한다. 토지임차인이 연체한 차임 중 2년분의 차임채권에 한해서만 법정저당권이 성립

된다. 이렇게 제한적 범위에서 피담보채권을 인정하는 이유는 제3자에게 불측의 손해가 발생하는 것을 방지하기 위함이다. 제649조에 의하여 법정저당권이 성립하는 시기는 압류등기를 한 때이다.

***법정저당권과 저당권설정청구권의 차이점**

　민법 제649조의 법정저당권은 민법 제666조의 저당권설정청구권과는 구별되는 개념이다. 즉 제666조는 부동산공사수급인의 보수청구권을 보호하기 위한 특별규정으로서 법률규정에 의하여 성립되는 물권적 권리의 근거규정이지만, 제666조는 채권적 권리로서 저당권설정청구권을 행사할 수 있는 근거규정이라는 점에서 차이가 있다. 따라서 666조의 저당권설정청구권은 649조의 법정저당권과 같이 법률상 당연히 저당권이 성립되는 것이 아니다. 따라서 도급인이 수급인의 청구에 응하여 등기를 하여야만 저당권이 성립한다. 만약 저당권설정청구권을 행사하였는데, 도급인이 응하지 않으면 의사표시에 갈음한 판결을 구할 수 있다(제389조 제2항). 그런데 수급인은 666조의 저당권설정청구권을 행사하기보다는 유치권을 행사하는 것이 보다 효율적이다.

민법

제649조(임차지상의 건물에 대한 법정저당권) 토지임대인이 변제기를 경과한 최후 2년의 차임채권에 의하여 그 지상에 있는 임차인소유의 건물을 압류한 때에는 저당권과 동일한 효력이 있다.

제666조(수급인의 목적부동산에 대한 저당권설정청구권) 부동산공사의 수급인은 전조의 보수에 관한 채권을 담보하기 위하여 그 부동산을 목적으로 한 저당권의 설정을 청구할 수 있다.

제389조(강제이행)

① 채무자가 임의로 채무를 이행하지 아니한 때에는 채권자는 그 강제이행을 법원에 청구할 수 있다. 그러나 채무의 성질이 강제이행을 하지 못할 것인 때에는 그러하지 아니하다.

② 전항의 채무가 법률행위를 목적으로 한 때에는 채무자의 의사표시에 가름할 재판을 청구할 수 있고 채무자의 일신에 전속하지 아니한 작위를 목적으로 한 때에는 채무자의 비용으로 제삼자에게 이를 하게 할 것을 법원에 청구할 수 있다.

③ 그 채무가 부작위를 목적으로 한 경우에 채무자가 이에 위반한 때에는 채무자의 비용으로써 그 위반한 것을 제각하고 장래에 대한 적당한 처분을 법원에 청구할 수 있다.

④ 전3항의 규정은 손해배상의 청구에 영향을 미치지 아니한다.

제3장 저당권의 효력

1. 저당권의 효력범위

저당권은 원본, 이자, 위약금, 채무불이행으로 인한 손해배상 및 저당권의 실행비용을 담보하는데, 지연배상은 원본의 이행기일을 경과한 후의 1년분에 한한다(제360조). 그런데 저당권은 질권에 있어서와 다르게, 목적물보존의 비용과 목적물하자로 인한 손해배상채권(제334조)은 제360조에 의한 저당권의 피담보채권에 포함되지 않는다. 피담보채권의 범위는 저당권설정등기 신청서에 기재되어야 할 등기사항이다.

민법

제334조(피담보채권의 범위) 질권은 원본, 이자, 위약금, 질권실행의 비용, 질물보존의 비용 및 채무불이행 또는 질물의 하자로 인한 손해배상의 채권을 담보한다. 그러나 다른 약정이 있는 때에는 그 약정에 의한다.

제358조(저당권의 효력의 범위) 저당권의 효력은 저당부동산에 부합된 물건과 종물에 미친다. 그러나 법률에 특별한 규정 또는 설정행위에 다른 약정이 있으면 그러하지 아니하다.

부동산등기법

제140조(저당권)

① 저당권의 설정등기를 신청하는 경우에는 신청서에 채권액과 채무자를 적어야 한다. 이 경우 등기원인에 변제기, 이자 및 그 발생기·지급시기, 원본 또는 이자의 지급장소, 채무불이행으로 인한 손해배상에 관한 '약정'이나「민법」제358조 단서의 약정이 있는 경우 또는 채권이 조건부일 경우에는 이를 적어야 한다.

② 제1항의 저당권의 내용이 근저당인 경우에는 신청서에 등기원인이 근저당권설정계약이라는 사실과 채권의 최고액 및 채무자를 적어야 한다. 이 경우 등기원인에「민법」제358조 단서의 약정이 있는 경우에는 이를 적어야 한다.

저당권에 의하여 담보되는 채권의 범위는 제360조에 규정되어 있다. 제360조 단서의 입법취지를 살펴볼 필요가 있다. 저당권에 의하여 담보되는 채권의 범위와 관련하여, 일반적으로 이자특약을 한 경우에 이자를 등기할 수 있고, 이렇게 공시가 되는 경우에는 저당권의 효력으로서 우선변제권이 있다(부동산등기법 제140조 제1항), 그런데 지연이자의 경우에는 불확정적이므로 공시가 불가능하다는 점에서 원본에 대한 이자와는 차이가 있다. 그러함에도 불구하고 저당권이 지연이자에 대해서도 무제한적으로 담보한다고 하면 후순위저당권자 또는 목적물에 관하여 이해관계를 가지는 제3자를 해하게 될 염려가 있다. 이러한 이유로 제360조 단서를 규정한 것이다. 부동산등기법에 의하면, 이자는 임의적 기재사항이다. 그런데 원인증서에 이자의 기재가 있음에도 불구하고 이를 기재하기 않으면 각하사유가 된다(부동산등기법 제55조 제4호).

민법

제360조(피담보채권의 범위) 저당권은 원본, 이자, 위약금, 채무불이행으로 인한 손해배상 및 저당권의 실행비용을 담보한다. 그러나 지연배상에 대하여는 원본의 이행기일을 경과한 후의 1년분에 한하여 저당권을 행사할 수 있다.

부동산등기법 제55조(신청의 각하)

등기관은 다음 각 호의 어느 하나에 해당하는 경우에만 이유를 적은 결정으로써 신청을 각하하여야 한다. 그러나 신청의 잘못된 부분이 보정(補正)될 수 있는 경우에 신청인이 당일 이를 보정하였을 때에는 그러하지 아니하다. [개정 2010.3.31 제10221호(지방세법), 2010.12.27 제10416호(지방세법)]

1. 사건이 그 등기소의 관할이 아닌 경우
2. 사건이 등기할 것이 아닌 경우
3. 당사자나 그 대리인이 출석하지 아니한 경우
4. 신청서가 방식에 맞지 아니한 경우
5. 신청서에 적힌 부동산 또는 등기의 목적인 권리의 표시가 등기부와 일치하지 아니한 경우
6. 제47조에 따른 서면을 제출한 경우 외에 신청서에 적힌 등기의무자의 표시가 등기부와 일치하지 아니한 경우
7. 신청서에 적힌 사항이 등기원인을 증명하는 서면과 일치하지 아니한 경우
8. 신청서에 필요한 서면 또는 도면을 첨부하지 아니한 경우
9. 취득세(「지방세법」 제20조의2에 따라 분할납부하는 경우에는 등기하기 이전에 분할납부하여야 할 금액을 말한다), 등록면허세(등록에 대한 등록면허세만 해당한다) 또는 제27조 제3항에 따른 수수료를 내지 아니하거나 등기신청과 관련하여 다른 법률에 따라 부과된 의

무를 이행하지 아니한 경우

10. 제90조, 제101조, 제130조 제1호 또는 제131조 제1호에 따라 등기를 신청하는 경우에 신청서에 적은 사항이 토지대장·임야대장 또는 건축물대장과 일치하지 아니한 경우

11. 등기의 신청이 제56조를 위반한 경우

12. 1동의 건물을 구분한 건물의 등기신청에서 그 구분소유권(區分所有權)의 목적인 건물의 표시에 관한 사항이 등기관의 조사 결과 「집합건물의 소유 및 관리에 관한 법률」 제1조 또는 제1조의2와 맞지 아니한 경우

13. 등기의 신청이 제170조 제4항을 위반한 경우

한편, 제360조가 강행규정인지의 여부와 관련하여 견해의 대립이 있다. 이와 관련하여 강행규정이란 선량한 풍속 기타 사회질서와 관련한 규정으로서 당사자사이의 합의의 효력이 부정되는 규정이다. 그런데 당사자 사이에 제360조와 다른 특약의 효력을 부정하여야 할 특별한 이유는 없다고 보여 진다. 즉 당사자 간의 채권적 효력을 부정할 합리적인 이유가 없다는 것이다. 이러한 점에서 제360조를 강행규정인지의 여부문제로 논의하는 것은 잘못된 접근방법이라고 생각한다. 물론 제360조의 범위 안에서 한 약정을 등기한 경우에는 제3자에게 대항할 수 있다. 결론적으로 제360조와 관련하여 등기되지 않은 채권자·채무자 간의 약정은 대내적인 효력은 있지만, 물상보증인이나 기타의 후순위저당권자, 제3취득자에게는 대항할 수 없는 것으로 이해하는 것이 타당하다.

> **＊질권과 저당권의 피담보채권의 범위에 관한 문제**
>
> 저당권의 피담보채권의 범위에 관한 제360조는, 질권의 피담보채권의 범위에 관한 제334조(임의규정)와는 달리 '다른 약정'을 허용하는 규정형식을 취하고 있지 않고 있다. 즉 질권의 경우에는 제334조가 임의규정으로 되어 있기 때문에 다른 약정으로써 제3자에게 대항할 수 있다. 질권의 경우에는 그 성립에 점유이전을 하여야 하기 때문에 후순위자의 문제가 발생할 가능성이 낮기 때문이다. 그런데 저당권의 경우에는 점유이전 없이 교환가치만을 지배하므로 후순위자가 등장할 가능성이 있다. 따라서 제360조에 열거되지 않은 사항에 관한 당사자 간의 약정에 대하여 등기하지 않으면 제3자에 대한 관계에서 무효이지만, 그렇다고 하더라고 당사자 사이에서 채권적 효력까지 부정할 필요는 없다. 이러한 이유로 360조를 당사자 사이의 합의내용 자체를 부정하는 강행규정이라고 보는 것은 문제가 있다.
>
> > 민법 제334조(피담보채권의 범위) 질권은 원본, 이자, 위약금, 질권실행의 비용, 질물보존의 비용 및 채무불이행 또는 질물의 하자로 인한 손해배상의 채권을 담보한다. 그러나 다른 약정이 있는 때에는 그 약정에 의한다(이 규정은 임의규정이다. 즉 질권의 경우에는 유치적 효력이 인정된다. 그런데 유치하기 위해서는 채권자의 점유가 수

반되어야 하므로 후순위자의 문제가 발생할 가능성이 낮다. 따라서 저당권과 같은 인도하지 않은 상태에서의 순위에 따른 복수의 관념적 지배를 할 수 없다).

*대법원 2004. 12. 24. 선고 2004다45943 판결

금전채무를 담보하기 위하여 채무자가 그 소유의 동산을 채권자에게 양도하되 점유개정의 방법으로 인도하고 채무자가 이를 계속 점유하기로 한 경우에는, 특별한 사정이 없는 한 동산의 소유권은 신탁적으로 이전됨에 불과하여 채무자와 채권자 사이의 대내적 관계에서 채무자는 의연히 소유권을 보유하나, 대외적인 관계에 있어서 채무자는 동산의 소유권을 이미 채권자에게 양도한 무권리자가 되는 것이어서 채무자가 다시 다른 채권자와 사이에 양도담보설정계약을 체결하고 점유개정의 방법으로 인도를 하더라도 현실의 인도가 아닌 점유개정으로는 선의취득이 인정되지 아니하므로 나중에 설정계약을 체결한 채권자는 양도담보권을 취득할 수 없다.

판례는 제360조를 다음과 같이 해석하고 있다. 저당권의 피담보채무의 범위에 관하여 민법 제360조가 지연배상에 대하여는 원본의 이행기일을 경과한 후의 1년분에 한하여 저당권을 행사할 수 있다고 규정하고 있는 것은, 저당권자의 제3자에 대한 관계에서의 제한이며, 채무자나 저당권설정자가 저당권자에 대하여 대항할 수 있는 것이 아니다. 위 민법 제360조가 양도담보의 경우에 준용된다고 하여도 마찬가지로 해석하여야 할 것인 만큼, 이 사건에 있어 채무자인 원고가 채권자인 양도담보권자인 피고에 대하여 민법 제360조에 따른 피담보채권의 제한을 주장할 수는 없다. 즉 채무자는 채권자인 저당권자에게 제360조에 기하여 지연배상액은 1년분에 한하여만 주장할 수 있다고 하면서 피담보채권의 제한이 있음을 주장하여 변제를 거절할 수는 없다는 의미이다(대법원 1992. 5. 12. 선고 90다8855 판결).

2. 피담보채권의 범위

1) 제360조 본문

(1) 원본

담보되는 원본의 액, 변제기, 지급장소 등이 등기원인에 존재하는 경우에는 이를 신청서에 기재

하여야 한다(부동산등기법 제140조, 제143조). 즉 원본채권의 전부나 일부를 피담보채권으로 할 수 있고, 또한 담보되는 채권액과 그 변제기 및 지급장소는 등기사항이다. 따라서 등기하지 않은 채권으로 제3자에게 대항할 수는 없다. 그런데 실제의 채권액이 등기된 금액에 미달하는 경우에도 등기된 금액을 중심으로 저당권의 효력이 미치는지의 여부가 문제된다. 저당권의 부종성을 고려한다면, 실제의 채권액에 대해서만 저당권의 효력이 미친다고 보아야 할 것이다.

부동산등기법

제140조(저당권)

① 저당권의 설정등기를 신청하는 경우에는 신청서에 채권액과 채무자를 적어야 한다. 이 경우 등기원인에 변제기, 이자 및 그 발생기 · 지급시기, 원본 또는 이자의 지급장소, 채무불이행으로 인한 손해배상에 관한 약정이나 「민법」 제358조 단서의 약정이 있는 경우 또는 채권이 조건부일 경우에는 이를 적어야 한다.

② 제1항의 저당권의 내용이 근저당인 경우에는 신청서에 등기원인이 근저당권설정계약이라는 사실과 채권의 최고액 및 채무자를 적어야 한다. 이 경우 등기원인에 「민법」 제358조 단서의 약정이 있는 경우에는 이를 적어야 한다. [전문개정 2008.3.21]

제143조(피담보채권의 가액) 일정한 금액을 목적으로 하지 아니한 채권의 담보인 저당권의 설정등기를 신청할 때에는 신청서에 그 채권의 가격을 적어야 한다. [전문개정 2008.3.21]

(2) 이자

이자의 약정이 있는 경우에 이율, 발생기, 지급시기, 지급장소 등이 등기원인에 존재하는 경우에는 이를 신청서에 기재하여야 한다(부동산등기법 제140조, 제143조). 지연배상이 아닌 이자채권은 저당권에 의하여 무제한 담보된다. 물론 등기하여야 한다. 이와 관련하여 이자채권이 저당권에 의해 무제한으로 담보되는 것은 저당권자를 보호하지만 후순위저당권자 등 제3자에게 불측의 손해를 줄 우려가 있으므로 부당하다는 견해가 있다. 그런데 이자채권의 범위는 등기된 원본변제기 및 이자(이율)에 의해 예측될 수 있고 원본변제기 후의 이자는 1년분에 한해 지연배상으로서 제한적으로 담보되므로 불합리한 것은 아니라고 생각된다. 그리고 변제기가 등기되지 않은 경우에는 채권성립 시를 변제기로 보아 이자는 그 후의 1년분에 한해 지연배상으로서 담보된다고 할 것이다. 이와 관련하여 변제기가 없는 금전소비대차계약을 체결하면서 저당권을 설정한 경우에는 이자채권은 무제한 담보될 수 있어서 후순위저당권자 또는 일반채권자에게 불측의 손해가 발생할 가능성은 있다는 견해가 있다. 그런데 변제기가 없더라도 저당권의 부종성 때문에 10년 동안에 저당권을 실행하지 않으면 피담보채권이 소멸되므로 이자의 산출이 불가능할 정도로 예측 불가능한 것은 아니라고 보아야 한다. 물론 10년은 매우 장기일 수 있지만, 현재 민법개정안이 5년으로 단축하고 있다는 점도 고려할 필요성이 있다. 또한 이자는 원본채권의 확장이라는 성질이 있기 때문에 지연배상과는 다른 상황이라고 생각한다. 일반적으로 실무에서는 저당권보다는 근저당권을 설정하는 것이 대부분이다. 실무상 근저당권에서 공시되는 채권최고액은 실제 채권액의 130~150% 정도에서 등기하고 있다. 그리고 1년이 경과한 지연배상액에 대해서도 등기된 채권최고액의 범위 내에서는 우선변제를 받을 수 있다. 일반적으로 근저당권의 실행은 채권최고액에 이르게 될 즈음에 경매를 신청하게 된다.

(3) 위약금

위약금(손해배상액의 예정, 위약벌)에 대한 등기를 하였다면 이것도 피담보채권에 포함된다. 그런데 일부 교재에서 "위약금의 등기에 관한 명문규정이 없지만, 위약금의 약정이 있는 경우에는 등기한 경우에 한하여 저당권에 의하여 담보된다고 해석하는 것이 통설이다"라고 기술하고 있다. 이와 관련하여 명문규정이 없어서 해석에 의하여 인정된다는 표현이 타당한지를 검토할 필요성이 있다. 부동산등기법 제140조를 살펴보면, 임의기재사항으로서 '채무불이행으로 인한 손해배상에 관한 약정'이 있는 경우에 이를 등기하면 저당권의 효력이 미치는 것으로 규정되어 있다. 그런데 위약금은 위약벌의 성질과 손해배상액의 예정의 성질이 있다. 양자가 불명확할 경우에는 손해배상액의 예정으로 추정된다(제398조 제4항). 그런데 당사자들이 위약금을 위약벌로 한다는 특약을 하고 이를 저당권등기신청서에 기입하고 이를 등기한 경우라면, 이러한 위약금에 대해서도 저당권의 효력이 미쳐야 할 것이다. 물론 이를 규율할 수 있는 법 규정이 존재하지 않는다고 볼 여지가 있다. 만약 위약벌의 특약이 없어서 위약금의 성질이 불명확할 경우에는 손해배상액의 예정으로 추정되는데(제398조 제4항), 이러한 경우라면 부동산등기법 제140조에서 말하는 '채무불이행으로 인한 손해배상에 관한 약정'에 계약위반으로 인하여 발생할 수 있는 손해배상에 관한 약정을 포함시킬 수 있다고 생각한다. 이러한 전제에 의한다면, 부동산등기법 제140조가 명시적인 법적 근거가 된다고 생각된다. 그리고 계약위반을 전제한 위약금 약정이 있는 경우에 이를 등기한 경우에 저당권에 의하여 담보된다고 하는데, 여기서 말하는 계약위반의 구체적 내용은 무엇인지를 검토할 필요성이 있다. 부동산매매계약이라면 위약금약정의 전제는 계약금이 실제로 수수된 경우를 전제로 하여 위약금약정이 있는 경우에만 고려될 수 있는 것이다. 그리고 부동산매매계약의 경우에는 계약금이란 요물계약으로서 실제 수수되어야만 성립되는 것이고, 따라서 수령한 계약금은 계약위반이라는 사실이 있는 경우에 손해배상액의 예정으로 추정된다는 규정(제398조 제4항)에 의하여 돌려주지 않아도 된다. 물론 저당권설정계약을 체결하면서 위약금 특약을 할 수 있다. 그런데 이 경우의 위약금은 계약금수수계약에 의하여 수수된 계약금이 위약금특약을 한 경우에 손해배상액의 예정으로 추정된다는 의미의 위약금은 아니라고 생각한다. 왜냐하면 수수된 계약금을 전제로 하는 것이라면 계약위반의 사실이 있는 경우에는 수수받은 계약금을 손해배상액으로 하여 자신이 취득하는 것으로 하여 손해배상의 문제를 끝내자는 것이기 때문이다. 따라서 차후에 저당권의 효력문제로서 우선변제권을 행사하여 채권을 만족시켜야 하는 상황은 발생하지 않는다. 한편, 저당권설정계약을 물권계약 즉 물권행위의 측면에서 살펴본다면 물권행위로서의 저당권설정계약은 등기서류교부 시인데 만약 등기서류를 주지 않았다면 저당권설정계약은 성립되지 않는 것이다. 이렇게 저당권설정계약이 성립되지 않는다면 저당권등기 이후의 저당권의 효력문제는 발생할 수 없다. 따라서 저당권의 효력문제는 저당권설정계약 이후에 저당권설정등기를 신청하면서 장래에 발생할 것을 대비한 일반적인 손해배상에 관한 위약금 특약에 기하여 위약금 등기를 하고 이에 대하여 저당권의 효력이 미치는 것으로 한다는 것이다. 이 경우에는 계약위반을 이유로 등기된 위약금 특약에 의하여 저당권의 효력이 미치는 것으로 볼 수 있을 것이다. 그런데 여기서 계약위반으로 인한 위약금은 채권적 성질이 있는 저당권설정계약의 내용으로서 당사자가 등기서류를 넘겨주지 않았기 때문에 계약위반을 한 것이고, 이에 갈음한 의사표시를 구하는 판결을 얻기 위하여 일정한 비용이 소요될 수 있다. 이 비용이 손해배상액에 포함될 것이다. 따라서 이러한 위약금 특약을 등기한 경우에 저당권의 효력이 미친다는 의미로 보아야 한다. 또한 원본에 대한 이자지급을 게을리 한 경우에도 그러한 계약위반을 내용으로 한 손해배상의 특약을 등기한 경우에는 저당권의 효력이 미치게 될 것이다.

부동산등기법

제140조(저당권)

① 저당권의 설정등기를 신청하는 경우에는 신청서에 채권액과 채무자를 적어야 한다. 이 경우 등기원인에 변제기, 이자 및 그 발생기·지급시기, 원본 또는 이자의 지급장소, 채무불이행으로 인한 손해배상에 관한 약정이나 「민법」 제358조 단서의 약정이 있는 경우 또는 채권이 조건부일 경우에는 이를 적어야 한다.

② 제1항의 저당권의 내용이 근저당인 경우에는 신청서에 등기원인이 근저당권설정계약이라는 사실과 채권의 최고액 및 채무자를 적어야 한다. 이 경우 등기원인에 「민법」 제358조 단서의 약정이 있는 경우에는 이를 적어야 한다. [전문개정 2008.3.21]

＊**계약금의 기본적 성질**

　계약금계약은 실제 수수되어야 성립한다는 점에서 요물계약이다. 이러한 계약금은 다양한 의미로 수수된다. 즉 계약금은 증약금, 위약계약금(위약벌과 손해배상의 예정: 양자의 차이점은 채무불이행이 발생한 경우에 독립적으로 제390조에 기한 손해배상청구를 할 수 있는지에 있는데, 전자는 가능하지만 후자는 손해배상액의 예정액을 초과하는 부분에 대해서는 청구할 수 없다), 해약금 등의 성질을 가지고 있다. 이와 관련하여 계약금이 수수된 경우에 증약금, 위약금, 해약금의 성질이 공통적으로 발생하는 것은 아니라고 보아야 한다. 왜냐하면 증약금은 모든 계약금의 공통적 성질이지만, 위약금은 반드시 위약금특약이 있는 경우에만 비로소 적용되고 해약금은 특약이 없더라고 계약금의 수수가 있은 경우에는 제565조에 의하여 해약금으로 추정되기 때문이다.

＊**계약금과 제398조 제4항의 관계**

　"채권계약에 있어서 당사자 사이에 교부된 계약금은 민법 제565조 제1항의 해약금으로서의 성질은 가지나 같은 법 제398조의 손해배상액의 예정으로서의 성질은 당연히는 가질 수 없고 특약이 있는 경우에 한하여 손해배상액의 예정으로서의 성질을 가진다(대법원 1979. 4. 24. 선고 79다217 판결)"

민법

제398조(배상액의 예정)

① 당사자는 채무불이행에 관한 손해배상액을 예정할 수 있다.

② 손해배상의 예정액이 부당히 과다한 경우에는 법원은 적당히 감액할 수 있다.

③ 손해배상액의 예정은 이행의 청구나 계약의 해제에 영향을 미치지 아니한다.

④ 위약금의 약정은 손해배상액의 예정으로 추정한다(즉 반드시 위약금약정이 있는 경우에만 이 규정이 적용되는 것을 유의할 필요성이 있다. 따라서 '위약금 특약이 없다면' 위약금의 성질을 논할 이유가 없고, 또한 손해배상액의 예정으로 추정한다는 이 규정이 적용되는지의 논의도 할 필요가 없다).

⑤ 당사자가 금전이 아닌 것으로써 손해의 배상에 충당할 것을 예정한 경우에도 전4항의 규정을 준용한다.

제565조(해약금)

① 매매의 당사자일방이 계약 당시에 금전 기타 물건을 계약금, 보증금 등의 명목으로 상대방

에게 교부한 때에는 당사자 간에 다른 약정이 없는 한 당사자의 일방이 이행에 착수할 때까지 교부자는 이를 포기하고 수령자는 그 배액을 상환하여 매매계약을 해제할 수 있다.
② 제551조의 규정은 전항의 경우에 이를 적용하지 아니한다.

(4) 채무불이행으로 인한 손해배상의 약정

채무불이행으로 인한 손해배상의 약정도 등기하면 저당권의 효력이 미치게 된다. 채무불이행으로 인한 손해배상은 지연배상을 의미하는 것이다. 지연배상의 경우에는 원본의 이행기일을 경과한 1년분에 한하여 저당권의 효력이 미친다. 이자나 이율이 등기되어 있으면 지연이자는 법정이율에 의하지 않고 그 약정이율에 의하여야 된다. 즉 약정이자에 관한 등기가 있으면 지연배상금은 그 이율에 따라 산정된다. 따라서 지연이자에 관한 약정의 등기가 없더라도, 이자나 이율이 등기되어 있으면 지연이자는 법정이율에 의하지 않고 그 약정이율에 의하여 결정된다.

> **＊이자약정과 물상보증인에 대한 대항력 문제**
>
> 채권자와 채무자 사이에 개정된 이자제한법에 따라 새로 이자의 약정을 하였다 하더라도 이에 관여하지 않은 담보제공자에게는 그 효력이 미치지 않으므로, 최초 담보물을 제공할 당시 시행 중이던 구 이식제한령 소정의 제한이자 범위 내에서만 담보제공자로서의 책임이 있다[70다1159]. 즉 등기되지 않은 이자로써 물상보증인에게 대항할 수 없다.

일반적으로 저당권설정등기신청서에는 "이자: 년 5푼" 이런 식으로 기재하게 된다. 물론 이행기일을 도과한 후 1년분을 초과하는 지연이자에 대하여 일반채권자로서 채무자의 일반재산에 대하여 가압류에 기한 강제경매의 방법으로 환가를 통하여 배당받을 수 있다.

> **＊대법원 1992. 3. 27. 선고 91다44407 판결 【배당이의】**
>
> **【판시사항】**
> 가등기담보권에 대하여 선순위 및 후순위 가압류채권이 있는 경우 경매에 의한 매득금의 배당방법과 선순위 및 후순위 가압류채권자가 동일한 경우
>
> **【판결요지】**
> 가등기담보권자는 그 담보가등기가 경료된 부동산에 대하여 경매 등이 개시된 경우에 다른

채권자보다 자기 채권에 대하여 우선변제를 받을 권리가 있다고 할 것이고 이 경우 그 순위에 관하여는 그 담보가등기권리를 저당권으로 보고 그 담보가등기가 경료된 때에 저당권설정등기가 행해진 것으로 보게 되므로, 가등기담보권에 대하여 선순위 및 후순위 가압류채권이 있는 경우 부동산의 경매에 의한 매득금 중 경매비용을 제외한 나머지 금원을 배당함에 있어 가등기담보권자는 선순위 가압류채권에 대하여는 우선변제권을 주장할 수 없어 그 피담보채권과 선순위 및 후순위 가압류채권에 대하여 1차로 채권액에 따른 안분비례에 의하여 평등배당을 하되, 담보가등기권자는 위 후순위 가압류채권에 대하여는 우선변제권이 인정되어 그 채권으로부터 받을 배당액으로부터 자기의 채권액을 만족시킬 때까지 이를 흡수하여 변제받을 수 있으며 선순위와 후순위 가압류채권이 동일인의 권리라 하여 그 귀결이 달라지는 것이 아니다.

【참조조문】
가등기담보등에관한법률 제13조, 제16조, 민사소송법 제659조

【참조판례】
대법원 1987. 6. 9. 선고 86다카2570 판결(공1987, 1138)

【전문】
【원고, 상고인】 주식회사 대한항공 소송대리인 법무법인 한미합동법률사무소 담당변호사 유경희
【피고, 피상고인】 강성수 소송대리인 변호사 김이조
【원심판결】 서울고등법원 1991. 10. 16. 선고 91나13566 판결

【주문】
상고를 기각한다.
상고비용은 원고의 부담으로 한다.

【이유】
상고이유를 본다.
원심판결 이유에 의하면 원심은 이 사건 부동산의 경매에 의한 매득금 중 경매비용을 제외한 금 116,872,130원을 배당함에 있어 원고의 금 100,000,000원의 선순위 가압류채권과 금 131,935,930원의 후순위 가압류채권 및 피고의 가등기담보권의 피담보채권 금 72,000,000원

은 모두 소외 김성훈에 대한 채권으로서 평등한 지위에 있다 할 것이므로 1차로 채권액에 따른 안분비례에 의하여 평등배당을 받고, 나아가 담보가등기권자인 피고는 원고의 위 후순위 가압류채권에 대하여는 우선변제권이 인정되어 그 채권에 의한 배당액으로부터 자기의 채권 액을 만족시킬 때까지 이를 흡수하여 변제받을 수 있다 할 것이므로 그와 같이 작성한 경매 법원의 배당표는 정당하다고 하여 이에 대한 원고의 이의를 이유 없다고 기각하였다.

가등기담보권자는 그 담보가등기가 경료된 부동산에 대하여 경매 등이 개시된 경우에 다른 채권자보다 자기채권에 대하여 우선변제를 받을 권리가 있다고 할 것이고 이 경우 그 순위에 관하여는 그 담보가등기권리를 저당권으로 보고 그 담보가등기가 경료된 때에 저당권설정등 기가 행해진 것으로 보게 되므로(가등기담보등에관한법률 제13조), 이 사건에 있어, 가등기담 보권자인 피고는 선순위로 가압류등기가 된 원고의 판시 제1채권에 대하여는 우선변제권을 주장할 수 없어 판시와 같이 제1차로 이루어진 안분비례에 의한 평등배당에는 변함이 없으나 후순위로 가압류등기가 이루어진 원고의 판시 제2채권에 대하여는 피고의 우선변제권이 인정 되어 원고의 판시 제2채권으로부터 받을 배당액으로부터 자기의 채권을 만족시킬 때까지 이 를 흡수하여 배당받을 수 있고 판시 제1, 제2채권이 모두 동일인인 원고의 권리라 하여 그 귀결이 달라지는 것이 아니라 할 것이다.

원심이 같은 취지로 판단하였음은 정당하고 이를 탓하는 논지는 독자적 견해로서 받아들일 수 없다.

그러므로 상고를 기각하고 상고비용은 패소자의 부담으로 하기로 하여 관여 법관의 일치된 의견으로 주문과 같이 판결한다.

대법관　　박만호(재판장)　박우동　김상원　윤영철

＊저당권과 가압류의 관계

저당권등기의 전후에 걸쳐 가압류채권이 있는 경우에 관하여 판례는 부동산에 대하여 가압 류등기가 먼저 되고 나서 근저당권설정등기가 마쳐진 경우에, 그 근저당권등기는 가압류에 의한 처분금지의 효력 때문에 그 집행보전의 목적을 달성하는 데 필요한 범위 안에서 가압류 채권자에 대한 관계에서만 상대적으로 무효(즉 가압류채권자에게는 저당권의 효력으로서 우 선변제권을 행사할 수 없다)이고, 이러한 경우 가압류채권자와 근저당권자 및 근저당권설정등 기 후 강제경매신청을 한 압류채권자 사이의 배당관계에 있어서, 근저당권자는 선순위 가압 류채권자에 대하여는 우선변제권을 주장할 수 없으므로, 1차로 채권액에 따른 안분비례에 의하여 평등배당을 받은 다음, 후순위 경매신청압류채권자에 대하여는 우선변제권이 인정되므로 경매신청압류채권자가 받을 배당액으로부터 자기의 채권액을 만족시킬 때까지 이를 흡수하여 배당 받을 수 있다고 하였다(대법원 1994. 11. 29.자 94마417 결정, 1992. 3. 27. 선고 91다44407 판결).

 *최선순위에 가압류가 되어 있다면 안분배당 이후 순위에 의한 흡수배당 순서로 배당이 된다.

 1. 배당금액이 1억 원인 경우

A가압류	B저당권	C가압류	D저당권
------ ┤ -------- ┤ --------- ┤ --------- ┤ ---->			
5천만 원	5천만 원	5천만 원	5천만 원

 ① 비례배당

- A 가압류: 배당금액인 1억 원×5천만 원/2억 원(전체채권액 중에 자신의 채권) = 2천5백만 원
- B 저당권: 배당금액인 1억 원×5천만 원/2억 원=2천5백만 원
- C 가압류: 배당금액인 1억 원×5천만 원/2억 원=2천5백만 원
- D 저당권: 배당금액인 1억 원×5천만 원/2억 원=2천5백만 원

 ② 순위에 의한 흡수배당

 A가압류는 채권액이 5천만 원이나 비례배당 결과 2천5백만 원의 배당액으로 만족하고 소멸되며, B저당권은 후순위 권리인 C가압류 및 D저당권에 우선하기 때문에 C가압류와 D저당권의 비례배당 몫인 5천만 원에서 자신의 채권이 만족받지 못한 2천5백만 원을 흡수하여 5천만 원을 배당받으며, 그 후 후순위의 C가압류와 가압류 이후의 후순위인 D저당권은 나머지 잔여 배당액 2천5백만 원으로 안분배당(C가압류와 D저당권은 동순위이기 때문에 안분배당) 받아 각 1천2백5십만 원씩 배당받게 된다.

 따라서 최종적인 배당은 다음과 같이 된다.

- A가압류: 2천5백만 원 배당
- B저당권: 5천만 원 배당
- C가압류: 1천2백5십만 원 배당
- D저당권: 1천2백5십만 원 배당

2. 최선순위에 가압류가 있을 경우에 동순위로서 먼저 안분배당을 하는 이유는 다음과 같다. 1번 가압류는 근저당권과 동순위(= 근저당권은 선순위 가압류에 대하여는 우선변제권을 주장할 수 없고, 가압류는 우선변제권이 없기 때문임)이고, 근저당권은 2번 가압류에 우선하나 1번 가압류와 2번 가압류는 채권으로서 동순위(= 채권자 공평의 원칙)이다. 이를 간단히 표시하면 다음과 같다.

> • 1번 가압류＝근저당권
>
> • 근저당권 〉 2번 가압류
>
> • 1번 가압류＝2번 가압류(채권자공평의 원칙)

따라서 1번 가압류＝근저당권＝2번 가압류가 되어 배당시 최선순위 가압류 이후의 권리는 가압류와 동순위로 보고 전체 채권자들의 채권액별로 비례배당하며, 그 후 순위에 의한 흡수배당을 한다. 예로서 배당금액이 5천만 원이고 1번 가압류 3천만 원, 근저당권 4천만 원, 2번 가압류 3천만 원일 경우는 다음과 같다.

① 안분배당

> • 1번 가압류: 배당금액 5천만 원×3천만 원/1억 원＝1천5백만 원
>
> • 저당권: 배당금액 5천만 원×4천만 원/1억 원＝2천만 원
>
> • 2번 가압류: 배당금액 5천만 원×3천만 원/1억 원＝1천5백만 원

② 순위에 의한 흡수배당

㉠ 1번 가압류: 1천5백만 원을 배당

㉡ 근저당권자: 자기채권 4천만 원을 만족할 때까지 2번 가압류권자의 안분배당액인 1천5백만원을 흡수하여 3천5백만 원을 배당

㉢ 2번 가압류권자: 0원 배당

따라서 최종적인 배당은 다음과 같이 된다.

> • 1번 가압류: 1천5백만 원 배당
>
> • 저당권: 3천5백만 원 배당
>
> • 2번 가압류: 0원 배당

(5) 저당권의 실행비용

저당권실행비용(예: 부동산감정비용, 경매신청등록세)은 부동산등기법상의 등기가 없더라도 당연히 피담보채권의 범위에 속한다(제360조). 민사집행법에 의하면, 강제집행이나 담보권실행경매에 필요한 비용은 채무자가 부담하고 그 집행에 의하여 우선적으로 변상을 받는다고 규정하고 있다(제53조 제1항, 제275조). 경매목적물의 귀속주체인 소유자가 비용부담자가 된다.

> **민법**
>
> 제360조(피담보채권의 범위) 저당권은 원본, 이자, 위약금, 채무불이행으로 인한 손해배상 및 저당권의 실행비용을 담보한다. 그러나 지연배상에 대하여는 원본의 이행기일을 경과한 후의 1년분에 한하여 저당권을 행사할 수 있다.

---

* 배당순서

0. 경매비용, 필요비, 유익비
1. 소액보증금 최우선 변제액

    3개월분 임금채권, 3년분 퇴직금 채권 및 재해보상금
2. 당해세 (국제, 지방세) 및 가산금

 - 국세: 상속세, 증여세, 재평가세

 - 지방세: 재산세, 자동차세, 종합토지세, 도시기획세, 공동시설세
3. 당해세 이외 국세 및 지방세

    (근)저당권, 전세권 등 등기된 물권, 가등기담보

    확정일자 부 임차권(주택임대차 보호법, 상가건물임대차 보호법)

     - 자진신고세: 소득세, 법인세, 부가가치세, 취득세, 등록세 등은 신고일이 법정기일

     - 고지세: 양도소득세, 상속세, 증여세, 주민세 등은 납세고지서 발송일이 법정기일

              3순위 중 조세채권우선주의 원칙으로 동순위 시 조세가 먼저 배당되고, 압류선착주의로 압류된 세금이 먼저 배당된다.
4. 3개월 초과분 임금, 3년 초과분 퇴직금 채권
5. 법정기일이 근저당 등보다 늦은 국세, 지방세
6. 각종공과금(의료보험료, 연금보험료, 산업재해보상보험료 등)
7. 가압류와 확정일자 없는 임차인, 판결정본 있는 일반 채권

2) 목적물의 범위

저당권의 효력이 미치는 목적물의 범위는 교환가치를 지배하고 있는 저당목적물의 소유권이 미치는 범위와 일치한다. 왜냐하면 저당권은 궁극적으로 저당권의 권리객체인 저당물 자체를 처분하여 그 대가로부터 우선변제를 받는 것이기 때문이다. 이와 관련하여 문제되는 사항은 다음과 같다.

(1) 부합물

저당권의 효력은 저당부동산에 부합된 물건 또는 종물에 미친다(제358조 본문). 왜냐하면 부합물은 이미 결합된 물건이 독립성을 상실하였기 때문이며, 종물은 주물과 운명을 같이 하기 때문에 저당권의 효력이 미치는 것이다. 이렇게 부합물과 종물은 저당목적물과 '사회관념상 일체화'되었다고 법적 평가할 수 있기 때문에 저당목적물에 저당권이 설정되면 부합물과 종물에도 저당권의 효력이 미치게 된다.

> **민법**
> 제358조(저당권의 효력의 범위) 저당권의 효력은 저당부동산에 '부합된 물건'과 '종물'에 미친다. 그러나 법률에 특별한 규정 또는 설정행위에 다른 약정이 있으면 그러하지 아니하다.
> 제256조(부동산에의 부합) 부동산의 소유자는 그 부동산에 부합한 물건의 소유권을 취득한다(어떠한 물건이 저당물에 부합되어 운명을 같이 하게 되었다면 당연히 저당권의 효력이 미쳐야 할 것이다). 그러나 타인의 권원에 의하여 부속된 것은 그러하지 아니하다.
> 제100조(주물, 종물)
> ① 물건의 소유자가 그 물건의 상용에 공하기 위하여 자기소유인 다른 물건을 이에 부속하게 한 때에는 그 부속물은 종물이다.
> ② 종물은 주물의 처분에 따른다(종물은 주물과 운명을 같이하므로 저당권이 주물에 미친다면 당연히 종물에도 미치게 된다).

그런데 부합물에서의 부합과 부속물에서의 부속은 전혀 다른 개념이다. 부합물에서의 부합은 어떤 물건에 다른 물건이 결합되어 독립성이 상실된 상태를 의미한다. 부속물에서의 부속은 어떤 물건에 다른 물건이 결합되었지만, 그 다른 물건이 독립한 물건으로서의 존재를 갖는 상태를 의미한다. 즉 독립성이 있다는 것이 전제된 것이다. 그렇다면 제358조의 부합된 물건이란 독립성을 전제로 한 부속된 물건으로 볼 여지가 있다. 건물의 증축부분은 부속물이 아니고 부합물이다. 즉 건물의 증축 부분이 기존건물에 부합하여 기존건물과 분리하여서는 별개의 독립물로서의 효용을 갖지 못하는 이상 기존건물에 대한 근저당권은 민법 제358조에 의하여 부합된 증축 부분에도 효력이 미치는 것이므로 기존건물에 대한 경매절차에서 경매목적물로 평가되지 아니하였다고 할지라도 경락인은 부합된 증축 부분의 소유권을 취득한다(대법원 2002. 10. 25. 선고 2000다63110 판결). 부합의 시기에 대해서는 저당권 성립 전후를 불문한다(대법원 1974. 12. 12. 선고 73다298 판결). 토지저당권은 저당토지 위에 신축된 건물에 효력을 미치지 않는다. 다만, 제365조 본문의 일괄경매청구가 문제될 수는 있다. 다만, 법률에 특별한 규정(제256조 단서) 또는 설정행위에 다른 약정이 있는 경우에는 부합물과 종물에 미치지 않는다. 그리고 명인방법을 갖춘 수목은 토지와 독립된 물건이므로 토지저당권의 효력이 미치지 않지만, 정당한 권원에 의하지 않고 식재된 수목은 토지의 부합물이므로 토지저당권의 효력이 미친다(대법원 1970. 11. 30. 선고 68다1995 판결).

> **민법**
>
> 제358조(저당권의 효력의 범위) 저당권의 효력은 저당부동산에 부합된 물건과 종물에 미친다. 그러나 법률에 특별한 규정 또는 설정행위에 다른 약정이 있으면 그러하지 아니하다.
> 제256조(부동산에의 부합) 부동산의 소유자는 그 부동산에 부합한 물건의 소유권을 취득한다. 그러나 타인의 권원에 의하여 '부속'된 것은 그러하지 아니하다.

(2) 종물

어떤 물건의 소유자가 그 물건의 경제적 가치를 높이기 위하여 자기 소유의 다른 물건을 그 물건에 부속시킨 경우(컴퓨터와 마우스)에 주된 물건을 주물(컴퓨터)이라고 하고, 보조적인 물건(마우스)을 종물이라고 한다. 저당권의 효력은 저당부동산의 종물에도 미친다(제358조 본문).

> ***대법원 1985. 3. 26. 선고 84다카269 판결**
>
> 저당권의 효력이 미치는 저당부동산의 종물이라 함은 민법 제100조가 규정하는 종물과 같은 의미로서 종물이기 위하여는 주물의 상용에 이바지되어야 하는 관계가 있어야 하는바 여기에서 주물의 상용에 이바지한다 함은 주물 그 자체의 경제적 효용을 다하게 하는 작용을 하는 것을 말하는 것으로서 주물의 소유자나 이용자의 상용에 공여되고 있더라도 주물 그 자체의 효용과는 직접 관계없는 물건은 종물이 아닌 것이라 할 것이다. 호텔의 각 방실에 시설된 텔레비전, 전화기, 호텔세탁실에 시설된 세탁기, 탈수기, 드라이클리닝기, 호텔주방에 시설된 냉장고 제빙기, 호텔방송실에 시설된 브이티알(비데오), 앰프 등은 호텔의 '경영자'나 '이용자'의 상용에 공여됨은 별론으로 하고 주물인 '호텔 각 방실' 자체의 경제적 효용에 직접 이바지하지 아니함은 경험칙상 명백하므로 위 부동산에 대한 종물이라고는 할 수 없다

＊대법원 2002. 10. 25. 선고 2000다63110 판결 【건물명도】

【판시사항】

 [1] 증축 부분이 기존건물에 부합되는지 여부에 대한 판단 기준

 [2] 기존건물의 옥상 부분에 무허가로 최상층과 같은 면적으로 증축하여 최상층의 복층으로 사용한 경우, 제반 사정에 비추어 그 신축 부분이 기존 건물에 부합되었다고 본 사례

 [3] 기존건물에 부합된 증축 부분이 기존건물에 대한 경매절차에서 경매목적물로 평가되지 아니한 경우 경락인이 증축 부분의 소유권을 취득하는지 여부(적극)

【판결요지】

 [1] 건물이 증축된 경우에 증축 부분이 기존건물에 부합된 것으로 볼 것인가 아닌가 하는 점은 증축 부분이 기존건물에 부착된 물리적 구조뿐만 아니라, 그 용도와 기능의 면에서 기존건물과 독립한 경제적 효용을 가지고 거래상 별개의 소유권 객체가 될 수 있는지의 여부 및 증축하여 이를 소유하는 자의 의사 등을 종합하여 판단하여야 한다.

 [2] 지하 1층, 지상 7층의 주상복합건물을 신축하면서 불법으로 위 건물 중 주택 부분인 7층의 복층으로 같은 면적의 상층을 건축하였고, 그 상층은 독립된 외부 통로가 없이 하층 내부에 설치된 계단을 통해서만 출입이 가능하고, 별도의 주방시설도 없이 방과 거실로만 이루어져 있으며, 위와 같은 사정으로 상·하층 전체가 단일한 목적물로 임대되어 사용된 경우, 그 상층 부분은 하층에 부합되었다고 본 사례.

 [3] 건물의 증축 부분이 기존건물에 부합하여 기존건물과 분리하여서는 별개의 독립물로서의 효용을 갖지 못하는 이상 기존건물에 대한 근저당권은 민법 제358조에 의하여 부합된 증축 부분에도 효력이 미치는 것이므로 기존건물에 대한 경매절차에서 경매목적물로 평가되지 아니하였다고 할지라도 경락인은 부합된 증축 부분의 소유권을 취득한다.

【참조조문】

 [1] 민법 제256조 / [2] 민법 제256조 / [3] 민법 제187조, 제256조, 제358조

【참조판례】

　[1][3] 대법원 2002. 5. 10. 선고 99다24256 판결(공2002하, 1319) /[1] 대법원 1988. 2. 23. 선고 87다카600 판결(공1988, 578), 대법원 1992. 10. 27. 선고 92다33541 판결(공1992, 3294), 대법원 1994. 6. 10. 선고 94다11606 판결(공1994하, 1935), 대법원 1996. 6. 14. 선고 94다53006 판결(공1996하, 2144) / [3] 대법원 1981. 11. 10. 선고 80다2757, 2758 판결(공1982, 43), 대법원 1992. 12. 8. 선고 92다26772, 26789 판결(공1993상, 428)

【전문】

【원고, 피상고인】　조경희 (소송대리인 변호사 이대희)

【피고, 상고인】　전병석 외 3인 (소송대리인 변호사 박재현)

【원심판결】　수원지법 2000. 9. 28. 선고 99나12151 판결

【주문】

　상고를 모두 기각한다. 상고비용은 피고들의 부담으로 한다.

【이유】

1. 상고이유 제1점, 제2점에 대하여

　건물이 증축된 경우에 증축 부분이 기존건물에 부합된 것으로 볼 것인가 아닌가 하는 점은 증축 부분이 기존건물에 부착된 물리적 구조뿐만 아니라, 그 용도와 기능의 면에서 기존건물과 독립한 경제적 효용을 가지고 거래상 별개의 소유권 객체가 될 수 있는지의 여부 및 증축하여 이를 소유하는 자의 의사 등을 종합하여 판단하여야 한다(대법원 1994. 6. 10. 선고 94다11606 판결, 1996. 6. 14. 선고 94다53006 판결, 2002. 5. 10. 선고 99다24256 판결 등 참조).

　원심판결 이유에 의하면, 원심은 그 채택한 증거들을 종합하여, 소외 황석근은 군포시 당동 270-7 지상에 지하 1층, 지상 7층의 주상복합건물을 신축하면서 불법으로 위 건물 중 주택 부분인 7층(이 사건 건물의 하층)의 복층으로 이 사건 건물의 상층을 건축한 사실, 소외 망 신용섭은 1992. 11.경 황석근에 대한 대여금 채권을 담보하기 위하여 위 건물 7층 부분에 대하여 근저당권설정등기를 경료받았고, 1994. 1. 24.경 위 근저당권에 기하여 위 건물 7층 부분에 대하여 수원지방법원 94타경3222호 부동산임의경매를 신청하여 그 경매절차에서 위 건물 7층 부분을 낙찰받아 같은 해 6. 16. 신용섭 명의로 소유권이전등기를 경료하였는데, 신용섭이 1995. 8. 2. 사망하자 그의 처인 원고가 협의분할에 의하여 위 건물 7층 부분을 단독

으로 상속받아 소유권이전등기를 경료한 사실, 이 사건 건물은 상·하층 복층 구조로서 상층은 독립된 외부 통로가 없이 하층 내부에 설치된 계단을 통해서만 출입이 가능하고, 별도의 주방시설도 없이 방과 거실로만 이루어져 있으며, 위와 같은 사정으로 상·하층 전체가 단일한 목적물로 임대되어 사용되던 중, 황석근은 신용섭이 위 7층 부분을 낙찰받은 이후인 1994. 6.경 이 사건 건물의 상층 부분의 출입을 위해 사용하던 그 하층 내부 계단설치 부분을 임의로 막고, 무단으로 이 사건 건물 외벽 쪽으로 철제통로 및 상층 부분의 독립된 출입문을 축조한 사실을 인정한 다음, 이 사건 건물 중 상층의 축조경위, 구조 및 사용관계 등에 비추어 보면, 이 사건 건물의 상층은 축조 당시 이 사건 건물 하층의 구성 부분에 불과하여 이 사건 건물 하층과 분리하여서는 경제상 독립물로서의 효용을 갖지 못하여 독립하여 소유권의 객체가 될 수 없는 것으로서 위 근저당권의 목적물에 포함된다 할 것이고, 위 경매에 의하여 이 사건 건물 하층과 일체로 신용섭에게 소유권이 귀속된 후 원고에게 단독 상속되었다고 판단하였다.

기록에 비추어 살펴보면, 원심의 그와 같은 사실인정과 판단은 정당하고, 거기에 채증법칙 위배로 인한 사실오인의 위법이나 부합에 관한 법리오해의 위법이 없다. 이 점을 다투는 상고이유의 주장은 이유 없다.

2. 상고이유 제3점에 대하여

건물의 증축 부분이 기존건물에 부합하여 기존건물과 분리하여서는 별개의 독립물로서의 효용을 갖지 못하는 이상 기존건물에 대한 근저당권은 민법 제358조에 의하여 부합된 증축 부분에도 효력이 미치는 것이므로 기존건물에 대한 경매절차에서 경매목적물로 평가되지 아니하였다고 할지라도 경락인은 부합된 증축 부분의 소유권을 취득한다(대법원 1992. 12. 8. 선고 92다26772, 26789 판결; 2002. 5. 10. 선고 99다24256 판결 등 참조) 할 것인바, 이 사건 경매절차에서 경매목적물로 평가되지 아니한 이 사건 건물의 상층 부분에 대하여는 경락인이 소유권을 취득 할 수 없다는 이 부분 상고이유의 주장 또한 그 이유 없어 받아들일 수 없다.

3. 결론

그러므로 상고를 모두 기각하고, 상고비용은 패소자들의 부담으로 하기로 하여 관여 법관의 일치된 의견으로 주문과 같이 판결한다.

대법관　　변재승(재판장)　송진훈　윤재식　이규홍(주심)

종된 권리는 종물에 준하는지가 문제된다. 왜냐하면 종된 권리에 대해서는 관련규정이 없기 때문이다. 예를 들어 건물에 대한 저당권의 효력이 그 건물의 소유를 목적으로 한 지상권 또는 임차권 등에도 미치는지의 문제가 이에 해당된다. 이와 관련하여 판례의 입장을 살펴보면 다음과 같다. 저당권의 효력이 저당부동산에 부합된 물건과 종물에 미친다는 민법 제358조 본문을 '유추'하여 보면 건물에 대한 저당권의 효력은 그 건물에 종된 권리인 건물의 소유를 목적으로 하는 지상권에도 미치게 되므로, 건물에 대한 저당권이 실행되어 경락인이 그 건물의 소유권을 취득하였다면 경락 후 건물을 철거한다는 등의 매각조건에서 경매되었다는 등 특별한 사정이 없는 한, 경락인은 건물 소유를 위한 지상권도 민법 제187조의 규정에 따라 등기 없이 당연히 취득하게 되고, 한편 이 경우에 경락인이 건물을 제3자에게 양도한 때에는, 특별한 사정이 없는 한 민법 제100조 제2항의 '유추적용'에 의하여 건물과 함께 종된 권리인 지상권도 양도하기로 한 것으로 봄이 상당하다(대법원 1996. 4. 26. 선고 95다52864 판결). 임차권도 이와 유사하다(대법원 1993. 4. 13. 선고 92다24950 판결).

---

*대법원 1993. 4. 13. 선고 92다24950 판결 【건물철거】

【판시사항】

가. 건물에 대한 저당권이 실행되어 경락인이 건물의 소유권을 취득한 경우 건물의 소유를 목적으로 한 토지의 임차권도 건물의 소유권과 함께 경락인에게 이전되는지 여부(적극)

나. 위 "가"항의 경우 토지 임대인의 동의가 없어도 경락인은 임대인에 대하여 임차권의 취득을 대항할 수 있는지 여부(소극)

다. 임대인이 자신의 동의 없이 임차권이 이전되었다는 것만을 이유로 임대차계약을 해지할 수 없는 특별한 사정이 있는 경우 및 그에 대한 주장·입증책임의 소재

【판결요지】

가. 건물의 소유를 목적으로 하여 토지를 임차한 사람이 그 토지 위에 소유하는 건물에 저당권을 설정한 때에는 민법 제358조 본문에 따라서 저당권의 효력이 건물뿐만 아니라 건물의 소유를 목적으로 한 토지의 임차권에도 미친다고 보아야 할 것이므로, 건물에 대한 저당권이 실행되어 경락인이 건물의 소유권을 취득한 때에는 특별한 다른 사정이 없는 한 건물의 소유를 목적으로 한 토지의 임차권도 건물의 소유권과 함께 경락인에게 이전된다.

나. 위 "가"항의 경우에도 민법 제629조가 적용되기 때문에 토지의 임대인에 대한 관계에서는 그의 동의가 없는 한 경락인은 그 임차권의 취득을 대항할 수 없다고 할 것인바, 민법 제622조 제1항은 건물의 소유를 목적으로 한 토지임대차는 이를 등기하지 아니한 경우에도 임차인이 그 지상건물을 등기한 때에는 토지에 관하여 권리를 취득한 제3자에 대하여 임대차의 효력을 주장할 수 있음을 규정한 취지임에 불과할 뿐, 건물의 소유권과 함께 건물의 소유를 목적으로 한 토지의 임차권을 취득한 사람이 토지의 임대인에 대한 관계에서 그의 동의가 없이도 임차권의 취득을 대항할 수 있는 것까지 규정한 것이라고는 볼 수 없다.

다. 임차인의 변경이 당사자의 개인적인 신뢰를 기초로 하는 계속적 법률관계인 임대차를 더 이상 지속시키기 어려울 정도로 당사자 간의 신뢰관계를 파괴하는 임대인에 대한 배신행위가 아니라고 인정되는 특별한 사정이 있는 때에는 임대인은 자신의 동의 없이 임차권이 이전되었다는 것만을 이유로 민법 제629조 제2항에 따라서 임대차계약을 해지할 수 없고, 그와 같은 특별한 사정이 있는 때에 한하여 경락인은 임대인의 동의가 없더라도 임차권의 이전을 임대인에게 대항할 수 있다고 봄이 상당한바, 위와 같은 특별한 사정이 있는 점은 경락인이 주장·입증하여야 한다.

【참조조문】
가.나.다. 민법 제629조 / 가. 민법 제358조 / 나. 민법 제622조, 민사소송법 제261조

【참조판례】
가. 대법원 1992. 7. 14. 선고 92다527 판결(공1992, 2391) / 나. 대법원 1974. 5. 28. 선고 74다212 판결, 1975. 7. 30. 선고 74다2032 판결 / 다. 대법원 1972. 1. 31. 선고 71다2400 판결(집20①민47)

【전문】
【원고, 피상고인】 학교법인 광일학원 소송대리인 법무법인 태평양합동법률사무소 업무담당 변호사 김인섭 외 1인
【피고, 상고인】 박묘순 소송대리인 변호사 이재성
【원심판결】 서울고등법원 1992. 5. 26. 선고 91나61589 판결

【주문】

상고를 기각한다.

상고비용은 피고의 부담으로 한다.

【이유】

1. 피고소송대리인의 상고이유 제1점에 대한 판단

가. 원심은, 이 사건 대지(1,020.7㎡)는 원고의 소유인데, 소외 박지홍이 이를 임차하여 그 지상에 이 사건 건물을 신축하여 1973. 11. 30. 그의 명의로 소유권보존등기를 마친 사실, 피고는 1990. 10. 26. 이 사건 건물에 관한 근저당권자 겸 위 박지홍의 채권자인 소외 박종남이 신청한 임의경매절차에서 이 사건 건물을 경락받아 1991. 4. 19. 그의 명의로 소유권이전등기를 마치고 이 사건 대지 중 330.18㎡를 그 부지로 사용하고 있는 사실을 인정한 다음, 피고는 이 사건 대지를 점유할 권원에 관하여 주장·입증하지 아니하는 한 원고에게 이 사건 건물을 철거하고 그 부지를 인도할 의무가 있다고 판시하고, 이어 이 사건 건물의 전소유자인 위 박지홍이 원고로부터 이 사건 대지를 임차하였고 피고가 이 사건 건물을 취득한 이후인 1991. 4. 25.까지 위 대지의 차임을 원고에게 계속 지급하여 왔으므로 결국 피고에게도 이 사건 대지에 대한 임차권이 있다는 피고의 주장을 다음과 같은 이유로 배척하였다.

즉, 위 박지홍이 이 사건 대지에 관한 임차권을 취득하였다 하여 이 사건 건물의 경락인인 피고도 당연히 임차권을 취득하였다고 할 수는 없을 뿐만 아니라 달리 피고가 원고로부터 이 사건 대지를 임차하거나 원고의 동의를 받아 이를 전차하였다거나 원고에게 이 사건 대지의 차임을 지급하였음을 인정할 수 있는 증거가 없고, 오히려 소외 이규남이 1987. 12. 15. 당시 이 사건 건물의 소유자이던 위 박지홍과 이 사건 건물 중 지층 79.34㎡와 1층 330.18㎡에 대한 임대차계약을 체결한 후 그곳에서 술집을 경영하면서 이 사건 건물의 부지 외에 이 사건 대지 중 나머지 공터부분도 함께 사용하고 있고, 1989. 4. 17.부터 1990. 10. 17.까지는 위 박지홍에게 대지사용료 명목으로 매월 금 2,200,000원 상당을 지급하여 왔고, 1990. 11. 21.부터 1991. 4. 25.까지 5회에 걸쳐서는 원고에게 토지사용료 또는 대지사용료 명목으로 매월 금 2,200,000원을 지급하여 오다가 그 이후부터 지급을 중단한 사실을 인정할 수 있을 뿐이어서, 위 이규남과 원·피고와의 관계에 관한 특별한 주장·입증이 없는 이 사건에 있어서는 이로써 피고가 원고에게 위 대지사용권이 있다고 인정할 수는 없다는 것이다.

나. 건물의 소유를 목적으로 하여 토지를 임차한 사람이 그 토지 위에 소유하는 건물에 저당권을 설정한 때에는 민법 제358조 본문에 따라서 저당권의 효력이 그 건물뿐만 아니라 그 건물의 소유를 목적으로 한 토지의 임차권에도 미친다고 보아야 할 것이므로(당원 1992. 7. 14. 선고 92다527 판결 참조), 건물에 대한 저당권이 실행되어 경락인이 건물의 소유권을 취득한 때에는 특별한 다른 사정이 없는 한 그에 수반하여 그 건물의 소유를 목적으로 한 토지의 임차권도 그 건물의 소유권과 함께 경락인에게 이전된다고 봄이 상당하다.

그러나 이 경우에도 민법 제629조가 적용되기 때문에 토지의 임대인에 대한 관계에서는 그의 동의가 없는 한 경락인이 그 임차권의 취득을 대항할 수 없다고 할 것인바, 소론이 내세우는 민법 제622조 제1항은 건물의 소유를 목적으로 한 토지임대차는 이를 등기하지 아니한 경우에도 임차인이 그 지상건물을 등기한 때에는 토지에 관하여 권리를 취득한 제3자에 대하여 그 임대차의 효력을 주장할 수 있음을 규정한 취지임에 불과할 뿐, 건물의 소유권과 함께 그 건물의 소유를 목적으로 한 토지의 임차권을 취득한 사람이 토지의 임대인에 대한 관계에서 그의 동의가 없이도 그 임차권의 취득을 대항할 수 있는 것까지도 규정한 것이라고는 볼 수 없다는 것이 당원의 판례(1974. 5. 28. 선고 74다212 판결; 1975. 7. 30. 선고 74다2032 판결 등)가 취하고 있는 견해이다.

다만 위와 같은 경우에도 임차인의 변경이 당사자의 개인적인 신뢰를 기초로 하는 계속적 법률관계인 임대차를 더 이상 지속시키기 어려울 정도로 당사자 간의 신뢰관계를 파괴하는 임대인에 대한 배신행위가 아니라고 인정되는 특별한 사정이 있는 때에는, 임대인은 자신의 동의 없이 임차권이 이전되었다는 것만을 이유로 민법 제629조 제2항에 따라서 임대차계약을 해지할 수 없고, 그와 같은 특별한 사정이 있는 때에 한하여 경락인은 임대인의 동의가 없더라도 그 임차권의 이전을 임대인에게 대항할 수 있다고 봄이 상당한바, 위와 같은 특별한 사정이 있는 점은 경락인이 주장·입증하여야 한다고 보아야 할 것임에도 불구하고, 이 사건의 경우 기록을 아무리 살펴보아도 피고가 원심에 이르기까지 이 사건 대지의 임차인의 변경에 관하여 위와 같은 특별한 사정이 있는 점에 관하여는 주장 조차도 전혀 하지 않고 있음이 분명하다.

그렇다면 피고가 이 사건 대지에 관한 임차권의 취득을 원고에게 대항할 수 없다고 본 원심의 판단은 결론이 정당하고, 이 사건 대지의 임대인인 원고는 민법 제629조 제2항에 따라서 위 박지홍과 사이의 임대차계약을 해지하지 않더라도 임대인인 자신의 동의 없이 임차권을 취득한 피고에게 직접 이 사건 대지의 반환을 청구할 수 있다고 보아야 할 것이므로, 이와 반대되는 견해를 전제로 원심판결을 비난하는 논지는 결국 받아들일 것이 못된다.

2. 같은 상고이유 제2점에 대한 판단

사실관계가 원심이 확정한 바와 같다면, 원심이 위 이규남과 원·피고와의 관계에 관한 특별한 주장·입증이 없는 한 피고가 원고로부터 직접 이 사건 대지를 임차하거나 원고의 동의를 받아 이 사건 대지의 임차권을 양수하든지 전차하였다고 볼 수는 없다는 취지로 판단한 것은 정당한 것으로 수긍이 되고, 원심판결에 소론과 같이 이유가 모순되거나 주장입증책임을 전도한 위법이 있다고 볼 수 없으므로, 논지도 이유가 없다.

3. 같은 상고이유 제3점에 대한 판단

사실관계가 원심이 확정한 바와 같다면, 원심이 원고가 위 박지홍에게 이 사건 대지를 임대하게 된 경위와 내용, 위 박지홍이 이 사건 건물을 신축한 경위, 원고가 피고에게 이 사건 건물의 철거를 구하게 된 경위 등 제반 사정을 고려하면 원고의 이 사건 청구가 신의성실의 원칙에 위배된다고 할 수 없다고 판단한 것도 정당한 것으로 수긍이 되고, 원심판결에 소론과 같이 심리를 제대로 하지 아니한 채 신의성실의 원칙에 관한 법리를 오해한 위법이 있다고 볼 수 없을 뿐만 아니라, 소론이 지적하는 당원 1991. 6. 11. 선고 91다9299 판결은 이 사건과 사안이 다른 것이어서 원심이 소론과 같이 위 판결에 반하는 판단을 하였다고 볼 수도 없으므로, 논지도 이유가 없다.

4. 그러므로 피고의 상고를 기각하고 상고비용은 패소자인 피고의 부담으로 하기로 관여 법관의 의견이 일치되어 주문과 같이 판결한다.

대법관   윤관(재판장) 김주한 김용준(주심) 천경송

*** 판례평석**

민법 제622조 제1항은 신뢰관계를 기초로 하는 임대차계약의 특성상, 토지임대차관계의 당사자에 변경이 없다는 전제에서, 건물의 소유를 목적으로 한 토지임대차는 이를 등기하지 아니한 경우에도 임차인이 그 지상건물을 등기한 때에는 임대인은 물론이고 토지에 관하여 권리를 취득한 제3자에 대하여도 임대차의 효력을 주장할 수 있다는 것이다.

즉 건물의 소유를 목적으로 하여 토지를 임차한 사람이 그 토지 위에 소유하는 건물에 저당권을 설정한 때에는 민법 제358조 본문에 따라서 저당권의 효력이 건물뿐만 아니라 건물의 소유를 목적으로 한 토지의 임차권에도 미치는 것이고, 따라서 건물에 대한 저당권이 실행되어 경락인이 건물의 소유권을 취득한 때에는 특별한 다른 사정이 없는 한 건물의 소유를 목적으로 한 토지의 임차권도 건물의 소유권과 함께 경락인에게 이전되는 것은 분명하다. 그런데 이러한 경우에 있어서 비록 경락인이 토지임차권을 취득하였다고 하더라도 신뢰관계를 기초로 하는 임대차계약의 특성상, 토지임대차관계에서 당사자의 변경이 생긴 경우에도 임대인에게 계약해지권을 주기 않는다면 임대인에게 가혹한 계약강제라고 볼 수 있다는 것이다. 임대차계약은 특히 신뢰관계를 중시하는 채권계약이기 때문이다. 따라서 대내적 관계가 아닌 대외적 관계에서만 임대차의 효력을 주장할 수 있고, 만약 대내적 관계에서도 경락에 의하여 취득한 토지임차권을 종래와 동일하게 주장하기 위해서는 제629조에 의하여 임대인의 동의를 얻어야 한다는 의미이다.

원칙적으로 저당권의 효력은 종물에도 미치지만(제358조 본문), 설정행위에 다른 약정이 있으면 저당권의 효력은 종물에 미치지 않는다(제358조 단서). 다만, 종물에 대하여 저당권의 효력이 배제되는 약정을 한 경우에 제3자에게 대항하기 위해서는 부동산등기법에 의하여 등기하여야 한다(부동산등기법 제140조).

부동산등기법

제140조 (저당권)

① 저당권의 설정등기를 신청하는 경우에는 신청서에 채권액과 채무자를 적어야 한다. 이 경우 등기원인에 변제기, 이자 및 그 발생기·지급시기, 원본 또는 이자의 지급장소, 채무불이행으로 인한 손해배상에 관한 약정이나 「민법」 제358조 단서의 약정이 있는 경우 또는 채권이 조건부일 경우에는 이를 적어야 한다.

② 제1항의 저당권의 내용이 근저당인 경우에는 신청서에 등기원인이 근저당권설정계약이라는 사실과 채권의 최고액 및 채무자를 적어야 한다. 이 경우 등기원인에 「민법」 제358조 단서의 약정이 있는 경우에는 이를 적어야 한다.[전문개정 2008.3.21]

(3) 과실

　　저당부동산의 과실에는 저당권의 효력이 미치지 않는다. 왜냐하면 저당권은 목적물의 교환가치를 지배하는 권리이지, 목적물의 이용가치를 지배하여 사용, 수익하는 권리가 아니기 때문이다. 만약 저당권이 저당권설정자의 목적물로부터 발생하는 과실에도 미친다면, 사용 및 수익권을 가지고 있는 저당권설정자의 이용권을 부당하게 간섭하는 것이 된다. 이것은 교환가치만을 지배하는 저당권의 본질에 반하는 것이다. 그런데 이 원칙을 그대로 관철하여 저당권설정자의 용익권을 무제한적으로 인정하면, 고의로 저당권설정자가 경매절차를 부당하게 지연시킬 수 있다. 이러한 경우에도 저당권설정자에게 과실수취권을 인정하는 것은 불공평하다. 이를 시정하기 위한 규정이 제359조이다. 제359조의 과실에는 천연과실뿐만 아니라 법정과실도 포함된다(통설). 즉 제359조는 과실을 천연과실에 한정하여 규정하고 있지도 않고, 또한 법정과실을 배제할 이유도 없기 때문이다.

민법

제359조(과실에 대한 효력)

저당권의 효력은 저당부동산에 대한 '압류'가 있은 후에 저당권설정자가 그 부동산으로부터 수취한 과실 또는 수취할 수 있는 과실에 미친다. 그러나 저당권자가 그 부동산에 대한 소유권, 지상권 또는 전세권을 취득한 제삼자에 대하여는 '압류한 사실을 통지'한 후가 아니면 이로써 대항하지 못한다(단서규정은 제3자와의 이해관계 조정을 위한 규정).

(4) 저당부동산에서 분리 · 반출된 부합물 또는 종물

　　등기된 저당권의 효력은 저당목적물 뿐만아니라 저당목적물에 부합된 물건과 주물(저당목적물)의 상용에 공여하는 종물에도 미친다(제358조). 그런데 부합물 또는 종물이 저당부동산으로부터 분리 · 반출된 경우에 그 분리 · 반출물에 대해서도 저당권의 효력이 미치는지를 검토할 필요성이 있다. 이것은 종래에 부합물 또는 종물에 미쳤던 저당권의 효력이 당해 부합물 또는 종물이 분리되어 반출되면 상실되는지에 관한 문제이다. 일반적으로 소개되는 예는 다음과 같다. 저당권의 목적인 수목의 벌채, 저당건물에 부착된 냉난방시설의 분리, 저당건물의 '일부'가 붕괴되어 목재 등의 건축자재로 변형된 것을 반출하는 것(저당건물의 일부가 붕괴되었음에도 불구하고 여전히 사용할 수 있는 경우는 아주 예외적 상황이라고 보아야 한다). 건물 전체가 붕괴된 경우에는 목적물 멸실로 저당권이 소멸하게 되므로 저당권의 효력문제는 발생하지 않는다. 위 예에서 저당권의 목적인 수목의 벌채는 수목 자체가 저당권의 목적이기 때문에 분리되어 반출된다고 하더라도 원칙적으로 저당권의 효력이 관념적으로 미친다고 보아야 한다. 또한 수목이 저당권의 목적으로 된 경우라면 입목등기법상의 수목인 경우인데, 이 경우의 수목은 독립한 물건으로 취급되는 것이지 부합물, 종물의 개념이 아니다. 다만 반출되어 현재 위치를 알 수 없다면 사실상 집행할 수 없다. 그런데 이 경우에 바로 저당권의 침해라고 볼 수는 없다. 저당권의 목적이 환가에 의하여 우선변제를 받는 것이므로, 실제 경매절차에서 모든 채권의 만족을 받는다면 수목의 일부가 반출되었다고 하더라고 저당권이 침해되었다고 볼 수 없기 때문이다. 또한 저당권설정자가 자신에게 보유된 사용, 수익권능을 정당하게 행사하는 경우, 즉 저당목적물의 정당한 사용을 위하여 불가피하게 부합물 내지 종물을 분리한 경우에도 원칙적으로 위법한 행위가 아니고, 또한 저당권의 효력이 미치지 않는다고 생각한다. 예를 들어 갑(甲)이 저당권이 설정된 자신의 기와집 지붕을 수리하기 위하여 기왓장을 분리하여 버리고, 새 기왓장을 설치한 경우가 이에 해당된다. 이 경우에 분리된 기왓장에 저당권의 효력이 미치는지의 논의는 전혀 실익이 없는 것이다.

> **민법**
>
> 제358조(저당권의 효력의 범위) 저당권의 효력은 저당부동산에 부합된 물건과 종물에 미친다. 그러나 법률에 특별한 규정 또는 설정행위에 다른 약정이 있으면 그러하지 아니하다.

* 358조의 부연설명

사회관념상 저당목적물과 일체가 된 경우에는 고정되어 있는 저당부동산에 부합된 물건과 독립성이 있는 물건인 종물에 대해서도 저당권의 효력이 미친다고 평가하여야 한다. 이 경우의 부합물과 종물은 사회관념상 일체화되었다고 볼 수 있기 때문이다. 따라서 부합물과 종물이 저당목적물로부터 분리되어 반출된 경우에 만약 사회관념상 일체화되었다고 볼 수 없다면 저당권의 효력이 미치지 않고, 다만, 저당권설정자는 저당권의 효력을 고의로 배제하기 위하여 또는 저당권자의 이해를 해치지 위하여 분리반출하였다면 불법행위에 기한 손해배상책임을 질 가능성은 있다.

> **민법**
>
> 제370조(준용규정) 제214조, 제321조, 제333조, 제340조, 제341조 및 제342조의 규정은 저당권에 준용한다.

* 370조의 부연설명

제370조는 제213조(목적물반환청구권)를 저당권에 준용하지 않고 있다. 왜냐하면 저당권

은 교환가치를 지배하는 물권이지 사용가치를 지배하는 물권이 아니기 때문이다. 즉 저당권은 점유권원이 없는 물권이기 때문에 저당권자가 자신에게 저당물의 반환을 청구할 수는 없다. 다만, 저당권방해배제청구권(제214조)을 행사하여 저당물이 원래 있었던 장소로 반환을 청구할 수는 있다.

우선, 분리된 물건은 목적물의 가치의 일부를 대표하는 것이므로 물상대위법리를 유추적용하여 목적물을 압류하면 저당권의 효력이 미친다다는 견해가 있다(물상대위유추적용설). 그런데 물상대위는 담보물권의 본체인 저당목적물의 교환가치를 실현할 수 없는 경우에 적용되는 것이다. 따라서 저당목적물에서 분리·반출된 부합물 또는 종물은 교환가치의 변용물 자체라고 할 수 없고, 저당목적물의 교환가치가 다른 것으로 구체화된 경우라 하더라도 담보권자의 본래의 담보물(환가하여 우선변제를 받을 수 있는 대상)에 대한 추급이 가능한 경우에는 물상대위를 할 수 없다. 왜냐하면 물상대위란 저당목적물이 '멸실' 등으로 교환가치를 실현할 수 없다는 것을 전제로 하여 이에 상응하는 변형물이 존재하는 경우에 당해 변형물을 압류함으로써 인정되는 것이기 때문이다. 따라서 저당목적물이 존재하는 한은 비록 변형물(저당물매매의 대가인 매매대금)이 있다고 하더라도 물상대위는 인정될 수 없다. 특히 물상대위제도는 예외적인 상황에서 인정되는 것이다. 즉 저당권자는 저당권설정자와 설정계약에서 합의한 저당목적물에 대하여 우선변제력을 행사해야 한다. 이것이 저당권의 효력과 관련한 당사자들의 의사합치의 내용이다. 따라서 합의한 저당목적물이 멸실 등으로 환가가 불가능하여 우선변제력을 행사할 수 없는 경우에 당해 멸실로 인하여 저당권설정자가 어떠한 변용물을 취득하였다면 저당권자를 위하여 예외적으로 저당권의 효력을 인정해 주어야 한다는 것이 물상대위제도라는 점을 유의할 필요성이 있다. 따라서 분리·반출된 물건에 대하여 저당권의 추급력이 인정되기 때문에 물상대위를 유추할 수 있다는 입장은 물상대위제도의 인정취지를 전혀 고려하지 않은 견해라고 생각한다.

*대법원 1981. 5. 26. 선고 80다2109 판결 【전부금】

【판시사항】
　공공용지의취득및손실보상에관한특례법에 의한 토지의 협의취득에 따라 토지소유자가 받을 보상금에 대한 동 토지의 저당권자의 물상대위의 가부(소극)

【판결요지】
　공용용지의 취득 및 손실보상에 관한 특례법에 따라 저당권이 설정된 토지의 취득에 관하

여 토지소유자와 사업시행자 사이에 협의가 성립된 경우에 동 토지의 저당권자는 토지소유자
가 수령할 보상금에 대하여 민법 제370조 제342조에 의한 물상대위를 할 수 없다.

【참조조문】
　　민법 제370조, 제342조, 공공용지의취득및손실보상에관한특례법 제3조

【전문】
【원고, 상고인】　주식회사제일은행 소송대리인 변호사 이수영
【피고, 피상고인】　서울특별시 대표자 시장 박영수 소송대리인 변호사 임갑인
【원심판결】　서울고등법원 1980. 7. 25. 선고 80나419 판결

【주문】
　　상고를 기각한다.
　　상고 소송비용은 원고의 부담으로 한다.

【이유】
　　상고이유를 판단한다.
　　1. 원심판결은 피고가 시행하는 종로구 원남동 일대의 가각정리 사업구역 내에 포함되어
있는 본건 토지에 관하여 그 소유자 소외 이정순과의 사이에 토지취득에 관하여 성립된 협의
는 토지수용법상의 협의가 아니라 공공용지의 취득 및 손실보상에 관한 특례법에 따른 협의
로 인정하였는바, 기록을 살펴건대, 그 조치에 수긍이 가며 그 과정에 소론과 같이 증거 없이
사실을 인정하였거나 심리미진이나 사실오인의 잘못이 있다 할 수 없다.

　　2. 민법 제370조, 제342조에 의하면 저당권은 저당물의 멸실, 훼손 또는 공용징수로 인하
여 저당권설정자가 받을 금전 기타 물건에 대하여서도 행사할 수 있다고 규정하고 있는바,
이런 물상대위는 본래의 저당목적물의 전부 또는 일부에 대하여 저당권을 사실상 또는 법률
상 행사할 수 없게 된 경우에 인정되는 것이지 그 저당목적물의 교환가치가 현실화된 경우라
도 목적물에 추급할 수 있는 경우에는 물상대위가 인정되지 아니함은 이론의 여지가 없다고
할 것이다. 그런데 위에서 본 바와 같이 본건 토지에 관한 위 특례법에 따른 협의취득은 사
법상의 매매계약과 같은 성질을 가진 것에 불과하여 토지수용법상의 공용징수에 해당되지 아
니하므로 본건 토지의 소유권이 피고에 이전된다 할지라도 저당권자인 원고는 저당권으로서
본건 토지에 추급할 수 있다 할 것이니 위 소외인이 협의에 따라 지급받을 보상금(실질은 매

매대금)에 대하여 물상대위권을 행사할 수 없다고 할 것이다. 소론은 본건 토지는 도로화되었다는 전제에서 도로에 대하여는 도로법 제5조에 따라 사권의 행사를 할 수 없어 그 토지에 설정된 저당권을 행사할 수 없게 되었으니 보상금에 대하여 물상대위를 인정하여야 한다는 것이나 도로법상의 도로부지가 되기 위하여서는 도로법 소정의 노선인정과 구역결정이 있거나 도시계획법에 의한 도시계획 결정 기타 제반절차를 거쳐야 하는바(당원 1979. 4. 10. 선고 79다161 판결 참조) 본건에 있어 그런 절차를 밟았다고 볼 자료가 없으므로 이를 도로라 할 수 없어 저당권의 행사가 제한되었다고도 볼 수 없으니 이런 취지에서 물상대위 주장을 배척한 원심의 조치는 정당하고, 거기에 소론과 같은 물상대위에 관한 법리 오해 있다고 할 수 없다.

그러므로 논지 이유 없어 상고를 기각하고, 상고 소송비용은 패소자의 부담으로 하기로 관여법관의 의견이 일치되어 주문과 같이 판결한다.

대법관   전상석(재판장) 이일규 이성렬 이회창

한편, 분리·반출물은 저당권의 목적부동산과 결합하여 공시되고 있는 한도 내에서만 저당권의 효력이 미친다는 견해가 있다(공시원칙작용설). 이 견해에 의하면, 부합물 또는 종물이 이미 분리·반출된 때에는 그 순간부터 이들에 대하여 저당권의 효력이 미치지 못한다. 생각건대, 부합물과 종물을 저당목적물인 주물과 운명을 같이하게 하는 이유가 무엇인지를 살펴볼 필요가 있다. 그 이유는 당해 부합물과 종물이 '사회관념상 일체화'되어서 경제적 효용가치가 불가분적으로 되었다는 것을 전제로 소유권을 귀속시키는 것이다. 따라서 부합물과 종물이 '사회관념상 일체화'되지 않았다고 평가할 수 있는 경우에는 저당권의 효력이 미치지 않는다고 보아야 한다. 이와 관련하여 사회관념상 일체화되었다고 볼 수 있는 범위의 구체적 내용을 살펴볼 필요가 있다. 비록 부합물 또는 종물이 저당목적물로부터 분리되었지만, 현재 저당목적물과 공간적 밀접관계가 유지되어 공시기능을 하고 있다는 것이 전제되어야 할 것이다. 따라서 이미 반출되어 공간적 밀접관계가 없을 정도로 공시기능을 하지 못하는 경우에는 저당권의 효력이 미치지 않는다고 볼 수 있다. 물론 분리·반출물이 제3자의 선의취득의 대상이 되었다면 저당권설정자의 소유권이 상실되므로 소유권의 처분권능을 제한하는 저당권 또한 상실되었다고 볼 수 있다. 따라서 이 경우에는 당연히 저당권의 효력이 미치지 못한다. 저당권설정 당시에 부합물 또는 종물을 함께 고려하여 채권자인 저당권자가 저당권설정등기를 할 수 있다. 이후 경매실행 시에 부합물 또는 종물이 이미 분리되어 반출되었다면 저당권의 효력인 추급력과 우선변제력을 행사할 수 있는 객체가 존재하지 않게 된다.

그림에도 불구하고 저당권의 효력이 여전히 미친다고 할 실익은 없다고 생각한다. 왜냐하면 저당권의 추급력과 우선변제력은 목적대상이 존재하고 있다는 것을 전제로 하여 인정되는 효력이기 때문이다. 따라서 부합물 또는 종물이 분리되어 반출되었다는 사정은 마치 목적물이 멸실되어 우선변제력을 행사할 수 없는 상황과 유사하다고 볼 수 있고, 이 경우에 경매법원은 저당목적물 자체의 경제적 가치를 환가한 금액을 경락가액으로 산정할 수밖에 없게 된다. 다만 이로 인하여 저당권자의 채권만족이 완전하게 이루어지지 않을 경우에 한하여 저당권의 침해행위가 될 수 있을 것이다. 물론 저당권설정자의 책임 있는 사유로 부합물 또는 종물이 분리되어 반출된 것이라면 저당권자는 원상회복 또는 상당한 담보제공을 청구할 수 있을 것이다(제362조).

민법

제362조(저당물의 보충) 저당권설정자의 책임 있는 사유로 인하여 저당물의 가액이 현저히 감소된 때에는 저당권자는 저당권설정자에 대하여 그 원상회복 또는 상당한 담보제공을 청구할 수 있다.

판례는 민법 제358조의 규정에 의하여 저당권의 효력은 법률 또는 설정행위로 인한 특별사정이 없는 한 저당부동산의 종물에 당연히 미친다고 하면서, 그 종물은 저당권설정 전부터 존재하였던 것뿐만 아니라 그 설정등기 후에 새로이 생긴 것도 포함한다고 한다. 따라서 저당권의 실행에 있어 경매법원이 본래의 저당목적물과 그 종물들은 각별히 평가하여 이를 일괄하여 경매에 부하였다 하여 그것을 불법이라 할 수 없다고 한다(71마757).

＊분리 반출된 부합물에 저당권의 효력이 미치는지의 문제

종물의 경우에는 독립성이 있는 물건이면서 주물의 상용에 공여하는 물건이므로 분리, 반출될 가능성이 있지만, 부합물의 경우에는 독립성이 없는 것으로 분리 반출될 가능성이 없는 것이다. 왜냐하면 부합이란 소유자를 각각 달리하는 수 개의 '다른' 물건이 결합하여 '새로운' 1개의 물건으로 되는 상태를 말한다. 즉 부합의 경우에는 동산 또는 부동산에 부속된 물건이 '독립성을 상실'하였기 때문에 그 소유권의 귀속관계를 어떻게 할 것인지의 문제라는 점을 유의할 것이다. 그런데 부합물의 분리 반출의 의미는 종래의 물건의 구성부분이었던 부합물이 일정한 원인으로 분리되어 독립성이 있는 물건이 되었다는 것을 전제로 하는 것으로 보아야 한다. 이 경우에 종래에 저당권의 효력이 당연히 미쳤던 건물의 구성부분으로서의 부합물이 일정한 원인으로 분리되어 독립한 물건으로 된 경우에 만약 반출된 경우에도 여전히 저당권의 효력이 미치는 것으로 보아야 하는지의 문제이다.

3. 우선변제적 효력

민법

제356조(저당권의 내용) 저당권자는 채무자 또는 제삼자가 점유를 이전하지 아니하고 채무의 담보로 제공한 부동산에 대하여 다른 채권자보다 자기채권의 우선변제를 받을 권리가 있다.

저당채권자는 저당채무자가 변제기에 채권만족을 위한 변제를 다하지 않을 경우에 저당목적물을 매각·환가하여 그 대금으로부터 다른 채권자에 우선하여 변제를 받을 수 있다.

1) 저당권자의 채권만족 방법

(1) 저당권에 기하여 우선변제를 받는 경우

저당권자가 자신의 채권을 만족받을 수 있는 가장 전형적인 방법은 저당권을 실행하여 우선변제를 받는 것이다. 즉 저당권자는 채무자가 이행기에 채무불이행을 하게 되면, 자신의 저당권에 기하여 경매신청을 할 수 있고, 배당절차에 참여하여 자신의 채권액을 우선적으로 변제받을 수 있다. 다만, 저당권자라 하더라도 일반채권자, 후순위저당권자 등의 집행을 막을 수는 없다. 즉 저당권자는 경매대금으로부터 우선변제를 받을 수 있을 뿐이지 일반채권자, 후순위저당권자 등의 집행에 대하여 이의를 제기할 수는 없다. 그러나 당해 저당물을 집행한 결과 경매가액이 선순위의 저당채권을 완전히 변제할 수 없는 경우에는 '일반채권자'는 그 저당물에 대하여 집행을 할 수 없다(민사집행법 제102조, 제268조). 그에게 아무런 이익이 발생할 수 없기 때문이다. 이 경우에 법원은 경매를 취소하여야 한다. 이와 같은 입법주의를 '잉여주의'라고 한다. 즉 최저매각가를 기준으로 경매비용과 압류채권자보다 우선하는 저당권, 전세권 등 부동산상의 부담을 변제하면 잉여가 없다고 인정될 경우에는 법원은 압류채권자에게 무잉여 사실을 통지하게 되는데, 압류채권자가 이 통지를 받은 날로부터 1주일 내에 우선채권 등을 넘는 가격을 정하여 매수신고가 없는 때에는 스스로 그 가격으로 매수하겠다고 신청하면서 충분한 보증을 제공하지 않으면 법원직권으로 경매절차를 취소하여야 한다. 만약에 법원이 무잉여사실을 간과하고 채권자매수신청이 없이 경매가 속행되어 다른 입찰자에게 낙찰되었다고 하더라도 그 매수신청가격이 여전히 무잉여라면 매각불허가 되어 경매가 취소된다. 물론 후순위저당권자가 경매를 신청하는 경우에도 이러한 제한이 있다.

(2) 일반채권자로서 변제를 받는 경우

저당권을 실행하여 우선변제를 받았지만, 여전히 자신의 채권액에 미달된 경우에는 잔액채권은 무담보의 일반채권으로 남게 된다. 그리고 저당권을 실행하지 않고 일반채권자의 지위에서 강제집행을 할 수도 있다. 이 경우에는 집행권원을 얻어야 한다. 이 경우에는 제370조에 의한 제한이 있다.

② 정당한 이유 있는 때에는 질권자는 감정인의 평가에 의하여 질물로 직접변제에 충당할 것을 법원에 청구할 수 있다. 이 경우에는 질권자는 미리 채무자 및 질권설정자에게 통지하여야 한다.

그런데 제370조는 제340조를 준용하고 있기 때문에 질권의 경우와 동일한 메커니즘으로 보면 된다. 즉 질권의 경우를 살펴보면, 질권자는 질물을 경매할 수 있고(제338조 제1항), 경락대금이 피담보채권액을 초과하는 경우에는 질권자는 완전한 채권의 만족을 받을 수 있다. 물론 잔금이 있는 경우에는 질권설정자에게 반환하여야 한다. 만약 경락대금이 채권의 변제에 부족한 경우에는, 채무명의를 얻어 채무자의 일반재산에 대하여 일반채권자로서 강제집행을 할 수 있다(제340조 제1항).

＊질권자가 질권을 실행하지 않고 처음부터 채무자의 일반재산에 집행가능한지의 문제

다수설에 의하면, 제340조 제1항은 "질권자는 질물에 의하여 변제를 받지 못한 부분의 채권에 한하여"라고 규정한 것은 '일반채권자'를 보호하기 위한 규정이기 때문에 이 규정에 위반하여 질권자가 임의로 채무자의 일반재산에 대하여 먼저 집행하려고 할 경우에, 채무자는 이의를 제기할 수 없지만, '일반채권자'에 한하여 질물을 먼저 집행하라고 이의를 제기할 수 있다고 한다. 한편, 소수설에 의하면, 제340조 제1항은 일반채권자뿐만 아니라 채무자를 보호하기 위한 기능도 수행하기 때문에 채무자도 이의를 신청할 수 있다고 한다. 즉 일반채권자는 물론이고, 채무자도 질물을 먼저 집행하라고 이의신청할 수 있다는 의미이다. 그런데 소수설에 의하면, 결과적으로 질권자는 언제나 먼저 질물에 대한 담보권을 실행해야 한다. 왜냐하면 소수설은 채무자에게도 이의신청권이 있다고 보기 때문이다. 일반적으로 채무자는 일반재산에 대하여 집행하는 것을 바라지 않을 가능성이 높다. 생각건대, 제340조 제1항의 규정 취지를 살펴보면, 제340조 제1항은 "질권자는 질물에 의하여 변제를 받지 못한 부분의 채권에 한하여 채무자의 다른 재산으로부터 변제를 받을 수 있다"라고 규정하고 있다. 이 규정과 관련하여 다수설은 '질권자'와 '일반채권자'와의 이해관계를 조정하기 위한 규정으로 보고 있지만, 법 규정의 문리해석상 그와 같이 단정적으로 해석할 수는 없는 것으로 보아야 한다. 왜냐하면 제340조 제1항은 "질물에 의하여 변제를 받지 못한 부분의 채권에 한하여"라고 규정하면서도, 이의 대상자에 대해서는 아무런 언급이 없기 때문이다. 따라서 채무자가 이의를 제기할 수 있다고 단정적으로 판단할 것이 아니라, 유형화하여 채무자의 이의제기의 허용가능성을 판단하는 것이 타당하다고 생각한다. 우선 변제기가 경과했다는 것을 전제로 하여 질권자가 질권의 목적인 질물에 대하여 '완전한 채권만족'을 받을 수 있음에도 불구하고 채무자의 다른 재산에 대하여 집행을 하는 경우에는 채무자가 이의를 제기할 수 있도록 허용하고, 다만, 질물에 대하여 완전한 채권만족을 받을 수 없다고 판단되는 경우에는 질권자의 일반재산에 대하여 집행에 대하여 채무자가 이의를 제기할 수 없도록 하는 것이 양자의 이해관계를 균형 있게 고려한 해석이라고 보아야 한다.

※ 제340조 제2항의 특별규정의 의미에 대하여

질물에 앞서 다른 재산의 대가를 배당할 경우에는 제340조 제1항의 적용이 없다. 즉 질권자는 채권전액을 가지고 배당에 참가할 수 있다. 질물에 앞서 다른 재산의 대가를 배당할 경우까지도 질권자의 권리를 제한한다면, 질권자는 이후 질권실행 에 의하여 채권을 만족받지 못할 상황도 발생할 수 있다. 따라서 다른 재산의 대가를 배당할 경우에는 질권자는 채권전액을 가지고 배당에 참가할 수 있다고 보아야 한다. 만약 질물에 '앞서' 다른 재산의 대가에 대한 배당에 참여할 수 없다고 한다면, 질물실행에 의하여 채권의 만족을 받지 못한 질권자는 채무자의 다른 재산에 대한 강제집행의 기회를 사실상 상실하게 되는 결과가 발생할 수 있다. 특히 다른 재산의 집행에 의하여 채무자의 재산이 전혀 존재하지 않게 된 경우에는 낭패가 될 수 있다. 한편, 제340조 제2항 단서에 의하면, 다른 채권자는 질권자에게 배당금액의 공탁을 청구할 수 있다. 질권이 실행되기 전에, 채무자의 다른 재산이 경매되어 배당이 실시되는 경우, 질권자는 채권전액을 가지고 일반채권자로서 그 배당에 참가할 수 있다(따라서 우선변제권은 없다). 나중에 질권이 실행되더라도 그 실행으로 모든 채권의 만족을 얻는다는 보장이 없기 때문이다. 그런데 이 경우, 다른 채권자는 질권자에게 그 배당금액의 공탁을 청구할 수 있다. 그렇게 되면 질권자는 배당받은 금액을 공탁소에 보관해야 하고, 나중에 질권의 실행으로 변제받지 못한 부분에 대하여 공탁금의 반환을 청구할 수 있게 된다.

저당권자의 권리는 제한될 수 있다. 즉 저당권자가 저당물로부터 피담보채권 전부의 변제를 받을 수 있는 경우라면, 일반채권자는 먼저 저당부동산을 경매하여 변제를 받도록 이의를 제기할 수 있다. 그런데 채무자도 이의를 제기할 수 있는지에 대하여 견해의 대립이 있다. 다수설에 의하면, 질권과 달리 저당권에 있어서는 채무자의 보호보다는 저당권자의 보호가 더 중요하므로 채무자는 이의를 제기할 수 없다고 한다. 한편, 소수설에 의하면, 질권과 저당권을 달리 취급할 이유가 없다고 하여 채무자는 질권이든 저당권이든 구별하지 않고 이의를 제기할 수 있다고 한다. 생각건대, 제340조 제1항은 "질권자는 질물에 의하여 변제를 받지 못한 부분의 채권에 한하여 채무자의 다른 재산으로부터 변제를 받을 수 있다"라고 규정하고 있다. 이 규정과 관련하여 다수설은 '질권자'

와 '일반채권자'와의 이해관계를 조정하기 위한 규정으로 보고 있지만, 법 규정의 문리해석상 그와 같이 단정적으로 해석할 수는 없는 것으로 보아야 한다. 왜냐하면 제340조 제1항은 "질물에 의하여 변제를 받지 못한 부분의 채권에 한하여"라고 규정하면서도, 이의 대상자에 대해서는 아무런 언급이 없기 때문이다. 따라서 채무자가 이의를 제기할 수 있다고 단정적으로 판단할 것이 아니라, 유형화하여 채무자의 이의제기의 허용 가능성을 판단하는 것이 타당하다고 생각한다. 우선변제기가 경과했다는 것을 전제로 하여 질권자가 질권의 목적인 질물에 대하여 '완전한 채권만족'을 받을 수 있음에도 불구하고 채무자의 다른 재산에 대하여 집행을 하는 경우에는 채무자가 이의를 제기할 수 있도록 허용할 필요성이 있다. 다만, 질물에 대하여 완전한 채권만족을 받을 수 없다고 판단되는 경우에는 질권자의 일반재산에 대한 집행에 대하여 채무자가 이의를 제기할 수 없다고 보는 것이 양자의 이해관계를 균형 있게 고려한 해석이라고 생각한다. 따라서 제370조(제340조 준용)에 위반하여 저당권자가 먼저 채무자의 일반재산에 대하여 집행을 하는 경우에는 일반채권자는 먼저 저당물을 집행하라고 이의제기를 할 수 있다. 채무자의 경우에도 저당권자가 저당물을 통하여 완전한 채권만족을 받을 수 있는 경우에는 저당물을 먼저 집행하라고 이의제기를 할 수 있지만, 완전한 채권만족을 받을 수 없는 경우에는 이의제기를 할 수 없다고 보아야 한다. 예를 들어 피담보채권이 5천만 원인데, 저당물의 시가가 1억이면서, 채무자는 기타 1억 상당의 부동산이 있다고 가정해 보자. 이 경우에, 저당권자가 변제기가 도래하였음에도 불구하고 저당권을 실행시키고 않고 다른 일반재산에 대하여 가압류 등기에 기한 집행을 할 수 있다고 한다면, 저당권자의 권리보호의 이익과 채무자의 재산권 행사가 제한받음으로써 얻게 되는 불이익이 적절하게 균형을 유지하고 있다고 단정할 것은 아니라고 생각된다. 한편, 저당권자는 저당권 실행 전에 다른 일반채권자가 채무자의 일반재산에 대하여 강제집행을 할 경우에 그 집행절차에서 '배당'을 받을 수 있다. 이때 다른 채권자는 그에게 배당될 금액을 공탁하도록 청구할 수 있다(제370조가 제340조 준용). 결국 저당권자는 공탁금을 회수하기 위하여 저당물을 임의집행하여야 하고, 이에 기하여 피담보채권에 미치지 못한 부분만큼 공탁금을 회수하여야 한다.

2) 우선변제의 순위

저당권은 다른 저당권, 전세권, 유치권 또는 일반채권과 경합할 수 있다. 이 경우에 우선변제의 순위가 문제된다. 원칙적으로 저당권자는 일반채권자에 대하여는 언제나 우선한다. 그리고 저당부동산의 소유자가 파산을 하면 저당권자는 별제권을 가진다(채무자회생및파산에관한법률 제411조). 다만, 예외적으로 저당권자가 일반채권자에 대하여 우선하지 않는 경우도 존재한다. 물권이 채권보다 우선한다는 일반원리를 관철시킨다면 이러한 원칙에 대한 예외를 설정하기 위해서는 특별한 법적 근거가 존재하여야 한다. 첫째, 주택임대차보호법에 의하면, 주택임대차계약 또는 전세계약에 관하여 대항요건(인도와 주민등록 전입신고)을 구비하고 확정일자를 받으면 보증금 또는 전세금 전액에 대하여 저당권과 그 우선순위를 결정하게 된다(주택임대차보호법 제3조의2). 즉 민사집행 법에 따른 경매 또는 국세징수법에 따른 공매(公賣)를 할 때에 임차주택(대지를 포함한다)의 환가 대금에서 후순위권리자나 그 밖의 채권자보다 우선하여 보증금을 변제(辨濟)받을 권리가 있다.

주택임대차보호법

제3조(대항력 등)

① 임대차는 그 등기(登記)가 없는 경우에도 임차인(賃借人)이 주택의 인도(引渡)와 주민등 록을 마친 때에는 그 다음 날부터 제삼자에 대하여 효력이 생긴다. 이 경우 전입신고를 한 때에 주민등록이 된 것으로 본다.

> *다음 날부터 제3자에 대하여 대항력이 생긴다는 의미
>
> 다음 날 오전 0시부터 대항력이 생긴다는 의미이다. 따라서 다음 날 주간에 등기가 경 료된 저당권에 기하여 소유권을 취득한 경락인(매수인)에게 대항할 수 있다는 것이다.

② 국민주택기금을 재원으로 하여 저소득층 무주택자에게 주거생활 안정을 목적으로 전세임 대주택을 지원하는 법인이 주택을 임차한 후 지방자치단체의 장 또는 그 법인이 선정한 입 주자가 그 주택을 인도받고 주민등록을 마쳤을 때에는 제1항을 준용한다. 이 경우 대항력이 인정되는 법인은 대통령령으로 정한다. [신설 2007. 8. 3]

③ 임차주택의 양수인(讓受人)(그 밖에 임대할 권리를 승계한 자를 포함한다)은 임대인(賃 貸人)의 지위를 승계한 것으로 본다. [신설 83·12·30, 2007. 8. 3]

④ 이 법에 따라 임대차의 목적이 된 주택이 매매나 경매의 목적물이 된 경우에는 「민법」 제575조 제1항·제3항 및 같은 법 제578조를 준용한다. [개정 2007.8.3]

⑤ 제4항의 경우에는 동시이행의 항변권(抗辯權)에 관한 「민법」 제536조를 준용한다.

제3조의2(보증금의 회수)

① 임차인(제3조 제2항의 법인을 포함한다. 이하 같다)이 임차주택에 대하여 보증금반환청구 소송의 확정판결이나 그 밖에 이에 준하는 집행권원(執行權原)에 따라서 경매를 신청하는 경우에는 집행개시(執行開始)요건에 관한 「민사집행법」 제41조에도 불구하고 반대의무(反 對義務)의 이행이나 이행의 제공을 집행개시의 요건으로 하지 아니한다.

② 제3조 제1항 또는 제2항의 대항요건(對抗要件)과 임대차계약증서(제3조 제2항의 경우에 는 법인과 임대인 사이의 임대차계약증서를 말한다)상의 확정일자(確定日字)를 갖춘 임차인

은 「민사집행법」에 따른 경매 또는 「국세징수법」에 따른 공매(公賣)를 할 때에 임차주택(대지를 포함한다)의 환가대금(換價代金)에서 '후'순위권리자(後順位權利者)나 그 밖의 채권자보다 우선하여 보증금을 변제(辨濟)받을 권리가 있다.

③ 임차인은 임차주택을 양수인에게 인도하지 아니하면 제2항에 따른 보증금을 받을 수 없다.

④ 제2항에 따른 우선변제의 순위와 보증금에 대하여 이의가 있는 이해관계인은 경매법원이나 체납처분청에 이의를 신청할 수 있다.

⑤ 제4항에 따라 경매법원에 이의를 신청하는 경우에는 「민사집행법」 제152조부터 제161조까지의 규정을 준용한다.

⑥ 제4항에 따라 이의신청을 받은 체납처분청은 이해관계인이 이의신청일부터 7일 이내에 임차인을 상대로 소(訴)를 제기한 것을 증명하면 해당 소송이 끝날 때까지 이의가 신청된 범위에서 임차인에 대한 보증금의 변제를 유보(留保)하고 남은 금액을 배분하여야 한다. 이 경우 유보된 보증금은 소송의 결과에 따라 배분한다.

---

* **주택임대차보호법 제3조의5 단서의 의미**

　대법원 2006. 2. 10. 선고 2005다21166 판결 【배당이의】

【판시사항】

　[1] 대항력과 우선변제권을 겸유하고 있는 임차인이 임대인을 상대로 보증금반환청구소송을 제기하여 승소판결을 받고 그 확정판결에 기하여 강제경매를 신청하였으나 그 경매절차에서 보증금 전액을 배당받지 못한 경우, '후행' 경매절차에서 우선변제권에 의한 배당을 받을 수 있는지 여부(소극)

　[2] 주택임대차보호법 제3조의5 단서에서 말하는 경락에 의하여 소멸하지 아니하는 임차권의 내용에 대항력뿐만 아니라, 우선변제권도 포함되는지 여부(소극)

【판결요지】

　[1] 주택임대차보호법상의 대항력과 우선변제권의 두 가지 권리를 함께 가지고 있는 임차인이 우선변제권을 선택하여 제1경매절차에서 보증금 전액에 대하여 배당요구를 하였으나 보증금 전액을 배당받을 수 없었던 때에는 경락인에게 대항하여 이를 반환받을 때까지 임대차관계의 존속을 주장할 수 있을 뿐이고, 임차인의 '우선변제권'은 경락으로 인하여 소멸하는

것이므로 제2경매절차에서 우선변제권에 의한 배당을 받을 수 없는바, 이는 근저당권자가 신청한 1차 임의경매절차에서 확정일자 있는 임대차계약서를 첨부하거나 임차권등기명령을 받아 임차권등기를 하였음을 근거로 하여 배당요구를 하는 방법으로 우선변제권을 행사한 것이 아니라, 임대인을 상대로 보증금반환청구 소송을 제기하여 승소판결을 받은 뒤 그 확정판결에 기하여 1차로 강제경매를 신청한 경우에도 마찬가지이다.

[2] "보증금이 전액 변제되지 아니한 '대항력 있는 임차권'은 소멸하지 아니한다"라는 내용의 '주택임대차보호법 제3조의5 단서'를 신설한 입법 취지가 같은 법 제4조 제2항의 해석에 관한 종전의 대법원판례(대법원 1997. 8. 22. 선고 96다53628 판결 등)를 명문화하는 데에 있는 점 등으로 보아, "임대차가 종료된 경우에도 임차인이 보증금을 반환받을 때까지 임대차 관계는 존속하는 것으로 본다"라고 규정한 같은 법 제4조 제2항과 동일한 취지를 경락에 의한 임차권 소멸의 경우와 관련하여 주의적·보완적으로 다시 규정한 것으로 보아야 하므로, 소멸하지 아니하는 임차권의 내용에 '대항력'뿐만 아니라, '우선변제권'도 당연히 포함되는 것으로 볼 수는 없다.

【참조조문】
  [1] 주택임대차보호법 제3조 제2항, 제3조의2 제2항, 제4조 제2항 / [2] 주택임대차보호법 제3조의5, 제4조 제2항

【참조판례】
  [1] 대법원 1997. 8. 22. 선고 96다53628 판결(공1997하, 2793), 대법원 1998. 6. 26. 선고 98다2754 판결(공1998하, 1984), 대법원 1998. 7. 10. 선고 98다15545 판결(공1998하, 2093), 대법원 2001. 3. 27. 선고 98다4552 판결(공2001상, 988) / [2] 대법원 1997. 8. 22. 선고 96다53628 판결(공1997하, 2793)

【전문】
【원고, 상고인】 양요천
【피고, 피상고인】 광주광역시 북구 외 3인
【원심판결】 광주지법 2005. 3. 23. 선고 2004나4856 판결
【주문】
  상고를 기각한다. 상고비용은 원고가 부담한다.

【이유】

상고이유를 본다.

주택임대차보호법상의 대항력과 우선변제권의 두 가지 권리를 함께 가지고 있는 임차인이 우선변제권을 선택하여 제1경매절차에서 보증금 전액에 대하여 배당요구를 하였으나 보증금 전액을 배당받을 수 없었던 때에는 경락인에게 대항하여 이를 반환받을 때까지 임대차관계의 존속을 주장할 수 있을 뿐이고, 임차인의 우선변제권은 경락으로 인하여 소멸하는 것이므로 제2경매절차에서 우선변제권에 의한 배당을 받을 수 없다(대법원 1998. 6. 26. 선고 98다 2754 판결; 2001. 3. 27. 선고 98다4552 판결 등 참조). 이는 이 사건 원고와 같이 근저당권자가 신청한 1차 임의경매 절차에서 확정일자 있는 임대차계약서를 첨부하거나 임차권등기명령을 받아 임차권등기를 하였음을 근거로 하여 배당요구를 하는 방법으로 우선변제권을 행사한 것이 아니라, 임대인을 상대로 보증금반환청구 소송을 제기하여 승소판결을 받은 뒤 그 확정판결에 기하여 1차로 강제경매를 신청한 경우에도 마찬가지이다.

원고는 1999. 1. 21. 법률 제5641호로 주택임대차보호법이 개정되면서 제3조의5(경매에 의한 임차권의 소멸)의 “임차권은 임차주택에 대하여 민사소송법에 의한 경매가 행하여진 경우에는 그 임차주택의 경락에 의하여 소멸한다. 다만, 보증금이 전액 변제되지 아니한 대항력이 있는 ‘임차권’은 그러하지 아니하다”는 규정이 신설된 것과 관련하여, 위 소멸하지 아니하는 ‘임차권’의 내용에는 대항력뿐만 아니라 우선변제권도 포함되고, 따라서 일부라도 보증금을 변제받지 못하는 경우의 임차인은 보증금을 전액 반환받을 때까지 완전한 임차권(대항력과 우선변제권)을 보유한다는 것을 상고이유로 내세우고 있다.

그러나 보증금이 전액 변제되지 아니한 대항력 있는 임차권은 소멸하지 아니한다는 내용의 위 단서를 신설한 입법 취지가 위 법 제4조 제2항의 해석에 관한 종전의 대법원판례(대법원 1997. 8. 22. 선고 96다53628 판결 등)를 명문화하는 데에 있는 점 등으로 보아, “임대차가 종료된 경우에도 임차인이 보증금을 반환받을 때까지 임대차관계는 존속하는 것으로 본다”라고 규정한 같은 법 제4조 제2항과 동일한 취지를 경락에 의한 임차권 소멸의 경우와 관련하여 주의적·보완적으로 다시 규정한 것으로 보아야 한다. 그러므로 위 소멸하지 아니하는 임차권의 내용에 대항력뿐만 아니라 우선변제권도 당연히 포함되는 것으로 볼 수는 없다.

같은 취지의 원심의 판단은 정당하고, 거기에 상고이유의 주장과 같이 판결 결과에 영향을 미친 법리오해 등의 위법이 있다고 할 수 없다.

그 밖에 상고이유로 들고 있는 대법원 2004. 8. 30. 선고 2003다23885 판결은 보증금 전액을 배당받을 수 있는 경우에 임차인의 배당요구로 임차권이 소멸하는 시점을 배당표가 확정될 때로 본 것으로서 본 사건과 판시사항이 다르고, 원고의 주장과 같이 일부라도 보증금을 변제받지 못할 경우의 임차인은 보증금을 전액 반환받을 때까지 완전한 임차권을 보유한다는 취지를 설시한 것도 아니므로 이 사건에 원용하기에 적절하지 아니하다.

그러므로 상고를 기각하고, 상고비용은 패소자가 부담하기로 하여 관여 대법관의 일치된 의견으로 주문과 같이 판결한다.

대법관　　박재윤(재판장)　이규홍　김영란　김황식(주심)

＊대법원 2004. 8. 30. 선고 2003다23885 판결 【건물명도등】

【판시사항】

주택임대차보호법상의 대항력과 우선변제권을 가지고 있는 임차인이 임차주택에 대한 경매절차에서 보증금 전액을 배당받을 수 있는 경우 임차권의 소멸시기(=임차인에 대한 배당표의 확정 시) 및 임차인에 대한 배당표가 확정될 때까지 임차인에 의한 임차주택의 사용·수익이 낙찰대금을 납부한 경락인과의 관계에서 부당이득으로 되는지 여부(소극)

【판결요지】

주택임대차보호법 제3조의5의 입법 취지와 규정 내용에 비추어 보면, 주택임대차보호법상의 대항력과 우선변제권의 두 권리를 겸유하고 있는 임차인이 우선변제권을 선택하여 임차주택에 대하여 진행되고 있는 경매절차에서 보증금에 대한 배당요구를 하여 보증금 '전액을 배당'받을 수 있는 경우에는, 특별한 사정이 없는 한 임차인이 그 배당금을 지급받을 수 있는 때, 즉 임차인에 대한 배당표가 확정될 때까지는 임차권이 소멸하지 않는다고 해석함이 상당하다 할 것이므로, 경락인이 낙찰대금을 납부하여 임차주택에 대한 소유권을 취득한 이후에 임차인이 임차주택을 계속 점유하여 사용·수익하였다고 하더라도 임차인에 대한 배당표가 확정될 때까지의 사용·수익은 소멸하지 아니한 임차권에 기한 것이어서 경락인에 대한 관계에서 부당이득이 성립되지 아니한다.

【참조조문】

주택임대차보호법 제3조의5, 민법 제741조

한편, 상가건물임대차보호법에 의하면, 대항요건(건물의 인도와 사업자등록의 신청)을 갖추고 관할 세무서장으로부터 임대차계약서상의 확정일자를 받은 임차인은 민사집행법에 따른 경매 또는 국세징수법에 따른 공매 시 임차건물(임대인 소유의 대지를 포함한다)의 환가대금에서 후순위권리자나 그 밖의 채권자보다 우선하여 보증금을 변제받을 권리가 있다고 규정하고 있다(제5조).

상가임대차보호법

제5조(보증금의 회수)

① 임차인이 임차건물에 대하여 보증금반환청구소송의 확정판결, 그 밖에 이에 준하는 집행권원에 의하여 경매를 신청하는 경우에는 「민사집행법」 제41조에도 불구하고 반대의무의 이행이나 이행의 제공을 집행개시의 요건으로 하지 아니한다.

② 제3조 제1항의 대항요건을 갖추고 관할 세무서장으로부터 임대차계약서상의 확정일자를 받은 임차인은 「민사집행법」에 따른 경매 또는 「국세징수법」에 따른 공매 시 임차건물(임대인 소유의 대지를 포함한다)의 환가대금에서 '후'순위권리자나 그 밖의 채권자보다 우선하여 보증금을 변제받을 권리가 있다.

③ 임차인은 임차건물을 양수인에게 인도하지 아니하면 제2항에 따른 보증금을 받을 수 없다.

④ 제2항에 따른 우선변제의 순위와 보증금에 대하여 이의가 있는 이해관계인은 경매법원 또는 체납처분청에 이의를 신청할 수 있다.

⑤ 제4항에 따라 경매법원에 이의를 신청하는 경우에는 「민사집행법」 제152조부터 제161조까지의 규정을 준용한다.

⑥ 제4항에 따라 이의신청을 받은 체납처분청은 이해관계인이 이의신청일부터 7일 이내에 임차인을 상대로 소(訴)를 제기한 것을 증명한 때에는 그 소송이 종결될 때까지 이의가 신청된 범위에서 임차인에 대한 보증금의 변제를 유보(留保)하고 남은 금액을 배분하여야 한다. 이 경우 유보된 보증금은 소송 결과에 따라 배분한다.

제3조(대항력 등)

① 임대차는 그 등기가 없는 경우에도 임차인이 건물의 인도와 「부가가치세법」 제5조, 「소득세법」 제168조 또는 「법인세법」 제111조에 따른 사업자등록을 신청하면 그 다음 날부터 제3자에 대하여 효력이 생긴다.

② 임차건물의 양수인(그 밖에 임대할 권리를 승계한 자를 포함한다)은 임대인의 지위를 승계한 것으로 본다.

③ 이 법에 따라 임대차의 목적이 된 건물이 매매 또는 경매의 목적물이 된 경우에는 「민법」 제575조 제1항·제3항 및 제578조를 준용한다.

④ 제3항의 경우에는 「민법」 제536조를 준용한다.

특히, 주택임대차보호법에 의하면, 주택임차인은 보증금 중의 '일정액' 또는 전세금 중의 '일정액'에 관하여 우선특권이 인정된다. 이 경우에 주택임차인은 선순위인지의 여부와 관계없이 언제나 다른 '담보물권자'(예: 저당권자)보다 우선하여 변제받을 수 있다(주택임대차보호법 제8조). 다만, 경매신청등기 이전에 대항요건(주택의 인도와 주민등록)을 갖추어야 한다. 물론 상가임대차보호법도 이와 유사한 규정이 존재한다.

주택임대차보호법

제8조(보증금 중 일정액의 보호)

① 임차인은 보증금 중 '일정액'을 다른 담보물권자(擔保物權者)보다 우선하여 변제받을 권리가 있다. 이 경우 임차인은 주택에 대한 '경매신청의 등기 전'에 제3조 제1항의 요건(주택의 인도와 주민등록)을 갖추어야 한다.

② 제1항의 경우에는 제3조의2 제4항부터 제6항까지의 규정을 준용한다.

③ 제1항에 따라 우선변제를 받을 임차인 및 보증금 중 일정액의 범위와 기준은 제8조의2에 따른 주택임대차위원회의 심의를 거쳐 대통령령으로 정한다. 다만, 보증금 중 일정액의 범위와 기준은 주택가액(대지의 가액을 포함한다)의 2분의 1을 넘지 못한다. [개정 2009.5.8] [시행일 2009.8.9] [전문개정 2008.3.21]

주택임대차보호법 시행령

제3조(보증금 중 일정액의 범위 등)

① 법 제8조에 따라 우선변제를 받을 보증금 중 일정액의 범위는 다음 각 호의 구분에 의한 금액 이하로 한다. [개정 2010.7.21]

1. 서울특별시: 2천500만 원

2. 「수도권정비계획법」에 따른 과밀억제권역(서울특별시는 제외한다): 2천200만 원

3. 광역시(「수도권정비계획법」에 따른 과밀억제권역에 포함된 지역과 군지역은 제외한다), 안산시, 용인시, 김포시 및 광주시: 1천900만 원

4. 그 밖의 지역: 1천400만 원

② 임차인의 보증금 중 일정액이 주택가액의 2분의 1을 초과하는 경우에는 주택가액의 2분의 1에 해당하는 금액까지만 우선변제권이 있다(따라서 이러한 경우에 해당될 경우에는 예를 들어 서울특별시의 경우에 2,500만 원 이하의 금액에 대하여 배당받을 수도 있다).

③ 하나의 주택에 임차인이 2명 이상이고, 그 각 보증금 중 일정액을 모두 합한 금액이 주택가액의 2분의 1을 초과하는 경우에는 그 각 보증금 중 일정액을 모두 합한 금액에 대한 각 임차인의 보증금 중 일정액의 비율로 그 주택가액의 2분의 1에 해당하는 금액을 분할한 금액

을 각 임차인의 보증금 중 일정액으로 본다.

④ 하나의 주택에 임차인이 2명 이상이고 이들이 그 주택에서 가정공동생활을 하는 경우에는 이들을 1명의 임차인으로 보아 이들의 각 보증금을 합산한다. [전문개정 2008.8.21]

제4조(우선변제를 받을 임차인의 범위)

법 제8조에 따라 우선변제를 받을 임차인은 보증금이 다음 각 호의 구분에 의한 금액 이하인 임차인으로 한다. [개정 2010.7.21]

1. 서울특별시: 7천500만 원

2. 「수도권정비계획법」에 따른 과밀억제권역(서울특별시는 제외한다): 6천500만 원

3. 광역시(「수도권정비계획법」에 따른 과밀억제권역에 포함된 지역과 군지역은 제외한다), 안산시, 용인시, 김포시 및 광주시: 5천500만 원

4. 그 밖의 지역: 4천만 원 [전문개정 2008.8.21]

한편, 상가임대차보호법에 의하면, 그 적용범위와 관련하여 모든 상가임대차를 대상으로 하는 것이 아니고, 일정금액 이하의 상가임대차에 대해서만 적용된다.

상가임대차보호법

제2조(적용범위)

① 이 법은 상가건물(제3조 제1항에 따른 사업자등록의 대상이 되는 건물을 말한다)의 임대차(임대차 목적물의 주된 부분을 영업용으로 사용하는 경우를 포함한다)에 대하여 적용한다. 다만, 대통령령으로 정하는 보증금액을 초과하는 임대차에 대하여는 그러하지 아니하다.

② 제1항 단서에 따른 보증금액을 정할 때에는 해당 지역의 경제 여건 및 임대차 목적물의 규모 등을 고려하여 지역별로 구분하여 규정하되, 보증금 외에 차임이 있는 경우에는 그 차임액에 「은행법」에 따른 은행의 대출금리 등을 고려하여 대통령령으로 정하는 비율을 곱하여 환산한 금액을 포함하여야 한다. [개정 2010.5.17 제10303호(은행법)] [시행일 2010.11.18] [전문개정 2009.1.30]

상가임대차보호법 시행령

제2조(적용범위)

① 「상가건물 임대차보호법」(이하 "법"이라 한다) 제2조 제1항 단서에서 "대통령령으로 정하는 보증금액"이라 함은 다음 각 호의 구분에 의한 금액을 말한다. [개정 2008.8.21, 2010.7.21]

1. 서울특별시: 3억 원

2. 「수도권정비계획법」에 따른 과밀억제권역(서울특별시는 제외한다): 2억 5천만 원

3. 광역시(「수도권정비계획법」에 따른 과밀억제권역에 포함된 지역과 군지역은 제외한다), 안산시, 용인시, 김포시 및 광주시: 1억 8천만 원

4. 그 밖의 지역: 1억 5천만 원

② 법 제2조 제2항의 규정에 의하여 보증금외에 차임이 있는 경우의 차임액은 월 단위의 차임액으로 한다.

③ 법 제2조 제2항에서 "대통령령으로 정하는 비율"이라 함은 1분의 100을 말한다. [개정 2010.7.21]

특히, 상가임차인의 최우선특권규정은 상가임대차보호법의 적용범위에 해당되는 경우에 비로소 적용된다는 점을 유의할 필요성이 있다. 또한 상가임대차에 있어서, 상가임차인은 보증금 중의 일정액에 관하여 우선특권이 인정된다. 이 경우에 상가임차인은 선순위인지의 여부와 관계없이 언제나 다른 '담보물권자'(예: 저당권자)보다 우선하여 변제받을 수 있다(상가임대차보호법 제14조). 다만, '경매신청등기 이전'에 대항요건(건물의 인도와 사업자등록의 신청)을 갖추어야 한다.

상가임대차보호법

제14조(보증금 중 일정액의 보호)

① 임차인은 보증금 중 '일정액'을 다른 담보물권자보다 우선하여 변제받을 권리가 있다. 이 경우 임차인은 건물에 대한 '경매신청의 등기 전'에 제3조 제1항의 요건(건물의 인도와 사업자등록의 신청)을 갖추어야 한다.

② 제1항의 경우에 제5조 제4항부터 제6항까지의 규정을 준용한다.

③ 제1항에 따라 우선변제를 받을 임차인 및 보증금 중 일정액의 범위와 기준은 임대건물가액(임대인 소유의 대지가액을 포함한다)의 3분의 1 범위에서 해당 지역의 경제 여건, 보증금 및 차임 등을 고려하여 대통령령으로 정한다. [전문개정 2009.1.30]

상가임대차보호법 시행령

제6조(우선변제를 받을 임차인의 범위) 법 제14조의 규정에 의하여 우선변제를 받을 임차인은 보증금과 차임이 있는 경우 법 제2조 제2항의 규정에 의하여 환산한 금액의 합계가 다음 각 호의 구분에 의한 금액 이하인 임차인으로 한다. [개정 2008.8.21, 2010.7.21]

1. 서울특별시: 5천만 원

2. 「수도권정비계획법」에 따른 과밀억제권역(서울특별시는 제외한다): 4천500만 원

3. 광역시(「수도권정비계획법」에 따른 과밀억제권역에 포함된 지역과 군지역은 제외한다), 안
   산시, 용인시, 김포시 및 광주시: 3천만 원

4. 그 밖의 지역: 2천500만 원

상가임대차보호법 시행령

제7조(우선변제를 받을 보증금의 범위 등)

① 법 제14조의 규정에 의하여 우선변제를 받을 보증금 중 일정액의 범위는 다음 각 호의
구분에 의한 금액 이하로 한다. [개정 2008.8.21, 2010.7.21]

1. 서울특별시: 1천500만 원

2. 「수도권정비계획법」에 따른 과밀억제권역(서울특별시는 제외한다): 1천350만 원

3. 광역시(「수도권정비계획법」에 따른 과밀억제권역에 포함된 지역과 군지역은 제외한다), 안
   산시, 용인시, 김포시 및 광주시: 900만 원

4. 그 밖의 지역: 750만 원

② 임차인의 보증금 중 일정액이 상가건물의 가액의 3분의 1을 초과하는 경우에는 상가건물
의 가액의 3분의 1에 해당하는 금액에 한하여 우선변제권이 있다.

③ 하나의 상가건물에 임차인이 2인 이상이고, 그 각 보증금 중 일정액의 합산액이 상가건물
의 가액의 3분의 1을 초과하는 경우에는 그 각 보증금중 일정액의 합산액에 대한 각 임차인
의 보증금 중 일정액의 비율로 그 상가건물의 가액의 3분의 1에 해당하는 금액을 분할한 금
액을 각 임차인의 보증금중 일정액으로 본다.

현행 근로기준법에 의하면, 기업이 도산하여 근로관계가 소멸된 경우에 최종 3월분의 임금, 재
해보상금은 사용자의 총재산에 대하여 저당권에 의하여 담보된 채권에 우선한다고 규정하고 있다
(제38조 제2항). 이와 관련하여 '최종 3년간의 퇴직금'은 종래에 근로기준법 제38조에서 규정되었
지만, 2005년 삭제된 이후에 2005년 제정된 근로자퇴직급여보장법에 우선특권으로 규정되었다(제
11조).

근로기준법

제38조(임금채권의 우선변제)

① 임금, 재해보상금, 그 밖에 근로관계로 인한 채권은 사용자의 총재산에 대하여 질권(質權)
또는 저당권에 따라 담보된 채권 외에는 조세 · 공과금 및 다른 채권에 우선하여 변제되어야

한다. 다만, 질권 또는 저당권에 우선하는 조세·공과금에 대하여는 그러하지 아니하다.

② 제1항에도 불구하고 다음 각 호의 어느 하나에 해당하는 채권은 사용자의 총재산에 대하여 질권 또는 저당권에 따라 담보된 채권, 조세·공과금 및 다른 채권에 '우선'하여 '변제'되어야 한다.

1. 최종 3개월분의 임금

2. 재해보상금

근로자퇴직급여보장법

제11조(퇴직금의 우선변제)

① 퇴직금은 사용자의 총재산에 대하여 질권·저당권 또는 「동산·채권 등의 담보에 관한 법률」에 따른 담보권에 의하여 담보된 채권을 제외하고는 조세·공과금 및 다른 채권에 우선하여 변제되어야 한다. 다만, 질권·저당권 또는 「동산·채권 등의 담보에 관한 법률」에 따른 담보권에 우선하는 조세·공과금에 대하여는 그러하지 아니하다. [개정 2010.6.10 제10366호(동산·채권등의담보에관한법률)] [시행일 2012.6.11]

② 제1항의 규정에 불구하고 최종 3년간의 퇴직금은 사용자의 총재산에 대하여 질권·저당권 또는 「동산·채권 등의 담보에 관한 법률」에 따른 담보권에 의하여 담보된 채권, 조세·공과금 및 다른 채권에 우선하여 변제되어야 한다. [개정 2010.6.10 제10366호(동산·채권등의담보에관한법률)] [시행일 2012.6.11]

③ 제2항의 규정에 의한 퇴직금은 계속근로기간 1년에 대하여 30일분의 평균임금으로 계산한 금액으로 한다.

저당물의 소유자가 세금을 체납하고 있는 경우에, 저당권과 국세우선권과의 우선순위가 문제된다. 현행 국세기본법에 의하면, "국세, 가산금 또는 체납처분비는 다른 공과금 기타의 채권에 우선하여 징수"한다고 하여 '국세'에 대하여 '우선특권'을 인정하고 있다(제35조 제1항 본문). 그리고 제35조 제1항 제3호는 법정기일 이전에 설정된 저당채권에 대하여는 저당권이 우선한다고 규정하고 있다(제35조 제1항 단서). 여기에서 말하는 '법정기일'이란 납세의무가 확정되는 국세의 경우에는 신고일을 의미하고, 기타의 국세 또는 가산금의 경우에는 납부고지서, 납부통지서의 발송일, 납부의무 확정일 등을 의미한다(제35조 제1항 제3호 가목~마목).

국세기본법

제35조(국세의 우선)

① 국세ㆍ가산금 또는 체납처분비는 다른 공과금이나 그 밖의 채권에 우선하여 징수한다. 다만, 다음 각 호의 어느 하나에 해당하는 공과금이나 그 밖의 채권에 대해서는 그러하지 아니하다. [개정 2010.12.27][시행일 2011.1.1]

1. 지방세나 공과금의 체납처분을 할 때 그 체납처분금액 중에서 국세ㆍ가산금 또는 체납처분비를 징수하는 경우의 그 지방세나 공과금의 체납처분비

2. 강제집행ㆍ경매 또는 파산 절차에 따라 재산을 매각할 때 그 매각금액 중에서 국세ㆍ가산금 또는 체납처분비를 징수하는 경우의 그 강제집행, 경매 또는 파산 절차에 든 비용

3. 다음 각 목의 어느 하나에 해당하는 기일(이하 "법정기일"이라 한다) '전'에 전세권, 질권 또는 저당권 설정을 등기하거나 등록한 사실이 대통령령으로 정하는 바에 따라 증명되는 재산을 매각할 때 그 매각금액 중에서 국세 또는 가산금(그 재산에 대하여 부과된 국세와 가산금은 제외한다)을 징수하는 경우의 그 전세권, 질권 또는 저당권에 의하여 담보된 채권

   가. 과세표준과 세액의 신고에 따라 납세의무가 '확정'되는 국세(중간예납하는 법인세와 예정신고납부하는 부가가치세를 포함한다)의 경우 신고한 해당 세액에 대해서는 그 신고일

   나. 과세표준과 세액을 정부가 결정ㆍ경정 또는 수시부과 결정을 하는 경우 고지한 해당 세액에 대해서는 그 납세고지서의 발송일

   다. 원천징수의무자나 납세조합으로부터 징수하는 국세와 인지세의 경우에는 가목 및 나목에도 불구하고 그 납세의무의 확정일

   라. 제2차 납세의무자(보증인을 포함한다)의 재산에서 국세를 징수하는 경우에는 「국세징수법」 제12조에 따른 납부통지서의 발송일

   마. 양도담보재산에서 국세를 징수하는 경우에는 「국세징수법」 제13조에 따른 납부통지서의 발송일

   바. 「국세징수법」 제24조 제2항에 따라 납세자의 재산을 압류한 경우에 그 압류와 관련하여 확정된 세액에 대해서는 가목부터 마목까지의 규정에도 불구하고 그 압류등기일 또는 등록일

4. 「주택임대차보호법」 제8조 또는 「상가건물 임대차보호법」 제14조가 적용되는 임대차관계에 있는 주택 또는 건물을 매각할 때 그 매각금액 중에서 국세 또는 가산금을 징수하는 경우 임대차에 관한 보증금 중 일정 금액으로서 같은 조에 따라 임차인이 우선하여 변제받을 수 있는 금액에 관한 채권

5. 사용자의 재산을 매각하거나 추심(推尋)할 때 그 매각금액 또는 추심금액 중에서 국세나 가산금을 징수하는 경우에 「근로기준법」 제38조 또는 「근로자퇴직급여 보장법」 제11조에

따라 국세나 가산금에 우선하여 변제되는 임금, 퇴직금, 재해보상금, 그 밖에 근로관계로 인한 채권

② 납세의무자를 등기의무자로 하고 채무불이행을 정지 조건으로 하는 대물변제(代物辨濟)의 예약에 의하여 권리이전 청구권의 보전을 위한 가등기(가등록을 포함한다. 이하 같다)나 그 밖에 이와 유사한 담보의 목적으로 된 가등기가 되어 있는 재산을 압류하는 경우에 그 가등기에 따른 본등기가 압류 후에 행하여진 때에는 그 가등기의 권리자는 그 재산에 대한 체납처분에 대하여 그 가등기에 따른 권리를 주장할 수 없다. 다만, 국세 또는 가산금(그 재산에 대하여 부과된 국세와 가산금은 제외한다)의 법정기일 전에 가등기된 재산에 대해서는 그러하지 아니하다.

③ 세무서장은 제2항에 규정된 가등기재산을 압류하거나 공매(公賣)할 때에는 그 사실을 가등기권리자에게 지체 없이 통지하여야 한다.

④ 세무서장은 납세자가 제3자와 짜고 거짓으로 재산에 다음 각 호의 어느 하나에 해당하는 계약을 하고 그 등기 또는 등록을 함으로써 그 재산의 매각금액으로 국세나 가산금을 징수하기가 곤란하다고 인정할 때에는 그 행위의 취소를 법원에 청구할 수 있다. 이 경우 납세자가 국세의 법정기일 전 1년 내에 대통령령으로 정하는 친족이나 그 밖의 특수관계인과 전세권·질권 또는 저당권 설정계약, 가등기 설정계약 또는 양도담보 설정계약을 한 경우에는 짜고 한 거짓 계약으로 추정한다.

1. 제1항 제3호에 따른 전세권·질권 또는 저당권의 설정계약

2. 제2항에 따른 가등기 설정계약

3. 제42조 제2항에 따른 양도담보 설정계약

⑤ 제1항 제3호 각 목 외의 부분 및 제2항 단서에서 "그 재산에 대하여 부과된 국세"란 국세 중 상속세, 증여세 및 종합부동산세를 말한다. [전문개정 2010.1.1]

저당권과 조세우선특권과의 순위가 문제되는데, 저당권의 등기시기와 조세채권의 법정기일의 선후에 의하여 결정된다. 예를 들어 저당물의 소유자가 국세를 체납하고 있는 경우라 하더라도 저당채권이, 체납된 국세의 법정기일 이전에 설정된 경우에는 그 저당채권이 국세에 우선하게 된다. 한편, 전세권은 전세금반환청구권에 관하여 우선변제권이 인정되지만(제303조 제1항), 저당권과 전세권의 우선순위는 등기의 선후에 의하여 결정된다.

민법

제303조(전세권의 내용)

① 전세권자는 전세금을 지급하고 타인의 부동산을 점유하여 그 부동산의 용도에 좇아 사용·수익하며, 그 부동산 전부에 대하여 후순위권리자 기타 채권자보다 전세금의 우선변제를 받을 권리가 있다. [개정 1984.4.10]

② 농경지는 전세권의 목적으로 하지 못한다.

※ 전세금의 지급이 전세권의 성립요소인지의 문제

제303조가 "전세금을 지급하고…… 우선변제권이 있다"라고 표현한 것은, 전세권이 담보물권적 성질을 가지고 있다는 의미이다. 그렇다면 전세금은 피담보채권의 역할을 한다고 볼 여지가 있다. 이러한 전제에 의한다면 전세금의 지급이 없는 전세권은 성립될 수 없다고 생각한다. 따라서 전세금은 전세권설정계약시에 실제 수수될 필요는 없지만, 최소한 물권행위로서의 전세권설정계약(등기서류교부 시)까지는 수수되어야 할 것으로 보인다.

※ 전세권의 존속기간

전세권의 존속기간은 10년을 넘지 못한다는 규정은 당연한 규정이라고 보아야 함(제312조 제1항). 왜냐하면 전세금이 피담보채권의 역할을 한다면 10년의 소멸시효에 걸리게 되는데, 그렇다면 전세권도 당연히 소멸되기 때문임. 물론 당사 간의 합의로 전세권의 갱신이 가능하지만 그 기간은 갱신일로부터 10년을 넘지 못한다(제312조 제3항). 한편, 건물에 대한 전세권은 1년 이상이어야 한다(제312조 제2항).

※ 대법원 2002. 8. 23. 선고 2001다69122 판결

전세권은 전세금을 지급하고 타인의 부동산을 그 용도에 따라 사용·수익하는 권리로서 전세금의 지급이 없으면 전세권은 성립하지 아니하는 등으로 전세금은 전세권과 분리될 수 없는 요소일 뿐 아니라, 전세권에 있어서는 그 설정행위에서 금지하지 아니하는 한 전세권자는 전세권 자체를 처분하여 전세금으로 지출한 자본을 회수할 수 있도록 되어 있으므로 전세권이 존속하는 동안은 전세권을 존속시키기로 하면서 전세금반환채권만을 전세권과 분리하여 확정적으로 양도하는 것은 허용되지 않는 것이며, 다만 전세권 존속 중에는 장래에 그 전세권이 소멸하는 경우에 전세금 반환채권이 발생하는 것을 조건으로 그 장래의 조건부 채권을 양도할 수 있을 뿐이라 할 것이다.

다만, 저당권은 유치권과 경합될 수 없다. 왜냐하면 유치권에 있어서 권리의 내용은 우선변제적 효력이 아니고 유치적 효력만이 있기 때문이다. 즉 유치권은 저당권과 같이 교환가치를 지배하는 권리가 아니기 때문에 저당권과 같은 우선변제권은 존재할 수 없다. 이러한 이유로 유치권자는 경매신청권은 있지만, 우선변제권은 없는 것이다. 그런데 저당권은 교환가치를 지배함으로써 우선변제력이 인정되는 권리이다. 따라서 저당권과 유치권은 권리의 내용이 다르기 때문에 경합될 수 없는 관계라고 보아야 한다. 그러나 현행 법률에 의하면, 유치권은 사실상 저당권에 우선한다는 점을 유의할 필요성이 있다. 왜냐하면 현행 민사집행법은 경락인이 유치권자에게 변제를 하지 않으면 경매목적물을 수취할 수 없도록 규정하고 있기 때문이다(제91조 제5항).

민사집행법

제91조(인수주의와 잉여주의의 선택 등)

① 압류채권자의 채권에 우선하는 채권에 관한 부동산의 부담을 매수인에게 인수하게 하거나, 매각대금으로 그 부담을 변제하는 데 부족하지 아니하다는 것이 인정된 경우가 아니면 그 부동산을 매각하지 못한다.

② 매각부동산 위의 모든 저당권은 매각으로 소멸된다.

③ 지상권·지역권·전세권 및 등기된 임차권은 저당권·압류채권·가압류채권에 대항할 수 없는 경우에는 매각으로 소멸된다.

④ 제3항의 경우 외의 지상권·지역권·전세권 및 등기된 임차권은 매수인이 인수한다. 다만, 그중 전세권의 경우에는 전세권자가 제88조에 따라 배당요구를 하면 매각으로 소멸된다.

⑤ 매수인은 유치권자(留置權者)에게 그 유치권(留置權)으로 담보하는 채권을 변제할 책임이 있다.

저당권 상호 간의 관계에 대해서는 제370조가 제333조를 준용하고 있다. 즉 동일한 부동산 위에 수개의 저당권이 경합하는 때에는 그 우선변제의 순위는 저당권의 설정등기의 선후에 의하게 된다. 따라서 후순위저당권자는 선순위저당권자가 그의 우선변제권을 행사하여 변제를 받고 남은 잔액에 대하여만 그의 우선변제권을 행사할 수 있다. 이것은 후순위저당권자의 신청으로 경매가 행하여지는 경우에도 마찬가지이다. 그리고 선순위저당권이 변제 기타의 사유로 인하여 소멸하면 후순위저당권은 순위승진의 원칙에 의하여 그 순위가 올라간다.

민법

제370조(준용규정) 제214조, 제321조, 제333조, 제340조, 제341조 및 제342조의 규정은 저당권에 준용한다.

> 제333조(동산질권의 순위) 수개의 채권을 담보하기 위하여 동일한 동산에 수개의 질권을 설
> 정한 때에는 그 순위는 설정의 선후에 의한다.

4. 저당권의 실행

저당권자가 저당목적물을 환가하여 그 대가로부터 피담보채권의 우선변제를 받는 것이다. 저당권의 실행은 민사집행법의 경매절차에 의한 방법과 경매절차에 의하지 않고 유저당에 의하는 방법으로 나눌 수 있다. 전자는 국가기관(즉 법원)에 의하여 저당권이 실행되는 것이고, 후자는 사적자치(유저당의 특약)에 의하여 저당권이 실행된다는 점에서 차이가 있다.

1) 경매에 의한 실행

(1) 서설

채권을 강제적으로 실현하는 강제집행절차에서의 경매를 강제경매라 하고, 담보권의 실행을 위한 경매를 강제경매에 대비하여 임의경매라 한다. 과거에 임의경매는 경매법에 의해, 강제경매는 민사소송법 강제집행편에 의해 규율되었지만, 1990년 개정된 민사소송법의 시행 이후에 양자 모두가 민사소송법에 의해 규율되었다. 그 후 민사소송법과 민사집행법이 분리되어 2002. 7. 1.부터 시행되고 있다. 현행 민사집행법은 강제경매와 임의경매를 포괄하는 민사집행절차와 보전처분절차를 규정하고 있다. 그리고 민사집행법은 임의경매 대신에 '담보권 실행 등을 위한 경매'라는 표현을 사용하고 있다. 담보권실행을 위한 임의경매에서는 집행권원이 요구되지 않는다는 점에서 강제집행의 경우와 차이가 있다(민사집행법 제80조 제3호, 제264조 제1항). 강제경매는 일반채권자들이 하는 것이다. 모든 채권은 평등하기 때문에 채권자에게 우선변제권이 존재할 수 없다. 하지만, 변제기에 채무자가 채무를 불이행할 경우에는 환가를 통한 채권만족을 받을 필요가 있다. 다만, 강제경매를 신청하기 위해서는 그러한 집행이 이유 있다는 집행권원을 추가적으로 받아야 한다. 강제경매는 처음부터 환가에 의한 채권만족을 예정한 것이 아니기 때문이다. 따라서 일반채권자가 경매를 신청하기 위해서는 강제경매신청서에 집행할 수 있는 일정한 집행권원을 기재하여야 하고 그 신청에는 집행력 있는 정본을 첨부하여야 한다(민사집행법 제80조). 그러나 교환가치를 지배하는 담보물권의 경우에는 환가(예: 경매)를 통한 우선변제적 효력은 담보물권의 기본적 성질이라고 할 수 있다. 따라서 임의경매의 경우에는 추가적으로 집행권원의 존재를 다시 요구할 필요가 없다.

이미 저당권등기가 되어있다면 그 자체가 집행권원이 되는 것이기 때문이다. 즉 담보물권 자체가 이미 변제기 이후의 환가방법을 통하여 우선적으로 채권의 만족을 받겠다는 것이고, 이를 위하여 당사자들이 합의한 것이기 때문이다. 따라서 임의경매의 경우처럼 신청서에 추가적으로 집행력 있는 정본을 첨부할 필요가 없다. 다만 근저당권설정계약서, 등기부등본과 같이 '담보권이 있다는 것을 증명하는 서류'는 최소한으로 첨부하여야 할 것이다(민사집행법 제264조 제1항). 집행권원이란 강제집행에 의해서 실현될 일정한 사법상의 이행청구권의 존재와 범위가 표시되고, 법률에 의하여 그 집행력이 인정된 공정의 문서를 말한다.

민사집행법

제80조(강제경매신청서) 강제경매신청서에는 다음 각 호의 사항을 적어야 한다.

1. 채권자 · 채무자와 법원의 표시

2. 부동산의 표시

3. 경매의 이유가 된 일정한 채권과 집행할 수 있는 일정한 집행권원

제264조(부동산에 대한 경매신청)

① 부동산을 목적으로 하는 담보권을 실행하기 위한 경매신청을 함에는 담보권이 있다는 것을 증명하는 서류를 내야 한다.

② 담보권을 승계한 경우에는 승계를 증명하는 서류를 내야 한다.

③ 부동산 소유자에게 경매개시결정을 송달할 때에는 제2항의 규정에 따라 제출된 서류의 등본을 붙여야 한다.

한편, 구 경매법에서와 달리, 실체법상의 권리가 소멸되더라도 경매가 종료된 후에는 그 하자를 주장할 수 없다는 점에서는 양자(민사소송법과 민사집행법)가 공통된다(민사집행법 제267조).

민사집행법

제267조(대금완납에 따른 부동산취득의 효과) 매수인의 부동산 취득은 담보권 소멸로 영향을 받지 아니한다.

즉 피담보채권이나 담보권의 소멸 · 무효 등과 같이 실체법상의 하자가 있는 때에는 경매절차를 정지시키거나 취소하여야 하는데, 그렇지 않고 그대로 경매절차가 진행되어 경락허가결정이 확정되고 경락인이 대금을 완납하게 되면 채무자로서는 경락인의 소유권 취득을 막을 수 없다.

＊대법원 2010. 7. 23. 자 2008마247 결정 【결정경정】

【판시사항】

[1] 집행관이 질권에 기초한 채권특별환가명령에 따라서 매각절차를 진행하면서 당초 채권특별환가명령에서 정한 최저매각가격을 경정한 경정결정이 확정되지 않았음에도 그 경정결정에 따라 매각을 허가한 경우, 매수인이 그 매각허가에 따라 매각대금을 납부하면 그 채권을 취득하는지 여부(원칙적 적극) 및 그 채권 취득 이후 위 경정결정이 즉시항고에 의하여 취소되는 경우 매수인의 채권 취득의 효과가 번복되는지 여부(소극)

[2] 질권에 기초한 채권특별환가절차에서 당초 채권특별환가명령에서 정한 최저매각가격을 경정한 경정결정이 취소되더라도 매수인이 매각대금을 납부함에 따라 채권을 취득하였다는 법률효과를 뒤집을 수 없으므로, 매수인이 재항고로 위 경정결정을 취소한 결정의 파기를 구할 이익이 없다고 한 사례

【결정요지】

[1] 집행관이 질권에 기초한 채권특별환가명령에 따라서 매각절차를 진행하면서 당초 채권특별환가명령에서 정한 최저매각가격을 경정한 경정결정이 확정되지 않았음에도 그 효력을 가진다고 오인하고 그 경정결정에서 정한 바에 따라 당초 최저매각가격에 못 미치는 가격으로 매수 신청한 자에게 매각을 허가하였다고 하더라도, 매수인이 그 매각허가에 따라 매각대금을 납부하였다면 환가명령의 기초가 된 질권이 당초부터 부존재하였다거나 환가명령의 효력 발생 이전에 피담보채무가 변제 등으로 소멸하였다는 등의 사정이 없는 한 매수인은 그 채권을 유효하게 취득하게 된다. 그리고 이러한 매수인의 채권 취득의 효과는 그 채권 취득 이후에 위 경정결정이 즉시항고에 의하여 취소되더라도 번복될 수 없다.

[2] 질권에 기초한 채권특별환가절차에서 당초 채권특별환가명령에서 정한 최저매각가격을 경정한 경정결정에 따라 매각절차가 진행되어 매수인이 매각허가에 따라 매각대금을 납부하였으나 이후 위 경정결정이 즉시항고에 의하여 취소된 사안에서, 위 경정결정이 취소되더라도 집행법원이 정한 최저매각가격에 못 미치는 가격으로 매각한 하자만으로는 매수인이 매각대금을 납부함에 따라 채권을 취득하였다는 법률효과를 뒤집을 수 없으므로, 매수인이 재항고로 위 경정결정을 취소한 결정의 파기를 구할 이익이 없다고 한 사례

【참조조문】

　[1] 민사소송법 제211조, 제224조 제1항, 민사집행법 제241조, 제267조, 제273조, 민사집행규칙 제200조 / [2] 민사소송법 제211조, 제224조 제1항, 제248조[소의제기], 민사집행법 제241조, 제267조, 제273조, 민사집행규칙 제200조

【참조판례】

　[1] 대법원 1992. 11. 11.자 92마719 결정(공1993상, 406), 대법원 1999. 2. 9. 선고 98다51855 판결

【전문】

【재항고인】　동양종합금융증권 주식회사 (소송대리인 법무법인 남산 담당변호사 하민호 외 1인)

【상　대　방】　주식회사 케이씨씨건설

【원심결정】　서울서부지법 2008. 1. 14.자 2007라166 결정

【주문】

　재항고를 각하한다.

【이유】

　직권으로 판단한다.

　집행관이 질권에 기초한 채권특별환가명령에 따라서 매각절차를 진행하면서 당초 채권특별환가명령에서 정한 최저매각가격을 경정한 경정결정이 확정되지 않았음에도 그 효력을 가진다고 오인하고 그 경정결정에서 정한 바에 따라 당초 최저매각가격에 못 미치는 가격으로 매수 신청한 자에게 매각을 허가하였다고 하더라도, 매수인이 그 매각허가에 따라 매각대금을 납부하였다면 환가명령의 기초가 된 질권이 당초부터 부존재하였다거나 환가명령의 효력 발생 이전에 피담보채무가 변제 등으로 소멸하였다는 등의 사정이 없는 한 매수인은 그 채권을 유효하게 취득하게 된다(대법원 1992. 11. 11.자 92마719 결정; 대법원 1999. 2. 9. 선고 98다51855 판결 등 참조). 그리고 이러한 매수인의 채권 취득의 효과는 그 채권 취득 이후에 위 경정결정이 즉시항고에 의하여 취소되더라도 번복될 수 없는 것이다.

원심결정 이유와 기록에 의하면, 이 사건 수익권에 대한 1순위 질권자인 재항고인의 신청에 의하여 개시된 서울서부지방법원 2005타채2265 채권특별환가절차에서 위 법원이 이 사건 수익권을 압류하고 추심에 갈음하여 유체동산 경매에 관한 절차에 따라 이를 매각할 것을 명하면서 그 최저매각가격을 26,988,101,119원으로 정한 사실, 재항고인은 그 이후 진행된 매각절차에서 위 매각명령에서 정한 최저매각가격 미만으로는 이 사건 수익권을 매각할 수 없다는 것을 알게 되자 위 법원 2007카기876호로 위 특별환가명령에 대한 경정신청을 하였고, 위 법원이 2007. 5. 31. 위 특별환가명령 주문 중 '그 최저매각가액은 26,988,101,119원' 부분을 '그 최초매각기일의 최저매각가격은 26,988,101,119원'으로 경정한다는 이 사건 경정결정을 한 사실, 이 사건 수익권에 대한 2순위 질권자인 상대방은 이 사건 경정결정은 당초의 특별환가명령의 내용을 실질적으로 변경하는 것이어서 경정의 한계를 넘는다는 이유로 이 사건 경정결정에 대한 즉시항고를 제기한 사실, 원심법원이 2008. 1. 14. 위 즉시항고를 받아들여 이 사건 경정결정을 취소하고 이 사건 경정신청을 기각하는 결정을 하자, 이에 불복한 재항고인이 이 사건 재항고를 제기한 사실, 한편 위 채권특별환가명령 및 이 사건 경정결정에 따라 서울중앙지방법원 2007본2288호 매각절차가 진행되었는데, 재항고인은 2007. 9. 13. 제6차 매각기일에서 이 사건 수익권을 8,843,460,980원에 매수 신청하여 집행관으로부터 매각허가를 고지받은 후 즉시 그 대금을 납부한 사실 등을 알 수 있다.

이를 앞서 본 법리에 비추어 살펴보면, 설사 이 사건 경정결정이 취소된다고 하더라도 집행법원이 정한 최저매각가격에 못 미치는 가격으로 매각한 하자만으로는 재항고인이 대금납부를 함에 따라 이 사건 수익권을 취득하였다는 법률효과를 뒤집을 수 없다. 따라서 재항고인으로서는 더 이상 재항고로 원심결정의 파기를 구할 이익이 없고, 달리 원심결정이 유지된다고 하여 재항고인에게 어떤 법률상 불이익이 있다고 볼 만한 특별한 사정도 보이지 않으므로, 이 사건 재항고는 부적법하다.

그러므로 재항고를 각하하기로 관여 대법관의 의견이 일치되어 주문과 같이 결정한다.

대법관　　김능환(재판장)　김영란(주심)　이홍훈　민일영

(2) 저당권실행의 요건

① 피담보채권과 저당권이 유효하게 존재하여야 한다.

저당권이 실행되기 위해서는 유효한 채권과 저당권이 존재해야 한다. 만약 피담보채권의 일부가 무효인 경우에도 저당권을 실행할 수 있는지가 문제되는데, 저당권의 불가분성을 고려한다면 저당권을 실행하는 데에 장애가 되지 않는다. 판례에 의하면, 채권액에 관해 일부무효인 부분이 있는 경우, 이는 경매대금 교부에 관한 문제로 배당이의로써 시정될 수 있으나, 이로써 잔존채권에 관한 경매권을 박탈할 수는 없다고 한다(4289민상670). 한편, 부동산을 목적으로 하는 담보권을 실행하기 위한 경매신청을 함에는 담보권이 있다는 것을 증명하는 서류(저당권설정계약서, 등기부등본 등)를 내야 한다(민사집행법 제264조 제1항). 만약 담보권을 승계한 경우에는 승계를 증명하는 서류를 내야 한다(민사집행법 제264조 제2항).

민사집행권

제264조(부동산에 대한 경매신청)

① 부동산을 목적으로 하는 담보권을 실행하기 위한 경매신청을 함에는 담보권이 있다는 것을 증명하는 서류를 내야 한다.

② 담보권을 승계한 경우에는 승계를 증명하는 서류를 내야 한다.

③ 부동산 소유자에게 경매개시결정을 송달할 때에는 제2항의 규정에 따라 제출된 서류의 등본을 붙여야 한다.

② 피담보채권의 이행기가 도래해야 한다.

즉 채무자가 이행지체에 빠져 있어야 한다. 따라서 이행기가 도래하기 전에 저당권자가 경매를 신청하면 그러한 신청은 위법한 것으로 각하되어야 한다. 만약 이행기가 도래하기 전에 경매절차가 개시된 경우에 이후 경락허가결정이 확정될 때까지 이행기가 도래하게 되면 그 하자는 치유되고, 경락허가결정에 따라 경락대금이 납입되었다면 경락인은 유효하게 경락부동산의 소유권을 취득한다(2000다26388). 한편, 판례에 의하면, 피담보채권의 변제기가 도래하지 않은 이상 저당권이 현존하고 있다고 하더라도 경매신청이나 경매개시결정은 할 수 없다고 한다(68마300). 따라서 그러한 경매개시결정에 대한 채무자의 항고는 이유가 있다.

* **부동산경매에 있어서의 잉여주의·삭제주의·인수주의**

1. 잉여주의

집행비용과 선순위채권을 공제할 때 경매신청자에게 배당이 돌아가지 않는 경매를 허용하지 않는 것을 말한다. 민사집행법은 "압류채권자의 채권에 우선하는 채권에 관한 부동산의 부담을 매수인에게 인수하게 하거나, 매각대금으로 그 부담을 변제하는 데 부족하지 아니하다는 것이 인정된 경우가 아니면 그 부동산을 매각하지 못한다(제91조 제1항)"라고 규정하면서, 이를 담보권실행을 위한 경매에도 준용하고 있다(제268조)(제102조는 남을 가망이 없을 경우의 경매취소를 규정하고 있다).

2. 삭제주의의 원칙과 인수주의의 가미

압류채권자·임의경매신청자의 채권에 우선하는 담보물권은 삭제됨이 원칙이나, 우선권 있는 용익물권 등 일정한 권리는 소멸하지 않고 매수인과 물권자 사이에 존속한다.

① 매각부동산 위의 모든 저당권은 매각으로 소멸된다(제91조 제2항). 담보가등기권도 마찬가지이다(가등기담보법 제15조).

② 지상권·지역권·전세권 및 등기된 임차권은 저당권·압류채권·가압류채권에 대항할 수 없는 경우에는 매각으로 소멸된다. 이외의 지상권·지역권·전세권 및 등기된 임차권은 매수인이 인수한다. 다만, 그중 전세권의 경우에는 전세권자가 배당요구를 하면 매각으로 소멸된다(제91조 제3항, 제4항).

③ 매수인은 유치권자에게 그 유치권으로 담보하는 채권을 변제할 책임이 있다(제91조 제5항).

(3) 경매절차

*현행 민사집행법은 경매절차용어를 다음과 같이 수정하였다.

- 경매신청, 경매개시결정은 그대로 사용
- 경매→매각
- 경매기일→매각기일
- 경락기일→매각결정기일
- 경락허가결정→매각허가결정
- 신경매→새매각
- 재경매→재매각

① **경매의 신청**

저당권의 실행은 저당권자가 목적 부동산소재지의 지방법원에 경매를 신청함으로써 시작된다(민법 제363조 제1항, 민사집행법 제268조, 제78조 제1항).

민법

제363조(저당권자의 경매청구권, 경매인)

① 저당권자는 그 채권의 변제를 받기 위하여 저당물의 경매를 청구할 수 있다.

② 저당물의 소유권을 취득한 제삼자도 경매인이 될 수 있다.

민사집행법

제268조(준용규정) 부동산을 목적으로 하는 담보권 실행을 위한 경매절차에는 제79조 내지 제162조의 규정을 준용한다.

제78조(집행방법)

① 부동산에 대한 강제집행은 채권자의 신청에 따라 법원이 한다.

② 강제집행은 다음 각호의 방법으로 한다.

1. 강제경매

2. 강제관리

③ 채권자는 자기의 선택에 의하여 제2항 각 호 가운데 어느 한 가지 방법으로 집행하게 하거나 두 가지 방법을 함께 사용하여 집행하게 할 수 있다.

④ 강제관리는 가압류를 집행할 때에도 할 수 있다.

경매신청은 일정한 사항을 기재한 서면을 법원에 제출함으로써 이루어진다(민사집행법 제4조).

민사집행법

제4조(집행신청의 방식) 민사집행의 신청은 서면으로 하여야 한다.

② **경매개시결정**

법원이 경매신청을 적법하다고 인정한 때에는 경매개시결정을 하고 동시에 저당부동산에 대한 압류를 명하여야 한다(민사집행법 제268조, 제83조).

민사집행법

제268조(준용규정) 부동산을 목적으로 하는 담보권 실행을 위한 경매절차(임의경매절차)에는 제79조 내지 제162조의 규정(강제경매절차)을 준용한다.

제83조(경매개시결정 등)

① 경매절차를 개시하는 결정에는 동시에 그 부동산의 압류를 명하여야 한다.

② 압류는 부동산에 대한 채무자의 관리ㆍ이용에 영향을 미치지 아니한다.

③ 경매절차를 개시하는 결정을 한 뒤에는 법원은 직권으로 또는 이해관계인의 신청에 따라 부동산에 대한 침해행위를 방지하기 위하여 필요한 조치를 할 수 있다.

④ 압류는 채무자에게 그 결정이 송달된 때 또는 제94조의 규정에 따른 등기가 된 때에 효력이 생긴다.

⑤ 강제경매신청을 기각하거나 각하하는 재판에 대하여는 즉시항고를 할 수 있다.

법원은 경매개시결정과 동시에 관할 등기소에 경매신청의 기입등기를 촉탁한다(민사집행법 제94조). 그리고 채무자에게 개시결정이 송달된 때 또는 개시결정의 등기가 된 때에 압류의 효력이 생긴다(민사집행법 제83조 제4항, 제94조).

민사집행법

제94조(경매개시결정의 등기)

① 법원이 경매개시결정을 하면 법원사무관등은 즉시 그 사유를 등기부에 기입하도록 등기관(登記官)에게 촉탁하여야 한다.

② 등기관은 제1항의 촉탁에 따라 경매개시결정사유를 기입하여야 한다.

제83조(경매개시결정 등)

① 경매절차를 개시하는 결정에는 동시에 그 부동산의 압류를 명하여야 한다.

② 압류는 부동산에 대한 채무자의 관리ㆍ이용에 영향을 미치지 아니한다.

③ 경매절차를 개시하는 결정을 한 뒤에는 법원은 직권으로 또는 이해관계인의 신청에 따라 부동산에 대한 침해행위를 방지하기 위하여 필요한 조치를 할 수 있다.

④ 압류는 채무자에게 그 결정이 송달된 때 또는 제94조의 규정에 따른 등기가 된 때에 효력이 생긴다.

⑤ 강제경매신청을 기각하거나 각하하는 재판에 대하여는 즉시항고를 할 수 있다.

③ **매각**

법원은 감정인(鑑定人)에게 부동산을 평가하게 하고 그 평가액을 참작하여 최저매각가격을 정하여야 한다(민사집행법 제268조, 제97조).

민사집행법

제268조(준용규정) 부동산을 목적으로 하는 담보권 실행을 위한 경매절차(임의경매절차)에는 제79조 내지 제162조의 규정(강제경매절차)을 준용한다.

제97조(부동산의 평가와 최저매각가격의 결정)

① 법원은 감정인(鑑定人)에게 부동산을 평가하게 하고 그 평가액을 참작하여 최저매각가격을 정하여야 한다.

② 감정인은 제1항의 평가를 위하여 필요하면 제82조 제1항에 규정된 조치를 할 수 있다.

③ 감정인은 제7조의 규정에 따라 집행관의 원조를 요구하는 때에는 법원의 허가를 얻어야 한다.

법원은 최저매각가격으로 압류채권자의 채권에 우선하는 부동산의 모든 부담과 절차비용을 변제하면 남을 것이 없겠다고 인정한 때에는 압류채권자에게 이를 통지하여야 한다(민사집행법 제268조, 제102조 제1항).

민사집행법

제102조(남을 가망이 없을 경우의 경매취소)

① 법원은 최저매각가격으로 압류채권자의 채권에 우선하는 부동산의 모든 부담과 절차비용을 변제하면 남을 것이 없겠다고 인정한 때에는 압류채권자에게 이를 통지하여야 한다.

② 압류채권자가 제1항의 통지를 받은 날부터 1주 이내에 제1항의 부담과 비용을 변제하고 남을 만한 가격을 정하여 그 가격에 맞는 매수신고가 없을 때에는 자기가 그 가격으로 매수하겠다고 신청하면서 충분한 보증을 제공하지 아니하면, 법원은 경매절차를 취소하여야 한다.

③ 제2항의 취소 결정에 대하여는 즉시항고를 할 수 있다.

압류채권자가 이 통지를 받은 날부터 1주 이내에 위 부담과 비용을 변제하고 남을 만한 가격을 정하여 그 가격에 맞는 매수신고가 없을 때에는 자기가 그 가격으로 매수하겠다고 신청하면서 충분한 보증을 제공하지 아니하면, 법원은 경매절차를 취소하여야 한다(민사집행법 제268조, 제102

조 제2항). 이를 잉여주의라고 한다. 그리고 법원은 최저매각가격으로 위 부담과 비용을 변제하고도 남을 것이 있다고 인정하거나 압류채권자가 제102조 제2항의 신청을 하고 충분한 보증을 제공한 때에는 직권으로 매각기일과 매각결정기일을 정하여 대법원규칙이 정하는 방법으로 공고한다(민사집행법 제268조, 제104조 제1항).

민사집행법

제268조(준용규정) 부동산을 목적으로 하는 담보권 실행을 위한 경매절차(임의경매절차)에는 제79조 내지 제162조의 규정(강제경매절차)을 준용한다.

제104조(매각기일과 매각결정기일 등의 지정)

① 법원은 최저매각가격으로 제102조 제1항의 부담과 비용을 변제하고도 남을 것이 있다고 인정하거나 압류채권자가 제102조 제2항의 신청을 하고 충분한 보증을 제공한 때에는 직권으로 매각기일과 매각결정기일을 정하여 대법원규칙이 정하는 방법으로 '공고'한다.

② 법원은 매각기일과 매각결정기일을 이해관계인에게 통지하여야 한다.

③ 제2항의 통지는 집행기록에 표시된 이해관계인의 주소에 대법원규칙이 정하는 방법으로 발송할 수 있다.

④ 기간입찰의 방법으로 매각할 경우에는 입찰기간에 관하여도 제1항 내지 제3항의 규정을 적용한다.

법원은 매각기일과 매각결정기일을 이해관계인에게 통지하여야 한다(민사집행법 제268조, 제104조 제2항).

민사집행법

제268조(준용규정)

부동산을 목적으로 하는 담보권 실행을 위한 경매절차(임의경매절차)에는 제79조 내지 제162조의 규정(강제경매절차)을 준용한다.

제104조(매각기일과 매각결정기일 등의 지정)

① 법원은 최저매각가격으로 제102조 제1항의 부담과 비용을 변제하고도 남을 것이 있다고 인정하거나 압류채권자가 제102조 제2항의 신청을 하고 충분한 보증을 제공한 때에는 직권으로 매각기일과 매각결정기일을 정하여 대법원규칙이 정하는 방법으로 공고한다.

② 법원은 매각기일과 매각결정기일을 이해관계인에게 '통지'하여야 한다.

③ 제2항의 통지는 집행기록에 표시된 이해관계인의 주소에 대법원규칙이 정하는 방법으로 발송할 수 있다.

④ 기간입찰의 방법으로 매각할 경우에는 입찰기간에 관하여도 제1항 내지 제3항의 규정을 적용한다.

이해관계인은 압류채권자와 집행력 있는 정본에 의하여 배당을 요구한 채권자, 채무자 및 소유자, 등기부에 기입된 부동산 위의 권리자, 부동산 위의 권리자로서 그 권리를 증명한 사람 등이 이에 해당된다(민사집행법 제90조).

민사집행법

제90조(경매절차의 이해관계인)

경매절차의 이해관계인은 다음 각 호의 사람으로 한다.

1. 압류채권자와 집행력 있는 정본에 의하여 배당을 요구한 채권자

2. 채무자 및 소유자

3. 등기부에 기입된 부동산 위의 권리자

4. 부동산 위의 권리자로서 그 권리를 증명한 사람

매각결정기일은 매각기일로부터 1주 내에 정해져야 한다(민사집행법 제268조, 제109조).

민사집행법

제268조(준용규정) 부동산을 목적으로 하는 담보권 실행을 위한 경매절차에는 제79조 내지 제162조의 규정을 준용한다.

제109조(매각결정기일)

① 매각결정기일은 매각기일부터 1주 이내로 정하여야 한다.

② 매각결정절차는 법원 안에서 진행하여야 한다.

④ 매각허가결정

법원은 매각결정기일에 출석한 이해관계인으로부터 매각허가에 관한 의견을 들은 후 이의신청이 없으면 매각허가결정을 한다(민사집행법 제268조, 제120조, 제128조).

민사집행법

제268조(준용규정) 부동산을 목적으로 하는 담보권 실행을 위한 경매절차(임의경매절차)에는 제79조 내지 제162조의 규정(강제경매절차)을 준용한다.

제120조(매각결정기일에서의 진술)

① 법원은 매각결정기일에 출석한 이해관계인에게 매각허가에 관한 의견을 진술하게 하여야 한다.

② 매각허가에 관한 이의는 매각허가가 있을 때까지 신청하여야 한다. 이미 신청한 이의에 대한 진술도 또한 같다.

제128조(매각허가결정)

① 매각허가결정에는 매각한 부동산, 매수인과 매각가격을 적고 특별한 매각조건으로 매각한 때에는 그 조건을 적어야 한다.

② 제1항의 결정은 선고하는 외에 대법원규칙이 정하는 바에 따라 공고하여야 한다.

매각허가결정이 확정되면 법원은 대금의 지급기한을 정하고, 이를 매수인(경락인이라고 하지 않고 '매수인'이라는 용어를 사용함)과 차순위매수신고인에게 통지하여야 하며, 매수인은 이 대금지급기한까지 매각대금을 지급하여야 한다(민사집행법 제268조, 제142조).

민사집행법

제268조(준용규정) 부동산을 목적으로 하는 담보권 실행을 위한 경매절차(임의경매절차)에는 제79조 내지 제162조의 규정(강제경매절차)을 준용한다.

제142조(대금의 지급)

① 매각허가결정이 확정되면 법원은 대금의 지급기한을 정하고, 이를 매수인과 차순위매수신고인에게 통지하여야 한다.

② 매수인은 제1항의 대금지급기한까지 매각대금을 지급하여야 한다.

③ 매수신청의 보증으로 금전이 제공된 경우에 그 금전은 매각대금에 넣는다.

④ 매수신청의 보증으로 금전 외의 것이 제공된 경우로서 매수인이 매각대금 중 보증액을 뺀 나머지 금액만을 낸 때에는, 법원은 보증을 현금화하여 그 비용을 뺀 금액을 보증액에 해당하는 매각대금 및 이에 대한 지연이자에 충당하고, 모자라는 금액이 있으면 다시 대금지급기한을 정하여 매수인으로 하여금 내게 한다.

⑤ 제4항의 지연이자에 대하여는 제138조제3항의 규정을 준용한다.

⑥ 차순위매수신고인은 매수인이 대금을 모두 지급한 때 매수의 책임을 벗게 되고 즉시 매수신청의 보증을 돌려 줄 것을 요구할 수 있다.

매수인은 매각대금을 다 낸 때에 매각의 목적인 권리를 취득한다(민사집행법 제135조).

민사집행법

제135조(소유권의 취득시기) 매수인은 매각대금을 다 낸 때에 매각의 목적인 권리를 취득한다.

매각대금이 지급되면 법원사무관 등은 매각허가결정의 등본을 붙여 매수인의 소유권 등기를 촉탁하여야 한다(민사집행법 제268조, 제144조).

민사집행법

제268조(준용규정) 부동산을 목적으로 하는 담보권 실행을 위한 경매절차에는 제79조 내지 제162조의 규정을 준용한다.

제144조(매각대금 지급 뒤의 조치)

① 매각대금이 지급되면 법원사무관 등은 매각허가결정의 등본을 붙여 다음 각 호의 등기를 촉탁하여야 한다.

1. 매수인 앞으로 소유권을 이전하는 등기

2. 매수인이 인수하지 아니한 부동산의 부담에 관한 기입을 말소하는 등기

3. 제94조 및 제139조 제1항의 규정에 따른 경매개시결정등기를 말소하는 등기

② 매각대금을 지급할 때까지 매수인과 부동산을 담보로 제공받으려고 하는 사람이 대법원규칙으로 정하는 바에 따라 공동으로 신청한 경우, 제1항의 촉탁은 등기신청의 대리를 업으로 할 수 있는 사람으로서 신청인이 지정하는 사람에게 촉탁서를 교부하여 등기소에 제출하도록 하는 방법으로 하여야 한다. 이 경우 신청인이 지정하는 사람은 지체 없이 그 촉탁서를 등기소에 제출하여야 한다. [신설 2010.7.23] [시행일 2010.10.24]

③ 제1항의 등기에 드는 비용은 매수인이 부담한다. [개정 2010.7.23] [시행일 2010.10.24]

⑤ 매각대금의 배당

매수인이 대금을 완납한 때에는 법원은 배당기일을 정하여 이해관계인 및 배당을 요구한 채권자에게 이를 통지하는 등의 배당절차를 밟아야 한다(민사집행법 제268조, 제145조, 제146조, 제

159조).

민사집행법

제268조(준용규정) 부동산을 목적으로 하는 담보권 실행을 위한 경매절차(임의경매절차)에는 제79조 내지 제162조의 규정(강제경매절차)을 준용한다.

제145조(매각대금의 배당)

① 매각대금이 지급되면 법원은 배당절차를 밟아야 한다.

② 매각대금으로 배당에 참가한 모든 채권자를 만족하게 할 수 없는 때에는 법원은 민법 · 상법, 그 밖의 법률에 의한 우선순위에 따라 배당하여야 한다.

제146조(배당기일)

매수인이 매각대금을 지급하면 법원은 배당에 관한 진술 및 배당을 실시할 기일을 정하고 이해관계인과 배당을 요구한 채권자에게 이를 통지하여야 한다. 다만, 채무자가 외국에 있거나 있는 곳이 분명하지 아니한 때에는 통지하지 아니한다.

제159조(배당실시절차 · 배당조서)

① 법원은 배당표에 따라 제2항 및 제3항에 규정된 절차에 의하여 배당을 실시하여야 한다.

② 채권 전부의 배당을 받을 채권자에게는 배당액지급증을 교부하는 동시에 그가 가진 집행력 있는 정본 또는 채권증서를 받아 채무자에게 교부하여야 한다.

③ 채권 일부의 배당을 받을 채권자에게는 집행력 있는 정본 또는 채권증서를 제출하게 한 뒤 배당액을 적어서 돌려주고 배당액지급증을 교부하는 동시에 영수증을 받아 채무자에게 교부하여야 한다.

④ 제1항 내지 제3항의 배당실시절차는 조서에 명확히 적어야 한다.

배당의 순서는 다음과 같다.

㉠ 경매비용(경매를 신청한 자에게 지급: 제360조), ㉡ 근로자의 최종 3월분의 임금과 재해보상금(근로기준법 제38조 제2항), 최종 3년간의 퇴직금(2005년 근로기준법에서 삭제된 이후에, 2005년에 제정된 근로자퇴직금급여보장법 제11조), 제3취득자가 목적물에 지출한 필요비 및 유익비(제367조), 주택임대차보호법상 소액보증금 중 일정액(주택임대차보호법 제8조, 제12조), ㉢ 저당목적재산 자체에 부과된 국세 · 지방세 및 그 체납가산금, ㉣ 담보물권, 조세, 주택임차보증금 사이에는 등기, 납부기한, 확정일자의 선후에 의하여 우선순위가 정해진다. 한편, 담보권의 실행 등을 위한 경매에 있어서 배당금이 동일 담보권자가 가지는 수개의 피담보채권의 전부를 소멸시키기에 부족한 경우, 채권자와 채무자 사이에 변제충당에 관한 합의가 있었다고 하더라도 그 합의

에 의한 변제충당은 허용될 수 없고, 이 경우에는 획일적으로 가장 공평·타당한 충당방법인 민법 제477조의 규정에 의한 법정변제충당의 방법에 따라 충당을 해야 한다[95다55504].

대법원 1996. 5. 10. 선고 95다55504 판결 【보증채무금】

【판시사항】

임의경매에 있어서 배당금이 동일 담보권자의 수개의 피담보채권 전부를 소멸시키기에 부족한 경우, 변제충당의 방법

【판결요지】

담보권의 실행 등을 위한 경매에 있어서 배당금이 동일 담보권자가 가지는 수개의 피담보채권의 전부를 소멸시키기에 부족한 경우, 채권자와 채무자 사이에 변제충당에 관한 합의가 있었다고 하더라도 그 합의에 의한 변제충당은 허용될 수 없고, 이 경우에는 획일적으로 가장 공평·타당한 충당방법인 민법 제477조의 규정에 의한 법정변제충당의 방법에 따라 충당을 하여야 한다.

【참조조문】

민법 제477조, 민사소송법 제587조, 제735조

【참조판례】

대법원 1987. 5. 26. 선고 86다카2950 판결(공1987, 1071), 대법원 1991. 7. 23. 선고 90다18678 판결(공1991, 2220), 대법원 1991. 12. 10. 선고 91다17092 판결(공1992, 480)

【전문】
【원고, 상고인】 주식회사 국민은행 (소송대리인 변호사 심훈종 외 6인)
【피고, 피상고인】 김영하
【원심판결】

서울지법 1995. 10. 26. 선고 95나29245 판결

【주문】

상고를 기각한다. 상고비용은 원고의 부담으로 한다.

상고이유에 대하여

민사소송법 소정의 부동산강제경매 제도의 목적이나 성질 그리고 그 절차에 관한 여러 규정의 내용에 비추어 볼 때, 부동산강제경매절차에 있어서는 변제자가 임의로 변제하는 경우의 변제자와 수령자 사이의 합의에 의한 변제충당의 지정이나 민법 제476조의 규정에 의한 지정변제충당은 허용될 수 없고(당원 1991. 7. 23. 선고 90다18678 판결), 민사소송법의 개정으로 강제경매에 관한 대부분의 규정들, 특히 배당절차에 관한 모든 규정들이 그대로 준용되고 있는 현행 민사소송법 하에서의 담보권의 실행 등을 위한 경매의 경우에도 이와 달리 볼 아무런 합리적인 이유가 없으므로, 담보권의 실행 등을 위한 경매에 있어서 배당금이 동일 담보권자가 가지는 수개의 피담보채권의 전부를 소멸시키기에 부족한 경우, 채권자와 채무자 사이에 변제충당에 관한 합의가 있었다고 하더라도 그 합의에 의한 변제충당은 허용될 수 없고, 이 경우에는 획일적으로 가장 공평·타당한 충당방법인 민법 제477조의 규정에 의한 법정변제충당의 방법에 따라 충당을 하여야 할 것이다.

같은 취지의 원심판단은 옳고 거기에 소론과 같은 변제충당에 관한 법리오해의 위법이 있다고 할 수 없다. 원고가 내세우는 당원의 판결들은 1990. 1. 13. 법률 제4201호로 폐지되기 전의 경매법에 의한 경매에 관한 것으로서 이 사건에 그대로 원용하기에 적절하지 아니하다. 논지는 이유가 없다.

이에 상고를 기각하고 상고비용은 패소한 원고의 부담으로 하기로 관여 법관의 의견이 일치되어 주문과 같이 판결한다.

대법관 김형선(재판장) 박만호(주심) 박준서 이용훈

유치권자(제325조)·미등기임차인(제626조) 등이 저당물에 지출한 비용은 매각대금에서 배당되지 않는데, 매수인(경락인)은 유치권자에게 그 유치권으로 담보하는 채권을 변제할 책임이 있으므로(민사집행법 제268조, 제91조 제5항), 이들은 저당물에 대해 유치권을 행사하여 매수인으로부터 그 비용을 변제받을 때까지 목적물의 인도를 거절할 수 있다. 예를 들면 갑이 자기 소유 주택의 일부에 대해 1996. 7. 1. 을에게 전세기간 3년에 전세금 4천만 원의 전세권등기를 경료해 준 후,

그 주택의 다른 일부를 1996. 9. 1. 병에게 기간을 2년으로 하여 보증금 7백만 원에 임대하였다. 병은 곧바로 입주와 전입신고를 마쳤으나 임대차계약증서상의 확정일자를 받지 않았다. 그 후 갑은 1997. 12. 1.과 1998. 4. 1. 채권자 정을 위해 그 주택에 변제기한이 1년인 채권액 2천만 원과 3천만 원의 저당권을 각각 설정해 주었는데, 갑이 2천만 원의 채무를 이행하지 않자 정은 그 주택에 대해 경매를 신청하였고, 1999. 2. 1. 경매개시결정등기가 경료되었으며, 정은 경매절차비용으로 1백만 원을 지출하였다. 을은 배당요구를 하였고, 무는 1999. 6. 1. 위 주택을 8천만 원에 경락받았다. 이 경우에 경락대금 8천만 원 중 경매절차비용 1백만 원은 정에게 지급되고, 대항력을 갖춘 병에게는 소액보증금 7백만 원이 지급되며, 저당권 등에 대항할 수 있는 전세권은 전세권자가 배당요구를 하면 매각으로 소멸하므로(민사집행법 제268조, 제91조 제3항, 제4항) 을에게 4천만 원이 지급되고, 나머지 3천2백만 원은 민법 제477조에 따라 정에게 지급된다. 정은 채권잔액에 관해서는 일반채권자로서 갑의 일반재산으로부터 변제받을 수 있다. 한편, 부동산에 대해 가압류등기가 먼저 된 후 근저당권설정등기가 마쳐진 경우, 그 근저당권등기는 가압류에 의한 처분금지의 효력 때문에 그 집행보전의 목적을 달성하는 데 필요한 범위 안에서 그 가압류채권자에 대한 관계에서만 상대적으로 무효이다. 이 경우 가압류채권자와 근저당권자 및 근저당권설정등기 후 강제경매신청을 한 압류채권자 사이의 배당관계에 있어서, 근저당권자는 선순위 가압류채권자에 대하여는 우선변제권을 주장할 수 없으므로 1차로 채권액에 따른 안분비례에 의해 평등배당을 받은 다음, 후순위 경매신청압류채권자에 대하여는 우선변제권이 인정되므로 경매신청압류채권자가 받을 배당액으로부터 자기의 채권액을 만족시킬 때까지 이를 흡수하여 배당받을 수 있다(94마417). 예컨대 1번 근저당권자 갑, 가압류채권자 을, 2번 근저당권자 병, 압류채권자 정 순서로 등기되어 있는 경우, 경락대금에서 경매절차비용을 변제하고 갑에게 우선배당한 후, 남은 금액으로 을·병·정에게 각 채권액에 따른 안분비례로 평등배당을 한 다음, 병의 채권액을 만족시킬 때까지 정이 받을 배당액을 병이 흡수하도록 한다.

⑥ 재매각

매수인이 대금지급기한 또는 제142조 제4항의 다시 정한 기한까지 그 의무를 완전히 이행하지 아니하였고, 차순위매수신고인이 없는 때에는 법원은 직권으로 부동산의 재매각을 명하여야 한다(민사집행법 제268조, 제138조).

민사집행법

제268조(준용규정) 부동산을 목적으로 하는 담보권 실행을 위한 경매절차(임의경매절차)에는 제79조 내지 제162조의 규정(강제경매절차)을 준용한다.

제138조(재매각)

① 매수인이 대금지급기한 또는 제142조 제4항의 다시 정한 기한까지 그 의무를 완전히 이행하지 아니하였고, 차순위매수신고인이 없는 때에는 법원은 직권으로 부동산의 재매각을 명하여야 한다.

② 재매각절차에도 종전에 정한 최저매각가격, 그 밖의 매각조건을 적용한다.

③ 매수인이 재매각기일의 3일 이전까지 대금, 그 지급기한이 지난 뒤부터 지급일까지의 대금에 대한 대법원규칙이 정하는 이율에 따른 지연이자와 절차비용을 지급한 때에는 재매각절차를 취소하여야 한다. 이 경우 차순위매수신고인이 매각허가결정을 받았던 때에는 위 금액을 먼저 지급한 매수인이 매매목적물의 권리를 취득한다.

④ 재매각절차에서는 전의 매수인은 매수신청을 할 수 없으며 매수신청의 보증을 돌려 줄 것을 요구하지 못한다.

제142조(대금의 지급)

① 매각허가결정이 확정되면 법원은 대금의 지급기한을 정하고, 이를 매수인과 차순위매수신고인에게 통지하여야 한다.

② 매수인은 제1항의 대금지급기한까지 매각대금을 지급하여야 한다.

③ 매수신청의 보증으로 금전이 제공된 경우에 그 금전은 매각대금에 넣는다.

④ 매수신청의 보증으로 금전 외의 것이 제공된 경우로서 매수인이 매각대금중 보증액을 뺀 나머지 금액만을 낸 때에는, 법원은 보증을 현금화하여 그 비용을 뺀 금액을 보증액에 해당하는 매각대금 및 이에 대한 지연이자에 충당하고, 모자라는 금액이 있으면 다시 대금지급기한을 정하여 매수인으로 하여금 내게 한다.

⑤ 제4항의 지연이자에 대하여는 제138조 제3항의 규정을 준용한다.

⑥ 차순위매수신고인은 매수인이 대금을 모두 지급한 때 매수의 책임을 벗게 되고 즉시 매수신청의 보증을 돌려 줄 것을 요구할 수 있다.

(4) 매각의 효과

매수인이 매각대금을 완납한 때에 저당목적물의 소유권을 취득한다(민사집행법 제268조, 제135조). 경매에 의한 부동산물권변동은 등기를 요하지 않는다(제187조). 다만 경매절차에서 경락인이 매각대금을 지급하게 되면, 민사집행법에 의하여 법원은 등기를 촉탁하여야 한다(민사집행법 제268조, 제144조).

그리고 매각에 의하여, 저당목적물 위의 저당권은 모두 소멸하게 된다(소제주의; 민사집행법 제268조, 제91조 제2항).

없는 경우에는 매각으로 소멸된다.

④ 제3항의 경우 외의 지상권·지역권·전세권 및 등기된 임차권은 매수인이 인수한다. 다만, 그중 전세권의 경우에는 전세권자가 제88조에 따라 배당요구를 하면 매각으로 소멸된다.

⑤ 매수인은 유치권자(留置權者)에게 그 유치권(留置權)으로 담보하는 채권을 변제할 책임이 있다.

가압류는 금전채권의 집행보전을 목적으로 함에 불과하여 그 지위에 상응하는 배당이 이루어지는 것으로 족하므로 경매로 인해 소멸하고, 가압류에 대항할 수 없는 전세권도 그 가압류와 함께 소멸한다(94다51819). 압류·가압류보다 후순위의 담보물권·전세권은 경락 시 압류·가압류와 함께 소멸한다.

민사집행법

제268조(준용규정) 부동산을 목적으로 하는 담보권 실행을 위한 경매절차(임의경매절차)에는 제79조 내지 제162조의 규정(강제경매절차)을 준용한다.

제91조(인수주의와 잉여주의의 선택 등)

① 압류채권자의 채권에 우선하는 채권에 관한 부동산의 부담을 매수인에게 인수하게 하거나, 매각대금으로 그 부담을 변제하는 데 부족하지 아니하다는 것이 인정된 경우가 아니면 그 부동산을 매각하지 못한다.

② 매각부동산 위의 '모든 저당권'은 매각으로 소멸된다.

③ 지상권·지역권·전세권 및 등기된 임차권은 저당권·압류채권·가압류채권에 대항할 수 없는 경우에는 매각으로 소멸된다.

④ 제3항의 경우 외의 지상권·지역권·전세권 및 등기된 임차권은 매수인이 인수한다. 다만, 그중 전세권의 경우에는 전세권자가 제88조에 따라 배당요구를 하면 매각으로 소멸된다.

⑤ 매수인은 유치권자(留置權者)에게 그 유치권(留置權)으로 담보하는 채권을 변제할 책임이 있다.

저당목적물 위의 용익물권은 최선순위의 저당권과의 우선순위에 따라 운명이 결정된다. 즉 용익권이 선순위인 경우에는 존속된다(매수인은 용익권의 부담이 있는 소유권을 취득하게 된다).

민사집행법

제268조(준용규정) 부동산을 목적으로 하는 담보권 실행을 위한 경매절차(임의경매절차)에는
제79조 내지 제162조의 규정(강제경매절차)을 준용한다.

제91조(인수주의와 잉여주의의 선택 등)

① 압류채권자의 채권에 우선하는 채권에 관한 부동산의 부담을 매수인에게 인수하게 하거
나, 매각대금으로 그 부담을 변제하는 데 부족하지 아니하다는 것이 인정된 경우가 아니면
그 부동산을 매각하지 못한다.

② 매각부동산 위의 모든 저당권은 매각으로 소멸된다.

③ 지상권·지역권·전세권 및 등기된 임차권은 저당권·압류채권·가압류채권에 대항할 수
없는 경우에는 매각으로 소멸된다(따라서 '선순위'로서 대항할 수 있다면 소멸되지 않는다).

④ 제3항의 경우 외의 지상권·지역권·전세권 및 등기된 임차권은 매수인이 인수한다. 다
만, 그중 전세권의 경우에는 전세권자가 제88조에 따라 배당요구를 하면 매각으로 소멸된다.

⑤ 매수인은 유치권자(留置權者)에게 그 유치권(留置權)으로 담보하는 채권을 변제할 책임
이 있다.

다만, 전세권이 선순위인 경우에 전세권자가 배당요구를 하면 매각으로 소멸된다(민사집행법 제
268조, 제91조 제4항).

민사집행법

제91조(인수주의와 잉여주의의 선택 등)

① 압류채권자의 채권에 우선하는 채권에 관한 부동산의 부담을 매수인에게 인수하게 하거
나, 매각대금으로 그 부담을 변제하는 데 부족하지 아니하다는 것이 인정된 경우가 아니면
그 부동산을 매각하지 못한다.

② 매각부동산 위의 모든 저당권은 매각으로 소멸된다.

③ 지상권·지역권·전세권 및 등기된 임차권은 저당권·압류채권·가압류채권에 대항할
수 없는 경우에는 매각으로 소멸된다(따라서 '선순위'로서 대항할 수 있다면 소멸되지 않는
다).

④ 제3항의 경우 외의 지상권·지역권·전세권 및 등기된 임차권은 매수인이 인수한다. 다
만, 그중 전세권의 경우에는 전세권자가 제88조에 따라 배당요구를 하면 매각으로 소멸된다.

⑤ 매수인은 유치권자(留置權者)에게 그 유치권(留置權)으로 담보하는 채권을 변제할 책임

이 있다.

제88조(배당요구) ① 집행력 있는 정본을 가진 채권자, 경매개시결정이 등기된 뒤에 가압류를 한 채권자, 민법·상법, 그 밖의 법률에 의하여 우선변제청구권이 있는 채권자는 배당요구를 할 수 있다.

② 배당요구에 따라 매수인이 인수하여야 할 부담이 바뀌는 경우 배당요구를 한 채권자는 배당요구의 종기가 지난 뒤에 이를 철회하지 못한다.

유치권은 경매에도 불구하고 그대로 유효하다. 즉 유치권자는 매수인에 대해서도 변제가 있을 때까지 인도를 거절할 수 있다(민사집행법 제268조, 제91조 제5항). 따라서 사실상 우선변제권이 있게 된다.

민사집행법

제268조(준용규정) 부동산을 목적으로 하는 담보권 실행을 위한 경매절차(임의경매절차)에는 제79조 내지 제162조의 규정(강제경매절차)을 준용한다.

제91조(인수주의와 잉여주의의 선택 등) ① 압류채권자의 채권에 우선하는 채권에 관한 부동산의 부담을 매수인에게 인수하게 하거나, 매각대금으로 그 부담을 변제하는 데 부족하지 아니하다는 것이 인정된 경우가 아니면 그 부동산을 매각하지 못한다.

② 매각부동산 위의 모든 저당권은 매각으로 소멸된다.

③ 지상권·지역권·전세권 및 등기된 임차권은 저당권·압류채권·가압류채권에 대항할 수 없는 경우에는 매각으로 소멸된다.

④ 제3항의 경우 외의 지상권·지역권·전세권 및 등기된 임차권은 매수인이 인수한다. 다만, 그중 전세권의 경우에는 전세권자가 제88조에 따라 배당요구를 하면 매각으로 소멸된다.

⑤ 매수인은 유치권자(留置權者)에게 그 유치권(留置權)으로 담보하는 채권을 변제할 책임이 있다.

가등기담보법이 적용되는 담보가등기는 순위에 관계없이 소멸된다. 즉 가등기담보법 제12조 제1항 후단에 따라 담보가등기는 저당권으로 간주되고 저당권의 경우에는 소제주의가 적용되기 때문이다.

가등기담보등에관한법률

제12조(경매의 청구)

① 담보가등기권리자는 그 선택에 따라 제3조에 따른 담보권을 실행하거나 담보목적부동산의 경매를 청구할 수 있다. 이 경우 경매에 관하여는 담보가등기권리를 저당권으로 본다.

② 후순위권리자는 청산기간에 한정하여 그 피담보채권의 변제기 도래 전이라도 담보목적부동산의 경매를 청구할 수 있다.

순위보전을 위한 가등기는 그것이 저당권보다 선순위라면 소멸되지 않는다.

＊경매와 각 권리의 소멸 여부

지상권·지역권·전세권 및 등기된 임차권은 저당권·압류채권·가압류채권에 대항할 수 없는 경우에는 매각으로 소멸된다(제268조, 제91조 제3항). 이외의 지상권·지역권·전세권 및 등기된 임차권은 매수인이 인수하되, 그중 전세권의 경우에는 전세권자가 배당요구를 하면 매각으로 소멸된다(제268조, 제91조 제4항). 압류채권·가압류채권이 없다고 가정할 때, 1번 저당권에 앞서는 용익물권(지상권·지역권·전세권)과 등기된 임차권은 소멸하지 않는다(전세권의 경우에는 배당요구에 의한 예외 있다). 용익물권이 저당권실행에 의해 소멸하는가의 여부는 그 부동산 위의 최우선순위 저당권과 용익물권의 설정시기의 선후에 의해 결정된다(경매신청한 저당권자의 순위와 비교하는 것이 아님). 압류·가압류등기는 모두 경락으로 인해 소멸한다. 그러나 첫 담보물권·압류·가압류보다 먼저 등기된 소유권이전청구권보전가등기·처분금지가처분등기·예고등기는 경락으로 인해 소멸하지 않는다(가등기권자가 본등기를 하거나 가처분권자·예고등기관련제소자가 재판에서 승소할 경우 경락인이 소유권을 잃을 수도 있다). 주택임대차보호법·상가건물임대차보호법에 의한 임차권은 임차주택·임차건물에 대하여 민사집행법에 의한 경매가 행하여진 경우에는 그 임차주택·임차건물의 경락에 의하여 소멸한다. 다만, 보증금이 전액 변제되지 않은 대항력 있는 임차권은 그렇지 않다(주택임대차보호법 제3조 내지 제5조, 상가임대차보호법 제8조). 그리고 유치권은 경락으로 소멸하지 않는다.

(5) 경매의 하자

민사집행법에 의하면, 다음 중 어느 하나에 해당하는 문서가 경매법원에 제출되면 경매절차를 정지하여야 한다(제266조). 이에는 담보권의 등기가 말소된 등기부의 등본, 담보권 등기를 말소하도록 명한 확정판결의 정본, 담보권이 없거나 소멸되었다는 취지의 확정판결의 정본, 채권자가 담보권을 실행하지 아니하기로 하거나 경매신청을 취하하겠다는 취지 또는 피담보채권을 변제받았거나 그 변제를 미루도록 승낙한다는 취지를 적은 서류, 담보권 실행을 일시정지하도록 명한 재판의 정본 등이 해당된다. 그러나 매수인의 매각대금 완납으로 매각허가결정이 확정되면 경매절차상의 하자가 치유되어 채무자는 매수인의 소유권 취득을 다툴 수 없다(민사집행법 제267조).

민사집행법

제266조(경매절차의 정지)

① 다음 각 호 가운데 어느 하나에 해당하는 문서가 경매법원에 제출되면 경매절차를 '정지' 하여야 한다.

1. 담보권의 등기가 말소된 등기부의 등본

2. 담보권 등기를 말소하도록 명한 확정판결의 정본

3. 담보권이 없거나 소멸되었다는 취지의 확정판결의 정본

4. 채권자가 담보권을 실행하지 아니하기로 하거나 경매신청을 취하하겠다는 취지 또는 피담보채권을 변제받았거나 그 변제를 미루도록 승낙한다는 취지를 적은 서류

5. 담보권 실행을 일시정지하도록 명한 재판의 정본

② 제1항 제1호 내지 제3호의 경우와 제4호의 서류가 화해조서의 정본 또는 공정증서의 정본인 경우에는 경매법원은 이미 실시한 경매절차를 취소하여야 하며, 제5호의 경우에는 그 재판에 따라 경매절차를 취소하지 아니한 때에만 이미 실시한 경매절차를 일시적으로 유지하게 하여야 한다.

③ 제2항의 규정에 따라 경매절차를 취소하는 경우에는 제17조의 규정을 적용하지 아니한다.

제267조(대금완납에 따른 부동산취득의 효과) 매수인의 부동산 취득은 담보권 소멸로 영향을 받지 아니한다.

＊경매의 하자

1. 절차법상의 하자

　　경매부동산에 대한 매각허가결정이 확정되면 절차상의 하자는 치유된다. 담보권자가 피담보채권의 이행기의 도래 전(피담보채권은 존재하는 것이다. 다만 그 이행기 이전에)에 담보권을 실행하여 경매절차가 개시되었다 하더라도 그 경매신청이나 경매개시결정이 무효로 되는

것은 아니고, 경락허가결정에 따라 경락대금이 납입되었다면 경락인은 유효하게 경락부동
산의 소유권을 취득하고 신청채권자의 담보권은 소멸한다(경매신청이 전세권에 기한 것이
거나 이중경매신청에 해당하더라도 마찬가지이다)[2000다26388].

◆ 근저당권의 실행을 위한 부동산경매절차의 개시 전 또는 진행 중에 채무자나 소유자
가 사망하였더라도 그 재산상속인이 경매법원에 대해 그 사망사실을 밝히고 경매절차를 수
계하지 않은 이상 경매법원이 이미 사망한 등기부상의 채무자나 소유자와의 관계에서 그
절차를 속행하여 이루어진 경락허가결정을 무효라고 할 수는 없다[97다39131].

2. 실체법상의 하자

대금완납에 따른 매수인의 부동산취득은 '담보권의 소멸'로 영향받지 않는다(민사집행법
제267조). 즉, 경매절차 '진행 중'에 저당권이 계약의 취소·해제·해지나 변제 등으로 소
멸한 경우에도 그 저당권의 실행을 위한 경매절차에서 매각이 확정된 이상 목적부동산의
소유자는 실체법상의 하자를 이유로 매수인의 권리취득을 다툴 수 없다. 이는 목적부동산
의 소유자가 경매절차의 진행 중에 매각허가결정에 대한 항고(민사집행법 제129조, 제130
조) 등으로 불복할 수 있었음에도 방치한 점을 고려하여 경매절차에 공신의 효과를 부여하
는 것이다. 그러나 저당권설정자가 법의 보호를 받을 수 없는 무권리자인 경우(위조문서에
의해 자기명의의 소유권이전등기를 경료한 자 등 처분권 없는 자의 처분인 경우), 저당권
설정이 강행법규위반으로 무효인 경우(96다55693) 등에는 이러한 공신의 효과가 부여되지
않는다.

○ 저당권이 애당초 부존재인 경우에는 실체법상의 하자가 치유되지 않는다.

◆ 실체상 존재하는 근저당권에 의해 경매개시결정이 있었다면 그 경매개시결정 '이후'에
근저당권설정계약이 해지되어 그 설정등기가 말소되었다 하더라도 경매신청취하로 경매신
청등기가 말소되거나 경매개시결정에 대한 이의 또는 항고에 의해 그 개시결정이 취소되지
않은 이상 그 경매절차의 진행으로 경락허가결정이 확정되고 경매대금을 완납한 경락인은
경매부동산의 소유권을 적법히 취득한다[64다588 전합].

◆ 확정된 종국판결에 터잡아 '경매절차가 진행'된 경우 그 뒤 그 확정판결이 재심소송에
서 취소되었다고 하더라도 그 경매절차를 미리 정지시키거나 취소시키지 못한 채 경매절차
가 계속 진행된 이상 경락대금을 완납한 경락인은 경매목적물의 소유권을 적법히 취득한다

[96다42628].

◆ 전등기명의자 갑의 소유권이전등기가 원인무효인 이상 이를 기초로 한 을 명의의 소유권이전등기도 역시 원인무효이고, 을 명의의 등기원인이 법원의 경매절차에서의 경락이라고 하여도 마찬가지이다[95다50578](갑의 소유권이전등기가 원인무효이면, 담보권실행절차를 통해 갑 명의의 부동산을 경락받은 을의 소유권이전등기도 원인무효이다).

◆ 사립학교 경영자가 사립학교의 교지·교사로 사용하기 위해 출연·편입시킨 토지나 건물이 등기부상 학교경영자 개인 명의로 되어 있는 경우에도 그 토지·건물에 관해 경료된 근저당권설정등기는 강행법규(사립학교법 제51조에 의해 준용되는 사립학교법 제28조 제2항, 사립학교법 시행령 제12조)에 위배되어 무효이다. 위 무효의 근저당권설정등기에 기해 이루어진 임의경매절차에 의한 경락인 명의의 소유권이전등기 및 동인이 설정한 근저당권도 모두 무효이다. 이 경우 강행법규 위반자 스스로가 그 무효를 주장하는 것이 권리남용이나 신의성실원칙에 반한다고 할 수 없다[96다55693].

저당권이 처음부터 존재하지 않았던 경우에는 매수인은 소유권을 취득하지 못하는 것으로 보아야 한다. 이러한 경우에도 매수인이 권리를 취득할 수 있다면, 소유권자에게 가혹하기 때문이다. 다만, 현행 민법은 통정허위표시제도(제108조)가 있다는 점을 유의할 필요성이 있다. 즉 피담보채권이 처음부터 없었음에도 불구하고 채권적 성질의 저당권설정계약을 체결하고 물권적 성질의 저당권설정계약(등기서류교부)을 체결한 이후에 저당권 등기를 하였다면, 통정허위표시(제108조)로서 저당권설정행위는 무효가 된다. 다만 선의의 제3자에게는 대항할 수 없다. 따라서 저당권이 처음부터 존재하지 않았던 경우라도 선의의 경락인은 소유권을 취득할 수 있다. 따라서 통정허위표시의 경우에는 경매절차가 번복될 가능성은 높지 않다. 왜냐하면 대부분의 경락인은 선의로 입찰에 참여하기 때문이다.

*통정허위표시에 있어서 선의의 제3자의 범위
1. 가장매매의 매수인으로부터 목적 부동산을 '다시 매수한 자'(대판 1996. 4. 26. 94다12074)
2. 가장매매에 기한 매수인으로부터 '저당권을 설정받은 자'
3. 가장매매에 기한 매수인으로부터 매매계약에 의한 소유권이전청구권을 위한 가등기를 취득한 자(70다466)

4. 가장매매에 기한 매도인의 대금채권의 '양수인'

5. 가장매매에 기한 매수인의 '압류채권자'

6. 가장저당권설정행위에 의한 저당권의 실행에 의하여 '부동산을 경락받은 자'(4289민상 580)

7. 임금채권의 가장양도에 있어서 양수인의 '전부채권자'(82다594)

2) 경매에 의하지 않는 저당권의 실행

(1) 유저당 계약

유저당이란 피담보채권의 변제기가 도래하기 이전에 당사자들이 특약으로 저당채무의 불이행이 있는 경우에 저당권자가 저당목적물의 소유권을 취득하는 것으로 하거나 또는 민사집행법상의 경매가 아닌 임의의 방법으로 저당목적물을 처분 내지 환가하기로 하는 내용의 약정을 말한다. 유저당은 사적 자치를 인정해 줄 것인지의 문제이다. 로마법은 채무자의 궁박을 이용하여 채권자가 폭리를 취할 수 있다는 이유에서 유저당을 금지하였고 이러한 전통에 따라 독일과 스위스 민법은 유저당계약을 명문으로 금지하고 있다. 그러나 우리 민법에는 유저당계약을 금지하는 규정이 없다. 또한 저당권에 관한 제370조는 유질계약금지에 관한 제339조를 준용하고 있지 않는다.

> **민법**
>
> 제339조(유질계약의 금지) 질권설정자는 채무변제기 '전'의 계약으로 질권자에게 변제에 가름하여 질물의 소유권을 취득하게 하거나 법률에 정한 방법에 의하지 아니하고 질물을 처분할 것을 약정하지 못한다.
>
> 제370조(준용규정) 제214조(소유물방해제거, 방해예방청구권), 제321조(유치권의 불가분성), 제333조(동산질권의 순위), 제340조(질물 이외의 재산으로부터의 변제), 제341조(물상보증인의 구상권) 및 제342조(물상대위)의 규정은 저당권에 준용한다.

이와 관련하여 우리 민법의 해석으로는 유저당 계약을 금지할 필요가 없다는 것이 통설의 입장이다. 즉 변제기 이전의 유저당 계약도 유효하다는 것이다. 그 이유는 다음과 같다. 첫째, 법적 근거의 측면에서 유저당 계약을 금지하는 명문규정이 없다. 둘째, 유질계약을 금지하고 있는 제339조가 이미 입법론상 비판의 대상이라는 점이다. 즉 채무자의 궁박을 악용할 소지도 있지만, 채무자의 이익을 위해서도 유질 또는 유저당 계약을 체결할 가능성이 있다. 따라서 일률적으로 무효로 할 필요가 없다는 것이다. 이러한 전제에 의한다면, 유저당은 물론이고 유질계약도 변제기 이전이라고 하여 일률적으로 무효로 볼 것은 아니라는 것이다. 더욱이 채무자의 궁박을 악용할 가능성이 있는지의 문제는 제104조에 의하여 '개별적'으로 판단하면 된다. 그리고 저당목적물이 부동산이라면 청산을 전제로 하고 있는 가등기담보법이 적용될 수 있고, 또한 피담보채권이 소비대차계약에 기한 것이라면 '민법 제607조 및 제6088조'가 적용되기 때문에 일률적으로 유질과 유저당을 무효로 할 필요성이 없다고 볼 수 있다. 유저당에서 문제되는 것은 유저당의 약정이 변제기 '이전'에 행해진 경우이다. 그런데 질권에서의 논의와 같이 일률적으로 부정하는 것은 타당하지 않다. 그리고 변제기 이후에 행해진 유저당 계약의 경우에는 계약성립 시와 달리 채무자의 궁박을 고려할 필요성이 적다. 따라서 변제기 이후에 행해진 유저당 계약 자체를 절대적으로 무효로 할 필요가 없고, 개별적으로 제104조에 해당되는지의 여부만을 판단하면 된다.

> **민법**
>
> 제104조(불공정한 법률행위) 당사자의 궁박, 경솔 또는 무경험으로 인하여 현저하게 공정을 잃은 법률행위는 무효로 한다.

유저당에는 두 가지 유형이 있다. 하나는 저당권을 설정하면서 대물변제의 예약을 하는 것과 단순히 저당부동산의 환가를 임의의 방법으로 하는 것이 그것이다.

(2) 변제기 이전에 대물변제의 예약이 있는 경우

채무자로부터의 이행이 없는 경우에, 저당권자가 저당물의 소유권을 취득하려는 의도에서 저당목적물에 관하여 당사자 사이에 대물변제의 예약을 하는 경우가 있다. 즉 저당권설정과 병행하여 대물변제의 예약이 있는 경우이다. 변제기 이전의 유저당 계약은 그 실질에 있어서 대물변제의 예약으로 보아야 한다. 그리고 피담보채권이 소비대차계약에 기한 것이라면 제607조, 제608조가 적용된다. 이와 같은 유저당은 대부분 소유권이전등기청구권을 보전하기 위한 가등기가 경료되는 것이 일반적이다. 만약 소유권이전청구권보전의 가등기를 한 경우라면 가등기담보법의 적용대상이 된다. 따라서 청산금의 지급과 상환으로 저당목적물에 대하여 가등기에 기한 본등기를 청구한다든가 또는 경매절차에 따라 배당을 받던가를 선택할 수 있다. 대물변제의 예약을 저당권의 사적인 실행방법으로 전용하는 경우에 대하여 초기의 판례는 제607조와 제608조를 적용하여 저당목적물의 가액이 피담보채권의 원리금을 넘는 경우에는 그 유저당 약정을 무효로 평가하였다(대법원

1962. 5. 24. 선고 62다67 판결). 이후 변경된 판례는 "대물반환의 예약을 하고 그 목적물인 부동산에 대한 소유권이전등기에 필요한 일절의 서류를 채권자에게 모두 교부한 경우에 대물반환예약의 효력은 인정될 수 없다 하여도 양도담보의 효력은 인정되어야 할 것이며 그 채무담보를 위하여 근저당권설정등기가 되어 있다 하여도 아무런 영향을 주지 않는다고 한다(대법원 1991. 12. 24. 선고 91다11223 판결). 즉 금전소비대차계약을 체결하면서 변제기에 채무불이행이 있을 경우에는 피담보채권액을 초과하는 목적물의 소유권을 이전할 것을 예정하면서 등기서류 일체를 모두 교부한 경우에는 민법 제607조와 제137조 본문(법률행위의 일부분이 무효인 때에는 그 전부를 무효로 한다)이 적용되어 대물반환의 예약은 전부무효가 되지만, 제138조의 무효행위의 전환이론에 의하여 당사자의 가정적 의사를 추단하여 양도담보의 효력은 있는 것으로 보자는 의미이다. 이렇게 되면 가등기담보법이 적용되어 채권자는 목적물을 환가하여 정산하여야 한다. 즉 대물변제의 예약 자체는 무효이지만 양도담보계약으로서의 효력은 인정하여 채권자는 목적물을 환가처분하여 정산하여야 한다는 취지이다.

민법

제607조(대물반환의 예약) 차용물의 반환에 관하여 차주가 차용물에 갈음하여 다른 재산권을 이전할 것을 예약한 경우에는 그 재산의 예약당시의 가액이 차용액 및 이에 붙인 이자의 합산액을 넘지 못한다.

제137조(법률행위의 일부무효) 법률행위의 일부분이 무효인 때에는 그 전부를 무효로 한다. 그러나 그 무효부분이 없더라도 법률행위를 하였을 것이라고 인정될 때에는 나머지 부분은 무효가 되지 아니한다.

제138조(무효행위의 전환) 무효인 법률행위가 다른 법률행위의 요건을 구비하고 당사자가 그 무효를 알았더라면 다른 법률행위를 하는 것을 의욕하였으리라고 인정될 때에는 다른 법률행위로서 효력을 가진다.

(3) 임의환가의 약정이 있는 경우

저당채무 불이행이 있으면 법률에 정해진 방법이 아닌 임의의 방법으로 저당부동산을 현금화하여 변제에 충당하기로 변제기 전에 약정하는 경우이다. 임의환가의 특약에 의한 유저당도 유효하지만, 채권자는 청산의무를 부담한다. 저당물을 처분하여 제3자에게 소유권이전등기를 한 때에 피담보채권은 소멸하고 채무자는 청산청구권을 가진다. 환가처분이 있기 전에는 채무자는 채무를 변제하고 저당목적물의 반환을 청구할 수 있다. 채권자는 목적물의 처분을 위하여 그 인도청구권을 가진다.

5. 저당권과 용익관계

저당권은 가치권이어서 저당권설정 후에도 용익권능은 저당권설정자의 지배하에 놓여 있다. 이러한 경우에 저당권과 용익권의 관계 및 저당물의 소유권·전세권 등을 취득한 제3취득자의 지위가 문제된다. 그리고 저당권이 실행되어 저당물의 소유권이 경매에서의 매수인에게 이전할 때 기존의 용익권이 어떻게 되는지, 특히 토지의 소유권과 건물의 소유권이 서로 다른 사람에게 귀속된 경우에는 토지상의 건물 이용과 관련하여 법정지상권이 문제된다.

1) 저당권자와 용익권자와의 관계

저당권 실행이 있기 전에는 용익권자의 지위에는 아무런 영향이 없지만, 저당권이 실행된 이후가 문제된다. 용익권자가 대항력을 갖춘 시기가 저당권 성립시기보다 앞선 경우에는 저당권이 실행된다 하더라도 경락인에게 대하여 용익권을 주장할 수 있다. 즉 선순위용익권은 여전히 존속하게 된다. 용익권자가 대항력을 갖춘 시기가 저당권 성립시기보다 늦은 경우에는 저당권이 실행되기 전에는 용익권에 아무 지장이 없으나 저당권이 실행되면 용익권을 가지고 경락인에게 대항할 수 없다. 즉 후순위의 용익권은 선순위저당권의 실행에 의하여 소멸하게 된다.

---

* ○ × 문제

용익권이 저당권의 실행에 의하여 소멸하는지의 문제는 '경매를 신청'한 저당권자와 용익권자의 순위에 따라 결정된다(×).

용익권이 경매에 의해 소멸하느냐의 여부는 목적물에 설정되어 있는 '1번 저당권'과 용익권 간의 우열에 따라 결정된다.

---

2) 법정지상권

민법

제366조(법정지상권) 저당물의 경매로 인하여 토지와 그 지상건물이 다른 소유자에 속한 경우에는 토지소유자는 건물소유자에 대하여 지상권을 설정한 것으로 본다. 그러나 지료는 당사자의 청구에 의하여 법원이 이를 정한다.

---

(1) 법적 근거

현행 법률은 토지와 건물을 각각 독립된 부동산으로 취급하여 규율하고 있다. 즉 부동산등기법은 권리변동관계를 공시하는 부동산등기부로 토지등기부와 건물등기부의 2종으로 한다고 규정하고 있다(제14조).

> **부동산등기법**
>
> 제14조(등기부의 종류)
>
> ① 등기부는 토지등기부(토지등기부)와 건물등기부(건물등기부)의 2종으로 한다.
>
> ② 제1항의 등기부는 특별시·광역시와 시에서는 종전의 구획에 따라 별책(별책)으로 하고 읍·면에서는 읍·면마다 별책으로 한다. 그러나 등기사건이 많은 읍·면에서는 동·리나 그 밖에 종전의 구획에 따라 별책으로 할 수 있다.

따라서 동일인에게 속하는 토지와 건물 중 어느 하나에 대하여만 저당권을 설정할 수 있고 또한 양자 위에 저당권이 설정되는 경우에도 경매를 통하여 건물과 토지의 소유자가 변경될 가능성이 있다. 이렇게 토지와 건물의 소유자가 다르게 될 경우에 건물소유자는 대지의 점유권원이 없기 때문에 대지소유자의 건물철거 청구에 응하여야 한다. 이것은 사회경제적으로 불이익이라고 할 수 있다. 이를 고려하여 인정되고 있는 것이 법정지상권제도이다(제366조). 이렇게 제366조의 법정지상권을 인정하는 이유는 건물의 사회경제적 효율성을 담보하기 위한 공익적 목적 때문이므로, 사적 자치에 의하여 법정지상권을 배제하는 약정은 인정될 수 없다. 즉 제366조는 강행규정이다. 특히 법정지상권을 배제하려는 약정은 결국 건물철거를 하겠다는 것인데, 이러한 합의를 법규범이 존중하는 것보다는 건물의 사회경제적 가치를 존속시키는 것이 더욱 중요하다는 의미이다.

> *대법원 1988. 10. 25. 선고 87다카1564 판결 【건물명도】
>
> 【판시사항】
>
> 저당목적물인 토지에 대하여 법정지상권을 배제하는 특약의 효력
>
> 【판결요지】
>
> 민법 제366조는 가치권과 이용권의 조절을 위한 공익상의 이유로 지상권의 설정을 강제하는 것이므로 저당권설정 당사자간의 특약으로 저당목적물인 토지에 대하여 법정지상권을 배제하는 약정을 하더라도 그 특약은 효력이 없다.

【참조조문】

민법 제366조

【전문】

【원고, 피상고인】 성유희 소송대리인 변호사 이창구, 조언

【피고, 상고인】 최효진 외 3인 피고들 소송대리인 변호사 오상걸

【원심판결】 서울민사지방법원 1987. 5. 20. 선고 87나482 판결

【주문】

원심판결을 파기하고, 사건을 서울민사지방법원 합의부에 환송한다.

【이유】

피고등 소송대리인의 상고이유(상고이유보충서는 상고기간 경과후의 것이므로 상고이유서를 보충하는 범위내에서)를 본다. 민법 제366조는 가치권과 이용권의 조절을 위한 공익상의 이유로 지상권의 설정을 강제하는 것이므로 저당권설정 당사자 간의 특약으로 저당목적물인 토지에 대하여 법정지상권을 배제하는 약정을 하더라도 그 특약은 효력이 없다고 하여야 할 것이다. 원심판결 이유에 의하면, 원심은 소외 차상희는 1978. 11. 28. 그의 소유인 서울 중구 신당동 484 대 323평방미터 및 같은 동 490 대 67평방미터와 그 지상에 있는 이 사건 미등기건물 4동을 소외 오성해산주식회사의 주식회사 부산은행에 대한 채무의 담보로 제공하기로 함에 있어 이 사건 대지에 관하여는 근저당권설정등기를 하여 주었으나 위 지상의 이 사건 건물은 미등기인 관계로 이에 관하여는 양도담보계약을 체결하기로 하면서 위 소외회사의 채무불이행으로 이 사건 대지에 대한 근저당권이 실행될 경우에는 양도담보로 제공된 이 사건 건물에 대하여는 어떠한 조치를 하더라도 아무런 이의나 권리주장을 하지 아니하기로 약정한 사실, 그 후 위 소외회사가 채무를 이행하지 아니하므로 부산은행이 이 사건 대지에 대한 근저당권을 실행하여 스스로 위 대지를 경락받아 1982. 10. 26. 그 명의로 소유권이전등기를 마친 사실을 인정한 다음, 피고들의 법정지상권 주장을 배척하였다. 그러나 원심이 확정한 바와 같이 이 사건 대지가 경매될 경우에 이 사건 건물의 소유자인 차상희가 법정지상권을 행사하지 아니하기로 약정한 것이라고 하더라도 위 약정은 당사자 간에 채권적인 효력이 있을 뿐 경락자인 부산은행으로부터 이 사건 대지를 전득한 원고로서는 이를 주장할 수 없다 할 것임에도 불구하고, 원심이 위와 견해를 달리하여 법정지상권의 포기약정이 유효하다는 전제에서 피고들의 법정지상권 주장을 배척하였음은 법정지상권에 관한 법리를 오해하여 판결에

영향을 미친 잘못을 저지른 것이라 할 것이므로 이 점을 탓하는 논지는 이유 있다. 그러므로 원심판결을 파기하고, 사건을 서울민사지방법원 합의부에 환송하기로 하여 관여법관의 일치된 의견으로 주문과 같이 판결한다.

대법관   김덕주(재판장) 배만운   안우만

＊성문법상 법정지상권이 성립하는 경우

민법과 가등기담보법·입목에 관한 법률 등은 일정한 경우에 법정지상권이 당연히 성립하는 것으로 규정하고 있다.

1. 토지와 그 지상건물의 소유자가 동일한 상태에서 저당권이 설정된 후, 저당물의 경매로 인해 토지와 건물의 소유자가 다르게 된 경우(민법 제366조 제1항 본문)

2. 토지와 그 지상건물의 소유자가 동일한 상태에서 건물에만 전세권을 설정한 후, 토지소유자가 변경된 경우(민법 제305조 제1항 본문)

3. 토지와 그 지상건물이 동일한 소유자에게 속한 상태에서 토지 또는 건물에 대해 채권자가 귀속청산을 통해 소유권을 취득하거나 담보가등기에 기한 본등기를 함으로써 토지와 건물의 소유자가 다르게 된 경우(가등기담보법 제10조)

4. 토지와 그 지상입목의 소유자가 동일한 상태에서 입목의 경매 기타 사유로 인하여 토지와 입목의 소유자가 다르게 된 경우(입목에관한법률 제6조)

5. 민법 제366조의 규정은 토지 또는 건물이 저당권의 목적인 공장재단에 속하는 경우에 준용한다(공장저당법 제31조 제1항)(토지 또는 건물이 공장재단에 속하고 그 공장재단에 대한 저당권의 실행으로 토지와 건물의 소유권이 분리된 경우에 법정지상권이 성립한다).

6. 광업재단에 관하여는 공장저당법 중 공장재단에 관한 규정을 준용한다(광업재단저당법 제5조).

(2) 성립요건(제366조의 법정지상권)

① 저당권설정 당시 건물의 존재

저당권설정 당시부터 토지 위에 건물이 존재하는 경우에만 법정지상권이 인정된다. 만약 건물이 없는 토지 위에 저당권이 설정된 '이후'에 건축된 건물의 경우에도 법정지상권이 인정되는가? 부정되어야 한다. 왜냐하면 이를 인정하게 되면, 토지저당권설정 당시에 건물이 없는 토지의 교환가치를 파악하여 금전을 대여한 토지의 저당권자에게 불측의 손해가 발생할 수 있기 때문이다. 종래

의 판례는 저당권설정 당시에 존재하던 건물이 개축·증축된 경우 또는 그 건물이 멸실되었다가
경매 당시에 재건축되어 있는 경우에도 법정지상권은 성립한다고 하였으나, 2003. 12. 18. 대법원
전원합의체 판결(98다43601전합)은 동일인의 소유에 속하는 토지 및 그 지상 건물에 관하여 공동
저당권이 설정된 이후에 그 지상건물이 철거되고 새로 건물이 신축된 경우에는 그 신축건물의 소
유자가 토지의 소유자와 동일하고 토지의 저당권자에게 신축건물에 관하여 토지의 저당권과 동일
한 순위의 공동저당권을 설정해 주는 등 특별한 사정이 없는 한 저당물의 경매로 인하여 토지와
그 신축건물이 다른 소유자에 속하게 되더라도 그 신축건물을 위한 법정지상권은 성립하지 않는
다고 한다.

***저당된 건물 철거 후 신축된 건물을 철거 전 저당권으로 경매 가능한지 여부**

　병(丙)은 갑(甲)에게 돈을 빌려주면서 甲소유의 대지와 건물을 공동담보로 공동저당권을
설정하였으나, 甲은 저당된 건물을 철거하고 새로이 건물을 신축하면서 구 건물에 대한 멸실
등기를 하지 않고, 신축건물을 보존등기 한 후 乙에게 새로운 고액의 저당권을 설정해주어
건물은 하나임에도 등기부상은 두 채의 건물로 된 상태이다. 이 경우에 병(丙)은 대지만의 경
매로는 완전한 채권만족을 받을 수 없다고 판단하여 구 건물에 대한 저당권으로 신축건물까
지 경매하려고 할 경우에 가능한지가 문제된다. 이와 관련하여 저당권이 설정된 건물을 수리
또는 증축함에 있어서 그 증축부분이 구조상·이용상으로 기존건물과 구분되는 독립성이 없
어 독립한 소유권의 객체가 되지 않는 경우와 같이 기존건물과 현존건물의 동일성이 인정되
는 때에는 현존건물이 다시 보존등기되었다 하여도 후에 등기한 보존등기는 무효인 것이고,
기존건물에 설정된 저당권의 효력이 현존건물에도 미치게 된다(대법원 1967. 6. 15. 67마439
결정). 그러나 위 사안과 같이 기존건물을 철거하고 새로이 건물을 신축한 경우에 대하여 판
례는 건물이 멸실된 경우에 멸실된 건물에 대한 등기용지는 폐쇄될 운명에 있으며(대법원
1994. 6. 10. 선고 93다24810 판결), 멸실된 건물과 신축된 건물이 위치나 기타 여러 가지
면에서 서로 같다고 하더라도 그 두 건물이 동일한 건물이라고는 할 수 없으므로, 신축건물
의 물권변동에 관한 등기를 멸실건물의 등기부에 등재하여도 그 등기는 진실에 부합하지 아
니하는 것으로서 무효이고, 비록 신축건물의 소유자가 멸실건물의 등기를 신축건물의 등기로
전용(轉用)할 의사로서 멸실건물의 등기부상 표시를 신축건물의 내용으로 표시변경등기를 하
였다고 하더라도 그 등기가 무효임에는 변함이 없으며(민법 제186조; 대법원 1980. 11. 11.
선고 80다441 판결; 1992. 3. 31. 선고 91다39184 판결), 구건물 멸실 후에 신축건물이 신축
되었고 구건물과 신축건물 사이에 동일성이 없는 경우 멸실된 구건물에 대한 근저당권설정등
기는 무효이며, 이에 기하여 진행된 임의경매절차에서 신축건물을 매수하였다고 하더라도 그
소유권을 취득할 수 없다(대법원 1993. 5. 25. 선고 92다15574 판결; 1976. 10. 26. 선고 75

다2211 판결). 그러므로 신축건물과 멸실된 건물이 그 재료, 위치, 구조 기타의 면에서 유사하다고 하여도 양자가 동일성이 인정되는 건물이라고 할 수는 없으므로, 신축건물에 대하여는 기존건물에 설정되었던 저당권의 효력이 미치지는 않는다고 할 것이다. 다만, 대지에 대한 저당권은 그대로 유효한 것이므로 민법 제365조(저당지상의 건물에 대한경매청구권)에 의하여 대지에 대한 경매신청과 함께 저당권이 설정된 이후에 저당대지에 신축된 건물에 대하여는 일괄경매를 신청할 수 있다. 판례도 민법 제365조에 기한 일괄경매청구권은 '저당권설정자가 건물을 축조하여 소유하고 있는 경우'에 한하지만(대법원 1999. 4. 20. 자 99마146 결정), 토지와 그 지상건물의 소유자가 이에 대하여 공동저당권을 설정한 후 건물을 철거하고 그 토지상에 새로이 건물을 축조하여 소유하고 있는 경우에는 건물이 없는 나대지(裸垈地)상에 저당권을 설정한 후 그 설정자가 건물을 축조한 경우와 마찬가지로 저당권자는 민법 제365조에 의하여 그 토지와 신축건물의 일괄경매를 청구할 수 있다고 하였다(대법원 1998. 4. 28. 97마2935 결정). 이러한 경우에 병(丙)은 대지의 매각대금에 대하여만 저당권설정 당시의 순위에 따른 우선변제를 받을 수 있을 뿐, 건물의 매각대금에 대하여는 우선변제를 받을 수 없으며, 대지의 매각대금을 넘는 채권액에 대하여는 다른 일반채권자와 동일하게 가압류를 하거나 집행권원을 확보하여 배당요구를 하여야 한다.

＊○× 문제

　저당권설정 당시에 건축 중인 건물이 사회관념상 독립된 건물로 볼 수 있는 정도에 이르지 않은 경우에는 법정지상권이 성립되지 않는다(×).

　저당권설정 당시에 건축 중인 건물이 사회관념상 독립된 건물로 볼 수 있는 정도에 이르지 않았다 하더라도, 건물의 규모·종류가 외형상 예상할 수 있는 정도까지 건축이 진전된 경우에는 저당권자는 완성될 건물을 예상할 수 있어서 법정지상권을 인정해도 불측의 손해를 입는 것이 아니고 사회·경제적으로도 건물을 유지할 필요가 인정되기 때문에 법정지상권의 성립을 인정함이 상당하다[92다7221](토지에 관하여 저당권이 설정될 당시 토지소유자에 의하여 그 지상에 건물을 건축 중이었던 경우 건물의 규모·종류가 외형상 예상할 수 있는 정도까지 건축이 진전되어 있었고, 그 후 경매절차에서 매수인이 매각대금을 다 낸 때까지 최소한의 기둥과 지붕 그리고 주벽이 이루어지는 등 독립된 부동산으로서 건물의 요건을 갖추어야 법정지상권의 성립이 인정된다[2003다29043]).

　① 건물이 없는 토지에 1번 저당권을 설정한 이후에 건물을 짓고 이어서 토지에 2번 저당권을 설정하여 2번 저당권자의 신청으로 경매된다 하더라고 법정지상권 불인정. 즉 '저

당권설정 당시 건물의 존재'라는 요건은 '최선순위의 저당권'을 기준으로 한다. 왜냐하면 이 경우에도 법정지상권을 인정하게 되면 경락대금이 낮게 형성되어 1번 저당권자에게 불측의 손해를 줄 수 있기 때문이다.

② 미등기, 무허가 건물이어도 무관하다(대법원 1991. 8. 13. 선고 91다16631 판결). 비록 등기가 되지 않았더라도, 매각대금 완납 시까지 최소한의 '기둥'과 '지붕' 그리고 '주벽'이 이루어지는 등 독립된 부동산으로서 건물의 요건을 갖추면 법정지상권이 성립한다.

＊대법원 1991.8.13. 선고 91다16631 판결 【건물명도】

【판결요지】

토지와 그 지상의 건물이 동일한 소유자에게 속하였다가 토지 또는 건물이 매매나 기타 원인으로 인하여 양자의 소유자가 다르게 된 때에는 그 건물을 철거하기로 하는 합의가 있었다는 등의 특별한 사정이 없는 한 건물소유자는 토지소유자에 대하여 그 건물을 위한 관습상의 지상권을 취득하게 되고, 그 건물은 반드시 등기가 되어 있어야만 하는 것이 아니고 무허가 건물이라고 하여도 상관이 없다.

【참조조문】

민법 제366조

【참조판례】

대법원 1964. 9. 22. 선고 63아62 판결(집12② 민111), 1988. 4. 12. 선고 87다카2404 판결(공1988, 839)

【전문】

【원고, 피상고인】 박중황

【피고, 상고인】 이부동

【원심판결】 서울민사지방법원 1991. 4. 23. 선고 90나27916 판결

【주문】

상고를 기각한다.

상고비용은 피고의 부담으로 한다.

【이유】

상고이유를 본다.

1. 원심이 확정한 사실에 의하면 이 사건 토지 중 3,570분의 66.75지분과 그 지상의 이 사건 미등기 건물은 소외 재단법인 기독교대한감리회유지재단(이하 소외 재단이라고 한다)의 소유였는데 소외 재단은 1977. 9. 26. 소외 윤태순에게 이 사건 대지를 매도하면서 위 윤태순이 이 사건 건물을 사용하게 될 경우에는 그 대금으로 금 200,000원을 지급하고, 위 윤태순이 이를 사용하지 않을 경우에는 소외 재단이 이를 철거하여 그 자재 등을 수거하기로 약정하였고, 그 후 1978. 7. 11. 위 윤태순이 원고에게 이 사건 대지를 전매하면서 이 사건 건물을 책임지고 철거하기로 약정하였으며, 이 사건 대지는 1979. 5. 2. 소외 재단으로부터 직접 원고 명의로 지분소유권이전등기가 되었고, 피고는 1983. 10. 14. 위 윤태순의 승낙 하에 소외 재단에게 이 사건 건물의 매매대금으로 금 200,000원을 지급하고 위 윤태순으로부터 매수하였다는 것인바, 사실관계가 그와 같다면 피고는 이 사건 건물을 위하여 관습상의 법정지상권을 취득하지 못한다고 할 것이므로 이와 같은 취지의 원심판단은 정당하다.

2. 토지와 그 지상의 건물이 동일한 소유자에게 속하였다가 토지 또는 건물이 매매나 기타 원인으로 인하여 양자의 소유자가 다르게 된 때에는 그 건물을 철거하기로 하는 합의가 있었다는 등의 특별한 사정이 없는 한 건물소유자는 토지소유자에 대하여 그 건물을 위한 관습상의 지상권을 취득하게 되는 것이고, 그 건물은 반드시 등기가 되어 있어야만 하는 것이 아니고 무허가건물이라고 하여도 상관이 없다고 할 것이고(당원 1988. 4. 12. 선고 87다카2404 판결 참조), 원심이 확정한 위의 사실에 의하면 이 사건 토지와 건물이 동일인(소외 재단)의 소유에 속하였다가 매매로 인하여 그 소유자를 달리하게 된 것임은 소론과 같다고 하겠으나, 피고는 이 사건 건물에 대한 등기를 취득한 바 없으므로 그 소유권을 취득하였다고 할 수 없음은 물론이고 위 윤태순은 원고에게 이 사건 건물을 철거하기로 약정한 바 있었다는 것이므로 피고나 위 윤태순은 관습상의 법정지상권을 취득할 여지가 없다고 보아야 한다.

따라서 논지는 이유가 없다. 그러므로 상고를 기각하고, 상고비용은 패소자의 부담으로 하여 관여 법관의 일치된 의견으로 주문과 같이 판결한다.

대법관　　이회창(재판장)　이재성　배만운　김석수

미등기건물을 대지와 함께 매수하였으나 대지에 관해서만 소유권이전등기를 넘겨받고 건물에 대해서는 등기를 이전받지 못하고 있다가 대지에 대하여 저당권을 설정하고 그 저당권이 실행된 경우에 제366조의 법정지상권이 성립하는지 문제된다. 종래에는 이를 긍정한 판례도 있었지만(대법원 1972. 10. 31. 선고 72다1515 판결), 현재 판례는 부정하고 있다(대법원 2002. 6. 20. 선고 2002다9660 전원합의체 판결). 왜냐하면 물권변동에 있어서 성립요건주의를 취하고 있는 현행 법률에 의하면 건물처분이 유효하기 위해서는 미등기건물에 대하여 보존등기를 한 이후에 다시 이전등기를 해야 하기 때문이다.

* ○ × **문제**

토지저당권을 설정한 이후에 저당권설정자가 저당권자의 동의를 얻어 건물을 신축한 경우에는 법정지상권이 성립된다(×).

토지저당권을 설정한 이후에 저당권설정자가 저당권자의 동의를 얻어 건물을 신축하였다 하더라도 그러한 동의는 주관적 사정이면서 공시할 수도 없기 때문에 경락인에게 대항할 수 없다. 즉 법정지상권의 성립을 경락인에게 주장할 수 없다. 이를 인정한다면 토지 소유권을 취득하려는 제3자의 법적 안정성을 해하는 등 법률관계가 매우 불명확하게 된다. 따라서 철거하여야 한다.

한편, 저당권 설정 당시 존재하던 건물이 그 후 증축·개축된 경우에 신구건물 사이에 동일성이 인정될 수 있어야 법정지상권이 인정되는지 문제가 된다. 종래의 판례에 의하면, 토지 또는 건물에 대한 단독저당이든 양자에 대한 공동저당이든 불문하고 모두 법정지상권이 성립하고, 그 법정지상권의 내용은 구건물을 기준으로 한다는 입장이었다. 그런데 최근의 판례에 의하면, 토지와 건물에 모두 공동저당이 설정된 후 건물이 철거되고 건물이 신축된 경우에 법정지상권의 성립을 부정한다(대법원 2003. 12. 18. 선고 98다43601 전원합의체 판결). 즉 판례는 단독저당과 공동저당을 분리하여 법정지상권의 성립여부를 파악하고 있다. 물권법정주의에 입각한 위 조문의 엄격한 해석에 의하면 경매로 인하여 건물과 토지 소유권이 분리될 때까지 당초의 건물이 그대로 존재할 경우에만 그 건물을 위한 법정지상권이 성립될 수 있고, 구건물이 헐린 후 신건물이 신축되더라도 그 신건물은 설정당시 존재하던 건물이 아니어서 '원칙적'으로 그 신건물을 위한 법정지상권이 성립될 수 없다. 따라서 공동저당의 경우에도 이러한 원칙이 관철되어야 한다. 즉 공동저당의 경우에는 토지와 건물에 대하여 공동저당을 한 것이다. 그럼에도 불구하고 판례·학설이 단독저당의 경우(건물 있는 토지만이 저당권의 목적이 된 경우)에는 건물이 멸실 내지 철거된 후 신축된 건물에 대하여도 구건물의 범위에서 법정지상권의 성립을 인정하는 데 거의 일치하고 있는바(반대의견이 가항 말미에 내세운 90다19985 판결도 이러한 사안에 대한 것이다), 이는 '신건물을 보호'하고자 하는 '공익적 요청'에 부합할 뿐 아니라 그렇게 확장 해석해도 애당초 '이미 건물이 존재하고 있다는 것을 고려하여 토지의 교환가치'를 파악한 것이므로 저당권설정을 한 저당권자의 기대 내지 의사에 반하지 않기 때문이다. 이에 반하여, 공동저당의 경우에는 신건물을 위한 법정지상권의 성립을 인정하게 되면 궁극적으로 나대지로서의 토지교환가치 전체를 파악하고 저당권설정을 한 공동저당권자의 기대 내지 의사에 반하기 때문에 재축된 신건물에까지 법정지상권이 성립하는 것으로 확대해석할 수는 없다. 이처럼 단독저당의 경우와 공동저당의 경우를 달리 해석하는 것이 당사자 특히 저당권자의 기대 내지 의사를 고려하면서 건물보호라는 공익적 요청을 달성하려고 하는 법정지상권제도의 입법취지에도 부합한다.

＊대법원 2003. 12. 18. 선고 98다43601 전원합의체 판결에 대한 평석

동일인의 소유에 속하는 토지 및 그 지상 건물에 관하여 공동저당권이 설정된 후 그 지상 건물이 철거되고 새로 건물이 신축된 경우에는 그 신축건물의 소유자가 토지의 소유자와 동일하고 토지의 저당권자에게 신축건물에 관하여 토지의 저당권과 동일한 순위의 공동저당권을 설정해 주는 등 특별한 사정이 없는 한 저당물의 경매로 인하여 토지와 그 신축건물이 다른 소유자에 속하게 되더라도 그 신축건물을 위한 법정지상권은 성립하지 않는다고 해석하여야 하는바, 그 이유는 동일인의 소유에 속하는 토지 및 그 지상 건물에 관하여 공동저당권이 설정된 경우에는, 처음부터 지상 건물로 인하여 토지의 이용이 제한 받는 것을 용인하고 토지에 대하여만 저당권을 설정하여 법정지상권의 가치만큼 감소된 토지의 교환가치를 담보로 취득한 경우와는 달리, 공동저당권자는 토지 및 건물 각각의 교환가치 전부를 담보로 취득한 것으로서, 저당권의 목적이 된 건물이 그대로 존속하는 이상은 건물을 위한 법정지상권이 성립해도 그로 인하여 토지의 교환가치에서 제외된 법정지상권의 가액 상당 가치는 법정지상권이 성립하는 건물의 교환가치에서 되찾을 수 있어 궁극적으로 토지에 관하여 아무런 제한이 없는 나대지로서의 교환가치 전체를 실현시킬 수 있다고 기대하지만, 건물이 철거된 후 신축된 건물에 토지와 동순위의 공동저당권이 설정되지 아니 하였는데도 그 신축건물을 위한 법정지상권이 성립한다고 해석하게 되면, 공동저당권자가 법정지상권이 성립하는 신축건물의 교환가치를 취득할 수 없게 되는 결과 법정지상권의 가액 상당 가치를 되찾을 길이 막혀 위와 같이 당초 나대지로서의 토지의 교환가치 전체를 기대하여 담보를 취득한 공동저당권자에게 불측의 손해를 입게 하기 때문이다. 생각건대, 토지와 함께 공동저당권이 설정된 지상건물이 존속하는 한, 경매로 인하여 토지와 지상건물의 소유자가 달라져서 당해 건물을 위한 법정지상권이 성립하더라도 저당권자에게 불합리한 것은 아니다. 왜냐하면 저당권자의 입장에서 볼 때 토지는 법정지상권의 부담을 안게 되어 경매 시 나대지일 때보다 그 평가액이 하락하지만, 그 하락한 부분은 법정지상권이 붙은 건물의 평가액에서 되찾게 되므로 전체적으로는 토지의 담보가치가 실현될 가능성이 있기 때문이다. 그런데 공동저당에 있어서 만약 저당권이 설정된 건물이 멸실된 후 신축건물을 위하여 법정지상권의 성립을 '인정'하게 된다면 다음과 같은 문제가 발생한다. 구 건물에 대한 저당권은 건물의 멸실로 소멸되었기 때문에 신 건물에 대하여 동 순위의 저당권을 취득하지 못하는 한은 저당권자는 법정지상권이 붙은 신 건물의 매득금에서는 전혀 우선변제를 받을 수 없게 된다. 따라서 저당권자는 토지부분에 대한 저당권만을 실행하게 되는데, 이 경우에는 법정지상권의 부담을 안고 있기 때문에 그 가격만큼 하락한 토지의 평가액밖에 취득할 수밖에 없게 된다. 이것은 저당권자의 당초의 의사 내지 기대에 반하는 불합리한 상황이 발생하게 된다. 따라서 당초 저당권자가 파악한 담보가치의 범위 내에서 최대한의 담보가치를 실현할 수 있도록 토지에 관하여 법정지상권의 제약이 없는 나대지로서의 담보가치를 실현하게 하도록 하는 것이 당사자의 합리적 의사에 부합된다고 볼 수 있다. 이것이 저당권 설정당시에 토지와 건물에 대한 공동저당한 당사자들의 의사에 합치되는 것이다. 이러한 이유로 신 건물에 대한 법정지상권의 성립을 부정하여야 한다. 결국 신축건물에 대하여 법정지상권을 부정하게 되면 건물을 철거하여야 되고, 그렇게 되면 나대지로서의 담보가치를 실현하게 된다.

---

* 대법원 2003. 12. 18. 선고 98다43601 전원합의체 판결 【건물철거 등】

<사실관계 및 주장내용>

갑이 1989. 2. 11. A대지와 그 지상 단층주택 B를 공동담보로 제공하여 정 앞으로 근저당권설정등기를 경료하였다. 1991. 12. 5. 위 근저당권의 실행에 의하여 A대지 및 단층주택 B에 관한 임의경매절차가 개시되었는데, 갑으로부터 공사도급을 받은 을이 1991. 10.경 단층주택 B를 철거하고 1992. 3.경 3층 주택 C를 신축·완공하였으나 준공검사를 받지는 못하고 있고 C를 갑과 을이 일부씩 나누어 점유하고 있으며, 위 임의경매절차에서는 B가 이미 철거되었다는 이유로 B에 대한 경매절차는 취소되고, A대지에 대한 경매절차만이 속행되어 1992. 4. 23. 병이 A대지를 경락받았다. C건물에 관하여 정이 A대지에 대한 것과 동일한 순위의 공동저당권을 설정받지 못하였으므로, A대지에 대한 저당권의 실행에

의하여 A대지와 C건물이 각각 다른 사람의 소유에 속하게 되었다고 하더라도 C건물을 위한 법정지상권은 성립되지 않는다. 병의 갑에 대한 C건물철거 및 A대지인도청구를 '배척'한 원심판결에는 판결에 영향을 미친 위법이 있다. 갑이 을에게 C건물의 신축공사를 도급함에 있어 '건물완공 후 이를 임대하여 얻는 수입으로 먼저 공사대금에 충당하고 나머지는 갑이 가지기로 하고 그 중개비용 및 세금을 갑이 부담하기로' 약정하였고, 건물완공 직후에 'C건물에 관하여 갑의 이름으로 준공검사를 받아 준공하고 갑은 소유권보존등기를 필한 후 융자금 1억 원을 받아 을에게 지급하기로' 약정하였는바, 이러한 각 약정은 C건물의 소유권을 공사도급인인 갑에게 귀속시키는 것을 당연한 전제로 하고 있는 것이므로 C건물을 갑이 원시취득한 것으로 볼 여지가 충분하다.

【판시사항】

[1] 동일인 소유의 토지와 그 지상 건물에 관하여 공동저당권이 설정된 후 그 건물이 철거되고 다른 건물이 신축된 경우, 저당물의 경매로 인하여 토지와 신축건물이 서로 다른 소유자에게 속하게 되면 민법 제366조 소정의 법정지상권이 성립하는지 여부(소극)

[2] 건물 건축 도급계약에 있어서 건물 소유권의 귀속관계

【판결요지】

[1] [다수의견] 동일인의 소유에 속하는 토지 및 그 지상 건물에 관하여 공동저당권이 설정된 후 그 지상 건물이 철거되고 새로 건물이 신축된 경우에는 그 신축건물의 소유자가 토지의 소유자와 동일하고 토지의 저당권자에게 신축건물에 관하여 토지의 저당권과 동일한 순위의 공동저당권을 설정해 주는 등 특별한 사정이 없는 한 저당물의 경매로 인하여 토지와 그 신축건물이 다른 소유자에 속하게 되더라도 그 신축건물을 위한 법정지상권은 성립하지 않는다고 해석하여야 하는바, 그 이유는 동일인의 소유에 속하는 토지 및 그 지상 건물에 관하여 공동저당권이 설정된 경우에는, 처음부터 지상 건물로 인하여 토지의 이용이 제한 받는 것을 용인하고 토지에 대하여만 저당권을 설정하여 법정지상권의 가치만큼 감소된 토지의 교환가치를 담보로 취득한 경우와는 달리, 공동저당권자는 토지 및 건물 각각의 교환가치 전부를 담보로 취득한 것으로서, 저당권의 목적이 된 건물이 그대로 존속하는 이상은 건물을 위한 법정지상권이 성립해도 그로 인하여 토지의 교환가치에서 제외된 법정지상권의 가액 상당 가치는 법정지상권이 성립하는 건물의 교환가치에서 되찾을 수 있어 궁극적으로 토지에 관하여 아무런 제한이 없는 나대지로서의 교환가치 전체를 실현시킬 수 있다고 기대하지만, 건물이 철거된 후 신축된 건물에 토지와 동순위의 공동저당권이 설정되지 아니하였는데도 그 신축건물을 위한 법정지상권이 성립한다고 해석하게 되면, 공동저당권자가 법정지상권이 성립

하는 신축건물의 교환가치를 취득할 수 없게 되는 결과 법정지상권의 가액 상당 가치를 되찾을 길이 막혀 위와 같이 당초 나대지로서의 토지의 교환가치 전체를 기대하여 담보를 취득한 공동저당권자에게 불측의 손해를 입게 하기 때문이다.

[반대의견] 민법 제366조가 법정지상권제도를 규정하는 근본적 취지는 저당물의 경매로 인하여 토지와 그 지상건물이 다른 사람의 소유에 속하게 된 경우에 건물이 철거됨으로써 생길 수 있는 사회경제적 손실을 방지하려는 공익상 이유에 있는 것이지 당사자 어느 한편의 이익을 보호하려는 데 있는 것이 아니고, 법정지상권은 저당권설정 당사자의 의사와 관계없이 객관적 요건만으로써 그 성립이 인정되는 법정물권인바, 저당권자가 그 설정 당시 가졌던 '기대'가 어떤 것이었느냐에 의하여 법정지상권의 성립 여부를 달리 판단하는 다수의견은 법정지상권 성립요건의 객관성 및 강제성과 조화되기 어렵고, 토지와 건물 양자에 대하여 공동으로 저당권이 설정된 경우, 원칙적으로 그 공동저당권자가 토지에 관하여 파악하는 담보가치는 법정지상권의 가치가 제외된 토지의 가치일 뿐이고, 건물에 관하여 파악하는 담보가치는 건물 자체의 가치 외에 건물의 존속에 필요한 법정지상권의 가치가 포함된 것이며, 법정지상권은 그 성질상 건물에 부수하는 권리에 불과하므로 구건물이 멸실되거나 철거됨으로써 건물저당권 자체가 소멸하면, 공동저당권자는 건물 자체의 담보가치는 물론 건물저당권을 통하여 파악하였던 법정지상권의 담보가치도 잃게 되고, 이에 따라 토지 소유자는 건물저당권의 영향에서 벗어나게 된다고 보는 것이 논리적으로 합당하다. 그러므로 토지 소유자는 그 소유권에 기하여 토지 위에 신건물을 재축할 수 있고, 그 후 토지저당권이 실행되면 신건물을 위한 법정지상권이 성립하며, 다만 그 내용이 구건물을 기준으로 그 이용에 일반적으로 필요한 범위로 제한됨으로써 공동저당권자가 원래 토지에 관하여 파악하였던 담보가치, 즉 구건물을 위한 법정지상권 가치를 제외한 토지의 담보가치가 그대로 유지된다고 보아야 하고, 이것이 바로 가치권과 이용권의 적절한 조절의 모습이다.

[다수의견 쪽 보충의견] 민법 제366조가 "저당물의 경매로 인하여 토지와 그 지상건물이 다른 소유자에게 속한 경우"라고 규정하여, 마치 경매 당시에 건물이 존재하기만 하면 법정지상권이 성립할 수 있는 것처럼 규정하고 있지만 위 조문의 해석상 법정지상권이 성립하기 위하여 저당권설정 당시 토지상에 건물이 존재하여야 하고, 따라서 나대지에 저당권설정 후 설정자가 그 지상에 건물을 신축 후 경매로 토지와 건물의 소유자가 달라진 경우에는 그 신축건물을 위한 법정지상권의 성립을 부정하는 것이 판례·통설인바, 이는 이러한 경우에도 건물보호라는 공익적 요청을 고려하여 법정지상권의 성립을 허용하면 당초 건물 없는 토지의 교환가치를 기대한 저당권자의 기대 내지 의사에 반하기 때문에 이러한 당사자의 의사를 고

려한 것으로 볼 수 있고, 이를 미루어 보아 법정지상권제도가 당사자의 의사를 전혀 도외시한 채 건물보호라는 공익적 요청에 의한 것이라고만 할 수는 없으며, 단독저당, 공동저당 어느 경우나 원칙적으로 저당권설정 당시 존재하던 건물이 헐린 후 재축된 신건물에 대하여는 물권법정주의의 원칙상 법정지상권이 성립될 수 없지만 예외적으로 그 성립을 인정하여도 저당권자의 의사 내지 기대에 반하지 아니하는 경우(단독저당이 여기에 해당한다)에 국한하여 건물보호를 위하여 법정지상권의 성립범위를 확장해석하는 것은 법정지상권의 성립요건의 객관성이나 강제성과는 관련이 없다.

[2] 일반적으로 자기의 노력과 재료를 들여 건물을 건축한 사람이 그 건물의 소유권을 원시취득하는 것이지만, 도급계약에 있어서는 수급인이 자기의 노력과 재료를 들여 건물을 완성하더라도 도급인과 수급인 사이에 도급인 명의로 건축허가를 받아 소유권보존등기를 하기로 하는 등 완성된 건물의 소유권을 도급인에게 귀속시키기로 합의한 것으로 보일 경우에는 그 건물의 소유권은 도급인에게 원시적으로 귀속된다.

【참조조문】
  [1] 민법 제366조 / [2] 민법 제664조

【주문】
  원심판결을 전부 파기하고, 사건을 서울고등법원에 환송한다.

【이유】
1. 원심의 판단

  가. 원심은 그 판시 증거들을 종합하여, 이 사건 대지 위에는 단층주택이 건축되어 있었는데, 위 대지 및 단층주택을 매수하여 소유권을 취득한 피고 백재호는 1989. 2. 11. 위 대지 및 단층주택을 공동담보로 제공하여 개봉단위농업협동조합 앞으로 근저당권설정등기를 마쳐 주었다가, 그 후 1991. 12. 5. 위 근저당권의 실행에 의하여 위 대지 및 단층주택에 관한 임의경매절차가 개시된 사실, 그런데 피고 백재호는 그 전인 1991. 9. 30.경 피고 서성문에게 위 단층주택의 철거와 이 사건 3층 주택의 신축공사를 도급 주었는데, 피고 서성문은 1991. 10.경 위 단층주택을 철거하고 이 사건 3층 주택(이하 '이 사건 신축건물'이라 한다)의 신축공사를 시행하여 1992. 3.경 완공하였으나, 준공검사를 받지는 못하고 있고, 이 사건 신축건물은 피고들이 일부씩 나누어 점유하고 있는 사실, 한편, 위 임의경매절차에서는 위 단층주택

이 이미 철거되었다는 이유로 위 단층주택에 대한 경매절차는 취소되고, 이 사건 대지에 대한 경매절차만이 속행되어 1992. 4. 23. 김영숙이 이 사건 대지를 경락받은 사실, 그 후 이 사건 대지의 소유권은 위 김영숙으로부터 유춘자를 거쳐 1994. 10. 11. 원고에게로 순차 이전된 사실, 원고는 1994. 9. 6. 피고 서성문으로부터 이 사건 신축건물을 대금 1억 3,800만 원에 매수하기로 약정하고 계약금 2,000만 원을 피고 서성문에게 지급한 후, 이 사건 신축건물이 피고 백재호의 소유라는 취지의 이 사건 제1심판결이 선고되자 다시 1997. 12. 18. 피고 백재호로부터 이 사건 신축건물을 대금 1억 4,400만 원에 매수하기로 약정하고 계약금 1,500만 원을 피고 백재호에게 지급한 사실을 인정하였다.

나. 원심은 위와 같은 사실관계에 터잡아, (1) 원고의 피고 백재호에 대한 청구에 대하여는, 이 사건 신축건물의 소유자가 피고 백재호인 점에는 당사자 사이에 다툼이 없다고 전제한 후, 저당물의 경매로 인하여 저당권설정 당시 동일인의 소유에 속하던 토지와 그 지상건물이 각각 다른 사람의 소유에 속하게 된 경우에는 그 지상건물 소유자는 민법 제366조에 따라 법정지상권을 취득하고 이는 저당권설정 당시 존재하던 건물이 철거되고 새로운 건물이 신축된 경우에도 마찬가지라는 이유로 피고 백재호의 법정지상권에 기한 항변을 받아들여 원고의 주위적 청구인 '건물철거' 및 '대지인도청구'를 배척한 다음, 이 사건 신축건물에 관한 매매계약의 이행으로서 그 매매잔대금의 지급과 상환으로 이 사건 '신축건물의 명도'와 이 사건 '대지의 인도'를 구하는 원고의 예비적 청구를 인용하였고, (2) 원고의 피고 서성문에 대한 청구에 대하여는, 이 사건 신축건물은 피고 서성문이 원시취득한 것이라고 판단한 후, 피고 백재호에 대한 판단에서와 같은 법리로 이 사건 신축건물을 위한 법정지상권이 성립한다고 보아 원고의 주위적 청구인 건물철거 및 대지인도청구와 이 사건 신축건물에 관한 매매계약의 불이행으로 인한 원상회복 및 손해배상청구를 모두 배척하고, 이 사건 신축건물에서의 퇴거를 구하는 제1 예비적 청구도 배척한 다음, 원고와 피고 서성문 사이의 이 사건 신축건물에 관한 매매계약의 이행으로서 그 매매잔대금의 지급과 상환으로 이 사건 신축건물의 명도와 이 사건 대지의 인도를 구하는 제2 예비적 청구를 인용하였다.

2. 이 법원의 판단

가. 원고의 피고 백재호에 대한 청구에 관하여

(1) 동일인의 소유에 속하는 토지 및 그 지상건물에 관하여 공동저당권이 설정된 후 그 지상건물이 철거되고 새로 건물이 신축된 경우에는, 그 신축건물의 소유자가 토지의 소유자와

동일하고, 토지의 저당권자에게 신축건물에 관하여 토지의 저당권과 동일한 순위의 공동저당권을 설정해 주는 등 특별한 사정이 없는 한, 저당물의 경매로 인하여 토지와 그 신축건물이 다른 소유자에 속하게 되더라도 그 신축건물을 위한 법정지상권은 성립하지 않는다고 해석함이 상당하다. 왜냐하면, 동일인의 소유에 속하는 토지 및 그 지상건물에 관하여 공동저당권이 설정된 경우에는, 처음부터 지상건물로 인하여 토지의 이용이 제한 받는 것을 용인하고 토지에 대하여만 저당권을 설정하여 법정지상권의 가치만큼 감소된 토지의 교환가치를 담보로 취득한 경우와는 달리, 공동저당권자는 토지 및 건물 각각의 교환가치 전부를 담보로 취득한 것으로서, 저당권의 목적이 된 건물이 그대로 존속하는 이상은 건물을 위한 법정지상권이 성립해도 그로 인하여 토지의 교환가치에서 제외된 법정지상권의 가액상당가치는 법정지상권이 성립하는 건물의 교환가치에서 되찾을 수 있어 궁극적으로 토지에 관하여 아무런 제한이 없는 나대지로서의 교환가치 전체를 실현시킬 수 있다고 기대하지만, 건물이 철거된 후 신축된 건물에 토지와 동순위의 공동저당권이 설정되지 아니하였는데도 그 신축건물을 위한 법정지상권이 성립한다고 해석하게 되면, 공동저당권자가 법정지상권이 성립하는 신축건물의 교환가치를 취득할 수 없게 되는 결과 법정지상권의 가액상당가치를 되찾을 길이 막혀 위와 같이 당초 나대지로서의 토지의 교환가치 전체를 기대하여 담보를 취득한 공동저당권자에게 불측의 손해를 입게 하기 때문이다.

이와 달리, 동일인의 소유에 속하는 토지와 그 지상건물에 관하여 공동저당권이 설정된 후 그 지상건물이 철거되고 새로 건물이 신축된 경우에도 그 후 저당권의 실행에 의하여 토지가 경락됨으로써 대지와 건물의 소유자가 달라지면 언제나 토지에 관하여 신축건물을 위한 법정지상권이 성립된다는 취지의 대법원 1990. 7. 10. 선고 90다카6399 판결, 1992. 6. 26. 선고 92다9388 판결, 1993. 6. 25. 선고 92다20330 판결, 2000. 12. 12. 선고 2000다19007 판결, 2001. 3. 13. 선고 2000다48517, 48524, 48531 판결의 견해는, 위와 저촉되는 한도 내에서 이를 변경하기로 한다.

(2) 이 사건에서, 피고 백재호의 소유이던 이 사건 대지 및 그 지상 단층주택에 관하여 개봉단위농업협동조합의 공동저당권이 설정된 후, 위 단층주택이 철거되고 이 사건 신축건물이 신축되었으나, 그 신축건물에 관하여 개봉단위농업협동조합이 이 사건 대지에 대한 것과 동일한 순위의 공동저당권을 설정받지 못하였으므로, 이 사건 '대지'에 대한 저당권의 실행에 의하여 (비록) 이 사건 대지와 그 지상의 이 사건 신축건물이 (동일인 소유에서) 각각 다른 사람의 소유에 속하게 되었다고 하더라도, 이 사건 신축건물을 위한 법정지상권은 성립되지 아니한다고 할 것이다.

  그럼에도 불구하고 원심은, 피고 백재호가 이 사건 대지상에 신축된 건물을 위한 법정지상권을 취득한 것으로 보고, 원고의 피고 백재호에 대한 주위적 청구인 이 사건 신축건물의 철거 및 이 사건 대지의 인도청구를 모두 배척하고 말았으니, 원심판결에는 토지와 그 지상 건물의 공동저당에 있어서의 법정지상권의 성립에 관한 법리를 오해하여 판결에 영향을 미친 위법이 있다고 할 것이다. 이 점을 지적하는 상고이유의 주장은 이유 있다.

  나. 원고의 피고 서성문에 대한 청구에 관하여

  (1) 일반적으로 자기의 노력과 재료를 들여 건물을 건축한 사람이 그 건물의 소유권을 원시취득하는 것이지만, 도급계약에 있어서는 수급인이 자기의 노력과 재료를 들여 건물을 완성하더라도 도급인과 수급인 사이에 도급인 명의로 건축허가를 받아 소유권보존등기를 하기로 하는 등 완성된 건물의 소유권을 도급인에게 귀속시키기로 합의한 것으로 보일 경우에는 그 건물의 소유권은 도급인에게 원시적으로 귀속된다(대법원 1990. 4. 24. 선고 89다카18884 판결; 1992. 3. 27. 선고 91다34790 판결 등 참조).

  (2) 기록에 의하면, 피고 백재호가 1991. 9. 30. 피고 서성문에게 이 사건 신축건물의 신축공사를 도급함에 있어, 건물완공 후 이를 임대하여 얻는 수입으로 먼저 공사대금에 충당하고 나머지는 피고 백재호가 가지기로 하고 그 중개비용 및 세금은 피고 백재호가 부담하기로 약정하였고(기록 502면), 건물완공 직후인 1992. 7. 8.에는 피고들 사이에서, 이 사건 신축건물에 관하여 피고 백재호의 이름으로 준공검사를 받아 준공하고 피고 백재호는 소유권보존등기를 필한 후 융자금 1억 원을 받아 피고 서성문에게 지급하기로 약정하였음을 엿볼 수 있는 바, 이러한 각 약정은 이 사건 신축건물의 소유권을 공사도급인인 피고 백재호에게 귀속시키는 것을 당연한 전제로 하고 있는 것이라고 보아야 할 것이므로 이 사건 신축건물은 피고 백재호가 원시취득한 것으로 볼 여지가 충분하다고 할 것이다.

  그럼에도 불구하고 피고 서성문이 이 사건 신축건물의 소유권을 원시취득한 것으로 단정한 원심판결에는 신축건물의 소유권의 귀속에 관한 법리를 오해하였거나 심리를 다하지 아니하여 판결에 영향을 미친 위법이 있다고 할 것이다.

  (3) 또 원고는 이 사건 신축건물이 피고 서성문의 소유임을 전제로 피고 서성문에 대하여 이 사건 신축건물의 철거와 이 사건 대지의 인도를 구하고, 만약 법정지상권이 인정되어 원고의 청구가 배척되는 경우에는 이 사건 신축건물에 대한 매매계약을 원인으로 하여 매매잔

대금의 지급과 상환으로 이 사건 신축건물의 명도와 이 사건 대지의 인도를 구한다고 주장하는 한편, 다시 이 사건 신축건물이 피고 백재호의 소유임을 전제로 피고 서성문에 대하여 매매계약의 해제로 인한 원상회복 및 손해배상의 청구와 이 사건 신축건물에서의 퇴거를 구하고 있어서 위 양 청구가 서로 모순되는 관계에 있는 청구라고 할 것임에도 불구하고, 원심은 원고의 주장내용을 제대로 정리하지 아니한 채 이 사건 신축건물이 피고 서성문의 소유임을 전제로 원고의 제2 예비적 청구를 제외한 나머지 청구들을 모두 배척함으로써 이유모순 또는 이유불비의 위법을 범하였다고 할 것이다. 이 점을 지적하는 상고이유의 주장은 이유 있다(원고의 피고 서성문에 대한 청구 중 이 사건 신축건물의 철거와 이 사건 대지의 인도청구 부분을 배척한 원심의 결론은 타당하다고 할 것이나 원고의 모순된 주장을 정리한 후 이 부분 사건을 다시 심리·판단함이 상당하므로 이 부분 사건 전부를 파기하기로 한다).

(4) 한편, 원고가 피고 서성문에 대하여 매매계약의 이행으로서의 건물명도 등을 구하는 제2 예비적 청구는, 원고가 그 청구에 이른 전후 사정에 비추어 이 사건 신축건물이 피고 서성문의 소유이지만 같은 피고의 항변 등으로 인하여 주위적 청구인 건물철거 등의 청구가 배척되는 경우에 대비한 예비적 청구라고 봄이 상당하다고 할 것이므로, 만일 이 사건 신축건물이 피고 백재호의 소유이고 피고 서성문의 소유가 아니라고 판단되는 경우에는, 피고 서성문에 대한 원고의 위 제2 예비적 청구에 관하여 나아가 판단할 것이 아니라는 점을 아울러 지적하여 둔다.

3. 그러므로 원고의 나머지 상고이유 및 피고 서성문의 상고이유에 대하여 나아가 판단할 필요 없이, 원심판결을 전부 파기하고, 사건을 다시 심리·판단하게 하기 위하여 원심법원에 환송하기로 하여 주문과 같이 판결하는바, 이 판결 제2의 가항 판단에 관하여 대법관 조무제, 이강국, 박재윤, 김용담의 반대의견이 있는 외에는 관여 대법관들의 의견이 일치되었고, 다수의견에는 아래 5항과 같은 대법관 배기원의 보충의견이 있다.

4. 위 제2의 가항의 판단에 관한 대법관 조무제, 이강국, 박재윤, 김용담의 반대의견은 다음과 같다.

가. 민법 제366조가 법정지상권제도를 규정하는 근본적 취지는, 저당물의 경매로 인하여 토지와 그 지상건물이 다른 사람의 소유에 속하게 된 경우에 건물이 철거됨으로써 생길 수 있는 사회경제적 손실을 방지하려는 공익상 이유에 있는 것이지, 당사자 어느 한편의 이익을 보호하려는 데 있는 것이 아니다(대법원 1966. 9. 6. 선고 65다2587 판결 참조). 그리고 법

정지상권이 성립하려면 저당권의 설정 당시 저당권의 목적이 되는 토지 위에 건물이 존재하고 있어야 하고, 저당권설정 당시에 건물이 존재하였던 이상, 후에 건물이 개축·증축되는 경우는 물론이요 건물이 멸실되거나 철거된 후 재축·신축되는 경우에도 법정지상권이 성립하는 데 지장이 없으며, 이 경우 신건물과 구건물 사이에 동일성이 있을 것을 요하지 아니하고, 다만 그 법정지상권의 내용인 존속기간, 범위 등이 구건물을 기준으로 하여 그 이용에 일반적으로 필요한 범위로 제한된다고 함은, 일찍부터 대법원이 선언하여 온 법리이다(대법원 1991. 4. 26. 선고 90다19985 판결; 1997. 1. 21. 선고 96다40080 판결 등 참조).

나. 그런데 다수의견은 위와 같은 법리 자체를 정면에서 부정하지는 않으면서도, 동일인의 소유에 속하는 토지와 건물 중 토지만에 대하여 저당권이 설정된 경우와 달리, 토지와 건물 양자에 대하여 공동으로 저당권이 설정된 경우(이른바 공동저당권의 경우)에만은 특별한 사정이 없는 한 경매로 인하여 토지와 신축건물이 다른 소유자에 속하게 되더라도 그 신축건물을 위한 법정지상권이 성립하지 않는다고 보아야 하고, 그 이유는 공동저당권자의 담보가치 파악에 관한 '기대' 및 법정지상권이 성립하는 경우 공동저당권자가 입게 되는 '불측의 손해' 때문이라고 설명한다. 그러나 이러한 다수의견에는 다음과 같은 이유에서 찬성할 수 없다.

(1) 민법 제366조가 규정하는 법정지상권의 일반적인 성립요건은 ① 저당권설정 당시 건물의 존재, ② 토지와 건물 소유자의 동일성, ③ 토지와 건물의 일방 또는 쌍방에 관한 저당권설정, ④ 경매로 인한 건물과 토지에 대한 소유의 분리라고 할 수 있는데, 이들은 객관적인 사실만으로 구성되어 있으므로, 법정지상권은 저당권설정 당사자의 의사와 관계없이 객관적 요건만으로써 그 성립이 인정되는 법정물권이다. 당사자 간의 특약으로 저당목적물인 토지에 대하여 법정지상권을 배제하는 약정을 하였더라도 그 특약의 효력이 부정되는 것(대법원 1988. 10. 25. 선고 87다카1564 판결 참조)도 같은 이유에서이다. 그런데 다수의견은 유독 저당권자가 그 설정 당시 가졌던 '기대'가 어떤 것이었느냐에 의하여 법정지상권의 성립 여부를 달리 판단하고 있으니, 우선 이 점에 있어서 법정지상권 성립요건의 객관성 및 강제성과 조화되기 어렵다고 생각된다.

(2) 토지와 건물 양자에 대하여 공동으로 저당권이 설정된 경우, 원칙적으로 그 공동저당권자가 토지에 관하여 파악하는 담보가치는 법정지상권의 가치가 제외된 토지의 가치일 뿐이고, 건물에 관하여 파악하는 담보가치는 건물 자체의 가치 외에 건물의 존속에 필요한 법정지상권의 가치가 포함된 것이며(토지와 건물이 따로 경매되는 경우에는 그러한 결과가 실제로 나타나고, 다수의견도 이 점에서 법정지상권의 가치만큼 감소된 토지의 교환가치는 법정

지상권이 성립하는 건물의 교환가치에서 되찾을 수 있다고 표현한다), 법정지상권은 그 성질
상 건물에 부수하는 권리에 불과하다. 따라서 구건물이 멸실되거나 철거됨으로써 건물저당권
자체가 소멸하면, 공동저당권자는 건물 자체의 담보가치는 물론 건물저당권을 통하여 파악하
였던 법정지상권의 담보가치도 잃게 되고, 이에 따라 토지소유자는 건물저당권의 영향에서
벗어나게 된다고 보는 것이 논리적으로 합당하다. 그러므로 토지소유자는 그 소유권에 기하
여 토지 위에 신건물을 재축할 수 있고, 그 후 토지저당권이 실행되면 위 가.항에서 살펴본
법리에 따라 신건물을 위한 법정지상권이 성립하며, 다만 그 내용이 구건물을 기준으로 그
이용에 일반적으로 필요한 범위로 제한됨으로써 공동저당권자가 원래 토지에 관하여 파악하
였던 담보가치, 즉 구건물을 위한 법정지상권 가치를 제외한 토지의 담보가치가 그대로 유지
된다고 보는 것이 옳다. 이것이 바로 가치권과 이용권의 적절한 조절의 모습이다. 공동저당권
자가 당초 나대지로서의 토지의 교환가치 전체를 '기대'하면서 담보를 취득하였었다고 설명
하는 다수의견은, 그 실질에 있어서 공동저당권자가 원래 토지에 관하여 파악하였던 담보가
치를 무리하게 확장하는 것이라고 아니할 수 없다. 또한 다수의견에 따라 법정지상권의 성립
자체를 '부정'하게 되면, 원래 건물저당권을 통하여 법정지상권의 담보가치를 파악하였을 뿐
인 공동저당권자의 '기대'가 그 건물저당권 자체의 소멸에도 불구하고 토지의 이용권을 실질
적으로 지배하는 불합리한 결과에 이르게 된다. 이것은 가치권과 이용권의 조절이 아니라, 이
용권에 대한 가치권의 압도를 의미한다. 다수의견이 내세우는 공동저당권자의 이른바 '기대'
에 대하여 그와 같이 막강한 힘을 부여할 수는 없다.

  (3) 이러한 다수의견의 문제점은 손해배상제도를 적용시켜 보면 더욱 쉽게 이해할 수 있다.
즉 다수의견은 이 사건과 같은 경우 법정지상권이 성립하게 되면 공동저당권자가 '기대'에
어긋나는 '불측의 손해'를 입을 수 있다고 하지만, 공동저당권자가 '불측의 손해'를 입게 되
는 근본적인 이유는 법정지상권이 성립하기 때문이 아니라, "구건물의 멸실·철거 및 신건물
의 재축"이라는 예측하지 못한 사태가 발생하였기 때문이다. 또한 위와 같은 사태가 현실적
으로 발생한 이상, 공동저당권자로서는 건물 자체의 담보가치를 상실하는 것은 물론 건물저
당권을 통하여 파악하였던 법정지상권의 담보가치도 상실하는 손해를 전면적으로 입게 되는
것이 원칙이고, 다수의견이 내세우는 '불측의 손해'라는 것은 위와 같이 전면적으로 발생하는
손해 중 법정지상권의 가치에 상응하는 부분에 불과한 것이다. 그리고 이러한 공동저당권자
의 손해는 통상의 경우 불법행위나 채무불이행으로 말미암은 것이므로, 그 전보 문제는 손해
배상제도의 적용을 통하여 해결하는 것이 옳다. 그런데 다수의견에 따르게 되면 법정지상권
의 부정이라는 용익물권제도의 역이용을 통하여 공동저당권자가 입게 되는 손해의 전보를 꾀
함으로써, 법정지상권의 가치에 상응하는 손해 자체가 아예 발생하지 않는 것, 더 정확하게는

발생할 수 없는 것으로 의제되는 결과에 이른다. 그리고 이로 말미암아 구건물이 멸실 또는 철거되고 신건물이 재축되지 않은 채 토지가 나대지로 남게 된 경우와 비교하여 별 차이가 없는 상태가 인위적으로 만들어질 뿐만 아니라, 전체 손해에서 법정지상권의 가치에 상응하는 손해만 별도로 분리되어 불법행위나 채무불이행의 귀책사유와는 무관하게 타에 전가되는 불합리한 현상이 나타난다. 나아가 공동저당권자에게 나대지의 담보가치를 확보해 주기 위하여 다수의견과 같이 법정지상권의 성립을 부정한다고 하더라도, 토지 위에 신건물이 현실적으로 존재하고 있는 이상, 그 토지의 담보가치가 순수한 나대지(최대한의 활용이 가능하다)의 경우와 결코 같을 수는 없으므로, 공동저당권자가 나대지로서 담보가치를 실현할 것으로 기대한다거나 그 기대에 맞는 결과가 실현된다는 것도 일종의 의제에 불과하다.

(4) 저당권자가 담보가치에 관하여 가지는 '기대'의 내용은 저당권이 토지에만 설정된 것인지 아니면 토지와 건물에 설정된 것인지라고 하는 외형만에 의하여 단정할 수는 없다. 오히려 위와 같은 저당권의 외형 이외에도 저당목적물의 현상과 가치, 피담보채권의 액수, 저당권자가 법정지상권의 제한이 있는 토지만의 경매로 만족을 얻을 수 있는지 여부 등을 종합해 보아야만 실제의 '기대'가 어떤 것이었는지를 제대로 파악할 수 있을 것이다. 먼저 토지와 지상건물 중 토지에 대하여만 저당권이 설정된 경우를 보면, 저당권자가 건물의 멸실이나 철거를 예상하여 토지만을 나대지로 평가하는 경우가 있고, 건물이 무허가(미등기)인 관계로 저당권을 취득하지 못한 채 그 건물에 관하여 별도의 양도담보약정을 함으로써 토지와 건물 전체의 담보가치를 파악하려 하는 경우(위에서 든 대법원 1988. 10. 25. 선고 87다카1564 판결의 사안 참조)도 있다. 다음으로, 토지와 건물 양자에 대하여 공동저당권이 설정된 경우에도 그 저당권자가 구건물의 멸실이나 철거 및 신건물의 재축을 예상하여 담보가치를 파악하는 경우도 있다. 특히 구건물이 멸실되거나 철거되어 신건물이 재축될 정도라면 구건물 자체의 담보가치는 대부분 미미할 것인데, 그러한 경우 구건물을 저당목적물에 포함시켰는지 여부에 의하여 법정지상권의 성립 여부를 정반대로 보아야 할 수밖에 없을 정도로 결정적인 '기대'의 차이가 과연 존재하는지는 의문이라 아니할 수 없다. 다수의견은 "구건물의 멸실·철거 및 신건물의 재축"이라는 쟁점 상황의 구체적 측면을 떠나서 일반적으로 저당권자가 파악하는 담보가치의 추상적 기준만을 가지고 쟁점을 해결하려는 것으로 보인다. 나아가 공동저당권이 설정된 경우라 하더라도 법정지상권의 제한이 있는 상태로 토지를 평가하여 배당을 한 결과 저당권자가 충분히 만족을 얻는 경우에는 다수의견이 내세우는 '불측의 손해'조차 없으니 법정지상권의 성립을 부정할 이유가 없다. 그럼에도 불구하고 다수의견은 일률적으로 공동저당권자의 경우에는 토지와 건물 전체의 담보가치 실현을 기대하는 반면, 토지만의 저당권자의 경우에는 법정지상권의 가치만큼 감소된 토지의 담보가치 실현을 기대

할 뿐이라고 단정한 나머지, 결국 저당권의 외형에만 의존하여 법정지상권의 성립 여부를 판단하고 있으니, 이는 다수의견이 근본적 논거로 삼고 있는 저당권자의 담보가치에 대한 '기대' 자체를 올바르게 파악하지 못하여 구체적 타당성에서 벗어나게 될 위험이 많은 이론이라고 아니할 수 없다.

(5) 저당물 자체에 대한 침해행위가 일어나는 경우, 저당권자는 우선 그 침해행위의 초동단계에서 채무자의 기한의 이익을 상실시키고(민법 제388조 제1호), 물권적 청구권을 행사하여 그 원상회복을 요구함으로써 자신이 입게 될 더 이상의 손해 확대를 막을 수 있다. 또한 저당물의 가액이 현저히 감소된 경우, 저당권자는 민법 제362조에 기하여 원래의 저당물에 갈음할 수 있는 상당한 담보의 제공청구권을 행사함으로써 감소된 담보가치를 보충할 수 있다. 그리고 대법원 1998. 4. 28.자 97마2935 결정은 공동저당권자가 민법 제365조에 의하여 그 토지와 신건물의 일괄경매를 청구할 수 있다고 판시함으로써, 이 사건과 같은 경우 법정지상권의 성립이 인정되더라도 공동저당권자가 일괄경매를 활용하여 그 법정지상권의 성립으로 인한 손해를 전보받는 효과(토지와 신건물이 동일 소유자에게 귀속되므로, 토지의 평가에서 법정지상권에 해당하는 가치가 제외되지 않는다)를 거둘 수 있게 하고 있다. 그럼에도 불구하고 다수의견이 '불측의 손해'를 내세워 법정지상권의 성립 자체를 부정하는 것은 다른 관계 당사자에 비하여 저당권자만을 지나치게 보호하는 것이라고 아니할 수 없다.

(6) 오늘날 토지와 그 지상 건물을 소유하고 있는 사람이 토지와 건물에 관하여 공동저당권을 설정하는 경우는 적지 않다. 또한 낡은 가옥을 헐고 연립주택이나 다세대주택을 재축하는 경우도 흔한 일이므로, 이 사건 쟁점이 문제되는 사안 역시 적지 않고 그에 얽힌 이해관계도 매우 다양하리라고 예상된다. 그런데 토지와 건물에 공동저당권이 설정되는 경우 그 저당권자의 '기대'를 추단하는 요소는 사안에 따라 제각기 다를 수밖에 없고, 더구나 공동저당권자가 입을 수 있다는 '불측의 손해'가 실제로 없는 경우도 있을 수 있는데도 불구하고, 공동저당권의 외형을 갖추었다는 이유만으로 토지에만 저당권이 설정된 경우와는 정반대로 법정지상권의 성립을 일률적으로 부정한다면 큰 혼란을 야기할 수 있다. 특히 연립주택이나 다세대주택인 신건물이 다수의 서민들에게 분양되거나 임대된 경우, 다수의견을 취하여 법정지상권의 성립을 부정하게 되면 많은 피해자를 양산하여 공익을 해하는 결과에 이를 위험성이 높다.

다. 이상에서 살펴본 바와 같이, 다수의견은, 토지와 지상건물이 공동으로 저당권의 목적이 된 경우에 한하여, 저당권자의 '기대'나 '불측의 손해'라는 주관적·의제적이고 모호한 요소를 근거로 삼아, 구건물의 멸실·철거 후 재축된 신건물에 관한 법정지상권의 성립을 부정하는 내용이어서, 그 이론적 근거가 희박하고 구체적 타당성 및 법적 안정성과도 조화되지 않는 견해라고 생각되므로 여기에 찬성할 수 없다. 다수의견이 변경하고자 하는 판례는 변경할 것이 아니라 유지하여야 한다고 믿는다.

한마디 부언한다면, 구건물이 철거되고 그보다 훨씬 큰 규모의 신건물이 축조된 경우에 구건물을 기준으로 그 존립에 필요하였던 범위 안에서만 법정지상권을 긍정하는 종전의 판례에 의하면, 우선 이미 없어져버린 구건물의 규모를 새삼스럽게 확정하기가 어렵고, 가사 확정할 수 있다 하더라도 신건물 중 구건물의 범위를 초과하는 부분은 철거될 수밖에 없고 잔존 부분만으로는 건물로서의 기능을 유지하지 못하게 되어 결국 건물의 유지라는 공익적 요청도 충족하지 못할 뿐더러, 법률관계를 복잡하게 하고 소송진행을 어렵게 한다는 문제점이 지적되고 있다는 점이다. 그러나 이러한 문제점에 대하여는, 차라리 일정한 경우에 신건물 전체에 관하여 법정지상권을 넓혀 인정하는 방향으로 종전 판례를 변경하는 길을 모색함이 온당한 것이지, 반대로, 공동저당권이라는 한 가지 이유만으로 신건물에 관하여 일률적으로 법정지상권을 부정함으로써 어떤 경우에도 신건물을 철거할 수밖에 없도록 하는 것은 옳지 않을 것이다.

5. 대법관 배기원의 다수의견 쪽 보충의견은 다음과 같다.

민법 제366조가 '저당물의 경매로 인하여 토지와 그 지상건물이 다른 소유자에게 속한 경우'라고 규정하여, 마치 경매 당시에 건물이 존재하기만 하면 법정지상권이 성립할 수 있는 것처럼 규정하고 있지만, 위 조문의 해석상 법정지상권이 성립하기 위하여 저당권설정당시 토지상에 건물이 존재하여야 하고, 따라서 나대지에 저당권설정 후 설정자가 그 지상에 건물을 신축 후 경매로 토지와 건물의 소유자가 달라진 경우에는 그 신축건물을 위한 법정지상권의 성립을 부정하는 것이 판례·통설인바, 이는 이러한 경우에도 건물보호라는 공익적 요청을 고려하여 법정지상권의 성립을 허용하면 당초 건물 없는 토지의 교환가치를 기대한 저당권자의 기대 내지 의사에 반하기 때문에 이러한 당사자의 의사를 고려한 것으로 볼 수 있고, 이를 미루어 보아 법정지상권제도가 당사자의 의사를 전혀 도외시한 채 건물보호라는 공익적 요청에 의한 것이라고만 할 수는 없다.

한편, 물권법정주의에 입각한 위 조문의 엄격한 해석에 의하면 경매로 인하여 건물과 토지 소유권이 분리될 때까지 당초의 건물이 그대로 존재할 경우에만 그 건물을 위한 법정지상권이 성립될 수 있고, 구건물이 헐린 후 신건물이 신축되더라도 그 신건물은 설정당시 존재하던 건물이 아니어서 원칙적으로 그 신건물을 위한 법정지상권이 성립될 수 없다. 그럼에도 불구하고 판례·학설이 단독저당의 경우(건물 있는 토지만이 저당권의 목적이 된 경우)에는 건물이 멸실 내지 철거된 후 신축된 건물에 대하여도 구건물의 범위에서 법정지상권의 성립을 인정하는 데 거의 일치하고 있는바(반대의견이 가항 말미에 내세운 90다19985 판결도 이러한 사안에 대한 것이다), 이는 신건물을 보호하고자 하는 공익적 요청에 부합할 뿐 아니라 그렇게 확장 해석해도 애당초 건물 있는 토지의 교환가치를 파악하여 저당권설정을 한 저당권자의 기대 내지 의사에 반하지 않기 때문이다. 이에 반하여, 공동저당의 경우에는 위 2.의 가(1)항에서 본 바와 같이 신건물을 위한 법정지상권의 성립을 인정하게 되면 궁극적으로 나대지로서의 토지교환가치 전체를 파악하고 저당권설정을 한 공동저당권자의 기대 내지 의사에 반하기 때문에 재축된 신건물에까지 법정지상권이 성립하는 것으로 확장해석할 수는 없다. 이처럼 단독저당의 경우와 공동저당의 경우를 달리 해석하는 것이 당사자 특히 저당권자의 기대 내지 의사를 고려하면서 건물보호라는 공익적 요청을 달성하려고 하는 법정지상권제도의 입법취지에도 부합한다.

반대의견은 단독저당과 공동저당에 있어서의 당사자의 기대 내지 의사가 위와 같이 전혀 다르다는 것을 간과한 채 어느 경우에나 구건물이 헐리고 신건물이 재축될 경우 형식적으로는 같은 외양을 갖추고 있으니 당사자의 의사 내지 기대를 고려함이 없이 신건물보호라는 공익적 이유에서 법정지상권이 성립하는 것으로 해석을 하여야 하고 다수의견처럼 저당권자의 기대 내지 의사에 따라 전자의 경우에는 법정지상권의 성립을 인정하면서 후자의 경우에는 법정지상권의 성립을 부정하는 것은 법정지상권의 성립요건의 객관성과 강제성에 반하는 듯이 설명한다. 그러나 단독저당, 공동저당 어느 경우나 원칙적으로 저당권설정 당시 존재하던 건물이 헐린 후 재축된 신건물에 대하여는 물권법정주의의 원칙상 법정지상권이 성립될 수 없지만, 예외적으로 그 성립을 인정하여도 저당권자의 의사 내지 기대에 반하지 아니하는 경우(단독저당이 여기에 해당한다)에 국한하여 건물보호를 위하여 법정지상권의 성립범위를 확장해석 하는 것은 법정지상권의 성립요건의 객관성이나 강제성과는 관련이 없다. 오히려 반대의견이 법정지상권의 성립요건의 하나로 '저당권설정 당시 건물의 존재'를 내세우면서도 단독저당, 공동저당 어느 경우에나 공익상 이유로 저당권설정 당시 존재한 바 없는 신건물에 대하여까지 법정지상권이 성립한다고 해석하는 것은, 마치 나대지에 저당권설정 후 건물이 신축된 경우에 공익상 이유로 신축건물을 위한 법정지상권의 성립을 인정하여야 한다고 주장하는 것처럼 물권법정주의와 정면으로 배치된다 할 것이다.

대법원장　　최종영(재판장)　조무제　변재승　유지담　윤재식　이용우　배기원(주심)
　　　　　　강신욱　이규홍　이강국　박재윤　고현철　김용담

② 저당권설정 당시 토지와 건물이 동일인에게 속할 것

만일 저당권 설정 시에 토지와 건물이 각각 다른 사람에게 속하고 있었던 경우에는 이미 건물에 대한 용익권이 있거나, 만약 용익권이 없다 하더라도 그런 사람을 특별히 보호할 필요까지는 없다. 그런데 저당권 설정 후에 토지 또는 건물의 하나가 제3자에게 양도된 경우에도 법정지상권이 성립하는지 문제가 된다. 이 경우에도 법정지상권의 성립을 부정할 필요성은 없다. 즉 경매 시까지 토지와 건물의 소유자가 같아야 할 필요는 없고 '저당권 설정 당시'에만 같으면 된다.

---

* 대법원 1999. 11. 23. 선고 99다52602 판결 【부당이득금 등】

【판시사항】

토지에 저당권을 설정할 당시 그 지상에 건물이 존재하였고 그 양자가 동일인의 소유였다가 그 후 저당권의 실행으로 토지가 낙찰되기 전에 건물이 제3자에게 양도된 경우, 건물을 양수한 제3자가 법정지상권을 취득하는지 여부(적극)

【판결요지】

토지에 저당권을 설정할 당시 토지의 지상에 건물이 존재하고 있었고 그 양자가 동일 소유자에게 속하였다가 그 후 저당권의 실행으로 토지가 낙찰되기 전에 건물이 제3자에게 양도된 경우, 민법 제366조 소정의 법정지상권을 인정하는 법의 취지가 저당물의 경매로 인하여 토지와 그 지상 건물이 각 다른 사람의 소유에 속하게 된 경우에 건물이 철거되는 것과 같은 사회경제적 손실을 방지하려는 공익상 이유에 근거하는 점, 저당권자로서는 저당권설정 당시에 법정지상권의 부담을 예상하였을 것이고 또 저당권설정자는 저당권설정 당시의 담보가치가 저당권이 실행될 때에도 최소한 그대로 유지되어 있으면 될 것이므로 위와 같은 경우 법정지상권을 인정하더라도 저당권자 또는 저당권설정자에게는 불측의 손해가 생기지 않는 반면, 법정지상권을 인정하지 않는다면 건물을 양수한 제3자는 건물을 철거하여야 하는 손해를 입게 되는 점 등에 비추어 위와 같은 경우 건물을 양수한 제3자는 민법 제366조 소정의 법정지상권을 취득한다.

【참조조문】

민법 제366조

【참조판례】

대법원 1966. 9. 6. 선고 65다2587 판결(집14-3, 민4), 대법원 1993. 6. 25. 선고 92다20330 판결(공1993하, 2098), 대법원 1994. 11. 22. 선고 94다5458 판결(공1995상, 62), 대법원 1995. 12. 11.자 95마1262 결정(공1996상, 348)

【전문】

【원고, 상고인】 신석현 (소송대리인 법무법인 태화종합법률사무소 담당변호사 김동호)

【피고, 피상고인】 이황경

【원심판결】 춘천지법 1999. 8. 13. 선고 99나1936 판결

【주문】

상고를 기각한다. 상고비용은 원고의 부담으로 한다.

【이유】

상고이유를 본다.

1. 토지에 저당권을 설정할 당시 토지의 지상에 건물이 존재하고 있었고 그 양자가 동일소유자에게 속하였다가 그 후 저당권의 실행으로 토지가 낙찰되기 전에 건물이 제3자에게 양도된 경우, 민법 제366조 소정의 법정지상권을 인정하는 법의 취지가 저당물의 경매로 인하여 토지와 그 지상 건물이 각 다른 사람의 소유에 속하게 된 경우에 건물이 철거되는 것과 같은 사회경제적 손실을 방지하려는 공익상 이유에 근거하는 점(대법원 1966. 9. 6. 선고 65다2587 판결 참조), 저당권자로서는 저당권설정 당시에 법정지상권의 부담을 예상하였을 것이고 또 저당권설정자는 저당권설정 당시의 담보가치가 저당권이 실행될 때에도 최소한 그대로 유지되어 있으면 될 것이므로 위와 같은 경우 법정지상권을 인정하더라도 저당권자 또는 저당권설정자에게는 불측의 손해가 생기지 않는 반면, 법정지상권을 인정하지 않는다면 건물을 양수한 제3자는 건물을 철거하여야 하는 손해를 입게 되는 점 등에 비추어 위와 같은 경우 건물을 양수한 제3자는 민법 제366조 소정의 법정지상권을 취득한다고 봄이 상당하다.

2. 원심판결 이유 및 기록에 의하면, 이 사건 토지와 그 지상 건물인 이 사건 건물은, 이 사건 토지에 관하여 1995. 7. 4. 소외 신대현의 명의로 이 사건 근저당권의 설정등기가 경료될 당시 모두 소외 김성문의 소유이었던 사실(토지는 1982. 11. 15., 건물은 1984. 3. 13. 각 김성문의 명의로 소유권이전등기가 경료되었다.), 이 사건 토지에 관하여 근저당권자인 신대현의 경매신청으로 1997. 6. 3. 임의경매의 기입등기가 경료되고, 1997. 11. 19. 원고가 낙찰을 받아 그 대금을 납부하여 1997. 12. 23. 원고의 명의로 이 사건 토지에 관한 소유권이전등기가 경료된 사실, 그런데 김성문은 1997. 10. 14. 이 사건 건물을 피고에게 양도하여 1997. 10. 15. 피고의 명의로 이 사건 건물에 관한 소유권이전등기가 경료된 사실을 인정할 수 있는바, 사실관계가 위와 같다면, 위에서 본 법리에 비추어 피고는 원고가 이 사건 토지를 낙찰받음으로써 민법 제366조 소정의 법정지상권을 취득하였다고 할 것이다.

위와 같은 취지의 원심 판단은 정당하고, 거기에 상고이유에서 지적하는 바와 같은 법정지상권, 물권의 우선순위, 압류의 효력과 경매의 삭제적 효력 등에 관한 법리오해 등의 위법이 있다고 할 수 없다. 상고이유의 주장은 이유 없다. 그러므로 상고를 기각하고, 상고비용은 패소자의 부담으로 하기로 하여 관여 대법관의 일치된 의견으로 주문과 같이 판결한다.

대법관　　유지담(재판장)　지창권　신성택(주심)　서성

한편, 미등기건물을 대지와 함께 매수하였지만, 소유권이전등기는 대지에 대해서만 경료한 상태이다. 이후 건물에 대한 이전등기를 경료하지 못하고 있는 상황에서 대지에 대한 저당권이 경료되었고, 이후 저당권이 실행된 경우에 366조의 법정지상권이 성립되는지가 문제된다. 이 경우에는 부정하는 것이 타당하다(대법원 2002. 6. 20. 선고 2002다9660 전원합의체 판결). 왜냐하면 현행 민법이 성립요건주의를 취하고 있다는 점을 고려한다면, 건물처분이 유효하기 위해서는 우선 미등기건물에 대하여 보존등기를 한 이후에 이전등기를 경료해야 하기 때문이다. 따라서 이전등기를 경료하지 않았다면 소유권이 이전된 것이 아니다, 즉 '저당권설정 당시 토지와 건물이 동일인에게 속할 것'이라는 요건을 충족하지 못하기 때문이다. 다만, 법정지상권은 예외적으로 인정되는 제도이므로 제한적으로 해석할 필요가 있다. 그렇다면 위와 같은 경우에 관습상의 법정지상권이 성립될 수 있는지를 검토할 필요성이 있다. 무허가건물인 미등기건물을 그 대지와 함께 양수한 갑이 위 대지에 대하여서만 소유권이전등기를 경료하고, 건물에 대하여서는 등기를 경료하지 아니하였다면, 갑은 위 건물에 대하여는 소유권을 취득하였다고 할 수 없다. 따라서 위 토지에 대하여 갑으로부터 전전하여 소유권을 양수한 을에게 관습상의 법정지상권을 주장할 수 없다(대법원 2002. 6. 20. 선고 2002다9660 전원합의체 판결).

＊대법원 2002. 6. 20. 선고 2002다9660 전원합의체 판결 【건물등철거】

【판시사항】

　[1] 미등기건물을 대지와 함께 매수하였으나 대지에 관하여만 소유권이전등기를 넘겨받고 대지에 대하여 저당권을 설정한 후 저당권이 실행된 경우, 민법 제366조 소정의 법정지상권이 성립하는지 여부(소극)

　[2] 미등기건물을 대지와 함께 매도하였으나 대지에 관하여만 매수인 앞으로 소유권이전등기가 경료된 경우, 관습상의 법정지상권이 성립하는지 여부(소극)

【판결요지】

　[1] 민법 제366조의 법정지상권은 저당권 설정 당시에 동일인의 소유에 속하는 토지와 건물이 저당권의 실행에 의한 경매로 인하여 각기 다른 사람의 소유에 속하게 된 경우에 건물의 소유를 위하여 인정되는 것이므로, 미등기건물을 그 대지와 함께 매수한 사람이 그 대지에 관하여만 소유권이전등기를 넘겨받고 건물에 대하여는 그 등기를 이전받지 못하고 있다가, 대지에 대하여 저당권을 설정하고 그 저당권의 실행으로 대지가 경매되어 다른 사람의 소유로 된 경우에는, 그 저당권의 설정 당시에 이미 대지와 건물이 각각 다른 사람의 소유에 속하고 있었으므로 법정지상권이 성립될 여지가 없다.

　[2] 관습상의 법정지상권은 동일인의 소유이던 토지와 그 지상건물이 매매 기타 원인으로 인하여 각각 소유자를 달리하게 되었으나 그 건물을 철거한다는 등의 특약이 없으면 건물 소유자로 하여금 토지를 계속 사용하게 하려는 것이 당사자의 의사라고 보아 인정되는 것이므로 토지의 점유·사용에 관하여 당사자 사이에 약정이 있는 것으로 볼 수 있거나 토지 소유자가 건물의 처분권까지 함께 취득한 경우에는 관습상의 법정지상권을 인정할 까닭이 없다 할 것이어서, 미등기건물을 그 대지와 함께 매도하였다면 비록 매수인에게 그 대지에 관하여만 소유권이전등기가 경료되고 건물에 관하여는 등기가 경료되지 아니하여 형식적으로 대지와 건물이 그 소유 명의자를 달리하게 되었다 하더라도 매도인에게 관습상의 법정지상권을 인정할 이유가 없다.

【참조조문】

[1] 민법 제366조 / [2] 민법 제366조

【참조판례】

[1] 대법원 1987. 12. 8. 선고 87다카869 판결(공1988, 168), 대법원 1989. 2. 14. 선고 88다카2592 판결(공1989, 418), 대법원 1991. 8. 27. 선고 91다16730 판결(공1991, 2430) /[2] 대법원 1972. 10. 31. 선고 72다1515 판결(폐기), 대법원 1987. 7. 7. 선고 87다카634 판결(공1987, 1320), 대법원 1992. 4. 10. 선고 91다40610 판결(공1992, 1538), 대법원 1998. 4. 24. 선고 98다4798 판결(공1998상, 1473)

【전문】

【원고, 피상고인】 유상이 (소송대리인 변호사 이동근)

【피고, 상고인】 윤금자 (소송대리인 변호사 임동언 외 2인)

【원심판결】 서울지법 2002. 1. 11. 선고 2001나36992 판결

【주문】

상고를 기각한다. 상고비용은 피고의 부담으로 한다.

【이유】

1. 민법 제366조의 법정지상권은 '저당권 설정' 당시에 동일인의 소유에 속하는 토지와 건물이 저당권의 실행에 의한 경매로 인하여 각기 다른 사람의 소유에 속하게 된 경우에 건물의 소유를 위하여 인정되는 것이므로, 미등기건물을 그 대지와 함께 매수한 사람이 그 대지에 관하여만 소유권이전등기를 넘겨받고 건물에 대하여는 그 등기를 이전 받지 못하고 있다가(성립요건주의를 취하고 있는 현행 법률에 의하면 건물처분이 유효하기 위해서는 미등기건물에 대하여 보존등기를 한 이후에 이전등기를 해야 하고, 이전등기를 하지 않았다면 소유권이 이전된 것은 아님), 대지에 대하여 저당권을 설정하고 그 저당권의 실행으로 대지가 경매되어 다른 사람의 소유로 된 경우에는, 그 저당권의 설정 당시에 이미 대지와 건물이 각각 다른 사람의 소유에 속하고 있었으므로 법정지상권이 성립될 여지가 없다(대법원 1987. 12. 8. 선고 87다카869 판결; 1989. 2. 14. 선고 88다카2592 판결; 1991. 8. 27. 선고 91다16730 판결 등 참조).

또한, 관습상의 법정지상권은 동일인의 소유이던 토지와 그 지상건물이 매매 기타 원인으

로 인하여 각각 소유자를 달리하게 되었으나 그 건물을 철거한다는 등의 특약이 없으면 건물
소유자로 하여금 토지를 계속 사용하게 하려는 것이 당사자의 의사라고 보아 인정되는 것이
므로 토지의 점유·사용에 관하여 당사자 사이에 약정이 있는 것으로 볼 수 있거나 토지 소
유자가 건물의 처분권까지 함께 취득한 경우에는 관습상의 법정지상권을 인정할 까닭이 없다
할 것이어서, 미등기건물을 그 대지와 함께 매도하였다면 비록 매수인에게 그 대지에 관하여
만 소유권이전등기가 경료되고 건물에 관하여는 등기가 경료되지 아니하여 형식적으로 대지
와 건물이 그 소유 명의자를 달리하게 되었다 하더라도 매도인에게 관습상의 법정지상권을
인정할 이유가 없다고 할 것이다(대법원 1987. 7. 7. 선고 87다카634 판결; 1992. 4. 10. 선
고 91다40610 판결; 1998. 4. 24. 선고 98다4798 판결 등 참조).

이와 달리, 대지와 그 지상의 미등기건물을 양도하여 대지에 관하여만 소유권이전등기를
경료하고 건물에 관하여는 소유권이전등기를 경료하지 못하고 있다가 양수인이 대지에 설정
한 저당권의 실행에 의하여 대지의 소유자가 달라지게 된 경우에 그 저당권설정 당시 양도인
및 양수인이 저당권자에게 그 지상건물을 철거하기로 하는 등의 특약을 한 바가 없다면 양도
인이 그 지상건물을 위한 관습상의 법정지상권을 취득한다는 견해를 표명한 대법원 1972.
10. 31. 선고 72다1515 판결은 이와 저촉되는 한도 내에서 이를 폐기하기로 한다.

2. 원심이 확정한 사실관계에 의하면, 피고는 구명회로부터 이양순을 거쳐 순차로 제1심판
결 주문 기재 대지의 지분 및 그 지상의 미등기건물을 일괄하여 매수하였으나 위 대지의 지
분에 관하여만 소유권이전등기를 경료받고 건물에 관하여는 이전등기를 경료받지 못하고 있
다가 위 대지의 지분에 관하여 설정한 근저당권의 실행에 의한 경매로 위 대지의 지분의 소
유권이 원고에게 이전되었다는 것이므로, 앞에서 설시한 법리에 비추어 보면 피고 또는 구명
회는 위 미등기건물을 위한 법정지상권이나 관습상의 법정지상권을 취득할 수 없다 할 것이
고, 따라서 피고가 구명회를 대위하여 관습상의 법정지상권을 행사할 수도 없다고 할 것이다.

원심이 같은 취지에서 피고의 법정지상권에 관한 항변을 배척한 것은 정당한 것으로 수긍
할 수 있고, 거기에 상고이유로 주장하는 바와 같이 관습상의 법정지상권에 관한 법리오해
등의 위법이 있다고 할 수 없다.

3. 그러므로 상고를 기각하고, 상고비용은 패소자의 부담으로 하기로 하여 대법관 전원의
일치된 의견으로 주문과 같이 판결한다.

대법원장　　최종영(재판장)　송진훈　서성　조무제　변재승　유지담　윤재식(주심)
　　　　　　　이용우　배기원　강신욱　이규홍　손지열　박재윤

그리고 대지와 그 지상건물 중 하나에 대한 소유명의를 타인에게 신탁한 경우에 법정지상권이
성립하는지를 검토할 필요성이 있다. 대지의 소유명의를 타인에게 신탁한 경우에 신탁자는 제3자
에게 그 대지가 자기의 소유임을 주장할 수 없다. 왜냐하면 대외적 관계에서는 수탁자가 소유권자
이기 때문이다. 따라서 대지와 그 지상건물이 동일인의 소유임을 전제로 한 법정지상권을 취득할
수 없다(대법원 2004. 2. 13. 선고 2003다29043 판결).

③ 토지와 건물의 어느 한쪽 또는 양자 위에 저당권이 설정될 것

토지와 건물 어느 쪽에도 '저당권'이 설정되지는 않았으나 어떤 원인으로 인하여 토지와 건물의
소유자가 달라진 경우에 관습상의 법정지상권은 성립할 수 있지만, 제366조의 법정지상권은 성립
할 수 없다.

***관습상 지상권**

　민법 또는 민사특별법에 의한 지상권의 취득 이외에, 판례는 일정한 경우에 지상권을 인정
하고 있다. 이를 '관습법상의 지상권'이라 한다.

*관습법상의 법정지상권의 성립요건
 1. 토지와 건물이 처분 당시에 동일인의 소유에 속하였어야 한다(제1요건).
 2. 토지·건물 중의 어느 하나가 일정한 사유(예: 매매)로 인하여 토지소유자와 건물소유자
　　가 다르게 되어야 한다(제2요건). 일정한 사유 매매, 대물변제, 증여, '강제'경매(저당권실
　　행에 의한 임의경매는 366조의 법정지상권이 적용되는 것이지, 관습상의 법정지상권은
　　성립될 수 없다), 공유물분할(대법원 1967. 11. 14. 선고 67다1105 판결)
 3. 당사자 사이에 건물을 철거한다는 특약이 없어야 한다(제3요건).

*관습법상의 법정지상권이 성립된 이후에 증축한 건물에 법정지상권의 효력이 미치는지의 문제
　관습법상의 법정지상권이 성립된 토지에 대하여는 법정지상권자가 건물의 유지 및 사용에
필요한 범위를 벗어나지 않은 한 그 토지를 자유로이 사용할 수 있는 것이므로, 지상건물이
법정지상권이 성립한 이후에 증축되었다 하더라도 그 건물이 관습법상의 법정지상권이 성립
하여 법정지상권자에게 점유·사용할 권한이 있는 토지 위에 있는 이상 이를 철거할 의무는

없다(대법원 1995. 7. 28. 선고 95다9075,9082 판결).

④ 경매로 인하여 토지와 건물의 소유자가 달라질 것

제366조는 '저당권'의 실행에 의한 '임의경매'를 전제한 규정이다. 따라서 강제경매의 경우에는 '관습상의 법정지상권'이 인정될 수는 있지만, 제366조의 법정지상권은 인정될 수 없다.

> **민법**
>
> 제366조(법정지상권) 저당물의 경매로 인하여 토지와 그 지상건물이 다른 소유자에 속한 경우에는 토지소유자는 건물소유자에 대하여 지상권을 설정한 것으로 본다. 그러나 지료는 당사자의 청구에 의하여 법원이 이를 정한다.

(3) 법정지상권의 성립시기 및 공시

법정지상권의 성립시기는 경락인이 경락대금을 완납하는 때이고, 법률규정에 의한 물권변동이므로 등기를 요하지 않는다(제187조).

(4) 법정지상권의 내용

법정지상권은 대지뿐만 아니라 건물로서 이용하는데 필요한 한도에서 대지 외의 부분에도 미친다(대법원 1997. 1. 21. 선고 96다40080 판결). 존속기간의 경우에는 존속기간을 정하지 않은 지상권의 존속기간에 관한 281조에 따라 해결한다(대법원 1992. 6. 9. 선고 92다4857 판결).

> **민법**
>
> 제281조(존속기간을 약정하지 아니한 지상권)
>
> ① 계약으로 지상권의 존속기간을 정하지 아니한 때에는 그 기간은 전조의 최단존속기간으로 한다.
>
> ② 지상권설정 당시에 공작물의 종류와 구조를 정하지 아니한 때에는 지상권은 전조 제2호의 건물의 소유를 목적으로 한 것으로 본다.
>
> 제280조(존속기간을 약정한 지상권)

① 계약으로 지상권의 존속기간을 정하는 경우에는 그 기간은 다음 연한보다 단축하지 못한다.
1. 석조, 석회조, 연와조 또는 이와 유사한 견고한 건물이나 수목의 소유를 목적으로 하는 때에는 30년
2. 전호이외의 건물의 소유를 목적으로 하는 때에는 15년
3. 건물이외의 공작물의 소유를 목적으로 하는 때에는 5년
② 전항의 기간보다 단축한 기간을 정한 때에는 전항의 기간까지 연장한다.

지료의 경우에는 당사자 간의 협의로 정하고, 협의가 이루어지지 않으면 법원이 정한다(제366조 단서). 법원에 의하여 결정된 지료는 소급하여 효력이 발생한다(대판 2001. 3. 13. 99다17142 참조).

(5) 법정지상권의 소멸

법정지상권은 토지소유자의 소멸청구(제287조), 지상권자에 의한 포기, 당사자 간의 합의에 의하여 소멸한다. 당사자 간의 합의에 의하여 성립한 법정지상권을 소멸시킬 수 있는가? 제366조의 법정지상권은 강행규정이지만, 여기서의 강행규정은 법정지상권의 성립상의 문제이다. 따라서 법정지상권이 성립된 이후에는 일반적인 지상권, 즉 지상권설정계약이 체결된 경우와 동일하게 보아야 한다. 즉 일반지상권이 당사자 간의 합의에 의하여 소멸되는 것처럼 법정지상권도 성립 이후에는 당사자 간의 합의에 의하여 소멸된다고 보아야 하고, 법정지상권을 포기할 수도 있다고 보아야 한다. 법정지상권에 관한 지료가 결정된 바 없다면 법정지상권자가 지료를 지급하지 아니하였다고 하더라도 지료지급을 지체한 것으로는 볼 수 없다. 따라서 법정지상권자가 2년 이상의 지료를 지급하지 아니하였음을 이유로 하는 토지소유자의 지상권소멸청구는 그 이유가 없다(대법원 2001. 3. 13. 선고 99다17142 판결).

＊대법원 2001. 3. 13. 선고 99다17142 판결 【건물철거등】

【판시사항】

[1] 법정지상권에 관한 지료가 결정되지 않은 경우, 지료 지급이 2년 이상 연체되었다는 이유로 지상권소멸청구를 할 수 있는지 여부(소극) 및 지료에 관한 당사자 사이의 약정 혹은 법원의 결정이 제3자에게도 효력이 미치기 위한 요건

*대법원 2001. 3. 13. 선고 99다17142 판결 【건물철거등】

【판시사항】

[1] 법정지상권에 관한 지료가 결정되지 않은 경우, 지료 지급이 2년 이상 연체되었다는 이유로 지상권소멸청구를 할 수 있는지 여부(소극) 및 지료에 관한 당사자 사이의 약정 혹은 법원의 결정이 제3자에게도 효력이 미치기 위한 요건

[2] 토지의 양수인이 지상권자의 지료 지급이 2년 이상 연체되었음을 이유로 지상권소멸청구를 함에 있어서 종전 소유자에 대한 연체기간의 합산을 주장할 수 있는지 여부(소극)

【판결요지】

[1] 법정지상권의 경우 당사자 사이에 지료에 관한 협의가 있었다거나 법원에 의하여 지료가 결정되었다는 아무런 입증이 없다면, 법정지상권자가 지료를 지급하지 않았다고 하더라도 지료 지급을 지체한 것으로는 볼 수 없으므로 법정지상권자가 2년 이상의 지료를 지급하지 아니하였음을 이유로 하는 토지소유자의 지상권소멸청구는 이유가 없고, 지료액 또는 그 지급시기 등 지료에 관한 약정은 이를 등기하여야만 제3자에게 대항할 수 있는 것이고, 법원에 의한 지료의 결정은 당사자의 지료결정청구에 의하여 형식적 형성소송인 지료결정판결로 이루어져야 제3자에게도 그 효력이 미친다.

[2] 민법 제287조가 토지소유자에게 지상권소멸청구권을 부여하고 있는 이유는 지상권은 성질상 그 존속기간 동안은 당연히 존속하는 것을 원칙으로 하는 것이나, 지상권자가 2년 이상의 지료를 연체하는 때에는 토지소유자로 하여금 지상권의 소멸을 청구할 수 있도록 함으로써 토지소유자의 이익을 보호하려는 취지에서 나온 것이라고 할 것이므로, 지상권자가 그 권리의 목적이 된 토지의 특정한 소유자에 대하여 2년분 이상의 지료를 지불하지 아니한 경우에 그 특정의 소유자는 선택에 따라 지상권의 소멸을 청구할 수 있으나, 지상권자의 지료 지급 연체가 토지소유권의 양도 전후에 걸쳐 이루어진 경우 토지양수인에 대한 연체기간이 2년이 되지 않는다면 양수인은 지상권소멸청구를 할 수 없다.

【참조조문】

[1] 민법 제287조, 제366조, 부동산등기법 제136조 / [2] 민법 제287조

【참조판례】

[1] 대법원 1994. 12. 2. 선고 93다52297 판결(공1995상, 424), 대법원 1996. 4. 26. 선고

95다52864 판결(공1996상, 1702)

【전문】
【원고, 피상고인】 이병창 외 11인 (소송대리인 변호사 김동환)
【피고, 상고인】 이규웅 외 4인 (소송대리인 변호사 정태웅)
【원심판결】 서울고법 1999. 1. 29. 선고 98나31167 판결

【주문】
　원심판결을 파기하고 사건을 서울고등법원에 환송한다.

【이유】

　법정지상권의 경우 당사자 사이에 지료에 관한 협의가 있었다거나 법원에 의하여 지료가 결정되었다는 아무런 입증이 없다면, 법정지상권자가 지료를 지급하지 않았다고 하더라도 지료 지급을 지체한 것으로는 볼 수 없으므로 법정지상권자가 2년 이상의 지료를 지급하지 아니하였음을 이유로 하는 토지소유자의 지상권소멸청구는 이유가 없고(대법원 1994. 12. 2. 선고 93다52297 판결, 1996. 4. 26. 선고 95다52864 판결 등 참조), 지료액 또는 그 지급시기 등 지료에 관한 약정은 이를 등기하여야만 제3자에게 대항할 수 있는 것이고, 법원에 의한 지료의 결정은 당사자의 지료결정청구에 의하여 형식적 형성소송인 지료결정판결로 이루어져야 제3자에게도 그 효력이 미친다고 할 것이다.

　원심판결 이유에 의하면, 원심은 이 사건 대지에 관한 1년분의 지료는 소외 주식회사 민국상호신용금고(이하 ‘민국금고’라고 한다)와 피고 이규웅, 박학년 사이의 서울지방법원 95가합66264 사건의 판결에서 1995. 4. 10.부터 1996. 3. 13.까지는 금 27,695,710원, 1996. 3. 14. 이후는 연 금 26,655,270원으로 결정되었다고 할 것이고, 민국금고가 위 판결 확정 후 이 사건 대지를 원고들에게 매도하는 한편, 그 매도에 따른 원고들의 소유권 취득일 이전에 이미 발생한 민국금고의 피고 박학년에 대한 지료청구채권도 원고들에게 양도하고 그 통지까지 마쳤으므로, 위 피고는 이 사건 대지에 관한 지상권을 취득한 1995. 4. 19.부터 위 지료를 원고들에게 지급할 의무가 있다고 할 것인데, 위 피고가 원고들에게 위 지료를 전혀 지급한 바가 없다는 점은 자인하고 있고, 위 지상권 성립일로부터 2년 이상의 지료를 지급하지 아니하였음을 이유로 하는 원고들의 지상권소멸청구의 의사표시가 담긴 이 사건 1997. 12. 29.자 준비서면이 위 피고에게 1998. 1. 17. 도달하였음이 기록상 명백하므로, 위 피고의 이 사건 대지에 관한 지상권은 1998. 1. 17.경 소멸하였다고 판단하고 있다.

그러나 기록에 의하면, 위 판결은 그 주문에서 피고 이규응, 박학년에 대하여 민국금고에게 금 29,742,710원을 지급할 것을 명하면서 그 이유에서 1995. 4. 20.부터 1996. 5. 19.까지의 기간 동안의 지료를 산정하기 위한 선결문제로 1995. 4. 10.부터 1996. 3. 13.까지는 연 금 27,695,710원, 1996. 3. 14. 이후는 연 금 26,655,270원으로 지료를 결정한 사실이 인정되므로, 앞에서 본 법리에 비추어 볼 때, 위 판결 이유에서 정한 지료에 관한 결정은 원고들과 피고 박학년 사이에는 그 효력이 없다고 할 것이어서, 법원에 의하여 제3자에게도 효력이 미치는 지료가 결정되었다고 할 수도 없고 달리 원·피고 사이에 지료에 관한 협의가 있었다는 주장·입증이 없으므로, 원고들은 위 박학년의 지료연체를 이유로 지상권소멸청구를 할 수 없다고 할 것이다.

또한 민법 제287조가 토지소유자에게 지상권소멸청구권을 부여하고 있는 이유는 지상권은 성질상 그 존속기간 동안은 당연히 존속하는 것을 원칙으로 하는 것이나, 지상권자가 2년 이상의 지료를 연체하는 때에는 토지소유자로 하여금 지상권의 소멸을 청구할 수 있도록 함으로써 토지소유자의 이익을 보호하려는 취지에서 나온 것이라고 할 것이므로, 지상권자가 그 권리의 목적이 된 토지의 특정한 소유자에 대하여 2년분 이상의 지료를 지불하지 아니한 경우에 그 특정의 소유자로 하여금 선택에 따라 지상권의 소멸을 청구할 수 있도록 한 것이라고 해석함이 상당하다.

그런데 기록에 의하면, 이 사건 법정지상권은 1995. 4. 19. 성립되었고, 원고들은 법정지상권 성립 당시의 이 사건 대지 소유자인 소외 민국금고로부터 이 사건 대지를 매수하여 1997. 6. 25. 그 소유권이전등기를 마쳤는데, 피고 박학년이 위 지상권 성립일로부터 2년 이상의 지료를 지급하지 아니하였음을 이유로 이 사건 1997. 12. 29.자 준비서면을 통하여 지상권소멸청구의 의사표시를 하여 1998. 1. 17. 위 피고에게 도달하였는바, 원고들이 위 피고에게 이 사건 지상권소멸청구를 한 때는 위 피고가 이 사건 대지의 소유권을 취득한 원고들에 대하여는 2년 이상의 지료를 연체하지 아니하였음이 역수상 명백하므로, 원고들의 위 지상권소멸청구는 부적법하다고 할 것이다.

그럼에도 불구하고 이와 달리 판단한 원심판결에는 법정지상권의 지료 결정 및 지료 연체로 인한 소멸청구에 관한 법리를 오해하여 판결 결과에 영향을 미친 위법이 있다고 할 것이므로 이 점을 지적하는 상고이유의 주장은 이유 있고, 따라서 나머지 상고이유에 대하여 판단할 필요도 없이 원심판결은 파기를 면치 못한다고 할 것이다.

그러므로 원심판결을 파기하고 사건을 원심법원에 환송하기로 하여 관여 법관의 일치된 의견으로 주문과 같이 결정한다.

대법관   박재윤(재판장) 서성 유지담(주심) 배기원

법정지상권이 성립되고 지료액수가 판결에 의하여 정해진 경우 지상권자가 판결확정 후 지료의 청구를 받고도 책임 있는 사유로 상당한 기간 동안 지료의 지급을 지체한 때에는 지체된 지료가 판결확정의 전후에 걸쳐 2년분 이상일 경우에도 토지소유자는 민법 제287조에 의하여 지상권의 소멸을 청구할 수 있다(대법원 1993. 3. 12. 선고 92다44749 판결).

> **민법**
>
> 제287조(지상권소멸청구권) 지상권자가 2년 이상의 지료를 지급하지 아니한 때에는 지상권설정자는 지상권의 소멸을 청구할 수 있다.

3) 저당토지 위의 건물에 대한 일괄경매권

> **민법**
>
> 제365조(저당지상의 건물에 대한 경매청구권) 토지를 목적으로 저당권을 설정한 후 그 설정자가 그 토지에 건물을 축조한 때에는 저당권자는 토지와 함께 그 건물에 대하여도 경매를 청구할 수 있다. 그러나 그 건물의 경매대가에 대하여는 우선변제를 받을 권리가 없다.

(1) 법적 근거

민법 제365조는 '토지'를 목적으로 한 '토지저당권'을 설정한 이후 그 저당권설정자가 그 토지에 건물을 축조한 때에는 토지와 건물이 동일인 소유가 되는데, 이 경우에는 토지의 저당권자가 토지와 건물을 일괄하여 경매를 청구할 수 있도록 규정하고 있다. 365조를 규정한 입법취지는 공익적 측면과 저당권자의 이해를 조절하기 위함이다. 즉 저당권은 담보물의 '교환'가치를 취득하는 것을 목적으로 하는 권리이다. 따라서 저당권설정자가 담보물을 '이용'하는 것을 제한할 수는 없

다. 따라서 저당권설정자는 저당권설정 이후에 저당토지 위에 건물을 신축할 수 있다. 그런데 토지저당권 설정 이후에 건물이 신축되는 경우에는 법정지상권이 인정될 수 없다. 제366조의 법정지상권은 저당권설정당시에 동일인 소유의 건물과 토지가 존재하는 경우에 고려되는 것이기 때문이다. 전술한 것처럼, 법정지상권이 건물소유자에게 인정되지 않기 때문에 만약 토지저당권이 실행되어 저당토지가 제3자에게 경락될 경우에는 건물이 철거될 운명에 있게 된다. 이렇게 되면 온전한 건물의 경제적 효용가치가 완전하게 상실되는 것이므로 사회경제적으로 불이익하다고 보아야 한다. 또한 저당권자의 경우에도 저당토지상에 건물이 존재하게 되면 저당토지의 환가금액이 낮게 형성될 뿐만 아니라 저당토지를 환가하는 것 자체도 용이하지 않게 된다. 따라서 저당권의 실행을 용이하게 할 필요가 있다. 이러한 이유로 토지저당권자가 건물과 함께 일괄경매를 할 수 있도록 인정한 것이다(대법원 2003. 4. 11. 선고 2003다3850 판결). 저당권자의 일괄경매권은 의무가 아니라 권리이므로 토지만을 경매신청할 수도 있고, 토지와 건물을 모두 일괄경매신청을 할 수도 있다.

*** ○ × 문제**

　토지만을 경매하여 그 대금으로부터 충분히 피담보채권을 변제받을 수 있음에도 불구하고 일괄경매를 신청하는 것은 과잉경매(민사집행법 제124조)에 해당한다(×).

　과잉경매(민사집행법 제124조)에 해당하지 않는다. 판례도 과잉경매가 아니라고 한다(대결 1967. 12. 22. 67마1162). 일괄경매는 단순히 저당권자의 이익만을 위하여 인정되는 제도가 아니고, 건물의 경제적 효용가치를 함께 고려한 제도이기 때문이다.

민사집행법

제124조(과잉매각되는 경우의 매각불허가)

① 여러 개의 부동산을 매각하는 경우에 한 개의 부동산의 매각대금으로 모든 채권자의 채권액과 강제집행비용을 변제하기에 충분하면 다른 부동산의 매각을 허가하지 아니한다. 다만, 제101조제3항 단서에 따른 일괄매각의 경우에는 그러하지 아니하다.

② 제1항 본문의 경우에 채무자는 그 부동산 가운데 매각할 것을 지정할 수 있다.

제101조(일괄매각절차)

① 제98조 및 제99조의 일괄매각결정에 따른 매각절차는 이 관의 규정에 따라 행한다. 다만, 부동산 외의 재산의 압류는 그 재산의 종류에 따라 해당되는 규정에서 정하는 방법으로 행하고, 그중에서 집행관의 압류에 따르는 재산의 압류는 집행법원이 집행관에게 이를 압류하도록 명하는 방법으로 행한다.

② 제1항의 매각절차에서 각 재산의 대금액을 특정할 필요가 있는 경우에는 각 재산에 대한 최저매각가격의 비율을 정하여야 하며, 각 재산의 대금액은 총대금액을 각 재산의 최저매각가격비율에 따라 나눈 금액으로 한다. 각 재산이 부담할 집행비용액을 특정할 필요가 있는 경우에도 또한 같다.

③ 여러 개의 재산을 일괄매각하는 경우에 그 가운데 일부의 매각대금으로 모든 채권자의 채권액과 강제집행비용을 변제하기에 충분하면 다른 재산의 매각을 허가하지 아니한다. 다만, 토지와 그 위의 건물을 일괄매각하는 경우나 재산을 분리하여 매각하면 그 경제적 효용이 현저하게 떨어지는 경우 또는 채무자의 동의가 있는 경우에는 그러하지 아니하다.

④ 제3항 본문의 경우에 채무자는 그 재산 가운데 매각할 것을 지정할 수 있다.

⑤ 일괄매각절차에 관하여 이 법에서 정한 사항을 제외하고는 대법원규칙으로 정한다.

제98조(일괄매각결정)

① 법원은 여러 개의 부동산의 위치·형태·이용관계 등을 고려하여 이를 일괄매수하게 하는 것이 알맞다고 인정하는 경우에는 직권으로 또는 이해관계인의 신청에 따라 일괄매각하도록 결정할 수 있다.

② 법원은 부동산을 매각할 경우에 그 위치·형태·이용관계 등을 고려하여 다른 종류의 재산(금전채권을 제외한다)을 그 부동산과 함께 일괄매수하게 하는 것이 알맞다고 인정하는 때에는 직권으로 또는 이해관계인의 신청에 따라 일괄매각하도록 결정할 수 있다.

③ 제1항 및 제2항의 결정은 그 목적물에 대한 매각기일 이전까지 할 수 있다.

제99조(일괄매각사건의 병합)

① 법원은 각각 경매신청된 여러 개의 재산 또는 다른 법원이나 집행관에 계속된 경매사건의 목적물에 대하여 제98조 제1항 또는 제2항의 결정을 할 수 있다.

② 다른 법원이나 집행관에 계속된 경매사건의 목적물의 경우에 그 다른 법원 또는 집행관은 그 목적물에 대한 경매사건을 제1항의 결정을 한 법원에 이송한다.

③ 제1항 및 제2항의 경우에 법원은 그 경매사건들을 병합한다.

＊○× 문제

• 토지의 저당권자가 토지에 대하여 경매를 신청한 후에는 건물과 함께 일괄경매를 신청할 수 없다(×).

• 토지저당권자의 일괄경매신청은 토지의 경매신청 전까지 하여야 한다(×).

민법 제365조에 기한 일괄경매청구권은 토지의 저당권자가 토지에 대하여 경매를 신청한 후에도 그 토지 상의 건물에 대하여 토지에 관한 경매기일 공고 시까지는 일괄경매의 추가신청을 할 수 있고, 이 경우에 집행법원은 두 개의 경매사건을 병합하여 일괄경매절차를 진행함이 상당하다(대법원 2001. 6. 13. 선고 2001마163 판결).

(2) 요건

저당권설정 당시에 지상에 건물이 없어야 한다. 만약 저당권설정 당시에 지상에 건물이 있다면 제366조의 법정지상권이 인정될 수 있다. 그리고 저당권설정자가 건물을 축조하고 소유하여야 한다. 후자의 경우에 보다 정확하게 표현하면 저당권실행당시에 토지와 그 지상건물의 소유자가 동일인이어야 한다. 이와 관련하여 저당물인 토지위의 건물에 대한 일괄경매청구권은 저당권설정자(예: 소유자)가 건물을 축조한 경우이어야 하는지 문제가 되는데 원칙적으로 저당권설정자가 건물을 축조하여야 한다.

＊○× 문제

판례는 저당물인 토지위의 건물에 대한 일괄경매청구권은 저당권설정자(예: 소유자)가 건물을 축조한 경우이어야만 가능하다고 한다(×).

판례는 이를 완화하여 반드시 저당권설정자가 건물을 축조하여야 하는 것은 아니고 누가 건물을 축조하였는지 상관없고 다만 일괄경매를 신청할 당시에 저당토지와 건물이 동일인에게 귀속되어 있으면 된다고 한다(대법원 2003. 4. 11. 선고 2003다3850 판결). 즉 저당지상의 건물에 대한 일괄경매청구권은 저당권실정자가 건물을 축조한 경우뿐만 아니라 저당권설정자로부터 저당토지에 대한 용익권을 설정받은 자가 그 토지에 건물을 축조한 경우라도 그 후 저당권설정자가 그 건물의 소유권을 취득한 경우에는 저당권자는 토지와 함께 그 건물에 대하여 경매를 청구할 수 있다는 것이다.

＊저당토지상의 제3자의 건물신축과 일괄경매청구권

토지저당권이 설정된 이후에, 저당토지위에 토지소유자가 건물을 신축한 경우는 물론이고 '제3자'가 건물을 신축한 경우에도 일괄경매청구권을 인정할 필요가 있다. 이 경우에는 법정지상권이 인정되지 않기 때문에 제3자는 건물을 철거하여야 하므로 일정한 실익을 인정할 필요성이 있다. 왜냐하면 일괄경매청구권은 건물의 경제적 효용가치를 고려한 '공익적 측면'도 존재하기 때문이다. 비교법적으로는 일본은 이를 인정하고 있다(일본민법 제389조 제1항).

(3) 효과

저당토지와 건물은 동일인에게 매각되어야 한다. 그것이 제365조의 일괄경매청구권을 인정한 취지이기 때문이다. 일괄경매청구권을 행사할 경우에 저당권자의 우선변제권이 효력을 미치는 범위를 살펴볼 필요가 있다. 일괄경매청구권의 전제는 '토지저당권'이 설정된 이후에 건물이 신축된 경우이다. 따라서 토지저당권에만 우선변제권이 인정되어야 하므로, 토지의 경매대금에 한정되어 우선변제권의 효력이 미칠 수밖에 없다(제365조 단서).

4) 저당물의 제3취득자의 지위

저당권은 목적부동산의 교환가치에 대한 지배를 본질적인 내용으로 하는 물권이므로, 저당권실행 전까지는 제3자가 저당부동산을 취득하여 용익할 수 있다. 제3취득자란 저당권 설정 후에 저당부동산을 양도받은 자 또는 저당부동산 위에 지상권·전세권을 취득한 자(제364조)로서 채권자·채무자가 아닌 자를 말한다. 그런데 저당권이 실행되면 제3취득자는 권리를 상실할 수 있다. 이러한 이유로 민법은 제3취득자를 보호하기 위한 규정을 두고 있다.

> **민법**
> 제364조(제3취득자의 변제) 저당부동산에 대하여 소유권, 지상권 또는 전세권을 취득한 제3자는 저당권자에게 그 부동산으로 담보된 채권을 '변제'하고 저당권의 소멸을 청구할 수 있다.

물론 저당부동산의 소유권을 취득하는 자가 저당채무를 인수하여 부동산가격에서 저당채무를 공제한 금액을 매매대금으로 하는 등의 특약이 존재한다면 제3취득자의 지위는 그 특약에 근거하여 확정될 수 있다. 그런데 그러한 특약이 존재하지 않는다면 제3취득자의 지위는 현행 민법규정에 의해 보호된다. 만약 저당권을 소멸시키기로 하는 특약이 존재하지 않는다면, 매도인의 담보책임(제576조), 매수인의 대금지급거절권(588조 내지 589조), 제3취득자의 변제권(제364조)과 경매인이 되는 권리(제363조 제2항) 등이 문제될 수 있다. 한편, 저당채무를 공제하여 매매대금을 정한 경우에는 매수인의 저당채무의 인수 또는 이행인수에 관한 특약이 있는 것으로 볼 수 있다. 우선 채무인수의 경우에는 매수인은 자기의 출재로 저당채무를 소멸시켜야 하며, 매도인의 담보책임, 매수인의 대금지급거절권, 제3취득자의 변제권과 경매인이 되는 권리 등은 문제되지 않는다. 그러나 이행인수의 경우에는 매수인은 제3취득자로서 변제권과 경매인이 되는 권리를 가진다.

한편, 지역권 또는 등기 등 대항요건을 갖춘 임차권의 취득자도 제3취득자에 포함되는지의 여부가 문제된다. 이와 관련하여 제364조를 제한적 열거규정으로 해석해야 한다는 견해도 있지만, 이들에게 변제권 등을 인정하여도 저당권자에게 불리한 것은 아니고, 또한 저당권을 설정한 이유가 채권담보를 목적으로 한 것이라는 점에서 이들도 제3취득자에 포함키는 것이 타당하다. 그리고 현행 민사집행규칙에 의하면, 저당물의 제3취득자는 채무자와 달리 물적 책임만을 부담할 뿐이므로 경매절차에서 매수인이 될 수 있지만, 채무자의 경우에는 강제경매는 물론이고 담보권실행경매의 경우에도 경매인이 될 수 없다고 규정하고 있다(민사집행규칙 제59조, 제202조).

현행 민법은 저당물의 소유권을 취득한 제3자도 경매인이 될 수 있다고 규정하고 있다. 만약 이를 부정한다면 저당권의 실행으로 소유권을 상실할 우려가 있기 때문이다.

저당부동산의 제3취득자는 채무의 변제를 할 수 있는 제3자에 해당하므로 변제할 수 있을 뿐만 아니라(제469조 제1항), 이해관계 있는 제3자에도 해당되므로 채무자의 의사에 반해서도 변제할 수 있다(제469조 제2항). 다만, 일반적인 제3자는 변제기 이후의 모든 지연이자까지 변제하여야 되지만, 저당부동산의 제3취득자의 경우에는 저당권의 피담보채권의 범위(제360조)의 금액만을 변제하면 된다는 점에서 제364조는 제469조의 특별규정이라고 할 수 있다. 즉 제469조에 의한 제3자의 변제는 기간제한에 의한 한도가 없지만, 제364조에 의한 제3취득자의 변제는 원본의 이행기일을 경과한 후의 1년분에 한한다는 점에서 차이가 있다. 그리고 근저당의 경우에도 제3취득자는 제357에 규정된 채권최고액의 한도에서 변제하면 된다. 만약 일반적인 제3자처럼 변제기 이후의 모든 지연이자까지 변제하여야 한다면, 저당권자는 저당권을 실행하는 것보다 오히려 유리하게 된다는 점에서 이를 방지할 목적으로 제364조가 기능하고 있다고 볼 수 있다. 이렇게 저당부동산의 제3취득자는 제364조에 의하여, 실제의 채무 전액이 아니라 제360조에 규정된 "그 부동산으로 담보된 채권(지연이자의 경우에는 이행기일을 경과한 1년분에 한하여)"을 변제하면 소멸청구를 할 수 있다.

그런데 저당물의 제3취득자가 변제기 이전에 변제하여 저당권의 소멸을 청구를 할 수 있는지의 여부가 문제된다. 이에는 변제기 이전에 변제하여 소멸청구를 할 수 있다는 견해와 저당부동산의 제3취득자가 변제기 이전에 변제하여 저당권을 소멸시킬 수 있다면, 저당권의 투자수단으로서의 기능을 해친다고 하여 변제기 이전의 변제로 소멸청구를 할 수 없다는 견해가 있다. 과거의 판례(79다783)는 근저당부동산의 제3취득자는 민법 제364조에 의해 결산기에 이르러 확정되는 피담보채무를 변제하고 근저당권설정등기의 말소를 구할 수는 있으나 근저당권설정계약 종료 전에 이를 해지하고 그 당시까지의 채무액만을 변제하는 조건으로 그 말소를 구할 수는 없다고 하여, 근저당권의 경우에 제3취득자의 변제기 전의 변제를 허용하지 않았다. 따라서 판례는 부정설의 입장에 있다고 보는 것이 일반적이었다. 한편, 최근의 판례(2002다7176)는 피담보채무가 확정될 때까지의 채무의 소멸 또는 이전은 근저당권에 영향을 미치지 않으므로 근저당부동산에 대하여 소유권을 취득한 제3자는 피담보채무가 확정된 이후에 그 확정된 피담보채무를 채권최고액의 범위 내에서 변제하고 근저당권의 소멸을 청구할 수 있다고 하면서도, 피담보채무를 확정시키는 근저당권설정자의 근저당권설정계약의 해제 또는 해지에 관한 권한은 근저당부동산의 소유권을 취득한 제3취득자도 원용할 수 있다고 한다. 이 판례에 의하면, 근저당부동산의 소유권을 취득한 제3취득자는 근저당권 존속기간 또는 결산기 도래 전이라도 채무자(근저당권설정자)의 근저당권설정계약상의 해제·해지권을 원용하여 그 계약을 해제·해지함으로써 피담보채무를 확정시킬 수 있고, 그렇게 피담보채무가 확정되면 채권최고액 범위 내에서 그 피담보채무를 대위변제할 수 있다. 그리고 판례(2002다7176)는 저당물소유권의 제3취득자가 채무를 일부 대위변제하는 등의 기회에 근저당권설정계약을 해지하는 묵시적인 의사표시가 이루어질 수 있다고 한다. 생각건대, 저당권의 투자수단으로서의 기능을 고려한다면 변제기 이전에 변제하는 것은 부당하다고 볼 여지가 있다. 그런데 변제기 이전의 변제로 인하여 저당권자에게 발생한 손해를 배상한다면 저당권자의 투자수단의 기능을 부당하게 침해하는 것으로 볼 수는 없다. 따라서 변제기 이전의 변제로 저당권자에게 발생한 손해를 배상하는 것을 조건으로 변제하는 경우에는 변제기 이전의 변제라도 일률적으로 부정할 필요성은 없을 것으로 생각한다.

> **민법**
>
> 제468조(변제기전의 변제) 당사자의 특별한 의사표시가 없으면 변제 기전이라도 채무자는 변제할 수 있다. 그러나 상대방의 손해는 배상하여야 한다.
>
> 제364조(제3취득자의 변제) 저당부동산에 대하여 소유권, 지상권 또는 전세권을 취득한 제3자는 저당권자에게 그 부동산으로 담보된 채권을 변제하고 저당권의 소멸을 청구할 수 있다.

이와 관련하여, 현행 민법 제364조가 "저당물의 제3취득자가 저당권자에게 그 부동산으로 담보된 채권을 변제하고 저당권의 소멸을 청구할 수 있다"라고 규정하고 있는 의미에 대하여 견해의 대립이 있다. 이와 관련하여 "저당권의 소멸을 청구할 수 있다"라고 규정한 것은 무의미한 것이라는 견해가 있다. 왜냐하면 저당권의 부종성에 따라 저당권은 당연히 소멸하며, 이 경우의 물권변동은 법률의 규정에 의한 물권변동으로 보아야 하기 때문이라고 한다. 한편, 제364조의 소멸청구는 법률행위로서의 형성권(단독행위)이고, 법률행위로 인한 물권변경은 등기하여야 된다. 따라서 저당권말소청구를 하고 등기를 하여야만 저당권이 소멸된다는 견해가 있다. 생각건대, 통설과 소수설처럼 설명하는 것은 문제가 있다고 생각된다. 왜냐하면 유형화하여 검토할 필요성이 있기 때문이다. 우선 일반론을 말하면 다음과 같다. 첫째, 일반적으로 저당채무를 변제하면 피담보채권이 소멸하는 것이고, 피담보채권이 소멸하면 부종성에 의하여 말소등기여부와 관계없이 저당권도 소멸하게 된다. 왜냐하면 피담보채권의 변제로 인한 저당권의 소멸(제369조)은 법률규정에 의한 물권변동(제187조)이기 때문이다. 여기까지는 통설의 입장이 타당하다. 둘째, 저당물의 제3취득자는 변제할 정당한 이익 즉 이해관계를 가지고 있는 자이다. 따라서 저당물의 제3취득자는 채권자에게 변제를 하고 채무자에게 구상권을 행사할 수도 있고, 채권자의 채권 또는 담보권을 구상권의 범위에서 행사할 수도 있다. 후자의 경우에는 채권자의 지위를 당연히 대위하게 된다(제481조의 법정대위).

> **민법**
>
> 제369조(부종성) 저당권으로 담보한 채권이 시효의 완성 기타 사유로 인하여 소멸한 때에는 저당권도 소멸한다.
>
> 제481조(변제자의 법정대위) 변제할 정당한 이익이 있는 자는 변제로 당연히 채권자를 대위한다.

그런데 저당부동산에 있어서 '후순위저당권자 등'이 있는 경우에는 제369조와 제481조를 유기적으로 해석할 필요성이 있다. 즉 변제를 한 저당부동산의 제3취득자는 저당권을 소멸시켜 무담보로 채권자를 대위할 수도 있고, 저당권을 존속시켜 담보부로 대위할 수도 있다. 따라서 저당부동산의 제3취득자가 피담보채권을 변제하고 저당권의 '소멸청구'를 한 경우에는 말소등기를 하지 않더라도 저당권은 소멸되고 그 결과 무담보로 채권자를 대위하게 되지만(후순위자가 있는 경우에는 소멸청구를 하게 되면 불리할 수 있다. 통상적으로 후순위자가 있는 경우에는 저당권의 소멸청구를 할 가능성이 낮다), 저당부동산의 제3취득자가 저당권의 '소멸청구'를 하지 않은 경우에는 비록 피담보채권을 변제하였다고 하더라고 저당권은 소멸하지 않고 대위변제자에게 저당권이 이전된다고 보는 것이 제369조와 제481조를 유기적으로 해석하는 것이라고 생각한다. 예를 들어, 1번 저당권, 2번 저당권, 3번 저당권이 있는 경우에 저당부동산의 제3취득자가 저당권의 소멸청구를 하지 않는 경우에는, 1번 저당채권을 변제하였다고 하더라도 저당권은 소멸하지 않고 제3취득자에게 1번 저당권이 이전된다고 보아야 한다(제481조에 의하여 부기등기 없이 저당권이 이전). 만약 1번 저당권이 소멸되는 것으로 본다면, 2번 저당권과 3번 저당권의 순위가 부당하게 상승함으로써 저당부동산의 제3취득자의 법적 지위가 불리하게 되기 때문이다. 그리고 변제한 제3취득자가 지상권자, 전세권자인 경우에는 이들에게 저당권이 이전된다.

＊대법원 1971 .4. 6. 선고 71다26 판결 【근저당권설정등기말소】

【판시사항】
　가. 근저당에 의하여 담보되는 채권액의 범위와 근저당을 규정한 민법 제357조의 "정하기로 한 그 담보할 채무의 최고액"에 대한 해석
　나. 저당부동산의 제3취득자가 저당채무 변제로 인하여 가지는 저당권 소멸 청구권의 성질

【판결요지】
　가. 근저당에 의하여 담보되는 채권액의 범위와 근저당을 규정한 민법 제357조의 "정하기로 한 그 담보할 채무의 최고액"에 대한 해석
　나. 저당부동산의 제3취득자가 저당채무변제로 인하여 가지는 저당권소멸 청구권의 성질

【참조조문】
　민법 제357조, 민법 제364조

【전문】

【원고, 상고인】 최보연

【피고, 피상고인】 주식회사 조흥은행

【원심판결】 제1심 서울민사지방, 제2심 서울고등 1970. 12. 3. 선고 70나478 판결

【이유】

　원판결이유에 의하면 원심은 소외 최경선이 본건 부동산의 소유자로서 피고에 대한 채무자인 소외 한양제지공업주식회사의 물상보증인이 되어 피고와 간에 위 소외 회사가 피고에게 이미 부담하고 있거나 장차 부담하게 될 채무 중 금 1,350,000원 한도 내의 금액에 대하여 본건 부동산을 담보로 제공하는 취지의 근저당권설정계약을 체결하고, 그 등기를 경료한 사실에 대하여는 당사자 사이에 다툼이 없다고 전제한 다음, 증거에 의하여 피고는 위 소외회사의 채무불이행을 이유로 위 근저당권에 기하여 본건 부동산의 경매신청을 하여 경매개시결정이 내려진 후인 1969. 5. 7. 원고는 위 소외 최경선으로부터 본건 부동산을 매수하여 그해 5. 8. 소유권이전등기를 마친 다음, 그달 16. 경매목적부동산의 제3취득자로서 채무자인 위 소외 회사를 대위하여 동회사의 피고에 대한 채무 중 본건 부동산에 의하여 담보되어 있는 채권 최고액 금 1,350,000원과 경매비용 금 22,000원을 변제공탁한 사실을 인정하고서도 채무자인 소외 회사가 채권자인 피고에 대하여 위의 변제공탁일 현재로 위의 담보최고액을 초과하는 금 5,618,240원의 대금채무를 부담하고 있음이 인정되는 본건에 있어서는 원고가 본건 근저당권 목적부동산의 제3취득자로서 그 담보최고액을 변제공탁하였다 하더라도 이를 초과하는 잔금 대부금 채무가 남아 있는 이상, 그 잔존채무도 본건 근저당의 담보최고액의 범위 내에서 일부저당이 되어 있으므로 다른 특별한 사정이 없는 한, 위 담보최고액의 변제공탁으로서 곧 본건 근저당권이 소멸된다고는 볼 수 없는 것이므로 이의 말소를 구하는 원고의 본소청구는 이유 없다 하여 기각하였다.

　그러나 근저당에 의하여 담보되는 채권액의 범위는 결산기에 이르러 확정되는 채권 중 근저당설정계약에 정하여진 채권최고액을 한도로 하는 것이고, 이 최고액을 초과하는 부분의 채권액까지 담보하는 것은 아니라 할 것이고, 근저당을 규정한 민법 제357조에 정하기로 한 그 담보할 채무의 최고액이란 뜻도 위와 같은 내용으로 해석하여야 할 것인바, 본건에 관하여 보건대, 원판결이 인정한바 사실과 같이 원고가 본건 경매목적부동산을 매수한 제3취득자로서 채무자인 위 소외 회사를 대위하여 동회사의 피고에 대한 채무 중 본건 부동산에 의하여 담보되어 있는 채권최고액 금 1,350,000원과 그 경매비용전부를 변제공탁한 것이라면 원고는 민법 제364조에 의하여 본건 근저당권의 소멸을 청구할 수 있고, 이는 고

유의 권리라 할 것인데도 불구하고, 원심이 피고의 소외회사에 대한 대금채권 중 담보최고액을 초과하는 부분의 금액까지도 본건 부동산에 의하여 담보된 채권으로 보고, 이것이 잔존하고 있는 이상, 피고는 채권중의 일부를 변제 받은 것에 지나지 못한 것이니, 본건 근저당권은 소멸되었다고 할 수 없다 하여 원고의 청구를 배척하였음은 법률의 해석을 그릇하여 판단을 잘못한 위법이 있다.

대법관　김치걸(재판장)　사광욱　홍남표　김영세

저당물의 제3취득자가 그 부동산의 보존, 개량을 위하여 필요비 또는 유익비를 지출한 경우에는 저당물의 경매대가에서 우선상환을 받을 수 있다.

민법

제367조(제3취득자의 비용상환청구권) 저당물의 제삼취득자가 그 부동산의 보존, 개량을 위하여 필요비 또는 유익비를 지출한 때에는 제203조 제1항, 제2항의 규정에 의하여 '저당물의 경매대가'에서 우선상환을 받을 수 있다.

제203조(점유자의 상환청구권)

① 점유자가 점유물을 반환할 때에는 회복자에 대하여 점유물을 보존하기 위하여 지출한 금액 기타 필요비의 상환을 청구할 수 있다. 그러나 점유자가 과실을 취득한 경우에는 통상의 필요비는 청구하지 못한다.

② 점유자가 점유물을 개량하기 위하여 지출한 금액 기타 유익비에 관하여는 그 가액의 증가가 현존한 경우에 한하여 회복자의 선택에 좇아 그 지출금액이나 증가액의 상환을 청구할 수 있다.

③ 전항의 경우에 법원은 회복자의 청구에 의하여 상당한 상환기간을 허여할 수 있다.

---

* ○ × 문제

저당물의 제3취득자가 그 부동산에 관한 필요비 또는 유익비를 지출한 때에는 저당물의 경매대가에서 우선상환을 받을 수 있는데, 여기서 우선상환을 받을 수 있는 제3취득자에는 지상권, 전세권을 취득한 자는 해당되지만, 소유권을 취득한 자는 포함되지 않는다고 보아야 한다(×).

소유권을 취득한 자도 포함된다. 저당물의 제3취득자가 자신의 비용으로 저당물의 교환가치를 본래보다 향상시켰다면 그 향상된 부분만큼은 그에게 돌려주어야 하는 것이 공평하다. 왜냐하면 저당물의 교환가치는 본래의 저당물을 기준으로 산정되어 환가되는 것이기 때문이다. 따라서 본래의 교환가치를 제3취득자가 자신의 비용으로 향상시켰다면 그 비용부분은 저당물의 경매대가에게 우선적으로 그에게 돌려주어야 하는 것이 공평하다. 여기서의 제3취득자에는 지상권, 전세권자는 물론이고 소유권을 취득한 자도 포함되어야 한다.

---

*대법원 2004. 10. 15. 선고 2004다36604 판결 【배당이의】

【판시사항】

[1] 민법 제367조의 규정 취지 및 저당물에 관한 소유권을 취득한 자도 위 규정의 제3취득자에 해당하는지 여부(적극)

[2] 건물의 증축비용을 투자한 대가로 건물에 대한 지분이전등기를 경료받았으나 저당권의 실행으로 그 권리를 상실한 자는 건물에 관한 제3취득자로서 필요비 또는 유익비를 지출한 것이 아니므로 저당물의 경매대가에서 우선상환을 받을 수 없다고 한 사례

【판결요지】

[1] 민법 제367조가 저당물의 제3취득자가 그 부동산에 관한 필요비 또는 유익비를 지출한 때에는 저당물의 경매대가에서 우선상환을 받을 수 있다고 규정한 취지는 저당권설정자가 아닌 제3취득자가 저당물에 관한 필요비 또는 유익비를 지출하여 저당물의 가치가 유지·증가된 경우, 매각대금 중 그로 인한 부분은 일종의 공익비용과 같이 보아 제3취득자가 경매대가에서 우선상환을 받을 수 있도록 한 것이므로 저당물에 관한 지상권, 전세권을 취득한 자만이 아니고 소유권을 취득한 자도 민법 제367조 소정의 제3취득자에 해당한다.

[2] 건물의 증축비용을 투자한 대가로 건물에 대한 지분이전등기를 경료받았으나 저당권의 실행으로 그 권리를 상실한 자는 건물에 관한 제3취득자로서 필요비 또는 유익비를 지출한 것이 아니므로 저당물의 경매대가에서 우선상환을 받을 수 없다고 한 사례

【참조조문】

[1] 민법 제367조 / [2] 민법 제367조

【전문】

【원고, 상고인】　한효식 (소송대리인 변호사 김정일 외 1인)

【피고, 피상고인】　한국자산관리공사 (소송대리인 비전 법무법인 담당변호사 최용규)

【원심판결】　서울고법 2004. 6. 8. 선고 2003나82343 판결

【주문】

　상고를 기각한다. 상고비용은 원고가 부담한다.

【이유】

　1. 원심은, 그 채용 증거들을 종합하여 주식회사 동성관광개발(아래에서는 '동성관광개발'이라고 한다)은 1990. 12. 1.부터 1995. 11. 30.까지 사이에 그 소유인 인천 남구 간석동 275-1 대지와 그 지상 9층, 지하 3층의 갤럭시 관광호텔 건물에 관하여 주식회사 경기은행 명의의 판시와 같은 근저당권들(아래에서는 '이 사건 근저당권'이라고 한다)을 설정하여 준 사실, 동성관광개발은 1997. 1.경 이 사건 관광호텔 건물의 3층 베란다 부분에 외벽과 지붕을 덧붙이는 방법으로 연회장을 증축한 후, 이를 3층 예식장 하객들을 위하여 사용하고 있는 사실, 동성관광개발은 원고로부터 위와 같은 증축비용을 투자받았고, 그에 대한 대가로 1998. 9. 7. 원고에게 이 사건 관광호텔 건물 중 247.13/10,302.649 지분에 관한 소유권이전등기를 경료하여 준 사실, 이 사건 근저당권의 전전양수인의 채권회수 수임인인 피고의 신청에 따라 이 사건 대지 및 건물(증축 부분 포함)에 관한 경매절차가 진행되어 1순위로 임금채권자들에게 판시와 같은 금액들이 배당되고, 나머지 6,983,368,076원이 2순위인 피고에게 모두 배당되었으며, 원고는 배당을 받지 못한 사실을 인정한 후, 저당물에 관한 지상권과 전세권을 취득한 자는 제3취득자의 비용상환청구권에 관하여 규정한 민법 제367조 소정의 제3취득자에 해당하나 소유권을 취득한 자는 이에 해당하지 아니한다는 이유로 원고가 민법 제367조 소정의 비용상환청구권을 가짐을 전제로 하여 판시 배당표의 정정을 구하는 원고의 주장을 배척하였다.

　2. 민법 제367조가 저당물의 제3취득자가 그 부동산에 관한 필요비 또는 유익비를 지출한 때에는 저당물의 경매대가에서 우선상환을 받을 수 있다고 규정한 취지는 저당권설정자가 아닌 제3취득자가 저당물에 관한 필요비 또는 유익비를 지출하여 저당물의 가치가 유지·증가된 경우, 매각대금 중 그로 인한 부분은 일종의 공익비용과 같이 보아 제3취득자가 경매대가에서 우선상환을 받을 수 있도록 한 것으로 보아야 할 것이다.

그렇다면 저당물에 관한 지상권, 전세권을 취득한 자만이 아니고 소유권을 취득한 자도 민법 제367조 소정의 제3취득자에 해당하는 것으로 보는 것이 타당하다고 할 것임에도 원심이 이와 달리 판단한 것은 잘못이라고 할 것이나, 이 사건 관광호텔 건물의 증축은 원고의 투자를 받은 동성관광개발에 의하여 이루어진 것이고, 원고는 그 투자에 대한 대가로 이 사건 관광호텔 건물에 관한 지분이전등기를 경료받았다가 저당권의 실행으로 인하여 그 권리를 상실하게 된 것에 불과한 이상, 원고가 이 사건 관광호텔 건물에 관한 제3취득자로서 필요비 또는 유익비를 지출한 것으로 볼 수 없으므로, 원심의 위와 같은 잘못은 판결 결과에는 영향을 미치지 아니한 것으로 보아야 할 것이다. 결국, 이에 관한 상고이유의 주장은 이유 없다.

3. 한편, 이 사건 증축 부분이 기존의 건물에 부합되지 아니하고 구분소유권의 객체가 되는지 여부는 이 사건 증축 부분에 관한 경매절차가 적법한 것인지 여부에 대하여만 영향을 미칠 뿐이고, 이 사건 판결 결과에는 영향을 미칠 수 없는 것일 뿐만 아니라, 기록에 비추어 살펴보면, 원심이 판시와 같은 사정을 종합하여 이 사건 증축 부분은 그 완공과 동시에 기존의 건물에 부합되었다고 판단한 것은 정당한 것으로 보이므로, 이에 관한 상고이유의 주장은 이유 없다.

4. 그러므로 상고를 기각하고, 상고비용은 패소자인 원고가 부담하기로 하여 관여 대법관의 일치된 의견으로 주문과 같이 판결한다.

대법관   유지담(재판장)   배기원   이강국(주심)   김용담

6. 저당권의 침해에 대한 구제

저당권의 침해란 저당물의 교환가치를 감소·소멸시키는 등으로 담보권실행을 사실상 또는 법률상 방해하는 것을 말한다. 그런데 저당목적물의 침해가 곧 저당권의 침해라고 단정할 수는 없다. 예를 들어 불법행위로 인한 저당권의 침해의 경우에는 피담보채권의 만족을 얻을 수 없는 상태가 되어야 손해가 현실적으로 발생하게 된다. 따라서 저당목적물의 침해가 곧 불법행위로서의 저당권의 침해로 단정할 것은 아니다. 다만, 물권적 청구권으로서의 방해배제, 예방청구는 손해의 발생을 요구하지 않으므로, 손해 여부와 관계없이 행사할 수 있다. 물권으로서의 불가분성이 존재하기 때문에 저당목적물 전체에 대하여 행사할 수 있다는 것이다. 특히 저당권은 목적물을 사용, 수익하

는 물권이 아니고, 교환가치만을 지배하는 것을 목적으로 하는 물권이다. 이렇게 저당권은 순수한 가치권이라는 점에서 저당권의 침해에 대한 구제는 다른 물권의 경우와 비교해 볼 때 특수성을 띠고 있다. 즉 저당목적물이 침해되었다고 해서 곧바로 저당권이 침해되었다고 단정할 수는 없다. 왜냐하면 저당권은 목적물 자체의 이용을 목적으로 하는 물권이 아니고, 그 교환가치를 지배하는 물권이기 때문이다. 예를 들어 피담보채권액이 5,000만 원이고 저당목적물이 10억인 경우에, 목적물의 교환가치가 100만 원 감소되었다 하더라도 그 목적물의 가액이 아직 피담보채권액을 넘고 있는 경우에는 저당권이 침해되었다고 할 수 없다. 그리고 저당권설정자가 소유자로서 당해 물건을 정상적인 용법에 따라 사용하는데 그 과정에서 저당물에 손상이 있는 경우에도 저당권의 침해를 인정할 수 없다. 한편, 저당권자는 저당권에 기하여 침해의 제거 또는 예방을 청구할 수 있다(제370조, 제214조). 즉 저당권자는 저당권 설정 이후 환가에 이르기까지 저당물의 교환가치에 대한 지배권능을 보유하고 있으므로 저당목적물의 소유자 또는 제3자가 저당목적물을 물리적으로 멸실·훼손하는 경우는 물론 그 밖의 행위로 저당부동산의 교환가치가 하락할 우려가 있는 등 저당권자의 우선변제청구권의 행사가 방해되는 결과가 발생한다면 저당권자는 저당권에 기한 방해배제청구권을 행사하여 방해행위의 제거를 청구할 수 있다(대법원 2006. 1. 27. 선고 2003다58454 판결).

민법

제370조(준용규정) 제214조(소유물방해제거, 방해예방청구권), 제321조(유치권의 불가분성), 제333조(동산질권의 순위), 제340조(질물이외의 재산으로부터의 변제), 제341조(물상보증인의 구상권) 및 제342조(물상대위)의 규정은 저당권에 준용한다.

판례는 저당권자의 저당목적물에 대한 방해배제청구권의 내용을 다음과 같이 기술하고 있다. 저당권자는 물권에 기하여 그 침해가 있는 때에는 그 제거나 예방을 청구할 수 있다고 할 것인바, 공장저당권의 목적 동산이 저당권자의 동의를 얻지 아니하고 설치된 공장으로부터 반출된 경우에는 저당권자는 점유권이 없기 때문에 설정자로부터 일탈한 저당목적물을 저당권자 자신에게 반환할 것을 청구할 수는 없지만, 저당목적물이 제3자에게 선의취득되지 아니하는 한 원래의 설치 장소에 원상회복할 것을 청구함은 저당권의 성질에 반하지 아니함은 물론 저당권자가 가지는 방해배제권의 당연한 행사에 해당한다(대법원 1996. 3. 22. 선고 95다55184 판결).

*대법원 2006. 1. 27. 선고 2003다58454 판결 【건축공사중지청구의소】

【판시사항】

　[1] 저당권자가 저당권에 기한 방해배제청구권을 행사하여 방해행위의 제거를 청구할 수 있는 경우

　[2] 대지의 소유자가 나대지 상태에서 저당권을 설정한 다음 대지상에 건물을 신축하기 시작하였으나 피담보채무를 변제하지 못함으로써 저당권이 실행에 이르렀거나 실행이 예상되는 상황인데도 신축공사가 진행되는 경우, 저당권자가 지배하는 교환가치의 실현을 방해하거나 방해할 염려가 있는 사정에 해당하는지 여부(적극)

【판결요지】

　[1] 저당권자는 저당권 설정 이후 환가에 이르기까지 저당물의 교환가치에 대한 지배권능을 보유하고 있으므로 저당목적물의 소유자 또는 제3자가 저당목적물을 물리적으로 멸실·훼손하는 경우는 물론 그 밖의 행위로 저당부동산의 교환가치가 하락할 우려가 있는 등 저당권자의 우선변제청구권의 행사가 방해되는 결과가 발생한다면 저당권자는 저당권에 기한 방해배제청구권을 행사하여 방해행위의 제거를 청구할 수 있다.

　[2] 대지의 소유자가 나대지 상태에서 저당권을 설정한 다음 대지상에 건물을 신축하기 시작하였으나 피담보채무를 변제하지 못함으로써 저당권이 실행에 이르렀거나 실행이 예상되는 상황인데도 소유자 또는 제3자가 신축공사를 계속한다면 신축건물을 위한 법정지상권이 성립하지 않는다고 할지라도 경매절차에 의한 매수인으로서는 신축건물의 소유자로 하여금 이를 철거하게 하고 대지를 인도받기까지 별도의 비용과 시간을 들여야 하므로, 저당목적 대지상에 건물신축공사가 진행되고 있다면, 이는 경매절차에서 매수희망자를 감소시키거나 매각가격을 저감시켜 결국 저당권자가 지배하는 교환가치의 실현을 방해하거나 방해할 염려가 있는 사정에 해당한다.

【참조조문】

　[1] 민법 제214조, 제370조 / [2] 민법 제214조, 제370조

【참조판례】

　[1] 대법원 2004. 3. 29.자 2003마1753 결정(공2004상, 781), 대법원 2005. 4. 29. 선고

2005다3243 판결(공2005상, 837)

【전문】

【원고(탈퇴)】 정상유동화전문 유한회사

【승계참가인, 피상고인】 이승호

【피고, 상고인】 수서트루빌 Ⅱ 오피스텔조합 (소송대리인 법무법인 화인
                  담당변호사 이영범)

【원심판결】 서울고법 2003. 10. 2. 선고 2003나8031 판결

【주문】

상고를 기각한다. 상고비용은 피고가 부담한다.

【이유】

상고이유를 판단한다.

저당권자는 저당권을 방해하거나 방해할 염려있는 행위를 하는 자에 대하여 방해의 제거 및 예방을 청구할 수 있다(민법 제370조, 제214조).

저당권은 목적 부동산의 사용·수익을 그대로 설정자에게 맡겨 두었다가 경매 절차를 통하여 경매목적물을 환가하고 그 대금에서 피담보채권을 우선 변제받는 것을 본질적인 내용으로 하는 담보물권으로서(민법 제356조) 저당부동산의 소유자 또는 그로부터 점유권원을 설정받은 제3자에 의한 점유가 전제되어 있으므로 소유자 또는 제3자가 저당부동산을 점유하고 통상의 용법에 따라 사용·수익하는 한 저당권을 침해한다고 할 수 없다. 그러나 저당권자는 저당권 설정 이후 환가에 이르기까지 저당물의 교환가치에 대한 지배권능을 보유하고 있으므로 저당목적물의 소유자 또는 제3자가 저당목적물을 물리적으로 멸실·훼손하는 경우는 물론 그 밖의 행위로 저당부동산의 교환가치가 하락할 우려가 있는 등 저당권자의 우선변제청구권의 행사가 방해되는 결과가 발생한다면 저당권자는 저당권에 기한 방해배제청구권을 행사하여 방해행위의 제거를 청구할 수 있다.

대지의 소유자가 나대지 상태에서 저당권을 설정한 다음 대지상에 건물을 신축하기 시작하였으나 피담보채무를 변제하지 못함으로써 저당권이 실행에 이르렀거나 실행이 예상되는 상황인데도 소유자 또는 제3자가 신축공사를 계속한다면 신축건물을 위한 법정지상권이 성립하지 않는다고 할지라도 경매절차에 의한 매수인으로서는 신축건물의 소유자로 하여금 이를 철

거하게 하고 대지를 인도받기까지 별도의 비용과 시간을 들여야 하므로, 저당목적 대지상에 건물신축공사가 진행되고 있다면 이는 경매절차에서 매수희망자를 감소시키거나 매각가격을 저감시켜 결국 저당권자가 지배하는 교환가치의 실현을 방해하거나 방해할 염려가 있는 사정에 해당한다.

원심판결 이유를 기록에 비추어 살펴보면, 원심은 그 판결에서 들고 있는 증거들을 종합하여, 나산종합건설 주식회사가 판시 대지에 관하여 주식회사 한국외환은행에게 근저당권설정등기를 마치고 그 대지상에 20층 규모의 오피스텔을 신축한 지 1년여 만에 지하층의 공사를 한 상태에서 부도를 내자 피고 조합이 그 무렵 위 회사로부터 건축사업 시행권을 양수하고 공사를 속행하였고, 이후 위 은행으로부터 근저당권부 채권을 양수한 원고의 신청에 의하여 임의경매절차가 개시되었음에도 공사를 강행한 사실을 인정한 다음 피고 조합의 공사는 원고의 저당권을 침해하는 행위라고 판단하여 그 중지를 구하는 이 사건 청구를 인용하였는바, 원심의 위와 같은 판단은 앞에서 본 법리에 비추어 볼 때 정당하고, 거기에 상고이유 주장과 같이 근저당권에 기한 방해배제청구권과 경매에 관한 법리오해의 위법이 없다.

그러므로 상고를 기각하고, 상고비용은 피고가 부담하기로 관여 대법관의 의견이 일치되어 주문과 같이 판결한다.

대법관   이규홍(재판장) 박재윤 김영란(주심) 김황식

저당권은 점유를 수반하지 않고 교환가치만을 지배한다는 점에서 저당권자에게 목적물반환청구권이 인정되지 않는다. 이와 관련하여 물권적 청구권은 저당권의 침해가 있는 이상 목적물의 교환가치가 피담보채권을 만족시킬 수 있다 하더라도 발생한다는 것이 통설의 입장이다. 또한 통설은 저당권의 침해란 저당권자의 담보를 위태롭게 하는 것이라고 한다. 그런데 위태롭게의 의미는 저당권이 교환가치를 지배하는 물권이라는 점을 고려하면서 파악해야 한다. 이러한 전제에 의한다면, 위태롭게란 피담보채권에 부족이 생기는 상태를 의미한다고 보여 진다. 따라서 저당목적물이 훼손되었지만, 목적물의 교환가치가 피담보채권을 만족시키는 경우에는 비록 저당목적물의 침해는 될 수 있어도(이 경우에 소유권의 침해는 될 수 있다) 저당권의 침해는 아니라고 볼 여지가 있다. 그런데 저당물훼손행위에 대하여 저당권자의 물권적 청구권의 행사요건을 피담보채권에 부족이 생기는 경우에만 인정되어야 한다면 법리적으로 모순점이 발생한다. 왜냐하면 담보물권은 불가분성이

있기 때문이다. 따라서 저당물의 일부가 멸실·훼손되고 남은 목적물의 교환가치가 비록 피담보채권을 초과하는 경우에도 담보물권의 불가분성(제370조가 제321조를 준용)에 의하여 저당권자는 저당물 전부에 대하여 방해제거청구권을 행사할 수 있다고 보아야 한다. 이러한 점에서 손해배상청구권과는 다르다.

민법

제370조(준용규정) 제214조(소유물방해제거, 방해예방청구권), 제321조(유치권의 불가분성), 제333조(동산질권의 순위), 제340조(질물이외의 재산으로부터의 변제), 제341조(물상보증인의 구상권) 및 제342조(물상대위)의 규정은 저당권에 준용한다.

제321조(유치권의 불가분성) 유치권자는 채권전부의 변제를 받을 때까지 유치물전부에 대하여 그 권리를 행사할 수 있다.

저당권자는 물권적 청구권의 행사로서 자신의 권리내용에 해가 되는 등기의 말소를 청구할 수 있다. 예를 들어 선순위저당권이 변제된 경우에 후순위저당권자는 선순위저당권의 말소를 청구할 수 있다. 이러한 경우에 선순위저당권등기가 말소되지 않더라도 저당권이 존재하는 것은 아니지만, 후순위저당권은 사실상 권리행사에 방해를 받을 수 있기 때문이다. 그리고 일반채권자가 저당권이 미치는 물건(예: 종물)에 대하여 강제집행을 하는 경우에, 저당권자는 저당목적물의 일체성을 침해됨을 이유로 제3자 이의의 소를 제기할 수 있다(민사집행법 제48조)

민사집행법

제48조(제3자이의의 소)

① 제3자가 강제집행의 목적물에 대하여 소유권이 있다고 주장하거나 목적물의 양도나 인도를 막을 수 있는 권리가 있다고 주장하는 때에는 채권자를 상대로 그 강제집행에 대한 이의의 소를 제기할 수 있다. 다만, 채무자가 그 이의를 다투는 때에는 채무자를 공동피고로 할 수 있다.

② 제1항의 소는 집행법원이 관할한다. 다만, 소송물이 단독판사의 관할에 속하지 아니할 때에는 집행법원이 있는 곳을 관할하는 지방법원의 합의부가 이를 관할한다.

③ 강제집행의 정지와 이미 실시한 집행처분의 취소에 대하여는 제46조 및 제47조의 규정을 준용한다. 다만, 집행처분을 취소할 때에는 담보를 제공하게 하지 아니할 수 있다.

저당권의 침해로 인하여 저당권자에게 불법행위로 인한 손해배상청구권이 인정되기 위해서는 손해가 현실적으로 발생하여야 된다. 저당권 침해로 인한 손해란 저당목적물에 대한 침해로 인하여 저당권자가 채권의 완전한 만족을 얻을 수 없게 되는 것을 말한다. 이렇게 저당권자에게 인정되는 불법행위로 인한 손해배상청구권은 손해의 발생을 요건으로 한다는 점에서 물권적 청구권과 차이가 있다. 그리고 저당권의 침해로 인한 저당권자의 손해배상청구권의 행사는 저당권의 실행 이전이라 하더라도 가능하다. 왜냐하면 불법행위로 인한 손해배상청구와 저당권의 실행은 별개의 문제이기 때문이다. 타인의 불법행위로 인하여 근저당권이 소멸되는 경우에 그 근저당권의 소멸로 인하여 '근저당권자'가 입게 되는 손해는 근저당 목적물인 부동산의 가액 범위 내에서 채권최고액을 한도로 하는 피담보채권액이다(97다35771).

***대법원 1998. 11. 10. 선고 98다34126 판결 【손해배상(기)】**

【판시사항】

[1] 담보물을 멸실·훼손하거나 담보가치를 감소시킨 불법행위로 인하여 발생한 손해배상채권의 범위 및 발생시기

[2] 불법행위로 인한 손해배상청구권의 단기 소멸시효의 기산일인 민법 제766조 제1항 소정의 '그 손해 및 가해자를 안 날'의 의미와 형사소추와의 관계

[3] 법인의 대표자가 가해자에 가담하여 법인에 대한 공동불법행위가 성립하는 경우, 그로 인한 손해배상청구권의 단기 소멸시효의 기산점

【판결요지】

[1] 담보물을 권한 없이 멸실·훼손하거나 담보가치를 감소시키는 행위는 위법한 행위로서 불법행위를 구성하며, 이 때 채권자가 입게 되는 손해는 담보 목적물의 가액의 범위 내에서 채권최고액을 한도로 하는 피담보채권액으로 확정될 뿐 그 피담보채무의 변제기가 도래하여 그 담보권을 실행할 때 비로소 발생하는 것은 아니다.

[2] 민법 제766조 제1항에서 규정하는 불법행위의 단기시효는 형사상의 소추와는 전혀 별도 관점에서 설정한 민사관계에 고유한 시효제도이므로 그 시효기간은 관련 형사사건의 소추 여부 및 그 결과에 영향을 받지 않고 오직 피해자나 그 법정대리인이 '그 손해 및 가해자를 안 날'로부터 진행한다.

[3] 법인의 경우 불법행위로 인한 손해배상청구권의 단기 소멸시효의 기산점인 '손해 및 가해자를 안 날'이라 함은 통상 대표자가 이를 안 날을 뜻하지만, 법인의 대표자가 가해자에 가담하여 법인에 대하여 공동불법행위가 성립하는 경우에는, 법인과 그 대표자는 이익이 상

반하게 되므로 현실로 그로 인한 손해배상청구권을 행사하리라고 기대하기 어려울 뿐만 아니라 일반적으로 그 대표권도 부인된다고 할 것이므로, 단지 그 대표자가 손해 및 가해자를 아는 것만으로는 부족하고, 적어도 법인의 이익을 정당하게 보전할 권한을 가진 다른 임원 또는 사원이나 직원 등이 손해배상청구권을 행사할 수 있을 정도로 이를 안 때에 비로소 위 단기시효가 진행한다고 해석함이 상당하다.

【참조조문】

[1] 민법 제387조 제1항, 제393조, 제750조 / [2] 민법 제766조 제1항 / [3] 민법 제766조 제1항

【참조판례】

[1] 대법원 1978. 7. 11. 선고 78다626 판결(공1978, 10976), 대법원 1978. 9. 26. 선고 78다835 판결(공1978, 11118), 대법원 1997. 11. 25. 선고 97다35771 판결(공1998상, 14)

【전문】
【원고, 피상고인겸상고인】 원고 협동조합(소송대리인 변호사 박주봉)
【피고, 상고인겸피상고인】 피고 1
【피고, 상고인】 피고 2외 2인 (피고 소송대리인 변호사 주광기)
【피고, 피상고인】 망인의 소송수계인 피고 5외 7인
【원심판결】 대전고법 1998. 6. 24. 선고 96나6361 판결

【주문】

원심판결 중 피고 1, 5, 6, 7, 8, 9, 10, 11, 12에 대한 원고 패소 부분을 파기하고 이 부분 사건을 대전고등법원에 환송한다. 피고 1, 2, 3, 4의 각 상고를 기각하고, 이 상고 기각 부분에 관한 상고비용은 같은 피고들의 부담으로 한다.

【이유】

1. 피고 1의 상고이유를 본다.

원심판결 이유에 의하면, 원심은 거시 증거에 의하여, 피고 1이 원고 조합의 조합장으로서 원고 조합의 직원들인 피고 2, 6, 7이 조합원들로부터 위탁받아 관리하던 대출 담보물인 이 사건 인삼을 대출금의 상환 없이 부당 출고하는 정을 알면서도 이를 방지하는 제반 조치를 취하지 아니한 채 묵인 내지 방치한 사실을 인정한 다음, 공동불법행위를 한 당사자로서 원

고 조합이 입은 손해에 대하여 배상책임이 있다고 판단하였는바, 관계 증거를 기록과 대조·검토하여 보면, 원심의 이러한 사실인정 및 판단은 정당하고, 거기에 소론과 같은 채증법칙 위배로 인한 사실오인의 위법이 있다고 할 수 없다. 논지는 이유 없다.

2. 피고 2, 박문전, 박용전의 상고이유를 본다.

가. 담보물 시가의 점에 대하여

기록에 의하면, 원심이 관련 형사판결에서 확정한 바에 따라 부당 출고된 이 사건 인삼의 시가를 인정한 조치는 수긍이 가고, 거기에 소론과 같은 인삼의 시가에 관한 사실오인의 위법이 있다고 할 수 없다.

나. 공동불법행위자의 변제의 점에 대하여

소론은, 이 사건 인삼의 일부를 부당하게 출고받은 공동불법행위자의 한 사람인 소외인이 그동안 원고에게 변제한 합계 금 768,105,045원과 이와 별도로 원고가 수령 사실을 자인하고 있는 합계 금 61,227,419원에 대하여도 그로 인한 채무 소멸의 효력을 인정하여 원고의 이 사건 청구금액에서 공제하여야 한다는 데에 있다.

기록에 의하면, 소외인이 오래 전부터 원고 조합과 사이에 인삼에 대한 위탁판매거래를 하여 오면서 원고 조합으로부터 많은 금액을 대출받고 그 대출금 채무를 담보하기 위하여 위탁판매용 인삼을 담보로 제공하였는데 그 인삼을 부당하게 출고함으로 인하여 원고 조합에 가한 손해액이 1993. 9. 10.까지 금 677,337,400원에 달한 사실, 그 후 소외인은 형사재판 과정에서 그중 일부를 변제하였으나 아직도 변제하지 못한 채무액이 금 4억 원이 넘으며, 그 밖에 원고가 소외인소유의 대전 동구 대성동 70 전 1,484㎡에 관하여 1995. 11. 18. 채권최고액 금 4억 원의 근저당권을 설정받았으나 위 부동산의 감정가격이 1997. 12. 10.을 기준으로 하여 금 112,784,000원에 불과한 사실을 엿볼 수 있고, 사실관계가 이와 같다면, 피고 2와 공동불법행위자의 지위에 있는 소외인이 자신의 원고에 대한 채무를 일부 변제하였다고 하더라도, 그 잔존 채무액이 피고 2의 원고에 대한 손해배상채무액을 초과하는 한편, 그 변제금액이 위 피고와 부진정연대채무관계에 있는 손해배상채무에 충당되었다는 주장과 입증이 없는 이상, 위 변제로 인하여 피고들의 이 사건 손해배상채무까지 아울러 소멸하였다고 볼 수 없는바, 같은 취지로 보이는 원심 판단에 소론과 같은 공제항변에 대한 법리오인 또는 판단유탈의 위법이 있다고 할 수 없다. 논지는 모두 이유 없다.

3. 원고의 상고이유를 본다.

담보물을 권한 없이 멸실·훼손하거나 담보가치를 감소시키는 행위는 위법한 행위로서 불법행위를 구성하며, 이 때 채권자가 입게 되는 손해는 담보 목적물의 가액의 범위 내에서 채권최고액을 한도로 하는 피담보채권액으로 확정될 뿐 그 피담보채무의 변제기가 도래하여 그 담보권을 실행할 때 비로소 발생하는 것은 아니다. 또한 민법 제766조 제1항에서 규정하는 불법행위의 단기시효는 형사상의 소추와는 전혀 별도 관점에서 설정한 민사관계에 고유한 시효제도이므로 그 시효기간은 관련 형사사건의 소추 여부 및 그 결과에 영향을 받지 않고 오직 피해자나 그 법정대리인이 '그 손해 및 가해자를 안 날'로부터 진행하며, 법인의 경우 여기서 말하는 '손해 및 가해자를 안 날'이라 함은 통상 대표자가 이를 안 날을 뜻하지만, 법인의 대표자가 가해자에 가담하여 법인에 대하여 공동불법행위가 성립하는 경우에는, 법인과 그 대표자는 이익이 상반하게 되므로 현실로 그로 인한 손해배상청구권을 행사하리라고 기대하기 어려울 뿐만 아니라 일반적으로 그 대표권도 부인된다고 할 것이므로, 단지 그 대표자가 손해 및 가해자를 아는 것만으로는 부족하고, 적어도 법인의 이익을 정당하게 보전할 권한을 가진 다른 임원 또는 사원이나 직원 등이 손해배상청구권을 행사할 수 있을 정도로 이를 안 때에 비로소 위 단기시효가 진행한다고 해석함이 상당하다고 할 것이다.

이 사건의 경우, 농업협동조합법 제47조, 제48조, 제57조 및 제57조의2 등의 규정에 의하면, 원고와 같은 지역농업협동조합(구 단위농업협동조합)의 대표자인 조합장이 그 업무집행에 관하여 부정한 사실이 있는 경우에는 감사가 감사권을 행사하거나 그 부정 사실을 총회에 보고하고 나아가 조합을 대표하여 조합장을 상대로 소송을 제기하는 등의 방법으로 조합의 이익을 정당하게 보전할 권한을 가지는 임원이라고 할 수 있고, 그 불법행위에 가담하지 아니한 직원의 경우도 직무상 조합의 이익을 보전할 권한 및 책임을 진다고 볼 수 있으며, 그 밖에 조합원의 10분의 1 이상의 동의를 얻은 조합원도 조합장을 상대로 대표소송을 제기함으로써 그 이익을 보전할 수 있는 지위에 있다고 할 것인바, 기록에 의하면, 원고 조합의 감사들은 그 동안 피고들의 비리를 모르고 지내다가 1993. 11. 중순경 처음으로 당시 원고 조합의 조합장이던 피고 1으로부터 자체 비리에 대한 감사요청을 받고 같은 달 23.경부터 같은 달 30.까지 감사를 실시한 결과 담보로 보관 중이던 인삼을 부당 출고한 피고들의 비위 사실을 적발하게 되었고, 그 즉시 농업협동조합중앙회 군지회와 도지회에 보고함과 아울러 수사기관에 형사고발한 사실을 엿볼 수 있으므로, 원고의 피고들에 대한 이 사건 손해배상청구권의 단기시효는 원고 조합의 감사들이 피고들의 부정 사실을 적발하여 낸 자체 감사의 종료시점인 1993. 11. 30.부터 이 사건 손해배상청구권의 단기시효가 진행된다고 봄이 상당할 것이다.

그러함에도, 원심은, 피고 1이 원고 조합의 조합장으로서 피고 6, 7가 1990. 5. 20. 경부터 1991. 8. 24.까지 사이에 인삼 합계 14,424근 시가 합계 금 394,822,000원 상당을 부당 출고한다는 것을 그 무렵 모두 알고 있었던 이상, 원고 조합으로서도 피고 6, 7가 위 각 인삼을 부당 출고할 당시 그 가해자 및 손해의 발생에 대하여 모두 알았다고 봄이 상당하며, 한편 그로부터 3년의 단기시효기간 경과한 후인 1995. 5. 9.에 이 사건 소가 제기되었음이 기록상 명백하여 원고 조합의 이 부분 손해배상채권은 시효소멸하였다는 이유로 원고의 피고 1, 6에 대한 이 부분 청구 및 피고 7와 그 신원보증인인 피고 8와 위 망인에 대한 이 사건 청구를 모두 배척하였는바, 거기에는 불법행위로 인한 손해배상청구권의 단기시효의 기산점에 관한 법리오인의 위법이 있다고 할 것이고, 이 점을 지적한 논지는 이유 있다.

4. 그러므로 원심판결 중 피고 1, 6, 7, 8와 위 망인의 소송수계인인 피고 5, 9, 10, 11, 12에 대한 원고 패소 부분을 파기하고 이 부분 사건을 원심법원에 환송하며, 피고 1, 2, 3, 4의 각 상고를 기각하며, 상고 기각 부분에 관한 상고비용은 패소자들의 부담으로 하기로 하여 관여 법관의 일치된 의견으로 주문과 같이 판결한다.

대법관   이임수(재판장)   박준서(주심)   이돈희   서성

7. 담보물보충청구권

저당권설정자의 책임 있는 사유로 인해 저당물의 가액이 현저히 감소된 때에는 저당권자는 저당권설정자에 대해 그 원상회복 또는 상당한 담보제공을 청구할 수 있다(제362조). 현저한 감소란 교환가치의 감소로 피담보채권의 만족을 받지 못할 염려가 있는 상태를 말한다.

> **민법**
>
> 제362조(저당물의 보충) 저당권설정자의 '책임 있는 사유'로 인하여 저당물의 가액이 '현저히' 감소된 때에는 저당권자는 저당권설정자에 대하여 그 원상회복 또는 상당한 담보제공을 청구할 수 있다.

저당권설정자의 귀책사유 없이 제3자의 침해나 불가항력으로 인한 경우에는 담보물보충청구권이 인정되지 않는다. 저당물의 가액이 현저히 감소되면 족하므로 나머지 저당물로써 피담보채권을 완제할 수 있다 하더라도 담보물보충청구권이 발생한다는 견해와 피담보채권을 완제받을 수 없는 상태에 이르러야 한다는 견해가 대립한다. 생각건대, 피담보채권을 완제받을 수 없을 정도의 상태가 되어야만 담보물보충청구권이 발생한다는 견해는 담보물의 가치가 피담보채권에 비하여 높다는 거래실정과 맞지 않지만, 고려되어야 할 기준이 되는 것은 분명하다. 결국 전자와 후자를 적절하게 고려하여 구체적 타당성을 확보하는 것이 타당하다. 한편, 담보물보충청구권을 행사하여 저당물의 원상회복 또는 상당한 담보제공이 있으면 저당권침해에 대한 손해배상청구권이나 기한이익상실에 의한 즉시변제청구권을 행사할 수 없다고 보아야 한다. 왜냐하면 담보물을 보충하면 손해나 담보감소가 없다고 보아야 하기 때문이다. 물론 담보물보충청구권을 행사했으나 충분한 담보제공이 없는 때에는 저당권자는 채무자의 기한이익상실을 주장하여 즉시변제를 청구할 수 있다.

*○× 문제
- 담보물보충청구권을 행사하였지만, 충분한 담보제공을 하지 못한 경우에는 손해배상청구권이나 즉시변제청구권을 행사할 수 있다(○).
- 즉시변제청구권은 손해배상청구권, 담보물보충권과 함께 행사할 수 있다(×).

기한의 이익의 상실로 인한 즉시변제청구권은 손해배상청구권과 함께 행사할 수 있지만, 담보물보충청구권과는 선택적으로 행사할 수 있다. 즉 담보물보충청구권을 행사한 경우에는 원칙적으로 손해를 전보할 수 있기 때문에 굳이 손해배상청구권이나 즉시변제청구권을 인정할 필요가 없다. 따라서 즉시변제청구권과 담보물보충청구권은 선택적으로 행사할 수 있는 것이지, 함께 행사할 수는 없다.

8. 즉시변제청구권(채무자의 기한이익상실)

민법

제388조(기한의 이익의 상실) 채무자는 다음 각 호의 경우에는 기한의 이익을 주장하지 못한다.

1. 채무자가 담보를 손상, 감소 또는 멸실하게 한 때
2. 채무자가 담보제공의 의무를 이행하지 아니한 때

저당권의 침해가 채무자에게 책임 있는 사유로 발생한 경우에는 그러한 채무자에게 기한의 이익을 부여할 필요성이 없다. 이러한 경우에 해당되면, 채무자는 기한의 이익이 상실되고, 저당권자는 즉시 변제를 청구할 수 있고 저당권을 실행할 수 있다. 기한이익상실에 의한 즉시변제청구권을 행사하더라도 손해가 있으면 별도로 손해배상청구를 할 수 있다.

제4장 저당권의 처분 및 소멸

1. 저당권의 처분

저당권이 투자수단으로서의 기능을 다하기 위해서는 처분의 자유를 인정해야 한다. 그런데 현행 민법에 의하면, 저당권은 피담보채권과 분리하여 타인에게 양도하거나 다른 채권의 담보로 하지 못한다고 규정하여(제361조) 저당권의 부종성을 규정함으로써 저당권처분의 자유를 제한하고 있다. 따라서 투하자본을 회수하기 위해서는 피담보채권과 함께 저당권을 양도하거나 입질하여야 한다.

> **민법**
>
> 제361조(저당권의 처분제한) 저당권은 그 담보한 채권과 분리하여 타인에게 양도하거나 다른 채권의 담보로 하지 못한다.

민법 제361조에 의하면, 저당권은 언제나 피담보채권과 일체로만 처분될 수 있을 뿐이고 피담보채권과 분리하여 저당권만 처분할 수 없다고 규정하고 있다. 그렇다면 피담보채권을 처분하면 저당권도 반드시 함께 처분되는지, 아니면 피담보채권을 처분하면서 저당권을 소멸시킬 수는 없는지에 대하여 검토할 필요성이 있다. 이와 관련하여 피담보채권을 처분하면 특별한 사유가 존재하지 않는 한 저당권의 처분도 포함된다는 견해가 있다. 이 견해에 의하면, 피담보채권의 처분이 있음에도 불구하고 저당권의 처분이 따르지 않는 경우, 즉 저당권의 수반성을 방해하는 특별한 사유가 있을 때에는 피담보채권만이 처분되고 처분에 따르지 아니하는 저당권은 소멸된다. 결국 채권양수인은 저당권 없는 무담보의 채권만을 양수하게 된다. 이것은 현재 판례의 입장이기도 한다. 한편, 저당권이 존재하는 이상 저당권을 유보하고 채권만을 양도 또는 입질하는 행위는 무효라는 견해가 있다. 이 견해에 의하면, 저당권이 존속하고 있음에도 불구하고 피담보채권을 양도하는 당사자가 저당권 양도의 배제특약을 하는 것은 무효라는 입장이다. 이 경우에는 강행규정에 위반되기 때문에 채권양도의 효력도 발생하지 아니하여 양수인은 채권도 취득하지 못하게 된다. 후자의 견해는 제361조의 법문에 충실한 해석이라고 생각한다. 그러나 저당권의 존재목적이 채권담보에 있고 저당권자가 피담보채권을 양도하면서 저당권의 양도를 배제하는 특약을 하는 것은 저당권 포기의 의사가 있다고 볼 수도 있다. 따라서 일률적으로 부정할 필요는 없을 것으로 보인다. 즉 저당권의 소멸을 전제로 하는 피담보채권의 양도합의까지 그 효력을 부정할 필요는 없다.

1) 저당권부 채권의 양도

저당권부 채권의 양도란 저당권에 의해 담보된 채권을 그 저당권과 함께 양도하는 것을 말한다. 이렇게 저당권부 채권의 양도는 채권양도와 저당권양도를 포함하므로, 채권양도에 관한 민법 규정 (제449조 내지 제452조)과 저당권양도에 관한 물권적 합의 및 등기를 경료해야만 효력이 발생한 다(제186조). 다만, 채권양도는 있었지만, 아직 근저당권의 이전등기가 경료되지 않은 경우가 문제 될 수 있는데, 판례는 피담보채권과 근저당권을 함께 양도하는 경우에 채권양도는 당사자 사이의 의사표시만으로 양도의 효력이 발생하지만 근저당권이전은 이전등기를 반드시 경료하여야 하므로 채권양도와 근저당권이전등기 사이에 어느 정도 시차가 불가피한 이상 피담보채권이 먼저 양도되 어 일시적으로 피담보채권과 근저당권의 귀속이 달라진다고 하여 근저당권이 무효로 된다고 볼 수는 없으나, 위 근저당권은 그 피담보채권의 양수인에게 이전되어야 할 것에 불과하고, 근저당권 의 명의인은 피담보채권을 양도하여 결국 피담보채권을 상실한 셈이므로 집행채무자로부터 변제를 받기 위하여 배당표에 자신에게 배당하는 것으로 배당표의 경정을 구할 수 있는 지위에 있다고 볼 수 없다는 입장이다(대법원 2003. 10. 10. 선고 2001다77888 판결). 저당권부채권의 양도는 채권양도를 포함하기 때문에 채권양도에 관한 민법 규정(제449조 내지 제452조)이 적용된다. 우선 채무자에 대한 대항요건으로 양도인이 채권양도사실을 채무자에게 통지하거나 채무자가 이를 승낙 하지 않으면 채무자에게 대항하지 못한다(제450조 제1항). 이러한 대항요건은 저당권이전등기 후 에 갖추어져도 무방하지만, 대항요건이 갖추어지기 전에 채무자가 전채권자(양도인)에게 변제한 때에는 채무자는 그 사유로써 양수인에게 대항할 수 있으므로(제451조 제2항) 채권은 소멸하고 따라서 저당권도 소멸한다. 그리고 제3자에 대한 대항요건으로 지명채권양도의 제3자(이중양수인 등)에 대한 일반적인 대항요건은 확정일자 있는 증서에 의한 채무자에의 통지 또는 그의 승낙이지 만(제450조 제2항), 저당권부 채권의 양도에 있어서는 등기가 제3자에 대한 공시작용을 하고 등기 필증에 확정일자가 있으므로 채무자에 대한 통지 또는 그의 승낙으로 충분하고 통지·승낙을 확 정일자 있는 증서에 의할 필요는 없다.

한편, 대항요건을 갖추지 않은 양수인도 저당권이전의 부기등기를 경료하였다면 경매신청권이 있고, 채무자가 대항요건을 갖추지 않았음을 이유로 이의신청을 하여 경매절차가 실효되지 않는 이상은, 경매절차에서 양수인이 변제받을 수 있다(2004다29279). 즉 채무자는 경매절차의 이해관계인으로서 채권양도의 대항요건을 갖추지 못하였다는 사유를 들어 경매개시결정에 대한 이의나 즉시항고절차에서 다툴 수 있고, 이러한 절차를 통하여 채권 및 근저당권의 양수인의 신청에 의하여 개시된 경매절차가 실효될 여지는 있다.

＊대법원 2005. 6. 23. 선고 2004다29279 판결 【배당이의】

【판시사항】

[1] 저당권의 피담보채권과 함께 저당권을 양수하였으나 채권양도의 대항요건을 갖추지 못한 양수인의 저당권실행의 가부 및 배당 여부

[2] 선순위의 근저당권부채권을 양수한 채권자가 채권양도의 대항요건을 갖추지 아니한 경우, 후순위의 근저당권자가 채권양도로 대항할 수 없는 제3자에 포함되는지 여부(소극)

【판결요지】

[1] 피담보채권을 저당권과 함께 양수한 자는 저당권이전의 부기등기를 마치고 저당권실행의 요건을 갖추고 있는 한 채권양도의 대항요건(채무자에게 피담보채권이 양도되었다는 것을 주장하기 위한 요건)을 갖추고 있지 아니하더라도 경매신청을 할 수 있으며, 채무자는 경매절차의 이해관계인으로서 채권양도의 대항요건을 갖추지 못하였다는 사유를 들어 경매개시결정에 대한 이의나 즉시항고절차에서 다툴 수 있고, 이 경우는 신청채권자가 대항요건을 갖추었다는 사실을 증명하여야 할 것이나, 이러한 절차를 통하여 채권 및 근저당권의 양수인의 신청에 의하여 개시된 경매절차가 실효되지 아니한 이상, 그 경매절차는 적법한 것이고, 또한 그 경매신청인은 양수채권의 변제를 받을 수도 있다.

[2] 채권양도의 대항요건의 흠결의 경우 채권을 주장할 수 없는 채무자 이외의 제3자는 양도된 채권 자체에 관하여 양수인의 지위와 양립할 수 없는 법률상 지위를 취득한 자에 한하므로, 선순위의 근저당권부채권을 양수한 채권자보다 후순위의 근저당권자는 채권양도의 대항요건을 갖추지 아니한 경우 대항할 수 없는 제3자에 포함되지 않는다.

【참조조문】

[1] 민법 제450조, 구 민사소송법(2002. 1. 26. 법률 제6626호로 전문 개정되기 전의 것) 제724조(현행 민사집행법 제264조 참조), 민법 제450조

【참조판례】

[1] 대법원 2000. 10. 25.자 2000마5110 결정(공2000하, 2387), 대법원 2004. 7. 28.자 2004마158 결정 / [2] 대법원 1983. 2. 22. 선고 81다134, 135, 136 판결(공1983, 579), 대법원 1989. 1. 17. 선고 87다카1814 판결(공1989, 288)

【전문】

【원고, 상고인】 씨티빌드건설 주식회사 (소송대리인 법무법인 바른법률 담당변호사 박인호 외 5인)

【피고, 피상고인】 현대해상화재보험 주식회사 (소송대리인 법무법인 율촌 담당변호사 윤용섭 외 2인)

【원심판결】 서울고법 2004. 5. 18. 선고 2003나66969 판결

【주문】

원심판결을 파기하고, 사건을 서울고등법원에 환송한다.

【이유】

상고이유를 판단한다.

1. 원심판결의 요

가. 원심은 그 채택 증거들을 종합하여, 다음과 같은 사실을 인정하였다.

(1) 소외 망 전수학(1997. 3. 9. 사망하여 전익정이 그 재산을 상속하였다)은 1996. 5. 29. 쌍용캐피탈 주식회사(이하 '쌍용캐피탈'이라 한다)와 대출한도액 50억 원의 팩토링거래 약정을 체결한 다음 위 팩토링거래 약정에 기한 채무를 담보하기 위해 1997. 1. 28. 이 사건 각 부동산에 관하여 채권최고액 71억 원, 채무자 전수학, 근저당권자 쌍용캐피탈로 된 2순위 근저당권을 설정하였고, 쌍용캐피탈과 강신열 사이의 1996. 9. 19.자 대출한도액 40억 원의 팩토링거래 약정에 기한 강신열의 채무를 담보하기 위해 1996. 9. 19. 이 사건 각 부동산에 관하여 채권최고액 56억 원, 채무자 강신열, 근저당권자 쌍용캐피탈로 된 1순위 근저당권을 설정하였다.

(2) 한편, 전수학은 1997. 2. 4. 피고로부터 88억 원을 이율 연 14.5%(연체이율 연 19.5%), 변제기 2000. 2. 4.로 정하여 대출받으면서 그 대출금채무를 담보하기 위해 1997. 1. 28. 이 사건 각 부동산에 관하여 채권최고액 123억 2,000만 원, 채무자 전수학, 채권자 피고로 된 3순위 근저당권을 설정하였다.

(3) 쌍용캐피탈은 이 사건 각 팩토링거래 약정에 기하여 전수학에게 4,138,267,040원, 강신열에게 40억 원을 각 대출하였다가 강신열에 대한 대출원금 중 380,000,000원을 변제받았을 뿐 나머지 대출원금과 그에 대한 지연손해금 등을 변제받지 못하자, 경매신청서에 신청금액을 '금 11,500,000,000원'으로 기재하여 이 사건 각 부동산에 대하여 서울동부지방법원에

담보권실행을 위한 경매(2001타경11578호)를 신청하였고, 위 법원은 2001. 7. 28. 이 사건 각 부동산에 관하여 경매개시결정(이하 '제1경매'라고 한다)을 하였다.

(4) 쌍용캐피탈은 제1경매 절차가 진행 중이던 2002. 3. 15. 원고에게 전수학과 강신열에 대한 이 사건 각 근저당권부 대출원리금 채권을 대금 65억 원에 양도하고, 2002. 3. 15. 원고 앞으로 이 사건 각 근저당권의 이전등기를 경료한 후, 2002. 3. 22. 경매법원에 채권양도통지서를 제출하는 한편, 2002. 3. 21.경부터 2002. 7. 30.경까지 전수학의 재산상속인인 전익정과 강신열에 대해 각 5회에 걸쳐 채권양도통지서를 내용증명우편으로 발송하였는데 전익정과 강신열에 대한 위 각 채권양도통지서는 '수취인 부재' 등의 사유로 모두 반송되었다.

(5) 원고는 2002. 4. 2. 경매법원에 원고가 쌍용캐피탈로부터 전수학과 강신열에 대한 위 각 대출원리금 채권 및 이 사건 각 근저당권을 모두 양수하였다는 취지의 권리신고서와 쌍용캐피탈이 2002. 3. 22. 경매법원에 제출한 채권양도통지서와 동일한 내용의 채권계산서(양도일 기준 원리금 합계 15,907,488,618원)를 각 제출하였다.

(6) 원고는 2002. 6. 11. 이 사건 각 부동산에 대하여 제1경매 신청금액 115억 원과 이 사건 각 근저당권의 채권최고액 합계 127억 원의 차액인 12억 원을 추가 청구금액으로 기재하여 서울동부지방법원에 이중경매(2002타경6245호)를 신청하였고, 위 법원은 2002. 6. 12. 이 사건 각 부동산에 관하여 경매개시결정을 하였다.

(7) 이 사건 각 부동산은 낙찰기일인 2002. 6. 17. 디앤드와이건설 주식회사에게 대금 135억 5,000만 원에 낙찰되었고, 위 회사는 2002. 12. 23. 낙찰대금을 완납하였다.

(8) 경매법원은 2003. 2. 14. 배당기일을 열어 배당할 금액 13,594,947,036원에서 집행비용을 공제한 나머지 금액 13,407,462,432원에 관하여, 1순위로 송파구청에게 282,851,440원, 2순위로 원고에게 115억 원, 3순위로 피고에게 1,624,610,992원을 각 배당하는 내용의 배당표를 작성하였고, 원고는 위 배당기일에 출석하여 피고에 대한 배당금액에 관하여 이의를 진술하였다.

나. 원심의 판단

원심은 위 사실관계를 바탕으로 하여, 담보권 실행을 위한 임의경매 절차에서 신청채권자가 경매신청서에 피담보채권의 일부만을 청구금액으로 하여 경매를 신청하였을 경우 다른 특별한 사정이 없는 한 신청채권자의 청구금액은 그 기재된 채권액을 한도로 확정되고 그 후 신청채권자가 채권계산서에 청구금액을 확장하여 제출하는 등의 방법에 의하여 청구금액을 확장할 수는 없으며, 경매신청서에 청구채권으로 이자 등 부대채권을 표시하지 않은 경우 나중에 채권계산서에 의하여 부대채권액을 가산하는 방법으로 청구금액을 확장하는 것도 마찬가지로 허용되지 않으며,

이 사건 각 팩토링거래 약정서에는 "회사가 본 약정 및 본 약정에 부속되는 약정에 의한 본인과 보증인 등에 대한 채권 및 권리의 일부 또는 전부를 제3자에게 재양도할 경우, 본인은 본인이 회사에 대하여 부담하는 의무 및 책임을 동 제3자에게 대하여 동일하게 부담하기로 한다"라고 기재되어 있고, "본인 및 연대보증인은 이 약정에 관한 거래에 관하여도 회사의 여신거래기본약관이 적용됨을 승인하며 여신거래기본약관과 본 약정의 규정이 상충되는 경우 본 약정의 규정이 우선하기로 한다"라고 기재되어 있으며, 이 사건 각 팩토링거래 약정 당시 쌍용캐피탈의 여신거래기본약관 제15조에는 "① 회사가 채무자가 신고한 최종 주소로 서면통지 또는 기타 서류 등을 발송한 경우에는 그것이 연착하거나 도달하지 아니한 때에도 보통의 우송기간이 경과한 때에 도달한 것으로 본다. 그러나 상계통지나 기한 전의 채무변제 청구 등 중요한 의사표시인 경우에 배달 불가능으로서 회사에 반송된 때에는 그것이 채무자가 제14조 제2항에 의한 변경신고를 게을리 함으로 말미암은 경우를 제외하고, 도달된 것으로 보지 아니한다. ② 회사가 채무자에 대한 통지 등의 사본을 보존하고 또 그 발신의 사실 및 연월일을 장부 등에 명백히 기재한 때에는 발송한 것으로 추정한다"라고 기재되어 있고, 제19조에는 "채무자는 회사가 필요에 따라 본 약관에 기한 채권의 전부 또는 일부를 제3자에게 임의 양도함에 대하여 미리 승낙한다"라고 기재되어 있는 사실이 인정되나,

위 각 약정서 또는 여신거래기본약관 조항들은 모두 쌍용캐피탈이 다수의 상대방과 계약을 체결하기 위하여 일정한 형식에 의하여 미리 마련한 양식으로서 약관의규제에관한법률에서 말하는 약관에 해당하는데, 의사표시의 효력에 관하여 발송주의를 규정한 위 여신거래기본약관 조항이나 채권양도에 대한 채무자의 사전승낙 내지 승낙이익의 포기를 규정한 위 약정서 및 여신거래기본약관 조항들은 의사표시의 도달주의 원칙을 규정한 민법 제111조나 채권양도의 대항요건에 관한 민법 제450조의 규정 등에 비추어 채무자들의 이해관계와 밀접하게 관련되어 있는 중요한 내용에 해당하므로, 쌍용캐피탈로서는 이 사건 각 팩토링거래 약정을 체결함에 있어 채무자들인 전수학과 강신열에게 위 약관 조항들을 명시함은 물론 전수학과 강신열이 이를 충분히 이해할 수 있도록 설명해 줄 의무가 있다 할 것인데,

쌍용캐피탈이 이 사건 각 팩토링거래 약정 당시 전수학과 강신열에게 위 약관 조항들을 명시하고 그 내용을 충분히 설명해 주었는지에 관하여는 제1심증인 정성한의 증언만으로는 이를 인정하기에 부족하고 달리 이를 인정할 증거가 없으므로 쌍용캐피탈이나 원고로서는 위 약관 조항들을 이 사건 각 팩토링거래 약정의 내용으로 주장할 수 없다 할 것이어서 이중경매(제2경매) 신청 당시 원고가 위 약관 조항들에 의해 채권양수인으로서의 대항요건을 갖추었다고 볼 수 없고, 또 전익정은 원고의 이중경매(제2경매) 신청 전에 쌍용캐피탈이 원고에게 이 사건 각 근저당권의 피담보채권을 양도한 사실을 알고 있었던 것으로 인정되나, 전익정이 우연히 채권양도사실을 알았다는 사정만으로 전익정에게 채권양도통지의 효력이 발생한 것으로 볼 수는 없다 할 것이고, 원고가 주장하는 전익정과 강신열이 고의로 채권양도통지서의 수령을 거부하였다는 점을 들어 채권양도통지의 효력 발생을 의제하거나 전익정과 강신열이 채권양수인인 원고에게 채권양도통지의 흠결을 주장할 수 없다고 할 수는 없어 원고로서는 이중경매 신청 당시 적법한 채권양도의 대항요건을 갖추었다고 볼 수 없으며, 원고는 전익정과 강신열에게 내용증명우편으로 보낸 채권양도통지서가 송달불능되자 2002. 8. 14. 채권양도인인 쌍용캐피탈을 대리하여 서울동부지방법원에 전익정, 강신열에 대한 위 채권양도통지서의 송달을 공시송달로 하여 줄 것을 신청하였고, 위 법원이 2002. 8. 20. 이를 허가하여 위 채권양도통지서가 공시송달의 방법으로 전익정과 강신열에게 송달된 사실은 인정되나, 원고의 이중경매 신청 후에 채권양도의 통지가 공시송달의 방법으로 실행되었다 하더라도 채권양도통지의 효력은 그 공시송달에 의한 송달의 효력이 생겼을 때 발생하였다고 보아야 할 것이고 그 통지의 효력이 채권양도가 이루어진 때나 이중경매 신청 당시로 소급한다고 볼 수 없어, 원고의 이 사건 이중경매 신청은 신청 권한 있는 자에 의해 낙찰기일까지 제기된 적법한 신청이라 할 수 없다는 이유로, 피고에게 배당된 금원 중 12억 원을 줄이고, 그 금액을 원고에게 배당하는 것으로 배당표를 변경하여 줄 것을 구하는 원고의 이 사건 청구를 기각하였다.

2. 대법원의 판단

상고이유 중 채권양도 및 이중경매신청에 의한 배당요구에 관한 법리오해의 점에 대하여 보건대, 이에 관한 원심의 판단은 수긍할 수 없다.

채권양도에 있어서 채권의 양도 자체는 양도인과 양수인 간의 의사표시만으로 이루어지고, 다만 대항요건을 갖추지 아니한 양수인은 채무자 또는 제3자에게 채권을 주장할 수 없을 뿐이며(대법원 2000. 12. 12. 선고 2000다1006 판결 참조), 한편 구 민사소송법(2002. 1. 26. 법률 제6626호로 전문 개정되기 전의 것)은 부동산에 대한 담보권실행을 위한 경매의 개시요건으로서 구 민사소송규칙(2002. 6. 28. 대법원규칙 제1761호로 전문 개정되기 전의 것) 제

204조에 정해진 채권자·채무자 및 소유자(제1호), 담보권과 피담보채권의 '표시'(제2호), 담보권의 실행 대상이 될 재산의 표시(제3호), 피담보채권의 일부에 대하여 담보권을 실행하는 때에는 그 취지 및 범위(제4호)를 기재한 신청서와 민사소송법 제724조에 정해진 담보권의 존재를 증명하는 서류(제1항)와 담보권에 관하여 승계가 있는 경우에는 승계를 증명하는 서류(제2항)를 제출하면 되는 것이고, 집행법원은 담보권의 존재 및 승계에 관해서 위 '서류의 한도에서 심사'를 하지만, 그 밖의 실체법상 요건인 피담보채권의 존재 등에 관해서는 신청서에 기재하도록 하는 데 그치고, 담보권실행을 위한 경매절차의 개시요건으로서 피담보채권의 존재를 증명하도록 요구하고 있는 것은 아니므로 경매개시결정을 함에 있어서 채권자에게 피담보채권의 존부를 입증하게 할 것은 아니므로, 피담보채권을 저당권과 함께 양수한 자는 저당권이전의 부기등기를 마치고 저당권실행의 요건을 갖추고 있는 한 채권양도의 대항요건을 갖추고 있지 아니하더라도 경매신청을 할 수 있으며(대법원 2000. 10. 25.자 2000마5110 결정; 2004. 7. 28.자 2004마158 결정 참조), 채무자는 경매절차의 이해관계인으로서 채권양도의 대항요건을 갖추지 못하였다는 사유를 들어 경매개시결정에 대한 이의나 즉시항고절차에서 다툴 수 있고, 이 경우는 신청채권자가 대항요건을 갖추었다는 사실을 증명하여야 할 것이나(대법원 2000. 10. 25.자 2000마5110 결정 참조), 이러한 절차를 통하여 채권 및 근저당권의 양수인의 신청에 의하여 개시된 경매절차가 실효되지 아니한 이상 그 경매절차는 적법한 것이고, 또한 그 경매신청인은 양수채권의 변제를 받을 수도 있다고 할 것이며, 이러한 법리는 양수인의 경매신청이 이중경매로서 선행경매절차가 취소되지 아니하고 종료되어 실제로 매각절차에 나아가지 못한 채 종결되었다고 하더라도 달리 볼 것이 아니다.

또한, 채권양도의 대항요건의 흠결의 경우 채권을 주장할 수 없는 채무자 이외의 제3자는 양도된 채권 자체에 관하여 양수인의 지위와 양립할 수 없는 법률상 지위를 취득한 자에 한하므로(대법원 1983. 2. 22. 선고 81다134, 135, 136 판결, 1989. 1. 17. 선고 87다카1814 판결 참조), 선순위의 근저당권부채권을 양수한 채권자보다 후순위의 근저당권자는 채권양도의 대항요건을 갖추지 아니한 경우 대항할 수 없는 제3자에 포함되지 않는다고 할 것이니, 원고가 피고보다 우선하여 양수채권의 변제를 받는 데 이 사건 채권양도의 대항요건을 갖추지 아니한 것이 장애가 된다고 할 수도 없다.

따라서 원심이 이와 달리, 원고에 의하여 제1경매사건의 배당요구의 종기까지 적법하게 신청된 이 사건 이중경매신청은 채권양도의 대항요건을 갖추지 아니하여 부적법하다고 보고, 원고가 배당을 받을 수 없다고 판단한 것에는, 채권양도의 효력 및 이중경매신청에 의한 배당요구에 관한 법리를 오해한 위법이 있다고 할 것이고, 이 점을 지적하는 상고이유의 주장은 이유 있으므로 이를 받아들인다.

3. 결론

그러므로 원심판결을 파기하고, 사건을 다시 심리 · 판단하게 하기 위하여 원심법원에 환송하기로 관여 대법관의 의견이 일치되어 주문과 같이 판결한다.

대법관   김영란(재판장) 윤재식 강신욱(주심) 고현철

*대법원 2004. 7. 28. 2004마158 결정

㉮ 사실관계 및 원심 판단

부동산경매의 매각목적물인 이 사건 토지들에 관하여 1997. 3. 10. 채권최고액 2억 5,000만 원, 채무자 甲, 근저당권자 乙로 된 근저당권설정등기가 경료되었다. 근저당권자 乙은 2000. 1. 12. 채무자 겸 근저당권설정자 甲, 丙과 3자 합의로 계약상의 지위를 丙에게 양도하고, 이에 따라 丙 앞으로 근저당권이전의 부기등기를 마친 후 丙은 2001. 7. 25. 신청채권자 丁에게 근저당권이 붙은 채권을 양도하고, 丁 앞으로 근저당권이전의 부기등기를 마쳤다. 재항고인은 2000. 3. 10. 甲으로부터 이 사건 토지를 매수하고, 이를 원인으로 하여 2000. 4. 6. 소유권이전등기를 마쳤다. 원심은, 신청채권자 丁은 채권양도의 대항요건을 갖추지 아니하였으므로 피담보채권을 근저당권과 함께 양수한 자에 해당하지 아니한다는 취지의 주장에 대하여, 신청채권자 丁은 재항고인에게 직접 이 사건 근저당권을 양수받은 후 경매신청을 하였음을 통지할 의무는 없다는 이유로 배척하였다.

㉯ 대법원의 판단

부동산에 대한 저당권 등의 담보권을 실행하기 위해서는 실체법상 담보권이 존재하고, 그 담보권의 피담보채권이 존재하며, 그 피담보채권의 변제기가 도래하여야 하는 것이지만, 민사집행법은 부동산에 대한 담보권실행을 위한 경매의 개시 요건으로서 민사집행규칙 제192조에 정해진 채권자 · 채무자 및 소유자(제1호), 담보권과 피담보채권의 표시(제2호), 담보권의 실행 대상이 될 재산의 표시(제3호), 피담보채권의 일부에 대하여 담보권을 실행하는 때에는 그 취지와 범위(제4호)를 기재한 신청서와 민사집행법 제264조에 정해진 담보권의 존재를 증명하는 서류를 제출하면 되고, 집행법원은 담보권의 존재에 관해서 위 서류의 한도에서 심사를 하지만, 그 밖의 실체법상의 요건은 신청서에 기재하도록 하는 데 그치고, 담보권실행을 위한 경매절차의 개시요건으로서 이를 증명하도록 요구하고 있는 것은 아니므로, 피담보채권을 저당권과 함께 양수한 자는 저당권이전의 부기등기를 마치고 저당권실행의 요건을 (절차적으로) 갖추고 있는 한 채권양도의 대항요건을 갖추고 있지 아니하더라도 경매신청을 할 수 있으며, 이 경우에 경매개시결정을 함에 있어서 피담보채권의 양수인에게 채권양도의 대항요건을 갖

추었다는 점을 입증하게 할 것은 아니지만 적어도 그와 같은 사유는 경매개시결정에 대한 이의나 항고절차에서는 신청채권자가 증명하여야 할 것이다. 이 사건에서 보면, 재항고인은 항고이유서에서 근저당권자 丙과 신청채권자 丁이 아무런 채권관계도 없이 허위로 채권양도와 근저당권을 양도하여 재항고인의 부동산에 경매를 진행하면서 그와 같은 사유를 통지하지도 아니하였으므로 위법하다고 주장하였음이 기록상 분명한바, 이는 채권양도의 대항요건을 갖추지 못하였다고 다투는 취지로 보이므로, 원심으로서는 피담보채권과 근저당권을 양수한 신청채권자 丁이 그 피담보채권에 관하여 채권양도의 대항요건을 갖추었는지 여부를 심리 · 판단하여야 할 것이다(파기환송).

2) 저당권부채권의 입질

저당권으로 담보한 채권을 질권의 목적으로 한 때에는 그 저당권등기에 질권의 부기등기를 하여야 그 효력이 저당권에 미친다(제348조). '효력이 저당권에 미친다'는 것은 질권실행 시에 저당권을 실행할 수 있다는 의미이다.

민법

제361조(저당권의 처분제한) 저당권은 그 담보한 채권과 분리하여 타인에게 양도하거나 다른 채권의 담보로 하지 못한다.

제348조(저당채권에 대한 질권과 부기등기) 저당권으로 담보한 채권을 질권의 목적으로 한 때에는 그 저당권등기에 질권의 부기등기를 하여야 그 효력이 저당권에 미친다.

제349조(지명채권에 대한 질권의 대항요건)

① 지명채권을 목적으로 한 질권의 설정은 설정자가 제450조의 규정에 의하여 제삼채무자에게 질권설정의 사실을 통지하거나 제삼채무자가 이를 승낙함이 아니면 이로써 제삼채무자 기타 제삼자에게 대항하지 못한다.

② 제451조의 규정은 전항의 경우에 준용한다.

저당권부채권이 입질되면 질권자는 입질된 채권의 추심권을 가지게 된다(제353조). 만약 입질채권이 변제되지 않으면 저당권을 실행할 수 있다. 한편, 질권설정자(즉 입질채권의 채권자)는 비록 그 저당권에 의하여 담보된 채권액(저당권부채권액)이, 질권에 의하여 담보된 채권액(질권부채권

액)을 초과한다 하더라도 차액에 대하여 추심할 권한을 갖지 못한다. 왜냐하면 질권은 불가분성에 의하여 입질채권 전액을 구속하기 때문이다.

민법

제353조(질권의 목적이 된 채권의 실행방법)

① 질권자는 질권의 목적이 된 채권을 직접 청구할 수 있다.

② 채권의 목적물이 금전인 때에는 질권자는 자기채권의 한도에서 직접 청구할 수 있다.

③ 전항의 채권의 변제기가 질권자의 채권의 변제기보다 먼저 도래한 때에는 질권자는 제삼채무자에 대하여 그 변제금액의 공탁을 청구할 수 있다. 이 경우에 질권은 그 공탁금에 존재한다.

④ 채권의 목적물이 금전이외의 물건인 때에는 질권자는 그 변제를 받은 물건에 대하여 질권을 행사할 수 있다.

2. 저당권의 소멸

저당권은 다양한 원인에 의하여 소멸된다. 첫째, 물권 일반의 소멸사유에는 목적물의 멸실, 혼동, 공용수용, 포기, 몰수 등이 있다. 그러나 저당권만 별도로 소멸시효에 걸리지는 않는다. 둘째, 담보물권 공통의 소멸사유에는 피담보채권의 소멸이 있다. 담보물권의 부종성으로 인해 피담보채권이 시효완성·변제 등으로 소멸하면 저당권도 소멸한다(제369조). 피담보채권의 소멸로 인한 저당권의 소멸은 법률규정에 의한 물권변동으로서 등기가 없어도 효력이 있다(제187조). 피담보채권은 10년의 소멸시효에 걸린다. 셋째, 저당권은 저당권의 실행(경매·유저당), 다른 저당권자나 우선권이 있는 다른 채권자의 경매, 저당권설정자의 파산으로 인한 별제권(파산법 제84조)의 행사 등으로도 소멸한다. 넷째, 특수한 소멸사유에는 제3자가 저당부동산의 소유권을 시효취득하면 시효완성 전에 설정된 저당권은 소멸한다. 왜냐하면 소유권의 시효취득이 원시취득이고 또한 20년간의 기간으로 점유하였다면 이미 피담보채권이 시효소멸하고 그에 따라 저당권도 소멸되었다고 보아야 하기 때문이다. 그런데 채무자와 저당권설정자가 취득시효로 인하여 저당목적물에 대한 소유권을 취득한 경우에는 저당권은 소멸하지 않는다는 견해가 있다. 왜냐하면 이들은 저당권의 존재를 용인하는 자이기 때문이라고 한다. 그런데 20년간의 기간으로 점유하였다면 이미 피담보채권이 시효소멸하고 그에 따라 저당권도 소멸되었다고 보는 것이 타당하다. 그리고 지상권 또는 전세권을 목적으로 저당권을 설정한 후 지상권 또는 전세권이 기간만료 등으로 소멸한 경우에는 저당권도 소멸한다. 한편, 지상권 또는 전세권을 목적으로 저당권을 설정한 자는 저당권자의 동의 없이 지상권 또는 전세권을 소멸하게 하는 행위를 하지 못한다(제371조 제2항). 마지막으로 저당부동산에 대하여 소유권·지상권 또는 전세권을 취득한 제3자는 저당권자에게 그 부동산으로 담보된 채권을 변제하고 저당권의 소멸을 청구할 수 있다(제364조).

제2편 특수한 저당권

현행 민법은 특수한 저당으로 ① 공동저당(368조)과 ② 근저당(357조)을 인정하고 있다. 그리고 특별법상으로는 입목저당 · 공장저당 · 광업재단저당 · 선박저당과 자동차 · 항공기 · 건설기계 등의 동산저당 및 어업권 · 광업권의 저당 등이 있다.

1. 공동저당

1) 의의

공동저당이란 동일한 채권을 담보하기 위해 수개의 부동산에 설정된 복수의 저당권(제368조 제1항)을 말한다. 토지와 건물은 별개의 부동산이므로, 하나의 채권을 담보하기 위해 토지와 그 지상건물에 저당권을 설정한 경우도 공동저당에 해당한다. 공동저당도 저당권의 통유성인 부종성과 물상대위성을 갖지만, 불가분성에 있어서는 예외(제368조)가 인정된다.

> **민법**
>
> 제368조(공동저당과 대가의 배당, 차순위자의 대위)
>
> ① 동일한 채권의 담보로 '수개의 부동산'에 저당권을 설정한 경우에 그 부동산의 경매대가를 동시에 배당하는 때에는 각부동산의 경매대가에 비례하여 그 채권의 분담을 정한다.
>
> ② 전항의 저당부동산 중 일부의 경매대가를 먼저 배당하는 경우에는 그 대가에서 그 채권전부의 변제를 받을 수 있다. 이 경우에 그 경매한 부동산의 차순위저당권자는 선순위저당권자가 전항의 규정에 의하여 다른 부동산의 경매대가에서 변제를 받을 수 있는 금액의 한도에서 선순위자를 대위하여 저당권을 행사할 수 있다.

> ***○× 문제**
>
> 2002년 판례를 참고하면, 상법 제871조 제1항, 제3항(현행 상법 제787조)은 등기된 선박은 저당권의 목적으로 할 수 있고, 선박의 저당권에 대하여는 민법의 저당권에 관한 규정을 준용한다고 규정하고 있다. 따라서 동일한 채권담보로 부동산과 선박에 대하여 저당권이 설정된 경우에는 제368조의 공동저당규정이 적용될 수 있다(×).
>
> 제368조는 '동일한 채권'의 담보로서 '수개'의 '부동산' 위에 설정된 저당권의 경우에만 적용되므로, 비록 동일한 채권담보로 '부동산'과 '선박'에 대하여 저당권이 설정되었다고 하더라도 제368조의 공동저당규정이 적용될 수 없다. 또한 제368조 제2항은 제368조 제1

항의 동시배당이 된다는 전제로 고려되는 규정임. 그런데 부동산과 선박은 집행절차가 구별되어 동시배당을 할 수 없다. 따라서 제368조 제1항의 상황이 발생할 수 없기 때문에 이를 전제로 한 제368조 제2항의 이시배당의 문제도 상정할 수 없다. 따라서 선박에 대한 후순위 저당권자는 민법 제368조 제2항 후문의 규정에 따라 부동산에 대한 선순위 저당권자의 저당권을 대위할 수 없다(2001다53264 판결).

---

*대법원 2002. 7. 12. 선고 2001다53264 판결 【근저당권설정등기이전등기】

【판시사항】

동일한 채권의 담보로 부동산과 선박에 대하여 저당권이 설정된 경우, 차순위자의 대위에 관한 민법 제368조 제2항 후문의 규정을 적용 또는 유추적용할 수 있는지 여부(소극)

【판결요지】

동일한 채권의 담보로 부동산과 선박에 대하여 저당권이 설정된 경우에는 민법 제368조 제2항 후문의 규정이 적용 또는 유추적용되지 아니하므로 동일한 채권을 담보하기 위하여 부동산과 선박에 선순위 저당권이 설정된 후 선박에 대하여서만 후순위 저당권이 설정된 경우 먼저 선박에 대하여 담보권 실행절차가 진행되어 선순위 저당권자가 선박에 대한 경매대가에서 피담보채권 전액을 배당받음으로써 선박에 대한 후순위 저당권자가 부동산과 선박에 대한 담보권 실행절차가 함께 진행되어 동시에 배당을 하였더라면 받을 수 있었던 금액보다 적은 금액만을 배당받게 되었다고 하더라도 선박에 대한 후순위 저당권자는 민법 제368조 제2항 후문의 규정에 따라 부동산에 대한 선순위 저당권자의 저당권을 대위할 수 없다.

【이유】

민법 제368조의 제1항은 "동일한 채권의 담보로 수개의 부동산에 저당권을 설정한 경우에 그 부동산의 경매대가를 동시에 배당하는 때에는 각 부동산의 경매대가에 비례하여 그 채권의 분담을 정한다"라고 규정하고, 제2항은 "전항의 저당 부동산 중 일부의 경매대가를 먼저 배당하는 경우에는 그 대가에서 그 채권 전부의 변제를 받을 수 있다. 이 경우에 그 경매한 부동산의 차순위 저당권자는 선순위 저당권자가 전항의 규정에 의하여 다른 부동산의 경매대가에서 변제를 받을 수 있는 금액의 한도에서 선순위자를 대위하여 저당권을 행사할 수 있다"라고 규정하고 있다.

그런데 선박은 원래 동산에 속하는 것일뿐더러, 상법 제871조 제1항, 제3항은 등기된 선박은 저당권의 목적으로 할 수 있고, 선박의 저당권에 대하여는 민법의 저당권에 관한 규정을 준용한다고 규정하고 있으나, 선박을 부동산으로 본다는 규정을 따로 두고 있지 아니하므로 동일한 채권의 담보로 부동산과 선박에 저당권을 설정한 경우 이는 민법 제368조 제1항에 정하여진 '동일한 채권의 담보로 수개의 부동산에 관하여 저당권을 설정한 경우'에 해당하지 아니하고, 따라서 민법 제368조 제1항이 적용됨을 전제로 하여 후순위 저당권자의 대위권을 정하고 있는 민법 제368조 제2항 후문의 규정은 동일한 채권의 담보로 부동산과 선박에 저당권이 설정된 경우에는 직접 적용되지 아니한다고 할 것이다.

또한, 민법 제368조 제2항 후문이 정하고 있는 후순위 저당권자의 대위권은 민법 제368조 제1항이 적용됨을 전제로 하는 것이므로 동일한 채권의 담보로 부동산과 선박에 저당권이 설정된 경우 민법 제368조 제2항 후문의 규정이 유추적용되기 위하여는 먼저 동일한 채권의 담보로 마쳐진 부동산과 선박에 대한 저당권이 동일한 절차에 따라 실행되어 그 경매대가를 동시에 배당하는 것이 법률상 가능하여야 할 것인데, 구 민사소송법(2002. 1. 26. 법률 제6626호로 전문 개정되기 전의 것)은 선박을 목적으로 하는 담보권의 실행을 위한 경매절차에 준용되는 선박의 강제집행절차와 부동산을 목적으로 하는 담보권의 실행을 위한 경매절차에 준용되는 부동산강제경매절차를 서로 다른 별개의 절차로 구분하고 있을 뿐 아니라, 비록 선박의 강제집행절차에 부동산의 강제경매에 관한 여러 규정을 준용하고는 있지만 선박이 동산인 점을 고려하여 선박의 강제집행절차에 관하여 부동산의 강제경매와는 다른 여러 규정을 두고 있으므로 선박을 목적으로 하는 담보권의 실행을 위한 경매절차와 부동산을 목적으로 하는 담보권의 실행을 위한 경매절차는 법률상 별개의 절차에 해당하고, 따라서 동일한 채권의 담보로 부동산과 선박에 근저당권이 설정된 경우 동일한 절차에서 담보권이 실행되어 그 경매대가가 동시에 배당될 수 없어 민법 제368조 제1항이 적용될 여지가 없으므로 동일한 채권의 담보로 부동산과 선박에 저당권이 설정된 경우 민법 제368조 제2항 후문의 규정이 유추적용된다고 보기도 어렵다.

아울러, 부동산의 등기와 선박의 등기는 각기 공시방법을 달리하고 있을 뿐 아니라, 동일한 채권의 담보로 부동산과 선박에 저당권이 설정된 경우 공동저당의 관계에 있음을 공시할 수 있는 아무런 근거규정이 없어 공동저당의 관계가 등기부에 공시될 수 없는 실정인 바, 그와 같이 등기부에 공동저당의 관계에 있음이 공시되지 아니한 이상 후순위 저당권자가 공동저당 목적물의 경매대가에 의한 책임부분의 분담이라는 기대를 가질 여지도 별로 없으므로 이 점에서도 동일한 채권의 담보로 부동산과 선박에 저당권이 마쳐진 경우 민법

제368조 제2항 후문의 규정을 유추적용하여야 한다고 보기도 어렵다.

따라서 동일한 채권의 담보로 부동산과 선박에 대하여 저당권이 설정된 경우에는 민법 제368조 제2항 후문의 규정이 적용 또는 유추적용되지 아니하므로 동일한 채권을 담보하기 위하여 부동산과 선박에 선순위 저당권이 설정된 후 선박에 대하여서만 후순위 저당권이 설정된 경우 먼저 선박에 대하여 담보권 실행절차가 진행되어 선순위 저당권자가 선박에 대한 경매대가에서 피담보채권 전액을 배당받음으로써 선박에 대한 후순위 저당권자가 부동산과 선박에 대한 담보권 실행절차가 함께 진행되어 동시에 배당을 하였더라면 받을 수 있었던 금액보다 적은 금액만을 배당받게 되었다고 하더라도 선박에 대한 후순위 저당권자는 민법 제368조 제2항 후문의 규정에 따라 부동산에 대한 선순위 저당권자의 저당권을 대위할 수 없다고 할 것이다.

같은 취지의 원심의 판단은 정당하고, 거기에 민법 제368조의 적용 범위에 관한 법리를 오해한 위법이 없다. 상고이유서와 상고이유보충서 중의 주장들을 받아들이지 아니한다. 그러므로 원고의 상고를 기각하고, 상고비용을 원고의 부담으로 하기로 관여 대법관들의 의견이 일치되어 주문에 쓴 바와 같이 판결한다.

대법관　　강신욱(재판장)　조무제(주심)　유지담　손지열

2) 공동저당권의 성립

동일한 채권을 담보하기 위해 수개의 부동산에 저당권을 설정하기로 하는 합의가 있어야 한다. 수개의 저당권이 동시에 설정될 필요는 없어서 추가저당도 가능하고, 수개의 부동산의 소유자가 달라도 무방하며, 수개의 저당권이 각 부동산에서 점하는 순위가 달라도 무방하고, 민법상의 저당권과 공장저당법상의 저당권이 설정된 경우처럼 저당권의 종류가 달라도 무방하다. 그리고 각 부동산에 저당권설정의 등기를 해야 한다. 부동산등기법에 의하면, 각 부동산에 저당권설정등기를 하는 때에는 다른 부동산에 관한 저당권의 표시를 하고, 그 권리가 함께 담보의 목적이라는 뜻을 기재해야 한다(제149조). 공동담보부동산이 5개 이상인 때에는 등기신청서에 공동담보목록을 첨부해야 하는데(제146조 제1항), 공동담보목록은 등기부의 일부로 간주되고 그 기재는 등기로 간주된다(제151조).

부동산등기법

제145조(공동담보)

여러 개의 부동산에 관한 권리를 목적으로 하는 저당권의 설정등기를 신청하는 경우에는 신청서에 각 부동산에 관한 권리를 표시하여야 한다.

제146조(공동담보목록)

① 제145조의 경우에 부동산이 5개 이상이면 신청서에 공동담보목록을 첨부하여야 한다.

② 제1항의 목록에는 각 부동산에 관한 권리의 표시를 하고 신청인이 기명날인하여야 한다.

제147조(추가공동담보)

1개 또는 여러 개의 부동산에 관한 권리를 목적으로 하는 저당권의 설정등기를 한 후 동일한 채권에 대하여 다른 1개 또는 여러 개의 부동산에 관한 권리를 목적으로 하는 저당권 설정의 등기를 신청하는 경우에는 신청서에 종전의 등기를 표시하는 데에 충분한 사항을 적어야 한다.

제149조(공동담보등기의 기재)

제145조에 따른 등기신청에 따라 각 부동산에 관한 권리에 대하여 등기를 하는 때에는 그 부동산의 등기용지 중 해당 구 사항란에 다른 부동산에 관한 권리의 표시를 하고, 그 권리가 함께 담보의 목적이라는 뜻을 적어야 한다.

제150조(공동담보목록의 기재)

신청서에 공동담보목록을 첨부한 경우에 각 부동산에 관한 권리에 대하여 등기를 할 때에는 그 부동산의 등기용지 중 해당 구 사항란에 공동담보목록에 적힌 다른 부동산에 관한 권리가 함께 담보의 목적이라는 뜻을 적어야 한다. [개정 1996.12.30]

제151조(공동담보목록의 성질)

공동담보목록은 등기부의 일부로 보고, 그 기재는 등기로 본다.

제152조(추가공동담보등기의 기재)

① 제147조에 따른 등기신청에 따라 등기를 할 때에는 그 등기와 종전의 등기에 각 부동산에 관한 권리가 함께 담보의 목적이라는 뜻을 적어야 한다.

② 제1항의 경우에는 제138조 제2항·제3항, 제149조 및 제150조를 준용한다.

제145조(공동담보)

여러 개의 부동산에 관한 권리를 목적으로 하는 저당권의 설정등기를 신청하는 경우에는 신청서에 각 부동산에 관한 권리를 표시하여야 한다.

등기시스템상 신청서의 접수시각과 등기관이 실제로 등기를 완료한 시각은 불일치할 수밖에 없다. 이에 따라 등기의 효력발생시기에 관하여 등기기록에 공시되는 접수일자인지 아니면 등기관이 등기를 마친 시각인지를 두고 다툼이 발생할 가능성이 있다. 이를 해결하기 위해서 등기관이 등기를 마치면 그 등기의 효력은 '접수한 때'부터 효력을 발생하는 것으로 하는 규정을 신설하려는 개정논의를 하고 있다(부동산등기법 전면개정안 제6조 제2항).

민법

제186조(부동산물권변동의 효력) 부동산에 관한 법률행위로 인한 물권의 득실변경은 등기하여야 그 효력이 생긴다.

*저당권설정계약과 물권변동의 관계

저당권설정계약, 즉 물권행위를 하면 물권변동이 발생하는가? 현행법은 입법정책적으로 물권변동의 효력발생요건으로 등기를 요구하고 있다. 그렇다고 하더라도 물권행위의 구성요소가 물권적 의사표시이외에 등기까지 포함된다는 의미는 아니다. 물권행위는 법률행위이고, 법률행위는 의사표시를 구성요소로 하는 것이기 때문이다. 만약 물권행위의 구성요소를 물권적 의사표시라고 할 경우에는 법률요건인 물권행위를 하였는데 왜 그에 상응하는 법률효과가 발생하지 않는지에 대하여 의문을 표시하면서, 물권행위의 구성요소는 물권적 의사표시와 등기를 포함한다는 견해도 있다. 그런데 유언의 경우에도 의사표시가 있으면 즉시 유언의 효력이 발생하지 않고 피상속인의 사망이라는 요건이 충족되어야만 유언의 법률효과가 비로소 발생하게 된다. 그렇다고 하여 유언이라는 단독행위의 구성요소는 유언과 피상속인의 사망이라고 말할 수는 없다. 따라서 법률요건으로서의 물권행위를 하였더라고 등기하기 전에는 법률효과로서의 물권변동이 발생하지 않는 것은 법리적으로 문제가 되는 것은 아니다. 즉 물권행위라는 법률행위는 유언이라는 법률행위와 유사한 면(즉 유효요건을 갖추어야 법률효과가 발생한다)이 있다는 정도로 이해하면 될 것으로 생각된다.

현행 민법 제365조(저당지상의 건물에 대한 경매청구권)는 "토지를 목적으로 저당권을 설정한 후 그 설정자가 그 토지에 건물을 축조한 때에는 저당권자는 토지와 함께 그 건물에 대하여도 경매를 청구할 수 있다. 그러나 그 건물의 경매대가에 대하여는 우선변제를 받을 권리가 없다"라고 규정하고 있다. 이와 관련하여 판례는 민법 제365조에 기한 일괄경매청구권은 '토지저당권설정자가 건물을 축조하여 동일인이 소유하고 있는 경우'에 한하지만(대법원 1999. 4. 20.자 99마146 결정), 토지와 그 지상건물의 소유자가 이에 대하여 공동저당권을 설정한 후 건물을 철거하고 그 토지상에 새로이 건물을 축조하여 동일인이 소유하고 있는 경우에는 건물이 없는 나대지(裸垈地)상

에 저당권을 설정한 후 그 설정자가 건물을 축조한 경우와 마찬가지로 저당권자는 민법 제365조에 의하여 그 토지와 신축건물의 일괄경매를 청구할 수 있다고 한다(대법원 1998. 4. 28. 97마 2935 결정).

＊저당된 건물 철거 후 신축된 건물을 철거 전 저당권으로 경매 가능한지 여부

병(丙)은 갑(甲)에게 돈을 빌려주면서 甲소유의 대지와 건물을 공동담보로 공동저당권을 설정하였으나, 甲은 저당된 건물을 철거하고 새로이 건물을 신축하면서 구 건물에 대한 멸실등기를 하지 않고, 신축건물을 보존등기 한 후 乙에게 새로운 고액의 저당권을 설정해주어 건물은 하나임에도 등기부상은 두 채의 건물로 된 상태이다. 이 경우에 병(丙)은 대지만의 경매로는 완전한 채권만족을 받을 수 없다고 판단하여 구 건물에 대한 저당권으로 신축건물까지 경매하려고 할 경우에 가능한지가 문제된다. 이와 관련하여 저당권이 설정된 건물을 수리 또는 증축함에 있어서 그 증축부분이 구조상·이용상으로 기존건물과 구분되는 독립성이 없어 독립한 소유권의 객체가 되지 않는 경우와 같이 기존건물과 현존건물의 동일성이 인정되는 때에는 현존건물이 다시 보존등기되었다 하여도 후에 등기한 보존등기는 무효인 것이고, 기존건물에 설정된 저당권의 효력이 현존건물에도 미치게 된다(대법원 1967. 6. 15. 67마439 결정). 그러나 위 사안과 같이 기존건물을 철거하고 새로이 건물을 신축한 경우에 대하여 판례는 건물이 멸실된 경우에 멸실된 건물에 대한 등기용지는 폐쇄될 운명에 있으며(대법원 1994. 6. 10. 선고 93다24810 판결), 멸실된 건물과 신축된 건물이 위치나 기타 여러 가지 면에서 서로 같다고 하더라도 그 두 건물이 동일한 건물이라고는 할 수 없으므로, 신축건물의 물권변동에 관한 등기를 멸실건물의 등기부에 등재하여도 그 등기는 진실에 부합하지 아니하는 것으로서 무효이고, 비록 신축건물의 소유자가 멸실건물의 등기를 신축건물의 등기로 전용(轉用)할 의사로서 멸실건물의 등기부상 표시를 신축건물의 내용으로 표시변경등기를 하였다고 하더라도 그 등기가 무효임에는 변함이 없으며(민법 제186조; 대법원 1980. 11. 11. 선고 80다441 판결; 1992. 3. 31. 선고 91다39184 판결), 구건물 멸실 후에 신축건물이 신축되었고 구건물과 신축건물 사이에 동일성이 없는 경우 멸실된 구건물에 대한 근저당권설정등기는 무효이며, 이에 기하여 진행된 임의경매절차에서 신축건물을 매수하였다고 하더라도 그 소유권을 취득할 수 없다(대법원 1993. 5. 25. 선고 92다15574 판결; 1976. 10. 26. 선고 75다2211 판결). 그러므로 신축건물과 멸실된 건물이 그 재료, 위치, 구조 기타의 면에서 유사하다고 하여도 양자가 동일성이 인정되는 건물이라고 할 수는 없으므로, 신축건물에 대하여는 기존건물에 설정되었던 저당권의 효력이 미치지는 않는다고 할 것이다. 다만, 대지에 대한 저당권은 그대로 유효한 것이므로 민법 제365조(저당지상의 건물에 대한경매청구권)에 의하

여 대지에 대한 경매신청과 함께 저당권이 설정된 이후에 저당대지에 신축된 건물에 대하여
는 일괄경매를 신청할 수 있다. 판례도 민법 제365조에 기한 일괄경매청구권은 '저당권설정
자가 건물을 축조하여 소유하고 있는 경우'에 한하지만(대법원 1999. 4. 20. 99마146 결정),
토지와 그 지상건물의 소유자가 이에 대하여 공동저당권을 설정한 후 건물을 철거하고 그 토
지상에 새로이 건물을 축조하여 소유하고 있는 경우에는 건물이 없는 나대지(裸垈地)상에 저
당권을 설정한 후 그 설정자가 건물을 축조한 경우와 마찬가지로 저당권자는 민법 제365조에
의하여 그 토지와 신축건물의 일괄경매를 청구할 수 있다고 하였다(대법원 1998. 4. 28. 97
마2935 결정). 이러한 경우에 병(丙)은 대지의 매각대금에 대하여만 저당권설정 당시의 순위
에 따른 우선변제를 받을 수 있을 뿐, 건물의 매각대금에 대하여는 우선변제를 받을 수 없으
며, 대지의 매각대금을 넘는 채권액에 대하여는 다른 일반채권자와 동일하게 가압류를 하거
나 집행권원을 확보하여 배당요구를 하여야 한다.

3) 후순위저당권자와의 관계

　공동저당권자는 그 선택에 따라 어느 목적물로부터 채권의 전부나 일부의 우선변제를 받을 수
있음이 원칙이다. 공동저당부동산의 일부가 물상보증인 또는 제3취득자의 소유에 속하더라도 공동
저당권의 실행에는 지장이 없으며, 채권자는 담보물권의 불가분성에 의해 공동저당부동산 전부에
대해 또는 그 중 일부를 분리하여 경매신청을 할 수 있고 이는 권리남용이 아닌 한 불법행위를
구성하지 않는다. 그런데 민법 제368조는 후순위저당권자와 부동산소유자를 보호하고 공평을 기하
기 위해 배당방식과 차순위자의 대위권을 규정하고 있으며, 이 한도에서 공동저당권자의 자유는
제한된다.

민법
제368조(공동저당과 대가의 배당, 차순위자의 대위)
① 동일한 채권의 담보로 수개의 부동산에 저당권을 설정한 경우에 그 부동산의 경매대가를
동시에 배당하는 때에는 각부동산의 경매대가에 비례하여 그 채권의 분담을 정한다.
② 전항의 저당부동산 중 일부의 경매대가를 먼저 배당하는 경우에는 그 대가에서 그 채권전
부의 변제를 받을 수 있다. 이 경우에 그 경매한 부동산의 차순위저당권자는 선순위저당권자
가 전항의 규정에 의하여 다른 부동산의 경매대가에서 변제를 받을 수 있는 금액의 한도에서
선순위자를 대위하여 저당권을 행사할 수 있다.

첫째, 동시배당의 경우에는 제368조 제1항이 적용된다(부담의 안분). 즉 동일한 채권의 담보로 수개의 부동산에 저당권을 설정한 경우에 그 부동산의 경매대가를 동시에 배당하는 때에는 각 부동산의 경매대가에 비례하여 그 채권의 분담을 정한다. 민법 제368조 제1항에서 말하는 '각 부동산의 경매대가'란 매각대금에서 당해 부동산이 부담할 경매비용과 선순위채권을 공제한 잔액을 말한다(대법원 2003. 9. 5. 선고 2001다66291 판결). 예를 들어 갑이 3천만 원의 피담보채권으로 매각대금이 각 1천만 원, 2천만 원, 3천만 원인 채무자 소유의 A, B, C의 공동저당부동산으로부터 1순위자로서 동시에 배당받는 경우에 갑은 A · B · C로부터 각 3천만 원의 1/6, 2/6, 3/6에 해당하는 5백만 원, 1천만 원, 1천5백만 원을 배당받는다. 만약 을이 B부동산에 채권액 1천3백만 원의 2번 저당권을 가지고 있다면 을은 남은 매각대금 1천만 원(매각대금－배당금액)을 배당받고 3백만 원은 무담보채권으로 존속한다.

＊case(매각대금은 편의상 경매비용 등을 공제한 배당총액을 지칭하는 것으로 함)

X: 채무자

A: 채권자, 피담보채권액은 6,000만 원,

　　X소유의 갑(甲) 건물(시가 6,000)과 을(乙) 토지(시가 4,000)에 1번 저당권을 설정한다.

　　갑(甲) 건물에는 2순위저당권자 B(피담보채권액 3,000)

　　을(乙) 토지에는 2순위저당권자 C(피담보채권액 2,000)

이 경우에 채권자 A가 2개의 부동산에 있는 저당권을 동시에 실행할 경우에, A의 피담보채권액 6,000만원은 갑(甲)건물과 을(乙)토지의 매각대금에서 비율에 따라서 우선적으로 배당받을 수 있다.

피담보채권액 6,000×갑(甲) 건물시가 6,000/총 배당금 1억(갑 건물 6,000＋을 토지 4,000)＝3600

피담보채권액 6,000×을(乙) 토지시가 4,000/총 배당금 1억(갑 건물 6,000＋을 토지 4,000)＝2400

갑 건물의 제2순위자인 B는 갑 건물로부터 2,400만 원 배당받을 수 있다.

을 토지의 제2순위자인 C는 을 토지로부터 1,600만 원 배당받을 수 있다.

둘째, 이시배당의 경우에는 제368조2항이 적용된다. 이시배당의 경우에는 후순위저당권자의 저당권의 법정대위 문제가 발생한다. 즉 공동저당권자는 저당부동산 중 일부를 우선 실행할 수도 있다(제368조 제2항 제1문). 공동저당부동산 중 일부의 경매대가를 먼저 배당하는 경우에는 공동저당권자는 그 대가에서 안분배당이 아닌 그 채권 전부의 변제를 받을 수 있다(제368조 제2항 전문). 이 경우에 후순위저당권을 가진 자는 공동저당의 동시배당(안분배당)의 경우보다 불이익을 당하게 된다. 따라서 현행 민법은 경매된 부동산의 차순위저당권자는 동시배당시의 안분배분으로 선순위저당권자, 즉 공동저당권자가 다른 부동산의 경매대가에서 변제받을 수 있는 금액의 한도에서 선순위자를 대위하여 저당권을 행사할 수 있도록 규정하고 있다(제368조 제2항 후문).

민법

제368조(공동저당과 대가의 배당, 차순위자의 대위)

① 동일한 채권의 담보로 수개의 부동산에 저당권을 설정한 경우에 그 부동산의 경매대가를 동시에 배당하는 때에는 각부동산의 경매대가에 비례하여 그 채권의 분담을 정한다.

② 전항의 저당부동산 중 일부의 경매대가를 먼저 배당하는 경우에는 그 대가에서 그 채권전부의 변제를 받을 수 있다. 이 경우에 그 경매한 부동산의 차순위저당권자는 선순위저당권자가 전항의 규정에 의하여 다른 부동산의 경매대가에서 변제를 받을 수 있는 금액의 한도에서 선순위자를 대위하여 저당권을 행사할 수 있다.

예를 들어 갑이 3천만 원의 피담보채권으로 매각대금이 각 1천만 원, 2천만 원, 3천만 원인 채무자 소유의 A, B, C의 공동저당부동산 중에서 B부동산에 대해 먼저 배당하는 경우의 구체적 내용을 설명하면 다음과 같다. 을이 B부동산에 채권액 1천3백만 원의 2번 저당권을 가지고 있다. 갑은 B부동산의 매각대금 2천만 원 전부를 배당받게 된다. 그 후 매각대금이 3천만 원인 C부동산에 관해 배당하는 경우, 갑은 나머지 채권잔액인 1천만 원을 배당받게 된다. 이 경우에 을은 갑을 대위하여 C부동산에서 5백만 원(갑이 동시배당을 받았을 경우의 C부동산의 안분액 1,500만 원 - 갑의 실제 배당액 1,000만 원)을 배당받고, A부동산에서 갑이 동시배당을 받았을 경우의 A부동산의 안분액인 5백만 원의 한도에서 갑을 대위할 수 있으며 나머지 3백만 원은 무담보채권으로 존속한다.

> 갑이 3천만 원의 피담보채권으로 매각대금이 각 1천만 원, 2천만 원, 3천만 원인 채무자 소유의 A, B, C의 공동저당부동산으로부터 1순위자로서 '동시배당' 받는 경우의 구체적 내용은 다음과 같다. 갑은 A · B · C로부터 각 3천만 원의 1/6, 2/6, 3/6에 해당하는 5백만 원, 1천만 원, 1천5백만 원을 배당받는다.

만약 채무자 X에 대한 채권자 A의 피담보채권액이 6,000만 원이라고 가정하자. 이 경우에 채무자 X소유의 갑(甲) 건물(시가 6,000)과 을(乙) 토지(시가 4,000)에 1번 저당권이 설정되었다. 갑(甲) 건물에는 2순위저당권자 B(피담보채권액 3,000)가 있고, 을(乙) 토지에는 2순위저당권자 C(피담보채권액 2,000)가 있다. 만약 채권자 A가 갑(甲) 건물에 있는 저당권만을 실행한다고 가정할 경우에 구체적 내용은 다음과 같다. A는 갑(甲) 건물의 대가로부터 채권전액에 대하여 우선적으로 변제를 받을 수 있다. 이렇게 되면 매각대금 전부가 A에게 배당되었기 때문에 더 이상 배당금액이 존재하지 않게 된다. 그 결과 후순위자인 B는 우선변제를 받을 수 없게 된다. 현행 민법은 이러한 이시배당의 경우에, 경매한 부동산의 차순위저당권자는 선순위저당권자가 전항의 규정에 의하여 다른 부동산의 경매대가에서 변제를 받을 수 있는 금액의 한도에서 선순위자를 대위하여 저당권을 행사할 수 있다고 규정하고 있다(제368조 제2항). 따라서 차순위저당권자인 B는 선순위저당권자 A가 을(乙) 토지의 경매대가에서 변제받을 수 있는 금액(2,400)의 한도 내에서 을(乙)토지 위의 A의 1번 저당권을 대위할 수 있도록 규정하고 있다. 그 결과 을(乙) 토지의 저당권이 이후에 실행되면 B가 이제는 1순위자로서 선순위저당권자 A가 을(乙) 토지의 경매대가에서 변제받을 수 있는 금액(2,400)의 '한도 이내'에서 자신의 피담보채권액인 3,000만원을 우선변제를 받게 되므로, 결국 2,400만원만 우선적으로 배당받고, 한도를 초과한 600만원(3,000-2,400)은 무담보의 채권이 되는 것이고, 을(乙) 토지의 제2순위자인 C는 잔액에서 1,600만원의 배당[4,000(토지매각대금)-2,400(A의 권리를 대위하여 1순위자가 된 B가 배당받은 금액)]을 우선적으로 받고 나머지 400만 원은 무담보의 채권이 된다.

한편, 대위권의 발생시기와 후순위저당권자의 지위에 대하여 살펴보면 다음과 같다. 甲 부동산(경매대가: 6,000), 乙 부동산(경매대가: 4,000), 채무자 X라고 할 경우에, A(피담보채권액: 6,000)는 甲 부동산의 1번 저당권자, 乙 부동산의 1번 저당권자이고, B(피담보채권액: 2,400)는 甲 부동산의 2번 저당권자이다. 그리고 C(피담보채권액: 1,600)는 乙 부동산의 2번 저당권자이다. 현행 민법 제368조 제2항 제2문은 선순위 공동저당권자가 채권의 전부를 변제받은 경우뿐만 아니라 일부변제를 받은 경우에도 적용된다(통설). A가 乙부동산만을 실행(4,000)하는 경우에는 그의 피담보채권(6,000)이 만족되지 않는다. 왜냐하면 A의 피담보채권액은 6,000임에 반해 乙부동산의 가액은 4,000이기 때문이다. 그런데 甲 부동산에 대하여 저당권을 실행한 경우와 달리, 乙 부동산에 대하여 저당권을 실행한 경우에는 피담보채권이 여전히 만족을 얻지 못하고 있기 때문에 甲 부동산에 대한 저당권은 소멸되지 않는다. 저당권의 불가분성 때문이다. 乙 부동산의 2번 저당권자인 채권자 C(피담보채권액: 1,600)는 A가 乙부동산만을 실행(4,000)하여 매각대금전부를 배당받았기 때문에 배당금액이 없다. 이 경우에 乙 부동산의 2번 저당권자인 채권자 C(피담보채권액: 1,600)는 장차 채권자 A(피담보채권액: 6,000)를 대위하여 저당권을 실행할 수 있는 지위가 부여된다(제 368조 제2항 제2문). 즉 乙 부동산의 2번 저당권자인 C(피담보채권액: 1,600)는 자신의 피담보채권 1,600을 甲 부동산으로부터 甲 부동산의 2번 저당권자인 채권자 B에 우선하여 배당받을 수 있다.

민법

제368조(공동저당과 대가의 배당, 차순위자의 대위)

① 동일한 채권의 담보로 수개의 부동산에 저당권을 설정한 경우에 그 부동산의 경매대가를 동시에 배당하는 때에는 각부동산의 경매대가에 비례하여 그 채권의 분담을 정한다.

② 전항의 저당부동산 중 일부의 경매대가를 먼저 배당하는 경우에는 그 대가에서 그 채권전부의 변제를 받을 수 있다. 이 경우에(채권전부의 변제를 받을 수 있는 경우에) 그 경매한 부동산의 차순위저당권자는 선순위저당권자가 전항의 규정에 의하여 다른 부동산의 경매대가에서 변제를 받을 수 있는 금액의 한도에서 선순위자를 대위하여 저당권을 행사할 수 있다.

만약 제368조 제2항 제2문은 선순위 공동저당권자가 채권의 전부를 변제받은 경우에만 적용된다고 한다면 C는 전혀 담보권의 이익을 받지 못하는 데에 반해, 다른 저당부동산의 후순위저당권자 즉 甲 부동산의 2번 저당권자인 B만이 유리한 배당을 받게 되는 결과가 초래된다. 다만, 乙 부동산의 2번 저당권자인 C(피담보채권액: 1,600)의 대위권은 A가 완전한 변제를 받은 때에 비로소 발생하며 그 이전에는 대위권을 취득할 수 있는 법적 지위에 있을 뿐이라고 보아야 한다. 즉 대위권의 발생시기는 공동저당권자가 채권에 대한 완제를 받아 공동저당권이 소멸한 때이다(통설). 이렇게 해석하는 것이 제368조 제2항의 규정취지와 부합하게 된다. 따라서 공동저당권이 피담보채권의 만족을 통하여 소멸하기 전까지 C는 일종의 기대권을 가지고 있는 것으로 보아야 한다. 한편, 공동저당권자 A가 乙에 대한 선순위의 저당권을 포기하는 것은 후순위저당권자의 대위가능성을 해치는 것이므로 기대권의 침해가 될 수 있다. 왜냐하면 A가 저당권을 포기하면 C가 대위할 A의 저당권이 없어져 甲부동산에 관하여 C가 A를 대위할 수 있는 가능성이 원천적으로 봉쇄되기 때문이다. 따라서 공동저당권자가 다른 부동산 위의 저당권을 포기함으로써 후순위자의 대위가능성을 없앤 경우에는 기대권의 침해가 되기 때문에, 후순위자는 그 공동저당권자에게 불법행위책임(제750조)을 물을 수 있고, 또한 후순위자의 동의 없이 한 공동저당권 포기는 후순위자에게 효력이 없는 것으로 보아야 한다(제371조 제2항 유추적용). 또한 혼동의 경우에도 제191조 제1항 단서의 규정에 의하여 선순위저당권자의 그 부동산에 대한 저당권은 소멸하지 않는다.

민법

제371조(지상권, 전세권을 목적으로 하는 저당권)

① 본장의 규정은 지상권 또는 전세권을 저당권의 목적으로 한 경우에 준용한다.

② 지상권 또는 전세권을 목적으로 저당권을 설정한 자는 저당권자의 동의없이 지상권 또는 전세권을 소멸하게 하는 행위를 하지 못한다.

제191조(혼동으로 인한 물권의 소멸)

① 동일한 물건에 대한 소유권과 다른 물권이 동일한 사람에게 귀속한 때에는 다른 물권은 소멸한다. 그러나 그 물권이 제삼자의 권리의 목적이 된 때에는 소멸하지 아니한다.

② 전항의 규정은 소유권이외의 물권과 그를 목적으로 하는 다른 권리가 동일한 사람에게 귀속한 경우에 준용한다.

③ 점유권에 관하여는 전2항의 규정을 적용하지 아니한다.

***○× 문제**

동일한 물건에 대한 소유권과 다른 물권이 동일한 사람에게 귀속한 때에는 다른 물권은 혼동으로 소멸한다(제191조 제1항). 동일한 물건에 대한 소유권과 다른 물권이 동일한 사람에게 귀속한 때에는 다른 물권은 언제나 혼동으로 소멸한다(×).

다른 물권이 제3자의 권리목적이 된 경우에는 소멸하지 않는다(제191조 제1항 단서). 예를 들어 후순위저당권이 있는 목적물에 관하여 공동저당권을 가지고 있는 자가 그 목적물에 관한 소유권을 취득하였다 하더라도 제191조 제1항 단서에 의하여 혼동에도 불구하고 저당권은 소멸하지 않는다.

한편, 대위에 의하여 공동저당권자의 저당권은 후순위저당권자에게 이전된다. 이것은 법률의 규정에 의한 물권변동(제368조 제2항)이므로 등기를 요하지 않는다(제187조). 만약 등기를 하는 경우에는 후순위저당권자에게 이전된 공동저당권에 대위를 원인으로 한 저당권이전의 부기등기를 함으로써 공시할 수 있다. 대위의 범위와 관련하여, 민법 제368조에 의한 차순위저당권자의 대위의 부기등기는 공동저당물의 경매대가에 비례하여 분담할 금액의 한도 내에서 할 수 있다[4293민상 106].

한편, 대위의 대상인 공동저당권자의 저당권등기가 말소된 후 제3자를 위한 새로운 저당권설정 등기가 경료된 경우에도 후순위저당권자는 대위의 부기등기 없이 신저당권자인 제3자에게 대위를 주장할 수 있는지가 문제된다. 부정설은 거래안전을 위하여 대위를 원인으로 한 저당권이전의 부기등기를 해야만 신저당권자에게 대항할 수 있다는 입장이다. 긍정설은 저당권의 법정양도의 효력은 말소에 의해 영향받지 않기 때문에 말소된 경우와 그렇지 않은 경우를 구별하여 달리 취급할 근거가 없다는 입장이다. 뿐만 아니라 신저당권을 설정하려는 자는 등기부를 보고 예전에 공동저당권이 말소되었다는 사실과 현재 후순위저당권이 있다는 사실을 알 수 있으므로 특별히 보호할 필요가 없다고 한다. 생각건대, 법리적인 측면에서 살펴보면, 후순위저당권자는 대위의 부기등기 없이도 공동저당권자가 가지고 있던 저당권을 이전받는 것이다(법정대위). 특히 등기의 공신력이 인정되지 않은 이상 신저당권자인 제3자가 선의라고 하더라도, 대위권자의 의사에 기하지 않은 저당권 말소는 원인무효이고, 대위권자는 제3자에게 대항할 수 있다. 그 결과 대위권자는 말소회복 등기와 대위에 의한 저당권이전의 부기등기를 청구할 수 있다고 생각된다.

그런데 전술한 학설대립은 실익이 없다고 생각된다. 왜냐하면 법률규정에 의한 저당권의 이전이지만, 이미 등기실무에서는 이러한 경우에 반드시 대위에 의한 저당권이전의 부기등기를 하고 있기 때문이다. 따라서 실무상의 특별한 문제가 발생할 가능성은 크지 않다. 오히려 다음과 같이 법률개정을 하는 것도 일정한 실익이 있을 것으로 생각한다. 경매한 부동산의 차순위저당권자는 선순위저당권자가 다른 부동산의 경매대가에서 변제를 받을 수 있는 금액의 한도에서 선순위자를 대위하여 저당권을 행사할 수 있다. 왜냐하면 대위의 법적 효과는 대위에 의하여 공동저당권자의 저당권이 후순위저당권자에게 이전되기 때문이다. 이것은 법률의 규정에 의한 물권변동(민법 제368조 제2항)이므로 등기를 요하지 않게 된다(민법 제187조). 따라서 대위로 인하여 저당권이 이전되었음에도 불구하고 등기를 경료할 필요가 없다. 그 결과 다음과 같은 문제가 발생할 수 있다. 공동저당권자의 저당권설정등기가 말소되고 그 후 제3자를 위한 새로운 저당권설정등기가 된 경우에, 거래안전을 위하여 대위의 부기등기 없이 새로운 저당권자에 대하여 대위를 주장할 수 없다고 보아야 하는지, 아니면 신저당권을 설정하려는 자는 등기부를 보고 예전에 공동저당권이 말소되었다는 사실과 현재 후순위저당권이 있다는 사실을 알 수 있었기 때문에 특별히 보호할 필요가 없으므로 새로운 저당권자에 대하여 대위를 주장할 수 있다고 보아야 되는지 문제가 된다. 이러한 문제를 해결하기 위해서는 부동산등기법 개정안에 공동저당의 대위등기 규정의 신설보다는 오히려 다른 측면에서 접근할 필요성이 있다. 즉 제187조에 의한 물권변동이라는 점을 고려하여 장래의 선의의 이해관계인을 보호하기 위해서는 법원이 대위로 인한 저당권이전의 부기등기를 촉탁할 수 있는 규정을 신설함으로써 공동저당의 대위등기제도를 대체하는 것은 어떠할지 검토할 필요성이 있다. 만약 이를 인정한다면 등기절차의 간명화를 넘어서 실체적 법률관계를 효율적으로 조정할 수 있다는 점에서 의미가 있다. 이러한 입법론이 반영된다면, 종래의 공동저당권자의 저당권설정등기가 말소되고 그 후 제3자를 위한 새로운 저당권설정등기가 되어있는 경우에, 대위의 부기등기 없이 새로운 저당권자에게 대하여 대위를 주장할 수 있겠는가의 비판을 입법적으로 해결하는 것으로 일정한 의미가 있다고 생각한다.

4) 물상보증인 또는 제3취득자와의 관계

공동저당의 목적물의 전부 또는 일부가 채무자 이외의 자(예: 물상보증인, 제3취득자)의 소유에 속하는 경우에도 공동저당권은 아무런 영향을 받지 않는다. 다만 이러한 부동산이 경매되는 경우에는 그 소유자였던 물상보증인 또는 제3취득자는 변제자대위의 규정(제481조, 제482조)에 의하여 다른 목적물 위의 공동저당권자를 대위한다.

민법

제481조(변제자의 법정대위) 변제할 정당한 이익이 있는 자는 변제로 당연히 채권자를 대위한다.

제482조(변제자대위의 효과, 대위자간의 관계)

① 전2조의 규정에 의하여 채권자를 대위한 자는 자기의 권리에 의하여 구상할 수 있는 범위에서 채권 및 그 담보에 관한 권리를 행사할 수 있다.

② 전항의 권리행사는 다음 각 호의 규정에 의하여야 한다.

1. 보증인은 미리 전세권이나 저당권의 등기에 그 대위를 부기하지 아니하면 전세물이나 저당물에 권리를 취득한 제삼자에 대하여 채권자를 대위하지 못한다.

2. 제3취득자는 보증인에 대하여 채권자를 대위하지 못한다.

3. 제3취득자 중의 1인은 각부동산의 가액에 비례하여 다른 제3취득자에 대하여 채권자를 대위한다.

4. 자기의 재산을 타인의 채무의 담보로 제공한 자가 수인인 경우에는 전호의 규정을 준용한다.

5. 자기의 재산을 타인의 채무의 담보로 제공한 자와 보증인간에는 그 인원수에 비례하여 채권자를 대위한다. 그러나 자기의 재산을 타인의 채무의 담보로 제공한 자가 수인인 때에는 보증인의 부담부분을 제외하고 그 잔액에 대하여 각 재산의 가액에 비례하여 대위한다. 이 경우에 그 재산이 부동산인 때에는 제1호의 규정을 준용한다.

　그런데 공동저당부동산의 일부가 물상보증인의 소유에 속하고 공동저당권자 외에 후순위저당권자가 있는 경우에는 두 가지 문제가 발생한다. 첫째, 물상보증인 소유의 공동저당부동산에 관한 배당이 먼저 실시되는 경우에 제481조에 의한 물상보증인의 변제자대위권과 제368조 2항 후문에 의한 후순위저당권자의 대위권이 동시에 발생하는데 어느 것을 우선시켜야 하는지의 문제이다. 둘째, 채무자 소유의 공동저당부동산에 관한 배당이 먼저 실시되는 경우에 그 후순위저당권자는 물상보증인 소유의 공동저당부동산에 대해 선순위자를 대위할 수 있는지의 문제이다. 물상보증인 우선설에 의하면, 물상보증인의 대위권과 후순위저당권자의 대위권이 충돌하는 경우에는 물상보증인의 대위권을 우선시켜야 하고, 채무자 소유 공동저당부동산의 후순위저당권자는 물상보증인이 제공한 공동저당부동산에 관해서는 선순위자를 대위할 수 없다고 한다. 이 견해에 의하면, 공동저당부동산의 일부가 물상보증인이 제공한 것인 때에는 제368조 제2항 후문의 적용이 제한된다. 물상보증인은 채무자 소유의 부동산이 공동담보되어 있기 때문에 구상권행사의 효과를 확실히 거둘 수 있으리라고 기대하고서 공동저당의 목적물을 제공한 것임을 근거로 든다. 한편, 후순위저당권자 우선설에 의하면, 물상보증인의 대위권과 후순위저당권자의 대위권이 충돌하는 경우에는 후순위저당권자의 대위권을 우선시켜야 하고, 공동저당부동산의 일부가 물상보증인의 소유에 속하는 경우에도 제368조 제2항은 제한 없이 적용된다는 견해이다. 물상보증인은 부동산가액에 비례한 피담보채권의 안분액만큼 부담할 각오가 되어 있음을 근거로 든다. 판례는 물상보증인의 변제자대위를 우선하는 것으로 보여지는데, 이를 간략하게 설명하면 다음과 같다. 채무자 소유의 부동산이 먼저 실행되는 경우에 채권자가 물상보증인 소유 토지와 공동담보로 주채무자 소유 토지에 '1번 근저당권'을 취득한 후 이와 별도로 주채무자 소유 토지에 2번 근저당권을 취득한 사안에서, 먼저 주채무자의 토지에 대하여 피담보채무의 불이행을 이유로 근저당권이 실행되어 경매대금에서 1번 근저당권의 피담보채권액을 넘는 금액이 배당된 경우에는, 변제자 대위의 법리에 비추어 볼 때 민법 제368조 제2항은 적용되지 않으므로 후순위(2번) 저당권자인 채권자는 물상보증인 소유 토지에 대하여 자신의 1번 근저당권을 대위행사할 수 없고, 따라서 물상보증인의 근저당권설정등기는 그 피담보채무의 소멸로 인하여 말소되어야 한다. 즉 채무자소유의 부동산과 물상보증인 소유의 부동산에 공동저당권이 설정되어 있는 경우에, 채무자 소유의 부동산이 먼저 실행되어 공동저당권자가 우선변제를 받더라도 채무자 소유부동산의 후순위저당권자는 물상보증인에게 동 규정에 의한 대위를 주장할 수 없다고 한다(95다36596). 즉 물상보증인은 채무자의 모든 채무를 위하여 아무런 제한 없이 자신의 부동산에 저당권을 설정해 준 것은 아니다. 물상보증인은 채무 없이 '특정한 피담보채권'에 한하여 물적 보증의 의사로 책임만을 지는 자이다. 즉 채무자소유의 부동산과 자신의 부동산에 대하여 공동저당권을 설정해 준 전제는 바로 특정한 피담보채권액을 보증해 주기 위한 것이라는 점을 유의할 필요성이 있다. 따라서 그 특정한 피담보채권액을 초과하여 채무자소유의 부동산이 경락된 경우에는 자신이 담보하는 피담보채권은 경락에 의하여 소멸되었다고 보아야 한다. 그 결과 물상보증인의 근저당권은 피담보채권의 소멸로 말소대상이 되는 것이다. 따라서 채무자소유의 공동저당권자의 후순위저당권자은 자신의 채무자에 대한 채권관계와 아무런 관련이 없는 물상보증인의 부동산에 대하여 공동저당권자를 법정대위할 수 없다. 왜냐하면 물상보증인은 공동저당권자와의 관계에서만 특정한 피담보채권의 존재를 전제로 하여 물적 보증을 지는 자이기 때문이다.

---

*대법원 1996. 3. 8. 선고 95다36596 판결 【근저당권설정등기말소등】

【판시사항】

[1] 주채무자와 물상보증인이 공동으로 근저당권을 설정한 후 먼저 주채무자가 제공한 근저당권이 실행된 경우, 물상보증인의 피담보채무의 확정 시기

[2] 공동저당에 있어서 채무자 소유 부동산 위의 후순위 저당권자의 대위권이 물상보증인 소유의 부동산에까지 미치는지 여부(소극)

【판결요지】

[1] 채권자가 물상보증인 소유 토지와 공동담보로 주채무자 소유 토지에 1번 근저당권을 취득한 후 이와 별도로 주채무자 소유 토지에 2번 근저당권을 취득한 사안에서, 물상보증인에 대한 근저당권의 피담보채권의 발생 원인인 어음거래 약정이 그 결산기가 정하여져 있지 않고 물상보증인의 토지에 대하여 아직 경매신청이 되지 않았더라도, 먼저 주채무자의 토지에 대하여 피담보채무의 불이행을 이유로 근저당권이 실행된 이상, 채권자와 물상보증인 사이의 근저당권 설정계약의 원인관계인 어음거래 약정에 기한 거래는 그로써 종료되고 그 경매신청 시에 그 피담보채권이 확정된다.

[2] 채권자가 물상보증인 소유 토지와 공동담보로 주채무자 소유 토지에 1번 근저당권을 취득한 후 이와 별도로 주채무자 소유 토지에 2번 근저당권을 취득한 사안에서, 먼저 주채무자의 토지에 대하여 피담보채무의 불이행을 이유로 근저당권이 실행되어 경매대금에서 1번 근저당권의 피담보채권액을 넘는 금액이 배당된 경우에는, 변제자 대위의 법리에 비추어 볼 때 민법 제368조 제2항은 적용되지 않으므로 후순위(2번) 저당권자인 채권자는 물상보증인 소유 토지에 대하여 자신의 1번 근저당권을 대위행사할 수 없고, 따라서 물상보증인의 근저당권설정등기는 그 피담보채무의 소멸로 인하여 말소되어야 한다.

【참조조문】

[1] 민법 제357조 제1항 / [2] 민법 제368조 제2항, 제481조, 제482조

【참조판례】

　[1] 대법원 1989. 11. 28. 선고 89다카15601 판결(공1990, 146), 대법원 1991. 9. 10. 선고 91다17979(공1991, 2516), 대법원 1993. 3. 12. 선고 92다48567 판결(공1993상, 1167)/[2] 대법원 1994. 5. 10. 선고 93다25417 판결(공1994상, 1638), 대법원 1995. 6. 13.자 95마500 결정(공1995하, 2493)

【전문】

【원고, 상고인】　정용호 (소송대리인 동서법무법인 담당변호사 박우동)

【피고, 피상고인】　신세계투자금융 주식회사(상호변경 전: 한일투자금융 주식회사)

　　　　　　　　　(소송대리인 변호사 박재봉)

【원심판결】　부산고법 1995. 7. 14. 선고 94나11224 판결

【주문】

　원심판결을 파기한다. 사건을 부산고등법원에 환송한다.

【이유】

　상고이유를 판단한다.

　1. 원심판결 이유에 의하면, 원심은 소외 주식회사 삼덕주택(후에 주식회사 비전주택으로 상호가 변경되었다. 이하 소외 회사라고 한다.)이 1991. 1. 31. 피고와 사이에 거래한도액을 5억 원으로 하는 어음거래 약정을 체결함에 있어서 원고는 소외 회사의 피고에 대한 위 어음거래 약정에 기한 채무를 연대보증함과 동시에 그 소유의 이 사건 토지를 담보로 제공하여 피고 앞으로 채권최고액을 7억 원으로 한 근저당권설정등기와 지상권설정등기를 각 경료하였으며, 소외 회사는 그 무렵 피고로부터 자신이 발행한 5억 원의 어음을 할인받은 사실, 소외 회사는 1991. 1. 31. 다시 소외 동남은행의 지급보증 아래 피고로부터 자신이 발행한 20억 원의 어음을 할인받으면서 피고와 사이에 거래한도액을 25억 원으로 하는 어음거래 약정을 체결하고 원고는 다시 소외 회사의 피고에 대한 위 어음거래 약정에 기한 채무도 연대보증한 사실, 그 후 1991. 8. 30.에 이르러 소외 동남은행의 소외 회사에 대한 지급보증이 해지되어 소외 회사는 그 소유의 부산 남구 남천동 산 9의 11 임야 1,959㎡ 및 같은 동 산 9의 12 임야 5,585㎡(이하 남천동 토지라 한다)를 담보로 제공함에 있어서 1번 근저당권은 소외 회사의 1991. 1. 31.자 어음거래 약정으로 인한 채무를 담보하기 위하여 이 사건 토지에 공동담보로 추가하는 내용의 채권최고액 7억 원의 1번 근저당권설정등기를 경료하고, 이

어 채권최고액 20억 원의 2번 근저당권설정등기와 지상권설정등기를 경료한 사실, 소외 회사와 피고는 소외 회사가 할인한 어음의 만기가 도래하는 경우 소외 회사가 발행한 신규 어음을 다시 할인하여 기존 어음을 결제하는 방식에 의하여 그 할인어음의 만기를 연장하여 온바, 소외 회사가 피고로부터 할인하고 결제하지 아니한 어음금액이 현재 20억 원에 이르는 사실 등은 당사자 사이에 다툼이 없다고 한 후, 원고가 이 사건 청구원인으로 주장하는 1991. 8. 30. 피고가 소외 회사로부터 위 남천동 토지를 담보로 제공받으면서 이 사건 토지를 그 담보에서 해제하여 이 사건 토지에 관하여 경료된 근저당권설정등기 등을 말소하기로 약정하였다는 첫째 주장에 대하여는, 이에 부합하는 증거를 모두 믿지 않고 이를 배척하였으며, 소외 회사는 위 남천동 토지를 담보로 제공하면서 피고와 사이에 어음거래 한도액을 20억 원으로 하는 어음거래 약정을 다시 체결한 바 있는데 당시 원고는 소외 회사의 연대보증인이 된 바 없고, 기존의 어음거래 약정에 기한 소외 회사의 채무는 기존의 할인어음이 결제 또는 회수되어 소멸하였으며, 그렇지 않다 할지라도 피고가 위 남천동 토지들에 관한 담보권을 실행하여 1993. 11. 23. 그 경매대금에서 1,688,405,920원을 배당받았으므로 위 남천동 토지와 이 사건 토지에 관하여 설정된 채권최고액 7억 원의 근저당권의 피담보채권은 모두 소멸되었다고 할 것이니, 피고는 원고에게 위 약정 내지는 피담보채권의 소멸을 원인으로 하여 이 사건 토지에 관하여 경료된 위 각 근저당권설정등기 및 지상권설정등기의 말소등기 절차를 이행할 의무가 있다는 둘째 주장에 대하여는, 우선 소외 회사와 피고 사이에 1991. 8. 30. 다시 어음거래 한도액을 20억 원으로 하는 어음거래 약정을 체결하였다는 점에 부합하는 증거는 모두 믿지 아니하고 그 밖의 원고 제출의 각 증거만으로는 이를 인정하기에 부족하며 달리 이를 인정할 증거가 없다고 한 후, 앞서 본 사실관계에 의하면 이 사건 토지에 관한 피고 명의의 근저당권은 소외 회사가 피고와의 어음거래로 인하여 발생하는 모든 채무를 7억 원 한도 내에서 담보하는 것이라고 풀이되므로 피고가 위 남천동 토지에 관한 근저당권을 실행하여 1,688,405,920원을 배당받았다 할지라도 그것이 피고가 소외 회사에게 가지는 어음할인 금액인 20억 원에 미달되는 이상 이 사건 토지에 관한 근저당권의 피담보채권이 모두 소멸하였다고는 볼 수 없는 것이니 원고의 위 주장 역시 그 이유가 없다고 판단하고 있다.

2. 원심판결 이유를 기록에 비추어 살펴보면, 원심의 위와 같은 사실인정은 정당한 것으로 수긍이 가고, 거기에 채증법칙을 위배하였거나 심리를 다하지 못한 위법이 없다. 이 점을 지적하는 상고이유는 받아들일 수 없다.

3. 그런데 이 사건 근저당권의 피담보채권의 발생 원인이 되는 이 사건 어음거래 약정은 그 결산기가 정하여져 있지 아니하고 이 사건 토지에 대하여 아직 경매신청도 되지 않았으나 피고가 이 사건 토지와 공동담보로 제공된 소외 회사 소유의 남천동 토지에 대하여 피담보채무의 불이행을 이유로 경매신청을 한 이상 이 사건 근저당권 설정계약의 원인관계인 이 사건 어음거래 약정에 기한 거래는 그로써 종료되고 그 경매신청 시에 그 피담보채권이 확정되었다고 보아야 할 것이다(대법원 1988. 10. 11. 선고 87다카545 판결; 1989. 11. 28. 선고 89다카15601 판결 참조). 따라서 원고는 위 남천동 토지의 경매신청 시에 확정된 어음금 20억 원의 채무 전부에 대하여 연대보증 책임이 있다고 할 것이지만 이 사건 토지에 관한 물상보증 책임은 그 채권최고액인 7억 원의 한도라고 할 것이므로, 만일 원심판결 이유에서 판시한 바와 같이 주채무자인 소외 회사 소유의 남천동 토지의 1, 2번 근저당권자인 피고에게 경락대금 중 1,688,405,920원이 배당되었다면 이 금액은 우선 1번 근저당권의 피담보채무의 변제에 충당되고 그 나머지가 2번 근저당권의 피담보채무의 변제에 충당되는 것이므로 남천동 토지의 1번 근저당권과 공동 담보로 제공된 이 사건 토지 위에 설정된 근저당권의 피담보채무는 이로써 모두 소멸되었다고 하지 않을 수 없다. 위 남천동 토지 위에 설정된 1번 근저당권이 이 사건 토지의 근저당권과 공동저당이고 위 남천동 토지의 경매 대금이 먼저 배당된 경우이기는 하지만, 위 남천동 토지가 주채무자 소유이고 이 사건 토지가 물상보증인인 원고 소유이므로 변제자 대위의 법리에 비추어 볼 때 이 경우에는 민법 제368조 제2항은 적용되지 않는다고 할 것이므로 후순위(2번) 저당권자인 피고가 이 사건 토지에 대하여 자신의 1번 근저당권을 대위행사할 수 있는 것도 아니다(대법원 1994. 5. 10.선고 93다25417 판결; 1995. 6. 13.자 95마500 결정 참조). 그러므로 이 사건 근저당권설정등기는 그 피담보채무의 소멸로 인하여 말소되어야 할 것임에도 불구하고 이와 다른 견해에 선 원심판결은 근저당권의 확정 및 변제 충당에 관한 법리를 오해하여 판결에 영향을 미친 위법을 저질렀다고 하지 않을 수 없다. 상고이유는 이 점을 지적하는 범위 내에서 이유 있다.

4. 그러므로 원심판결을 파기하고, 사건을 다시 심리·판단케 하기 위하여 원심법원에 환송하기로 관여 법관의 의견이 일치되어 주문과 같이 판결한다.

대법관　　박준서(재판장)　박만호　김형선　이용훈(주심)

그리고 물상보증인 소유의 부동산이 먼저 실행된 경우에는 물상보증인 소유의 부동산'에 대하여 '먼저 경매'가 이루어져 그 경매대금의 교부에 의하여 1번 저당권자가 변제를 받은 때에는 물상보증인은 (자신이 변제한 것과 유사한 상황이 발생했기 때문에) 채무자에 대하여 구상권을 취득함과 동시에 민법 제481조, 제482조의 규정에 의한 변제자대위에 의하여 채무자 소유의 부동산에 대한 1번 저당권을 취득하고, 이러한 경우 물상보증인 소유의 부동산에 대한 후순위저당권자는[자신의 저당권은 비록 소멸되었지만, 물상보증인의 법정대위권은 물상보증인 소유부동산의 가치변형물로 평가할 수 있다. 이러한 전제에 의한다면 물상보증인 소유부동산의 후순위저당권자는 물상보증인이 갖게 되는 법정대위권을 물상대위하여 물상보증인의 권리를 행사할 수 있다. 따라서 결과적으로 후순위저당권자는 채무자소유의 부동산의 공동저당권자의 순위(만약 1순위라면)를 행사할 수 있다] 물상보증인에게 이전한 1번 저당권으로 우선하여 변제를 받을 수 있다고 한다(93다25417).

＊대법원 1994 .5. 10. 선고 93다25417 판결 【근저당권설정등기말소】

【판시사항】

가. 공동저당에 있어서 후순위저당권자의 대위와 물상보증인의 변제자대위가 충돌하는 경우의 법률관계의 우선순위

나. 물상보증인이 대위취득한 선순위저당권설정등기에 대하여 선순위저당권의 피담보채무의 소멸을 이유로 말소청구를 할 수 있는지 여부

【판결요지】

가. 공동저당의 목적인 채무자 소유의 부동산과 물상보증인 소유의 부동산에 각각 채권자를 달리하는 후순위저당권이 설정되어 있는 경우, 물상보증인 소유의 부동산에 대하여 먼저 경매가 이루어져 그 경매대금의 교부에 의하여 1번 저당권자가 변제를 받은 때에는 물상보증인은 채무자에 대하여 구상권을 취득함과 동시에, 민법 제481조, 제482조의 규정에 의한 변제자대위에 의하여 채무자 소유의 부동산에 대한 1번 저당권을 취득하고, 이러한 경우 물상보증인 소유의 부동산에 대한 후순위저당권자는 물상보증인에게 이전한 1번 저당권으로부터 우선하여 변제를 받을 수 있으며, 물상보증인이 수인인 경우에도 마찬가지라 할 것이므로(이 경우 물상보증인들 사이의 변제자대위의 관계는 민법 제482조 제2항 제4호, 제3호에 의하여 규율될 것이다), 자기 소유의 부동산이 먼저 경매되어 1번 저당권자에게 대위변제를 한 물상보증인은 1번 저당권을 대위취득하고, 그 물상보증인 소유의 부동산의 후순위저당권자는 1번 저당권에 대하여 물상대위를 할 수 있다.

나. 물상보증인이 대위취득한 선순위저당권설정등기에 대하여는 말소등기가 경료될 것이 아니라 물상보증인 앞으로 대위에 의한 저당권이전의 부기등기가 경료되어야 할 성질의 것이며, 따라서 아직 경매되지 아니한 공동저당물의 소유자로서는 1번 저당권자에 대한 피담보채무가 소멸하였다는 사정만으로는 말소등기를 청구할 수 없다.

【참조조문】

민법 제368조 제2항, 제481조, 제482조, 제370조, 제342조

【전문】

【원고, 상고인】 박준주 소송대리인 변호사 김훈

【피고, 피상고인】 주식회사 서울신탁은행 소송대리인 변호사 정경철

【보조참가인】 박상연 외 1인 피고보조참가인들 소송대리인 법무법인 태평양합동법률사무소 담당변호사 김인섭 외 2인

【원심판결】 서울민사지방법원 1993.4.13. 선고 92나35812 판결

【주문】

상고를 기각한다.

상고비용은 원고의 부담으로 한다.

【이유】

상고이유를 본다.

(1) 원심판결 이유에 의하면, 원심은, ① 피고은행이 소외 코리아임펙스 트레이딩 주식회사(이하 소외회사라 한다)에게 금 1,218,979,822원을 대여하면서, 소외 회사 소유의 판시 별지목록 제3기재 부동산 및 각각 원고, 소외 황세원, 같은 박준호, 같은 박준규 소유의 판시 별지목록 제1, 2, 4, 5기재 부동산(이하 이 사건 제1 내지 5부동산이라 한다)에 대하여 각 1, 2, 3번공동근저당권설정등기를 경료하고, 그 후 추가로 위 박준규의 소유의 이 사건 제5부동산에 대하여 5번근저당권설정등기까지 경료한 사실, 소외 신용보증기금이 소외 회사에게 금 7,022,460원(판시 금 30,000,000원은 오기로 보인다)을 대여하면서, 이 사건 제1 내지 5부동산에 대하여 각 4번공동근저당권설정등기를 경료한 사실, 피고보조참가인(이하 참가인이라 한다) 박상연이 위 박준호에게 금 300,000,000원(판시 금 30,000,000원은 오기로 보인다)을 대여하면서, 동인 소유의 이 사건 제4부동산 및 각각 위 황세원, 소외 회사 소유의 이 사건 제2, 3부동산에 대하여 각 5번공동근저당권설정등기를 경료한 사실, 참가인 주식회사 한국외환

은행이 소외 태광상역 주식회사에 금 291,695,643원을 대여하면서, 위 박준규 소유의 이 사건 제5부동산에 대하여 6번근저당권설정등기를 경료한 사실, ② 그 후 소외 회사가 위 대출금상환을 연체하자 피고은행은 공동담보물인 이 사건 제1 내지 5부동산에 대하여 따로 따로 임의 경매신청을 하는 바람에, 각 그 경매절차가 별도로 진행된 결과, 이 사건 제2 내지 5부동산에 대한 경매절차가 먼저 종료되어 각 그 배당절차에서 피담보채권을 전부 변제받고 이 사건 제1부동산에 대한 경매는 이를 취하한 사실, 한편 위 신용보증기금은 이 사건 제5부동산에 대한 경매절차에서 그 피담보채권 전액을 변제받았으나, 위 각 부동산에 대한 경매절차가 동시(同時)에 이루어지지 아니하고 이시(異時)에 이루어짐에 따라, 후순위근저당권자인 참가인 박상연은 이 사건 제2, 3, 4부동산에 대한 경매절차에서 전혀 배당을 받지 못하였고, 후순위근저당권자인 참가인 은행은 이 사건 제5부동산에 대한 경매절차에서 금 23,528,860원만을 배당받은 사실을 인정한 다음, 위 인정사실에 의하면, 공동저당의 목적물 중 물상보증인 소유의 부동산이 있는 경우에도 민법 제368조 제2항은 적용되어야 하므로 먼저 경매된 이 사건 제2 내지 5부동산의 후순위저당권자인 참가인들은 동시배당이 되었더라면 피고가 이 사건 제1부동산의 경매대가에서 배당받을 수 있었던 금액 범위 내에서 선순위저당권자인 피고를 대위하여 근저당권을 행사할 수 있으며, 그 범위 내에서 피고의 이 사건 제1부동산에 대한 1, 2, 3번근저당권은 차순위저당권자인 참가인들에게 이전되었으므로, 원고는 근저당권이전의 기초가 되는 피고의 위 각 근저당권설정등기의 말소를 구할 수 없고, 나아가 가사 물상보증인의 변제자대위가 우선한다 하더라도 물상보증인들이 변제자대위에 의하여 피고의 위 각 근저당권을 취득하였으므로, 원고는 위 각 근저당권설정등기의 말소등기를 청구할 수 없다고 판단하여 원고의 이 사건 청구를 기각하였다.

(2) 공동저당의 목적인 채무자 소유의 부동산과 물상보증인 소유의 부동산에 각각 채권자를 달리하는 후순위저당권이 설정되어 있는 경우에 있어서, 물상보증인 소유의 부동산에 대하여 먼저 경매가 이루어져 그 경매대금의 교부에 의하여 1번저당권자가 변제를 받은 때에는 물상보증인은 채무자에 대하여 구상권을 취득함과 동시에, 민법 제481조, 제482조의 규정에 의한 변제자대위에 의하여 채무자 소유의 부동산에 대한 1번저당권을 취득한다고 봄이 상당한바, 이는 물상보증인은 다른 공동담보물인 채무자 소유의 부동산의 담보력을 기대하고 자기의 부동산을 담보로 제공하였으므로, 그 후에 채무자 소유의 부동산에 후순위저당권이 설정되었다는 사정에 의하여 그 기대이익을 박탈할 수 없기 때문이라 할 것이다. 또한 이러한 경우 물상보증인 소유의 부동산에 대한 후순위저당권자는 물상보증인에게 이전한 위 1번 저당권으로부터 우선하여 변제를 받을 수 있다고 봄이 상당한바, 이는 물상보증인 소유의 부동산에 대한 후순위저당권자으로서는 공동저당의 목적물 중 채무자 소유의 부동산의 담보가치

뿐만 아니라, 물상보증인 소유의 부동산의 담보가치도 고려하여 저당권을 설정받았고, 물상보증인으로서는 자기 소유의 부동산에 설정된 후순위저당권에 의한 부담을 위 후순위저당권의 설정 당초부터 이를 감수하고 있었다고 할 수 있으며, 공동저당의 목적물 중 채무자 소유의 부동산이 먼저 경매된 경우 또는 공동저당의 목적물의 전부가 일괄경매된 경우와의 균형상, 물상보증인 소유의 부동산이 먼저 경매되었다는 우연한 사정에 의하여 물상보증인이 그 구상권에 대하여 채무자 소유의 부동산으로부터 후순위저당권자 보다도 우선하여 변제를 받을 수 있고, 본래 예정되어 있던 후순위저당권에 의한 부담을 면할 수 있다고 하는 것은 불합리하므로, 물상보증인 소유의 부동산이 먼저 경매된 경우에 있어서는 민법 제368조 제2항 후단이 후순위저당권자의 보호를 기하고 있는 취지를 고려하여 물상보증인에게 이전한 1번 저당권은 위 후순위저당권자의 피담보채권을 담보하는 것으로 되어, 위 후순위저당권자는 마치 위 1번 저당권상에 민법 제370조, 제342조의 규정에 의하여 물상대위를 하는 것과 같이 그 순위에 따라 물상보증인이 취득한 1번 저당권으로부터 우선하여 변제를 받을 수 있다고 보아야 하기 때문이다.

그리고 이러한 법리는 물상보증인이 수인인 경우에도 마찬가지라 할 것이므로(이 경우 물상보증인들 사이의 변제자대위관계는 민법 제482조 제2항 제4호, 제3호에 의하여 규율될 것이다), 자기 소유의 부동산이 먼저 경매되어 1번 저당권자에게 대위변제를 한 물상보증인은 위 1번 저당권을 대위취득하였고, 그 물상보증인 소유의 부동산의 후순위저당권자는 위 1번 저당권에 대하여 물상대위를 할 수 있다 할 것이므로, 그 1번 저당권설정등기는 말소등기가 경료될 것이 아니라 위 물상보증인 앞으로 대위에 의한 저당권이전의 부기등기(부동산등기법 제148조)가 경료되어야 할 성질의 것이며, 따라서 아직 경매되지 아니한 공동저당물의 소유자로서는 위 1번 저당권자에 대한 피담보채무가 소멸하였다는 사정만으로는 그 말소등기를 청구할 수 없다고 보아야 할 것이다.

따라서 원심이 공동저당물 중 물상보증인 소유의 부동산이 있는 경우에도 민법 제368조 제2항의 규정이 적용되어야 함을 전제로 원고의 이 사건 청구를 기각한 것은 후순위근저당권자의 대위에 관한 법리를 오해한 위법을 범하였다 할 것이다.

(3) 그러나 원심은 원고의 이 사건 청구에 대한 부가적 판단으로 / 가사 물상보증인의 변제자대위가 우선한다 하더라도 물상보증인들이 변제자대위에 의하여 이 사건 제1부동산에 대한 1, 2, 3번 근저당권을 취득하였으므로 원고는 그 근저당권설정등기들의 말소등기를 청구할 수 없다고 판단하여 원고의 청구를 기각하였는바, 원심이 적법히 인정한 위 사실관계에 의하면, 물상보증인인 위 황세원, 박준호, 박준규는 각 자기의 책임분담액을 초과하는 금액

(그 구체적인 액수는 이 사건 제1부동산이 경매되어야 확정될 것이다)의 한도에서 변제자대위에 의하여 이 사건 제1부동산에 대한 위 근저당권들을 취득하였다 할 것이고, 위 물상보증인들 소유의 이 사건 제2, 4, 5부동산에 대한 후순위저당권자인 참가인들은 위 물상보증인들에게 이전된 위 근저당권들에 대하여 물상대위를 할 수 있다 할 것이므로(다만 참가인 박상연의 후순위저당권 중 채무자 소유의 이 사건 제3부동산에 설정되어 있는 저당권은 민법 제368조 제2항이 적용되지 아니하므로 소멸하였다 할 것이다), 위 근저당권설정등기들은 위 소외인들 앞으로 대위에 의한 저당권이전의 부기등기가 경료되어야 할 성질의 것인즉, 원고로서는 피고에 대한 피담보채무가 소멸하였다는 사정만으로는 그 말소등기를 청구할 수 없다 할 것이다. 원심의 위와 같은 부가적 판시는 다소 미흡한 점은 있으나, 결국 위 소외인들이 변제자대위에 의하여 위 근저당권들을 취득함으로써 원고가 그 말소등기를 청구할 수 없다는 취지로 판단하고 있으므로, 위 근저당권설정등기들이 원인무효라는 원고의 주장은 배척될 것임이 명백하며, 따라서 원심의 위와 같은 법리오해는 판결결과에 영향이 없어 파기의 이유가 되는 위법이라 할 수 없다. 논지는 이유 없다.

(4) 그러므로 상고를 기각하고 상고비용은 패소자의 부담으로 하기로 하여 관여 법관의 일치된 의견으로 주문과 같이 판결한다.

대법관　　배만운(재판장)　김주한　김석수(주심)　정귀호

채무자로부터 공동저당부동산을 취득한 제3취득자는 피담보채권을 부담할 각오가 되어 있었을 것이고, '채무자 소유'의 공동저당부동산의 일부가 제3자에게 양도되었다는 우연한 사정으로 후순위저당권자의 지위가 불안하게 되는 것은 부당하므로, 후순위저당권자와의 관계에 있어서는 제3취득자를 채무자와 동일하게 취급함이 타당하다. 따라서 채무자로부터 공동저당부동산을 취득한 '제3취득자 소유의 공동저당부동산'에 관한 배당이 먼저 실시되는 경우에 제368조 제2항 후문에 의한 후순위저당권자의 대위권이 제481조에 의한 제3취득자의 대위권[일정한 경우에는 제3취득자가 대위권행사를 포기한 것으로 볼 수 있다(88다카4444 참고)]보다 우선하고, 채무자 소유의 공동저당부동산에 관한 배당이 먼저 실시되는 경우에 후순위저당권자는 제3취득자 소유의 공동저당부동산에 관해서도 선순위자를 대위할 수 있다. 즉 공동저당목적물의 후순위저당권이 설정된 당시에는 모두 채무자의 소유인 경우에는, 비록 그 이후에 일부의 소유권이 제3자에게 이전되었고, 그 제3자가 취득한 공동저당부동산에 관하여 배당이 먼저 실시된 경우에, 채무자가 동일한 경우와 다르게 볼 합리적인 이유가 없다. 그러함에도 불구하고 그 제3자를 위하여 변제자 대위권을 우선시킨다면 후순위저당권자는 저당권설정 이후에 우연한 사정에 의하여 민법 제368조 제2항의 대위권을 박탈당하게 되는 것이다. 이러한 결과는 후순위저당권자에게 가혹하다고 볼 수 있다. 특히 채무자로부터 공동저당부동산을 취득한 제3취득자는 채무자와 동일하게 피담보채권을 부담할 각오로 부동산을 취득하였다고 볼 수 있다. 따라서 후순위저당권자의 대위를 우선하는 것이 타당하다.

2. 근저당

1) 일반론

민법

제357조(근저당)

① 저당권은 그 담보할 채무의 최고액만을 정하고 채무의 확정을 장래에 보류하여 이를 설정할 수 있다. 이 경우에는 그 확정될 때까지의 채무의 소멸 또는 이전은 저당권에 영향을 미치지 아니한다.

② 전항의 경우에는 채무의 이자는 최고액 중에 산입한 것으로 본다.

근저당이란 계속적인 거래관계로부터 발생하고 소멸하는 다수의 불특정의 채권을 장래의 결산기에 일정한 한도액으로 확정시키고 그 범위까지 담보하려는 저당권이다. 이렇게 근저당권은 피담보채권이 결산기에 비로소 확정된다는 점에서, 처음부터 피담보채권이 확정되고 그 확정된 금액을 저당권신청서에 기재하여야 하는 일반적인 저당권과는 차이가 있다. 이러한 점에서 특수한 저당권이라고 하는 것이다. 특히 근저당권은 결산기에 비로소 피담보채권이 확정되므로, 근저당권설정계약 시부터 결산기까지에 비록 채권이 소멸되었다고 하도라고 근저당권이 소멸되지 않는 특징이 있다. 이렇게 근저당권은 피담보채권의 소멸에 영향을 받지 않고 존속한다는 점에서 부종성이 완화되는 특징이 있다. 그런데 근저당권도 저당권의 일종이므로, 만약 제357조가 없다면 부종성의 엄격성이 원칙적으로 적용되어야 할 것이다. 즉 부종성의 완화는 특별규정(제357조)이 존재하여야만 인정되는 것이고, 그러한 특별규정이 없다면 제369조에 의하여 부종성의 엄격성이 제한 없이 적용된다고 보아야 한다.

*○× 문제

근저당권은 장래의 채권을 담보하지만, 일반 저당권은 장래의 채권을 담보할 수 없다는 점에서 차이가 있다(×).

현행 민법은 장래의 채권을 담보할 수 있는 규정을 두고 있다(제26조, 제206조 제1항, 제443조, 제639조 제2항, 제662조 제2항). 따라서 장래의 채권을 담보하기 위하여 저당권을 설정할 수 있다. 이렇게 장래의 채권을 담보할 수 있다는 점에서는 근저당권과 저당권은 공통점이 있다. 다만, 보통의 저당권은 현재 또는 장래의 '특정채권'을 담보하지만, 근저당권은 장래의 증감 변동하는 '불특정채권'을 담보한다는 점에서 차이가 있다.

┌───┐

* ○ × 문제

　특정한 채권을 담보하기 위한 근저당권 등기는 유효하다(×).

　특정한 채권을 담보하기 위하여 그 형식을 근저당권으로 등기한 경우에, 근저당권으로서의
효력은 없지만, 저당권의 효력은 있는 것으로 보는 것이 판례의 입장이다(62다796).

└───┘

(1) 근저당권의 특징

　근저당권은 다음과 같은 특징이 있다. 첫째, 근저당권은 장래의 증감·변동하는 불특정의 채권
을 담보한다. 이러한 피담보채권의 불특정성으로 인해 피담보채권이 아직 존재하지 않더라도 물권
적 합의와 등기에 의해 저당권은 성립하고 피담보채권이 일시 소멸하더라도 저당권은 소멸하지
않는데, 이는 저당권의 성립과 소멸에 있어서 부종성의 예외가 된다. 그렇더라도 근저당권의 부종
성이 완전히 배제되는 것은 아니다. 둘째, 장래의 특정채권을 담보하기 위한 저당권은 채권이 특
정되어 있으므로 일반 저당권에 속하나, 근저당권은 장래의 불특정채권을 일정한 한도액까지 담보
한다는 점에서 장래의 특정채권을 담보하기 위한 저당권과는 다르다. 한편, 근저당권과 장래의 특
정채권을 담보하기 위한 저당권은 성립에 있어서 부종성이 완화되어 있다는 점에서 공통적이다.
근저당권은 소멸에 있어서의 부종성이 요구되지 않는 점에서 보통의 저당권과 크게 다르며, 이 점
이 보통저당권과 근저당권을 구별해 주는 가장 뚜렷한 특질이다. 셋째, 근저당권이라고 할 수 있
기 위하여는 원본채권 자체가 불확정적이어야 하므로, 단순히 원본채권의 이자나 손해배상액에 의
하여 피담보채권액이 증가하는 데 불과한 것은 보통저당권이다.

＊ ○ × 문제

　• 후순위 근저당권자가 경매를 신청한 경우, 선순위 근저당권의 피담보채권은 그 후순위 근저당권자가 경매를 신청한 때에 확정된다＜다툼이 있으면 판례에 의할 것＞(×).

　• 후순위 근저당권자가 경매를 신청한 경우, 선순위 근저당권의 피담보채권은 그 근저당권이 소멸하는 때에 확정된다＜다툼이 있으면 판례에 의할 것＞(○).

　• 후순위 근저당권자가 경매를 신청한 경우, 선순위 근저당권의 피담보채권은 경락인이 경락대금을 완납한 때에 확정된다＜다툼이 있으면 판례에 의할 것＞(○).

　후순위 근저당권자가 경매를 신청한 경우, 선순위 근저당권자는 자신이 경매신청을 하지 아니하였으면서도 경락으로 인하여 근저당권을 상실하게 되는 처지에 있으므로 거래의 안전을 해치지 아니하는 한도 안에서 선순위 근저당권자가 파악한 담보가치를 최대한 활용할 수 있도록 함이 타당하다. 따라서 선순위 근저당권자를 위하여 선순위 근저당권의 피담보채권은 그 '근저당권이 소멸하는 시기', 즉 경락인이 '경락대금을 완납'한 때에 확정된다(99다26085). 이 경우에 근저당권자는 확정된 피담보채권액을 가지고 배당절차에 참여함으로써 우선변제권을 주장할 수 있다. 즉 근저당권에 있어서 피담보채권의 확정은 원칙적으로 결산기이지만, 절대적으로 결산기에 피담보채권이 확정되는 것은 아니고, 다른 사유에 의해서도 결산기 이전에 확정될 수 있다.

＊ 대법원 1999. 9. 21. 선고 99다26085 판결 【배당이의】

【판시사항】

　후순위 근저당권자가 경매를 신청한 경우, 선순위 근저당권자의 피담보채권액이 확정되는 시기(＝경락대금 완납 시)

【판결요지】

　당해 근저당권자는 저당부동산에 대하여 경매신청을 하지 아니하였는데 다른 채권자가 저당부동산에 대하여 경매신청을 한 경우 민사소송법 제608조 제2항, 제728조의 규정에 따라 경매신청을 하지 아니한 근저당권자의 근저당권도 경락으로 인하여 소멸하므로, 다른 채권자가 경매를 신청하여 경매절차가 개시된 때로부터 경락으로 인하여 당해 근저당권이 소멸하게 되기까지의 어느 시점에서인가는 당해 근저당권의 피담보채권도 확정된다고 하지 아니할 수 없는데, 그중 어느 시기에 당해 근저당권의 피담보채권이 확정되는가 하는 점에 관하여 우리 민법은 아무런 규정을 두고 있지 아니한바, 부동산 경매절차에서 경매신청기입등기 이전에 등기되어 있는 근저당권은 경락으로 인하여 소멸되는 대신에 그 근저당권자는 민사소송법 제605조가 정하는 배당요구를 하지 아니하더라도 당연히 그 순위에 따라 배당을 받을 수 있고, 이러한 까닭으로 선순위 근저당권이 설정되어 있는 부동산에 대하여 근저당권을 취득하는 거래를 하려는 사람들은 선순위 근저당권의 채권최고액 만큼의 담보가치는 이미 선순위 근저당권자에 의하여 파악되어 있는 것으로 인정하고 거래를 하는 것이 보통이므로, 담보권 실행을 위한 경매절차가 개시되었음을 선순위 근저당권자가 안 때 이후의 어떤 시점에 선순위 근저당권의 피담보채무액이 증가하더라도 그와 같이 증가한 피담보채무액이 선순위 근저당권의 채권최고액 한도 안에 있다면 경매를 신청한 후순위 근저당권자가 예측하지 못한 손해를 입게 된다고 볼 수 없는 반면, 선순위 근저당권자는 자신이 경매신청을 하지 아니하였으면서도 경락으로 인하여 근저당권을 상실하게 되는 처지에 있으므로 거래의 안전을 해치지 아니하는 한도 안에서 선순위 근저당권자가 파악한 담보가치를 최대한 활용할 수 있도록 함이 타당하다는 관점에서 보면, 후순위 근저당권자가 경매를 신청한 경우 선순위 근저당권의 피담보채권은 그 근저당권이 소멸하는 시기, 즉 경락인이 경락대금을 완납한 때에 확정된다고 보아야 한다.

【참조조문】
  민법 제357조 제1항, 민사소송법 제608조 제2항

【참조판례】
  대법원 1997. 12. 9. 선고 97다25521 판결(공1998상, 220)

【전문】
【원고, 피상고인】 농업협동조합중앙회
【피고, 상고인】 주식회사 조치원상호신용금고
【원심판결】 대전고법 1999. 4. 21. 선고 98나5775 판결

【주문】
  원심판결 중 피고 패소 부분을 파기하여 그 부분 사건을 대전고등법원에 환송한다.

【이유】

상고이유를 판단한다.

당해 근저당권자는 저당부동산에 대하여 경매신청을 하지 아니하였는데 다른 채권자가 저당부동산에 대하여 경매신청을 한 경우 민사소송법 제608조 제2항, 제728조의 규정에 따라 경매신청을 하지 아니한 근저당권자의 근저당권도 경락으로 인하여 소멸한다. 그러므로 다른 채권자가 경매를 신청하여 경매절차가 개시된 때로부터 경락으로 인하여 당해 근저당권이 소멸하게 되기까지의 어느 시점에서인가는 당해 근저당권의 피담보채권도 확정된다고 하지 아니할 수 없다. 그런데 그중 어느 시기에 당해 근저당권의 피담보채권이 확정되는가 하는 점에 관하여 우리 민법은 아무런 규정을 두고 있지 아니하다.

원심판결 이유에 의하면, 이 문제에 대하여 원심은 근저당권자가 스스로 경매신청을 한 경우에는 근저당권자가 채무자와 더 이상 거래관계를 유지하지 아니하겠다는 취지의 의사를 표시한 것으로 볼 수 있는 그 신청 시에 근저당권의 피담보채권이 확정되는 것이지만, 이 사건과 같이 부동산의 후순위 근저당권자가 경매신청을 한 경우에 있어 그 선순위 근저당권의 피담보채권은, 선순위 근저당권자로 하여금 자신의 근저당권을 제대로 활용할 수 있는 최대한의 기한을 인정하면서도 후순위 근저당권자의 이익이나 신뢰를 보호하여 거래의 안정을 도모할 수 있는 시기인, 선순위 근저당권자가 경매절차 개시를 안 날의 다음 날에 확정된다고 판단하면서, 그 근거로 특별한 사정이 없는 한 선순위 근저당권자로서는 후순위 근저당권자의 신청에 의하여 근저당권의 목적물에 대하여 경매절차가 개시된 사실을 안 이후에는 신용이 악화된 채무자와 더 이상 거래관계를 유지하지 아니할 의사가 있는 것으로 추정할 수 있는 것이고, 선순위 근저당권자가 경매절차 개시 사실을 알고 있었음에도 불구하고 당시까지 채무자에 대한 채권액이 채권최고액에 미달한다는 이유로 그 후로도 채무자와 계속 거래함으로써 늘어난 채권까지 피담보채권에 포함시키는 것은 선순위 근저당권자를 보호할 법익이 적은 반면에 후순위 근저당권자의 이익을 침해하는 바가 커서 부당하고, 후순위 근저당권자가 선순위 근저당권의 채권최고액 만큼 저당목적물의 담보가치가 감소될 것을 사전에 예상하고 후순위 근저당권을 취득하였다고 하더라도 선순위 근저당권자가 경매절차 개시를 알게 된 당시의 선순위 근저당권의 피담보채권액이 채권최고액에 미달하는 만큼에 상당하는 이익을 후순위 근저당권자가 우연히 취득한다고 하여 이를 두고 부당하다고 할 수는 없다는 점을 들었다.

원심은 나아가 피고가 원심판결문 첨부 별지 목록 기재 각 부동산에 대하여 임의경매절차가 진행 중임을 알았다고 보여지는 때로서 이 사건 임의경매개시결정에 따른 채권신고최고서가 피고에게 도달한 날의 다음 날인 1996. 11. 19.에는 이미 피고의 제2 근저당권의 피담보채권이 확정되었고, 따라서 그 이후인 1997. 7. 3. 및 같은 해 8. 6. 두 차례에 걸쳐 피고가 제2 근저당권의 채무자인 소외 전응구의 약속어음을 할인해 준 금 25,300,000원과 24,000,000원을 합한 금 49,300,000원 및 이에 대하여 피고가 그 주장의 지연이자 금 5,556,717원을 붙여 배당신청한 금 54,856,717원의 어음할인금 채권은 제2 근저당권의 피담보채권이 될 수 없으므로 그에 해당하는 금액의 채권도 피고의 제2 근저당의 피담보채권임을 전제로 한 배당표는 그 한도 안에서 부당하다고 판단하였다.

그러나 부동산 경매절차에서 경매신청기입등기 이전에 등기되어 있는 근저당권은 경락으로 인하여 소멸되는 대신에 그 근저당권자는 민사소송법 제605조가 정하는 배당요구를 하지 아니하더라도 당연히 그 순위에 따라 배당을 받을 수 있고(대법원 1998. 7. 28. 선고 98다7179 판결 참조), 이러한 까닭으로 선순위 근저당권이 설정되어 있는 부동산에 대하여 근저당권을 취득하는 거래를 하려는 사람들은 선순위 근저당권의 채권최고액 만큼의 담보가치는 이미 선순위 근저당권자에 의하여 파악되어 있는 것으로 인정하고 거래를 하는 것이 보통이므로 담보권 실행을 위한 경매절차가 개시되었음을 선순위 근저당권자가 안 때 이후의 어떤 시점에 선순위 근저당권의 피담보채무액이 증가하더라도 그와 같이 증가한 피담보채무액이 선순위 근저당권의 채권최고액 한도 안에 있다면 경매를 신청한 후순위 근저당권자가 예측하지 못한 손해를 입게 된다고 볼 수 없다. 반면 선순위 근저당권자는 자신이 경매신청을 하지 아니하였으면서도 경락으로 인하여 근저당권을 상실하게 되는 처지에 있으므로 거래의 안전을 해치지 아니하는 한도 안에서 선순위 근저당권자가 파악한 담보가치를 최대한 활용할 수 있도록 함이 타당하다. 이와 같은 관점에서 보면 후순위 근저당권자가 경매를 신청한 경우 선순위 근저당권의 피담보채권은 그 근저당권이 소멸하는 시기, 즉 경락인이 경락대금을 완납한 때에 확정된다고 보아야 할 것이다. 결국 원심은 근저당권의 피담보채권의 확정시기에 대한 법리를 오해한 위법이 있고, 이는 판결 결과에 영향을 미쳤음이 분명하다.

그러므로 채증법칙 위반으로 인한 사실오인이 있다는 피고의 나머지 상고이유에 대하여 볼 필요 없이 원심판결 중 피고 패소 부분을 파기하여 그 부분 사건을 원심법원에 환송하기로 하여 관여 법관의 일치된 의견으로 주문과 같이 판결한다.

대법관　　박준서(재판장)　신성택　이임수(주심)　서성

근저당권에 있어서 피담보채권의 확정시기가 언제인지가 문제된다. 근저당권설정계약 또는 기본계약의 경우에는 그 계약에서 정한 결산기의 도래, 근저당권의 존속기간이 있는 경우에는 그 존속기간의 만료, 근저당권의 설정계약 또는 기본계약의 해지나 해제 등으로 채권이 확정된다고 보는 것이 일반적인 견해이다. 이렇게 피담보채권이 확정되면 변제기가 도래하는 것으로 본다. 근저당권자는 결산기 또는 존속기간이 도래하기 이전이라도 채무불이행을 이유로 경매를 신청할 수 있다. 이렇게 근저당권자가 피담보채무의 불이행을 이유로 스스로 경매신청을 한 경우에는 '경매신청 시'에 근저당 채무액이 확정되는 것이고, 근저당권이 확정되면 그 이후에 발생하는 원금채권은 그 근저당권에 의하여 담보되지 않는 것이다(대법원 1989. 11. 28. 선고 89다카15601 판결). 따라서 그 이후부터 근저당권은 부종성을 가지게 되어 보통의 저당권과 같은 취급을 받게 되는바(대법원 1997. 12. 9. 선고 97다25521 판결), 위와 같이 경매신청을 하여 경매개시결정이 있은 후에 경매신청이 취하되었다고 하더라도 채무확정의 효과가 번복되는 것은 아니라고 할 것이다(대법원 2002. 11. 26. 선고 2001다73022 판결).

---

*대법원 2002. 11. 26. 선고 2001다73022 판결 【배당이의】

【판시사항】

[1] 물상보증인이 근저당권의 피담보채무만을 면책적으로 인수하고 이를 원인으로 하여 근저당권 변경의 부기등기를 경료한 경우, 그 변경등기는 채무를 인수한 물상보증인이 다른 원인으로 근저당권자에 대하여 부담하게 된 새로운 채무까지 담보하는지 여부(소극)

[2] 근저당권자가 피담보채무의 불이행을 이유로 경매신청을 한 경우, 근저당권의 피담보채무액의 확정시기(＝경매신청 시) 및 경매개시결정이 있은 후 경매신청이 취하되면 채무확정의 효과가 번복되는지 여부(소극)

【판결요지】

[1] 물상보증인이 근저당권의 채무자의 계약상의 지위를 인수한 것이 아니라, 다만 그 채무만을 면책적으로 인수하고 이를 원인으로 하여 근저당권 변경의 부기등기가 경료된 경우, 특별한 사정이 없는 한 그 변경등기는 당초 채무자가 근저당권자에 대하여 부담하고 있던 것으로서 물상보증인이 인수한 채무만을 그 대상으로 하는 것이지, 그 후 채무를 인수한 물상보증인이 다른 원인으로 근저당권자에 대하여 부담하게 된 새로운 채무까지 담보하는 것으로 볼 수는 없다.

[2] 근저당권자가 피담보채무의 불이행을 이유로 경매신청을 한 경우에는 경매신청 시에 근

저당 채무액이 확정되고, 그 이후부터 근저당권은 부종성을 가지게 되어 보통의 저당권과 같은 취급을 받게 되는바, 위와 같이 경매신청을 하여 경매개시결정이 있은 후에 경매신청이 취하되었다고 하더라도 채무확정의 효과가 번복되는 것은 아니다.

【참조조문】

[1] 민법 제357조, 제459조 / [2] 민법 제357조 제1항

【참조판례】

[1] 대법원 1999. 9. 3. 선고 98다40657 판결(공1999하, 2026), 대법원 2000. 12. 26. 선고 2000다56204 판결(공2001상, 365) / [2] 대법원 1989. 11. 28. 선고 89다카15601 판결(공1990, 146), 대법원 1997. 12. 9. 선고 97다25521 판결(공1998상, 220)

【전문】

【원고, 피상고인】 홍성우 외 1인(소송대리인 변호사 정재훈)

【피고, 상고인】 영주제일새마을금고의 소송수계인 영주새마을금고(소송대리인 변호사 박만호)

【원심판결】 대구고법 2001. 10. 11. 선고 2000나8763 판결

【주문】

상고를 모두 기각한다. 상고비용은 피고의 부담으로 한다. 원심판결 주문 제1항의 '원고 이춘우'를 '원고 이우춘'으로 경정한다.

【이유】

상고이유를 본다.

1. 근저당권 피담보채무의 범위 등에 관한 주장에 대하여

물상보증인이 근저당권의 채무자의 계약상의 지위를 인수한 것이 아니라, 다만 그 채무만을 면책적으로 인수하고 이를 원인으로 하여 근저당권 변경의 부기등기가 경료된 경우, 특별한 사정이 없는 한 그 변경등기는 당초 채무자가 근저당권자에 대하여 부담하고 있던 것으로서 물상보증인이 인수한 채무만을 그 대상으로 하는 것이지, 그 후 채무를 인수한 물상보증인이 다른 원인으로 근저당권자에 대하여 부담하게 된 새로운 채무까지 담보하는 것으로 볼 수는 없다고 할 것이다(대법원 1999. 9. 3. 선고 98다40657 판결 참조).

원심판결 이유에 의하면, 원심은 그 판결에서 채용하고 있는 증거들을 종합한 판시 각 인정 사실에 터잡아, 최상호가 임용호의 황희균, 남홍춘, 김윤구(이하 '황희균 등'이라 한다)에 대한 채무를 인수한 행위는, 황희균 등과 마찬가지로 임용호에 대한 채권자의 지위에 있던 최상호가 그 채권회수를 위하여 이 사건 토지 및 건물과 영주시 풍기읍 수철리 317-4 토지를 임용호로부터 양도받았다가 양도부동산의 근저당권자인 황희균 등으로부터 이 사건 건물 및 토지에 대하여 근저당권을 추가로 설정하여 주면 자신들의 위 수철리 317-4 토지에 대한 근저당권을 포기하여 주겠다는 제의를 받고 이루어진 점, 그 결과 최상호는 위 수철리 317-4 토지에 대한 자신의 완전한 권리를 확보하게 되었고, 황희균 등은 이 사건 건물을 담보물에 추가함으로써 기존의 담보물만으로 부족한 담보능력을 보완할 수 있게 된 점, 결국 최상호의 채무인수와 이를 담보하기 위한 각 근저당권설정행위는 임용호의 채권자 상호 간에 담보물을 일부 포기하면서 추가하는 등 담보물을 정리하는 과정에서 이루어진 점, 그 인수가 있은 후 황희균 등과 최상호 사이에 어떠한 거래행위도 없었던 점 등에 비추어 보면, 위 채무인수 당시 최상호가 임용호의 황희균 등에 대한 계약상 지위를 그대로 인수한 것이라고는 보기 어렵고, 여기에다가 위 채무인수 과정에서 최상호와 황희균 등과의 사이에 작성된 계약서에 "위 당사자 간 확정채무의 면책적 인수계약을 하기 위하여 다음과 같이 계약을 체결한다"고 기재되어 있고, 근저당권부기등기의 등기원인에서도 "확정채무의 면책적 인수계약"으로 등재되어 있는 점 등을 종합하면, 황희균 등 명의의 각 근저당권은, 당초 임용호와 황희균 등과의 거래로 인한 채무를 포괄적으로 담보하였으나, 최상호가 임용호의 채무를 인수하면서 인수계약 당사자들 사이에서, 임용호가 황희균 등에 대하여 부담하고 있던 기존 차용금채무만을 한정적으로 담보하기로 약정하였다고 봄이 상당하므로, 최상호가 위 면책적 채무인수 이후에 피고 금고와 새로이 체결한 연대보증약정에 따른 채무는 위 근저당권의 피담보채무가 되지 않는다고 판단하고 있는바, 앞서 본 법리 및 기록에 비추어 살펴보면, 원심의 위와 같은 사실인정과 판단은 수긍이 되고, 원심판결에 상고이유로 주장하는 바와 같이 처분문서의 해석을 잘못하여 사실을 오인하였거나 근저당권 피담보채무의 범위에 관한 법리를 오해한 위법이 있다고 할 수 없다.

2. 근저당권 피담보채무의 확정에 관한 주장에 대하여

근저당권자가 피담보채무의 불이행을 이유로 경매신청을 한 경우에는 경매신청시에 근저당채무액이 확정되고, 그 이후부터 근저당권은 부종성을 가지게 되어 보통의 저당권과 같은 취급을 받게 되는바(대법원 1997. 12. 9. 선고 97다25521 판결 참조), 위와 같이 경매신청을 하여 경매개시결정이 있은 후에 경매신청이 취하되었다고 하더라도 채무확정의 효과가 번복되는 것은 아니라고 할 것이다(대법원 1989. 11. 28. 선고 89다카15601 판결 참조).

원심판결 이유에 의하면, 원심은 그 판시의 증거들을 종합하여, 최상호가 채무를 변제하지 아니하자, 공동근저당권자인 황호균 등이 이 사건 토지 및 건물에 관하여 남홍춘 명의로 경매신청을 하여 경매개시결정이 내려진 사실을 인정한 다음, 남홍춘 명의의 경매신청은 공동근저당권자인 황희균 등의 의사에 기하여 이루어진 것으로서 위 경매신청 시에 이 사건 근저당권의 채무가 특정된 것이고, 그 이후에 경매신청이 취하되었더라도 채무특정의 효과가 번복되는 것은 아니라고 판단하고 있는바, 앞서 본 법리와 기록에 비추어 살펴보면, 원심의 위와 같은 조치는 수긍이 되고, 원심판결에 상고이유로 주장하는 바와 같이 근저당권 피담보채무의 특정에 관한 법리를 오해한 위법이 있다고 할 수 없다.

3. 결론

그러므로 상고를 모두 기각하고, 상고비용은 패소자의 부담으로 하기로 하되, 원심판결 주문 제1항의 원고 이우춘의 표시에 명백한 오기가 있으므로 이를 경정하기로 하여 관여 법관의 일치된 의견으로 주문과 같이 판결한다.

대법관   이규홍(재판장)   송진훈   변재승(주심)   윤재식

---

*○× 문제

근저당권은 보통의 저당권과 다른 특수성이 있기 때문에 근저당권의 실행절차는 보통의 저당권의 실행절차와 다르다(×).

근저당권의 실행단계에서는 피담보채권이 확정되었기 때문에 보통의 저당권의 실행절차가 동일하게 적용된다. 왜냐하면 실행단계에서는 근저당권이 보통의 저당권으로 전환되어 있기 때문이다.

(2) 성립

근저당권은 설정계약과 등기에 의해 성립한다. 근저당권설정계약에 있어서 필요적 합의사항을 살펴보면 근저당권설정계약의 당사자는 채권자(근저당권자)와 담보제공자(채무자 또는 물상보증인)이다. 즉 담보할 채권의 최고액과 피담보채권의 범위를 정할 수 있는 기준에 대한 합의가 있어야 한다. 왜냐하면 근저당권은 계속적 거래관계를 전제로 한 저당권이기 때문이다. 피담보채권의 범

위를 정할 수 있는 기준에 대한 합의란 계속적 거래관계에 관한 합의를 말한다. 예를 들어 당좌대월계약 · 어음할인계약 · 물품공급계약 · 상호계산계약 등의 기본계약을 말하는 것이다. 기타 존속기간이나 결산기의 약정은 필요적 합의사항이 아니다.

등기는 부동산등기법이 적용된다.

부동산등기법

제140조(저당권)

① 저당권의 설정등기를 신청하는 경우에는 신청서에 채권액과 채무자를 적어야 한다. 이 경우 등기원인에 변제기, 이자 및 그 발생기 · 지급시기, 원본 또는 이자의 지급장소, 채무불이행으로 인한 손해배상에 관한 약정이나 「민법」 제358조 단서의 약정이 있는 경우 또는 채권이 조건부일 경우에는 이를 적어야 한다.

② 제1항의 저당권의 내용이 근저당인 경우에는 신청서에 등기원인이 근저당권설정계약이라는 사실과 채권의 최고액 및 채무자를 적어야 한다. 이 경우 등기원인에 「민법」 제358조 단서의 약정이 있는 경우에는 이를 적어야 한다.

민법

제358조(저당권의 효력의 범위) 저당권의 효력은 저당부동산에 부합된 물건과 종물에 미친다. 그러나 법률에 특별한 규정 또는 설정행위에 다른 약정이 있으면 그러하지 아니하다.

우선 필요적 등기사항으로 등기원인으로서 근저당권설정계약이라고 기재해야 한다(부동산등기법 제140조 제2항). 현행 부동산등기법은 계속적 거래관계에 관한 특정한 기본계약을 근저당권의 등기원인으로 기재하도록 규정하고 있지 않는다. 즉 등기원인을 단순히 근저당권설정계약으로 기재하면 된다고 규정하고 있다. 만약 등기원인으로 특정한 기본계약을 기재하도록 규정하고 있다면 포괄근저당은 인정될 수 없다고 보아야 한다. 포괄근저당은 특정한 거래관계를 전제로 하여 인정되는 근저당이 아니기 때문이다. 그런데 현행 부동산등기법은 등기원인으로 근저당권설정계약이라고만 기재하면 되는 것으로 규정함으로써 특정한 기본계약은 물론이고, 기본적인 특정한 계속적인 거래관계가 없더라도 일체의 채무를 담보하기 위한 포괄근저당도 등기원인에 포함될 수 있는 것으로 볼 여지가 있다. 채권최고액도 필요적 등기사항이다. 즉 부동산등기법에 의하면, 근저당권설정등기 신청서에는 반드시 채권최고액을 기재해야 한다(제140조 제2항). 만일 최고액을 기재하지 않으면 등기관은 이유를 적은 결정으로써 그 신청을 각하하여야 한다(제55조). 근저당권의 존속기간 또는 결산기는 필요적 등기사항은 아니지만 등기를 하는 것이 일반적 관행이다. 존속기간 또는 결산기를 등기한 경우에는 그 기간이 경과한 이후에 발생한 채권은 후순위자를 보호하기 위하여 근저당권의 피담보채권에 포함되지 않는다. 만약 존속기간을 등기하지 않은 경우에는 기본거래계약의 결산기가 근저당의 결산기로 된다. 물론 결산기가 불분명할 경우에는 구체적 사정을 종합적으로 고려하여 경험칙에 의하여 확정하여야 할 것이다.

(3) 효력

근저당권은 근저당권설정계약과 등기에 의하여 공시된 최고액을 한도로 결산기에 실제로 존재하는 채권을 담보한다.

---

* ○ × 문제
  • 채무자의 채무액이 근저당의 채권최고액을 초과하더라도 채무자가 채권최고액을 변제하였다면 근저당권을 소멸시킬 수 있다<다툼이 있으면 판례에 의할 것>(×).
  • 채무자의 채무액이 근저당의 채권최고액을 초과하더라도 근저당권의 물상보증인은 채권최고액을 변제하면 근저당권 등기의 말소를 청구할 수 있다<다툼이 있으면 판례에 의할 것>(○).

판례에 의하면, 실제 채무액이 최고액을 초과하는 경우에 채무자와 물상보증인을 구별하여 근저당권의 효력여부를 정하고 있다. 즉 채무자의 채무액이 근저당의 채권최고액을 초과하는 경우에 채무자 겸 근저당권설정자가 그 채무의 일부인 채권최고액과 지연손해금 및 집행비용만을 변제하였다면 채권전액의 변제가 있을 때까지 근저당권의 효력은 잔존채무에 미치는 것이므로 위 채무일부의 변제로써 위 근저당권의 말소를 청구할 수 없다고 한다(대법원 1981. 11. 10. 선고 80다2712 판결). 한편, 판례에 의하면, 근저당권의 물상보증인은 민법 제357조에서 말하는 채권의 최고액만을 변제하면 근저당권설정등기의 말소청구를 할 수 있고 채권최고액을 초과하는 부분의 채권액까지 변제할 의무가 있는 것이 아니라고 한다(대법원 1974. 12. 10. 선고 74다998 판결). 근저당권의 물상보증인은 채권의 최고액에 한하여 물적 보증을 한 자이기 때문이다.

---

*대법원 1972. 5. 23. 선고 72다485,72다486 판결 【대여금(본소), 채무부존재확인등(반소)】

【판시사항】

가. 근저당에 의하여 담보된 대여금채권이 최고액을 초과한 경우에 일부변제가 있었다면 이는 우선 최고액 범위 내에서 변제해 충당할 것이 아니고 대금채권 전액의 변제가 있기까지 근저당이 효력은 잔존채무에 미친다.

나. 채권액의 범위에 관한 문제는 차순위담보권자 또는 담보물건의 제3취득자에 대한 관계에 있어서만 거론될 수 있다.

【판결요지】

가. 근저당에 의하여 담보된 대여금 채권이 최고액을 초과한 경우에 일부변제가 있었다면 이는 우선 최고액 범위내에서 변제에 충당할 것이 아니고 대금채권 전액의 변제가 있기까지 근저당의 효력은 잔존채무에 미친다.

나. 채권액의 범위에 관한 문제는 차순위 담보권자 또는 담보물건의 제3취득자에 대한 관계에 있어서만 거론될 수 있다.

【참조조문】

민법 제360조, 민법 제479조

> 민법 제360조(피담보채권의 범위) 저당권은 원본, 이자, 위약금, 채무불이행으로 인한 손해배상 및 저당권의 실행비용을 담보한다. 그러나 지연배상에 대하여는 원본의 이행기일을 경과한 후의 1년분에 한하여 저당권을 행사할 수 있다.
>
> 제479조(비용, 이자, 원본에 대한 변제충당의 순서)
>
> ① 채무자가 1개 또는 수개의 채무의 비용 및 이자를 지급할 경우에 변제자가 그 전부를 소멸하게 하지 못한 급여를 한 때에는 비용, 이자, 원본의 순서로 변제에 충당하여야 한다.
>
> ② 전항의 경우에 제477조의 규정을 준용한다.

【전문】

【원고, 반소피고, 피상고인】 주식회사조흥은행

【피고, 반소원고, 상고인】 현규병 외 1명
【원심판결】 제1심 서울민사지방, 제2심 서울고등 1972. 2. 23. 선고 71나1697, 1698 판결

【이유】

근저당에 의하여 대금채권이 최고액을 초과한 경우에 일부 변제가 있었다면 이는 우선 최고액 범위 내에서 변제에 충당할 것이 아니라 대금채권 전액의 변제가 있기까지는 근저당의 효력은 잔존채무에 여전히 미친다고 할 것이고 소론 결산기 또는 근저당에 의하여 담보되는 채권액의 범위에 관한 문제는 차순위담보권자 또는 담보물건의 제3취득자에 대한 관계에 있어서 거론될 수 있는 것이고 이 사건에 있어서와 같이 피고들이 주 채무자인 제1심 공동 피고주식회사 스타 식품공사의 채무에 관하여 연대보증인으로서 연대보증 채무를 지고 있었다는 사실과 피고들이 근저당 채무의 최고액과 경매비용을 원고 반소피고(이하 원고로 약칭한다)에게 변제공탁한 1970. 8. 4. 현재 주 채무자의 원고에 대한 전 채무는 도합 13,217,407원이었다는 사실이 원심에서 적법히 확정된 바에는 변제공탁한 돈 9,699,814원을 비용 이자 원금의 순서로 공제하고 잔존채무가 3,517,593원이고 근저당권의 성질상 위 잔존채무도 피담보채권이 되며 담보권 설정자겸 연대보증인들인 피고들의 연대보증인으로서의 채무도 위 잔존채무와 그 범위가 같으며 따라서 이 사건 근저당권이나 연대보증채무는 소멸되는 것이 아니라 할 것이므로 같은 취지의 원심판결이유는 정당하다.

대법관   유재방(재판장) 손동욱 방순원 나항윤 한봉세

판례는 근저당권이 확정된 후에 실제 채권액이 최고액을 초과하는 경우에, 채무자가 근저당권설정자인 경우는 채무자가 채권최고액만을 변제하고 근저당권의 말소를 청구할 수 없고, 물상보증인이나 제3취득자인 경우는 채권최고액만을 변제하고 근저당권의 말소를 청구할 수 있다고 한다(대법원 2001. 10. 12. 선고 2000다59081 판결). 판례의 결론은 이해관계인의 이해를 조정한다는 면에서 살펴보면 수긍할 수도 있지만, 현행 민법상의 저당권 제도의 법리에 정면으로 배치된다는 문제가 있다. 그 이유는 다음과 같다. 근저당권도 기본적으로는 저당권의 일종이라고 할 수 있다. 따라서 등기된 채권최고액은 저당권에 있어서 등기된 피담보채권액과 동일하게 파악하여야 한다. 이러한 전제에 의한다면, 근저당에 있어서 최고액이란 근저당의 효력이 미치는 최고한도액을 말하는 것이다. 즉 저당물로부터 우선변제를 받을 수 있는 최고한도액이 바로 근저당에 있어서의 최고액이라고 보아야 한다. 따라서 근저당권에 있어서 피담보채권액은 결산기나 존속기간이 도래할 때까지는 유동적일 수 있지만(부종성의 완화), 만약 결산기의 도래 등으로 확정된 채권액이 채권최고

액을 초과한다고 하더라도 그 최고액의 범위까지만 우선변제를 받아야 한다. 왜냐하면 전술한 것처럼 저당물로부터 우선변제를 받을 수 있는 최고한도액이 바로 근저당에 있어서의 최고액이기 때문이다. 만약 채권최고액에 미달하게 되는 경우에는 확정된 채권액에 대해서만 우선변제를 받는 것이다. 이러한 점에서 살펴본다면 근저당에 있어서의 최고액은 우선변제를 받을 수 있는 기준이면서 한도범위라고 볼 수 있다. 따라서 확정된 채권액이 채권최고액을 초과하는 경우에는 그 초과부분은 일반채권자로서 강제집행을 하여야 되는 것이지, 이에 대해서까지 저당권의 효력을 확장하여 미친다고 하는 것은 등기된 채권최고액의 법적 성질을 잘못 파악하고 있는 것으로 생각한다. 따라서 판례와 같이, 실제의 채권액에 대하여 물권으로서의 근저당권의 효력이 확장되어 미친다고 해석하는 것은, 공시된 최고액을 기준으로 하여 그 범위 내에서만 물권으로서의 저당권의 효력이 미친다는 일반이론에 정면으로 배치되는 것이다. 또한 저당권자가 저당물로부터 우선변제를 받을 수 있는 최고한도액인 채권 최고액은 저당권설정자와의 관계에서도 그대로 유지되어야 하는 것이 타당하다. 왜냐하면 물권의 효력은 대내적 관계와 대외적 관계를 분리하여 적용되지 않은 것이 일반원칙이고(즉 물권의 효력은 물권자 이외의 모든 자에게 동일하게 미치기 때문임), 만약 이를 분리해야 한다면 특별규정을 두어야 한다. 즉 당사자의 합의로 물권의 효력을 분리하여 적용할 수는 없다는 것이다. 따라서 특별규정이 존재하지 않는다면 일반원리에 의하여 법률관계를 조정할 수밖에 없다. 더욱이 후순위자가 있는 경우에는 후순위자를 보호하기 위하여 대외적 관계는 물론이고 대내적 관계에서도 최고액의 범위 내에서만 근저당의 효력이 미치는 것으로 보아야 한다. 그렇다고 한다면 판례의 태도는 극히 제한적인 상황에서만 적용될 수 있는 이론이라고 볼 수 있다. 또한 판례의 결론은 채권자에게는 유리할지라도 채무자에게는 불리한 측면이 있다. 왜냐하면 공시되는 않은 채무에 대해서도 근저당권의 효력이 미친다고 보는 것이 판례의 입장이기 때문이다. 특히 당사자들의 의사합치의 내용에 있어서도 대외적 관계는 물론이고 대외적 관계에서도 동일하게 물권의 효력이 미치는 것으로 보는 것이 타당하다. 왜냐하면 저당권설정등기를 할 경우에 공시된 피담보채권액의 범위 내에서만 저당권의 효력이 미치는 것으로 합의하는 것이 일반적인데, 이유 유사한 근저당의 경우에도 공시된 최고액을 기준으로 근저당의 효력이 미치는 것으로 합의하는 것이 일반적인 모습이라고 생각한다. 따라서 저당권의 일반이론에 의하여 공시된 최고액을 기준으로 하여 근저당권의 효력범위를 결정하는 것이 타당하다고 생각한다. 일본의 경우는 근저당권의 확정 후 현존하는 채무액이 최고액을 초과하는 경우에 물상보증인이나 제3취득자가 최고액에 상당하는 금액을 지급하거나 공탁하여 근저당권의 소멸을 청구할 수 있도록 규정하고 있다(일본민법 제398조의22).

＊일본민법상 근저당권의 확정이후 현존채무액이 최고액을 초과한 경우

일본민법 제398조의22는 근저당권소멸청구권을 규정하고 있다. 이에 의하면 근저당권의 확정 후 현존하는 채무액이 최고액을 초과하는 경우에 물상보증인이나 제3취득자가 최고액에 상당하는 금액을 지급하거나 공탁하여 근저당권의 소멸을 청구할 수 있다. 동조가 규정되기 전에는 물상보증인이나 제3취득자가 근저당권을 소멸시키기 위해서 최고액 상당액과 현존 채무액 중 어느 것을 변제하는 경우에 근저당권이 소멸되는가에 관해서 학설상 논쟁이 있었고, 판례는 현존 채무액을 변제해야 한다고 판시하였다(日最高裁 昭和 42. 12. 8判決). 그런데 근저당권은 최고액을 한도로 하므로 물상보증인이나 제3취득자는 그 범위에서 부담을 지고 있기 때문에 최고액을 지급하는 것이 합리적이라는 견해도 있었다. 이러한 점에 대하여, 동조는 물상보증인이나 제3취득자가 최고액 상당액을 지급하거나 공탁하여 근저당권의 소멸을 청구할 수 있다고 명문으로 규정하여 입법적으로 해결하였다.

최고액에 포함되는 이자에는 약정이자는 물론이고 지연이자까지 포함되는지 문제가 된다.

민법

제357조(근저당)

① 저당권은 그 담보할 채무의 최고액만을 정하고 채무의 확정을 장래에 보류하여 이를 설정할 수 있다. 이 경우에는 그 확정될 때까지의 채무의 소멸 또는 이전은 저당권에 영향을 미치지 아니한다.

② 전항의 경우에는 '채무의 이자'는 최고액 중에 산입한 것으로 본다.

제357조 제2항은 "전항의 경우에는 채무의 이자는 최고액 중에 산입한 것으로 본다"라고 규정하고 있다. 제357조 제2항에서의 '이자'에 약정이자는 당연히 포함되지만, 지연이자 내지 지연배상도 포함되는지 문제가 된다. 만약 포함되는 것으로 해석한다면 제357조 제2항은 제360조와의 관계에서 특별규정이 될 것이고, 포함되지 않는 것으로 해석한다면 제360조와 중복되는 것으로 주의적 규정이 될 것이다.

생각건대, 근저당에 있어서의 최고액은 저당권에 있어서의 피담보채권액과는 다른 기능을 하고 있다. 즉 저당권은 피담보채권을 중심으로 저당권의 효력범위를 논하게 되지만, 근저당의 경우에는 채권최고액을 중심으로 그 범위 내에서 근저당권의 효력범위를 논하기 때문이다. 즉 근저당은 최고액을 중심으로 우선변제의 효력범위를 결정하기 때문에 그 범위 내에서 지연이자도 고려될 수 있다. 왜냐하면 지연이자가 1년 이내인지 1년을 초과하는지는 근저당에 있어서 중요한 것이 아니고, 등기된 채권최고액의 범위에 포함되는지의 여부가 보다 중요하기 때문이다. 특히 근저당의 경우에는 피담보채권이 아닌 등기된 채권최고액을 고려하여 후순위자들이 담보가치를 평가한다는 점을 유의할 필요성이 있다. 따라서 1년 이상의 지연이자가 채권최고액에 포함된다고 하더라도 이해관계인들이 불측의 손해를 받을 가능성이 없다. 즉 저당권에 있어서의 제360조 단서(지연이자의 경우에는 1년분에 한한다)는 근저당의 경우에는 적용되지 않다. 따라서 1년 이상의 지연이자라 하더라도 채권최고액의 한도 내라면 근저당권에 의하여 담보될 수 있다.

> ***저당권에 있어서 360조 단서의 입법취지**
>
> 저당권에 의하여 담보되는 채권의 범위와 관련하여, 일반적으로 이자특약을 한 경우에 이자를 등기할 수 있고, 이렇게 공시가 되는 경우에만 저당권의 효력으로서 우선변제권이 있다(부동산등기법 제140조 제1항). 그런데 지연이자의 경우에는 불확정적이므로 공시가 불가능하다는 점에서 원본에 대한 이자와는 상황이 다르다. 만약 저당권이 지연이자에 대해서도 무제한적으로 담보한다고 하면 후순위저당권자 또는 목적물에 관하여 이해관계를 가지는 제3자를 해하게 될 염려가 있다. 이러한 이유로 제360조 단서를 규정한 것이다.

근저당권의 경우에 실행비용(경매비용)이 피담보채권에 포함되는지 문제가 된다. 일반 저당권의 경우에 저당권의 실행비용은 피담보채권에 포함된다(제360조 본문). 근저당권의 경우에는 실행비용이 피담보채권에 포함된다는 규정이 없다. 그러함에도 불구하고 근저당에 있어서도 실행비용이 피담보채권에 포함되는지 문제가 된다.

저당권에 있어서는 원본과 등기된 이자 등은 물론이고 저당권의 실행비용에 대해서도 저당권의 효력으로서 우선변제권을 행사할 수 있다고 규정하고 있다. 따라서 저당권자의 저당권 실행비용은 매각대금에서 우선 변제받을 수 있다. 그런데 근저당권에서 최고액이란 목적물로부터 우선변제를 받을 수 있는 최고한도액을 말하는 것이다. 즉 근저당권에 의하여 담보되는 채권의 한도액이 최고액이라고 할 수 있다. 다수설과 판례에 의하면, 근저당에 있어서 최고액은 '계속적 거래관계에서 생긴 채권' 중에서 담보되는 한도액을 말하는 것이므로 근저당권 실행비용은 최고액에 포함되지 않는다고 한다. 전술한 것처럼, 근저당에 의하여 담보되는 채권액의 범위는 결산기에 이르러 확정되는 채권 중 근저당권설정계약에서 정하여진 채권최고액을 한도로 하는 것이기 때문에 근저당권 실행비용은 근저당권의 피담보채권에 포함되지 않는다는 것이다(다수설, 대법원 1971. 4. 6. 선고 71다26 판결). 그렇다면 근저당권실행비용은 매각대금에서 우선변제를 받을 수 없다. 따라서 근저당권자는 매각대금에서 실행비용을 공제한 잔액에 대하여 최고액을 기준으로 우선적으로 채권만족을 받게 된다[2001다47986]. 다수설과 판례는 실행비용은 계속적 거래관계에서 생긴 채권이 아니고 피담보채권이 확정된 이후에 발생한 채권이라는 점에서 최고액에 포함될 수 없다고 보는 것 같다. 그리고 저당권자에 비하여 근저당권자의 담보범위(150%를 최고액으로 하는 관행)가 크다는 점도 고려하여 실행비용을 우선변제를 받을 수 있는 최고액의 범위에서 제외한 것이라고 생각한다.

* 대법원 1971. 4. 6. 선고 71다26 판결 【근저당권설정등기말소】

【판시사항】
　가. 근저당에 의하여 담보되는 채권액의 범위와 근저당을 규정한 민법 제357조의 "정하기로 한 그 담보할 채무의 최고액"에 대한 해석
　나. 저당부동산의 '제3취득자'가 저당채무 변제로 인하여 가지는 저당권 소멸 청구권의 성질

【판결요지】

　가. 근저당에 의하여 담보되는 채권액의 범위와 근저당을 규정한 민법 제357조의 "정하기로 한 그 담보할 채무의 최고액"에 대한 해석

　나. 저당부동산의 제3취득자가 저당채무변제로 인하여 가지는 저당권소멸 청구권의 성질

【참조조문】

　민법 제357조, 민법 제364조

【전문】

【원고, 상고인】　최보연

【피고, 피상고인】　주식회사 조흥은행

【원심판결】　제1심 서울민사지방, 제2심 서울고등 1970. 12. 3. 선고 70나478 판결

【이유】

　원판결이유에 의하면 원심은 소외 최경선이 본건 부동산의 소유자로서 피고에 대한 채무자인 소외 한양제지공업주식회사의 물상보증인이 되어 피고와 간에 위 소외 회사가 피고에게 이미 부담하고 있거나 장차 부담하게 될 채무 중 금 1,350,000원 한도 내의 금액에 대하여 본건 부동산을 담보로 제공하는 취지의 근저당권설정계약을 체결하고, 그 등기를 경료한 사실에 대하여는 당사자 사이에 다툼이 없다고 전제한 다음, 증거에 의하여 피고는 위 소외회사의 채무불이행을 이유로 위 근저당권에 기하여 본건 부동산의 경매신청을 하여 경매개시결정이 내려진 후인 1969. 5. 7. 원고는 위 소외 최경선으로부터 본건 부동산을 매수하여 그해 5. 8. 소유권이전등기를 마친 다음, 그달 16. 경매목적부동산의 제3취득자로서 채무자인 위 소외 회사를 대위하여 동회사의 피고에 대한 채무 중 본건 부동산에 의하여 담보되어 있는 채권 최고액 금 1,350,000원과 경매비용 금 22,000원을 변제공탁한 사실을 인정하고서도 채무자인 소외 회사가 채권자인 피고에 대하여 위의 변제공탁일 현재로 위의 담보최고액을 초과하는 금 5,618,240원의 대금채무를 부담하고 있음이 인정되는 본건에 있어서는 원고가 본건 근저당권 목적부동산의 제3취득자로서 그 담보최고액을 변제공탁하였다 하더라도 이를 초과하는 잔금 대부금 채무가 남아 있는 이상, 그 잔존채무도 본건 근저당의 담보최고액의 범위 내에서 일부저당이 되어 있으므로 다른 특별한 사정이 없는 한, 위 담보최고액의 변제공탁으로서 곧 본건 근저당권이 소멸된다고는 볼 수 없는 것이므로 이의 말소를 구하는 원고의 본소청구는 이유 없다 하여 기각하였다.

　그러나 근저당에 의하여 담보되는 채권액의 범위는 결산기에 이르러 확정되는 채권 중 근

저당설정계약에 정하여진 채권최고액을 한도로 하는 것이고, 이 최고액을 초과하는 부분의 채권액까지 담보하는 것은 아니라 할 것이고, 근저당을 규정한 민법 제357조에 정하기로 한 그 담보할 채무의 최고액이란 뜻도 위와 같은 내용으로 해석하여야 할 것인바, 본건에 관하여 보건대, 원판결이 인정한바 사실과 같이 원고가 본건 경매목적부동산을 매수한 제3취득자로서 채무자인 위 소외 회사를 대위하여 동회사의 피고에 대한 채무 중 본건 부동산에 의하여 담보되어 있는 채권최고액 금 1,350,000원과 그 경매비용전부를 변제공탁한 것이라면 원고는 민법 제364조에 의하여 본건 근저당권의 소멸을 청구할 수 있고, 이는 고유의 권리라 할 것인데도 불구하고, 원심이 피고의 소외회사에 대한 대금채권 중 담보최고액을 초과하는 부분의 금액까지도 본건 부동산에 의하여 담보된 채권으로 보고, 이것이 잔존하고 있는 이상, 피고는 채권중의 일부를 변제 받은 것에 지나지 못한 것이니, 본건 근저당권은 소멸되었다고 할 수 없다 하여 원고의 청구를 배척하였음은 법률의 해석을 그릇하여 판단을 잘못한 위법이 있다.

대법관　　김치걸(재판장)　사광욱　홍남표　김영세　양병호

2) 근저당권과 채무인수의 관계

면책적 채무인수는 채무가 소멸되지 않고, 채무의 이행책임만 면책되는 채무인수이다. 판례에 의하면, 물상보증인이 근저당권의 채무자의 계약상의 지위를 인수한 것이 아니라 다만 그 채무만을 면책적으로 인수하고 이를 원인으로 하여 근저당권 변경의 부기등기가 경료된 경우, 특별한 사정이 없는 한 그 변경등기는 당초 채무자가 근저당권자에 대하여 부담하고 있던 것으로서 물상보증인이 인수한 채무만을 그 대상으로 하는 것이지, 그 이후 채무를 인수한 물상보증인은 다른 원인으로 근저당권자에 대하여 부담하게 된 새로운 채무까지 담보하는 것으로 볼 수는 없다고 한다 (대법원 2002. 11. 26. 선고 2001다73022 판결). 채무인수를 하게 되면, '전'채무자의 채무에 대한 '보증'이나 제3자가 제공한 '담보'는 소멸하는 것이 원칙이다(제459조 본문). 왜냐하면 보증인이나 물상보증인은 전채무자의 자력을 고려하여 보증 또는 담보를 제공한 것이므로 불측의 손해를 입을 가능성이 있기 때문이다. 다만, 예를 들어 근저당권설정자인 물상보증인이 채무인수에 '동의'한 경우에는 물상보증인이 제공한 저당물은 여전히 저당권의 객체로서 존속한다고 보아야 한다. 따라서 물상보증인이 제공한 저당물에 대한 근저당권은 소멸되지 않는다(제459조 단서). 다만, 이 경우에 피담보채권의 범위가 문제되는데, 채무인수와 부기등기를 경료하였다면 피담보채권의 범위는 기존에 존재하는 채무에 한정된다. 따라서 채무인수인의 장래의 채무는 근저당권에 의하여 담보되지 않는다(대법원 1999. 9. 3. 98다40657). 그 이유는 다음과 같다. 물상보증인이 채무인수에 '동의'하면서 근저당권의 '부기등기를 경료'한 경우에는 채무인수 시에 인수한 채무가 확정되었다고 보아야 하기 때문이다. 따라서 이때부터는 보통의 저당권이 된다고 보아야 한다. 왜냐하면 근저당권은 피담보채권이 확정되어야만 이전될 수 있기 때문이고, 근저당은 피담보채권이 확정되면 그때부터는 보통의 저당권이 되기 때문이다.

한편, 근저당권은 원칙적으로 계속적 거래관계에서 발생한 불확정채권을 담보하기 위하여 인정되는 물권이다. 따라서 계속적 거래관계의 당사자인 채무자가 변경된 경우에는 근저당권의 전제가 상실되었다고 볼 여지가 있다. 그렇다면 채무인수약정과 동시에 근저당권 이전의 부기등기가 경료되었다면 피담보채권이 확정되었기 때문에 그때부터는 근저당권이 아니라 보통의 저당권이 부기등기에 의하여 이전된 것으로 볼 여지가 있다. 따라서 등기부상에 근저당의 부기등기라고 되어있더라도 보통의 저당권이 되었다고 보아야 한다. 다만, 포괄근저당의 경우에도 제한적 범위 내에서 인정할 수 있다는 점을 고려한다면, 채무자가 변경된 경우에 계속적 거래관계는 상실되었다고 하더라도 포괄근저당의 여지를 인정할 수 있다면 근저당권이 당연히 상실되었다고 단정할 것은 아니라고 생각한다. 이렇게 해석한다고 하더라도 채무인수약정과 부기등기를 경료했다면 피담보채권이 확정되었기 때문에 그때부터는 보통의 저당권이 되었다는 결론에 있어서는 변함이 없다고 보아야 한다.

> **민법**
>
> 제459조(채무인수와 보증, 담보의 소멸) 전채무자의 채무에 대한 보증이나 제삼자가 제공한 담보는 채무인수로 인하여 소멸한다. 그러나 보증인이나 제삼자가 채무인수에 '동의'한 경우에는 그러하지 아니하다(즉 보증이나 물상보증인의 담보는 존속됨).

한편, 병존적 채무인수는 근저당권자의 동의가 없더라도 유효하다고 보아야 한다. 왜냐하면 병존적 채무인수는 구채무자도 여전히 인수인과 함께 계속하여 채무자의 지위에 있다는 점에서 근저당권자의 이해관계에 아무런 변화가 없다고 볼 수 있기 때문이다. 오히려 근저당권자는 동일한 채무범위를 이행하여야 할 자가 중첩적으로 발생한다는 점에서 유리할 수 있다. 이와 관련하여 인수인은 구채무자가 담보하는 범위 내에서 동일하게 채무를 이행하겠다는 의사로 병존적 채무인수를 한 것이다. 따라서 인수인의 채무범위와 채무자의 채무범위는 동일하다고 보아야 한다. 그렇다면 인수인은 채무자와 같이 현재 및 장래의 채무를 담보하게 된다고 보아야 한다. 계약인수는 채권의 양도, 채무의 인수라는 채권 또는 채무의 단편적 이전이 아닌 계약당사자로서의 지위(취소권, 해제권 등과 같이 '종전 계약당사자'로서의 법적 지위에서 행사할 수 있는 채권자로서의 지위와 채무자로서의 지위)를 승계하는 것을 목적으로 하는 계약을 말한다. 현행 민법은 계약인수와 관련한 명문규정은 존재하지 않는다. 계약인수는 주로 계속적 채권관계에서 체결되는 것이 일반적인데, 이러한 계약인수가 있게 되면 양도인은 계약관계에서 완전히 탈퇴하게 된다. 그리고 계약인수가 있게 되면 계약상의 지위가 이전된다는 점에서 취소권, 해제권과 같은 계약상의 지위에 부착된 권리도 이전하게 된다. 그런데 계약인수는 당사자의 지위가 전면적으로 이전된다는 점에서 계약상대방의 이해관계에 절대적인 영향을 미칠 수 있다. 따라서 법률규정에 의하여 당연히 이전되는 경우가 아니라면(주택임대차보호법 제3조 제2항), 3면 계약 또는 관계 당사자 중 2인의 합의와 나머지 당사자가 이를 동의 내지 승낙하는 방법으로 하여야만 종래의 계약당사자에게 대항할 수 있다고 보아야 한다(1996. 2. 27. 95다21662). 한편, 3면 계약 또는 이해관계인 전원의 동의방식을 취하지 않은 계약인수는 종래의 계약상대방에게 그 유효함을 주장하여 대항하지는 못한다고 보아야 한다. 예를 들어 임차권의 양도(제629조)는 계약상 지위의 이전이라는 점에서 계약인수라고 할 수 있다. 그런데 임차권은 인적 요소가 강한 계약이라는 점에서 임대인의 동의를 얻지 않고 계약인수를 하였다면 당해 계약의 효력을 임대인에게 주장할 수 없다고 보아야 한다.

주택임대차보호법

제3조(대항력 등)

① 임대차는 그 등기(登記)가 없는 경우에도 임차인(賃借人)이 주택의 인도(引渡)와 주민등록을 마친 때에는 그 다음 날부터 제삼자에 대하여 효력이 생긴다. 이 경우 전입신고를 한 때에 주민등록이 된 것으로 본다.

② 국민주택기금을 재원으로 하여 저소득층 무주택자에게 주거생활 안정을 목적으로 전세임대주택을 지원하는 법인이 주택을 임차한 후 지방자치단체의 장 또는 그 법인이 선정한 입주자가 그 주택을 인도받고 주민등록을 마쳤을 때에는 제1항을 준용한다. 이 경우 대항력이 인정되는 법인은 대통령령으로 정한다. [신설 2007. 8. 3]

③ 임차주택의 양수인(그 밖에 임대할 권리를 승계한 자를 포함한다)은 임대인의 지위를 승계한 것으로 본다. [신설 1983. 12. 30, 2007. 8. 3]

④ 이 법에 따라 임대차의 목적이 된 주택이 매매나 경매의 목적물이 된 경우에는 「민법」 제575조 제1항·제3항 및 같은 법 제578조를 준용한다. [개정 2007. 8. 3]

⑤ 제4항의 경우에는 동시이행의 항변권(抗辯權)에 관한 「민법」 제536조를 준용한다.

민법

제629조(임차권의 양도, 전대의 제한)

① 임차인은 임대인의 동의없이 그 권리를 양도하거나 임차물을 전대하지 못한다.

② 임차인이 전항의 규정에 위반한 때에는 임대인은 계약을 해지할 수 있다.

판례에 의하면, 계약 당사자로서의 지위 승계를 목적으로 하는 계약인수는 3면계약으로 이루어지는 것이 통상적이나, 관계 당사자 중 2인의 합의와 나머지 당사자가 이를 동의 내지 승낙하는 방법으로도 가능하다고 한다(대법원 1996. 2. 27. 선고 95다21662 판결). 계약인수가 모든 이해관계인에게 유효하게 주장될 수 있는 경우에는 인수채무뿐만 아니라 인수인의 장래의 채무도 피담보채권의 범위에 포함되는 것으로 보아야 한다. 물론 이렇게 되기 위해서는 근저당권 변경의 부기등기를 하여야 한다.

***근저당권에 관한 등기사무처리지침**

　　제정 1992. 03. 25 등기예규 제832호
　　개정 1997. 09. 09 등기예규 제880호

1. 근저당권설정등기

　가. 근저당설정등기를 함에 있어 그 채권최고액은 반드시 단일하게 기재하여야 하고, 그 근저당권의 채권자 또는 채무자가 수인일지라도 각 채권자 또는 채무자별로 채권최고액을 구분하여(예: '채권최고액 채무자 갑에 대하여 1억 원, 채무자 을에 대하여 2억 원', 또는 '채권최고액 3억 원 최고액의 내역 채무자 갑에 대하여 1억 원, 채무자 을에 대하여 2억 원' 등) 기재할 수 없다.

　나. 채무자가 수인인 경우 그 수인의 채무자가 연대채무자라 하더라도 등기부에는 단순히 "채무자"로 기재하여야 한다.

　다. '어음할인, 대부, 보증 기타의 원인에 의하여 부담되는 일체의 채무'를 피담보채무로 하는 내용의 근저당권설정계약을 원인으로 한 근저당권설정등기도 이를 신청할 수 있다.

2. 근저당이전등기

　가. 근저당권의 피담보채권이 확정되기 전

　　1) 근저당권의 피담보채권이 확정되기 전에 근저당권의 기초가 되는 '기본계약상의 채권자 지위'가 제3자에게 전부 또는 일부 양도된 경우, 그 양도인 및 양수인은 "계약 양도"(채권자지위'가 제3자에게 전부 또는 일부 양도된 경우, 그 양도인 및 양수인은 "계약 양도"

(채권자의 지위가 전부 제3자에게 양도된 경우), "계약의 일부 양도"(채권자의 지위가 일부 제3자에게 양도된 경우) 또는 "계약가입"(양수인이 기본계약에 가입하여 추가로 채권자가 된 경우)을 등기원인으로 하여 근저당권이전등기를 신청할 수 있다.

2) 위 등기를 신청함에 있어서 근저당권설정자가 물상보증인이거나 소유자가 제3취득자인 경우에도 그의 승낙서를 첨부할 필요가 없다.

3) 근저당권의 피담보채권이 확정되기 전에 그 피담보채권이 양도 또는 대위변제된 경우에는 이를 원인으로 하여 근저당권이전등기를 신청할 수는 없다.

나. 근저당권의 피담보채권이 확정된 후

1) 근저당권의 피담보채권이 확정된 후에 그 피담보채권이 양도 또는 대위변제된 경우에는 근저당권자 및 그 채권양수인 또는 대위변제자는 채권양도에 의한 저당권이전등기에 준하여 근저당권이전등기를 신청할 수 있다. 이 경우 등기원인은 "확정채권 양도" 또는 "확정채권 대위변제" 등으로 기재한다.

2) 위 등기를 신청함에 있어서 근저당권설정자가 물상보증인이거나 소유자가 제3취득자인 경우에도 그의 승낙서를 첨부할 필요가 없다.

3. 채무자변경으로 인한 근저당권변경등기

가. 근저당권의 피담보채권이 확정되기 전

근저당권의 피담보채권이 확정되기 전에 근저당권의 기초가 되는 '기본계약상의 채무자 지위'의 전부 또는 일부를 제3자가 계약에 의하여 인수한 경우, 근저당권설정자(소유자) 및 근저당권자는 "계약인수"(제3자가 기본계약을 전부 인수하는 경우), "계약의 일부 인수"(제3자가 수개의 기본계약 중 그 일부를 인수하는 경우), "중첩적 계약인수"(제3자가 기본계약상의 채무자 지위를 중첩적으로 인수하는 경우)를 등기원인으로 하여 채무자변경을 내용으로 하는 근저당권변경등기를 신청할 수 있다.

나. 근저당권의 피담보채권이 확정된 후

근저당권의 피담보채권이 확정된 후에 제3자가 그 피담보채무를 면책적 또는 중첩적으로 인수한 경우에는 채무인수로 인한 저당권변경등기에 준하여 채무자변경의 근저당권변경등기를 신청할 수 있다. 이 경우 등기원인은 "확정채무의 면책적 인수" 또는 "확정채무의 중첩적 인수" 등으로 기재한다.

4. 채무자의 상속

근저당권의 채무자가 사망한 후 공동상속인 중 그 1인만이 채무자가 되려는 경우에는, 상속재산분할협의서를 첨부하여 "협의분할에 의한 상속"을 등기원인으로 한 채무자변경의 근저당권변경등기를 근저당권자 및 근저당권설정자 또는 소유자(제3취득자, 담보목적물의 공동상속인 등)가 공동으로 신청할 수 있다. 위 상속재산분할협의서에는 당해 근저당권의 채무자가 변경된다는 취지가 포함되어야 한다.

5. 등기예규 제729호(등기예규집 제331항)는 이를 폐지하고, 등기기재례집 제1편 제2장 제4절 5. 나. 근저당권이전에 관한 등기재례는 이를 삭제한다.

6. 위 근저당권의 이전 및 채무자변경에 따른 등기재례는 다음과 같다.

　가. 근저당권이전등기

　　1) 근정당권의 피담보채권이 확정되기 전에 기본계약상의 채권자 지위가 양도된 경우

　가) 본계약상 채권자 지위의 전부 양도

6부기 1호	6번근저당권이전 접수　　1995년　11월　　5일 　　　　제8000호 원인　　1995년　9월　1일　계약양도 근저당권자　　김　을　동 　　　　　561213-1089723 　　　서울 중구 필동 6 (인)

(주)6번 근저당권자의 표시를 주말한다.

　나) 수개의 기본계약 중 그 일부의 양도

6부기 1호	6번근저당권일부이전 접수　　1995년　11월　　5일 　　　　제8000호 원인　　1995년　9월　1일　계약의 일부 양도 근저당권자　　김　을　동 　　　　　561213-1089723 　　　서울 중구 필동 6 (인)

　다) 기본계약에 가입한 경우

6부기 1호	6번근저당권일부이전 접수　　1995년　11월　　5일 　　　　제8000호 원인　　1995년　9월　1일　계약가입 근저당권자　　김　을　동 　　　　　561213-1089723 　　　서울 중구 필동 6 (인)

　　2) 근저당권의 피담보채권이 확정된 후에 피담보채권이 양도된 경우

　가) 전부 양도

6부기	6번근저당권이전
1호	접수　1995년　11월　5일
	제8000호
	원인　1995년　9월　1일 확정채권양도
	근저당권자　김　을　동
	561213-1089723
	서울 중구 필동 6 (인)

(주) 6번 근저당권자의 표시를 주말한다.

나) 일부 양도

6부기	6번근저당권일부이전
1호	접수　1995년　11월　5일
	제8000호
	원인　1995년　9월　1일 확정채권일부양도
	양도액　금 2,000,000원
	근저당권자　김　을　동
	561213-1089723
	서울 중구 필동 6 (인)

3) 근저당권의 피담보채권이 확정된 후에 피담보채권이 대위변제된 경우

가) 전부 대위변제

6부기	6번근저당권이전
1호	접수　1995년　11월　5일
	제8000호
	원인　1995년　9월　1일 확정채권대위변제
	근저당권자　김　을　동
	561213-1089723
	서울 중구 필동 6 (인)

(주) 6번 근저당권자의 표시를 주말한다.

나) 일부 대위변제

6부기	6번근저당권일부이전
1호	접수　1995년　11월　5일
	제8000호
	원인　1995년　9월　1일 확정채권일부
	대위변제
	변제액　금 2,000,000원
	근저당권자　김　을　동
	561213-1089723
	서울 중구 필동 6 (인)

나. 채무자변경으로 인한 근저당권변경등기

1) 근저당권의 피담보채권이 확정되기 전에 기본계약상 채무자 지위가 인수된 경우

가) 기본계약서의 채무자 지위 전부 인수

6부기 1호	6번근저당권변경 접수　1995년　11월　5일 　　　제8000호 원인　1995년　9월　1일 계약인수 채무자　김　삼　남 　　　561213-1089723 　　　서울 종로구 원남동 3-1 (인)

(주) 변경 전의 채무자 표시를 주말한다.

나) 수개의 기본계약 중 그 일부의 인수

6부기 1호	6번근저당권변경 접수　1995년　11월　5일 　　　제8000호 원인　1995년　9월　1일 계약의 일부인수 채무자　김　삼　남 　　　서울 종로구 원남동 3-1 (인)

다) 인수인이 기본계약에 가입한 경우

6부기 1호	6번근저당권변경 접수　1995년　11월　5일 　　　제8000호 원인　1995년　9월　1일 중첩적 계약인수 채무자　김　삼　남 　　　서울 종로구 원남동 3-1 (인)

2) 근저당권의 피담보채권이 확정된 후에 피담보채무가 인수된 경우

가) 면책적 채무인수

6부기 1호	6번근저당권변경 접수　1995년　11월　5일 　　　제8000호 원인　1995년　9월　1일 확정채무의 면책적 　　　　　　　　　　　　　　인수 채무자　김　삼　남 　　　561213-1089723 　　　서울 종로구 원남동 3-1 (인)

(주) 변경 전의 채무자 표시를 주말한다.

나) 중첩적 채무인수

6부기 1호	6번근저당권변경 접수　1995년　11월　5일 　　　제8000호 원인　1995년　9월　1일 확정채무의 중첩적 　　　　　　　　　　　　　　인수 채무자　김　삼　남 　　　561213-1089723 　　　서울 종로구 원남동 3-1 (인)

3) 채무자가 사망한 후 공동상속인 중 1인만이 상속재산협의분할에 의하여 기본계약 또는

확정채무를 인수한 경우

6부기 1호	6번근저당권변경 접수　1995년　11월　5일 　　　제8000호 원인　1995년　9월　1일　협의분할에 의한 　　　　　　　　　　　상속 채무자　김　삼　남 　　　561213-1089723 　　　서울 종로구 원남동 3-1　(인)

(주1)　변경 전의 채무자 표시를 주말한다.

(주2)　원인일자는 상속개시일자를 기재한다.

근저당권을 실행하여 우선변제를 받기 위해서는 우선 피담보채권이 확정되어야 한다. 근저당권이 확정되면 이때부터는 보통의 저당권이 되어 부종성을 가지게 된다(대법원 1997. 12. 9. 선고 97다25521 판결). 근저당권은 계속되는 거래관계로부터 발생하고 소멸하는 불특정 다수의 장래채권을 결산기에 계산하여 잔존하는 채무를 일정한 한도액의 범위 내에서 담보하는 저당권이어서, 거래가 종료하기까지 채권은 계속적으로 증감 변동하고, 일시적으로 피담보채권이 존재하지 않게 되었다 하더라도 그것만으로 근저당권이 소멸하는 것이 아니다. 그러나 근저당권자가 피담보채무의 불이행을 이유로 경매신청을 한 경우에는 경매신청 시에 근저당권의 피담보채권액이 확정되고, 그 이후부터 근저당권은 부종성을 가지게 되어 보통의 저당권과 같은 취급을 받게 된다(대법원 1997. 12. 9. 선고 97다25521 판결). 그 후에 기본계약으로부터 발생하는 채권은 더 이상 근저당권의 피담보채권이 아니다(대판 1993. 3. 12. 92다48567). 근저당권자가 채무자의 피담보채무의 불이행으로 이유로 경매신청한 경우는 경매신청 시에 피담보채권이 확정된다는 것이다. 그런데 근저당권자 피담보채무의 불이행을 이유로 계약해지를 하고 경매를 신청한 경우에는 계약해지시점에 피담보채권이 확정되는 것이고, 계약해지를 하지 않고 경매신청을 한 경우에는 경매신청 시에 계약해지의 의사가 있었다고 보아서 피담보채권이 확정되는 것으로 유형화해서 볼 필요가 있다.

판례에 의하면, 근저당권은 계속적인 거래관계로부터 발생·소멸하는 불특정다수의 채권 중 그 결산기에 잔존하는 채권을 일정한 한도액의 범위 내에서 담보하는 것(따라서 결산기 전에 발생한 개별채권은 근저당에 의하여 담보되는 피담보채권이 아니다)으로서 그 거래가 종료하기까지 그 피담보채권은 계속적으로 증감·변동하는 것이므로, 근저당 거래관계가 계속되는 관계로 근저당권의 피담보채권이 확정되지 아니하는 동안에는 그 채권의 일부가 대위변제되었다 하더라도 그 근저당권이 대위변제자에게 이전될 수 없다고 한다(대법원 2000. 12. 26. 선고 2000다54451 판결). 즉 피담보채권을 대위변제한 것이 아니므로 이를 담보하는 근저당권이 이전되지 않는다고 것이다. 위 판례에서 '거래가 종료하기까지 그 피담보채권은 계속적으로 증감·변동하는 것이므로' 부분을 살펴볼 필요가 있다. 피담보채권이라는 말을 하기 위해서는 거래가 종료되는 결산기에 비로소 사용할 수 있는 것이다. 왜냐하면 피담보채권이란 결산기에 피담보채권이 확정되었다는 전제에서 근저당권으로서 담보되는 채권을 의미하기 때문이다. 따라서 피담보채권이 확정되기 이전에는 당사자들이 근저당의 전제요소로서 합의한 특정한 계속적 거래관계에서 발생하고 소멸하는 단순한 개별채권 또는 피담보채권에 포섭될 가능성이 있는 개별채권이라고 하여야 하지 피담보채권이라고 직접적인 표현을 사용하는 것은 적절하지 않다.

3) 근저당권의 실행

근저당권은 결산기에 피담보채권이 확정되고, 확정된 피담보채권의 변제기가 도래한 경우에는 근저당권을 실행할 수 있다(일반적으로 결산기를 변제기로 보아야 할 것이다). 즉 근저당권의 실행단계에서는 피담보채권이 이미 확정되었다는 것을 전제로 하기 때문에 보통의 저당권으로 전환되었다고 보아야 한다. 따라서 근저당권의 실행절차는 보통의 저당권의 실행절차와 동일하게 될 수밖에 없다.

4) 근저당권의 변경

당사자는 계약에 의하여 최고액, 존속기간 등을 변경할 수 있다. 최고액의 증액은 근저당권 자체의 변경이므로 변경등기를 하여야 한다. 그런데 최고액의 변경은 후순위자에게 불측의 손해를 줄 가능성이 있다. 따라서 후순위저당권자 등 이해관계 있는 제3자를 보호하기 위해서는 그의 승낙서가 없으면 변경등기를 할 수 없다고 보아야 할 것이다(부동산등기법 제63조).

부동산등기법
제63조(권리변경등기의 신청) 권리변경등기에 관하여 등기상 이해관계 있는 제3자가 있는 경우에는 신청서에 그 승낙서 또는 이에 대항할 수 있는 재판의 등본을 첨부하였을 때에만 부기에 의하여 그 등기를 한다.

(2) 근저당권의 양도

근저당권은 '피담보채권'과 함께 양도할 수 있다(제361조).

> **민법**
>
> 제361조(저당권의 처분제한) 저당권은 그 담보한 채권과 분리하여 타인에게 양도하거나 다른
> 채권의 담보로 하지 못한다.

확정된 채권의 전부 또는 일부의 양도가 있거나 대위변제된 경우에 '확정'된 근저당권은 피담보채권에 수반하여 이전된다. 일부의 양도의 경우에는 일부이전의 부기등기를 하면 된다. 그런데 근저당권이 확정되지 않은 상태에서 개개의 피담보채권이 양도 또는 대위변제로 타인에게 이전된 경우에는 이에 수반하여 근저당권이 이전되지 않는다고 보아야 한다(대법원 2002. 7. 26. 선고 2001다53929 판결). 근저당권은 담보물권이다. 근저당권이 담보하는 채권 즉 피담보채권은 결산기에 확정된다. 그리고 근저당권은 피담보채권이 확정되면 그때는 보통의 저당권이 된다. 보통의 저당권이 되었다면 제361조가 적용되어 근저당권은 피담보채권과 운명을 함께하여야 한다. 다만, 현행 민법은 근저당권의 경우에는 피담보채권이 확정되기 이전까지에 발생하는 채무에 대해서는 근저당권이 운명을 함께하지 않는다고 규정하고 있다. 계속적 거래관계에서의 불편함을 고려하기 위함이다. 현행 민법에 의하면, 근저당권은 피담보채권이 확정되기 이전까지만 채무의 소멸 또는 이전은 근저당권에 영향을 미치지 않는다고 규정하고 있다(제357조). 이를 반대해석하면, 피담보채권이 확정되어야만 근저당권은 영향을 받아서 이에 부종하게 된다는 것이다. 즉 '근저당권'이 채무의 소멸, 이전에 '부종'하기 위해서는 그 전제로 피담보채권이 확정되어야 하고, 피담보채권이 확정되기 이전에는 개별 채권 또는 채무의 양도, 소멸 등에 부종하여 근저당권이 이전, 소멸되지 않는다는 것이다.

> **민법**
>
> 제357조(근저당)
> ① 저당권은 그 담보할 채무의 최고액만을 정하고 (담보할) 채무의 확정을 장래에 보류하여 이를 설정할 수 있다. 이 경우에는 그 (담보할 채무가) 확정될 때까지의 (개별적인) 채무의 소멸 또는 이전은 저당권에 영향을 미치지 아니한다.
> ② 전항의 경우에는 채무의 이자는 최고액 중에 산입한 것으로 본다.

한 가지 유의할 점은 근저당권이 영향을 받는 '담보되는 채권'과 영향을 받지 않는 결산기 이전에 발생하는 개별채권은 구별되어야 한다는 것이다. 왜냐하면 근저당권이 영향을 받는 '담보되는 채권, 즉 피담보채권'은 결산기에 비로소 확정되는 것이기 때문이다. 따라서 결산기 이전 즉 피담보채권이 확정되기 이전에 개별채권이 양도된 경우에, 당해 채권은 근저당권에 의하여 '담보되는

채권'이 아니다. 따라서 근저당권은 아무런 영향을 받지 않는다. 즉 부종되지 않는다는 것이다. 이렇게 피담보채권의 확정이전에 발생한 채권은 근저당권이 영향을 받지 않는 채권이기 때문에 그 채권이 양도된다고 하여 근저당권도 영향을 받아서 이전되어야 한다는 것은 논리모순이 되는 것이다. 따라서 피담보채권이 확정되기 이전에 개별채권이 양도된 경우에 당해 채권은 피담보채권이 아니고, 무담보의 채권이 양도되는 것이므로, 무담보의 채권에 부종하여 근저당권이 영향을 받아서 이전될 수는 없다고 보아야 한다.

---

*대법원 2002. 7. 26. 선고 2001다53929 판결 【배당금지급청구권양도통지】

【판시사항】

[1] 근저당권을 가지고 있는 채권자에게 그 근저당권의 피담보채권이 확정되기 전에 채무의 일부를 대위변제한 자가 그 근저당권의 피담보채권 확정 후 그 근저당권 내지 그 실행으로 인한 경락대금에 대하여 취득하는 권리 범위

[2] 회수금의 변제충당 순서를 정한 신용보증약관의 규정이 담보권실행에 의한 회수금의 경우에도 적용되는지 여부(적극)와 신용보증약관 중 '신용보증부대출 채권 이외의 채권'의 의미 및 신용보증기금이 대위변제한 경우 신용피보증인이 별도 제공한 근저당권의 실행에 의한 배당금의 변제충당 순서

【판결요지】

[1] 변제할 정당한 이익이 있는 자가 채무자를 위하여 채권의 일부를 대위변제할 경우에 대위변제자는 변제한 가액의 범위 내에서 종래 채권자가 가지고 있던 채권 및 담보에 관한 권리를 법률상 당연히 취득하게 되는 것이므로, 채권자가 부동산에 대하여 근저당권을 가지고 있는 경우에는, 채권자는 대위변제자에게 일부 대위변제에 따른 저당권의 일부 이전의 부기등기를 경료해 주어야 할 의무가 있다 할 것이나, 이 경우에도 채권자는 일부 변제자에 대하여 우선변제권을 가지고 있다 할 것이고, 근저당권이라고 함은 계속적인 거래관계로부터 발생하고 소멸하는 불특정다수의 장래채권을 결산기에 계산하여 잔존하는 채무를 일정한 한도액의 범위 내에서 담보하는 저당권이어서, 거래가 종료하기까지 채권은 계속적으로 증감변동하는 것이므로, 근저당 거래관계가 계속 중인 경우, 즉 근저당권의 피담보채권이 확정되기 전에 그 채권의 일부를 양도하거나 대위변제한 경우, 근저당권이 양수인이나 대위변제자에게 이전할 여지는 없다 할 것이나, 그 근저당권에 의하여 담보되는 피담보채권이 확정되게 되면, 그 피담보채권액이 그 근저당권의 채권최고액을 초과하지 않는 한 그 근저당권 내지 그 실행으로 인한 경락대금에 대한 권리 중 그 피담보채권액을 담보하고 남는 부분은 저당권의 일부

이전의 부기등기의 경료 여부와 관계없이 대위변제자에게 법률상 당연히 이전된다.

[2] 신용보증약관에서, 신용보증사고 발생 이후의 회수금은 채권자의 보증부대출 이외의 채권, 보증부대출채권순으로 충당되는데, 여기서 '보증부대출 이외의 채권'이라 함은 채무자가 채권자에 대하여 주된 채무자로서 부담하는 채무를 말하고 제3자를 위하여 부담하는 보증채무 등은 포함되지 아니하며, 채권자가 위와 같은 변제충당의 순서에 위반할 경우에는 신용보증인은 그 신용보증채무의 일부 또는 전부에 대하여 책임을 지지 않는다는 취지로 규정되어 있는 경우, 위와 같은 신용보증약관의 규정은 근저당권 등 담보권의 실행에 의한 회수금의 경우에도 적용된다고 보아야 할 것이므로, 은행과 신용보증기금 사이에 신용보증계약을 체결함에 있어 위와 같이 약정하였을 경우 위 약정 중 신용보증부대출 채권에 우선하여 변제충당되는 '신용보증부대출 채권 이외의 채권'이란 위 약정의 취지에 비추어 볼 때 피보증인이 주채무자인 채권만을 의미할 뿐 피보증인의 타인에 대한 보증으로 인한 채권이나 피보증인이 아닌 타인이 주채무자인 채권 등은 포함되지 않는다고 보아야만 할 것이어서 채권자인 은행이 신용보증약정의 피보증인의 은행에 대한 채무 담보조로 설정한 근저당권 등 담보권을 실행하여 경락대금을 배당받을 경우에 있어서도 그 배당금을 피보증인의 채무에 변제충당함에 있어서는 위 약관이 적용됨을 전제로 대출을 시행한 이상 위 약관 규정에 의하여야 할 것이므로, 신용보증기금과 은행 사이에서 신용보증사고가 발생하여 신용보증기금이 대위변제를 한 경우에 신용피보증인이 별도로 제공한 담보인 근저당권을 실행하여 지급받는 배당금을 변제충당함에 있어서도, 우선 은행이 피보증인에 대하여 가지고 있는 피보증인이 주채무자인 채무에 변제충당한 다음, 나머지 금원이 있는 경우에는 신용보증기금의 대위로 인한 채권의 변제에 충당하고, 그래도 나머지가 있으면 은행이 피보증인에 대하여 가지고 있는 피보증인이 제3자의 채무를 보증한 채무에 변제충당하기로 약정한 것이라고 봄이 타당하다.

【참조조문】

[1] 민법 제357조, 제481조, 제482조, 제483조 / [2] 민법 제357조, 제481조, 제482조, 제483조

【참조판례】

[1] 대법원 1988. 9. 27. 선고 88다카1797 판결(공1988, 1333), 대법원 1996. 6. 14. 선고 95다53812 판결(공1996하, 2162), 대법원 1996. 12. 6. 선고 96다35774 판결(공1997상, 199), 대법원 2000. 12. 26. 선고 2000다54451 판결(공2001상, 363) /[2] 대법원 1989. 2. 14. 선고 87다카3020 판결(공1989, 410), 대법원 1998. 9. 8. 선고 97다53663 판결(공1998

하, 2404)

【전문】

【원고, 상고인】 기술신용보증기금(소송대리인 변호사 조한직 외 1인)

【피고, 피상고인】 주식회사 국민은행의 소송수계인 주식회사 국민은행 (소송대리인 법무법
인 율촌 담당변호사 문일봉)

【원심판결】 서울고법 200 1. 8. 1. 선고 2001나6888 판결

【주문】

원심판결을 파기하고, 사건을 서울고등법원에 환송한다.

【이유】

1. 원심판결의 요지

원심은, 원고는 1991. 11. 27. 손용철과 사이에 손용철이 부담하게 될 대출금 채무에 대한
신용보증약정을 체결하고(소외 노정남은 손용철이 위 신용보증약정에 기하여 원고에 대하여
부담하는 구상금채무를 연대보증하였다), 신용보증서를 발급하였으며, 피고는 1991. 11. 29.
위 보증서를 제출받고 이를 담보로 손용철에게 일본국 법화 25,800,000¥(미화 198,608.40$)
을 대출(이하 '이 사건 보증부대출'이라고 한다)한 사실, 그런데 손용철이 1998. 8. 10. 위 대
출금에 대한 할부금의 지급을 연체하여 기한의 이익을 상실함에 따라, 원고는 1999. 5. 19.
피고에게 위 대출원리금 123,312,782원을 대위변제한 사실, 한편 손용철과 노정남은 자신들
소유의 이 사건 부동산에 관하여 피고와 사이에, 피고를 근저당권자로 하고, '채무자가 채권
자에 대하여 현재 및 장래에 부담하는 어음대출·어음할인·증서대출·당좌대출·지급보증
(사채보증 포함)·매출채권거래·상호부금거래·유가증권대여·외국환 기타의 여신거래로
말미암은 채무·보증채무·어음 또는 수표상의 채무·이자채무·지연배상금채무·채무자나
설정자가 부담할 제비용·보험료 등의 부대채무·기타 여신거래에 관한 모든 채무'를 피담보
채무로 하여 각 근저당권설정등기를 경료하였는바, 원고는 위 대위변제 후 피고에 대하여 대
위변제에 따른 근저당권 일부 이전의 부기등기를 경료하여 줄 것을 요청하였으나, 피고는 채
무과다로 인하여 근저당권 일부 이전은 불가능하다는 이유를 들어 이를 거절한 사실, 그런데
손용철은 이 사건 보증부대출 이외에도 피고로부터 대출을 받거나 위 노정남과 소외 오명록,
손용석의 피고에 대한 대출금채무를 연대보증하였는바, 대출잔액은 이 사건 보증부대출금 잔
액이 13,678,864원, 그 외 손용철이 주채무자로 된 채무액이 도합 459,074,072원, 손용철이
연대보증한 채무금이 도합 232,162,054원인 사실, 그 후 이 사건 각 부동산에 관하여 모두

임의경매절차가 진행되었는바, 손용철 소유의 부동산에 대하여는 1999. 12. 27. 피고에게 금 472,240,000원을 배당하는 내용의 배당표가 확정되었고, 노정남 소유의 부동산에 대하여는 1999. 7. 30. 피고에게 금 59,000,000원을 배당하는 내용의 배당표가 확정된 사실, 원고가 적용하는 신용보증약관 제8조 제1항은 "신용보증사고 발생 후의 회수대전은 채권자의 보증부대출 이외의 채권, 보증부대출채권 순으로 충당할 수 있다. 다만, 회수대전이 보증부대출의 변제에 지정되거나, 보증부대출이 무역금융, 할인어음대출, 시설자금대출, 적금대출 등일 경우 관련 수출대전, 어음추심대전, 시설처분대전 및 시설자금의 관리자금, 적금납입액 등과 같이 당연히 당해 대출에 우선 충당될 대전은 해당 보증부대출에 충당되어야 한다", 같은 조 제2항은 "제1항의 보증부대출 이외의 채권이라 함은 채무자가 채권자에게 주된 채무자로서 부담하는 채무를 말하며, 채무자가 제3자를 위하여 부담한 보증채무 및 어음상의 채무 등은 포함하지 않는다"라고 규정하고 있고, 제11조 제3항은 "채권자는 기금의 보증채무 이행시 지체 없이 보증부대출의 관련 담보에 대하여 기금에게 담보물의 점유이전, 저당권의 이전등기 기타 기금이 대위한 담보권의 대항요건을 구비하게 하여야 한다"라고 규정하고 있으며, 제14조에서는 제8조에 위반한 경우를 원고의 면책사유로 규정하고 있는 반면, 피고가 적용하는 은행여신거래기본약관 제12조는 "채무자가 변제하거나 은행이 상계할 경우에 채무 전액을 소멸시키기에 부족한 때에는 비용, 이자, 원금의 순서로 충당하기로 한다. 그러나 은행은 채무자에게 불리하지 않은 범위 내에서 충당순서를 달리할 수 있다. 변제 또는 상계될 채무가 수개인 경우로서 채무 전액이 변제 또는 상계되지 아니할 때에는 은행은 모든 채권의 안전하고 확실한 보전을 위하여 은행이 따로 정하는 순서와 방법에 의하여 변제나 상계에 충당할 채무를 지정하기로 한다"고 규정하고 있는 사실을 인정하였다.

원심은 나아가, 위 신용보증약관 제8조, 제11조 제3항의 규정은 신용보증사고 후 피고에게 회수대전이 생길 경우 피고는 먼저 피보증인이 주채무자로 된 보증부대출 이외의 채권에 충당하고, 다음으로 보증부대출 채권에 충당하며, 마지막으로 피보증인이 제3자를 위하여 부담하는 보증채무 및 어음상의 채무에 충당하도록 정한 것으로서, 만약 원고가 보증채무를 이행한 후 피고가 보증부대출에 관련된 담보를 환가하여 피보증인이 주채무자로 된 보증부대출 이외의 채권에 충당하고 남는 금액이 생길 경우 그 남는 금액에 관한 담보권을 원고에게 이전해 주어야 한다는 취지이며, 위 약관의 규정은 근저당권 등 담보권의 실행에 의한 회수금의 경우에도 적용됨을 전제로 하여, 피고는 위 각 경매사건에서 배당받은 금원에서 손용철이 피고에 대하여 주채무자로 부담하는 보증부대출 이외의 채권액에 충당하고 남는 금 58,487,064원에 대한 담보권을 원고에게 이전하여 주어야 할 의무가 있음을 전제로 이 사건 제2 경매사건의 배당금출급청구권 중 금 58,487,064원을 양도할 의무가 있다고 주장하는 원고의 청구에 대하여 위 신용보증약관 제8조 제1항의 규정 체계 및 형식에 미루어 볼 때 위 제8조 제1항 전문은 피고에 의한 변제충당 시 원고의 보증으로 인하여 그 회수가 확실시되는 당해 채권보다 담보력이 미약하여 변제이익이 많은 다른 채권에 우선 변제충당할 수 있음을 보장하는 피고를 위한 규정으로서, 신용보증사고가 발생한 후 회수대전이 있을 경우(담보권의 실행 등으로 채권의 만족을 얻는 경우를 포함한다)에 그 변제충당에 관하여 피고에게 일종의 지정변제충당권을 인정한 규정에 불과할 뿐, 이와 달리 원고가 그 보증채무를 이행한 후 회수대전이 있는 경우에 피고는 반드시 그 회수대전을 피보증인이 주채무자로 된 보증부대출 이외의 채권에 충당하고, 그 나머지를 보증부대출 채권에 충당하여야 한다는 의무를 부과한 규정, 또는 원고가 그 보증채무를 이행하면 피고가 피보증인에 대하여 갖고 있는 채권 중 피보증인이 주채무자로 된 보증부대출 이외의 채권을 제외한 나머지 잔존채권을 담보하는 근저당권에 대하여 원고가 그 대위에 의하여 피고보다 우선하는 권리를 취득하고, 피고는 원고에게 그 담보권의 이전등기절차를 이행할 의무를 부담하도록 하는 규정으로 볼 수는 없다 할 것이므로, 피고는 변제될 채무가 수 개인 경우로서 채무 전액이 변제되지 아니할 때에는 위 신용보증약관 제8조 제1항 전문의 규정에 따른 변제충당을 하지 아니하고, 은행여신거래기본약관 제12조의 규정에 따라 피고가 정하는 순서와 방법에 의하여 변제에 충당할 채무를 지정하여 변제충당할 수도 있다 할 것이어서, 위 신용보증약관 제8조 제1항 전문의 규정에 따라 원고가 그 보증채무를 이행하면 피고가 피보증인에 대하여 갖고 있는 채권 중 피보증인이 주채무자로 된 보증부대출 이외의 채권을 제외한 나머지 잔존채권을 담보하는 근저당권에 대하여 원고가 그 대위에 의하여 피고보다 우선하는 권리를 취득하고, 피고는 원고에게 그 담보권의 이전등기절차를 이행할 의무를 부담하고 있음을 전제로 하는 원고의 주장은 이유 없으며, 채권의 일부 대위변제가 있은 경우 채권자는 일부 대위변제자보다 우선하여 변제받을 권리가 있으므로 피고의 총채권액보다 부족한 배당금이 지급된 이 사건에서는 원고는 배당금을 지급받지 못하는 손해를 입었다고 볼 수도 없다고 판단하였다.

2. 대법원의 판단

이 사건 원고의 청구는 부동산임의경매사건에 있어서 저당권자인 피고에게 배당된 배당금출급청구권을 원고에게 양도하는 의사표시를 하고, 양도하였다는 통지를 하라는 것이므로, 이러한 원고의 청구가 받아들여지기 위해서는 원고가 피고에 대하여 위 경매사건에서 배당금의 양도를 구할 수 있는 권리를 가지고 있어야만 한다 할 것이고, 따라서 원고가 피고 명의의 위 저당권 내지 그 실행으로 인한 경락대금에 대하여 권리를 가지고 있을 뿐만 아니라, 원고가 피고의 채권(일부일지라도)보다 우선하여 배당을 받을 수 있는 권리가 있어야만 한다 할 것인데, 원심은 위 신용보증약관 제8조는 피고를 위한 규정에 불과하므로 저당권이전 청구권이나 원고가 피고에 우선하여 변제받을 근거가 되지 못하고, 일부 대위변제자의 법리에 의하여도 우선변제권이 인정되지 아니하므로, 위 요건들이 충족되지 못한다는 취지로 판단한 것으로 보인다.

그러나 원심의 위와 같은 판단은 다음과 같은 이유로 수긍하기 어렵다.

가. 우선, 과연 원고가 위 저당권에 대하여 어떠한 권리를 가지고 있는지 본다.

변제할 정당한 이익이 있는 자가 채무자를 위하여 채권의 일부를 대위변제할 경우에 대위변제자는 변제한 가액의 범위 내에서 종래 채권자가 가지고 있던 채권 및 담보에 관한 권리를 법률상 당연히 취득하게 되는 것이므로, 채권자가 부동산에 대하여 근저당권을 가지고 있는 경우에는, 채권자는 대위변제자에게 일부 대위변제에 따른 저당권의 일부 이전의 부기등기를 경료해 주어야 할 의무가 있다 할 것이나, 이 경우에도 채권자는 일부 변제자에 대하여 우선변제권을 가지고 있다 할 것이고(대법원 1988. 9. 27. 선고 88다카1797 판결 참조), 근저당권이라고 함은 계속적인 거래관계로부터 발생하고 소멸하는 불특정다수의 장래채권을 결산기에 계산하여 잔존하는 채무를 일정한 한도액의 범위 내에서 담보하는 저당권이어서, 거래가 종료하기까지 채권은 계속적으로 증감변동하는 것이므로, 근저당 거래관계가 계속 중인 경우, 즉 근저당권의 피담보채권이 확정되기 전에 그 채권의 일부를 양도하거나 대위변제한 경우 근저당권이 양수인이나 대위변제자에게 이전할 여지는 없다 할 것이나(대법원 1996. 6. 14. 선고 95다53812 판결; 2000. 12. 26. 선고 2000다54451 판결 등 참조), 그 근저당권에 의하여 담보되는 피담보채권이 확정되게 되면, 그 피담보채권액이 그 근저당권의 채권최고액을 초과하지 않는 한 그 근저당권 내지 그 실행으로 인한 경락대금에 대한 권리 중 그 피담보채권액을 담보하고 남는 부분은 저당권의 일부 이전의 부기등기의 경료 여부와 관계없이 대위변제자에게 법률상 당연히 이전된다 할 것이다.

그런데 기록에 의하면, 이 사건 부동산 중 일부는 후순위 근저당권자에 의하여, 일부는 피고에 의하여 경매신청이 이루어져 배당까지 이루어진 사실이 인정되는바, 그렇다면 최소한 피고에 의한 경매신청 시 및 경락대금 완납 시에는 피고의 피담보채권이 모두 확정되었다 할 것이고(대법원 1999. 9. 21. 선고 99다26085 판결; 2001. 3. 23. 선고 99다11526 판결 등 참조), 원심이 인정한 바에 의하면 그 판시 일시에 원고가 손용철의 이 사건 보증부 대출채무를 대위변제하였다는 것이므로 원고가 이 사건 근저당권 내지 그 실행으로 인한 경락대금에 대한 권리 중 일부를 법률상 당연히 취득하여 원고의 구상금 채권의 만족을 구할 수 있는 가능성이 있다 할 것이다.

나. 나아가 원고가 위 근저당권에 대한 배당금에서 일부라도 피고보다 우선하여 변제를 받을 수 있는 권리가 있는지 본다.

원심이 인정한 사실관계에 의하여도, 원·피고 사이의 신용보증계약의 내용이 된 신용보증약관 제8조 및 제14조에서, 신용보증사고 발생 이후의 회수금은 채권자의 보증부대출 이외의 채권, 보증부대출채권순으로 충당되는데, 여기서 '보증부대출 이외의 채권'이라 함은 채무자가 채권자에 대하여 주된 채무자로서 부담하는 채무를 말하고 제3자를 위하여 부담하는 보증채무 등은 포함되지 아니하며, 채권자가 위와 같은 변제충당의 순서에 위반할 경우에는 신용보증인인 피고는 그 신용보증채무의 일부 또는 전부에 대하여 책임을 지지 않는다는 취지로 규정되어 있다는 것인바, 위와 같은 신용보증약관의 규정은 근저당권 등 담보권의 실행에 의한 회수금의 경우에도 적용된다고 보아야 할 것이므로(대법원 1998. 9. 8. 선고 97다53663 판결 참조), 은행과 신용보증기금 사이에 신용보증계약을 체결함에 있어 위와 같이 약정하였을 경우 위 약정 중 신용보증부대출 채권에 우선하여 변제충당되는 '신용보증부대출 채권 이외의 채권'이란 위 약정의 취지에 비추어 볼 때 피보증인이 주채무자인 채권만을 의미할 뿐 피보증인의 타인에 대한 보증으로 인한 채권이나 피보증인이 아닌 타인이 주채무자인 채권 등은 포함되지 않는다고 보아야만 할 것이어서(대법원 1989. 2. 14. 선고 87다카3020 판결 참조), 이와 달리 피고가 위 신용보증약관의 규정에 구애받지 아니하고 변제충당을 할 수 있다고 본 원심판결에는 위 신용보증약관의 해석에 관한 법리를 오해한 잘못이 있다 할 것이다.

그렇다면 채권자인 은행이 신용보증약정의 피보증인의 은행에 대한 채무 담보조로 설정한 근저당권 등 담보권을 실행하여 경락대금을 배당받을 경우에 있어서도 그 배당금을 피보증인의 채무에 변제충당함에 있어서는 위 약관이 적용됨을 전제로 대출을 시행한 이상 위 약관 규정에 의하여야 할 것이므로, 원고와 피고 사이에서 신용보증사고가 발생하여 원고가 대위변제를 한 경우에 신용피보증인이 별도로 제공한 담보인 근저당권을 실행하여 지급받는 배당금을 변제충당함에 있어서도, 우선 피고가 피보증인에 대하여 가지고 있는 피보증인이 주채무자인 채무에 변제충당한 다음, 나머지 금원이 있는 경우에는 원고의 대위로 인한 채권의 변제에 충당하고, 그래도 나머지가 있으면 피고가 피보증인에 대하여 가지고 있는 피보증인이 제3자의 채무를 보증한 채무에 변제충당하기로 약정한 것이라고 봄이 타당할 것이다.

따라서 위 약관이 존재하는 한 원고의 우선변제권에 따라 위 근저당권에 대한 배당금에서 원고가 피고의 일부 채권보다 우선하여 변제받을 가능성이 있다 할 것인데, 원심이 인정한 사실관계에 의하여도 이 사건 근저당권의 실행으로 인한 배당금은 피고가 손용철에 대하여 가지는 채권 중 손용철이 주채무자로 되어 있는 채권액을 초과함이 분명하므로, 위 배당금

중 일부에 대하여 원고가 우선변제권을 행사할 수 있다 할 것이다.

다. 그렇다면 원심이, 위 신용보증약관 제8조가 피고의 권리를 인정하는 규정에 불과할 뿐 변제충당 순서에 관한 의무규정이 아니라고 보고, 따라서 위 규정이 존재한다고 하여 원고가 그 보증채무를 이행하면 피고가 피보증인에 대하여 갖고 있는 채권 중 피보증인이 주채무자로 된 보증부대출 이외의 채권을 제외한 나머지 잔존채권을 담보하는 근저당권에 대하여 원고가 그 대위에 의하여 피고보다 우선하는 권리를 취득한다고 볼 수 없다고 판단하여 만연히 원고의 청구를 기각한 것은, 변제자의 법정대위에 관한 법리, 위 신용보증약관의 해석에 관한 법리 등을 오해한 나머지 판결 결과에 영향을 미친 위법을 저지른 것이라 할 것이다. 이 점을 지적하는 상고이유는 이유 있다.

3. 결론
그러므로 나머지 상고이유에 대한 판단을 생략한 채 원심판결을 파기하고, 사건을 다시 심리·판단하게 하기 위하여 원심법원에 환송하기로 하여 관여 법관의 일치된 의견으로 주문과 같이 판결한다.

대법관   이규홍(재판장) 송진훈 윤재식(주심)

5) 근저당권의 소멸

피담보채권이 확정되기 전에는 채무자가 변제를 하여 채무가 전혀 존재하지 않게 되어도 근저당권은 소멸하지 않는다. 그러나 피담보채권이 확정된 후에는 보통의 저당권과 같이 이해하면 된다. 즉 확정된 피담보채권을 변제하면 근저당권은 소멸하게 되고, 근저당권의 등기는 원인무효로서 말소대상이 된다.

> *** 근저당권에 있어서 피담보채권의 확정문제**
> 근저당권에 있어서 피담보채권이 확정되면 그때부터 보통의 저당권이 된다. 피담보채권이 확정된 이후에 저당채무를 변제하면 피담보채권이 소멸하는 것이고, 피담보채권이 소멸하면 부종성에 의하여 말소등기 여부와 관계없이 근저당권도 소멸하게 된다. 왜냐하면 피담보채권이 확정되면 보통의 저당권이 되기 때문이고, 이 경우에 피담보채권의 변제로 인한 근저당권

의 소멸(제369조)은 법률규정에 의한 물권변동(제187조)이기 때문이다.

> **민법**
>
> 제369조(부종성) 저당권으로 담보한 채권이 시효의 완성 기타 사유로 인하여 소멸한 때에
> 는 저당권도 소멸한다.

6) 포괄근저당

포괄근저당권은 특정의 채무자가 특정의 채권자에 대하여 부담하는 일체의 채무를 일정한 최고액까지 담보하는 근저당권을 말한다. 포괄이라는 표현을 사용한 이유는 다음과 같다. 일반적인 근저당권의 경우에는 근저당권에 의하여 담보되는 채권은 당사자들이 사전에 합의한 특정한 거래관계에서 발생한 채권을 의미하는 것인데, 포괄근저당의 경우에는 특정한 거래관계와 관계없이 근저당권에 의하여 담보되는 채권의 범위가 포괄적으로 발생 및 소멸한다는 점에서 포괄근저당이라고 한 것이다. 즉 결산기에 포괄근저당에 의하여 담보되는 채권이 특정한 계속적 거래관계에서 발생하는 것이 아니라, 거래관계를 특정하지 않고 당사자 사이에서 발생하는 현재 및 장래의 일체의 채권을 최고액의 범위에서 담보한다는 점에서 포괄근저당이라고 한 것이다. 이러한 포괄근저당권은 보통의 근저당권을 채무불특정설에 의하여 정의를 한 것이다. 채무불특정설은 근저당권의 피담보채권은, 특정한 채권자와 특정한 채무자 사이의 일정한 계속적 거래관계로 부터 발생하는 불특정의 채권을 일정한 한도액까지 담보하는 것이다. 한편, 채무액불확정설은 일정한 계속적 거래관계와는 상관없이 특정의 채권자와 특정의 채무자 사이에 발생하는 일체의 채권을 최고액까지 담보하는 것이다. 보통의 근저당권을 채무액불확정설에 의하여 이해할 때에는 포괄근저당권이 바로 보통의 근저당권이다. 그러므로 채무액불확정설에 의할 때에는 포괄근저당권과 보통의 근저당권간에는 아무런 차이가 없다. 한편, 포괄근저당의 유효성을 긍정하고 있으나 유효성을 인정하는 범위에 대해서는 견해의 대립이 있다. 생각건대, 거래관계를 전제로 하지 않은 포괄근저당은 피담보채권의 범위를 우연적 채권까지 포함시킴으로서 일반채권자와 후순위담보권자를 해칠 우려가 있다. 그리고 근저당권설정자의 경우에도 자신의 부동산의 교화가치를 불합리하게 제한당하게 되어, 금융융통에 필요 이상의 곤란을 겪을 가능성이 있다. 또한 금융실무에서 포괄근저당이 제한적으로 이용되고 있다는 점을 고려한다면 한정적 유효설이 타당하다고 생각한다.

3. 특별법에 의한 저당권

1) 재단저당

공장저당 · 광업재단저당 등의 재단저당제도는 기업경영을 위한 토지 · 건물 · 기계 · 공업소유권 등을 한데 묶은 재단 위에 저당권을 설정하도록 하는 것이다. 기업경영을 위한 재산의 집합을 하나의 물건처럼 취급하여 이에 담보권을 설정하도록 하는 것은 개개 재산의 분산에 따르는 가치저하를 막고 개개의 물건에 담보권을 설정하는 데 따르는 비용과 노력을 절감할 수 있다. 종래의 공장저당법과 광업재단저당법은 2009년 3월 25일 '공장 및 광업재단 저당법'으로 법제명이 통합변경되었다.

공장및광업재단저당법

제10조(공장재단의 설정)

① 공장 소유자는 하나 또는 둘 이상의 공장으로 공장재단을 설정하여 저당권의 목적으로 할 수 있다. 공장재단에 속한 공장이 둘 이상일 때 각 공장의 소유자가 다른 경우에도 같다.

② 공장재단의 구성물은 동시에 다른 공장재단에 속하게 하지 못한다.

제11조 (공장재단의 소유권이전등기)

① 공장재단은 공장재단등기부에 소유권보존등기를 함으로써 설정한다.

② 제1항에 따른 공장재단의 소유권보존등기의 효력은 소유권보존등기를 한 날부터 10개월 내에 저당권설정등기를 하지 아니하면 상실된다.

제12조(공장재단의 단일성)

① 공장재단은 1개의 부동산으로 본다.

② 공장재단은 소유권과 저당권 외의 권리의 목적이 되지 못한다. 다만, 저당권자가 동의한 경우에는 임대차의 목적물로 할 수 있다.

제13조(공장재단의 구성물)

① 공장재단은 다음 각 호에 열거하는 것의 전부 또는 일부로 구성할 수 있다.

1. 공장에 속하는 토지, 건물, 그 밖의 공작물

2. 기계, 기구, 전봇대, 전선(電線), 배관(配管), 레일, 그 밖의 부속물

3. 항공기, 선박, 자동차 등 등기나 등록이 가능한 동산

4. 지상권 및 전세권

5. 임대인이 동의한 경우에는 물건의 임차권

6. 지적재산권

---

② 공장에 속하는 토지나 건물로서 미등기된 것이 있으면 공장재단을 설정하기 전에 그 토지나 건물의 소유권보존등기를 하여야 한다.

③ 다음 각 호의 물건은 공장재단의 구성물이 될 수 없다.

1. 타인의 권리의 목적인 물건

2. 압류, 가압류 또는 가처분의 목적인 물건

제14조(공장재단의 구성물의 양도 등 금지)

공장재단의 구성물은 공장재단과 분리하여 양도하거나 소유권 외의 권리, 압류, 가압류 또는 가처분의 목적으로 하지 못한다. 다만, 저당권자가 동의한 경우에는 임대차의 목적물로 할 수 있다.

제15조(공장재단 구성 예정물의 양도 등 금지)

① 등기 또는 등록되어 있는 것으로서 공장재단의 구성물로 예정된 것은 그 등기부나 등록부에 제32조 제1항의 소유권보존등기 신청 사실이 기재된 후에는 양도하거나 소유권 외의 권리의 목적으로 하지 못한다.

② 공장재단의 구성물로 예정된 동산은 제33조 제1항의 권리신고의 공고가 된 후에는 양도하지 못하며 소유권 외의 권리의 목적으로 하지 못한다.

제52조(광업재단의 설정)

광업권자는 광업재단을 설정하여 저당권의 목적으로 할 수 있다.

제53조(광업재단의 구성)

광업재단은 광업권과 다음 각 호에 열거하는 것으로서 그 광업에 관하여 동일한 광업권자에 속하는 것의 전부 또는 일부로 구성할 수 있다.

1. 토지, 건물, 그 밖의 공작물

2. 기계, 기구, 그 밖의 부속물

3. 항공기, 선박, 자동차 등 등기 또는 등록이 가능한 동산

4. 지상권이나 그 밖의 토지사용권

5. 임대인이 동의하는 경우에는 물건의 임차권

6. 지적재산권

제54조(공장재단 규정의 준용)

광업재단에 관하여는 제2장의 공장재단에 관한 규정을 준용한다. 이 경우 "공장재단"은 "광업재단"으로 본다.

제55조(광업권의 취소와 저당권)

① 지식경제부장관은 「광업법」에 따른 광업권 취소의 등록을 하면 지체 없이 저당권자에게

통지하여야 한다.

② 저당권자는 제1항에 따른 통지를 받으면 즉시 그 권리를 실행할 수 있다. 이 경우 통지를 받은 날부터 6개월 내에 그 절차를 밟아야 한다.

③ 광업권은 다음 각 호의 기한까지 저당권 실행의 목적 범위에서 존속하는 것으로 본다.

1. 제1항의 광업권 취소 등록 통지를 받은 날부터 6개월이 지날 때까지

2. 저당권의 실행이 끝날 때까지

④ 제2항의 권리 실행에 따라 매수인이 취득한 광업권은 광업권 취소 등록일에 취득한 것으로 본다.

⑤ 제1항부터 제4항까지의 규정은 「광업법」 제34조에 따른 공익상의 이유에 따른 광업권 취소에 관하여는 적용하지 아니한다.

제56조(광업권자의 폐업과 저당권)

광업을 폐업한 경우에는 제55조를 준용한다.

제57조(미설립법인의 경매참가)

① 경매의 목적이 된 광업권을 목적으로 하여 대한민국의 법률에 따라 법인을 설립하려는 자가 그 경매에 참가하는 경우에는 경매 신청과 동시에 그 뜻을 집행법원에 신고하여야 한다.

② 제1항에 따라 경매에 참가하는 자는 경매 신청에 관하여 연대책임을 진다.

제58조(미설립법인이 매수인인 경우의 절차)

① 제57조 제1항의 경매에 참가하여 경매로 광업재단을 매수한 자(이하 "매수인"이라 한다)는 매각허가결정이 확정된 날부터 3개월 내에 법인을 설립하고 이를 집행법원에 신고하여야 한다.

② 매수인은 법인 설립일부터 1주 이내에 매각대금을 집행법원에 지급하여야 한다. 다만, 제1항의 매수인이 채권자인 경우에는 매각대금 중에서 채권액을 공제하고 그 잔액만을 지급한다.

③ 매수인이 설립한 법인은 제2항에 따라 매각대금을 지급한 때에 경매의 목적물인 광업재단의 소유권을 취득한다.

제59조(재경매)

① 매수인이 제58조 제1항의 기간 내에 법인 설립 신고를 하지 아니하거나 같은 조 제2항의 기간 내에 매각대금을 지급하지 아니하면 집행법원은 직권으로 광업재단의 재경매를 명하여야 한다.

② 제1항의 재경매에 관하여는 「민사집행법」 제138조를 준용한다.

2) 동산저당

동산을 채무자의 점유에 남겨둔 채로 담보권을 설정하는 방법으로는 양도담보와 등기·등록에 의해 저당권을 공시하는 동산저당이 있다. 동산저당에 관하여는 각 특별법에 규정한 것을 제외하고는 민법 중 저당권에 관한 규정이 준용된다. 현행법상 저당권의 목적으로 되는 동산에는 자동차(자동차저당법 제1조), 항공기(항공기저당법 제2조, 제3조), 건설기계(건설기계저당법 제2조, 제3조), 선박(상법 제871조, 제874조) 등이 있다.

3) 입목저당

입목저당은 입목에 관한 법률에 따라 '등기된 입목'을 목적으로 하는 저당권이다.

입목에관한법률

제4조(저당권의 효력)

① 입목을 목적으로 하는 저당권의 효력은 입목을 벌채한 경우에 그 토지로부터 분리된 수목에 대하여도 미친다.

② 저당권자는 채권의 기한이 도래하기 전이라도 전항의 분리된 수목을 경매할 수 있다. 다만, 그 경락대금은 이를 공탁하여야 한다.

③ 수목의 소유자는 상당한 담보를 공탁하고 전항의 경매의 면제를 신청할 수 있다.

제5조(저당된 입목의 관리)

① 저당권의 목적이 된 입목의 소유자는 당사자 간에 약정된 시업방법에 따라 그 입목을 조성 육림하여야 한다.

② 천재·지변 기타 불가항력으로 입목에 손실이 발생한 때에는 입목소유자는 전항의 책임을 면한다.

제6조(법정지상권)

① 입목의 경매 기타 사유로 인하여 토지와 그 입목이 각각 다른 소유자에게 속하게 되는 경우에는 토지소유자는 입목소유자에 대하여 지상권을 설정한 것으로 본다.

② 전항의 경우에 지료에 관하여는 당사자의 약정에 따른다.

제7조(지상권 또는 임차권에 대한 저당권의 효력)

지상권자 또는 토지의 임차인에게 속하는 입목이 저당권의 목적이 되어 있는 경우에는 지상권자 또는 임차인은 저당권자의 승낙 없이 그 권리를 포기하거나 계약을 해지할 수 없다.

제3편 비전형담보제도

제1장 비전형담보제도의 개관

1. 비전형담보의 의의

1) 개념

전형담보제도는 현행 민법상의 제한물권의 법리에 의하여 채권을 담보하는 제도이다. 즉 '현행 민법'은 채권을 담보하는 방법으로 제한물권을 설정할 수 있는 규정은 두고 있지만, 가등기의 경료 또는 재산권 이전의 방식으로 채권을 담보할 수 있는 규정은 두고 있지 않는다. 한편, 비전형 담보제도는 현행 민법상의 제한물권의 법리에 의하지 않고, 가등기의 경료 또는 재산권 이전의 방식에 의하여 채권을 담보하는 제도이다. 즉 형식은 가등기 또는 재산권 이전의 방식을 취하지만, 그 실질은 채권담보를 목적으로 한다는 점에서 전형담보와 차이가 있다.

> *민법상 전형담보물권의 기능
>
> 1. 질권, 저당권: 적극적인 신용수수의 역할을 하는 담보물권
> 2. 유치권: 적극적인 신용수수의 역할은 없고, 목적물로부터 발생한 채권의 만족을 얻을 때까지 당해 목적물을 유치함으로써 채권을 담보하는 법정담보물권

2) 비전형담보의 유형

비전형담보에는 가등기를 이용한 담보방법으로 대물변제예약형 가등기담보, 매매예약형 가등기담보, 매매형 가등기담보가 있다. 그리고 재산권이전 형태의 양도담보에는 매매계약 형식의 양도담보(매도담보)가 있다. 이것은 매매의 형식으로 자금을 융통하는 방법이다. 즉 채권자가 매매계약을 체결하면서 매매대금의 형식으로 채무자에게 일정한 금전을 교부하지만, 그 실질은 금전을 융통해 주기 위하여 매매계약을 체결한 것이다. 이 경우에 채권자는 자신이 융통해 준 금전채권을

담보하기 위하여 채무자로부터 재산권을 이전받는 방법이다. 이렇게 매매계약 형식의 양도담보는 매매계약의 형식으로 일정한 재산권을 이전하지만, 그 실질은 채권자가 자신의 채권을 담보하기 위한 방법으로 재산권을 이전받는다는 점에서 매도담보라고 한다. 광의의 양도담보에는 매매계약의 형식의 양도담보인 매도담보와 소비대차계약의 형식을 취하는 양도담보가 있다. 후자를 협의의 양도담보라고 한다.

***광의의 양도담보**

1. 매도담보: 매매계약 형식의 양도담보

2. 협의의 양도담보(본래 의미의 양도담보): 소비대차 형식의 양도담보

매도담보는 환매(제590조) 또는 재매매의 예약과 함께 이루어지는 것이 일반적인 모습이다. 만약 환매 특약이나 재매매의 예약을 하지 않는 경우라도, 당사자사이에는 재산권이전이 채권담보의 수단으로 이용되었다는 점은 분명한 사실이다. 그런데 이를 증명하지 못한다면 단순한 매매계약이 될 것이다. 따라서 청산절차 없이 유효하게 소유권을 취득할 수 있다. 가등기담보법이 적용되지 않은 경우에는 담보권자는 청산절차를 거치지 않더라도 본등기를 경료할 수 있다. 그리고 본등기를 경료하게 되면 채권자는 대외적으로 소유권을 취득하게 된다. 다만, 대내적으로 청산절차를 거치지 않은 경우에는 채권자가 본등기를 경료하였다고 하더라도 확정적으로 소유권을 취득한 것이 아니다. 따라서 청산절차를 거치지 않고 본등기를 한 경우에, 채무자는 변제를 하고 가등기 및 본등기의 말소를 청구할 수 있다. 물론 가등기담보법이 적용되지 않은 경우에는 청산기간의 경과여부와 상관없이 본등기를 경료하였더라도 채권자는 대외적 관계에서 유효하게 소유권을 취득하므로, 당해 목적물을 제3자에게 처분한 경우에, 선·악의 여부와 상관없이 제3자는 유효하게 소유권을 취득할 수 있게 된다. 즉 가등기담보법의 적용을 받는 경우에만 청산기간을 경과하지 않고 본등기를 한 경우에 무효가 되는 것이다.

***○× 문제**

양도담보권자가 본등기 이후 10여 년 동안이나 제세공과금을 납부하는 등 대외적으로 소유권을 행사해 오는 동안 양도담보설정자나 채무자가 정산절차의 이행을 촉구하거나 나아가 피담보채무의 변제를 조건으로 가등기 및 본등기의 말소를 요구하지 않은 경우에는 본등기에 의하여 소유권이 확정적으로 이전되었다고 보아야 한다(×).

약한 의미의 양도담보가 이루어진 경우 부동산이 귀속정산의 방법으로 담보권이 실행되어 그 소유권이 채권자에게 '확정적으로 이전'되었다고 인정하려면 채권자가 가등기에 기하여 본등기를 경료하였다는 사실만으로는 부족하고 담보 부동산을 적정한 가격으로 평가한 후 그

대금으로써 피담보채권의 원리금에 충당하고 나머지 금원을 반환하거나 평가 금액이 피담보채권액에 미달하는 경우에는 채무자에게 그와 같은 내용의 통지를 하는 등 정산절차를 마친 사실이 인정되어야 한다.

---

* 대법원 2005. 7. 15. 선고 2003다46963 판결 【소유권이전청구권보전가등기및본등기말소】

【판시사항】

[1] 가등기담보등에관한법률의 시행 전에 채권자가 채권담보의 목적으로 가등기를 경료하였다가 변제를 받지 못하여 가등기에 기한 본등기를 경료한 경우의 법률관계

[2] 가등기담보등에관한법률의 시행 전에 성립한 약한 의미의 양도담보에서 채무자가 담보목적물에 대한 가등기 및 가등기에 기한 본등기의 말소를 구할 수 있는 시기

[3] 약한 의미의 양도담보가 이루어진 경우, 귀속정산의 방법으로 담보권이 실행되어 소유권이 확정적으로 채권자에게 이전되었음을 인정하기 위한 요건

[4] 양도담보권자가 본등기 이후 10여 년 동안이나 제세공과금을 납부하는 등 대외적으로 소유권을 행사해 오는 동안 양도담보설정자나 채무자가 정산절차의 이행을 촉구하거나 나아가 피담보채무의 변제를 조건으로 가등기 및 본등기의 말소를 요구하지 않았다고 하여, 이를 두고 묵시적 대물변제 또는 귀속정산이 이루어졌다고 할 수는 없다고 한 사례

[5] 실권 또는 실효의 법리의 의미

【판결요지】

[1] 가등기담보등에관한법률이 시행되기 전에 채권자가 채권담보의 목적으로 부동산에 가등기를 경료하였다가 그 후 변제기까지 변제를 받지 못하게 되어 위 가등기에 기한 소유권이전의 본등기를 경료한 경우에는 당사자들 사이에 채무자가 변제기에 피담보채무를 변제하지 아니하면 채권채무관계는 소멸하고 부동산의 소유권이 확정적으로 채권자에게 귀속된다는 명시의 특약이 없는 한, 그 본등기도 채권담보의 목적으로 경료된 것으로서 정산절차를 예정하고 있는 이른바 ‘약한 의미의 양도담보’가 된 것으로 보아야 한다.

[2] 가등기담보등에관한법률이 시행되기 전에 성립한 약한 의미의 양도담보에서는 채무의 변제기가 도과된 이후라 할지라도 채권자가 그 담보권을 실행하여 정산을 하기 전에는 채무자는 언제든지 채무를 변제하고 그 채무담보목적의 가등기 및 가등기에 기한 본등기의 말소를 구할 수 있다.

[3] 약한 의미의 양도담보가 이루어진 경우 부동산이 귀속정산의 방법으로 담보권이 실행되어 그 소유권이 채권자에게 확정적으로 이전되었다고 인정하려면 채권자가 가등기에 기하여 본등기를 경료하였다는 사실만으로는 부족하고 담보 부동산을 적정한 가격으로 평가한 후 그 대금으로써 피담보채권의 원리금에 충당하고 나머지 금원을 반환하거나 평가 금액이 피담보채권액에 미달하는 경우에는 채무자에게 그와 같은 내용의 통지를 하는 등 정산절차를 마친 사실이 인정되어야 한다.

[4] 양도담보권자가 본등기 이후 10여 년 동안이나 제세공과금을 납부하는 등 대외적으로 소유권을 행사해 오는 동안 양도담보설정자나 채무자가 정산절차의 이행을 촉구하거나 나아가 피담보채무의 변제를 조건으로 가등기 및 본등기의 말소를 요구하지 않았다고 하여, 이를 두고 묵시적 대물변제 또는 귀속정산이 이루어졌다고 할 수는 없다고 한 사례.

[5] 실권 또는 실효의 법리는 신의성실의 원칙에 바탕을 둔 파생적인 원리로서 이는 본래 권리행사의 기회가 있음에도 불구하고 권리자가 장기간에 걸쳐 그 권리를 행사하지 아니하였기 때문에 의무자인 상대방이 이미 그의 권리를 행사하지 아니할 것으로 믿을 만한 정당한 사유가 있게 됨으로써 새삼스럽게 그 권리를 행사하는 것이 신의성실의 원칙에 위반되는 결과가 될 때 그 권리행사를 허용하지 않는 것을 의미한다.

【참조조문】

[1] 민법 제372조[양도담보] / [2] 민법 제372조[양도담보] / [3] 민법 제372조[양도담보] / [4] 민법 제372조[양도담보] / [5] 민법 제2조

제372조(타 법률에 의한 저당권) 본장의 규정은 다른 법률에 의하여 설정된 저당권에 준용한다.

【참조판례】

[1][2] 대법원 1992. 1. 21. 선고 91다35175 판결(공1992, 894), 대법원 1993. 6. 22. 선고 93다7334 판결(공1993하, 2094) /[1] 대법원 1992. 5. 26. 선고 91다28528 판결(공1992, 1992), 대법원 1995. 2. 17. 선고 94다38113 판결(공1995상, 1416) /[2] 대법원 1987. 11. 10. 선고 87다카62 판결(공1988, 81) /[3] 대법원 1977. 11. 22. 선고 77다1513 판결(공1978, 10513), 대법원 1996. 7. 30. 선고 95다11900 판결(공1996하, 2625) /[5] 대법원 1991. 7. 26. 선고 90다15488 판결(공1991, 2237), 대법원 1994. 6. 28. 선고 93다26212 판결(공1994하, 2081), 대법원 2004. 3. 26. 선고 2001다72081 판결(공2004상, 706)

【전문】

【원고, 피상고인】 합명회사 부일청과시장(소송대리인 변호사 하양명 외 3인)

【피고, 상고인】 송두호(소송대리인 변호사 이용훈)

【원심판결】 부산고법 2003. 7. 25. 선고 2002나8629 판결

【주문】

상고를 기각한다. 상고비용은 피고가 부담한다.

【이유】

상고이유(상고이유서 제출기간 만료 후 제출된 상고이유보충서는 상고이유를 보충하는 범위 내에서)를 본다.

1. 상고이유 제1점에 대하여

원심판결 이유와 기록에 의하면, 원고 회사의 사원이던 이기환이 1997. 6. 3.경 자신이 원고 회사에 대하여 가지는 지분전부를 양도하고 퇴사하였는데 당시 원고 회사는 정관에서 해산사유로 규정한 20년간의 존립기간 만료로 1995. 3. 10. 해산하여 청산절차가 개시되어 청산의 목적 범위 내에서 존속하고 있었던 사실을 인정할 수 있는바, 합명회사의 청산절차에서는 사원의 퇴사가 허용되지 아니하므로 이기환의 위 퇴사는 효력이 없다 할 것이어서, 이기환은 여전히 원고 회사의 사원으로서의 지위를 보유하고 있다 할 것이고, 한편 원심이 적법하게 확정한 바에 의하면, 이기환은 2001. 3. 29. 원고 회사의 총사원이 회사계속을 결의하는 데 있어 명시적으로 찬성하였고 그 결의로 대표사원에 선출되었다는 것이므로, 이기환은 원고 회사의 적법한 대표사원이라고 할 것인바, 원심이 같은 취지에서 피고의 본안 전 항변을 배척한 조치는 옳고, 거기에 채증법칙 위반으로 인한 사실오인, 합명회사의 대표사원의 자격에 관한 법리오해 등의 위법이 있다고 할 수 없다. 이 부분 상고이유의 주장은 받아들일 수 없다.

2. 상고이유 제2, 3점에 대하여

가. 가등기담보등에관한법률이 시행되기 전에 채권자가 채권담보의 목적으로 부동산에 가등기를 경료하였다가 그 후 변제기까지 변제를 받지 못하게 되어 위 가등기에 기한 소유권이전의 본등기를 경료한 경우에는 당사자들 사이에 채무자가 변제기에 피담보채무를 변제하지 아니하면 채권채무관계는 소멸하고 부동산의 소유권이 확정적으로 채권자에게 귀속된다는 명시의 특약이 없는 한, 그 본등기도 채권담보의 목적으로 경료된 것으로서 정산절차를 예정하고 있는 이른바 '약한 의미의 양도담보'가 된 것으로 보아야 한다(대법원 1995. 2. 17. 선고

94다38113 판결 등 참조).

나. 원심판결 이유에 의하면 원심은, 이 사건 토지는 원래 허동용의 소유였는데, 허동용은 피고로부터 1981. 12.경 5,000만 원, 1982. 3. 18. 8,000만 원을 각 이자는 월 2%로 정하여 차용하고, 그 담보로 이 사건 토지에 관하여 1982. 3. 22. 피고 앞으로 소유권이전청구권가등기(이하 '이 사건 가등기'라 한다)를 경료한 사실, 원고 회사는 1982. 3. 25. 허동용으로부터 이 사건 토지를 매수하면서 채권자인 피고의 승낙하에 이 사건 가등기의 피담보채무도 중첩적으로 인수하였고, 같은 날 이 사건 토지에 관하여 그 앞으로 소유권이전등기를 경료한 사실, 그런데 원고 회사가 이 사건 가등기 채무를 인수한 후 그 원리금 채무를 변제하지 아니하자, 피고는 허동용을 상대로 이 사건 가등기에 기한 본등기절차이행청구를 하여 1983. 12. 22. 승소판결을 받았고, 그 후에는 원고 회사와 허동용을 공동피고로 하여 위 대여원금 1억 3천만 원에 그 간의 연체이자를 합한 1억 4,170만 원 및 이에 대한 지연손해금을 지급하라는 대여금청구의 소(부산지방법원 85가합355호)를 제기하여 1985. 4. 9. "피고들(이 사건의 원고 및 허동용)은 연대하여 원고(이 사건의 피고)에게 1억 4,170만 원 및 이에 대한 1982. 8. 1.부터 1985. 3. 27.까지는 연 24%, 그 다음날부터 완제일까지는 연 25%의 각 비율로 계산한 돈을 지급하라"는 판결을 선고받았고, 그 판결은 1985. 5. 8. 확정된 사실, 피고는 이 사건 가등기에 기한 본등기절차이행청구소송의 승소판결에 의하여 1987. 8. 4. 이 사건 토지에 관하여 그 명의의 소유권이전본등기(이하 '이 사건 본등기'라 한다)를 마친 사실을 인정한 다음, 이 사건 가등기 및 그에 기한 이 사건 본등기는 담보의 목적으로 경료된 것이므로 비록 채무의 변제기가 도과하였다 하더라도 채권자가 담보권을 실행하여 정산절차를 마치기 전에는 채무자인 원고가 언제든지 채무를 변제하고 채권자에게 위 각 등기의 말소를 청구할 수 있다고 할 것이니, 피고는 원고로부터 위 가등기채무의 원리금을 변제 받은 후 이 사건 가등기 및 이 사건 본등기의 각 말소등기절차를 이행할 의무가 있다고 판단하고, 나아가 이 사건 본등기는 대물변제 또는 정산절차를 배제한 특약에 기한 것이어서 이로써 이 사건 토지의 소유권은 확정적으로 피고에게 귀속되었다는 피고의 주장에 대하여는, 그 판시와 같은 이유로 이를 배척하였는바, 관계 증거를 기록에 비추어 살펴보면, 원심의 위와 같은 인정·판단은 위 법리에 따른 것으로 수긍이 가고, 거기에 채증법칙 위반으로 인한 사실오인, 대물변제 약정, 의사표시의 해석에 관한 법리오해 등의 위법이 있다고 할 수 없다. 이 부분 상고이유의 주장도 모두 이유 없다.

3. 상고이유 제4점에 대하여

가등기담보등에관한법률이 시행되기 전에 성립한 약한 의미의 양도담보에서는 채무의 변제기가 도과된 이후라 할지라도 채권자가 그 담보권을 실행하여 정산을 하기 전에는 채무자는 언제든지 채무를 변제하고 그 채무담보 목적의 가등기 및 가등기에 기한 본등기의 말소를 구할 수 있는 것이고(대법원 1987. 11. 10. 선고 87다카62 판결 등 참조), 한편 약한 의미의 양도담보가 이루어진 경우 부동산이 '귀속정산'의 방법으로 담보권이 실행되어 그 소유권이 채권자에게 확정적으로 이전되었다고 인정하려면 채권자가 가등기에 기하여 본등기를 경료하였다는 사실만으로는 부족하고 담보 부동산을 적정한 가격으로 평가한 후 그 대금으로써 피담보채권의 원리금에 충당하고 나머지 금원을 반환하거나 평가 금액이 피담보채권액에 미달하는 경우에는 채무자에게 그와 같은 내용의 통지를 하는 등 정산절차를 마친 사실이 인정되어야 하므로(대법원 1996. 7. 30. 선고 95다11900 판결 참조), 양도담보권자가 본등기 이후 10여 년 동안이나 제세공과금을 납부하는 등 대외적으로 소유권을 행사해 오는 동안 양도담보설정자나 채무자가 정산절차의 이행을 촉구하거나 나아가 피담보채무의 변제를 조건으로 가등기 및 본등기의 말소를 요구하지 않았다고 하여, 이를 두고 묵시적 대물변제 또는 귀속정산이 이루어졌다고 할 수는 없고, 상고이유에서 들고 있는 그 밖의 사정만으로는 이 사건 토지에 관하여 묵시적 대물변제 또는 귀속정산이 이루어졌다고 할 수 없으므로, 원심이 이와 관련된 피고의 주장을 배척한 것은 정당하고, 거기에 채증법칙을 위반하여 묵시적 대물변제 또는 귀속정산에 관하여 사실을 오인하였거나 법리를 오해하는 등의 위법이 있다고 할 수 없다. 이 부분 상고이유의 주장은 이유 없다.

4. 상고이유 제5점에 대하여

실권 또는 실효의 법리는 신의성실의 원칙에 바탕을 둔 파생적인 원리로서 이는 본래 권리행사의 기회가 있음에도 불구하고 권리자가 장기간에 걸쳐 그 권리를 행사하지 아니하였기 때문에 의무자인 상대방이 이미 그의 권리를 행사하지 아니할 것으로 믿을 만한 정당한 사유가 있게 됨으로써 새삼스럽게 그 권리를 행사하는 것이 신의성실의 원칙에 위반되는 결과가 될 때 그 권리행사를 허용하지 않는 것을 의미한다(대법원 2004. 3. 26. 선고 2001다72081 판결 등 참조).

이와 같은 실효의 법리와 앞에서 든 약한 의미의 양도담보에 관한 여러 법리를 기초로 관계 증거를 기록에 비추어 살펴보면, 원심이 그 판시와 같은 이유로 원고가 이 사건 가등기와 본등기의 말소청구권을 행사하는 것이 현저히 부당할 정도로 장기간에 걸쳐 그 권리를 행사하지 아니하였다거나 피고에게 원고가 그 권리를 행사하지 아니할 것으로 믿을 만한 정당한 사유가 생겼다고 보기 어렵다고 판단한 것은 옳고, 거기에 실효의 법리에 관한 법리오해 등의 위법이 있다고 할 수 없다. 이 부분 상고이유의 주장도 이유 없다.

5. 결 론

그러므로 상고를 기각하고, 상고비용은 패소자가 부담하기로 하여 관여 대법관의 일치된 의견으로 주문과 같이 판결한다.

대법관   김용담(재판장)   유지담   배기원(주심)   이강국

＊매도담보와 강한 의미의 양도담보

매도담보와 강한 의미의 양도담보는 외형적 형식, 즉 소비대차계약의 존재여부의 차이를 제외하고는 유담보형(流擔保型)이라는 점에서 그 실질은 같다. 이러한 유저당화한 양도담보에 관하여 판례는 제607조, 제608조가 적용되어 채무의 변제기에 변제가 되지 아니한 때에는 청산절차 없이 목적물의 소유권이 채권자에게 귀속되기로 하는 약정이 있는 경우에는 그 대물변제의 예약부분은 민법 제607조, 608조에 의하여 무효이고, 나머지 담보계약은 유효하다(81다254)라고 하여 약한 의미의 양도담보로서의 효력만을 인정하고 있다. 마찬가지로 가등기담보법도 매도담보를 비롯한 모든 양도담보에 있어서 청산절차를 거쳐야만 한다고 규정함으로써(동법 제1조 이하, 특히 제4조 제2항, 제11조 단서) 오로지 약한 의미의 양도담보(청산형 양도담보)만이 유효하게 되었다. 따라서 매도담보를 별도로 논할 실익이 없다는 것이 최근의 일반적인 설명이다.

＊대법원 1982. 7. 13. 선고 81다254 판결 【소유권이전등기말소】

【판시사항】

가. 민법 제607조, 제608조에 위법한 대물변제 예약을 원인으로 한 소유권이전등기의 효력

나. 매수인란을 백지로 한 소유권이전등기 소요서류등을 교부한 경우 중간등기 생략의 묵시적 합의 유무(적극)

【판결요지】

가. 대물변제예약이 민법 제607조, 제608조에 따라 무효라 할지라도 양도담보의 목적범위에서는 유효하다 할 것이니 양도담보권자가 제3자에게 그 담보목적물을 처분하여 그 등기를 필하였다면 채무자는 그 제3자에 대하여 대물변제예약의 무효를 들어 대항할 수 없다.

나. 소유권이전등기 소요 서류등에 매수인란을 백지로 하여 교부한 경우에는 소유권이전등기에 있어 묵시적 그리고 순차적으로 중간등기 생략의 합의가 있었다고 봄이 상당하다.

【참조조문】
가. 민법 제607조, 제608조
나. 민법 제186조

【참조판례】
대법원 1971. 2. 23. 선고 70다2996 판결

【전문】
【원고, 상고인】 임영준 소송대리인 변호사 김원갑
【피고, 피상고인】 한상위 소송대리인 변호사 이세중
【원심판결】 서울고등법원 1980.12.24. 선고 79나2616 판결

【주문】
상고를 기각한다.
상고 소송비용은 원고의 부담으로 한다.

【이유】
상고이유를 판단한다.

1. 원심판결은 그 이유에서 원고는 1976. 2. 초순 소외 한 순옥으로부터 금 5,000,000원을 변제기 20일 내로 하여 차용하고 같은 해 3. 16.에 이르러 위 차용금을 같은 해 3. 30.까지 변제 못할 때는 본건 토지를 대물변제하기로 약정한 다음, 동 약정기일에 채무변제를 못하게 되자 대물변제의 뜻에서 본건 토지를 피고에게 매도한다는 내용의 매매계약서로 그 대금을 영수하였다는 영수증과 매도증서, 위임장, 인감증명서 등 그 소유권이전등기에 필요한 관계서류를 동 한순옥에게 교부하였는바, 동 한순옥은 그 소유권이전등기를 아니하고 있다가 같은 해 6.5. 피고에게 위 토지를 매도하고 위 소유권이전등기소유의 관계서류를 교부한 바 되어 피고가 같은 달 26. 피고 명의로 소유권이전등기를 필한 사실을 인정하였는바, 기록에 의하여 살피건대, 원심의 위 조치에 수긍이 가며 그 과정에 소론과 같은 채증상의 위법이나 사실오인의 잘못이 있다고 할 수 없다.

2. 기록에 의하면, 원고는 본건 토지의 그 당시 시가가 채무금을 초과하여 위 대물변제예약은 무효라고 주장하고 또 그에 상응하는 증거를 제출하였음에도 불구하고 원심은 이에 대하여 판단을 아니 한 점은 소론 지적과 같아 여기에는 판단유탈의 잘못이 있다고 할 것이다. 그러나, 대물변제예약이 민법 제607조 및 608조의 규정에 따라 무효라 할지라도 양도담보의 목적범위에서는 유효하다 할 것이니 양도담보권자가 제3자에게 그 담보목적물을 처분하여 그 등기를 필하였다면 제3자에 대하여 채무자는 대물변제예약의 무효를 들고 대항할 수 없다고 할 것이므로, 위에 본 바와 같이 양도담보권자인 위 한순옥으로부터 양도담보물인 본건 토지를 피고가 매수하고 취득등기를 한 이상 위의 무효를 피고에게 대항할 수 없는 만큼 동 주장은 배척되고 말 것이 명백하니 위의 판단유탈은 재판의 결과 아무런 영향이 없으므로 이를 원심판결 파기사유로 삼을 수 없다고 할 것이다.

3. 기록에 의하여 소론 보관 중인 을 제6호증의 기재를 검토하여도 여기에는 원고 한 사람만이 서명날인하고 있음이 뚜렷하니 동 보관증을 원고와 소외 정재형이 공동연서 작성되었다는 소론은 이유 없다.

4. 기록에 의하면, 본건 토지의 소유권이전등기 소요서류 등에 매수인난을 백지로 하여 위 한순옥에 교부되었음은 당사자 사이에 다툼이 없는 바이니 본건 피고 명의에의 소유권이전등기에 있어 묵시적 그리고 순차적으로 중간등기 생략의 합의가 있었다고 봄이 상당하므로 이런 취지에서 피고명의 소유권이전등기를 적법시한 원심의 판단은 정당하고 거기에 소론과 같은 법리오해가 있다고 할 수 없다.

그러므로 상고를 기각하고 상고 소송비용은 패소자의 부담으로 하기로 관여법관의 의견이 일치되어 주문과 같이 판결한다.

대법관　　전상석(재판장)　이일규　이성렬　이회창

한편, 처분권은 물권변동이 발생하여야만 유효하게 행사할 수 있다. 이와 관련하여 가등기담보법의 적용을 받는 경우에는 물권변동의 시점(법률규정에 의하여 청산기간 경과 이후 청산금을 채무자 등에게 지급한 때)에 유의하여야 한다. 즉 채권자가 담보목적부동산에 관하여 이미 소유권이전등기를 마친 경우라도 청산기간이 지난 후 청산금을 채무자 등에게 지급한 때에 비로소 채권자

(등기부상의 소유권자)는 담보목적부동산의 소유권을 취득하게 된다. 그리고 담보가등기를 마친 경우에는 청산기간이 지나야 그 가등기에 따른 본등기(本登記)를 청구할 수 있다(제4조). 즉 현재 채권자가 소유권이전등기의 외관을 형성하고 있다고 하더라도 청산기간이 지난 후에 청산금을 채무자 등에게 지급하지 않으면 그 외관과 상관없이 소유권을 취득하지 못한다. 이 경우에 채권자가 자신의 명의를 이용하여 제3자에게 처분을 하더라도 처분권 없는 자의 처분행위가 되어 무효가 되는 것이 원칙이다. 그런데 채무자 등은 청산금채권을 변제받을 때까지 비록 소유권을 채권자에게 형식적으로 이전하였다고 하더라도, 그 외관과 상관없이 여전히 소유권자이다. 따라서 채무자 등은 그 채무액(반환할 때까지의 이자와 손해금을 포함한다)을 채권자에게 지급하고 그 채권담보의 목적으로 마친 소유권이전등기의 말소를 청구할 수 있다. 다만, 그 채무의 변제기가 지난 때부터 10년이 지나거나 선의의 제삼자가 소유권을 취득한 경우에는 그러하지 아니하다(제11조). 즉 채무자는 채권자가 청산금채권을 지급하지 않고 있는 동안에는 비록 소유권을 채권자에게 이전해주었더라도, 여전히 소유권자이므로 자신의 금전채무를 변제하고 소유권이전등기의 말소를 청구할 수 있다. 그런데 채권자(가등기담보권자)가 외관상 소유권이 있음을 기화로 제3자에게 처분한 경우에 무권리자의 처분행위이지만, 제3자가 선의인 경우에는 유효하게 소유권을 취득할 수 있게 된다.

민법

제590조(환매의 의의)

① 매도인이 매매계약과 동시에 환매할 권리를 보류한 때에는 그 영수한 대금 및 매수인이 부담한 매매비용을 반환하고 그 목적물을 환매할 수 있다.

② 전항의 환매대금에 관하여 특별한 약정이 있으면 그 약정에 의한다.

③ 전2항의 경우에 목적물의 과실과 대금의 이자는 특별한 약정이 없으면 이를 상계한 것으로 본다.

예를 들어 갑(甲)이 을(乙)로부터 5천만 원을 차용하려고 한다. 그런데 을(乙)은 갑(甲)이 변제를 하지 못할 것을 대비하여 자기의 채권을 담보하는 방법으로 소유권을 이전해달라고 요구한다. 이에 따라서 갑(甲)은 을(乙)과 매매계약의 형식을 취하면서 7천만 원 상당의 부동산 소유권을 을(乙)에게 이전하면서, 환매특약의 부기등기(부동산등기법 제64조의2)를 경료하였다. 만약 환매특약의 부기등기를 경료하지 않은 경우에도 매도담보로 인정될 수 있는지가 문제된다. 물론 이를 증명한다면 가능하겠지만, 만약 증명하지 못한다면 단순한 매매계약으로 취급될 가능성이 있다. 이 경우에는 가등기담보법이 적용될 여지가 없다. 따라서 청산절차 없이 을(乙)은 소유권을 확정적으로 취득하게 된다.

부동산등기법

제64조의2(환매등기 등의 기재)

① 환매특약(還買特約)의 등기는 매수인의 권리취득의 등기에 부기한다.

② 환매에 의한 권리취득(權利取得)의 등기를 하였을 때에는 제1항의 등기를 말소하여야 한다.

③ 등기의 목적인 권리의 소멸에 관한 약정의 등기에 관하여는 제1항과 제2항을 준용한다.

[전문개정 2008. 3. 21]

한편, 소비대차계약 형식의 양도담보가 있다. 이것은 소비대차계약의 형식으로 필요한 자금을 융통하는 방법이다. 즉 채권자가 소비대차계약을 체결하면서 금전을 융통해 주고, 자신의 채권을 담보하기 위하여 채무자로부터 재산권을 이전받는 방법이다. 이에는 목적물의 소유권이 언제 채권자에게 이전되는지에 따라 두 종류로 구분된다. 첫째, 협의의 양도담보(본래 의미의 양도담보)이다. 이것은 소비대차계약을 체결하면서 '동시에' 목적물의 소유권을 채권자에게 이전하고, 채무자가 변제기에 채무를 변제하면 목적물을 반환해주기로 약정하는 방법이다. 예를 들어 갑은 소비대차계약에 기해 을로부터 5천만 원을 빌리면서 7천만 원 상당의 부동산의 소유권을 을에게 이전한 경우가 이에 해당된다. 일반적으로 소비대차계약을 체결하면서 갑이 변제기에 채무를 변제하면 부동산을 되찾을 수 있도록 약정한 경우가 협의의 양도담보계약이다. 둘째, 소비대차계약과 함께 대물변제의 예약을 하는 경우이다. 이것은 소비대차계약을 체결하면서 목적물의 소유권을 채권자에게 이전하는 것은 아니고, 장래의 변제기에 채무불이행이 있으면 채무변제에 갈음하여 채무자 또는 제3자 소유의 물건으로써 변제할 것을 미리 약정하는 방법이다. 대물변제의 대상으로는 동산, 부동산 모두 가능하지만, 부동산을 대물변제하기로 약정하는 경우에는 장래에 취득할 소유권을 보전하기 위하여 가등기를 하는 것이 일반적인 모습이다. 가등기담보는 채권담보를 위해 소유권이전청구권을 보전하기 위하여 채권자 명의의 가등기를 해둔 이후에 변제기에 채무불이행이 있는 때에 본등기를 경료함으로써 목적물의 소유권을 채권자에게 이전하는 방법이다. 이 경우에 물권변동의 시점은 본등기를 한 때이고, 본등기의 순위는 가등기를 한 때로 소급한다.

＊대법원 1992. 2. 28. 선고 91다25574 판결 【부동산소유권이전등기등】

【판시사항】

대물변제의 경우 민법 제607조, 제608조가 적용되는지 여부(소극)

【판결요지】

채무자가 채권자 앞으로 차용물 아닌 다른 재산권을 이전한 경우에 있어 그 권리의 이전이 채무의 이행을 담보하기 위한 것이 아니고 그 채무에 갈음하여 상대방에게 완전히 그 권리를 이전하는 경우 즉 대물변제의 경우에는 가사 그 시가가 그 채무의 원리금을 초과한다고 하더라도 민법 제607조, 제608조가 적용되지 아니한다(“제607·608조가 적용되지 않는다”는 것은 곧 정산절차를 거쳐야 비로소 소유권을 취득하는 가등기담보법이 적용되지 않는다는 것이다).

【참조조문】

민법 제466조, 제607조, 제608조

【참조판례】

대법원 1968. 1. 31. 선고 67다2227 판결(집16①민39)

【전문】
【원고, 상고인】 홍성현 외 1인 원고들 소송대리인 변호사 오석락
【피고, 피상고인】 홍흥표 소송대리인 변호사 김광년
【원심판결】 서울고등법원 1991. 6. 28. 선고 90나8802 판결

【주문】

상고를 모두 기각한다.
상고비용은 원고들의 부담으로 한다.

【이유】

원고들 소송대리인의 상고이유(추가상고이유 포함)에 대하여

원심은 채택증거를 종합하여 이 사건 부동산에 대하여 1984. 11. 1. 원고 홍운표로부터 피

고 앞으로 소유권이전등기가 된 것은 위 원고가 피고로부터 차용한 금 3천만 원의 담보를 목적으로 경료된 것이라는 원고들 주장을 배척하고, 오히려 위 원고의 피고에 대한 위 차용금 채무의 변제와 위 원고의 소외 주식회사 제일은행에 대한 피담보채무 및 소외 대한보증보험 주식회사에 대한 채무를 피고가 인수하는 조건으로 이 사건 부동산에 대하여 위와 같이 소유권이전등기를 경료한 사실을 인정하였는바, 위와 같은 원심의 사실인정과 판단은 수긍되고 소론과 같은 채증법칙 위배나 변론주의에 반한 위법이 없다.

그리고 채무자가 채권자 앞으로 차용물 아닌 다른 재산권을 이전한 경우에 있어 그 권리의 이전이 '채무의 이행을 담보'하기 위한 것이 아니고 그 '채무에 갈음'하여 상대방에게 '완전히 그 권리를 이전'하는 경우 즉 대물변제의 경우에는 가사 그 시가가 그 채무의 원리금을 초과한다고 하더라도 민법 제607조, 제608조가 적용되지 아니하므로(당원 1968. 1. 31. 선고 67다2227 판결 참조) 같은 취지의 원심판결은 정당하고 소론과 같은 법리오해의 위법이 없다.

원고들은 이 사건 소유권이전등기가 원고 홍운표의 피고에 대한 채무의 담보목적으로 경료되었음을 원인으로 하여 주위적으로 이 사건 부동산이 위 원고 소유임의 확인을 구함과 동시에 잔존채무의 변제를 조건으로 하여 원고 홍성현 앞으로의 소유권이전등기의 이행을 구하고, 예비적으로 피고에 대하여 소유권이전등기의 말소를 구하고 있는 데 대하여, 앞에서 본 바와 같이 원심은 등기경료의 원인에 관한 원고들의 주장을 배척하고 피고에 대한 채무 등에 갈음하여 경료되었다고 인정하고, 또 대물변제받은 이 사건 부동산에 관하여 원고들과 사이에 1987. 9.경 대금을 2억 5천만 원으로 하여 새로이 매매계약을 체결하고 피고가 9. 10. 그 계약금으로서 금 2천5백만 원을 수령하였으나 원고들이 나머지 대금을 지급하지 아니하여 피고는 1989. 1.경부터 위 재매매계약의 무효를 주장하고 있는 사실을 인정하고 있는바, 이러한 경우에 있어서는 원고들이 위 계약을 이행하지 아니하여 해제하였다는 피고의 주장이 인용될 것을 전제로 원고들에 대하여 그 청구원인의 변경 여부에 관한 석명의 의무가 있는 것은 아니다. 그리고 원심은 피고가 이 사건 소유권이전등기 이후에 금 390만 원을 수령하였다고 볼 증거가 없다고 판시하였는바, 이는 정당하고 소론과 같은 심리미진의 위법이나 이유모순 등의 위법이 있다고 할 수 없다. 논지는 이유 없다.

이상의 이유로 상고를 모두 기각하고 상고비용은 패소자의 부담으로 하여 관여 법관의 일치된 의견으로 주문과 같이 판결한다.

대법관   윤영철(재판장) 박우동 김상원 박만호

3) 비전형담보의 발생원인

제한물권의 법리에 의한 담보물권은 채무자가 채무불이행을 한 경우에, 경매절차를 통하여 우선변제를 받음으로써 채권의 만족을 얻게 된다. 그런데 경매절차는 많은 시간과 비용이 소요되고, 또한 담보목적물의 교환가치가 채권의 만족에 미치지 못하는 경우도 발생할 수 있다. 따라서 간이한 절차에 의하여 완전한 채권만족을 얻을 수 있는 방법을 모색하게 된다. 동산담보의 경우에는 동산질권을 설정하는 방법이 이용된다. 그런데 동산질권이 성립되기 위해서는 질물을 인도해야 한다. 그 결과 동산질권을 설정해 준 소유자는 동산에 대한 이용권이 박탈당하게 된다. 따라서 동산의 소유자가 이용권을 유보하면서도 채권담보를 할 수 있는 방법을 모색하게 된다.

2. 가등기담보등에관한법률의 주요 내용

가등기담보법(1983. 12. 30. 제정)은 차용물의 반환에 관하여 차주가 차용물을 갈음하여 다른 재산권을 이전할 것을 '예약'할 때 그 재산의 예약 당시 가액이 차용액과 이에 붙인 이자를 합산한 액수를 초과하는 경우에 적용된다.

가등기담보등에관한법률

제1조(목적)

이 법은 차용물의 반환에 관하여 차주가 차용물을 갈음하여 '다른 재산권을 이전'할 것을 예약할 때 그 재산의 예약 당시 가액이 차용액과 이에 붙인 이자를 합산한 액수를 초과하는 경우에 이에 따른 담보계약과 그 담보의 목적으로 마친 '가등기' 또는 '소유권이전등기'의 효력을 정함을 목적으로 한다.

민법

제607조(대물반환의 예약) 차용물의 반환에 관하여 차주가 차용물에 갈음하여 다른 재산권을 이전할 것을 예약한 경우에는 그 재산의 예약 당시의 가액이 차용액 및 이에 붙인 이자의 합산액을 넘지 못한다.

제608조(차주에 불이익한 약정의 금지) 전2조의 규정에 위반한 당사자의 약정으로서 차주에 불리한 것은 환매 기타 여하한 명목이라도 그 효력이 없다.

가등기담보 또는 양도담보라 하더라도 담보물의 가액이 피담보채권과 같거나 작은 경우에는 이 법은 적용되지 않는다. 따라서 이 경우에는 청산절차를 거치지 않더라도 변제기에 변제하지 못하면 가등기에 기한 본등기를 즉시 청구할 수 있다. 왜냐하면 이 경우에는 채무자에게 유리하므로, 특별히 보호할 필요가 없기 때문이다. 그리고 가등기담보법은 가등기담보뿐만 아니라 양도담보, 매도담보, 환매, 재매매의 예약 등 그 명칭에는 관계없이 민법상 '소비대차계약'을 규율하고 있는 제608조에 의하여 효력이 상실되는 채권담보계약에 적용된다. 효력이 상실된다는 의미는 대물반환의 예약 당시 가액이 차용액과 이에 붙인 이자를 합산한 액수를 초과하는 경우를 말한다.

특히, 가등기담보법상의 담보계약은 소비대차계약 또는 준소비대차계약에 의한 채권을 담보할 목적으로 체결한 것에 한정된다고 보는 것이 가등기담보법의 시행 전후를 통하여 일관되고 있는 판례의 입장이다. 그런데 판례와 같이 피담보채권을 제한할 합리적인 근거가 없다는 이유로 소비대차, 준소비대차 외에 모든 원인으로 발생한 채무를 피담보채권에 포함시켜야 한다는 견해도 있다. 생각건대, 가등기담보법의 적용범위를 판례와 다르게 확대할 필요성은 없을 것으로 생각된다. 왜냐하면 다음과 같은 이유가 있기 때문이다. 첫째, 가등기담보법의 관련규정에 충실한 해석을 할 필요가 있다. 즉 가등기담보법(제1조, 제2조 제1호)은 피담보채권이 소비대차 또는 준소비대차로부터 발생한 경우에 적용된다고 명시적으로 규정하고 있다. 둘째, 가등기담보법의 탄생배경을 고려할 필요가 있다. 즉 가등기담보법은 거래계의 요청을 고려하여 일반적인 제한물권의 공시방법에 의하지 않고 소유권이전등기의 방식 등으로 채권담보를 하려는 계약을 입법정책적으로 규율하기 위하여 제정된 것이다. 특히 가등기담보법은 소비대차계약에 기한 대물변제예약의 폐단을 방지하기 위한 규범적 결단에 의하여 제정된 것이다. 이렇게 종래의 법리와 배치됨에도 불구하고 입법정책적 결단으로 제도가 도입되었다면 그 적용범위는 당해 제도의 탄생배경을 고려하여 제한적으로 해석하는 것이 타당할 것으로 생각한다. 셋째, 기타의 원인으로 발생한 채권담보를 목적으로 가등기를 경료한 경우에는 반드시 폭리행위가 수반된다고 단정할 수 없다. 또한 이러한 경우에 해당되는 경우에는 현행 민법 제103조 내지 제104조에 의하여 개별적으로 판단하더라도 불합리한 문제가 발생하는 것은 아니라고 생각된다. 넷째, 가등기담보 또는 양도담보라 하더라도 담보물의 가액이 피담보채권과 같거나 작은 경우에는 가등기담보법이 적용되지 않는다고 보아야 한다. 그리고 가등기담보법이 적용되지 않는다면 청산절차를 거치지 않더라도 변제기에 변제하지 못하면 가등기에 기한 본등기를 즉시 청구할 수 있다. 왜냐하면 이 경우에는 채무자에게 유리하므로 특별히 보호할 필요가 없기 때문이다.

＊준소비대차

　금전이나 그 밖의 대체물을 지급할 채무가 있는 자가 상대방에게 그 목적물을 소비대차의 목적으로 변경하기로 약정한 경우(민법 제605조). 매매대금을 소비대차의 차용금으로 변경하기로 합의한 경우.

> **민법**
>
> 　제605조(준소비대차) 당사자쌍방이 소비대차에 의하지 아니하고 금전 기타의 대체물을 지급할 의무가 있는 경우에 당사자가 그 목적물을 소비대차의 목적으로 할 것을 약정한 때에는 소비대차의 효력이 생긴다.

가등기담보등에관한법률

제2조(정의) 이 법에서 사용하는 용어의 뜻은 다음과 같다.

1. "담보계약"이란 (소비대차계약을 규율하고 있는)「민법」제608조에 따라 그 효력이 상실되는 대물반환의 예약(환매, 양도담보 등 명목이 어떠하든 그 모두를 포함한다)에 '포함'되거나 '병존'하는 채권담보 계약을 말한다.

2. "채무자 등"이란 다음 각목의 자를 말한다.

가. 채무자

나. 담보가등기목적 부동산의 물상보증인(物上保證人)

다. 담보가등기 후 소유권을 취득한 제삼자

3. "담보가등기"란 채권담보의 목적으로 마친 가등기를 말한다.

4. "강제경매 등"이란 강제경매와 담보권의 실행 등을 위한 경매를 말한다.

5. "후순위권리자"란 담보가등기 후에 등기된 저당권자·전세권자 및 담보가등기권리자를 말한다.

＊○× 문제

• 가등기담보등에관한법률이 적용되지 않는 경우에도 채권자가 채권담보의 목적으로 부동산에 가등기를 경료하였다가 그 후 변제기까지 변제를 받지 못하여 위 가등기에 기한 소유권이전의 본등기를 경료한 경우에, 당사자들 사이에 채무자가 변제기에 피담보채무를 변제하지 아니하면 채권채무관계는 소멸하고 부동산의 소유권이 확정적으로 채권자에게 귀속된다는 명시의 특약이 있다고 하더라도, 그 본등기는 채권담보의 목적으로 경료된 것

으로서 정산절차를 예정하고 있는 이른바 '약한 의미의 양도담보'가 된다.(×)

• 약한 의미의 양도담보가 된 경우에는 채무의 변제기가 도과한 후에도 채권자가 담보권을 실행하여 정산절차를 마치기 전에는 채무자는 언제든지 채무를 변제하고 채권자에게 위 가등기 및 그 가등기에 기한 본등기의 말소를 청구할 수 있다. 따라서 당사자들 사이에 채무자가 변제기에 피담보채무를 변제하지 아니하면 채권채무관계는 소멸하고 부동산의 소유권이 확정적으로 채권자에게 귀속된다는 명시의 특약이 있다고 하더라도 마찬가지이다(×).

가등기담보등에관한법률이 적용되지 않는 경우에도 채권자가 채권담보의 목적으로 부동산에 가등기를 경료하였다가 그 후 변제기까지 변제를 받지 못하여 위 가등기에 기한 소유권이전의 본등기를 경료한 경우에는, 당사자들 사이에 채무자가 변제기에 피담보채무를 변제하지 아니하면 채권채무관계는 소멸하고 부동산의 소유권이 확정적으로 채권자에게 귀속된다는 '명시의 특약이 없는 한', 그 본등기도 채권담보의 목적으로 경료된 것으로서 정산절차를 예정하고 있는 이른바 '약한 의미의 양도담보'가 된다. 그리고 이와 같이 약한 의미의 양도담보가 된 경우에는 채무의 변제기가 도과한 후에도 채권자가 담보권을 실행하여 정산절차를 마치기 전에는 채무자는 언제든지 채무를 변제하고 채권자에게 위 가등기 및 그 가등기에 기한 본등기의 말소를 청구할 수 있다.

---

*대법원 2006. 8. 24. 선고 2005다61140 판결 【부동산지분이전등기말소등기】

【판시사항】

　[1] 재산권 이전의 예약에 의한 가등기담보에 있어서 예약 당시 선순위 근저당권이 설정되어 있는 경우, '가등기담보 등에 관한 법률'의 적용 요건

　[2] 채권자가 채권담보의 목적으로 가등기를 경료하였다가 변제를 받지 못하여 가등기에 기한 본등기를 경료한 경우, '가등기담보 등에 관한 법률'이 적용되지 않을 경우의 법률관계

【판결요지】

　[1] 가등기담보등에관한법률은 재산권 이전의 예약에 의한 가등기담보에 있어서 재산의 '예약 당시의 가액'이 차용액 및 이에 붙인 이자의 합산액을 '초과'하는 경우에 적용되는바, 재산권 이전의 예약 당시 재산에 대하여 선순위 근저당권이 설정되어 있는 경우에는 재산의 가액에서 피담보채무액을 공제한 나머지 가액이 차용액 및 이에 붙인 이자의 합산액을 초과하는 경우에만 적용된다.

[2] 가등기담보등에관한법률이 적용되지 않는 경우에도 채권자가 채권담보의 목적으로 부동산에 가등기를 경료하였다가 그 후 변제기까지 변제를 받지 못하여 위 가등기에 기한 소유권이전의 본등기를 경료한 경우에는, 당사자들 사이에 채무자가 변제기에 피담보채무를 변제하지 아니하면 채권채무관계는 소멸하고 부동산의 소유권이 확정적으로 채권자에게 귀속된다는 명시의 특약이 없는 한, 그 본등기도 채권담보의 목적으로 경료된 것으로서 정산절차를 예정하고 있는 이른바 '약한 의미의 양도담보'가 된다. 그리고 이와 같이 약한 의미의 양도담보가 된 경우에는 채무의 변제기가 도과한 후에도 채권자가 담보권을 실행하여 정산절차를 마치기 전에는 채무자는 언제든지 채무를 변제하고 채권자에게 위 가등기 및 그 가등기에 기한 본등기의 말소를 청구할 수 있다.

【참조조문】
[1] 가등기담보등에관한법률 제1조 / [2] 민법 제372조[양도담보], 가등기담보등에관한법률 제1조

【참조판례】
[1] 대법원 1991. 2. 26. 선고 90다카24526 판결(공1991, 1083), 대법원 1993. 10. 26. 선고 93다27611 판결(공1993하, 3181), 대법원 2005. 6. 10. 선고 2005다53 판결 / [2] 대법원 1991. 7. 26. 선고 90다15488 판결(공1991, 2237), 대법원 1992. 1. 21. 선고 91다35175 판결(공1992, 894), 대법원 1995. 2. 17. 선고 94다38113 판결(공1995상, 1416), 대법원 2005. 7. 15. 선고 2003다46963 판결(공2005하, 1321)

【전문】
【원고, 피상고인】 장숙자(소송대리인 법무법인 자하연 담당변호사 임채균 외 4인)
【피고, 상고인】 김태웅(소송대리인 법무법인 둔산 담당변호사 박광천 외 1인)
【원심판결】 대전고법 2005. 9. 7. 선고 2004나9501 판결

【주문】
원심판결을 파기하고, 사건을 대전고등법원에 환송한다.

【이유】
1. 원심의 판단

  원심은, 그 채용 증거들을 종합하여, 원고와 피고가 1998. 4.경 이 사건 토지를 공동으로 매수하여 각 1/2 지분씩 지분이전등기를 마친 사실, 원고와 피고는 1999. 5. 13. 선영새마을 금고에 이 사건 토지에 관하여 근저당권을 설정해주고 원고 명의로 4억 5,000만 원을 대출 받아(이하 '이 사건 대출금'이라 한다), 그 중 3억 5,000만 원은 원고가, 나머지 1억 원은 피고가 각 사용한 사실, 한편 해성산업 주식회사가 원고, 길인환 등의 연대보증하에 신용보증기금으로부터 발행받은 신용보증서를 담보로 1억 원을 대출 받았다가 그 원리금을 갚지 못하자, 신용보증기금이 원고에 대하여 사전구상권을 취득하였음을 원인으로 이 사건 토지 중 원고 지분(이하 '이 사건 지분'이라 한다)에 관하여 청구금액 합계 1억 원의 가압류결정을 받아 가압류등기를 마친 사실, 원고가 이 사건 대출금 중 자신이 사용한 3억 5,000만 원에 대한 1999. 11. 이후의 이자를 연체하자 선영새마을금고는 이 사건 토지에 관하여 임의경매를 신청하여 2000. 10. 27. 임의경매 개시결정을 받은 사실, 이에 원고와 피고는 위 임의경매를 취하시키고 이 사건 토지에 건물을 공동으로 신축하기로 하고, 2000. 11. 22.경 피고가 원고에게 2억 원을 대여하면, 그 돈으로 이 사건 대출금 전부에 대한 연체이자, 위약금, 경매취하 비용 등 위 임의경매를 취하시키는 데 필요한 비용과 이 사건 지분에 관하여 설정된 위 신용보증기금의 가압류를 해지하기 위한 비용 등으로 사용하고, 대신 피고는 담보로 이 사건 지분에 관하여 가등기를 설정받되 만일 원고가 3개월 후인 2001. 2. 22.까지 위 대여금을 변제하지 못하면 본등기를 경료하기로 하는 내용의 약정(이하 '이 사건 약정'이라 한다)을 한 사실, 이 사건 약정에 따라 원고는 이 사건 지분에 관하여 피고 명의로 지분이전청구권가등기와 본등기를 위해 필요한 서류를 교부하여 주었고, 피고는 2000. 11. 23. 위 서류를 이용하여 이 사건 지분에 관하여 지분이전청구권가등기(이하 '이 사건 가등기'라 한다)를 마친 사실, 피고는 2000. 12. 2. 이 사건 약정에서 정한 대여금의 용도에 따라 이 사건 대출금 전부에 대한 연체이자와 위약금 합계 81,241,740원 및 경매취하비용 12,871,750원을 선영새마을금고에 변제하고 위 임의경매를 취하시켰으나, 원고에게 직접 건네주기로 하였던 나머지 대여금은 원고에게 지급하지 않은 사실, 원고는 피고에게 나머지 대여금의 지급을 독촉하기도 하였으나, 피고와 공동으로 건물을 신축하는 관계로 더 이상 문제 삼지 않다가, 공사 진행과정에서 피고와 갈등이 생기게 되자, 피고에게 자신의 채무를 정산하고 이 사건 가등기의 말소를 요구하였으나, 피고는 이를 미루다가 2001. 10. 23. 이 사건 가등기에 기하여 지분이전등기(이하 '이 사건 본등기'라 한다)를 마친 사실, 이후 피고는 2001. 12. 12. 이 사건 대출금 4억 5,000만 원과 이에 대한 연체이자 50,295,150원 및 위약금 12,217,690원을 선영새마을금고에 변제하고, 그 대출금의 담보로 이 사건 토지에 설정되어 있던 근저당권설정등기를 말소시켰으며, 이 사건 지분에 설정된 신용보증기금의 가압류를 취소하기 위해, 신용보증기금에 자신의 부담비율 이상을 변제하여 원고에 대하여 구상금 채권을 취득한 길인환에게 합계

39,202,818원을 변제공탁한 사실 등 판시와 같은 사실을 인정한 다음, 이 사건 가등기는 원고의 피고에 대한 2억 원의 차용금 채무를 담보하기 위한 것이고, 이 사건 약정 당시 이 사건 지분의 가액은 4억 66,248,500원으로서 이 사건 가등기의 피담보채무액으로 정한 차용금 2억 원을 훨씬 초과하므로 이 사건 가등기에는 가등기담보 등에 관한 법률(이하 '가등기담보법'이라 한다)이 적용되는 것인바, 이 사건 본등기는 가등기담보법 소정의 청산절차를 거치지 않고 경료한 것이어서 무효이므로 피고는 이 사건 본등기를 말소할 의무가 있고, 이 사건 가등기는 담보가등기로서 채무자는 채권자로부터 정당하게 평가된 청산금을 지급받을 때까지 피담보채무액 전액을 지급하고 가등기의 말소를 구할 수 있는 것이므로, 피고는 원고로부터 이 사건 가등기의 피담보채무액인 5억 31,937,405원 및 그 지연손해금을 지급받은 다음 이 사건 가등기를 말소할 의무가 있다고 판단하였다.

2. 이 법원의 판단

그러나 위와 같은 원심의 판단은 다음과 같은 이유로 수긍하기 어렵다.

가등기담보법은 재산권 이전의 예약에 의한 가등기담보에 있어서 그 재산의 예약 당시의 가액이 차용액 및 이에 붙인 이자의 합산액을 초과하는 경우에 그 적용이 있는 것이지만(대법원 1993. 10. 26. 선고 93다27611 판결 등 참조), 재산권 이전의 예약 당시 그 재산에 대하여 선순위 근저당권이 설정되어 있는 경우에는 그 재산의 가액에서 그 피담보채무액을 공제한 나머지 가액이 차용액 및 이에 붙인 이자의 합산액을 초과하는 경우에만 그 적용이 있다고 봄이 상당하다(대법원 1991. 2. 26. 선고 90다카24526 판결; 2005. 6. 10. 선고 2005다53 판결 등 참조).

따라서 원심이 인정한 바와 같이 이 사건 약정 당시 이 사건 지분에 선순위 근저당권이 설정되어 있었고, 원고 부담의 피담보채무액이 3억 5,000만 원이었다면, 이 사건 지분의 가액 4억 66,248,500원에서 위 피담보채무액을 공제한 나머지 가액은 원고와 피고가 이 사건 가등기의 피담보채무액으로 정한 2억 원을 초과한다고 할 수 없으므로, 이 사건 가등기에는 가등기담보법이 적용된다고 할 수 없고, 따라서 피고가 가등기담보법 소정의 청산절차를 거치지 않았다는 이유만으로 이 사건 본등기가 무효의 등기라고 할 수는 없다고 할 것이다.

그럼에도 불구하고, 원심은 그 판시와 같은 이유로 이 사건 본등기가 가등기담보법 소정의 청산절차를 거치지 아니하여 무효라고 판단하였으니, 원심판결에는 가등기담보법의 적용 범위에 관한 법리를 오해한 위법이 있고, 이러한 위법은 판결에 영향을 미쳤음이 분명하다.

그리고 원심이 피담보채무액의 지급을 조건으로 이 사건 가등기의 말소청구를 인용한 것은 이 사건 본등기가 가등기담보법 소정의 청산절차를 거치지 아니하여 무효임을 전제로 한 것이므로, 앞서 본 바와 같이 이 사건 가등기에 가등기담보법이 적용된다고 볼 수 없는 이상 원심판결은 전부 파기될 수밖에 없다.

다만, 가등기담보법이 적용되지 않는 경우에도 이 사건과 같이 채권자가 채권담보의 목적으로 부동산에 가등기를 경료하였다가 그 후 변제기까지 변제를 받지 못하게 되어 위 가등기에 기한 소유권이전의 본등기를 경료한 경우에는, 당사자들 사이에 채무자가 변제기에 피담보채무를 변제하지 아니하면 채권채무관계는 소멸하고 부동산의 소유권이 확정적으로 채권자에게 귀속된다는 명시의 특약이 없는 한, 그 본등기도 채권담보의 목적으로 경료된 것으로서 정산절차를 예정하고 있는 이른바 '약한 의미의 양도담보'가 된 것으로 보아야 하고(대법원 1995. 2. 17. 선고 94다38113 판결; 2005. 7. 15. 선고 2003다46963 판결 등 참조), 이와 같이 약한 의미의 양도담보가 된 경우에는 채무의 변제기가 도과된 후라고 하더라도 채권자가 담보권을 실행하여 정산절차를 마치기 전에는 채무자는 언제든지 채무를 변제하고 채권자에게 위 가등기 및 그 가등기에 기한 본등기의 말소를 청구할 수 있다고 할 것이므로(대법원 1991. 7. 26. 선고 90다15488 판결; 1992. 1. 21. 선고 91다35175 판결 등 참조), 원심으로서는 원고와 피고 사이에 위와 같은 특약이 있었는지 여부를 심리하여 이 사건 본등기의 효력을 판단하여야 함을 지적하여 둔다.

＊대법원 2005. 7. 15. 선고 2003다46963 판결

가등기담보등에관한법률이 시행되기 전에 성립한 약한 의미의 양도담보에서는 채무의 변제기가 도과된 이후라 할지라도 채권자가 그 담보권을 실행하여 정산을 하기 전에는 채무자는 언제든지 채무를 변제하고 그 채무담보 목적의 가등기 및 가등기에 기한 본등기의 말소를 구할 수 있는 것이고(대법원 1987. 11. 10. 선고 87다카62 판결 등 참조), 한편 약한 의미의 양도담보가 이루어진 경우 부동산이 귀속정산의 방법으로 담보권이 실행되어 그 소유권이 채권자에게 확정적으로 이전되었다고 인정하려면 채권자가 가등기에 기하여 본등기를 경료하였다는 사실만으로는 부족하고 담보 부동산을 적정한 가격으로 평가한 후 그 대금으로써 피담보채권의 원리금에 충당하고 나머지 금원을 반환하거나 평가 금액이 피담보채권액에 미달하는 경우에는 채무자에게 그와 같은 내용의 통지를 하는

등 정산절차를 마친 사실이 인정되어야 하므로(대법원 1996. 7. 30. 선고 95다11900 판
결 참조), 양도담보권자가 본등기 이후 10여 년 동안이나 제세공과금을 납부하는 등 대
외적으로 소유권을 행사해 오는 동안 양도담보설정자나 채무자가 정산절차의 이행을 촉
구하거나 나아가 피담보채무의 변제를 조건으로 가등기 및 본등기의 말소를 요구하지
않았다고 하여, 이를 두고 묵시적 대물변제 또는 귀속정산이 이루어졌다고 할 수는 없
고, 상고이유에서 들고 있는 그 밖의 사정만으로는 이 사건 토지에 관하여 묵시적 대물
변제 또는 귀속정산이 이루어졌다고 할 수 없으므로, 원심이 이와 관련된 피고의 주장을
배척한 것은 정당하고, 거기에 채증법칙을 위반하여 묵시적 대물변제 또는 귀속정산에
관하여 사실을 오인하였거나 법리를 오해하는 등의 위법이 있다고 할 수 없다. 이 부분
상고이유의 주장은 이유 없다.

3. 결 론

그러므로 원심판결을 파기하고, 사건을 다시 심리 · 판단하게 하기 위하여 원심법원에 환
송하기로 하여 관여 법관의 일치된 의견으로 주문과 같이 판결한다.

대법관　　김지형(재판장)　고현철(주심)　양승태　전수안

---

* **대법원 2007. 6. 15. 선고 2006다5611 판결 【소유권이전등기】**

【판시사항】

가등기담보등에관한법률의 적용기준이 되는 대상재산의 가액을 정하는 방법 및 대상재산이
토지로서 법정지상권의 성립 가능성이 있는 등 이용상 제한을 받는지 여부가 불분명한 경우
그 가액의 평가방법

【판결요지】

가등기담보등에관한법률은 재산권 이전의 예약에 의한 가등기담보에 있어서 그 재산의 예
약 당시의 가액이 차용액 및 이에 붙인 이자의 합산액을 초과하는 경우에 적용되는 것인바,
여기에서 말하는 재산의 가액은 원칙적으로 '통상적인 시장에서 충분한 기간 거래된 후 그대
상재산의 내용에 정통한 거래당사자 간에 성립한다고 인정되는 적정가격'이고, 그와 같은 적
정가격을 확인하기 어려울 때에는 객관적이고 합리적인 방법으로 평가한 가액이라고 할 것

이므로, 대상재산이 토지로서 법정지상권의 성립가능성이 있는 등 토지이용상 제한을 받는지 여부가 불분명한 경우에는 법정지상권의 성립에 관한 사정을 객관적이고 합리적으로 평가하여 그 성립 여부를 판단한 다음 그에 따라 평가한 토지의 가격을 가액으로 봄이 상당하다.

【참조조문】

가등기담보등에관한법률 제1조, 감정평가에관한규칙 제4조

【참조판례】

대법원 1991. 11. 22. 선고 91다30019 판결(공1992, 271), 대법원 1993. 10. 26. 선고 93다27611 판결(공1993하, 3181), 대법원 2006. 8. 24. 선고 2005다61140 판결(공2006하, 1597)

【전문】

【원고, 상고인】 원고 1외 20인 (소송대리인 변호사 조병훈)

【피고, 피상고인】 피고(소송대리인 변호사 정연욱)

【원심판결】 서울고법 2005. 12. 27. 선고 2005나15897 판결

【주문】

원심판결을 파기하고, 사건을 서울고등법원에 환송한다.

【이유】

상고이유를 판단한다.

1. 상고이유 제1점에 대하여

원심판결의 채택 증거를 기록에 의하여 살펴보면, 원심이, 피고가 2002. 9. 5. 소외 1 주식회사에게 대여한 금원이 20억 4천만 원이라고 인정한 것은 수긍이 가고, 거기에 상고이유의 주장과 같은 채증법칙 위배나 심리미진 등의 위법이 없다.

2. 상고이유 제2점에 대하여

가. 원심은 그 채용 증거들을 종합하여, 피고가 2002. 9. 5. 소외 1 주식회사(이하 '소외 1 회사'라고만 한다)에 20억 4천만 원을 대여하면서 그 담보를 위하여 소외 1 회사와의 사이에 서울 서초구 서초동 (지번 1 생략)대 1,412㎡(이하 '제1 대지'라고 한다), 같은 동 (지번 2 생략)대 470.8㎡(이하 '제2 대지'라고 한다) 외 2필지(이하 4필지 대지 전부를 칭할 때는 '이 사

건 부동산'이라고 한다) 중 1/2 지분에 관하여 매매예약(이하 '이 사건 매매예약'이라고 한다)을 하고 소외 1 회사로부터 그에 기한 소유권이전등기청구권가등기(이하 '이 사건 가등기'라고 한다)를 경료받은 사실을 인정한 다음, 그 채용 증거들에 의하여 인정되는 판시와 같은 사정을 종합하여, 이 사건 부동산은 소외 1 회사가 그 경매절차에서 32억 원에 낙찰받은 것으로 그 지상에 전체공정의 77.8% 정도 완료된 9층 건물(이하 '이 사건 건물'이라고 한다)이 존재하여 법정지상권의 성립 가능성이 있었는데, 위 낙찰가격은 이를 염두에 두고 형성된 것으로서 이 사건 부동산의 가액이라고 봄이 상당하다고 할 것이므로 이 사건 매매예약 당시 이 사건 부동산의 가액은 낙찰가격인 32억 원 또는 법정지상권에 의한 제한이 있는 상태에서의 감정평가액인 3,222,549,000원으로 보아야 한다고 인정한 후, 이 사건 매매예약 당시 피고의 소외 1 회사에 대한 대여금채권액이 이 사건 부동산 중 1/2 지분의 가액인 16억 원 가량을 초과하여 이 사건 매매예약 및 가등기에는 가등기담보 등에 관한 법률이 적용되지 않는다고 판단하였다.

나. 그러나 원심의 판단은 다음과 같은 이유로 수긍할 수 없다.

가등기담보 등에 관한 법률은 재산권 이전의 예약에 의한 가등기담보에 있어서 그 재산의 예약 당시의 가액이 차용액 및 이에 붙인 이자의 합산액을 초과하는 경우에 그 적용이 있는 것인바(대법원 1991. 11. 22. 선고 91다30019 판결; 1993. 10. 26. 선고 93다27611 판결 등 참조), 여기에서 말하는 재산의 가액은 원칙적으로 '통상적인 시장에서 충분한 기간 거래된 후 그 대상재산의 내용에 정통한 거래당사자 간에 성립한다고 인정되는 적정가격'이고, 그와 같은 적정가격을 확인하기 어려울 때에는 객관적이고 합리적인 방법으로 평가한 가액이라고 할 것이므로, 대상재산이 토지로서 법정지상권의 성립 가능성이 있는 등 토지이용상 제한을 받는지 여부가 불분명한 경우에는 법정지상권의 성립에 관한 사정을 객관적이고 합리적으로 평가하여 그 성립 여부를 판단한 다음 그에 따라 평가한 토지의 가격을 가액으로 봄이 상당하다.

원심이 채용한 증거들에 의하면, 소외 2는 1981. 11. 24.경 제2대지에 관하여 자신의 명의로 소유권이전등기를 경료하였고, 소외 2가 대표이사로 있던 소외 3 주식회사는 그 직후인 1981. 12. 7.경 제2대지상에 그의 명의로 건축허가를 받은 다음 인쇄공장 건물(이하 '구 건물'이라고 한다)을 신축하여 1983. 4. 16.경 소유권보존등기를 경료하였으며, 1983. 6. 11.경에는 제2대지에 관하여 소외 2로부터 소유권이전등기를 경료받은 사실, 한편 제2대지에 관하여 1982. 9. 27.경 중소기업은행 명의의 근저당권설정등기(이하 '제2등기'라고 한다)가 경료된 사실, 소외 2와 소외 3 주식회사는 그 후인 1984. 9.경부터 1986. 4.경 사이에 제1대지의 지분을 취득하여 공유하게 되었고, 1987. 5. 12.경 제1대지에 관하여 주식회사 신한은행 명의로 된 근저당권설정등기(이하 ‘제1등기’라고 한다)가 경료된 사실, 1991. 3. 30.경 소외 3 주식회사로부터 이 사건 건물 공사를 도급받은 소외 4 주식회사는 구 건물을 철거하고 제1, 2 대지상에 이 사건 건물을 시공하다가 공사를 중단하였고, 이 사건 건물은 건축법상 사용승인을 받지 못하였으나 가압류등기 촉탁으로 인하여 2002. 7. 5.경 소외 3 주식회사명의로 소유권보존등기가 마쳐진 사실, 이 사건 부동산에 관하여 가등기에 기한 본등기를 경료한 피고는 2003. 1.경 소외 3 주식회사를 상대로 서울지방법원 2003가합(사건번호 생략)호로 이 사건 건물의 철거 및 대지인도를 구하는 소송을 제기하였고, 그 소송에서 소외 3 주식회사 측에서 법정지상권의 성립을 주장하면서 다투었지만, 위와 같이 제1대지의 경우 제1등기가 경료될 당시 그 지상에 건물이 존재하지 않았고, 제2대지의 경우 제2등기가 경료될 당시 제2대지의 소유자는 소외 2이고 구건물의 소유자는 소외 3 주식회사여서 그 소유자가 달랐다는 등의 이 유로 법정지상권이 성립되지 않는 것으로 인정되어 피고(위 사건의 원고) 승소판결이 선고되 었으며, 그에 대한 소외 3 주식회사의 항소 및 상고가 받아들여지지 않아 2005. 6. 9. 위 판 결이 확정된 사실을 인정할 수 있는바, 사정이 이와 같다면 이 사건 매매예약 당시를 기준으 로 하여 객관적이고 합리적으로 평가할 때 법정지상권이 성립되지 않는 것으로 판단함이 상당 하고, 따라서 이 사건 부동산의 가액은 법정지상권의 부담이 없는 것을 전제로 평가하여야 할 것이고, 단순히 이 사건 부동산의 낙찰가격을 그 정당한 가액으로 볼 수는 없다고 할 것이다.

그런데 원심은 이 사건 매매예약 당시를 기준으로 법정지상권의 제한이 없는 상태의 나대 지일 경우 이 사건 부동산의 감정평가액은 6,070,533,000원이라고 인정하고 있으므로 이 사 건 부동산 중 피고에게 가등기가 경료된 1/2 지분의 이 사건 매매예약 당시의 가액은 피고의 소외 1 회사에 대한 대여금 20억 4천만 원을 초과함이 수리상 명백하고, 따라서 이 사건 매 매예약 및 그에 기한 이 사건 가등기에는 가등기담보 등에 관한 법률이 적용된다고 할 것이 다. 그럼에도 불구하고, 원심이 이와 다른 전제에서, 피고가 위 법률에서 정한 적법한 청산절 차를 거쳤는지 여부를 따져보지도 아니한 채 이 사건 가등기에 기한 본등기가 유효하다고 판 단하고 말았으니 원심판결에는 가등기담보에 관한 법리를 오해하여 판결에 영향을 미친 위법 이 있다고 할 것이다. 이 점에 관한 상고이유의 주장은 이유 있다.

3. 그러므로 원심판결을 파기하고, 사건을 다시 심리·판단하게 하기 위하여 원심법원에 환송하기로 하여 관여 법관의 일치된 의견으로 주문과 같이 판결한다.

대법관   박시환(재판장) 김용담 박일환 김능환(주심)

가등기담보법은 채무자를 보호하기 위한 것이 입법취지이므로 모든 담보계약을 그 명칭 여하에 불구하고 청산형으로 하고 있다. 즉 가등기담보법 시행 이후에는 매도담보를 포함한 모든 양도담보는 청산절차를 거쳐야만 비로소 소유권을 취득할 수 있다고 규정함으로써(동법 제1조, 특히 제4조 제2항, 제11조 단서) 약한 의미의 양도담보(청산형 양도담보)만이 유효하게 되었다. 가등기담보법은 소비대차에 있어서의 차주를 보호하기 위한 제607조, 제608조의 절차규정이라 할 수 있다. 가등기담보법은 가등기담보뿐만이 아니라 모든 비전형담보를 규율하면서, 비전형담보를 제한물권으로 구성하고 있다. 즉 가등기담보법은 외형상 권리이전의 형식에 의하여 재산권이 이전되었다고 하더라도, 재산권이전의 목적은 채권의 담보에 있기 때문에 그 형식보다는 실질에 무게를 두어 비전형담보를 담보권으로 파악하고 있다. 예를 들어 가등기담보법 제4조는 채권자가 담보목적부동산에 관하여 이미 소유권이전등기를 마친 경우라도, 청산기간이 지난 후 청산금을 채무자 등에게 지급한 때에 담보목적부동산의 소유권을 취득한다고 규정하고 있으며, 또한 담보가등기를 마친 경우에도 청산기간이 지나야 그 가등기에 따른 본등기(本登記)를 청구할 수 있도록 규정하고 있기 때문이다. 이와 관련하여 담보가등기의 경우에 청산절차를 거치지 않고 본등기를 한 경우에는 그 본등기는 무효가 된다. 다만 가등기권리자가 가등기담보등에관한법률 제3조, 제4조에 정한 절차에 따라 청산금의 평가액을 채무자 등에게 통지한 후 채무자에게 정당한 청산금을 지급하거나 지급할 청산금이 없는 경우에는 채무자가 그 통지를 받은 날로부터 2월의 '청산기간이 경과'하면 위 무효인 본등기는 실체적 법률관계에 부합하는 유효한 등기가 될 수 있다.

*대법원 2002. 12. 10. 선고 2002다42001 판결 【소유권말소등기등】

【판시사항】

　[1] 이른바 '처분정산'형의 담보권실행이 가등기담보등에관한법률상 허용되는지 여부(소극)

　[2] 가등기담보등에관한법률 제3조, 제4조의 각 규정에 위반하여 경료된 가등기에 기한 본등기가 사후에 실체적 법률관계에 부합하는 등기로서 유효한 등기가 될 수 있는지 여부(적극)

　[3] 가등기담보등에관한법률 제6조 제1항에 의한 후순위권리자에 대한 통지를 결여한 채 행하여진 청산절차의 효력

【판결요지】

　[1] 가등기담보등에관한법률이 제3조와 제4조에서 가등기담보권의 사적 실행방법으로 '귀속정산의 원칙'을 규정함과 동시에 제12조와 제13조에서 그 공적 실행방법으로 경매의 청구 및 우선변제청구권 등 처분정산을 별도로 규정하고 있는 점, 위 제4조가 제1항 내지 제3항에서 채권자의 청산금 지급의무, 청산기간 경과와 본등기청구, 청산금의 지급의무와 부동산의

소유권이전등기 및 인도 채무의 동시이행관계 등을 순차로 규정한 다음, 제4항에서 제1항 내지 제3항에 반하는 특약으로서 채무자 등에게 불리한 것은 그 효력이 없다(다만, 청산기간 경과 후에 행하여진 특약으로서 제3자의 권리를 해하지 아니하는 경우는 제외된다.)고 규정하고 있는 점, 나아가 제11조는 채무자 등이 청산금 채권을 변제받을 때까지 그 채무액을 채권자에게 지급하고 그 채권담보의 목적으로 경료된 소유권이전등기의 말소를 청구할 수 있다고 규정하고 있는 점 등을 종합하여 보면, 가등기담보권의 사적 실행에 있어서 채권자가 청산금의 지급 이전에 본등기와 담보목적물의 인도를 받을 수 있다거나 청산기간이나 동시이행관계를 인정하지 아니하는 '처분정산'형의 담보권실행은 가등기담보등에관한법률상 허용되지 아니한다.

[2] 가등기담보등에관한법률 제3조, 제4조의 각 규정에 비추어 볼 때 그 각 규정을 위반하여 담보가등기에 기한 본등기가 이루어진 경우에는 그 본등기는 무효라고 할 것이고, 설령 그와 같은 본등기가 가등기권리자와 채무자 사이에 이루어진 특약에 의하여 이루어졌다고 할지라도 만일 그 특약이 채무자에게 불리한 것으로서 무효라고 한다면 그 본등기는 여전히 무효일 뿐, 이른바 약한 의미의 양도담보로서 담보의 목적 내에서는 유효하다고 할 것이 아니고, 다만 가등기권리자가 가등기담보등에관한법률 제3조, 제4조에 정한 절차에 따라 청산금의 평가액을 채무자 등에게 통지한 후 채무자에게 정당한 청산금을 지급하거나 지급할 청산금이 없는 경우에는 채무자가 그 통지를 받은 날로부터 2월의 '청산기간이 경과'하면 위 무효인 본등기는 실체적 법률관계에 부합하는 유효한 등기가 될 수 있다.

[3] 가등기담보권자인 채권자가 청산기간이 경과하기 전 또는 가등기담보등에관한법률 제6조 제1항에 의하여 채무자에게 청산통지를 하였다는 사실 등을 후순위권리자에게 통지하지 아니하고, 채무자에게 청산금을 지급한 경우에는 이로써 후순위권리자에게 대항할 수 없는 것이나, 이러한 채권자의 변제 제한의 효력은 후순위권리자에게게만 적용되는 상대적인 것이므로, 후순위권리자는 청산금채권이 아직 소멸하지 않은 것으로 보고 채권자에게 직접 권리를 행사할 수 있고 후순위권리자가 채권자에게 청산금을 지급하여 줄 것을 청구하게 되면 채권자로서는 청산금의 이중 지급의 책임을 면할 수 없다는 취지일 뿐이지, 후순위권리자가 존재한다는 사유만으로 채무자에게 담보권의 실행을 거부할 권원을 부여하는 것은 아니다.

【참조조문】
 [1] 가등기담보등에관한법률 제3조, 제4조, 제11조, 제12조, 제13조 / [2] 가등기담보등에관한법률 제3조, 제4조 / [3] 가등기담보등에관한법률 제6조 제1항, 제7조 제2항

【참조판례】

  [1] 대법원 2002. 4. 23. 선고 2001다81856 판결(공2002상, 1218) /[2] 대법원 1994. 1. 25. 선고 92다20132 판결(공1994상, 790), 대법원 2002. 4. 23. 선고 2002다9127 판결, 대법원 2002. 6. 11. 선고 99다41657 판결(공2002하, 1605) /[3] 대법원 1996. 7. 12. 선고 96다17776 판결(공1996하, 2488)

【전문】

【원고, 상고인】 김종록(소송대리인 변호사 박동주)

【피고, 피상고인】 망 장대식의 소송수계인 이재열 외 5인(소송대리인 변호사 조광형)

【원심판결】 서울고법 2002. 6. 14. 선고 2000나37816 판결

【주문】

  상고를 기각한다. 상고비용은 원고의 부담으로 한다.

【이유】

  상고이유를 본다.

  1. 상고이유 제1점에 대하여

  원심이 채용한 증거들을 기록에 비추어 살펴보면, 원심이 이 사건 가등기 및 근저당권설정등기가 망 장대식이 위조한 문서들에 의하여 경료된 것으로 볼 수 없다고 판단한 것은 정당하고, 거기에 상고이유의 주장과 같은 심리미진이나 채증법칙 위배에 의한 사실오인 등의 위법이 있다고 볼 수 없다.

  이 점에 관한 상고이유의 주장은 모두 받아들일 수 없다.

  2. 상고이유 제2점에 대하여

  가. 원심의 판단

  원심판결 이유에 의하면, 원심은 담보목적으로 경료된 장대식 명의의 가등기에 기하여 이루어진 이 사건 본등기는 가등기담보등에관한법률(이하 '가등기담보법'이라 한다) 소정의 청산절차를 거치지 아니하고 이루어진 것이므로 무효의 등기라는 원고의 주장에 대하여 이 사건 가등기는 장대식의 원고에 대한 대여금채권을 담보하기 위하여 경료된 것으로서 위 가등

기 당시 담보부동산의 시가가 대여 원리금을 초과하였으므로 가등기담보법 소정의 가등기라고 할 것이고, 이런 경우에는 채권자가 담보계약에 의한 가등기담보권을 실행하여 그 담보목적 부동산의 소유권을 취득하기 위하여는 채권의 변제기 후에 가등기담보법 제3조, 제4조 소정의 청산금의 평가액을 통지하고 그 통지가 채무자 등에게 도달한 날로부터 2개월간의 청산기간이 경과하여야 하며, 채권자의 청산금의 지급의무와 담보 부동산의 소유권이전등기의무는 동시이행의 관계에 있는 등 가등기담보법 제3조, 제4조 소정의 절차에 따라야 하고, 이에 반하는 특약으로서 채무자 등에게 불리한 것은 그 효력이 없다고 전제한 후(가등기담보법 제4조 제4항), ① 장대식과 원고는, 원고가 장대식에 대한 채무를 변제하지 아니하던 중 1997. 1. 28. 및 1997. 1. 31. 이 사건 가등기에 기한 피담보채무를 정산하기로 하여 ㉮ 원고의 장대식에 대한 채무는, 서울지방법원 남부지원 92가합18260호 판결에 의하여 확정된 원금 455,000,000원과 이에 대한 1993. 1. 31.부터 1997. 1. 31.까지 연 25%의 비율에 의한 지연손해금 등 합계 금 910,000,000원에서 장대식이 1995. 4.부터 1996. 12.까지 변제받은 금 92,800,000원을 공제한 나머지 금 817,200,000원으로 하고, ㉯ 담보목적물인 이 사건 토지의 평가액은 성업공사의 1997. 1. 8.경 공매처분감정가격인 956,550,000원으로 하고, 장대식은 이 사건 토지의 평가액에서 원고의 위 확정 채무액 817,200,000원을 공제한 금액(139,350,000원)보다 더 많은 금 230,000,000원을 원고에게 정산금으로 지급하되, 원고의 체납재산세 및 성업공사의 수수료 등을 장대식이 추가로 대신 지급하는 조건으로 이 사건 가등기에 기한 본등기절차를 경료하기로 하는 내용의 합의(이하 '이 사건 정산합의'라 한다)를 한 사실, ② 이에 따라 장대식은 1997. 2. 6. 정산금 중 130,000,000원을 원고의 대리인 김영호에게 지급하고, 같은 날 위 가등기에 기하여 이 사건 본등기절차를 경료하였고, 1997. 3. 31. 원고가 체납한 재산세 금 15,798,300원, 성업공사에 대한 공매수수료 금 1,132,280원을 각 대위지급한 사실, ③ 장대식은 원고에 대한 정산금 중 금 100,000,000원을 지급하지 못하고 있던 중 소외 김용진으로부터, 1999. 6. 18. 위 김용진이 원고에 대하여 가지고 있는 채권 중 200,000,000원을 양도받았고, 김용진의 채권양도 통지가 그 무렵 원고에게 도달한 사실, ④ 장대식의 소송수계인들인 피고들은 원고를 상대로 서울지방법원 2000가합46783호 양수금청구 소송을 제기하면서, 그 소장에서 위 김용진으로부터 양도받은 채권 200,000,000원을 자동채권으로 하여 원고에 대하여 부담하고 있는 정산금 100,000,000원의 채무와 대등액에서 상계한다는 뜻을 표시하였는바, 위 소장 부본이 2000. 8. 30. 원고에게 도달하여 같은 날 피고들의 양수금 채권과 원고의 정산금 채권은 그 대등액에서 소멸한 사실을 인정한 다음, 장대식과 원고의 이 사건 정산 합의가 가등기담보법이 규정하고 있는 2개월의 청산기간을 부여하지 아니하고, 본등기와 청산금 일부가 동시이행으로 이루어지지 않는 등 가등기담보법 소정의 청산절차를 그대로 따르고 있지 않은 점은 있으나, 이 사건 정산합의는 변제기 후에 이루어졌고, 담보부동산의 평가액은 객관적인 감정가격을 기초로 한 성업공사의 공매처분 감정가격으로, 피담보채권액은 이미 확정된 위 92가합18260호 판결에 기하여 산정한 금액으로 각 계산하여 청산한 점, 그 결과 담보부동산의 평가액이 139,350,000원 정도 많았으나, 장대식은 그 보다 많은 금 230,000,000원을 정산금으로 지급하는 동시에 원고의 체납재산세 및 공매수수료 등을 추가지급하는 조건으로 이 사건 본등기를 경료하기로 한 점, 실제로 장대식은 1997. 2. 6. 정산금 중 130,000,000원을 원고의 대리인 김영호에게 지급하고, 같은 날 위 가등기에 기하여 이 사건 본등기절차를 경료하였으며, 1997. 3. 31. 원고가 체납한 재산세 금 15,798,300원, 성업공사에 대한 공매수수료 금 1,132,280원을 각 변제한 점, 장대식의 원고에 대한 나머지 정산금 100,000,000원은 그 후 위 양수채권과 상계·소멸하여 정산이 완료된 점 등 이 사건 변론과정에 나타난 제반 사정을 종합하여 고찰하면, 원고와 장대식 사이의 이 사건 정산합의는 담보부동산의 평가액에서 피담보채권액을 초과하는 금액을 반환하는 방법으로 청산절차가 이루어진 것으로서, 적법한 담보권실행으로 유효하다고 인정되고, 나아가 채무자인 원고에게 불리한 약정이라고 볼 수도 없다는 이유로 원고의 청구를 배척하였다.

나. 대법원의 판단

가등기담보법이 제3조와 제4조에서 가등기담보권의 사적 실행방법으로 귀속정산의 원칙을 규정함과 동시에 제12조와 제13조에서 그 공적 실행방법으로 경매의 청구 및 우선변제청구권 등 처분정산을 별도로 규정하고 있는 점, 위 제4조가 제1항 내지 제3항에서 채권자의 청산금 지급의무, 청산기간 경과와 본등기청구, 청산금의 지급의무와 부동산의 소유권이전등기 및 인도 채무의 동시이행관계 등을 순차로 규정한 다음, 제4항에서 제1항 내지 제3항에 반하는 특약으로서 채무자 등에게 불리한 것은 그 효력이 없다(다만, 청산기간 경과 후에 행하여진 특약으로서 제3자의 권리를 해하지 아니하는 경우는 제외된다)고 규정하고 있는 점, 나아가 제11조는 채무자 등이 청산금 채권을 변제받을 때까지 그 채무액을 채권자에게 지급하고 그 채권담보의 목적으로 경료된 소유권이전등기의 말소를 청구할 수 있다고 규정하고 있는 점 등을 종합하여 보면, 가등기담보권의 사적 실행에 있어서 채권자가 청산금의 지급 이전에 본등기와 담보목적물의 인도를 받을 수 있다거나 청산기간이나 동시이행관계를 인정하지 아니하는 '처분정산'형의 담보권실행은 가등기담보법상 허용되지 아니하고(대법원 2002. 4. 23. 선고 2001다81856 판결 등 참조), 또한 가등기담보법 제3조, 제4조의 각 규정에 비추어 볼 때 위 각 규정을 위반하여 담보가등기에 기한 본등기가 이루어진 경우에는 그 본등기는 무효라고 할 것이고, 설령 그와 같은 본등기가 가등기권리자와 채무자 사이에 이루어진 특약에 의하여 이루어졌다고 할지라도 만일 그 특약이 채무자에게 불리한 것으로서 무효라고 한다면 그 본등기는 여전히 무효일 뿐, 이른바 약한 의미의 양도담보로서 담보의 목적 내에서는 유효하다고 할 것이 아니고, 다만 가등기권리자가 가등기담보법 제3조, 제4조에 정한 절차에 따라 청산금의 평가액을 채무자 등에게 통지한 후 채무자에게 정당한 청산금을 지급하거나 지급할 청산금이 없는 경우에는 채무자가 그 통지를 받은 날로부터 2월의 청산기간이 경과하면 위 무효인 본등기는 실체적 법률관계에 부합하는 유효한 등기가 될 수 있다고 할 것이다(대법원 2002. 6. 11. 선고 99다41657 판결 등 참조).

한편, 가등기담보권자인 채권자가 청산기간이 경과하기 전 또는 가등기담보법 제6조 제1항에 의하여 채무자에게 청산통지를 하였다는 사실 등을 후순위권리자에게 통지하지 아니하고, 채무자에게 청산금을 지급한 경우에는 이로써 후순위권리자에게 대항할 수 없는 것이나, 이러한 채권자의 변제 제한의 효력은 후순위권리자에게만 적용되는 상대적인 것이므로, 후순위권리자는 청산금채권이 아직 소멸하지 않은 것으로 보고 채권자에게 직접 권리를 행사할 수 있고 후순위권리자가 채권자에게 청산금을 지급하여 줄 것을 청구하게 되면 채권자로서는 청산금의 이중 지급의 책임을 면할 수 없다는 취지일 뿐이지, 후순위권리자가 존재한다는 사유만으로 채무자에게 담보권의 실행을 거부할 권원을 부여하는 것은 아니라고 할 것이다(대법원 1996. 7. 12. 선고 96다17776 판결 참조).

원심이 적법하게 인정한 사실관계에 의하면, 이 사건 정산합의는 가등기담보권의 사적 실행에 있어서 채권자가 청산금의 지급 이전에 본등기와 담보목적물의 인도를 받을 수 있게 하고, 청산기간이나 동시이행의 항변권을 인정하지 아니하는 내용으로 가등기담보법 제4조 제2항 및 제3항에 위반하는 특약으로서 채무자 등에게 불리한 것이므로 같은 법 제4조 제4항에 의하여 무효라고 할 것이고, 따라서 이 사건 정산합의에 기하여 행하여진 이 사건 본등기도 원인무효의 등기였다고 할 것이다.

그러나 원심이 적법하게 인정한 사실관계에 의하면, 장대식은 원고와의 사이에 이 사건 정산합의를 함에 있어서 이 사건 토지의 가액은 1997. 1. 8.경 이 사건 토지에 대한 성업공사의 공매처분 감정가격으로, 채권액은 장대식과 원고 사이의 서울지방법원 남부지원 92가합18260 판결에서 확정된 금원으로 각 산정하고, 그 차액에다가 장대식이 원고에게 추가로 지급하기로 한 금 90,650,000원을 더한 합계 금 230,000,000원을 청산금으로 하여 원고에게 담보권을 실행할 의사를 표시한 사실, 장대식은 이 사건 정산합의가 있은 날로부터 2개월이 경과하기 전에 이 사건 가등기에 기한 본등기를 경료하고 그 때 위 청산금 중 130,000,000원을 원고에게 지급하였으며, 장대식의 상속인들인 피고들이 김용진의 원고에 대한 채권을 양수한 후 나머지 청산금과 대등액에서 상계함으로써, 2000. 8. 30.경 위 청산금 230,000,000원이 모두 지급된 사실을 알 수 있다.

사정이 그러하다면, 장대식과 원고 사이의 이 사건 정산합의가 가등기담보법 제4조 제4항에 의하여 무효라고 하더라도, 장대식이 원고에게 청산금의 평가액을 금 230,000,000원으로 하여 이 사건 가등기담보권을 실행할 의사를 표시한 이상 적어도 이는 담보권실행의 통지로서의 효력은 있다고 할 것이므로, 앞서 본 법리에 비추어 그 통지일로부터 2개월의 청산기간이 경과하고, 위 금 230,000,000원이 모두 지급되었으며, 원심이 적법하게 인정한 바와 같이 위 금 230,000,000원이 정당한 청산금이라고 볼 수 있으니, 원고가 위 정당한 청산금을 모두 지급받은 때에 이 사건 가등기에 기한 본등기는 실체적 법률관계에 부합하는 유효한 등기로 되었다고 봄이 상당하고, 담보권실행의 통지를 받지 못한 후순위권리자가 존재한다고 하더라도 이와 달리 볼 사정은 되지 못한다고 할 것이다.

따라서 원심이 이 사건 정산합의가 가등기담보법 제4조 제1항 내지 제3항의 규정에 반하는 특약으로서 채무자 등에게 불리한 것으로서 무효라는 원고의 주장을 배척한 데에는 가등기담보법상의 청산절차에 관한 법리를 오해한 잘못이 있다고 할 것이나, 이 사건 가등기에 기한 본등기가 실체적 법률관계에 부합하는 유효한 등기라고 볼 수 있는 이상 원고의 청구를 배척한 원심의 조치는 수긍이 가고, 거기에 판결의 결과에 영향을 미친 잘못이 있다고 할 수 없다.

3. 그러므로 상고를 기각하고, 상고비용은 패소자의 부담으로 하기로 하여 관여 대법관의 일치된 의견으로 주문과 같이 판결한다.

대법관   서성(재판장) 이용우 배기원(주심) 박재윤

부동산실권리자명의등기에관한법률(1995. 3. 30.)에 의하면, 채무의 변제를 담보하기 위하여 채권자가 부동산에 관한 물권을 이전받는 경우에는 채무자·채권금액 및 채무변제를 위한 담보라는 뜻이 기재된 서면을 등기신청서와 함께 등기공무원에게 제출하여야 한다고 규정하고 있다(제3조 제2항). 만약 채권자와 채무자가 이를 위반하게 되면 부동산가액의 30%에 해당하는 과징금과 5년 이하의 징역 또는 2억 원 이하의 벌금이 부과된다(제5조 제1항 제2호, 제7조 제1항 제2호).

부동산실권리자명의등기에관한법률

제3조(실권리자명의등기의무 등)

① 누구든지 부동산에 관한 물권을 명의신탁약정에 의하여 명의수탁자의 명의로 등기하여서는 아니 된다.

② 채무의 변제를 담보하기 위하여 채권자가 부동산에 관한 물권을 이전받는 경우에는 채무자·채권금액 및 채무변제를 위한 담보라는 뜻이 기재된 서면을 등기신청서와 함께 등기관에게 제출하여야 한다.

제5조(과징금)

① 다음 각 호의 어느 하나에 해당하는 자에게는 해당 부동산 가액(價額)의 100분의 30에 해당하는 금액의 범위에서 과징금을 부과한다.

1. 제3조제1항을 위반한 명의신탁자

2. 제3조제2항을 위반한 채권자 및 같은 항에 따른 서면에 채무자를 거짓으로 적어 제출하게 한 실채무자(實債務者)

② 제1항의 부동산 가액은 과징금을 부과하는 날 현재의 다음 각 호의 가액에 따른다. 다만, 제3조제1항 또는 제11조제1항을 위반한 자가 과징금을 부과받은 날 이미 명의신탁관계를 종료하였거나 실명등기를 하였을 때에는 명의신탁관계 종료 시점 또는 실명등기 시점의 부동산 가액으로 한다.

1. 소유권의 경우에는 「소득세법」 제99조에 따른 기준시가

2. 소유권 외의 물권의 경우에는 「상속세 및 증여세법」 제61조제5항 및 제66조에 따라 대통령령으로 정하는 방법으로 평가한 금액

③ 제1항에 따른 과징금의 부과기준은 제2항에 따른 부동산 가액(이하 "부동산평가액"이라 한다), 제3조를 위반한 기간, 조세를 포탈하거나 법령에 따른 제한을 회피할 목적으로 위반하였는지 여부 등을 고려하여 대통령령으로 정한다.

④ 제1항에 따른 과징금이 대통령령으로 정하는 금액을 초과하는 경우에는 그 초과하는 부분은 대통령령으로 정하는 바에 따라 물납(物納)할 수 있다.

⑤ 제1항에 따른 과징금은 해당 부동산의 소재지를 관할하는 특별자치도지사·시장·군수 또는

구청장이 부과·징수한다. 이 경우 과징금은 위반사실이 확인된 후 지체 없이 부과하여야 한다.

⑥ 제1항에 따른 과징금을 납부기한까지 내지 아니하면 지방세 체납처분의 예에 따라 징수한다.

⑦ 제1항에 따른 과징금의 부과 및 징수 등에 필요한 사항은 대통령령으로 정한다. [전문개정 2010. 3. 31]

제7조(벌칙)

① 다음 각 호의 1에 해당하는 자 및 그를 교사하여 당해 규정을 위반하도록 한 자는 5년 이하의 징역 또는 2억 원 이하의 벌금에 처한다.

1. 제3조 제1항의 규정을 위반한 명의신탁자

2. 제3조 제2항의 규정을 위반한 채권자 및 동조동항의 규정에 의한 서면에 채무자를 허위로 기재하여 제출하게 한 실채무자

② 제3조 제1항의 규정을 위반한 명의수탁자 및 그를 교사하여 당해 규정을 위반하도록 한 자는 3년 이하의 징역 또는 1억 원 이하의 벌금에 처한다.

③ 제3조의 규정을 위반하도록 방조한 자는 1년 이하의 징역 또는 3천만 원 이하의 벌금에 처한다.

부동산실명법 시행 이전에 양도담보를 한 경우에도 법시행일로부터 1년 이내에 양도담보의 취지가 기재된 서면을 등기공무원에게 제출해야 한다(제14조).

부동산실권리자명의등기에관한법률

제14조(기존 양도담보권자의 서면 제출 의무 등)

① 법률 제4944호 부동산실권리자명의등기에관한법률 시행 전에 채무의 변제를 담보하기 위하여 채권자가 부동산에 관한 물권을 이전받은 경우에는 법률 제4944호 부동산실권리자명의등기에관한법률 시행일부터 1년 이내에 채무자, 채권금액 및 채무변제를 위한 담보라는 뜻이 적힌 서면을 등기관에게 제출하여야 한다.

② 제1항을 위반한 채권자 및 제1항에 따른 서면에 채무자를 거짓으로 적어 제출하게 한 실채무자에 대하여는 해당 부동산평가액의 100분의 30의 범위에서 과징금을 부과한다.

③ 제2항에 따른 과징금의 부과기준은 부동산평가액, 제1항을 위반한 기간, 조세를 포탈하거나 법령에 따른 제한을 회피할 목적으로 위반하였는지 여부 등을 고려하여 대통령령으로 정한다.

④ 제2항에 따른 과징금에 관하여는 제5조제4항부터 제7항까지의 규정을 준용한다. [전문개정

2010. 3. 31]

시행령 별표 과징금 부과기준(제3조의2, 제4조의2 및 제8조 관련)
과징금의 금액은 제1호와 제2호의 과징금 부과율을 합한 과징금 부과율에 그 부동산평가액을 곱하여 산정한다.

1. 부동산평가액을 기준으로 하는 과징금 부과율

부동산평가액	과징금 부과율
5억 원 이하	5%
5억 원 초과 30억 원 이하	10%
30억 원 초과	15%

2. 의무위반 경과기간을 기준으로 하는 과징금 부과율

의무위반 경과기간	과징금 부과율
1년 이하	5%
1년 초과 2년 이하	10%
2년 초과	15%

제2장 가등기담보

1. 의의

  가등기담보란 채권의 담보물에 관해 대물변제예약·매매예약 등을 하고 채무불이행시에 채권자가 그 담보물의 소유권을 취득할 수 있도록 소유권이전등기청구권 보전의 가등기를 하는 방식의 비전형담보를 말한다. 즉 가등기담보는 금전채권을 담보하기 위하여 채권자에게 부동산소유권의 가등기를 하고 그 채무를 변제하면 그 가등기를 말소하지만, 채무자가 채무를 불이행한 경우에는 가등기에 기한 본등기를 함으로써 우선변제를 받는 담보형식이라는 점에서 양도담보와 구별된다. 가등기담보법에서의 가등기담보는 채무불이행이 있는 경우에 가등기담보권자에게 가등기에 기한 본등기를 함으로써 소유권을 취득하는 방법과 경매에 의하여 우선변제를 받는 방법을 인정하고 있다. 후자의 가등기담보는 그 실질에 있어서 저당권과 유사한 담보물권이라고 말할 수 있다. 가등기담보법은 가등기담보권자가 경매에 의하여 우선변제를 받는 경우에 가등기담보를 저당권으로 본다고 규정하고 있다(제12조). '가등기담보'를 특수한 저당권으로 본다면: 저당권이 가지는 담보물권의 통유성(부종성, 수반성, 불가분성, 물상대위성)이 가등기담보에도 인정된다.

가등기담보등에관한법률

제12조(경매의 청구)

① 담보가등기권리자는 그 선택에 따라 제3조에 따른 담보권을 실행하거나 담보목적부동산의 경매를 청구할 수 있다. 이 경우 경매에 관하여는 담보가등기권리를 저당권으로 본다.

② 후순위권리자는 청산기간에 한정하여 그 피담보채권의 변제기 도래 전이라도 담보목적부동산의 경매를 청구할 수 있다. [전문개정 2008.3.21]

2. 가등기담보권의 성립

1) 가등기담보계약

가등기담보법이 적용되는 담보계약이란 민법 제608조에 의하여 효력이 상실되는 대물반환의 예약에 포함되거나 병존하는 채권담보계약을 말하다(가등기담보법 제2조 제1호). 따라서 소비대차에 기하여 체결된 담보계약에 대하여 가등기담보법이 적용되는 것이다.

가등기담보등에관한법률

제1조(목적) 이 법은 차용물의 반환에 관하여 차주가 차용물을 갈음하여 다른 재산권을 이전할 것을 예약할 때 그 재산의 예약 당시 가액이 차용액과 이에 붙인 이자를 합산한 액수를 초과하는 경우에 이에 따른 담보계약과 그 담보의 목적으로 마친 가등기 또는 소유권이전등기의 효력을 정함을 목적으로 한다. [전문개정 2008.3.21]

제2조(정의) 이 법에서 사용하는 용어의 뜻은 다음과 같다. [개정 1997.12.13]

1. "담보계약"이란 「민법」 제608조에 따라 그 효력이 상실되는 대물반환의 예약[환매, 양도담보 등 명목(명목)이 어떠하든 그 모두를 포함한다]에 포함되거나 병존하는 채권담보 계약을 말한다.

2. "채무자 등"이란 다음 각목의 자를 말한다.

가. 채무자

나. 담보가등기목적 부동산의 물상보증인

다. 담보가등기 후 소유권을 취득한 제삼자

3. "담보가등기"란 채권담보의 목적으로 마친 가등기를 말한다.

4. "강제경매 등"이란 강제경매와 담보권의 실행 등을 위한 경매를 말한다.

5. "후순위권리자"란 담보가등기 후에 등기된 저당권자·전세권자 및 담보가등기권리자를 말한다. [전문개정 2008.3.21]

제607조(대물반환의 예약) 차용물의 반환에 관하여 차주가 차용물에 갈음하여 다른 재산권을 이전할 것을 예약한 경우에는 그 재산의 예약 당시의 가액이 차용액 및 이에 붙인 이자의 합산액을 넘지 못한다.

제608조(차주에 불이익한 약정의 금지) 전2조의 규정에 위반한 당사자의 약정으로서 차주에 불리한 것은 환매 기타 여하한 명목이라도 그 효력이 없다.

가등기담보법은 부동산소유권의 취득을 목적으로 하는 담보계약에 관해 규정하면서(제3조 내지 제17조), 이를 등기·등록할 수 있는 부동산소유권 외의 권리(질권·저당권·전세권은 제외)의 취득을 목적으로 하는 담보계약에 준용하고 있다(제18조). 따라서 부동산 지상권·지역권·임차권, 입목에 관한 법률 에 의한 입목이나 등기·등록한 선박·자동차·항공기·건설기계 또는 공장재단·광업재단에 관한 권리, 특허권·실용신안권·의장권 등의 취득을 목적으로 하는 담보계약에도 가등기담보법이 적용된다. 전술한 가등기담보법의 적용범위에 대하여 견해의 대립이 있다. 즉 물품대금채권·손해배상청구권·부당이득반환청구권 등 소비대차 외의 사유로 인한 채권도 가등기담보권의 피담보채권이 될 수 있다는 견해가 있지만, 판례는 소비대차(준소비대차·소비임치 포함)에 의한 채권만이 피담보채권이 될 수 있다는 입장에 있다. 담보계약의 당사자는 채권자와 가등기담보설정자이다. 가등기담보권설정자는 채무자에 한하지 않는다(제2조 제2호). 즉 채무자는 물론이고 물상보증인인 제3자도 포함된다. 왜냐하면 타인의 채무를 담보하기 위하여 자신의 재산권을 채권자에게 이전할 것을 예약하는 것도 허용할 필요성이 있기 때문이다. 판례에 의하면, 채권담보를 목적으로 가등기를 하는 경우에는 원칙적으로 채권자와 가등기명의자가 동일인이 되어야 하지만, 채권자 아닌 제3자의 명의로 가등기를 하는 데 대하여 채권자와 채무자 및 제3자 사이에 합의가 있었고, 나아가 제3자에게 그 채권이 실질적으로 귀속되었다고 볼 수 있는 특별한 사정이 있거나, 거래경위에 비추어 제3자의 가등기가 한낱 명목에 그치는 것이 아니라 그 제3자도 채무자로부터 유효하게 채권을 변제받을 수 있고 채무자도 채권자나 가등기명의자인 제3자 중 누구에게든 채무를 유효하게 변제할 수 있는 관계, 즉 채권자와 제3자가 불가분적 채권자의 관계에 있다고 볼 수 있는 경우에는, 그 제3자 명의의 가등기도 유효하다고 한다(대법원 2002. 12. 24. 선고 2002다50484 판결).

*대법원 2002. 12. 24. 선고 2002다50484 판결 【소유권이전등기】

【판시사항】

　[1] 채권자 아닌 제3자 명의로 설정된 채권담보 목적의 가등기의 효력(＝제한적 유효)

　[2] 매매대금의 지급을 담보하기 위하여 가등기를 한 경우, 가등기담보등에관한법률이 적용되는지 여부(소극)

　[3] 가등기의 주된 목적이 매매대금채권의 확보에 있고, 대여금채권의 확보는 부수적 목적인 경우 가등기담보등에관한법률이 적용되지 않는다고 본 사례

【판결요지】

[1] 채권담보를 목적으로 가등기를 하는 경우에는 원칙적으로 채권자와 가등기명의자가 동일인이 되어야 하지만, 채권자 아닌 제3자의 명의로 가등기를 하는 데 대하여 채권자와 채무자 및 제3자 사이에 합의가 있었고, 나아가 제3자에게 그 채권이 실질적으로 귀속되었다고 볼 수 있는 특별한 사정이 있거나, 거래경위에 비추어 제3자의 가등기가 한낱 명목에 그치는 것이 아니라 그 제3자도 채무자로부터 유효하게 채권을 변제받을 수 있고 채무자도 채권자나 가등기명의자인 제3자 중 누구에게든 채무를 유효하게 변제할 수 있는 관계, 즉 채권자와 제3자가 불가분적 채권자의 관계에 있다고 볼 수 있는 경우에는, 그 제3자 명의의 가등기도 유효하다고 볼 것이고, 이와 같이 제3자 명의의 가등기를 유효하게 볼 수 있는 경우에는 제3자 명의의 가등기를 부동산실권리자명의등기에관한법률이 금지하고 있는 실권리자 아닌 자 명의의 등기라고 할 수는 없다.

[2] 가등기담보등에관한법률은 차용물의 반환에 관하여 다른 재산권을 이전할 것을 예약한 경우에 적용되므로 매매대금채권을 담보하기 위하여 가등기를 한 경우에는 위 법률은 적용되지 아니한다.

[3] 가등기의 주된 목적이 매매대금채권의 확보에 있고, 대여금채권의 확보는 부수적 목적인 경우 가등기담보등에관한법률이 적용되지 않는다고 본 사례.

【참조조문】

[1] 민법 제186조[명의신탁], 제409조, 가등기담보등에관한법률 제1조, 부동산실권리자명의등기에관한법률 제3조 / [2] 가등기담보등에관한법률 제1조 / [3] 가등기담보등에관한법률 제1조

【참조판례】

[1] 대법원 1990. 5. 25. 선고 89다카13384 판결(공1990, 1359), 대법원 1994. 2. 8. 선고 93다19153, 19160 판결(공1994상, 1001), 대법원 1995. 2. 10. 선고 94다18508 판결(공1995상, 1293), 대법원 1995. 9. 26. 선고 94다33583 판결(공1995하, 3514), 대법원 1998. 9. 4. 선고 98다20981 판결(공1998하, 2396), 대법원 2000. 1. 14. 선고 99다51265, 51272 판결(공2000상, 389), 대법원 2000. 12. 12. 선고 2000다49879 판결(공2001상, 281), 대법원 2001. 3. 15. 선고 99다48948 전원합의체 판결(공2001상, 873) / [2] 대법원 2001. 1. 5. 선고 2000다47682 판결(공2001상, 427), 대법원 2001. 3. 23. 선고 2000다29356, 29363 판결(공2001상, 948)

【원고, 피상고인】 송종만 (소송대리인 법무법인 미래 담당변호사 박장우)

【피고, 상고인】 김경철 (소송대리인 변호사 김광훈)

【원심판결】 서울고법 2002. 7. 30. 선고 2002나7734 판결

【주문】

상고를 기각한다. 상고비용은 피고의 부담으로 한다.

【이유】.

상고이유를 본다.

1. 담보물권의 부종성과 부동산실권리자명의등기에관한법률에 관한 법리오해 등의 상고이유에 대하여

채권담보를 목적으로 가등기를 하는 경우에는 원칙적으로 채권자와 가등기명의자가 동일인이 되어야 하지만, 채권자 아닌 제3자의 명의로 가등기를 하는 데 대하여 채권자와 채무자 및 제3자 사이에 합의가 있었고, 나아가 제3자에게 그 채권이 실질적으로 귀속되었다고 볼 수 있는 특별한 사정이 있거나, 거래경위에 비추어 제3자의 가등기가 한낱 명목에 그치는 것이 아니라 그 제3자도 채무자로부터 유효하게 채권을 변제받을 수 있고 채무자도 채권자나 가등기명의자인 제3자 중 누구에게든 채무를 유효하게 변제할 수 있는 관계, 즉 채권자와 제3자가 불가분적 채권자의 관계에 있다고 볼 수 있는 경우에는, 그 제3자 명의의 가등기도 유효하다고 볼 것이고, 이와 같이 제3자 명의의 가등기를 유효하게 볼 수 있는 경우에는 제3자 명의의 가등기를 부동산실권리자명의등기에관한법률이 금지하고 있는 실권리자 아닌 자 명의의 등기라고 할 수는 없다(대법원 2000. 12. 12. 선고 2000다49879 판결; 2001. 3. 15. 선고 99다48948 전원합의체 판결 등 참조).

앞서 본 법리와 원심의 인정 및 기록에 의하여 알 수 있는 다음과 같은 사실, 즉 이 사건 가등기의 피담보채권에는 원고의 아버지 송재기의 피고에 대한 금 42억 원의 매매대금채권과 원고 및 송재기의 피고에 대한 합계금 5억 9,000만 원의 대여금 채권이 혼재되어 있는 사실, 송재기가 자신의 피고에 대한 위 매매대금 채권의 만족을 얻기 위한 사무 일체를 원고에게 포괄적으로 위임하여 원고가 송재기의 수임인 겸 피고에 대한 대여금채권자로서 피고와의 합의에 따라 원고 명의로 이 사건 가등기를 하게 된 사실, 송재기는 2000. 4. 22. 자신의 피고

에 대한 위 매매대금 채권 중 18억 7,000만 원의 채권을 원고에게 양도하고 2000. 5. 10. 피고에게 그 통지를 한 사실 등을 종합하면, 원심이, 원고 명의의 이 사건 가등기가 전혀 실질과 분리된 한낱 명목에 불과하다고 할 수는 없고, 원·피고 및 위 송재기 간에는 일괄적인 계산에 따라 원고에 대한 금원의 지급만으로 피고의 송재기에 대한 채무가 유효하게 변제될 수 있는 사정이었다고 할 것이므로, 송재기의 채권을 담보하는 부분에 있어서도 원고는 묵시적으로 그와 불가분적 채권자의 관계에 있다고 볼 것이어서, 원고 명의의 이 사건 가등기를 무효라고 할 수는 없고, 한편 원·피고 및 송재기 간의 실질적인 관계가 위와 같은 이상 원고 앞으로 경료된 이 사건 가등기를 실권리자 명의가 아니라고 볼 수도 없어 부동산실권리자명의등기에관한법률에 규정된 명의신탁 약정의 금지에 위반된다고 할 수 없다고 판단한 것은 정당한 것으로 수긍할 수 있고, 원심에 채증법칙 위배로 인한 사실오인이나 심리미진 또는 담보물권의 부종성, 부동산실권리자명의등기에관한법률이 금지하는 명의신탁의 성립과 효력, 불가분적 채권관계 등에 관한 법리오해 등의 위법이 있다고 할 수 없다. 이 부분 상고이유는 받아들일 수 없다.

2. 가등기담보등에관한법률의 적용 범위에 관한 법리오해 등의 상고이유에 대하여

가등기담보등에관한법률(이하 '가등기담보법'이라고 한다)은 차용물의 반환에 관하여 다른 재산권을 이전할 것을 예약한 경우에 적용되므로 매매대금채권을 담보하기 위하여 가등기를 한 경우에는 위 법률은 적용되지 아니한다고 할 것이다(대법원 2001. 1. 5. 선고 2000다47682 판결; 2001. 3. 23. 선고 2000다29356·29363 판결 등 참조).

원심은, 피고의 항변, 즉 이 사건 가등기의 피담보채권에 대여금채권이 포함되어 있는 이상 가등기담보법 소정의 청산절차가 그 피담보채권의 전액에 대하여 종료될 때까지, 또는 적어도 그 피담보채권 중 대여금채권이 차지하는 비율에 상응하는 이 사건 건물의 일부 또는 그 각 지분에 한하여 위 청산절차가 종료될 때까지는 원고의 이 사건 청구에 응할 수 없다는 항변에 대하여 원고가 이 사건 가등기에 기하여 담보권을 실행하고자 하는 피담보채권 중에는 가등기담보법 소정의 청산절차를 요하지 아니하는 매매대금 채권이 포함되어 있고, 그 피담보채권 중 매매대금 채권의 비율이 훨씬 높으며, 원고의 담보권 실행에 따른 이 사건 건물의 일부 또는 그 각 일정 지분의 환가대금만으로 이 사건 토지의 매매대금 채권 전액의 만족에 이르러 향후 위 대여금 채권에 터잡아 이 사건 건물의 그 나머지 부분에 관하여 가등기담보법 소정의 청산절차를 거쳐야 하는 것은 별론으로 하되, 일반적인 담보물권의 불가분성에 비추어 이 사건 매매대금 채권 전액의 만족에 이를 때까지 이 사건 건물의 전부에 관한 원고의

담보권 실행을 부정할 수는 없고, 그 피담보채권 중 대여금 채권이 일부 포함되어 있다고 하더라도 매매대금 채권을 위한 원고의 담보권 실행에는 지장이 없다는 이유로 위 항변을 배척하였다.

앞서 본 법리와 이 사건 가등기의 주된 목적이 매매대금채권의 확보에 있었고, 대여금채권의 확보는 부수적 목적이었으며, 이 사건 가등기의 피담보채권액 47억 9,000만 원 중 매매대금 채권이 42억 원으로서 대부분을 차지하고 있는 사정을 고려하여 보면, 원심의 위와 같은 판단은 정당한 것으로 수긍할 수 있고, 원심에 상고이유의 주장과 같은 가등기담보법의 적용 범위에 관한 법리오해 등의 위법이 있다고 할 수 없다. 이 부분 상고이유도 받아들일 수 없다.

3. 그러므로 상고를 기각하고, 상고비용은 패소자의 부담으로 하기로 하여 관여 대법관의 일치된 의견으로 주문과 같이 판결한다.

대법관   서성(재판장) 이용우 배기원(주심) 박재윤

가등기담보권의 피담보채권의 범위에 대하여는 저당권에 관한 제360조 규정이 준용한다(가등기담보법 제3조 제2항). 따라서 가등기담보권의 피담보채권에는 원본, 이자, 위약금, 채무불이행으로 인한 손해배상, 담보권실행비용 등이 포함된다.

가등기담보등에관한법률

제3조(담보권의 실행의 통지와 청산기간)

① 채권자가 담보계약에 따른 담보권을 실행하여 그 담보목적부동산의 소유권을 취득하기 위하여는 그 채권의 변제기 후에 제4조의 청산금의 평가액을 채무자 등에게 통지하고, 그 통지가 채무자 등에게 도달한 날부터 2개월(이하 "청산기간"이라 한다)이 지나야 한다. 이 경우 청산금이 없다고 인정되는 경우에는 그 뜻을 통지하여야 한다.

② 제1항에 따른 통지에는 통지 당시의 담보목적부동산의 평가액과 「민법」 제360조에 규정된 채권액을 밝혀야 한다. 이 경우 부동산이 둘 이상인 경우에는 각 부동산의 소유권 이전에 의하여 소멸시키려는 채권과 그 비용을 밝혀야 한다. [전문개정 2008.3.21]

***○× 문제**

가등기담보 채권자가 가등기담보권을 실행하기 이전에 그의 계약상의 권리를 보전하기 위하여 가등기담보 채무자의 제3자에 대한 선순위 가등기담보채무를 대위변제함으로써 발생한 구상권은 가등기담보계약에 의하여 담보될 수 없다(×).

가등기담보 채권자가 가등기담보권을 실행하기 이전에 그의 계약상의 권리를 보전하기 위하여 가등기담보 채무자의 제3자에 대한 선순위 가등기담보채무를 대위변제하여 구상권이 발생하였다면 특별한 사정이 없는 한 이 구상권도 가등기담보계약에 의하여 담보된다.

***대법원 2002. 6. 11. 선고 99다41657 판결 【대여금등】**

【판시사항】

[1] 가등기담보등에관한법률 제3조, 제4조 소정의 정산절차를 거치지 아니하고 가등기담보권자가 경료한 소유권이전등기의 효력(무효)과 그 소유권이전등기가 약한 의미의 양도담보로서의 효력이 있는지 여부(소극) 및 그 후 정산절차를 마치면 그 소유권이전등기는 실체관계에 부합하는 유효한 등기로 되는지 여부(적극)

[2] 가등기담보 채권자가 그의 권리를 보전하기 위하여 가등기담보 채무자의 제3자에 대한 선순위 가등기담보채무를 대위변제하여 가지는 구상금채권도 담보가등기의 피담보채권에 포함되는지 여부(적극)

[3] 민사재판에 있어서 관련 민·형사사건의 확정판결의 증명력 및 이를 배척하는 경우 그 구체적인 이유를 설시해야 하는지 여부(소극)

[4] 가등기담보등에관한법률상 후순위 권리자가 있는 경우의 정산절차 및 가등기담보권자에 의한 정산 시 상계가 가능한지 여부(적극)

【판결요지】

[1] 가등기담보등에관한법률 제3조, 제4조의 각 규정에 비추어 볼 때 위 각 규정을 위반하

여 담보가등기에 기한 본등기가 이루어진 경우에는 그 본등기는 무효라고 할 것이고, 설령 그와 같은 본등기가 가등기권리자와 채무자 사이에 이루어진 특약에 의하여 이루어졌다고 할 지라도 만일 그 특약이 채무자에게 불리한 것으로서 무효라고 한다면 그 본등기는 여전히 무 효일 뿐, 이른바 약한 의미의 양도담보로서 담보의 목적 내에서는 유효하다고 할 것이 아니 고, 다만 가등기권리자가 가등기담보등에관한법률 제3조, 제4조에 정한 절차에 따라 청산금의 평가액을 채무자 등에게 통지한 후 채무자에게 정당한 청산금을 지급하거나 지급할 청산금이 없는 경우에는 채무자가 그 통지를 받은 날로부터 2월의 청산기간이 경과하면 위 무효인 본 등기는 실체적 법률관계에 부합하는 유효한 등기가 될 수 있을 뿐이다.

[2] 가등기담보 채권자가 가등기담보권을 실행하기 이전에 그의 계약상의 권리를 보전하기 위하여 가등기담보 채무자의 제3자에 대한 선순위 가등기담보채무를 대위변제하여 구상권이 발생하였다면 특별한 사정이 없는 한 이 구상권도 가등기담보계약에 의하여 담보된다고 보는 것이 상당하다.

[3] 민사재판에 있어서 이와 관련된 다른 민·형사사건 등의 확정판결에서 인정된 사실은 특별한 사정이 없는 한 유력한 증거자료가 되는 것이나, 당해 민사재판에서 제출된 다른 증 거내용에 비추어 관련 민·형사사건의 확정판결에서의 사실판단을 그대로 채용하기 어렵다고 인정될 경우에는 이를 배척할 수 있고, 이 경우에 그 배척하는 구체적인 이유를 일일이 설시 할 필요는 없다.

[4] 가등기담보권자가 가등기담보등에관한법률 제3조에서 정한 담보권 실행의 통지를 채무 자에게 하고, 후순위 권리자가 있는 경우에는 같은 법 제6조 제1항에서 정한 통지를 한 후 같은 법 제6조 제1항의 통지를 받은 후순위 권리자가 채권자에게 직접 권리를 행사한 바가 없고 또한 청산기간을 경과하게 되면, 채권자는 채무자에게 청산금을 변제할 수 있음은 물론, 채권자가 채무자에 대하여 가등기담보에 의하여 담보되지 아니한 별개의 금전채권을 가지고 있는 경우에는 이것을 자동채권으로 하여 채무자의 청산금채권을 상계할 수 있다.

【참조조문】
[1] 가등기담보등에관한법률 제3조, 제4조 / [2] 민법 제360조, 가등기담보등에관한법률 제 3조, 제4조 / [3] 민사소송법 제187조 / [4] 가등기담보등에관한법률 제3조, 제4조, 제5조, 제 6조 제1항

【참조판례】

[1] 대법원 1994. 1. 25. 선고 92다20132 판결(공1994상, 790), 대법원 2002. 4. 23. 선고 2002다9127 판결 /[2] 대법원 1976. 10. 26. 선고 76다2169 판결(공1976, 9393) /[3] 대법원 1993. 3. 12. 선고 92다51372 판결(공1993상, 1171), 대법원 1997. 3. 14. 선고 95다49370 판결(공1997상, 1077), 대법원 2000. 2. 25. 선고 99다55472 판결(공2000상, 835) /[4] 대법원 1996. 7. 12. 선고 96다17776 판결(공1996하, 2488)

【전문】

【원고, 상고인】 김영갑

【피고, 피상고인】 이낙섭

【피고(선정당사자),피상고인】 김석순

【원심판결】 광주고법 1999. 5. 28. 선고 97나4172 판결

【주문】

원심판결을 파기하고, 사건을 광주고등법원에 환송한다.

【이유】

상고이유를 본다.

1. 상고이유 제1점에 대하여

가등기담보등에관한법률(이하 '가등기담보법'이라 한다) 제3조에는 채권자가 담보계약에 의한 담보권을 실행하여 그 담보목적부동산의 소유권을 취득하기 위하여는 그 채권의 변제기 후에 같은 법 제4조에 규정한 청산금의 평가액을 채무자 등에게 통지하여야 하고, 이 통지에는 통지 당시의 목적부동산의 평가액과 민법 제360조에 규정된 채권액을 명시하여야 하며, 그 통지를 받은 날로부터 2월의 청산기간이 경과하여야 한다고 규정되어 있고, 가등기담보법 제4조 제1항 내지 제3항에는 채권자는 위의 통지 당시의 목적부동산의 가액에서 피담보채권의 가액을 공제한 청산금을 지급하여야 하고, 담보부동산에 관하여 이미 소유권이전등기가 경료된 경우에는 청산기간 경과 후 청산금을 채무자 등에게 지급한 때에 목적부동산의 소유권을 취득하고, 담보가등기가 경료된 경우에는 청산기간이 경과하여야 그 가등기에 기한 본등기를 청구할 수 있으며, 청산금의 지급채무와 부동산의 소유권이전등기 및 인도채무는 동시이행의 관계에 있다고 규정되어 있고, 같은 법 제4조 제4항에서는 제1항 내지 제3항의 규정에 반하는 특약으로서 채무자 등에게 불리한 것은 그 효력이 없다. 다만, 청산기간 경과 후

에 행하여진 특약으로서 제3자의 권리를 해하지 아니하는 것은 그러하지 아니하다고 규정되어 있으므로, 위 각 규정을 위반하여 담보가등기에 기한 본등기가 이루어진 경우에는 그 본등기는 무효라고 할 것이고, 설령 그와 같은 본등기가 가등기권리자와 채무자 사이에 이루어진 특약에 의하여 이루어졌다고 할지라도 만일 그 특약이 채무자에게 불리한 것으로서 무효라고 한다면 그 본등기는 여전히 무효일 뿐, 이른바 약한 의미의 양도담보로서 담보의 목적 내에서는 유효하다고 할 것이 아니고(대법원 1994. 1. 25. 선고 92다20132 판결; 2002. 4. 23. 선고 2002다9127 판결 참조), 다만 가등기권리자가 가등기담보법 제3조, 제4조에 정한 절차에 따라 청산금의 평가액을 채무자 등에게 통지한 후 채무자에게 정당한 청산금을 지급하거나 지급할 청산금이 없는 경우에는 채무자가 그 통지를 받은 날로부터 2월의 청산기간이 경과하면 위 무효인 본등기는 실체적 법률관계에 부합하는 유효한 등기가 될 수 있을 뿐이라고 할 것이다.

원심판결 이유에 의하면, 원심은 원고와 피고 이낙섭은 1984. 12. 21. 위 피고의 원고에 대한 차용금 채무 금 40,000,000원과 위 피고로부터 이 사건 연립주택의 건축하도급을 받은 하수급자들이 원고로부터 차용한 금 22,660,000원의 채무를 담보하기 위하여, 위 피고를 통하여 소개받은 소외 송신호와 원고의 공동명의로 이 사건 연립주택에 관한 가등기를 경료하기로 합의하고, 위 각 채무 합계 금 62,660,000원(= 40,000,000원 + 22,660,000원) 및 이에 대한 그동안의 이자를 7,000,000원 정도로 하되 계산의 편의를 위하여 원고가 위 피고에게 340,000원을 현금으로 주어 채무 합계를 금 70,000,000원(= 62,660,000원 + 7,000,000원 + 340,000원)으로 하고, 여기에다가 위 송신호의 위 피고에 대한 채권 60,000,000원을 합한 금 130,000,000원을 피담보채무로 하되 이 사건 연립주택에 관하여 편의상 매매대금을 금 130,000,000원으로 하는 매매예약을 체결한 것처럼 하여 광주지방법원 1984. 12. 21. 접수 제37334호로 원고와 위 송신호 공동명의의 소유권이전청구권보전을 위한 가등기(이하 '이 사건 담보가등기'라 한다)를 마쳤고, 그 후 위 피고가 다른 사건으로 구속 수감 중이던 1985. 5. 15. 제소전화해절차를 밟아 그 조서에 기하여 광주지방법원 1985. 6. 3. 접수 제16244호로 1984. 12. 21. 매매를 원인으로 한 원고 및 위 송신호 명의의 소유권이전등기를 마친 사실을 인정한 다음, 채권자가 채권담보의 목적으로 부동산에 가등기를 경료하였다가 그 후 변제기까지 변제를 받지 못하게 되어 위 가등기에 기한 소유권이전의 본등기를 경료한 경우에는 당사자들이 달리 특별한 약정을 하지 아니하는 한 그 본등기도 채권담보의 목적으로 경료된 것으로서 당사자 사이에 정산절차를 예정하고 있는 이른바 '약한 의미의 양도담보'가 된 것으로 보아야 하고, 약한 의미의 양도담보가 이루어진 경우에는 채무의 변제기가 도과된 후라고 하더라도 채권자가 담보권을 실행하여 청산절차를 마치기 전에는 채무자는 언제든지 채무를 변제하고 채권자에게 가등기 및 가등기에 기한 본등기의 말소를 청구할 수 있는 것이며, 양도담보권자가 변제기 후에 담보권실행을 위하여 담보물을 정당한 가격으로 타에 처분하거나 자기가 그 소유권을 인수하려면 그 대금으로써 피담보채권의 원리금을 충당하고 잔액이 있으면 이를 채무자에게 반환하는 등의 정산을 필하지 않은 상태에서는 아직 그 피담보채권이 소멸되었다고 볼 수는 없는 것이므로, 원고가 이 사건 연립주택에 대한 담보가등기 또는 양도담보권에 기하여 청산절차를 마치지 아니하는 한 이 사건 연립주택에 대한 소유권을 취득할 수 없다고 판단하였다.

그러나 앞서 본 법리에 비추어 보면, 원심이 가등기담보권자가 청산절차를 거치지 아니하고 본등기를 경료한 경우 그 본등기가 '약한 의미의 양도담보'로 된다고 판단한 것은 잘못이라고 할 것이나, 원고가 담보가등기에 기하여 청산절차를 마치지 아니하는 한 이 사건 연립주택에 대한 소유권을 취득할 수 없다고 판단한 결론은 정당하다고 할 것이므로 원심판결의 위와 같은 잘못은 판결 결과에 영향이 없다고 할 것이다.

원심판결이 들고 있는 대법원 1993. 6. 22. 선고 93다7334 판결, 1996. 7. 30. 선고 95다11900 판결은 가등기담보법 시행 이전에 설정된 가등기담보권에 관한 것으로 이 사건에 적용하기에 적절하지 아니하다.

한편, 원심이 원고와 피고 이낙섭 사이에 1984. 12. 21. 이 사건 연립주택에 관한 담보가등기가 설정되었다고 인정한 조치는 옳고, 거기에 채증법칙을 위배하여 사실을 오인한 위법이나 확정판결의 기판력에 관한 법리를 오해한 위법이 있다고 볼 수 없다. 이 부분 상고이유의 주장은 받아들일 수 없다.

2. 상고이유 제2점에 대하여

원고는 가등기담보부동산에 대한 매매예약 당시의 시가가 그 피담보채무액에 미치지 못하는 경우에는 가등기담보법 제3조가 정하는 청산금의 평가액의 통지를 할 여지가 없다 할 것인데 이 사건 연립주택의 매매예약 당시의 시가가 그 피담보채무액에 미달됨에도 불구하고, 원심이 이 사건 연립주택의 매매예약 당시의 시가에 대하여 심리도 하지 아니한 채 청산금평가액의 통지절차를 밟지 않으면 이 사건 연립주택의 소유권을 취득할 수 없다고 판단한 데에는 심리미진이나 담보가등기에 관한 법리를 오해한 위법이 있다고 주장하나, 이러한 주장은 당심에 이르러 새로이 제기된 것으로 적법한 상고이유가 될 수 없다. 이 부분 상고이유의 주장은 받아들일 수 없다.

3. 상고이유 제3점 내지 제6점에 대하여

가. 가등기담보 채권자가 가등기담보권을 실행하기 이전에 그의 계약상의 권리를 보전하기 위하여 가등기담보 채무자의 제3자에 대한 선순위 가등기담보채무를 대위변제하여 구상권이 발생하였다면 특별한 사정이 없는 한 이 구상권도 가등기담보계약에 의하여 담보된다고 보는 것이 상당하다고 할 것이다(대법원 1976. 10. 26. 선고 76다2169 판결 참조).

기록에 의하면, 원고가 이 사건 연립주택에 대한 선순위 가등기담보권자인 소외 서재성, 문병화에게 피고 이낙섭의 가등기담보채무 금 65,000,000원을 대위변제하고 1988. 4. 21. 이 사건 연립주택에 대한 선순위 담보가등기를 말소한 사실을 알 수 있으므로 위 구상금채권은 이 사건 담보가등기의 피담보채권에 포함된다고 할 것이다.

그럼에도 불구하고, 원심이 위 구상금채권의 존부 및 범위에 관하여 아무런 심리를 하지 아니한 채 위 구상금채권이 이 사건 담보가등기의 피담보채권에 포함될 수 없다고 판단한 것은 심리를 미진한 채 채증법칙을 위배하여 사실을 오인하거나 담보가등기의 피담보채권의 범위에 관한 법리를 오해한 잘못을 범하였다고 할 것이다. 이 점을 지적하는 상고이유의 주장은 이유 있다.

나. 민사재판에 있어서 이와 관련된 다른 민·형사사건 등의 확정판결에서 인정된 사실은 특별한 사정이 없는 한 유력한 증거자료가 되는 것이나, 당해 민사재판에서 제출된 다른 증거내용에 비추어 관련 민·형사사건의 확정판결에서의 사실판단을 그대로 채용하기 어렵다고 인정될 경우에는 이를 배척할 수 있고, 이 경우에 그 배척하는 구체적인 이유를 일일이 설시할 필요는 없다고 할 것이다(대법원 2000. 2. 25. 선고 99다55472 판결 참조).

원심판결 이유에 의하면, 원심은 이 사건 연립주택에 대한 가등기가 담보목적으로 경료된 담보가등기라고 인정하여 이 사건 연립주택이 원고에게 대물변제된 것이라는 원고의 주장을 배척하고 있으면서도, 원고가 피고 이낙섭을 상대로 제기한 이자금청구의 소에서 원고가 피고 이낙섭에 대한 금 40,000,000원의 대여원금에 대한 대물변제로 이 사건 연립주택 중 202호를 이전등기 받았다고 자인하였음을 전제로 위 금 40,000,000원에 대한 1983. 11. 9.부터 1985. 6. 3.까지의 이자지급만을 명한 광주지방법원 1989. 6. 21. 선고 89가합2198 판결(갑 제41호증, 기록 1426면, 위 판결은 1989. 7. 13. 확정되었다.)의 인정 사실을 그대로 인용하여 원고의 피고 이낙섭에 대한 금 40,000,000원의 대여금채권이 대물변제로 소멸하였다고 판단하고 있다.

　살피건대, 원고는 본건 소송과 관련 소송에서 이 사건 연립주택이 대물변제에 의하여 원고의 소유로 되었다고 계속 주장하여 왔고, 위 광주지방법원 89가합2198 사건에서도 같은 취지에서 위 연립주택 202호를 대물변제로 이전등기 받았다고 자인한 것이므로, 그러한 원고의 자인이 본건 재판과정에서 제출된 다른 증거들에 비추어 객관적 진실에 반함은 쉽게 알 수 있다고 할 것인데(원고가 위 광주지방법원 89가합2198 사건에서 위 대물변제 사실을 자인하였다고 하더라도 그 자인의 효과는 위 소송절차에만 미친다고 할 것이다.), 원심이 이 사건 연립주택에 대한 가등기가 담보가등기로 이 사건 연립주택이 원고에게 대물변제된 것이 아니라고 판단하면서도 위 광주지방법원 89가합2198 사건의 인정 사실을 원용하여 원고의 피고 이낙섭에 대한 위 대여금채권이 소멸하였다고 판단한 것은 이유모순의 위법을 저지른 것이라고 할 것이다. 이 점을 지적하는 상고이유의 주장은 이유 있다.

　다. 가등기담보권자가 가등기담보법 제3조에서 정한 담보권 실행의 통지를 채무자에게 하고, 후순위 권리자가 있는 경우에는 같은 법 제6조 제1항에서 정한 통지를 한 후 같은 법 제6조 제1항의 통지를 받은 후순위 권리자가 채권자에게 직접 권리를 행사한 바가 없고 또한 청산기간을 경과하게 되면, 채권자는 채무자에게 청산금을 변제할 수 있음은 물론, 채권자가 채무자에 대하여 가등기담보에 의하여 담보되지 아니한 별개의 금전채권을 가지고 있는 경우에는 이것을 자동채권으로 하여 채무자의 청산금채권을 상계할 수 있다고 할 것이다(대법원 1996. 7. 12. 선고 96다17776 판결 참조).

　기록에 의하면, 원고는 1994. 6. 20. 피고 이낙섭에게 청산금 평가액의 통지(갑 제6호증, 기록 267면)를 하면서 원심 판시 ① 내지 ⑨의 각 채권에서 이 사건 연립주택의 평가액을 공제하면 금 150,316,415원의 채권이 남기 때문에 원고가 위 피고에게 추가로 지급하여야 할 청산금이 없다는 취지를 통지하였고, 또 원고는 이 사건 소장 및 1996. 10. 1. 자 청구취지및원인변경신청서, 1996. 10. 11. 자 청구취지및원인변경신청서, 1998. 6. 9. 자 청구원인변경신청서에서 이 사건 담보가등기의 피담보채권과 원고의 위 피고에 대한 구상금채권의 합계액에서 이 사건 연립주택의 평가액을 공제하면 오히려 원고가 위 피고로부터 지급받아야 할 금원이 있으므로 위 금원의 지급을 구한다는 취지로 주장하고 있는 사실을 알 수 있다.

　사정이 그러하다면 원고는 위 피고에 대하여 대여금, 대위변제금, 구상금 등의 채권을 가지고 있고, 그 채권으로 이 사건 연립주택의 평가액과 대등액에서 상계하여 청산절차를 마쳤다고 주장하는 한편 위와 같이 상계를 한 후 남는 금원의 지급을 위 피고에 대하여 청구하고 있는 것으로 볼 수 있다고 할 것이므로, 원심으로서는 이 사건 연립주택에 대한 가등기담보계약 당시 원금 및 이자에 관하여 어떠한 약정이 있었는지, 원고가 소외 송신호로부터 지분이전등기를 받은 경위 및 원고가 위 송신호의 채권이 가장채권이라는 사실을 알고 있었는지 여부, 원고의 위 피고에게 대한 원심 판시 ③ 내지 ⑨ 구상채권의 존부 및 범위, 이 사건 연립주택의 감정평가액 등에 관하여 심리하여 원고가 위 피고에게 지급할 청산금이 있는지 여부를 확정한 후 이 사건 연립주택에 대한 원고의 소유권이전등기가 결국 실체적 법률관계에 부합하는 등기가 되어 원고가 이 사건 연립주택의 소유권을 취득하였는지 여부를 판단하고, 더 나아가 위 피고가 원고에게 추가로 지급하여야 할 금원이 있는지 여부를 판단하였어야 할 것이다.

그럼에도 불구하고, 원심은 원심 판시 ①, ② 채권 중 일부만이 이 사건 담보가등기의 피담보채권이고, 원고 주장의 나머지 각 채권은 원고가 자신의 담보권을 확보하기 위하여 지출하였거나 자신의 편의를 위하여 임의로 지급한 것으로서 피고 이낙섭에 대하여 이를 주장할 근거는 없고, 나아가 위 가등기 당시 당사자 사이에 위 가등기 이후에 발생될 채무도 위 가등기부동산의 피담보채무 범위에 포함시키기로 약정하였다는 등의 사정을 인정할 수 있는 아무런 증거가 없는 이상, 원심 판시 ①, ② 채권 중 일부를 제외한 원고 주장의 나머지 위 각 채권이 이 사건 연립주택에 의하여 담보되는 피담보채권에 포함된다고 볼 수는 없으므로, 이 사건 연립주택의 소유권이 위 1994. 6. 20. 무렵의 청산절차에 의하여 원고에게 확정적으로 이전되었음을 전제로 한 원고의 피고들 및 선정자에 대한 주장은 더 나아가 살필 필요 없이 이유 없다고 판단함으로써, 원고의 청구취지를 오해하여 심리미진, 판단유탈의 위법을 범하거나 가등기담보의 청산절차에 관한 법리오해의 위법을 범하였다고 할 것이다. 이 점을 지적하는 상고이유의 주장 또한 이유 있다.

4. 그러므로 원심판결을 파기하고, 사건을 다시 심리ㆍ판단하게 하기 위하여 원심법원에 환송하기로 하여 관여 대법관의 일치된 의견으로 주문과 같이 판결한다.

대법관　　서성(재판장)　이용우　배기원(주심)　박재윤

저당권의 경우에는 이들 사항은 등기사항이고, 만일 등기하지 않으면 제3자에게 대항하지 못하도록 함으로써 이해관계를 조화하고 있다(부동산등기법 제140조). 그런데 가등기담보의 경우에는 이들 사항을 등기할 수 있는 절차적 규정이 없다. 따라서 등기를 하지 않고도 후순위권리자에게 대하여 권리를 주장할 수 있다는 것은 문제가 된다. 그 결과 가등기가 되어 있는 부동산의 경우에는 후순위담보권을 설정하는 것이 기피되고 있다. 이러한 이유로 가등기담보의 경우에는 목적물의 교환가치를 극대화하여 이용할 수 없는 한계가 있다.

> **부동산등기법**
>
> 제140조(저당권)
>
> ① 저당권의 설정등기를 신청하는 경우에는 신청서에 채권액과 채무자를 적어야 한다. 이 경우 등기원인에 변제기, 이자 및 그 발생기·지급시기, 원본 또는 이자의 지급장소, 채무불이행으로 인한 손해배상에 관한 약정이나 「민법」 제358조 단서의 약정이 있는 경우 또는 채권이 조건부일 경우에는 이를 적어야 한다.
>
> ② 제1항의 저당권의 내용이 근저당인 경우에는 신청서에 등기원인이 근저당권설정계약이라는 사실과 채권의 최고액 및 채무자를 적어야 한다. 이 경우 등기원인에 「민법」 제358조 단서의 약정이 있는 경우에는 이를 적어야 한다. [전문개정 1991.12.14, 2008.3.21]

가등기담보법이 적용되는 가등기담보권의 피담보채권은 가등기담보법 제1조, 제2조 제1호의 규정을 고려하여 소비대차 또는 준소비대차에 의하여 발생한 경우이어야 한다는 것이 판례의 입장이다. 이와 관련하여 근가등기담보(즉 일정범위에 속하는 불특정채권을 최고액까지 담보하는 내용)도 가능하다고 하면서, 이 경우에는 채권최고액이 정해져 있어야 한다는 견해가 있다. 그런데 근가등기담보를 인정한다고 하더라도 최고액을 등기할 수 있는 방법이 없다는 점에서 후순위자들이 불측의 손해를 입을 가능성이 발생할 수 있다.

2) 가등기

가등기담보의 목적은 부동산인 것이 보통지만, 부동산에 한하지 않는다. 즉 등기 또는 등록할 수 있는 권리도 가등기담보의 목적이 될 수 있다. 따라서 지상권, 지역권, 임차권, 입목에 관한 법률에 의한 입목, 선박, 자동차, 항공기, 공장재단, 광업재단, 특허권, 실용신안권, 의장권 등이 해당된다. 다만, 권리질권, 저당권, 전세권은 제외된다(가등기담보법 제18조).

공시방법으로서 가등기(또는 가등록)를 갖추어야 한다. 가등기에는 가등기담보권자(채권자)만 표시될 뿐 피담보채권액, 이자 등은 표시되지 않는다. 따라서 가등기가 설정되면 피담보채권이 얼마인지가 공시되지 않기 때문에 당해 부동산의 담보가치를 효율적으로 활용할 수 없는 문제가 있다. 한편, 가등기는 담보계약에 의한 것인지 아니면 본래의 매매계약에 의한 것인지가 나타나지 않기 때문에 개별적으로 판단하는 수밖에 없다는 것이 일반적인 설명이다. 판례에 의하면, 가등기 이후 국세 압류등기가 경료된 사안에서 당해 가등기가 담보 가등기라는 점에 관한 소명자료가 제출되어 담보 가등기인지의 여부에 관하여 이해관계인 사이에 실질적으로 다투어지고 있는 경우에는 가등기에 기한 본등기권자의 태도 여하에 불구하고 형식적 심사권밖에 없는 등기공무원으로서는 당해 가등기를 순위 보전의 가등기로 인정하여 국세 압류등기를 직권말소할 수 없고, 또한 "당해 가등기가 담보 가등기인지 여부는 당해 가등기가 실제상 채권담보를 목적으로 한 것인지 여부에 의하여 결정되는 것이지 당해 가등기의 등기부상 원인이 매매예약으로 기재되어 있는지 아니면 대물변제예약으로 기재되어 있는가 하는 형식적 기재에 의하여 결정되는 것이 아니다"라는 입장이다(대법원 1998. 10. 7. 자 98마1333 결정).

***대법원 1998. 10. 7. 자 98마1333 결정 【등기공무원처분에대한이의】**

【판시사항】

  [1] 가등기 이후 경료된 국세 압류등기의 효력

  [2] 가등기 이후 국세 압류등기가 경료된 사안에서 당해 가등기가 담보 가등기라는 점에 관하여 소명자료가 제출되어 담보 가등기인지의 여부가 다투어지는 경우, 등기공무원이 당해 가등기를 순위 보전의 가등기로 인정하여 국세 압류등기를 직권말소할 수 있는지 여부(소극) 및 당해 가등기가 담보 가등기인지 여부가 등기부의 등기원인 기재에 의해 결정되는지 여부(소극)

【결정요지】

  [1] 국세 압류등기 이전에 소유권이전청구권 보전의 가등기가 경료되고 그 후 본등기가 이

루어진 경우, 그 가등기가 매매예약에 기한 순위 보전의 가등기라면 그 이후에 경료된 압류등기는 효력을 상실하여 말소되어야 할 것이지만, 그 가등기가 채무담보를 위한 가등기 즉 담보 가등기라면 그 후 본등기가 경료되더라도 가등기는 담보적 효력을 갖는 데 그치므로 압류등기는 여전히 유효하므로 말소될 수 없다.

[2] 가등기 이후 국세 압류등기가 경료된 사안에서 당해 가등기가 담보 가등기라는 점에 관한 소명자료가 제출되어 담보 가등기인지의 여부에 관하여 이해관계인 사이에 실질적으로 다투어지고 있는 경우에는 가등기에 기한 본등기권자의 태도 여하에 불구하고 형식적 심사권 밖에 없는 등기공무원으로서는 당해 가등기를 순위 보전의 가등기로 인정하여 국세 압류등기를 직권말소할 수 없고, 또한 당해 가등기가 담보 가등기인지 여부는 당해 가등기가 실제상 채권담보를 목적으로 한 것인지 여부에 의하여 결정되는 것이지 당해 가등기의 등기부상 원인이 매매예약으로 기재되어 있는지 아니면 대물변제예약으로 기재되어 있는가 하는 형식적 기재에 의하여 결정되는 것이 아니다.

【참조조문】

[1] 가등기담보등에관한법률 제17조 제3항, 국세기본법 제35조 제2항, 부동산등기법 제55조 제2호, 제178조 / [2] 가등기담보등에관한법률 제17조 제3항, 국세기본법 제35조 제2항, 부동산등기법 제55조 제2호, 제178조

【참조판례】

[1] 대법원 1988. 3. 24.자 87마1270 결정(공1988, 683), 대법원 1989. 2. 28. 선고 87다카684 판결(공1989, 513), 대법원 1989. 11. 2.자 89마640 결정(공1990, 12), 대법원 1996. 12. 20. 선고 95누15193 판결(공1997상, 435) / [2] 대법원 1992. 3. 18.자 91마675 결정(공1992, 1381)

【전문】
【재항고인】 정철기 외 2인(재항고인들 소송대리인 법무법인 국제종합법률사무소 담당변호사 김석주 외 1인)
【원심결정】 부산지법 1998. 5. 19.자 98라136 결정

【주문】
재항고를 모두 기각한다.

【이유】

재항고이유를 본다.

가등기담보등에관한법률 제17조 제3항은, 담보가등기권리는 국세기본법, 국세징수법, 지방세법, 회사정리법의 적용에 있어서는 이를 저당권으로 본다고 규정하고 있고, 국세기본법 제35조 제2항은 납세의무자를 등기의무자로 하고 채무불이행을 정지조건으로 하는 대물변제의 예약에 기하여 권리 이전의 청구권의 보전을 위한 가등기 기타 이와 유사한 담보의 목적으로 된 가등기가 되어 있는 재산을 압류하는 경우에 당해 가등기에 기한 본등기가 압류 후에 행하여진 때에는 그 가등기의 권리자는 그 재산에 대한 체납처분에 대하여 그 가등기에 기한 권리를 주장할 수 없고, 다만 국세 또는 가산금의 법정기일 전에 가등기된 재산에 대하여는 그러하지 아니하다고 규정하고 있다. 따라서 국세 압류등기 이전에 소유권이전청구권 보전의 가등기가 경료되고 그 후 본등기가 이루어진 경우에, 그 가등기가 매매예약에 기한 순위 보전의 가등기라면 그 이후에 경료된 압류등기는 효력을 상실하여 말소되어야 할 것이지만, 그 가등기가 채무담보를 위한 가등기 즉 담보 가등기라면 그 후 본등기가 경료되더라도 가등기는 담보적 효력을 갖는데 그치므로 압류등기는 여전히 유효하므로 말소될 수 없다고 할 것인데(대법원 1996. 12. 20. 선고 95누15193 판결; 1989. 11. 2.자 89마640 결정 등 참조), 당해 가등기가 담보 가등기라는 점에 관한 소명자료가 제출되어 담보 가등기인지의 여부에 관하여 이해관계인 사이에 실질적으로 다투어지고 있는 경우에는 가등기에 기한 본등기권자의 태도 여하에 불구하고 형식적 심사권밖에 없는 등기공무원으로서는 당해 가등기를 순위 보전의 가등기로 인정하여 국세 압류등기를 직권말소할 수 없고(대법원 1992. 3. 18.자 91마675 결정 참조), 또한 당해 가등기가 담보 가등기인지 여부는 당해 가등기가 실제상 채권담보를 목적으로 한 것인지 여부에 의하여 결정되는 것이지 당해 가등기의 등기부상 원인이 매매예약으로 기재되어 있는가 아니면 대물변제예약으로 기재되어 있는가 하는 형식적 기재에 의하여 결정되는 것이 아니다.

원심이 이와 같은 법리에 따라 신청인들의 각 가등기를 담보 가등기로 판단하여 그 가등기에 기한 본등기가 경료되었다고 하더라도 그 각 가등기와 본등기 사이에 경료된 국세 압류등기를 말소할 수 없다고 판단한 것은 정당하고 이에 논지에서 주장하는 바와 같은 위법이 있다고 할 수 없다.

그러므로 재항고를 모두 기각하기로 하여 관여 법관의 일치된 의견으로 주문과 같이 결정한다.

대법관   송진훈(재판장) 천경송 지창권(주심) 신성택

  그런데 등기예규 1057호에 의하면, 담보가등기의 경우에는 등기원인을 대물반환의 예약으로 기재하도록 규정하고 있고, 등기목적을 소유권이전담보가등기로 기재하도록 규정하고 있다. 따라서 담보가등기의 경우에는 대물반환의 예약으로 등기원인을 기재하여야 하고, 이러한 대물반환의 예약으로 등기원인이 기재되어 있다면 원칙적으로 담보가등기로 보는 것이 타당하다. 왜냐하면 가등기를 할 경우에 등기원인을 증명하는 서면이 첨부되어야 하는데, 이 경우에 대물반환의 예약을 확인할 수 있는 서면이 첨부되었다면 담보가등기로 보는 것이 형식적 심사권만 있는 현행 부동산등기법의 해석에 합치되는 것으로 생각한다.

***가등기에 관한 업무처리지침: 제정 2002. 08. 14 등기예규 제1057호**

1. 목적
  이 예규는 가등기의 신청, 이전, 본등기 및 말소에 관한 등기절차와 기타 관련 사항에 관하여 규정함을 목적으로 한다.

2. 가등기의 신청

  가. 가등기를 할 수 있는 권리
  부동산등기법 제2조에서 규정하고 있는 물권 또는 부동산임차권의 변동을 목적으로 하는 청구권에 관해서만 가등기를 할 수 있다. 그러므로 물권적 청구권을 보전하기 위한 가등기나 소유권보존등기의 가등기는 할 수 없다.

  나. 가등기가처분명령에 의한 신청

  (1) 부동산등기법 제37조의 가등기가처분에 관해서는 민사집행법의 가처분에 관한 규정은 준용되지 않는다. 따라서 가등기가처분명령을 등기원인으로 하여 법원이 가등기촉탁을 하는 때에는 이를 각하한다.

  (2) 가등기가처분명령에 의하여 가등기권리자가 단독으로 가등기신청을 할 경우에는 등기의무자의 권리에 관한 등기필증을 제출할 필요가 없다.

다. 담보가등기의 신청

　대물반환의 예약을 (등기)원인으로 한 가등기신청을 할 경우, 등기신청서 기재사항 중 등기의 목적은 본등기될 권리의 이전담보가등기(예: 소유권이전담보가등기, 저당권이전담보가등기 등)라고 기재한다. 부동산등기법 제37조의 가처분명령에 의하여 가등기신청을 할 때에도 등기원인이 대물반환의 예약인 경우에는 마찬가지이다(즉 위와 같이 기재한다).

　라. 소유권이전청구권의 보전을 위한 가등기(이하 '소유권이전청구권가등기'라 한다)의 신청과 농지취득자격증명서 등의 첨부 요부

　농지에 대한 소유권이전청구권가등기의 신청서에는 농지취득자격증명을 첨부할 필요가 없으나, 국토이용관리법에 의한 토지거래허가구역내의 토지에 대한 소유권이전청구권가등기의 신청서에는 토지거래허가서를 첨부하여야 한다.

　마. 가등기권리자가 여러 사람인 경우

　(1) 여러 사람이 가등기할 권리를 공유하고 있는 때에는 신청서에 각자의 지분을 기재하여야 하고 등기부에도 신청서에 기재된 지분을 기재하여야 한다.

　(2) 여러 사람 공유의 부동산에 관하여 여러 사람 이름으로 가등기를 신청할 때에는 그 성질에 반하지 아니하는 한 '수인의 공유자가 수인에게 지분의 전부 또는 일부를 이전하는 경우의 등기신청방법 등에 관한 예규(등기예규 제910호)'를 준용한다.

　3. 가등기상 권리의 이전등기절차

　(1) 가등기상 권리를 제3자에게 양도한 경우에 양도인과 양수인은 공동신청으로 그 가등기상 권리의 이전등기를 신청할 수 있고, 그 이전등기는 가등기에 대한 부기등기의 형식으로 한다.

　(2) 위 가등기상 권리의 이전등기 신청은 가등기 된 권리 중 일부지분에 관해서도 할 수 있다. 이 경우 등기신청서에는 이전되는 지분을 기재하여야 하고 등기부에도 그 지분을 기재하여야 한다.

　(3) 여러 사람 이름으로 가등기가 되어 있으나 각자의 지분이 기재되지 아니한 경우, 그 가등기상 권리의 양도에 관하여는 4. 마. (2)의 규정을 준용한다.

4. 가등기에 의한 본등기

가. 본등기신청의 당사자

(1) 가등기 후 제3자에게 소유권이 이전된 경우
가등기에 의한 본등기 신청의 등기의무자는 가등기를 할 때의 소유자이며, 가등기 후에 제3자에게 소유권이 이전된 경우에도 가등기의무자는 변동되지 않는다.

(2) 가등기권자가 사망한 경우
가등기를 마친 후에 가등기권자가 사망한 경우, 가등기권자의 상속인은 상속등기를 할 필요 없이 상속을 증명하는 서면을 첨부하여 가등기의무자와 공동으로 본등기를 신청할 수 있다.

(3) 가등기의무자가 사망한 경우
가등기를 마친 후에 가등기의무자가 사망한 경우, 가등기의무자의 상속인은 상속등기를 할 필요 없이 상속을 증명하는 서면과 인감증명 등을 첨부하여 가등기권자와 공동으로 본등기를 신청할 수 있다.

나. 등기원인 및 서면

(1) 매매예약을 원인으로 한 가등기에 의한 본등기를 신청함에 있어서, 본등기의 원인 일자는 매매예약완결의 의사표시를 한 날로 기재하여야 하나, 등기원인을 증명하는 서면은 매매계약서를 제출하여야 한다.

(2) 그러나 형식상 매매예약을 등기원인으로 하여 가등기가 되어 있으나, 실제로는 매매예약완결권을 행사할 필요 없이 가등기권리자가 요구하면 언제든지 본등기를 하여 주기로 약정한 경우에는, 매매예약완결권을 행사하지 않고서도 본등기를 신청할 수 있으며, 이때에는 별도로 매매계약서를 제출할 필요가 없다.

다. 등기필증
가등기에 의한 본등기를 신청할 때에는 가등기의 등기필증이 아닌 등기의무자의 권리에 관한 등기필증을 첨부하여야 한다.

라. 가등기된 권리 중 일부지분에 대한 본등기의 신청

가등기에 의한 본등기 신청은 가등기된 권리 중 일부지분에 관해서도 할 수 있다. 이 경우 등기신청서에는 본등기될 지분을 기재하여야 하고 등기부에도 그 지분을 기재하여야 한다. 가등기된 권리 중 일부지분에 관한 본등기의 기재례는 별지 1과 같다.

마. 공동가등기권자가 있는 경우

(1) 하나의 가등기에 관하여 여러 사람의 가등기권자가 있는 경우에, 가등기권자 모두가 공동의 이름으로 본등기를 신청하거나, 그 중 일부의 가등기권자가 자기의 가등기지분에 관하여 본등기를 신청할 수 있지만, 일부의 가등기권자가 공유물보존행위에 준하여 가등기 전부에 관한 본등기를 신청할 수는 없다. 공동가등기권자 중 일부의 가등기권자가 자기의 지분만에 관하여 본등기를 신청할 때에는 신청서에 그 뜻을 기재하여야 하고 등기부에도 그 뜻을 기재하여야 한다.

(2) 공동가등기권자의 지분이 기재되어 있지 아니한 때에는 그 지분은 균등한 것으로 보아 본등기를 허용하고, 일부의 가등기권자가 균등하게 산정한 지분과 다른 가등기지분을 주장하여 그 가등기에 의한 본등기를 신청하고자 할 경우에는 먼저 가등기지분을 기재하는 의미의 경정등기를 신청하여야 한다. 이 경우 그 경정등기신청은 가등기권자 전원이 공동으로 하여야 하고 등기신청서에는 가등기권자 전원 사이에 작성된 실제의 지분비율을 증명하는 서면과, 실제의 지분이 균등하게 산정한 지분보다 적은 가등기권자의 인감증명을 첨부하여야 한다. 지분이 기재되지 아니한 공동가등기권자 중 일부의 가등기권자의 지분만에 관한 본등기의 기재례는 별지 2와 같다.

(3) 두 사람의 가등기권자 중 한 사람이 가등기상 권리를 다른 가등기권자에게 양도한 경우, 양수한 가등기권자 한 사람의 이름으로 본등기를 신청하기 위해서는, 먼저 가등기상 권리의 양도를 원인으로 한 지분이전의 부기등기를 마쳐야 한다.

바. 판결에 의한 본등기의 신청

(1) 등기원인일자

가등기상 권리가 매매예약에 의한 소유권이전청구권일 경우, 판결주문에 매매예약 완결일자가 있으면 그 일자를 등기원인일자로 기재하여야 하고, 판결주문에 매매예약 완결일자가 기재되어 있지 아니한 때에는 등기원인은 확정판결로, 등기원인일자를 그 확정판결의 선고연월일로 기재하여야 한다.

(2) 등기부상의 가등기원인일자와 본등기를 명한 판결주문의 가등기원인일자가 서로 다른 경우

매매를 원인으로 한 가등기가 되어 있는 경우, 그 가등기의 원인일자와 판결주문에 나타난 원인일자가 다르다 하더라도 판결이유에 의하여 매매의 동일성이 인정된다면 그 판결에 의하여 가등기에 의한 본등기를 신청할 수 있다.

(3) 판결주문에 가등기에 의한 본등기라는 취지의 기재가 없는 경우

판결의 주문에 피고에게 소유권이전청구권가등기에 의한 본등기 절차의 이행을 명하지 않고 매매로 인한 소유권이전등기 절차의 이행을 명한 경우라도, 판결이유에 의하여 피고의 소유권이전등기 절차의 이행이 가등기에 의한 본등기 절차의 이행임이 명백한 때에는, 그 판결을 원인증서로 하여 가등기에 의한 본등기를 신청할 수 있다.

사. 담보가등기에 의한 본등기

(1) 신청서에 기재하여야 할 사항

담보가등기에 의한 본등기를 신청할 경우 등기신청서에는 부동산등기법 제41조에서 정하고 있는 기재사항 외에 본등기할 담보가등기의 표시, 가등기담보등에관한법률 제3조에서 정하고 있는 청산금 평가통지서가 채무자 등에게 도달한 날을 기재하여야 한다.

(2) 첨부서면

부동산등기법 제40조에서 정하고 있는 서면 외에 청산금 평가통지서 또는 청산금이 없다는 통지서가 도달하였음을 증명하는 서면과 가등기담보등에관한법률 제3조에서 정하고 있는 청산기간이 경과한 후에 청산금을 채무자에게 지급(공탁)하였음을 증명하는 서면(청산금이 없는 경우는 제외한다)을 등기신청서에 첨부하여야 한다. 다만 판결에 의하여 본등기를 신청하는 경우에는 그러하지 아니하다.

(3) 본등기신청의 각하

위 (1), (2)에서 정한 요건을 갖추지 아니한 등기신청이나 청산금평가통지서가 채무자 등에게 도달한 날로부터 2월이 경과하지 아니한 등기신청은 이를 각하한다.

아. 다른 원인으로 소유권이전등기를 한 경우

소유권이전청구권가등기권자가 가등기에 의한 본등기를 하지 않고 다른 원인에 의한 소유권이전등기를 한 후에는 다시 그 가등기에 의한 본등기를 할 수 없다. 다만 가등기 후 위 소유권이전등기 전에 제3자 앞으로 처분제한의 등기가 되어 있거나 중간처분의 등기가 된 경우에는 그러하지 아니하다.

자. 본등기가 된 후 직권말소 통지 중의 등기처리

가등기에 의한 본등기를 하고 가등기와 본등기 사이에 이루어진 직권말소 대상 등기에 관하여 등기관이 직권말소의 통지를 한 경우에 그 등기는 직권말소될 것으로서 이를 유효한 등기로 볼 수 없으므로, 비록 이의신청기간이 지나지 않았다 하더라도 본등기에 기초한 이전등기의 신청이나 처분제한 등기의 촉탁은 수리하며, 직권말소 대상 등기에 기초한 이전등기의 신청이나 처분제한 등기의 촉탁은 각하한다.

5. 가등기의 말소

가. 등기권리자

가등기의무자나 가등기 후 소유권을 취득한 제3취득자는 가등기의 말소를 신청할 수 있다.

나. 가등기명의인 표시변경 등기의 생략

가등기의 말소를 신청하는 경우에는 가등기명의인의 표시에 변경 또는 경정의 사유가 있는 때라도 신청서에 그 변경 또는 경정을 증명하는 서면을 첨부함으로써 가등기명의인표시의 변경등기 또는 경정등기를 생략할 수 있다. 또한 가등기명의인이 사망한 후에 상속인이 가등기의 말소를 신청하는 경우에도 상속등기를 거칠 필요 없이 신청서에 상속인임을 증명하는 서면과 인감증명서를 첨부하여 가등기의 말소를 신청할 수 있다.

다. 등기필증

가등기명의인이 가등기의 말소를 신청하는 경우에는 가등기명의인의 권리에 관한 등기필증(가등기필증)을 제출하여야 한다.

라. 가등기가처분에 의한 가등기의 말소절차

가등기가처분명령에 의하여 이루어진 가등기는 통상의 가등기 말소절차에 따라야 하며, 민사집행법에서 정한 가처분 이의의 방법으로 가등기의 말소를 구할 수 없다.

마. 가등기권자가 다른 원인으로 소유권이전등기를 한 경우

가등기권자가 가등기에 의하지 않고 다른 원인으로 소유권이전등기를 하였을 경우 그 부동산의 소유권이 제3자에게 이전되기 전에는 가등기권자의 단독신청으로 혼동을 등기원인으로 하여 가등기를 말소할 수 있으나, 그 부동산의 소유권이 제3자에게 이전된 후에는 통상의 가등기 말소절차에 따라 가등기를 말소한다.

3. 가등기담보권의 이전

가등기담보를 저당권과 유사한 담보권으로 파악한다면 가등기담보권을 양도하는 것도 가능하다고 해석할 수 있다. 따라서 저당권의 양도에 관한 제361조가 준용되어야 한다.

민법

제361조(저당권의 처분제한) 저당권은 그 담보한 채권과 분리하여 타인에게 양도하거나 다른 채권의 담보로 하지 못한다.

따라서 저당권에서와 마찬가지로 가등기담보권의 양도는 피담보채권과 함께 양도하여야 한다. 가등기담보권 양도는 부동산물권변동에 있어서의 제186조가 적용되고, 또한 가등기담보권부 채권의 양도는 제449조 이하가 적용되어야 한다.

민법

제186조(부동산물권변동의 효력) 부동산에 관한 법률행위로 인한 물권의 득실변경은 등기하여야 그 효력이 생긴다.

제449조(채권의 양도성)

① 채권은 양도할 수 있다. 그러나 채권의 성질이 양도를 허용하지 아니하는 때에는 그러하지 아니하다.

② 채권은 당사자가 반대의 의사를 표시한 경우에는 양도하지 못한다. 그러나 그 의사표시로써 선의의 제삼자에게 대항하지 못한다.

제450조(지명채권양도의 대항요건)

① 지명채권의 양도는 양도인이 채무자에게 통지하거나 채무자가 승낙하지 아니하면 채무

자 기타 제삼자에게 대항하지 못한다.

② 전항의 통지나 승낙은 확정일자 있는 증서에 의하지 아니하면 채무자이외의 제삼자에게 대항하지 못한다.

4. 가등기담보의 효력

1) 일반적 효력

가등기담보권의 피담보채권의 범위, 목적물의 범위, 물상대위성의 문제는 저당권에 준하여 규율된다(가등기담보법 제12조). 피담보채권의 범위에 대하여는 제360조, 목적물의 범위에 대하여는 제358조, 물상대위성에 대하여는 제342조가 적용 또는 유추적용된다.

가등기담보등에관한법률

제12조(경매의 청구)

① 담보가등기권리자는 그 선택에 따라 제3조에 따른 담보권을 실행하거나 담보목적부동산의 경매를 청구할 수 있다. 이 경우 경매에 관하여는 담보가등기권리를 저당권으로 본다.

② 후순위권리자는 청산기간에 한정하여 그 피담보채권의 변제기 도래 전이라도 담보목적부동산의 경매를 청구할 수 있다. [전문개정 2008. 3. 21]

민법

제360조(피담보채권의 범위) 저당권은 원본, 이자, 위약금, 채무불이행으로 인한 손해배상 및 저당권의 실행비용을 담보한다. 그러나 지연배상에 대하여는 원본의 이행기일을 경과한 후의 1년분에 한하여 저당권을 행사할 수 있다.

제358조(저당권의 효력의 범위) 저당권의 효력은 저당부동산에 부합된 물건과 종물에 미친다. 그러나 법률에 특별한 규정 또는 설정행위에 다른 약정이 있으면 그러하지 아니하다.

제342조(물상대위)질권은 질물의 멸실, 훼손 또는 공용징수로 인하여 질권설정자가 받을 금전 기타 물건에 대하여도 이를 행사할 수 있다. 이 경우에는 그 지급 또는 인도전에 압류하여야 한다.

가등기담보의 목적물에 대한 소유권은 여전이 가등기담보설정자에게 있다. 왜냐하면 가등기만을 경료한 것이기 때문이다. 따라서 설정자는 사용, 수익, 처분권을 여전히 행사할 수 있다. 만일 설정자가 담보물의 가치를 훼손하여 피담보채권액에 미치지 못하는 상태가 된 경우에는 피담보채권액을 기준으로 손해배상의무가 발생하고, 손해배상의 최고한도는 피담보채권액이 된다. 한편, 가등기담보권도 재산권이므로 채권자(가등기담보권자)는 가등기담보권을 제3자에게 양도할 수 있다. 그리고 가등기담보권자는 본등기를 경료하지 않은 경우에는 당해 목적물에 대한 소유권을 제3자에게 양도할 수는 없다. 왜냐하면 가등기담보법은 청산절차를 거쳐야만 본등기를 청구할 수 있고, 본등기에 의하여 비로소 소유권에 기한 유효한 처분행위를 할 수 있기 때문이다. 가등기담보법 제17조 제3항에 의하면, 국세기본법, 국세징수법, 지방세법의 적용에 있어서 가등기담보권은 저당권으로 본다. 따라서 국세우선권과 저당권과의 관계에 준하여 해결하면 된다.

가등기담보등에관한법률

제17조(파산 등의 경우의 담보가등기)

① 파산재단(파산재단)에 속하는 부동산에 설정한 담보가등기권리에 대하여는 「채무자 회생 및 파산에 관한 법률」 중 저당권에 관한 규정을 적용한다. [개정 2005.3.31 제7428호(「채무자 회생 및 파산에 관한 법률」)]

② 파산재단에 속하지 아니하는 파산자의 부동산에 대하여 설정되어 있는 담보가등기권리자에 관하여는 준별제권자(준별제권자)에 관한 「채무자 회생 및 파산에 관한 법률」 제414조를 준용한다. [개정 2005. 3. 31 제7428호(「채무자 회생 및 파산에 관한 법률」)]

③ 담보가등기권리는 「국세기본법」, 「국세징수법」, 「지방세법」, 「채무자 회생 및 파산에 관한 법률」을 적용할 때에는 저당권으로 본다. [개정 2005. 3. 31 제7428호(「채무자 회생 및 파산에 관한 법률」)] [전문개정 2008. 3. 21]

2) 가등기담보권의 실행

가등기담보권의 실행에는 일정한 절차에 의하여 소유권을 취득하는 방법과 경매에 의하여 우선변제를 받는 방법이 있다. 우선 권리취득에 의한 실행(귀속정산형)을 살펴보면, 첫째, 실행통지를 하여야 한다. 즉 채무자가 변제기에 변제를 하지 않는 경우, 가등기담보권자는 청산금의 평가액을 채무자, 물상보증인 등에게 통지하여야 한다. 청산금은 실행통지 당시의 목적부동산의 가액에서 그 시점에서의 피담보채권액을 공제한 금액을 말한다. 통지의 상대방은 채무자, 물상보증인 및 가등기담보후에 소유권을 취득한 제3자 모두에게 통지하여야 한다(대법원 2002. 4. 23. 선고 2001

다81856 판결).

가등기담보등에관한법률

제3조(담보권의 실행의 통지와 청산기간)

① 채권자가 담보계약에 따른 담보권을 실행하여 그 담보목적부동산의 '소유권을 취득'하기 위하여는 그 채권(債權)의 변제기(辨濟期) 후에 제4조의 청산금(淸算金)의 평가액을 채무자 '등'에게 '통지'하고, 그 통지가 채무자 등에게 도달한 날부터 2개월(이하 "청산기간"이라 한다)이 지나야 한다. 이 경우 청산금이 없다고 인정되는 경우에는 그 뜻을 통지하여야 한다.

② 제1항에 따른 통지에는 통지 당시의 담보목적부동산의 평가액과 「민법」 제360조에 규정된 채권액을 밝혀야 한다. 이 경우 부동산이 둘 이상인 경우에는 각 부동산의 소유권이전에 의하여 소멸시키려는 채권과 그 비용을 밝혀야 한다. [전문개정 2008. 3. 21]

*** ○ × 문제**

가등기담보등에관한법률에 의하면, 가등기담보권자가 담보권실행을 위하여 담보 목적 부동산의 소유권을 취득하기 위하여는 그 채권의 변제기 후에 소정의 청산금 평가액 또는 청산금이 없다고 하는 뜻을 채무자 등에게 통지하여야 하는데, 여기서 채무자 등이란 채무자와 물상보증인을 의미한다(×).

• 위의 경우에 채무자 등의 전부 또는 일부에 대하여 위 통지를 하지 않은 경우에도 가등기담보권자가 그 후 적절한 청산금을 지급하거나 실제 지급할 청산금이 없는 경우에는 가등기에 기한 본등기를 청구할 수 있다(×).

가등기담보등에관한법률에 의하면, 가등기담보권자가 담보권실행을 위하여 담보 목적 부동산의 소유권을 취득하기 위하여는 그 채권의 변제기 후에 소정의 청산금 평가액 또는 청산금이 없다고 하는 뜻을 채무자 등에게 통지하여야 하고(제3조 제1항), 이때의 채무자 등에는 채무자와 물상보증인뿐만 아니라 담보가등기 후 소유권을 취득한 제3취득자가 포함되는 것이므로(제2조 제2호), 위 통지는 이들 모두에게 하여야 하는 것으로서 채무자 등의 전부 또는 일부에 대하여 위 통지를 하지 않으면 청산기간이 진행할 수 없게 되고, 따라서 가등기담보권자는 그 후 적절한 청산금을 지급하거나 실제 지급할 청산금이 없다고 하더라도 가등기에 기한 본등기를 청구할 수 없으며, 설령 편법으로 본등기를 마쳤다고 하더라도 그 소유권을 취득할 수 없다.

＊대법원 2002. 4. 23. 선고 2001다81856 판결 【건물명도】

【판시사항】

[1] 가등기담보등에관한법률에 기한 귀속정산절차에 있어서 통지의 상대방 및 그 통지 흠결 시 소유권의 취득 여부(소극)

[2] 가등기담보등에관한법률상 가등기담보권의 사적 실행에 있어서 청산기간이나 동시이행관계 등을 인정하지 아니하는 처분정산형의 담보권실행이 허용되는지 여부(소극)

【판결요지】

[1] 가등기담보등에관한법률에 의하면, 가등기담보권자가 담보권실행을 위하여 담보 목적 부동산의 소유권을 취득하기 위하여는 그 채권의 변제기 후에 소정의 청산금 평가액 또는 청산금이 없다고 하는 뜻을 채무자 등에게 통지하여야 하고(제3조 제1항), 이때의 채무자 등에는 채무자와 물상보증인뿐만 아니라 담보가등기 후 소유권을 취득한 제3취득자가 포함되는 것이므로(제2조 제2호), 위 통지는 이들 모두에게 하여야 하는 것으로서 채무자 등의 전부 또는 일부에 대하여 위 통지를 하지 않으면 청산기간이 진행할 수 없게 되고, 따라서 가등기담보권자는 그 후 적절한 청산금을 지급하거나 실제 지급할 청산금이 없다고 하더라도 가등기에 기한 본등기를 청구할 수 없으며, 설령 편법으로 본등기를 마쳤다고 하더라도 그 소유권을 취득할 수 없다.

[2] 가등기담보등에관한법률이 제3조와 제4조에서 가등기담보권의 사적 실행방법으로 귀속정산의 원칙을 규정함과 동시에 제12조와 제13조에서 그 공적 실행방법으로 경매의 청구 및 우선변제청구권 등 처분정산을 별도로 규정하고 있는 점, 위 제4조가 제1항 내지 제3항에서 채권자의 청산금 지급의무, 청산기간 경과와 본등기청구, 청산금의 지급의무와 부동산의 소유권이전등기 및 인도 채무의 동시이행관계 등을 순차로 규정한 다음, 제4항에서 제1항 내지 제3항에 반하는 특약으로서 채무자 등에게 불리한 것은 그 효력이 없다(다만, 청산기간 경과 후에 행하여진 특약으로서 제3자의 권리를 해하지 아니하는 경우는 제외된다)고 규정하고 있는 점, 나아가 제11조는 채무자 등이 청산금 채권을 변제받을 때까지 그 채무액을 채권자에게 지급하고 그 채권담보의 목적으로 경료된 소유권이전등기의 말소를 청구할 수 있다고 규정하고 있는 점 등을 종합하여 보면, 가등기담보권의 사적 실행에 있어서 채권자가 청산금의 지급 이전에 본등기와 담보목적물의 인도를 받을 수 있다거나 청산기간이나 동시이행관계를 인정하지 아니하는 '처분정산'형의 담보권실행은 가등기담보등에관한법률상 허용되지 아니한다

【참조조문】

　[1] 가등기담보등에관한법률 제2조 제2호, 제3조 제1항 / [2] 가등기담보등에관한법률 제3조, 제4조, 제11조, 제12조, 제13조

【참조판례】

　[1] 대법원 1995. 4. 28. 선고 94다36162 판결(공1995상, 1965)

【전문】
【원고, 상고인】 강현선
【피고, 피상고인】 이승연
【원심판결】 서울지법 200 1. 11. 8. 선고 2000나77989 판결

【주문】
　상고를 기각한다. 상고비용은 원고의 부담으로 한다.

【이유】

　1. 가등기담보등에관한법률(이하 '가등기담보법'이라고 한다)에 의하면, 가등기담보권자가 담보권실행을 위하여 담보 목적 부동산의 소유권을 취득하기 위하여는 그 채권의 변제기 후에 소정의 청산금 평가액 또는 청산금이 없다고 하는 뜻을 채무자 등에게 통지하여야 하고(제3조 제1항), 이때의 채무자 등에는 채무자와 물상보증인뿐만 아니라 담보가등기 후 소유권을 취득한 제3취득자가 포함되는 것이므로(제2조 제2호), 위 통지는 이들 모두에게 하여야 하는 것으로서 채무자 등의 전부 또는 일부에 대하여 위 통지를 하지 않으면 청산기간이 진행할 수 없게 되고, 따라서 가등기담보권자는 그 후 적절한 청산금을 지급하거나 실제 지급할 청산금이 없다고 하더라도 가등기에 기한 본등기를 청구할 수 없으며, 설령 편법으로 본등기를 마쳤다고 하더라도 그 소유권을 취득할 수 없는 것이다(대법원 1995. 4. 28. 선고 94다36162 판결 참조).

　원심이 적법하게 확정한 사실관계 및 기록에 의하면, 원고는 1998. 9. 11. 박인숙에게 돈을 빌려 주고 이를 담보하기 위하여 박인숙의 연대보증인 박경순 소유의 이 사건 주택에 관하여 원고를 권리자로 한 소유권이전청구권가등기를 마쳤는데, 그 후 박인숙이 위 차용금을 제대로 변제하지 아니하자 위 가등기가 담보 목적으로 마쳐진 것이라는 사실을 숨긴 채 박경

순을 상대로 매매예약 완결권을 행사하였음을 청구원인으로 하여 가등기에 기한 본등기절차의 이행을 구하는 소송을 제기함으로써 원고 전부 승소판결이 2000. 1. 8. 확정되었고, 이에 따라 같은 달 27. 이 사건 주택에 관하여 원고 앞으로 위 가등기에 기한 본등기가 마쳐진 사실, 그런데 위 박경순은 원고가 위 본등기를 마치기 전인 1999. 4. 12. 이 사건 주택에 관하여 매매를 원인으로 전재천에게 소유권이전등기를 마쳐 주었고, 피고는 1999. 8. 25.경 전재천으로부터 이 사건 주택을 매수한 다음 그 대금의 일부만을 지급한 상태에서 이를 점유하고 있는 사실, 한편 원고는 위와 같은 본등기 과정에서 박인숙, 박경순 또는 전재천 등에게 청산금 평가액 또는 청산금이 없다고 하는 뜻을 통지한 바가 전혀 없었던 사실을 능히 알 수 있는바, 앞서 본 법리에 비추어 보면, 원고가 이 사건 주택에 관하여 위 본등기를 마쳤다고 하더라도 이는 가등기담보법이 규정하는 청산절차 없이 이루어진 것이므로 원고로서는 위 본등기로써 이 사건 주택의 소유권을 취득할 수는 없다고 할 것이다.

같은 취지에서 원고가 위 청산절차를 마쳐 이 사건 주택의 소유권을 취득하였다는 원고의 주장을 배척한 원심의 조치는 정당하고, 거기에 상고이유의 주장과 같은 법리오해 등의 위법이 없다.

2. 가등기담보법이 제3조와 제4조에서 가등기담보권의 사적 실행방법으로 귀속정산의 원칙을 규정함과 동시에 제12조와 제13조에서 그 공적 실행방법으로 경매의 청구 및 우선변제청구권 등 처분정산을 별도로 규정하고 있는 점, 위 제4조가 제1항 내지 제3항에서 채권자의 청산금 지급의무, 청산기간 경과와 본등기청구, 청산금의 지급의무와 부동산의 소유권이전등기 및 인도 채무의 동시이행관계 등을 순차로 규정한 다음, 제4항에서 제1항 내지 제3항에 반하는 특약으로서 채무자 등에게 불리한 것은 그 효력이 없다(다만, 청산기간 경과 후에 행하여진 특약으로서 제3자의 권리를 해하지 아니하는 경우는 제외된다)고 규정하고 있는 점, 나아가 제11조는 채무자 등이 청산금 채권을 변제받을 때까지 그 채무액을 채권자에게 지급하고 그 채권담보의 목적으로 경료된 소유권이전등기의 말소를 청구할 수 있다고 규정하고 있는 점 등을 종합하여 보면, 가등기담보권의 사적 실행에 있어서 채권자가 청산금의 지급 이전에 본등기와 담보 목적물의 인도를 받을 수 있다거나 청산기간이나 동시이행관계를 인정하지 아니하는 '처분정산'형의 담보권실행은 가등기담보법상 허용되지 아니한다고 할 것이다.

이 사건에 있어서 원고는 아무런 청산절차도 거치지 아니한 채 "이 사건 주택을 인도받아 이를 처분한 후 정산을 실시하기 위하여 이를 점유하고 있는 피고에 대하여 그 명도를 구할 권리가 있다"고 주장하고 있는바, 앞서 본 법리에 비추어 이러한 종래의 처분정산 방법은 가등기담보법상 허용될 수 없다.

이 점에 관한 원심의 판시는 미흡하기는 하지만 원심이 위와 같은 원고의 주장을 배척한 것은 결국 정당하다고 할 것이고, 거기에 상고이유의 주장과 같이 판결에 영향을 미친 법리오해 등의 위법이 없다.

3. 그러므로 상고를 기각하고, 상고비용은 패소자의 부담으로 하기로 하여 주문과 같이 판결한다.

대법관   이용우(재판장) 서성 배기원 박재윤(주심)

둘째, 청산절차를 거쳐야 한다. 즉 실행통지가 채무자 등에게 도달한 날로 부터 2개월(＝청산기간)이 경과할 때까지 변제가 없으면, 가등기담보권자는 청산에 들어가게 된다. 청산기간 중에 변제를 하게 되면 유효한 변제가 되고 따라서 가등기를 말소할 수 있다. 셋째, 소유권취득, 즉 본등기를 하여야 한다. 실행통지를 하고 2개월이라는 청산기간이 경과한 후 청산금을 지급하게 되면 채권자가 가등기에 기하여 본등기를 청구할 수 있고, 본등기를 함으로써 소유권을 취득하게 된다. 이와 관련하여 가등기담보권자는 설정자에게 청산금을 지급하여야만 가등기에 기한 본등기청구권 및 목적물의 인도를 '청구'할 수 있다(가등기담보법 제4조 제3항: 청산금의 지급과 본등기청구 간에는 동시이행관계).

가등기담보등에관한법률

제4조(청산금의 지급과 소유권의 취득)
① 채권자는 제3조 제1항에 따른 통지 당시의 담보목적부동산의 가액에서 그 채권액을 뺀 금액(이하 "청산금"이라 한다)을 채무자 등에게 지급하여야 한다. 이 경우 담보목적부동산에 선순위담보권(선순위담보권) 등의 권리가 있을 때에는 그 채권액을 계산할 때에 선순위담보 등에 의하여 담보된 채권액을 포함한다.
② 채권자는 담보목적부동산에 관하여 이미 소유권이전등기를 마친 경우에는 청산기간이 지난 후 청산금을 채무자 등에게 지급한 때에 담보목적부동산의 소유권을 취득하며, 담보가등기를 마친 경우에는 청산기간이 지나야 그 가등기에 따른 본등기(본등기)를 청구할 수 있다.
③ 청산금의 지급채무와 부동산의 소유권이전등기 및 인도채무(인도채무)의 이행에 관하여는 동시이행의 항변권(항변권)에 관한 「민법」 제536조를 준용한다.

④ 제1항부터 제3항까지의 규정에 어긋나는 특약(특약)으로서 채무자 등에게 불리한 것은 그 효력이 없다. 다만, 청산기간이 지난 후에 행하여진 특약으로서 제삼자의 권리를 침해하지 아니하는 것은 그러하지 아니하다.

청산기간이 경과했다 하더라도 가등기담보권자가 청산금을 지급하지 않는 한 채무자 등은 채무를 변제하고 가등기를 말소할 수 있다(제11조 본문). 이 경우의 가등기담보말소청구권의 법적 성질은 소유권에 기한 물권적 청구권이다. 왜냐하면 피담보채권이 소멸하면 부종성에 따라 가등기도 원인 없는 등기로서 말소되어야 하기 때문이다.

가등기담보등에관한법률

제11조(채무자 등의 말소청구권) 채무자 등은 청산금채권을 변제받을 때까지 그 채무액(반환할 때까지의 이자와 손해금을 포함한다)을 채권자에게 지급하고 그 채권담보의 목적으로 마친 소유권이전등기의 말소를 청구할 수 있다. 다만, 그 채무의 변제기가 지난 때부터 10년이 지나거나 선의의 제삼자가 소유권을 취득한 경우에는 그러하지 아니하다. [전문개정 2008. 3. 21]

한편, 경매에 의한 실행(처분정산형)을 살펴볼 필요가 있다. 가등기담보권자는 권리취득에 의한 실행을 하지 않고, 경매를 청구해서 그의 권리를 실현할 수도 있다(가등기담보법 제12조 제1항 제1문). 이 경우 경매에 관하여는 가등기담보권을 저당권과 같이 다루게 된다(제2문).

가등기담보등에관한법률

제12조(경매의 청구)

① 담보가등기권리자는 그 선택에 따라 제3조에 따른 담보권을 실행하거나 담보목적부동산의 경매를 청구할 수 있다. 이 경우 경매에 관하여는 담보가등기권리를 저당권으로 본다.

② 후순위권리자는 청산기간에 한정하여 그 피담보채권의 변제기 도래 전이라도 담보목적부동산의 경매를 청구할 수 있다. [전문개정 2008. 3. 21]

3) 가등기담보권과 기타의 담보권과의 관계

가등기권리자가 청산금을 지급하고 가등기에 기하여 본등기를 하여 소유권을 취득한 경우에(귀속청산형)는 선순위의 저당권이 있는 소유권을 취득하게 된다. 따라서 가등기설정자가 선순위의 저당권자에게 채무를 이행하지 않으면, 당해 그 부동산은 저당권자에 의하여 경매를 당할 위험이 있다. 이와 같은 사정을 고려하여 가등기담보법은 선순위담보권이 존재하는 때에는 가등기담보권자는 청산금을 계산하는 데에 있어서 그 선순위담보권에 의하여 담보된 채권액을 공제할 수 있도록 규정하고 있다(제4조 제1항 단서).

가등기담보등에관한법률

제4조(청산금의 지급과 소유권의 취득)

① 채권자는 제3조 제1항에 따른 통지 당시의 담보목적부동산의 가액에서 그 채권액을 뺀 금액(이하 "청산금"이라 한다)을 채무자 등에게 지급하여야 한다. 이 경우 담보목적부동산에 선순위담보권 등의 권리가 있을 때에는 그 채권액을 계산할 때에 선순위담보 등에 의하여 담보된 채권액을 포함한다.

② 채권자는 담보목적부동산에 관하여 이미 소유권이전등기를 마친 경우에는 청산기간이 지난 후 청산금을 채무자 등에게 지급한 때에 담보목적부동산의 소유권을 취득하며, 담보가등기를 마친 경우에는 청산기간이 지나야 그 가등기에 따른 본등기를 청구할 수 있다.

③ 청산금의 지급채무와 부동산의 소유권이전등기 및 인도채무의 이행에 관하여는 동시이행의 항변권에 관한 「민법」 제536조를 준용한다.

④ 제1항부터 제3항까지의 규정에 어긋나는 특약으로서 채무자 등에게 불리한 것은 그 효력이 없다. 다만, 청산기간이 지난 후에 행하여진 특약으로서 제삼자의 권리를 침해하지 아니하는 것은 그러하지 아니하다. [전문개정 2008. 3. 21]

그리고 가등기담보권자가 처분청산형으로 담보권을 실행하는 경우에는 동일한 목적물 위에 선순위의 저당권과 후순위의 저당권이 설정된 경우와 유사한 상황이 된다. 따라서 소제주의에 의하여 모두 말소되고 순위에 따라 피담보채권을 우선적으로 변제받게 된다. 그런데 선순위담보권자와는 달리 후순위담보권자는 불이익을 받을 위험이 크다. 왜냐하면 선순위의 가등기담보권이 실행되어 가등기권리자가 소유권을 취득하면 후순위담보권은 소멸될 수 있기 때문이다. 이러한 점을 고려하여 가등기담보법은 후순위권리자를 보호하기 위한 규정을 두고 있다. 후순위권리자란 가등기 후에 이루어진 저당권자, 전세권자, 담보가등기권리자(제2조 제5호), 대항력을 취득한 임차권자(제

5조 제5항, 제6조 제3항 단서)를 말한다.

가등기담보등에관한법률

제2조(정의) 이 법에서 사용하는 용어의 뜻은 다음과 같다. [개정 1997.12.13]

1. "담보계약"이란 「민법」 제608조에 따라 그 효력이 상실되는 대물반환의 예약(환매, 양도담보 등 명목이 어떠하든 그 모두를 포함한다)에 포함되거나 병존하는 채권담보 계약을 말한다.

2. "채무자 등"이란 다음 각목의 자를 말한다.

가. 채무자

나. 담보가등기목적 부동산의 물상보증인

다. 담보가등기 후 소유권을 취득한 제삼자

3. "담보가등기"란 채권담보의 목적으로 마친 가등기를 말한다.

4. "강제경매 등"이란 강제경매와 담보권의 실행 등을 위한 경매를 말한다.

5. "후순위권리자"란 담보가등기 후에 등기된 저당권자·전세권자 및 담보가등기권리자를 말한다.

제5조(후순위권리자의 권리행사)

① 후순위권리자는 그 순위에 따라 채무자 등이 지급받을 청산금에 대하여 제3조 제1항에 따라 통지된 평가액의 범위에서 청산금이 지급될 때까지 그 권리를 행사할 수 있고, 채권자는 후순위권리자의 요구가 있는 경우에는 청산금을 지급하여야 한다.

② 후순위권리자는 제1항의 권리를 행사할 때에는 그 피담보채권의 범위에서 그 채권의 명세와 증서를 채권자에게 교부하여야 한다.

③ 채권자가 제2항의 명세와 증서를 받고 후순위권리자에게 청산금을 지급한 때에는 그 범위에서 청산금채무는 소멸한다.

④ 제1항의 권리행사를 막으려는 자는 청산금을 압류하거나 가압류하여야 한다.

⑤ 담보가등기 후에 대항력 있는 임차권을 취득한 자에게는 청산금의 범위에서 동시이행의 항변권에 관한 「민법」 제536조를 준용한다. [전문개정 2008. 3. 21]

제6조(채무자 등 외의 권리자에 대한 통지)

① 채권자는 제3조 제1항에 따른 통지가 채무자 등에게 도달하면 지체 없이 후순위권리자에게 그 통지의 사실과 내용 및 도달일을 통지하여야 한다.

② 제3조 제1항에 따른 통지가 채무자 등에게 도달한 때에는 담보가등기 후에 등기한 제삼자(제1항에 따라 통지를 받을 자를 제외하고, 대항력 있는 임차권자를 포함한다)가 있으면 채권자는 지체 없이 그 제삼자에게 제3조 제1항에 따른 통지를 한 사실과 그 채권액을 통지하

여야 한다.

③ 제1항과 제2항에 따른 통지는 통지를 받을 자의 등기부상의 주소로 발송함으로써 그 효력이 있다. 그러나 대항력 있는 임차권자에게는 그 담보목적부동산의 소재지로 발송하여야 한다. [전문개정 2008. 3. 21]

가등기담보물에 있어서 후순위권리자는 청산금청구권과 경매청구권을 행사함으로써 자신의 채권을 만족받을 수 있다. 즉 후순위권리자는 그 순위에 따라 채무자가 지급받을 청산금을 자신에게 지급할 것을 채권자(즉 가등기권리자)에게 청구할 수 있다(제5조 제1항). 채권자가 후순위권리자에게 청산금을 지급한 때에는 그 범위 안에서 청산금채무는 소멸하게 된다(제5조 제3항).

가등기담보등에관한법률

제5조(후순위권리자의 권리행사)

① 후순위권리자는 그 순위에 따라 채무자 등이 지급받을 청산금에 대하여 제3조 제1항에 따라 통지된 평가액의 범위에서 청산금이 지급될 때까지 그 권리를 행사할 수 있고, 채권자는 후순위권리자의 요구가 있는 경우에는 청산금을 지급하여야 한다.

② 후순위권리자는 제1항의 권리를 행사할 때에는 그 피담보채권의 범위에서 그 채권의 명세와 증서를 채권자에게 교부하여야 한다.

③ 채권자가 제2항의 명세와 증서를 받고 후순위권리자에게 청산금을 지급한 때에는 그 범위에서 청산금채무는 소멸한다.

④ 제1항의 권리행사를 막으려는 자는 청산금을 압류하거나 가압류하여야 한다.

⑤ 담보가등기 후에 대항력 있는 임차권을 취득한 자에게는 청산금의 범위에서 동시이행의 항변권에 관한 「민법」 제536조를 준용한다. [전문개정 2008. 3. 21]

한편, 가등기권리자가 청산금을 지급하고 가등기에 기하여 본등기를 함으로써 소유권을 취득하는 귀속청산형 실행의 경우에, 가등기담보법에 근거하여 후순위권리자는 청산기간에 한정하여 그 피담보채권의 변제기 도래 전이라도 담보목적부동산의 경매를 청구할 수 있다. 즉 후순위권리자는 청산금액에 관해 다툴 수는 없지만, 그것이 객관적 가치에 미달한다고 판단되면 경매신청을 함으로써 순위에 따른 배당을 받을 수 있는 것이다(제12조 제2항). 이러한 후순위권리자의 경매청구는 청산기간 내에서만 할 수 있고, 후순위권리자의 변제기가 도래했는지의 여부는 문제되지 않는다. 따라서 후순위권리자의 경매신청에 의하여 가등기담보권자의 선택권이 제한을 받게 되는 결과가 된다. 물론 후순위권리자는 자기의 피담보채권의 변제기가 도래한 경우에는 민사집행법에 근거하여 담보권실행경매(제264조 내지 제275조)를 신청할 수 있다.

가등기담보등에관한법률

제12조(경매의 청구)

① 담보가등기권리자는 그 선택에 따라 제3조에 따른 담보권을 실행하거나 담보목적부동산의 경매를 청구할 수 있다. 이 경우 경매에 관하여는 담보가등기권리를 저당권으로 본다.

② 후순위권리자는 청산기간에 한정하여 그 피담보채권의 변제기 도래 전이라도 담보목적부동산의 경매를 청구할 수 있다. [전문개정 2008. 3. 21]

가등기담보법은 후순위권리자의 청산금청구권과 경매청구권의 행사를 실질적으로 보장해 주기 위한 규정을 두고 있다. 즉 채권자가 채무자 등에게 실행통지를 한 때에는 그 사실을 지체 없이 후순위권리자에게 통지하도록 규정하고 있다(제6조 제1항). 만약 채권자가 채무자 등에게 실행통지를 하지 않으면 후순위권리자에게 대항하지 못한다고 보아야 한다. 즉 가등기담보권자가 채무자 등에게 실행통지를 하면서 후순위권리자에게 통지를 하지 않고 청산금을 지급하여 본등기를 한 경우에, 후순위권리자는 가등기담보권자에게 청산금을 다시 지급해 달라고 청구할 수 있다(제5조 제1항). 결국 가등기담보권자가 실행통지사실을 후순위권리자에게 통지하지 않으면 이중변제의 위험을 부담할 수 있다. 이러한 점에서 채무자와 가등기담보권자는 후순위권리자에게 대하여 마치 연대채무를 부담하는 것과 유사한 관계에 있다고 볼 수 있다.

가등기담보등에관한법률

제6조(채무자 등외의 권리자에 대한 통지)

① 채권자는 제3조 제1항에 따른 통지가 채무자 등에게 도달하면 지체 없이 후순위권리자에게 그 통지의 사실과 내용 및 도달일을 통지하여야 한다.

② 제3조 제1항에 따른 통지가 채무자 등에게 도달한 때에는 담보가등기 후에 등기한 제3자(제1항에 따라 통지를 받을 자를 제외하고, 대항력 있는 임차권자를 포함한다)가 있으면 채권자는 지체 없이 그 제3자에게 제3조 제1항에 따른 통지를 한 사실과 그 채권액을 통지하여야 한다.

③ 제1항과 제2항에 따른 통지는 통지를 받을 자의 등기부상의 주소로 발송함으로써 그 효력이 있다. 그러나 대항력 있는 임차권자에게는 그 담보목적부동산의 소재지로 발송하여야 한다. [전문개정 2008. 3. 21]

제5조(후순위권리자의 권리행사)

① 후순위권리자는 그 순위에 따라 채무자 등이 지급받을 청산금에 대하여 제3조 제1항에 따라 통지된 평가액의 범위에서 청산금이 지급될 때까지 그 권리를 행사할 수 있고, 채권자는 후순위권리자의 요구가 있는 경우에는 청산금을 지급하여야 한다.

② 후순위권리자는 제1항의 권리를 행사할 때에는 그 피담보채권(被擔保債權)의 범위에서 그 채권의 명세와 증서를 채권자에게 교부하여야 한다.

③ 채권자가 제2항의 명세와 증서를 받고 후순위권리자에게 청산금을 지급한 때에는 그 범위에서 청산금채무는 소멸한다.

④ 제1항의 권리행사를 막으려는 자는 청산금을 압류(押留)하거나 가압류(假押留)하여야 한다.

⑤ 담보가등기 후에 대항력(對抗力) 있는 임차권(賃借權)을 취득한 자에게는 청산금의 범위에서 동시이행의 항변권에 관한 「민법」 제536조를 준용한다.[전문개정 2008. 3. 21]

제3조(담보권 실행의 통지와 청산기간)

① 채권자가 담보계약에 따른 담보권을 실행하여 그 담보목적부동산의 소유권을 취득하기 위하여는 그 채권(債權)의 변제기(辨濟期) 후에 제4조의 청산금(淸算金)의 평가액을 채무자 등에게 통지하고, 그 통지가 채무자 등에게 도달한 날부터 2개월(이하 "청산기간"이라 한다)이 지나야 한다. 이 경우 청산금이 없다고 인정되는 경우에는 그 뜻을 통지하여야 한다.

② 제1항에 따른 통지에는 통지 당시의 담보목적부동산의 평가액과 「민법」 제360조에 규정된 채권액을 밝혀야 한다. 이 경우 부동산이 둘 이상인 경우에는 각 부동산의 소유권이전에 의하여 소멸시키려는 채권과 그 비용을 밝혀야 한다. [전문개정 2008. 3. 21]

담보가등기가 행해진 부동산에 대하여 제3자의 신청으로 경매절차가 개시될 수 있다. 가등기담보법은 담보가등기를 마친 부동산에 대하여 강제경매 등이 개시된 경우에 담보가등기권리자는 다른 채권자보다 자기채권을 우선변제 받을 권리가 있다. 이 경우 그 순위에 관하여는 그 담보가등기권리를 저당권으로 보고, 그 담보가등기를 마친 때에 그 저당권의 설정등기(設定登記)가 행하여진 것으로 본다고 규정하고 있다(가등기담보법 제13조 전단). 이렇게 제3자의 신청으로 경매절차가 개시된 경우에 가등기권리자는 권리취득에 의한 실행을 하지 못하고 배당에 참가할 수밖에 없다. 이렇게 담보가등기가 경료된 부동산에 대하여 경매가 행해진 경우, 담보가등기권리는 저당권으로 보기 때문에 저당권과 같이 그 부동산의 매각에 의하여 소멸한다(가등기담보법 제15조).

한편 판례에 의하면, 가등기담보법 제15조는 담보가등기가 경료된 부동산에 대하여 경매 등이 행하여진 때에는 담보가등기권리는 그 부동산의 매각에 의하여 소멸한다고 규정하고 있으므로 경락인이 경락허가결정을 받아 그 경락대금을 모두 지급함으로써 소유권을 취득하였다면 담보가등기권리는 소멸되었다고 보아야 할 것이고, 그 후에 경료된 위 가등기에 기한 본등기는 원인을 결여한 무효의 등기이며, 위 가등기에 기한 본등기가 종전 소유자와의 대물변제 합의에 기하여 이루어진 것이라 하여도 이는 소유권을 경락인이 취득한 후에 무효인 가등기를 유용하는 것에 해당하므로 역시 무효라고 한다(대법원 1994. 4. 12. 선고 93다52853 판결).

> **가등기담보등에관한법률**
>
> 제13조(우선변제청구권) 담보가등기를 마친 부동산에 대하여 강제경매 등이 개시된 경우에 담보가등기권리자는 다른 채권자보다 자기채권을 우선변제 받을 권리가 있다. 이 경우 그 순위에 관하여는 그 담보가등기권리를 저당권으로 보고, 그 담보가등기를 마친 때에 그 저당권의 설정등기(設定登記)가 행하여진 것으로 본다. [전문개정 2008. 3. 21]
>
> 제15조(담보가등기권리의 소멸) 담보가등기를 마친 부동산에 대하여 강제경매 등이 행하여진 경우에는 담보가등기권리는 그 부동산의 매각에 의하여 소멸한다. [전문개정 2008. 3. 21]

선순위자가 경매를 실행한 경우에 가등기담보권자는 그 절차에 참가하여 그 순위에 따라 배당을 요구할 수 있다. 한편, 후순위자가 경매를 실행한 경우에 가등기권리자가 귀속청산형에 의한 실행을 할 수 있지 문제가 된다. 그런데 가등기담보법의 규정을 고려한다면 부정하여야 할 것이다. 왜냐하면 가등기담보법은 후순위권리자가 청산기간에 한하여 비록 피담보채권의 변제기 전이라 하더라도 목적물의 경매를 청구할 수 있도록 규정하고 있기 때문이다(제12조 제2항).

> **가등기담보등에관한법률**
>
> 제12조(경매의 청구)
>
> ① 담보가등기권리자는 그 선택에 따라 제3조에 따른 담보권을 실행하거나 담보목적부동산의 경매를 청구할 수 있다. 이 경우 경매에 관하여는 담보가등기권리를 저당권으로 본다.
>
> ② 후순위권리자는 청산기간에 한정하여 그 피담보채권의 변제기 도래 전이라도 담보목적부동산의 경매를 청구할 수 있다. [전문개정 2008. 3. 21]

가등기담보권자가 청산금을 지급하기 전에 후순위권리자에 의한 경매신청이 있는 경우에는 가등기권리자는 본등기를 청구할 수 없다(제14조). 따라서 가등기담보권자는 후순위자에 의하여 진행되는 경매절차에서 그 순위에 따라 우선변제를 받을 수밖에 없다.

가등기담보등에관한법률

제14조(경매 등의 경우의 담보가등기) 담보가등기를 마친 부동산에 대하여 강제경매 등의 개시 결정이 있는 경우에 그 경매의 신청이 청산금을 지급하기 전에 행하여진 경우(청산금이 없는 경우에는 청산기간이 지나기 전)에는 담보가등기권리자는 그 가등기에 따른 본등기를 청구할 수 없다. [전문개정 2008. 3. 21]

채권자인 가등기담보권자가 청산절차를 거치지 않고 담보목적부동산을 선의의 제3자에게 처분하여 그 자가 소유권을 취득한 경우에 어떤 민사책임을 지게 되는지를 검토할 필요성이 있다. 채권자인 가등기담보권자는 채무자에 대하여 불법행위책임을 질 수 있다. 이 경우의 채무자가 입은 손해는 다른 특별한 사정이 없는 한 채무자가 더 이상 그 소유권이전등기의 말소를 청구할 수 없게 된 때의 담보목적부동산의 가액에서 그때까지의 채무액을 공제한 금액이다(2010다27458).

＊대법원 2010. 8. 26. 선고 2010다27458 판결 【소유권이전등기등말소】

【판시사항】

채권자가 구 가등기담보등에관한법률에 정해진 청산절차 없이 그 담보목적부동산을 처분하여 선의의 제3자가 소유권을 취득한 경우, 채무자에 대한 관계에서 불법행위가 성립하는지 여부(적극) 및 이때 손해배상의 범위와 책임제한의 가부

【판결요지】

채권자가 구 가등기담보등에관한법률(2008. 3. 21. 법률 제8919호로 개정되기 전의 것, 이하 '구 가등기담보법'이라 한다)에 정해진 청산절차를 밟지 아니하여 담보목적부동산의 소유권을 취득하지 못하였음에도 그 담보목적부동산을 처분하여 선의의 제3자가 소유권을 취득하고 그로 인하여 구 가등기담보법 제11조 단서에 의하여 채무자가 더는 채무액을 채권자에게 지급하고 그 채권담보의 목적으로 마친 소유권이전등기의 말소를 청구할 수 없게 되었다면, 채권자는 위법한 담보목적부동산 처분으로 인하여 채무자가 입은 손해를 배상할 책임이 있다. 이때 채무자가 입은 손해는 다른 특별한 사정이 없는 한 채무자가 더는 그 소유권이전등기의 말소를 청구할 수 없게 된 때의 담보목적부동산의 가액에서 그때까지의 채무액을 공제한 금액이라고 봄이 상당하다. 그리고 채무자가 약정 이자 지급을 연체하였다든지 채무자가 그 채

무액을 채권자에게 지급하고 그 채권담보의 목적으로 마친 소유권이전등기의 말소를 청구할 수 있었다는 사정이나 채권자가 담보목적부동산을 처분하여 얻은 이익의 크고 작음 등과 같은 사정은 위법한 담보목적부동산 처분으로 인한 손해배상책임을 제한할 수 있는 사유가 될 수 없다.

【참조조문】

　구 가등기담보등에관한법률(2008. 3. 21. 법률 제8919호로 개정되기 전의 것) 제3조 제1항, 제4조 제1항, 제2항, 제11조, 제12조, 제13조

【전문】

【원고, 상고인】　원고 (소송대리인 법무법인 화평 담당변호사 김오섭)

【피고, 피상고인】　피고 1 외 1인

【원심판결】　서울고법 2010. 2. 4. 선고 2008나104408 판결

【주문】

　원심판결의 원고 패소 부분 중 소유권상실로 인한 손해배상 부분을 파기하고, 이 부분 사건을 서울고등법원에 환송한다. 피고 1에 대한 나머지 상고를 기각한다.

【이유】

　상고이유를 판단한다.

　1. 구 가등기담보등에관한법률(2008. 3. 21. 법률 제8919호로 개정되기 전의 것, 이하 '구 가등기담보법'이라 한다) 제3조 제1항에 "채권자가 담보계약에 의한 담보권을 실행하여 그 담보목적부동산의 소유권을 취득하기 위하여는 그 채권의 변제기 후에 제4조에 규정한 청산금의 평가액을 채무자 등에게 통지하고, 그 통지가 채무자 등에게 도달한 날로부터 2월(이하 '청산기간'이라 한다)이 경과하여야 한다. 이 경우 청산금이 없다고 인정되는 때에는 그 뜻을 통지하여야 한다", 제4조에 "채권자는 제3조 제1항의 규정에 의한 통지 당시의 목적부동산의 가액에서 그 채권액을 공제한 금액(이하 '청산금'이라 한다)을 채무자 등에게 지급하여야 한다. 목적부동산에 선순위담보권 등의 권리가 있을 때에는 그 채권액을 계산함에 있어서 선순위담보 등에 의하여 담보된 채권액을 포함한다(제1항). 채권자는 담보부동산에 관하여 이미 소유권이전등기가 경료된 경우에는 청산기간 경과 후 청산금을 채무자 등에게 지급한 때에 목적부동산의 소유권을 취득하며, 담보가등기가 경료된 경우에는 청산기간이 경과하여야 그 가

등기에 기한 본등기를 청구할 수 있다(제2항)"라고 규정하고, 같은 제11조에 "채무자 등은 청산금채권을 변제받을 때까지 그 채무액(반환 시까지의 이자와 손해금을 포함한다)을 채권자에게 지급하고 그 채권담보의 목적으로 경료된 소유권이전등기의 말소를 청구할 수 있다. 다만, 그 채무의 변제기가 경과한 때로부터 10년이 경과하거나 또는 선의의 제삼자가 소유권을 취득한 때에는 그러하지 아니하다"라고 규정하고 있다.

구 가등기담보법이 제3조와 제4조에서 담보계약에 의한 담보권의 사적 실행방법으로 귀속정산의 원칙을 규정함과 동시에 제12조와 제13조에서 그 공적 실행방법으로 경매의 청구 및 우선변제청구권 등 처분정산을 별도로 규정하고 있을 뿐 사적 실행방법으로 이른바 '처분정산'형의 담보권실행은 구 가등기담보법상 허용되지 아니하는 점, 구 가등기담보법 제3조, 제4조의 각 규정에 비추어 볼 때 위 각 규정을 위반하여 담보목적부동산에 관하여 소유권이전등기를 마친 경우에도 그 소유권이전등기는 무효라고 할 것이고, 설령 그와 같은 소유권이전등기가 채권자와 채무자 사이에 이루어진 특약에 의하여 이루어졌다고 할지라도 만일 그 특약이 채무자에게 불리한 것으로서 무효라고 한다면 그 소유권이전등기는 여전히 무효일 뿐, 이른바 약한 의미의 양도담보로서 담보의 목적 내에서는 유효하다고 할 것이 아니라는 점, 구 가등기담보법 제11조 본문은 채무자 등은 청산금채권을 변제받을 때까지 그 채무액을 채권자에게 지급하고 그 채권담보의 목적으로 경료된 소유권이전등기의 말소를 청구할 수 있다고 규정하고 있는 점 등을 종합하여 보면, 채권자가 구 가등기담보법에 정해진 청산절차를 밟지 아니하여 담보목적부동산의 소유권을 취득하지 못하였음에도 그 담보목적부동산을 처분하여 선의의 제삼자가 소유권을 취득하고 그로 인하여 구 가등기담보법 제11조 단서에 의하여 채무자가 더는 채무액을 채권자에게 지급하고 그 채권담보의 목적으로 마친 소유권이전등기의 말소를 청구할 수 없게 되었다면, 채권자는 위법한 담보목적부동산 처분으로 인하여 채무자가 입은 손해를 배상할 책임이 있다고 할 것이다. 이때 채무자가 입은 손해는 다른 특별한 사정이 없는 한 채무자가 더는 그 소유권이전등기의 말소를 청구할 수 없게 된 때의 담보목적부동산의 가액에서 그때까지의 채무액을 공제한 금액이라고 봄이 상당하다. 그리고 구 가등기담보법이 사적 실행방법으로서 '처분정산'형의 담보권실행을 허용하지 않고 이에 위반한 담보권실행의 효력을 부정하는 것은 기본적으로 경제적 약자인 채무자의 보호를 위한 것이라는 점, 그런데도 채권자가 담보목적부동산을 처분함으로 인하여 손해배상책임을 지게 된 점, 채권자로서는 담보목적부동산 처분에 이르기까지 약정 이자 및 지연손해금을 담보목적부동산의 가액에서 공제받음으로써 여전히 약정 이익을 누리는 점 등을 종합하면, 채무자가 약정 이자 지급을 연체하였다든지 채무자가 그 채무액을 채권자에게 지급하고 그 채권담보의 목적으로 마친 소유권이전등기의 말소를 청구할 수 있었다는 사정이나 채권자가 담보목적부동산을 처분하여 얻은 이익의 크고 작음 등과 같은 사정은 위법한 담보목적부동산 처분으로 인한 손해배상책임을 제한할 수 있는 사유가 될 수 없다고 할 것이다.

그런데도 원심이 판시와 같은 이유로 피고들의 손해배상책임을 일부 제한한 것은, 위와 같은 손해배상책임의 제한에 관한 법리를 오해함으로써 판결 결과에 영향을 미친 위법이 있다고 할 것이다.

2. 앞서 본 바와 같이 채권자의 위법한 담보목적부동산 처분으로 인한 손해를 산정함에 있어 담보목적부동산의 가액에서 채무액을 공제하여 산정하므로, 이러한 산정 방식에는 담보목적부동산의 양도가 전제되어 있다고 할 것이므로, 담보목적부동산 양도로 인한 양도소득세는 채무자가 부담하여야 하고 이를 별도의 손해라고 할 수 없다.

그런데도 원심이 원고에게 부과된 양도소득세가 별도의 손해임을 전제로 판단한 것은 타당하지 않으나, 그에 대한 손해배상 주장을 배척한 결론은 정당하므로, 이를 다투는 상고이유는 받아들일 수 없다.

3. 그러므로 원심판결의 원고 패소 부분 중 소유권상실로 인한 손해배상 부분을 파기하고, 이 부분 사건을 다시 심리·판단하게 하기 위하여 원심법원에 환송하고, 피고 1에 대한 나머지 상고를 기각하기로 하여 관여 대법관의 일치된 의견으로 주문과 같이 판결한다.

대법관　　신영철(재판장)　박시환　안대희(주심)　차한성

5. 가등기담보권의 소멸

가등기담보권은 다음의 경우에 소멸한다. 첫째, 일반적인 소멸사유로서 목적물의 멸실, 혼동, 공용수용, 포기, 몰수 등에 의하여 소멸한다. 둘째, 담보물권 공통의 소멸사유로서 피담보채권이 소멸하면 이에 부종하여 소멸한다. 즉 담보물권의 부종성(제369조)으로 인하여 피담보채권이 시효완성·변제 등으로 소멸하게 되면 가등기담보권도 소멸한다. 셋째, 기타의 소멸원인으로 가등기담보권은 가등기담보권의 실행(귀속청산·경매), 다른 저당권자나 우선권있는 다른 채권자의 경매(가등기담보법 제15조), 가등기담보권설정자의 파산으로 인한 별제권(가등기담보법 제17조 제1항, 채무자회생및파산에관한법률 제411조)의 행사 등으로도 소멸한다.

가등기담보등에관한법률

제15조(담보가등기권리의 소멸) 담보가등기를 마친 부동산에 대하여 강제경매 등이 행하여진 경우에는 담보가등기권리는 그 부동산의 매각에 의하여 소멸한다. [전문개정 2008. 3. 21]

제17조(파산 등의 경우의 담보가등기)

① 파산재단(破産財團)에 속하는 부동산에 설정한 담보가등기권리에 대하여는 「채무자 회생 및 파산에 관한 법률」 중 저당권에 관한 규정을 적용한다.

② 파산재단에 속하지 아니하는 파산자의 부동산에 대하여 설정되어 있는 담보가등기권리자에 관하여는 준별제권자(準別除權者)에 관한 「채무자 회생 및 파산에 관한 법률」 제414조를 준용한다.

③ 담보가등기권리는 「국세기본법」, 「국세징수법」, 「지방세기본법」, 「채무자 회생 및 파산에 관한 법률」을 적용할 때에는 저당권으로 본다. [개정 2010. 3. 31 제10219호(지방세기본법)] [시행일 2011. 1. 1]

채무자회생및파산에관한법률

제411조(별제권자) 파산재단에 속하는 재산상에 존재하는 유치권·질권·저당권 또는 전세권을 가진 자는 그 목적인 재산에 관하여 별제권을 가진다.

제412조(별제권의 행사) 별제권은 파산절차에 의하지 아니하고 행사한다.

제413조(별제권자의 파산채권행사) 별제권자는 그 별제권의 행사에 의하여 변제를 받을 수 없는 채권액에 관하여만 파산채권자로서 그 권리를 행사할 수 있다. 다만, 별제권을 포기한 채권액에 관하여 파산채권자로서 그 권리를 행사하는 것에 영향을 미치지 아니한다.

제414조(준별제권자)

① 파산재단에 속하지 아니하는 채무자의 재산상에 질권 또는 저당권을 가진 자는 그 권리의 행사에 의하여 변제를 받을 수 없는 채권액에 한하여 파산채권자로서 그 권리를 행사할 수 있다.

② 제1항의 규정에 의한 권리를 가진 자에 대하여는 별제권에 관한 규정을 준용한다.

6. 가등기 담보의 주요 쟁점

1) 접근방법

일반적으로 자력이 충분하지 않거나 일시적으로 금원을 융통할 필요가 있을 경우에 금전소비대차계약을 통하여 부족한 금원을 보충하는 것이 통상적인 모습이다. 그런데 금전소비대차상의 대주는 이행기에 채무자의 채무불이행을 대비할 목적으로 다양한 방법을 모색하게 된다. 그러한 방법 중에서 금전소비대차에 기한 차용금반환채무를 담보할 목적으로, 채무자 또는 제3자 소유의 물건에 대한 소유권을 이전해 주기로 하는 예약(대물반환예약 또는 매매예약)을 하고, 당해 소유권이전청구권을 보전하기 위하여 가등기를 하는 경우를 볼 수 있다.[1] 물론 채권담보의 목적으로 가등기를 경료하는 방법은 채권담보제도의 전형적인 모습은 아니다. 그러함에도 불구하고 담보가등기가 이용되는 이유는 채권자에게 담보권의 강화라는 이점이 있기 때문이다.[2] 다만, 채무자의 측면을 고려한다면, 가등기담보는 전형담보에 비하여 불이익한 제도로 기능할 수 있다. 왜냐하면 경제적 지위가 우월한 채권자가 담보계약의 구체적 모습을 임의적으로 형성시킬 수 있기 때문이다. 예를 들어, 부동산을 담보목적으로 이용하는 가등기담보 또는 양도담보를 체결할 경우에, 채권자는 당해 부동산의 소유권을 취득하면서도 정산절차 없이 그 교환가치를 전부 획득하는 것을 내용으로 하는 담보계약을 체결할 수 있고, 특히 담보가등기를 하면서 제소 전 화해를 하는 경우에는 기판력 때문에 계약의 효력을 다툴 수 없는 역기능이 발생할 여지도 있다. 이러한 폐단을 방지하기 위하여 가등기담보를 규율하려는 특별법이 제정된 것이다. 다만, 모든 법 규범의 기능이 그러하듯이 사회적 문제를 완전하게 해결할 수 없는 한계 때문에 가등기담보법이 제정된 이후에도 이해관계인의 법익형량을 조화하기 위한 다양한 학설 및 판례이론들이 정립되고 있는 실정이다.[3] 본고는 가등기담보와 관련한 다양한 법적 쟁점 중에서 학설의 비판을 받고 있는 적용범위의 타당성 여부, 담보가등기를 판단하는 기준설정의 문제, 가등기에 기한 본등기 경료와 관련한 문제로서 가등기에 기하여 본등기를 한 경우에 직권말소규정을 신설할 필요가 있는지의 여부, 청산절차를 거치지 않은 경우에 가등기에 기한 본등기의 효력을 인정할 것인지의 문제 등을 중심으로 검토하고

---

[1] 대법원 2004. 4. 27. 선고 2003다29968 판결; 김상찬 외 1인, "가등기담보의 장산에 관한 판례의 검토", 법학연구, 한국법학회, 2010, 66면; 김상용, 「물권법」, 화산미디어, 2009, 753면; 박종권, "가등기담보에서 피담보채권의 범위" Jurist 410호, 청림인터렉티브, 2006, 588면; 정갑생, "가등기담보등에관한법률상의 담보실행절차", 실무연구자료 6권(조용무법원장정년퇴임기념), 대전지방법원, 2005, 30면; 곽윤직, 「물권법」, 박영사, 2001, 509면.

[2] 법원행정처 편, 「부동산등기실무」, 법원행정처, 2007, 88면; 곽윤직 대표편집, 「민법주해」, 2009, 박영사, 272면.

[3] 종래 가등기담보의 법적 규율과 관련한 문제점에 대해서는 다음의 것을 참고할 것. 곽윤직, "가등기담보 등에 관한 법률의 문제점", 「법학」, 제26권 제1호, 서울대학교 법학연구소, 1985. 양창수, "가등기담보 등에 관한 법률의 현황과 문제점", 「민사연구」, 제1권, 박영사, 1991; 가등기담보와 관련한 판례경향에 대해서는 다음의 것을 참조할 것. 한삼인, "가등기담보 등에 관한 법률의 판례 분석", 인권과 정의, 대한변호사협회, 2007. 김숙자, "최근의 가등기담보에 관한 고찰", 「명지법학」 제6호, 명지대학교 법학연구소, 2007.

자 한다.

2) 가등기담보의 규율범위의 문제

(1) 가등기담보의 법적 구조

① 일본에서의 논의상황과 규율모습

가등기담보의 법적 구성과 관련한 일본에서의 논의상황은 이와 유사한 모습을 취하고 있는 우리에게 유용한 참고가 될 수 있다. 왜냐하면 대물변제의 예약을 담보목적으로 이용한 것은 일본이 최초이기 때문이다.[4] 다만, 현행 민법 제607조 및 제608조는 일본민법에 존재하지 않는 규정이라는 점에서 양자의 논의상황이 정확하게 일치하지는 않는다. 따라서 가등기담보와 관련한 일본에서의 논의상황을 간략하게 살펴볼 필요가 있다. 우선 일본의 대심원(大審院)시대의 판례를 살펴보면, 대물변제의 예약에 기한 담보약정에 대하여 계약자유의 원칙상 그 효력이 부정되지 않는다는 입장을 취하였다.[5] 이후 폭리행위에 해당되지 않는 범위에서 유담보(流擔保)의 효력을 제한적으로 인정하였지만, 채무자에 보호에 미흡하다는 비판을 고려하여 하나의 담보권으로 구성하려고 하였다.[6]

한편, 판례상 가등기담보라는 용어가 처음으로 사용된 것은 1974년 10월 23일 대법정판결(大法廷判決)이다. 이 판결의 핵심내용을 살펴보면 다음과 같다. 첫째, 대물변제의 예약, 정지조건부대물변제계약 또는 매매예약에 기하여 채무자가 채무를 불이행할 경우에 당해 목적부동산을 채권자에게 취득시키는 계약을 가등기담보라고 한다. 둘째, 담보권자의 권리내용으로는 예약완결 또는 정지조건성취(채무불이행)에 의해 목적물을 적정한 가격으로 평가하여 확정적으로 자신의 소유물로 하거나 또는 상당한 가격으로 이를 매각하여 그 평가액 또는 매각대금이 채권액을 상회할 때에는 그 차액을 청산금으로 채무자에게 교부하여야 한다. 셋째, 귀속청산형의 경우에는 청산금의 지급과 목적물에 관한 본등기절차 및 인도는 동시이행의 관계에 있고, 귀속청산형 또는 처분청산형 어느 경우에든 그 환가처분의 시까지 채무자는 채무를 변제하여 목적물을 반환받을 수 있다. 넷째, 가등기담보권자는 가등기에 기하여 당해 부동산의 권리자로서 경매절차에 참가하여 그 순위

---

4) 곽윤직 대표편집, 「민법주해」, 293면.
5) 일대판 대 8(1919). 2. 6.
6) 日最判 1967. 11. 16. 판결은 대물변제예약을 담보로 파악하면서 그 청산의무를 명확히 한 최초의 판례이다. 이 판결은 담보로서의 대물변제예약에 있어서는 채권자는 예약완결에 의하여 취득한 목적물을 환가처분하여 그 대금과 채권액과의 차액에 관한 청산의무의 존재를 명확히 하였고, 예약완결 이후에도 채무자는 채권자가 목적물을 환가처분하기까지는 원리금을 변제하여 목적물을 환수할 수 있다고 하였다.

에 따라 배당받을 수 있다. 다섯째, 가등기담보권이 그 권리의 실행으로서 채무자에게 대하여 본 등기를 구하는 절차(소의 제기)에 이미 착수하였을 경우에는 다른 채권자에 의한 강제경매신청에 의하여 그 권리실행이 방해되는 것은 아니지만, 가등기담보권자의 실행의 착수에 앞선 다른 채권 자의 강제경매 등이 개시되어 있는 경우에는 가등기담보권자는 그 경매절차 중에서 자기의 채권 에 대한 만족을 받을 수 있어 선행의 강제경매 등의 절차를 배제하는 것은 허용되지 않는다(先着 主義).[7] 전술한 판례이론은 이후 일본의 가등기담보에 관한 법률의 제정 시에 반영되었다.[8]

② 한국의 논의상황과 규율모습

㉠ 종래의 논의상황

현행 민법은 다른 입법례에서는 존재하지 않는 제607조 및 제608조에 근거하여 차주가 차용물 에 갈음하여 다른 재산권을 이전할 것을 예약한 경우에 그 재산의 예약당시의 가액이 차용액과 이자의 합산액을 초과하면 그 약정은 명칭의 여하에 불구하고 효력이 없는 것으로 규정하고 있다. 당해 규정의 해석과 관련한 판례입장을 살펴보면, 초기에는 모든 대물변제예약형태의 담보예약에 대하여 민법 제607조 및 제608조에 위반된다고 하여 무효로 평가하였다. 따라서 대물변제예약의 완결로 소유권이전등기가 경료된 경우라도 당해 소유권이전등기는 무효의 등기로 말소되어야 한다 는 입장을 취하였다. 또한 초기의 가옥명도사건에서도, "민법 제607조는 차용물의 반환에 관하여 차주가 차용물에 가름하여 다른 재산권을 이전할 것을 예약한 경우에 그 재산의 예약당시의 가격 이 차용액 및 이에 붙인 이자의 합산액을 넘지 못한다고 규정하고 있다. 그리고 민법 제607조는 소비대차의 경우는 물론 준소비대차의 경우도 적용이 있고 위의 인정 사실에 의하면 본건 부동산 의 대물변제에 관한 약정은 민법 제607조가 규정한 예약에 해당한다. 원심은 본건 부동산의 가격

---

7) 곽윤직 대표편집, 「민법주해」, 294~295면.

8) 일본의 가등기담보법이 우리나라와 어떻게 비교되는지를 간략하게 설명하면 다음과 같다. 첫째, 일본의 판례 및 학설은 폭리행위의 폐단을 고려하여 초과이득을 취득할 수 없는 것으로 해석하고 있다(전병서, "가등기담보와 양도담보", 「법학 논문집」 제25집 제2호, 중앙대학교 법학연구소, 2001. 8, 177면). 둘째, 대물변제 등에 의한 소유권취득절차의 특칙을 마 련하여 채무자를 보호하면서 이해관계인의 이해보전의 수단을 취할 수 있는 기간을 두어, 거래의 안전을 해치는 문제를 사전 해결하려 하였다. 셋째, 일본 가등기담보법 제3조는 가등기담보권자의 실행통지시가 아닌 청산기간 경과 시로 규정 하고 있다. 이와 관련하여 실행통지 시와 청산기간경과 시는 우리나라와 일본 모두 2개월의 간격인데, 청산금이라는 점 을 고려한다면, 실행통지 시보다는 청산기간경과시점이 보다 타당하다. 또한, 우리 가등기담보법 제1조는 일본 가등기담 보법 제3조 제1항(청산기간이 경과한 때의 토지 등의 가액)과는 달리 예약당시의 재산가액이 차용액 및 이에 붙인 이자 의 합산액을 초과하는 경우라 규정하면서, 가등기담보법 제4조 제1항에서는 '통지당시의 목적부동산의 가액'으로 규정하 고 있다. 그러므로 이 2개의 조문만을 본다면 가등기담보법 제1조에서 예약당시를 기초로 하는 것은 적절하지 않다(전병 서, "가등기담보와 양도담보", 180면). 넷째, 채권자의 청산의무를 부과하여 채무자에게 불리한 것이면 원칙적으로 무효 로 하여 채무자의 보호를 꾀하려 하였다. 다섯째, 채무자에게 환수권을 인정하여 채무자가 청산금의 지급채무를 이행하 지 않으면 일정한 요건하에 채무자가 목적부동산을 환수할 수 있게 하였다; 일본에서의 가등기담보와 관련한 논의상황에 대해서는 다음의 것을 참고할 것. 本田純一, 「物權・擔保物權法」, 法律文化社, 2007. 我妻榮, 幾代通・川井健補 訂, 「物權法(下)」, 勁草書房, 2006. 我妻榮・有泉亨・川井健, 「民法1, 2」, 勁草書房, 2003. 我妻榮, 「物權法(民 法講義 II)」, 有斐閣, 1983. 月岡利南, 「物權法講義」, 法律文化社, 2006.

이 금 500만환 이라는 취지를 판시하고 있으므로 판시와 같은 계산에 의한다 하더라도 본건 부동산의 가격은 민법 제607조가 규정한 금액을 초과하는 것이 명백함에도 불구하고 판시와 같이 위의 특약의 효력을 인정하여 원고의 소유권을 인정하였음은 민법 제607조의 적용을 잘못한 위법이 있다고 하지 아니할 수 없다"라고 판시하여 저당목적물의 가액이 피담보채권의 원리금을 넘는 경우에는 제607조와 제608조를 적용하여 당해 유저당 약정을 무효로 평가하였다.9) 이러한 해석은 구민법 당시의 폭리행위에 의한 무효라는 입장보다 강화된 것이었다.

그런데 담보의 본질상 담보물의 가액이 그 채무원리액을 초과하는 것이 일반적인 모습이라는 점을 고려한다면 초기의 판례입장은 문제가 있었다. 이러한 판례의 입장에 의한다면, 가등기담보를 포함하는 모든 종류의 대물변제예약형태의 담보계약은 처음부터 무효가 되기 때문이다. 특히 가등기담보와 제소전화해가 결합되는 경우에는 제소전화해의 기판력 때문에 당해 채무의 변제가 이루어지지 않는 경우에는 화해조서의 집행으로서 경료된 등기의 말소를 구할 방법이 없게 된다. 따라서 채권자의 부당한 이득을 방지하면서도 민법 제607조 및 제608조를 실효성 있게 운용해야 한다는 비판이 제기되었다. 이를 반영한 대표적인 판례(가등기말소사건)를 살펴보면 다음과 같다. "대물반환의 예약을 하고 그 목적물인 부동산에 대한 소유권이전등기에 필요한 일체 서류를 채권자에게 교부한 경우에 그 대물반환예약의 효력은 인정될 수 없다 하여도, 양도담보의 효력은 인정되어야 할 것이다. 이는 그 채무를 담보하기 위하여 근저당권 설정등기가 되어 있다고 하여 아무런 영향을 줄 수 없다. 그리고 본건 소유권이전등기가 대물반환의 예약에 의한 것이라도 그 대물반환예약의 효력은 없지만, 양도담보의 효력만은 인정되어야 할 것이므로 양도담보로서의 범위에서는 그 소유권이전등기의 효력이 인정된다는 취의의 원 판결판단에 이유모순이나 기타 어떤 위법이 있을 수 없다"라고 판시하였다.10) 즉 금전소비대차계약을 체결하면서 변제기에 채무불이행이 있을 경우에는 피담보채권액을 초과하는 목적물의 소유권을 이전할 것을 예정하면서 등기서류 일체를 모두 교부한 경우에는 민법 제607조와 제137조 본문이 적용되어 대물반환의 예약은 전부무효가 되지만, 제138조의 무효행위의 전환이론에 의하여 당사자의 가정적 의사를 추단하여 양도담보의 효력은 있는 것으로 보자는 의미이다. 물론 현행 민법 제137조 단서를 적용하여 초과부분에 이르지 못한 부분의 한도 내에서 유효한 것으로 보려는 주장도 설득력이 있다. 이와 관련하여 제137조 단서는 하나의 법률행위의 내용이 불가분적 관계에 있지 않고 양적 또는 질적 독립성을 가지는 경우에 적용될 수 있는 규정으로 보아야 한다. 그런데 대물변제예약의 목적물은 불가분적이라는 점을 고려한다면 전술한 독립성 요건이 충족될 수 없다고 보아야 한다. 그렇다면 제137조 단서가 적용될 수 있는 여지는 거의 존재하지 않는다고 보아야 한다.11)

---

9) 대법원 1962. 5. 24. 선고 62다67판결.
10) 대법원 1968. 6. 28. 선고 68다762,763 판결.
11) 무효행위의 전환은 일부무효의 특수한 적용례에 불과하다고 보는 것이 다수의 견해이다(김상용, 「민법총칙」, 화산미디어, 2009, 645면; 고상용, 「민법총칙」, 법문사, 1990, 651면; 김용한, 「민법총칙론」, 박영사, 1987, 399면). 이에 의하면

㉡ 현행 가등기담보법의 규율모습

현행 가등기담보법의 규율모습을 간략하게 살펴보면 다음과 같다. 우선 가등기담보법은 차용물의 반환에 관하여 차주가 차용물을 갈음하여 다른 재산권을 이전할 것을 예약할 때 그 재산의 예약 당시 가액이 차용액과 이에 붙인 이자를 합산한 액수를 초과하는 경우에 이에 따른 담보계약과 그 담보의 목적으로 마친 가등기 또는 소유권이전등기의 효력을 정함을 목적으로 제정된 특별법이다(제1조). 가등기담보법상의 담보계약은 민법 제608조에 의하여 효력이 상실되는 대물반환의 예약에 포함되거나 병존하는 채권담보계약을 말한다(제2조 제1호). 가등기담보법상의 규정(제1조 및 제2조 제1호)에 의한다면, 가등기담보법의 적용범위는 소비대차에 기하여 체결된 담보계약을 규율대상으로 하고 있다고 보아야 한다. 왜냐하면 가등기담보법(제1조, 제2조 제1호)은 소비대차에 관한 제607조, 제608조를 고려한 규정이기 때문이다. 그런데 가등기담보법은 부동산소유권의 취득을 목적으로 하는 담보계약을 규율하면서(제3조 내지 제17조), 이를 등기·등록할 수 있는 부동산소유권 외의 권리(질권·저당권·전세권은 제외)의 취득을 목적으로 하는 담보계약에도 준용하고 있다(제18조). 따라서 부동산 지상권·지역권·임차권, 입목에 관한 법률 에 의한 입목이나 등기·등록한 선박·자동차·항공기·건설기계 또는 공장재단·광업재단에 관한 권리, 특허권·실용신안권·의장권 등의 취득을 목적으로 하는 담보계약에도 가등기담보법이 적용된다. 다만, 대표적인 담보권이라고 할 수 있는 저당권의 경우에는 피담보채권액 등이 등기사항이다. 따라서 등기사항에 대하여 이를 미등기한 경우에는 제3자에게 대항하지 못하도록 함으로써 이해관계인의 권리관계를 조화하고 있다(부동산등기법 제140조). 이와 관련하여 가등기담보에 있어서는 피담보채권액 등을 등기할 수 있는 절차적 규정이 존재하지 않는다. 즉 가등기담보의 경우에는 후순위권리자 등의 이해관계인에게 직접적인 영향을 미칠 수 있는 사항에 대하여 등기를 경료하지 않고도 대항할 수 있다는 문제가 발생하게 된다. 그 결과 가등기담보가 되어 있는 부동산의 경우에는 후순위담보권을 설정하는 것이 용이하지 않게 된다. 이렇게 가등기담보의 경우에는 목적물의 교환가치를 극대화하여 이용할 수 없는 한계가 있다.

(2) 가등기담보법의 적용범위의 문제

가등기담보법의 적용범위와 관련한 판례이론은 다양하게 변천되고 있다. 현행 대법원이 어떠한 근거에 기하여 그 적용범위의 한계를 설정하고 있는지를 간략하게 살펴보면 다음과 같다. 현행 대

제137조는 양적 일부무효를, 제138조는 질적 일부무효를 규정한 것으로 이해하고 있다. 그리고 무효행위의 전환과 일부무효의 법리는 실질적으로 존재하지 않는 당사자의 의사를 가상적으로 구성하여 일정한 법률행위로서의 효력을 긍정한다는 공통점이 있다. 다만, 무효행위의 전환의 경우에는 일부무효와 달리 법률행위가 어떤 사유로 무효로 되었는가를 고려할 필요가 없고, 무효인 법률행위의 어떤 요소가 다른 법률행위로서 존속할 수 있는가를 판단하면 충분하다는 점에서 차이가 있다.

법원의 기본입장은 가등기담보법의 적용범위를 관련규정(제1조)의 문언에 한정하여 엄격하게 해석하고 있다는 점이다. 즉 차용물의 반환에 관하여 차주가 차용물에 갈음하여 다른 재산권을 이전할 것을 예약할 때 그 재산의 예약 당시 가액이 차용액과 이에 붙인 이자를 합산한 액수를 초과하는 경우에 적용된다는 입장이다. 이러한 점을 고려한다면, 민법상 소비대차와 관련하여 대물반환의 예약을 규율하고 있는 제607조 및 제608조는 가등기담보법의 적용 여부를 결정하는 판단기준이라고 볼 수 있다. 이러한 대법원의 기본입장을 반대해석하면, 소비대차 이외의 경우에 발생한 채권을 담보할 목적으로 경료된 가등기 또는 소유권이전등기의 효력과 관련해서는 가등기담보법이 적용되지 않는다. 예를 들어 유류대금 채권을 담보하기 위하여 가등기를 경우,[12] 토지매매대금 등의 지급담보와 그 불이행에 대한 제재 내지 보상을 위하여 소유권이전청구권보전을 위한 가등기가 경료된 경우,[13] 매매잔대금 채권을 담보하기 위하여 경료된 가등기에 기하여 본등기를 구하는 경우,[14] 공사대금채권을 담보하기 위하여 행해진 가등기의 경우[15]에는 가등기담보법이 적용되지 않는다. 이렇게 가등기담보법이 적용되지 않는다면 당해 가등기로 담보되는 채권은 우선변제의 대상이 될 수 없고, 또한 청산절차를 거치지 않고 본등기를 하였다고 하더라도 유효하게 소유권을 취득할 수 있게 된다.

(3) 검토

가등기담보법상의 담보계약은 소비대차계약 또는 준소비대차계약에 의한 채권을 담보할 목적으로 체결한 것에 한정된다고 보는 것이 가등기담보법의 시행 전후를 통하여 일관되고 있는 판례의 입장이다. 한편, 판례와 같이 피담보채권을 제한할 합리적인 근거가 없다는 이유로 소비대차·준소비대차 외에 모든 원인으로 발생한 채무를 피담보채권에 포함시켜야 한다는 견해도 있다.[16] 생각건대, 가등기담보법의 적용범위를 판례와 다르게 확대할 필요성은 없을 것으로 생각된다. 왜냐하면 다음과 같은 이유가 있기 때문이다. 첫째, 가등기담보법의 관련규정에 충실한 해석을 할 필요가 있다. 즉 가등기담보법(제1조, 제2조 제1호)은 피담보채권이 소비대차 또는 준소비대차로부터 발생한 경우에 적용된다고 명시적으로 규정하고 있다. 둘째, 가등기담보법의 탄생배경을 고려할 필요가 있다. 즉 가등기담보법은 거래계의 요청을 고려하여 일반적인 제한물권의 공시방법에 의하지 않고 소유권이전등기의 방식 등으로 채권담보를 하려는 계약을 입법정책적으로 규율하기 위하여 제정된 것이다. 특히 가등기담보법은 소비대차계약에 기한 대물변제예약의 폐단을 방지하

---

12) 대법원 2010. 7. 22. 선고 2009다60466 판결.
13) 대법원 1990. 6. 26. 선고 88다카20392 판결.
14) 대법원 1991. 9. 24, 선고 90다13765 판결.
15) 대법원 1992. 4. 10. 선고 91다45356 판결.
16) 곽윤직, 「물권법」, 박영사, 2002, 388면; 이영준, 「물권법」, 박영사, 2004, 918면.

기 위한 규범적 결단에 의하여 제정된 것이다. 이렇게 종래의 법리와 배치됨에도 불구하고 입법정
책적 결단으로 제도가 도입되었다면 그 적용범위는 당해 제도의 탄생배경을 고려하여 제한적으로
해석하는 것이 타당할 것으로 생각한다. 셋째, 기타의 원인으로 발생한 채권담보를 목적으로 가등
기를 경료한 경우에는 반드시 폭리행위가 수반된다고 단정할 수 없다. 또한 이러한 경우에 해당되
는 경우에는 현행 민법 제103조 내지 제104조에 의하여 개별적으로 판단하더라도 불합리한 문제
가 발생하는 것은 아니라고 생각된다. 넷째, 가등기담보 또는 양도담보라 하더라도 담보물의 가액
이 피담보채권과 같거나 작은 경우에는 가등기담보법이 적용되지 않는다고 보아야 한다. 그리고
가등기담보법이 적용되지 않는다면 청산절차를 거치지 않더라도 변제기에 변제하지 못하면 가등기
에 기한 본등기를 즉시 청구할 수 있다. 왜냐하면 이 경우에는 채무자에게 유리하므로 특별히 보
호할 필요가 없기 때문이다.

3) 담보가등기의 판단기준의 문제

현행 부동산권리변동의 공시방식의 측면에서 살펴본다면, 등기부상에 공시된 가등기가 담보계약
에 기한 것인지 아니면 부동산매매계약에 기한 소유권이전청구권을 보전하기 위하여 경료된 것인
지가 명확하게 나타나지 않는다. 이러한 이유로 가등기가 담보목적으로 경료된 것인지, 아니면 순
위보전의 목적으로 경료된 것이지를 판단하는 것은 용이하지 않기 때문에 각각의 사안에 따라 개
별적으로 판단해야 한다는 것이 일반적인 설명이다. 현행 판례의 입장도 가등기담보의 판단기준이
명확하게 설정될 수 없다는 것을 전제하면서, 다음과 같은 판단기준을 제시하고 있다. 즉 "가등기
시에 담보가등기를 경료할 때 통상 작성되는 대물반환예약서 대신 매매예약서가 교환된 점을 들
어 담보가등기가 아니라고 주장하나, 가등기가 담보가등기인지 여부는 그 등기부상 표시나 등기
시에 주고받은 서류의 종류에 의하여 형식적으로 결정될 것이 아니고 거래의 실질과 당사자의 의
사해석에 따라 결정될 문제이다"라고 판시하였다. 즉 가등기를 할 경우에 통상 작성되는 대물반환
예약서 대신 매매계약서가 교환된 점을 들어 담보가등기가 아니라고 하는 주장을 배척하였다.17)
또한 판례는 가등기 이후 국세 압류등기가 경료된 사안에서도, 당해 가등기가 담보 가등기라는 점
에 관한 소명자료가 제출되어 담보 가등기인지의 여부에 관하여 이해관계인 사이에 실질적으로
다투어지고 있는 경우에는 가등기에 기한 본등기권자의 태도 여하에 불구하고 형식적 심사권밖에
없는 등기공무원으로서는 당해 가등기를 순위 보전의 가등기로 인정하여 국세 압류등기를 직권말
소할 수 없다고 하면서, "당해 가등기가 담보가등기인지 여부는 당해 가등기가 실제상 채권담보를
목적으로 한 것인지 여부에 의하여 결정되는 것이지 당해 가등기의 등기부상 원인이 매매예약으

---

17) 대법원 1992. 2. 11. 선고 91다36932 판결.

로 기재되어 있는지 아니면 대물변제예약으로 기재되어 있는지 등의 형식적 기재에 의하여 결정되는 것이 아니다"라고 판시하였다.[18]

그런데 당해 가등기가 소유권이전청구권보전의 가등기인지 아니면 담보가등기인지를 판단하는 기준과 관련하여 판례의 입장처럼, 당해 가등기가 실제상 채권담보를 목적으로 한 것인지의 여부에 의하여 결정되는 것이라고 한 표현을 엄격하게 이해할 필요는 없을 것으로 보여 진다. 왜냐하면 현행법의 체계에서 담보가등기인지 아니면 소유권이전청구권보전의 가등기인지를 구별할 수 있는 방법이 전혀 없다고 단정할 것은 아니기 때문이다.[19] 이와 관련하여 현행 등기예규 1057호(가등기에 관한 업무처리지침)를 살펴볼 필요가 있다. 이 등기예규는 가등기의 신청, 이전, 본등기 및 말소에 관한 등기절차와 기타 관련 사항에 관하여 규정함을 목적으로 제정된 것이다. 특히 가등기의 신청절차부분을 살펴보면 다음과 같이 규정하고 있다. 우선 가등기를 할 수 있는 권리에는 부동산등기법 제2조에서 규정하고 있는 물권 또는 부동산임차권의 변동을 목적으로 하는 청구권에 관해서만 가등기를 할 수 있다. 그러므로 물권적 청구권을 보전하기 위한 가등기나 소유권보존등기의 가등기는 할 수 없다. 그리고 가등기의 신청절차부분을 살펴보면, 대물반환의 예약을 (등기)원인으로 한 가등기신청을 할 경우, 등기신청서 기재사항 중 등기의 목적은 본등기 될 권리의 이전담보가등기(예: 소유권이전담보가등기, 저당권이전담보가등기 등)라고 기재하도록 규정하고 있다. 이렇게 현행 등기예규에 의하면, 담보가등기의 경우에는 등기원인을 대물반환의 예약으로 기재하도록 규정하고 있고, 등기목적을 소유권이전담보가등기로 기재하도록 규정하고 있다. 따라서 담보가등기의 경우에는 대물반환의 예약으로 등기원인을 기재하여야 하고, 이러한 대물반환의 예약으로 등기원인이 기재되어 있다면 원칙적으로 담보가등기로 보는 것이 타당하다. 왜냐하면 가등기를 할 경우에 등기원인을 증명하는 서면이 첨부되어야 하는데, 이 경우에 대물반환의 예약을 확인할 수 있는 서면이 첨부되었다면 담보가등기로 보는 것이 형식적 심사권만 있는 현행 부동산등기법의 해석에 합치되는 것으로 볼 수 있기 때문이다.

---

18) 대법원 1998. 10. 7. 선고 98마1333 결정.
19) 가등기담보라고 하는 용어는 1971년 가을에 개최된 일본사법학회심포지움(주제는 「부동산담보에 관한 당면문제」)에서 처음으로 사용되었고, 사적으로는 아처영박사가 주재한 「변태담보연구회」에서 창안되었다고 한다(星野英一, 「民法講座 3」 物權(2), 東京: 有斐閣, 1984, 242面), 判例上으로는 1974年의 日本最高裁判所判決(日最高判 1974. 10. 23. 民集 28권 7호 1473항) 이후에 사용되었다[石田喜久夫 編, 「民法 I (總則·物權) 判例と 學說」, 東京: 日本評論社, 1977, 310面]. 한편, 우리나라에서는 1976년 2월 14일 판시한 대법원판결(1976. 2. 24. 75다1608)에서 처음 사용되었다(박경량, "가등기담보 등에 관한 법률연구" 민사법학, 한국민사법학회, 1990, 220면).

4) 가등기에 기한 본등기 경료와 관련한 문제

(1) 가등기에 기하여 본등기를 한 경우에 직권말소규정의 실익

　등기관은 담보가등기의 경우에도 본등기가 경료되면 중간등기는 직권말소하는 것이 원칙이다. 종래의 판례도 "가등기 이후의 본등기권자는 가등기권자의 본등기 취득으로 등기순위와 물권의 배타성에 의하여 실질적으로 등기의 효력을 상실할 것이므로 이와 같은 경우에는 부동산등기법 제175조 제1항, 같은 법 제55조 제2호에 의하여 가등기 후에 한 제3자의 등기를 직권말소한다"라고 판시하고 있다.[20] 그런데 최근에 개정된 부동산등기법(법률 제10580호 2011. 04. 12.)에 의하면, 가등기에 의하여 보전되는 권리를 침해하는 가등기 이후의 등기의 직권말소규정을 신설하여, 등기관은 가등기에 의한 본등기를 하였을 때에는 가등기 이후에 된 등기로서 가등기에 의하여 보전되는 권리를 침해하는 등기를 직권으로 말소하여야 하고(제92조 제1항), 등기관이 가등기 이후의 등기를 말소하였을 때에는 지체 없이 그 사실을 말소된 권리의 등기명의인에게 통지하도록 규정하고 있다(제92조 제2항). 이렇게 가등기에 기한 본등기를 한 경우에 가등기 이후의 중간등기를 말소하는 절차규정은 다음과 같은 이유로 실익이 있다. 종래에는 등기관이 가등기에 의한 본등기를 한 경우에 가등기 이후에 된 등기로서 가등기상 권리를 침해하는 등기의 말소절차규정이 존재하지 않았다. 그리고 종래 실무의 경우에는 일정 기간 동안 효력이 없는 등기가 등기기록에 남게 됨으로서 당해 등기에 기초한 부실등기가 발생할 가능성이 있었다. 또한 등기관의 착오로 직권말소의 대상이 되는 등기가 오랫동안 방치되는 경우가 발생할 여지가 있었다. 특히 종래 실무의 경우에는 등기관이 직권말소를 하겠다는 통지를 한 후 소정의 기간이 경과되어야 직권말소를 할 수 있었다. 따라서 등기관이 가등기에 기한 본등기를 한 경우에 가등기상 권리를 침해하는 등기를 지체 없이 직권말소하는 규정을 신설하게 되면, 등기관은 본등기를 함과 동시에 직권말소를 하고 말소사실을 말소된 권리의 등기명의인에게 지체 없이 통지할 수 있는 장점이 있다. 다만, 가등기의 후순위로 된 등기라고 해서 모두가 직권말소대상이 되는 것은 아니라는 점은 유의할 필요성이 있다. 왜냐하면 가등기에 의하여 보전되는 권리를 침해하는 등기만 말소대상이 되기 때문이다. 따라서 가등기보다 후순위로 등기되어 있지만 실체법적으로 가등기권자에게 대항할 수 있거나 또는 후순위로 된 등기이지만 본등기와 양립할 수 있는 등기는 직권말소의 대상이 아니다. 예를 들어, 주택임대차보호법상 임차인이 대항력을 취득한 이후에 소유권이전청구권가등기가 되어 있고 이후 후순위로 법원의 명령에 의하여 위 임차인 명의의 주택임차권등기가 마쳐진 때에는, 선순위의 가등기에 의한 본등기를 한다 하더라도 위 임차인 명의의 등기를 말소할 수는 없다. 주택임차권이

---

20) 대법원 1962. 4. 25. 선고 65마219 결정.

가등기에 의하여 보전되는 권리보다 우선하기 때문이다. 또한 근저당권설정청구권가등기 이후에 소유권이전등기가 된 경우 가등기에 의한 본등기로써 근저당권설정등기를 하더라도 가등기보다 후순위인 소유권이전등기를 등기관이 직권으로 말소할 수 없다. 왜냐하면 당해 근저당권설정등기와 소유권이전등기는 양립할 수 있기 때문이다.

(2) 청산절차를 거치지 않은 가등기에 기한 본등기의 효력

가등기담보법에 의하면 채권자는 담보목적부동산에 관하여 이미 소유권이전등기를 마친 경우에는 청산기간이 지난 후 청산금을 채무자 등에게 지급한 때에 담보목적부동산의 소유권을 취득하며, 담보가등기를 마친 경우에는 청산기간이 지나야 그 가등기에 따른 본등기(本登記)를 청구할 수 있다(제4조 제2항). 따라서 가등기담보법 소정의 청산절차를 거치지 아니한 채 담보가등기에 기한 본등기가 경료된 경우에, 당해 본등기를 실체적 법률관계에 부합하는 등기로서 유효한 등기로 보아야 하는지 아니면 무효인 등기로 보아야 하는지를 판단하는 것은 용이하지 않다. 이와 관련하여 판례는 다음과 같은 기준을 제시하고 있다. "가등기담보등에관한법률 제3조, 제4조의 각 규정에 비추어 볼 때 위 각 규정을 위반하여 담보가등기에 기한 본등기가 이루어진 경우에는 그 본등기는 무효라고 할 것이고, 그와 같은 본등기가 가등기권리자와 채무자 사이에 이루어진 특약에 의하여 이루어졌더라도 그 특약이 채무자에게 불리한 것으로서 무효라고 한다면 그 본등기는 여전히 무효일 뿐, 약한 의미의 양도담보로서 담보의 목적 내에서는 유효하다고 할 것이 아니고, 다만 가등기권리자가 가등기담보등에관한법률 제3조, 제4조에 정한 절차에 따라 청산금의 평가액을 채무자 등에게 통지한 후 채무자에게 정당한 청산금을 지급하거나 지급할 청산금이 없는 경우에는 채무자가 그 통지를 받은 날로부터 2월의 청산기간이 경과하면 위 무효인 본등기는 실체적 법률관계에 부합하는 유효한 등기가 될 수 있을 뿐이다"[21]라는 입장이다.

한편, 일본의 논의상황을 간략하게 살펴보면 다음과 같다. 첫째, 채권자가 계약 시에 본등기절차에 필요한 서류를 설정자로부터 교부받은 상태에서 이후 변제기가 도래한 직후에 즉시 본등기를 경료하는 경우가 적지 않다. 이러한 불합리한 거래실정을 고려해 본다면, 청산기간이 경과하였다고 하더라도 당해 본등기는 무효이고, 설정자는 그 말소를 구할 수 있다는 견해가 있다.[22] 둘째, 제3자에게 대항력을 가진다는 의미에서는 유효하지만 동시이행의 항변권의 이익이 박탈되어진 채무자는 부당이득반환청구권에 유사한 채권적 등기청구권으로서의 등기말소청구권을 가진다고 해석하여야 한다는 견해가 있다.[23] 셋째, 목적물이 채무자의 지배하에 있어서 실제상 채무자가 동시이

---

21) 대법원 2002. 6. 11. 선고 99다41657 판결.
22) 宇佐見大司, '假登記擔保において淸算期間經過前に行なわれる本登記の效力', 法律時報, 685號, 昭和 59. 7.號, 124面.
23) 柚木馨, 高木多喜男 編集, 新版 註釋民法(9), 有斐閣, 763面.

행의 항변권을 가지는 경우에는 본등기의 말소청구권을 인정할 필요는 없지만, 그 반대로 목적부동산이 채무자의 지배하에 없고, 따라서 채무자가 실제상 동시이행의 항변권을 갖지 않는 경우에는 채무자는 본등기의 말소를 청구할 수 있다는 견해24) 등이 제시되고 있다.25) 한편, 대판고등재판소의 판결 중에는 청산기간 경과 전에 가등기에 기한 본등기가 있었으나 청산기간 경과 후에 양 당사자가 소유권이전을 추인하고 있는 경우에는 그 추인에 청산기간 경과 이후의 처분으로서 효력을 인정하고, 그것에 의하여 청산기간 경과 시에 이전하였던 소유권이전의 효과가 예약완결권 행사의 의사표시가 있었던 때에 소급하고, 동시에 피담보채권이 소멸한다고 판시한 것이 있다.26)

　생각건대, 가등기담보법의 적용을 받는 경우에는 물권변동의 시점(법률규정에 의하여 청산기간 경과 이후 청산금을 채무자 등에게 지급한 때)에 유의할 필요성이 있다. 즉 채권자가 담보목적부동산에 관하여 이미 소유권이전등기를 마친 경우라도 청산기간이 지난 후 청산금을 채무자 등에게 지급한 때에 비로소 채권자(등기부상의 소유권자)는 담보목적부동산의 소유권을 취득하게 된다. 그리고 담보가등기를 마친 경우에는 청산기간이 지나야 그 가등기에 따른 본등기(本登記)를 청구할 수 있도록 규정하고 있다(제4조). 그리고 가등기담보법은 채권자가 소유권이전등기관련 서류를 미리 보관하고 있거나 제소 전 화해를 통하여 일방적으로 부동산의 소유권을 이전해 버리는 폐해를 방지하기 위하여 만들어진 특별법이다. 전술한 것처럼, 양도담보에 관하여 청산금의 지급을 소유권취득의 요건으로 명시하고 있는 점 등을 고려한다면 청산금의 지급이 소유권취득의 요건이라고 보아야 한다. 따라서 가등기담보권자가 담보목적물에 대한 사적실행을 통하여 소유권을 취득하기 위해서는, 채무자 등에 대한 청산통지, 청산기간의 경과, 청산금의 지급(청산금이 없는 경우에는 청산기간의 경과), 소유권이전등기 등의 요건을 충족하여야 된다. 이러한 전제에 의한다면, 현재 채권자가 소유권이전등기의 외관을 형성하고 있다고 하더라도 청산기간이 지난 후에 청산금을 채무자 등에게 지급하지 않으면 그 외관과 상관없이 소유권을 취득하지 못한다. 따라서 이러한 경우에 채권자가 자신의 명의를 이용하여 제3자에게 처분을 하더라도 처분권 없는 자의 처분행위가 되어 무효가 되는 것이 원칙이다. 그런데 채무자 등은 청산금채권을 변제받을 때까지 비록 소유권을 채권자에게 형식적으로 이전하였다고 하더라도, 그 외관과 상관없이 여전히 소유권자라는 점을 유의할 필요성이 있다. 따라서 채무자 등은 그 채무액(반환할 때까지의 이자와 손해금을 포함한다)을 채권자에게 지급하고 그 채권담보의 목적으로 마친 소유권이전등기의 말소를 청구할 수 있다. 그런데 당해 채무의 변제기가 지난 때부터 10년이 지나거나 선의의 제삼자가 소유권을 취득한 경우에는 그러하지 아니하다(제11조). 즉 채무자는 채권자가 청산금채권을 지급하지 않고 있는 동안

---

24) 竹內俊雄, 判例時報, 1120號, 昭和 59(1984). 9. 1.號, 164面.
25) 박순성, "假登記擔保等에관한法律 소정의 淸算節次를 거치지 않은 假登記에 기한 本登記의 效力", 대법원판례해설 42호, 2003, 747면.
26) 大阪高裁 昭和 59(1984). 1. 24. 判決(判例TIMES 525.121); 박순성, "假登記擔保等에 관한 法律 소정의 淸算節次를 거치지 않은 假登記에 기한 本登記의 效力", 749면.

에는 비록 소유권을 채권자에게 이전해 주었더라도, 여전히 소유권자이므로 자신의 금전채무를 변제하고 소유권이전등기의 말소를 청구할 수 있다. 다만, 채권자(가등기담보권자)가 외관상 소유권이 있음을 기화로 제3자에게 처분한 경우에는 무권리자의 처분행위이지만, 제3자가 선의인 경우에는 유효하게 소유권을 취득할 수 있다는 것이다. 이렇게 무권리자의 처분행위에 대하여 선의의 제3자가 유효하게 소유권을 취득한다는 점을 고려한다면, 현행 가등기담보법은 등기의 공신력을 제한적으로 인정하고 있다고 볼 여지가 있다.27)

5) 종합적 검토

지금까지 가등기담보와 관련한 몇 가지 법적 쟁점에 관하여 검토하였다. 이를 간략하게 정리하면 다음과 같다.

첫째, 가등기담보법의 적용범위를 확대할 필요가 있는지의 문제이다. 그런데 가등기담보법은 소비대차계약에 기한 대물변제예약의 폐단을 방지할 목적으로 제정되었고, 관련 법규정도 이를 명시적으로 규정하고 있다. 특히 채권담보의 목적으로 이루어지는 담보가등기는 종래의 제한물권의 법리와 상이한 면이 있다. 이렇게 소비대차계약에 기한 대물변제예약의 사회적 문제를 해결하기 위한 정책적 목적으로 가등기담보법이 도입되었다면 그 적용범위는 당해 법 규정의 문언처럼 제한적으로 해석하는 것이 타당하다. 또한 기타의 원인으로 발생한 채권담보를 목적으로 가등기를 한 경우에는 반드시 폭리행위가 수반된다고 단정할 수 없다. 따라서 이러한 경우에는 현행 민법 제103조 내지 제104조에 의하여 개별적으로 판단한다고 하여 불합리한 문제가 발생하는 것은 아니라고 생각된다.

둘째, 담보가등기의 판단기준의 문제이다. 현행법의 체계에서 담보가등기인지 아니면 소유권이전청구권보전의 가등기인지를 구별할 수 있는 방법이 전혀 없다고 단정할 필요는 없다. 이와 관련해서는 현행 등기예규 제1057호(가등기에 관한 업무처리지침)를 살펴보는 것이 유용하다. 현행 등기예규 제1057호(가등기에 관한 업무처리지침)에 의하면, 담보가등기의 경우에는 등기원인을 대물반환의 예약으로 기재하도록 규정하고 있고, 등기목적을 소유권이전담보가등기로 기재하도록 규정하고 있다. 따라서 담보가등기의 경우에는 대물반환의 예약으로 등기원인을 기재하여야 하고, 이러한 대물반환의 예약으로 등기원인이 기재되어 있다면 원칙적으로 담보가등기로 보는 것이 타당

---

27) 가등기담보법의 적용대상인 담보계약은 「민법」 제608조에 따라 그 효력이 상실되는 대물반환의 예약(환매, 양도담보 등 명목이 어떠하든 그 모두를 포함한다)에 포함되거나 병존하는 채권담보계약을 말한다고 규정하고 있는데(제2조), 만약 채권자가 담보목적부동산에 관하여 이미 소유권이전등기를 마친 경우에는 청산기간이 지난 후 청산금을 채무자 등에게 지급한 때에 담보목적부동산의 소유권을 취득하며, 담보가등기를 마친 경우에는 청산기간이 지나야 그 가등기에 따른 본등기를 청구할 수 있다고 규정하고 있다(제4조). 전술한 법 규정을 충실하게 해석한다면, 절차규정의 위반에 따른 본등기의 무효문제는 양도담보에 기하여 경료된 소유권등기의 경우와 담보가등기 이후에 본등기가 경료된 경우에 있어서 차이가 없다고 보아야 한다.

하다. 왜냐하면 가등기를 할 경우에 등기원인을 증명하는 서면이 첨부되어야 하는데, 이 경우에 대물반환의 예약을 확인할 수 있는 서면이 첨부되었다면 담보가등기로 보는 것이 형식적 심사권만 있는 현행 부동산등기법의 해석에 합치되는 것이다.

셋째, 가등기에 기한 본등기 경료와 관련한 문제이다. 우선 가등기에 기하여 본등기를 한 경우에 직권말소규정을 신설할 실익이 있는지를 검토할 필요성이 있다. 종래 실무는 등기관이 직권말소를 하겠다는 통지를 한 후 소정의 기간이 경과되어야 직권말소를 할 수 있었지만, 직권말소규정이 신설됨으로써 등기관이 본등기를 함과 동시에 직권말소를 하고 말소사실을 말소된 권리의 등기명의인에게 지체 없이 통지할 수 있는 장점이 있다. 다만, 가등기의 후순위로 된 등기라고 해서 모두가 직권말소대상이 되는 것은 아니라는 점은 유의할 필요성이 있다. 왜냐하면 가등기에 의하여 보전되는 권리를 침해하는 등기만 말소대상이 되기 때문이다. 따라서 가등기보다 후순위로 등기되어 있지만 실체법적으로 가등기권자에게 대항할 수 있거나 또는 후순위로 된 등기이지만 본등기와 양립할 수 있는 등기는 직권말소의 대상이 아니다. 그리고 청산절차를 거치지 않은 가등기에 기한 본등기의 효력을 어떻게 할 것인지의 문제이다. 가등기담보법은 금전소비대차계약에 기한 대물변제예약과 제소 전 화해에 기한 폭리행위를 방지할 목적으로 제정된 특별법이고, 또한 양도담보에 관하여 청산금의 지급을 소유권취득의 요건으로 명시하고 있는 점 등을 고려한다면 청산금의 지급이 소유권취득의 요건이라고 보아야 한다. 따라서 가등기담보권자가 담보목적물에 대한 사적실행을 통하여 소유권을 취득하기 위해서는, 채무자 등에 대한 청산통지, 청산기간의 경과, 청산금의 지급, 소유권이전등기 등의 요건을 충족하여야 된다. 이러한 전제에 의한다면, 현재 채권자가 소유권이전등기의 외관을 형성하고 있다고 하더라도 청산기간이 지난 후에 청산금을 채무자 등에게 지급하지 않으면 그 외관과 상관없이 소유권을 취득하지 못한다고 보아야 한다.

제3장 양도담보

1. 의의

1) 개념

　양도담보란 채권담보를 위해 재산권을 채권자에게 이전하고 채무불이행 시에는 채권자가 그 재산권으로부터 우선변제를 받되 채무이행 시에는 그 재산권을 원래의 권리자에게 반환하는 방식의 비전형담보를 말한다. 양도담보는 채권담보의 목적으로 소유권을 이전한 것이므로 채무자가 채무를 이행하게 되면 소유권을 회복할 가능성이 있다. 또한 가등기담보법이 적용되는 경우에는 채무자 등은 채권자로부터 청산금을 지급받기 이전에 채무원리금을 변제하고 소유권이전등기 또는 가등기의 말소를 청구함으로써 채권자의 소유권취득을 저지하고 소유권을 회복할 수 있다(가등기담보법 제11조). 만일 채무자가 변제하지 않으면 채권자는 그 목적물에 대한 소유권을 취득하는 방법으로 우선변제를 받는다. 이 경우에 채권의 만족은 소유권의 취득으로 인하여 받게 되는 것이다. 물론 가등기담보법이 적용되는 경우에는 청산절차를 거쳐야만 소유권을 취득하게 된다.

> **가등기담보 등에 관한 법률**
>
> 제11조(채무자 등의 말소청구권) 채무자 등은 청산금채권을 변제받을 때까지 그 채무액(반환할 때까지의 이자와 손해금을 포함한다)을 채권자에게 지급하고 그 채권담보의 목적으로 마친 소유권이전등기의 말소를 청구할 수 있다. 다만, 그 채무의 변제기가 지난 때부터 10년이 지나거나 선의의 제삼자가 소유권을 취득한 경우에는 그러하지 아니하다. [전문개정 2008. 3. 21]

　일반적으로 양도담보는 민법해석상의 신탁행위로 이해하고 있다. 그런데 모든 양도담보가 민법해석상의 신탁행위에 포함되는 것은 아니다. 왜냐하면 가등기담보법이 적용되는 양도담보의 경우에는 이렇게 볼 수는 없기 때문이다. 즉 민법해석상의 신탁행위는 대내적으로는 신탁자가 권리자이지만, 대외적으로는 수탁자가 권리자가 되는 계약이라고 정의하고 있다. 그런데 가등기담보법이 적용되는 양도담보는 대내적, 대외적 관계에서 가등기담보설정자가 여전히 소유권자가 되는 것이고, 가등기담보권자는 담보권만을 취득한 것이기 때문이다. 즉 가등기담보법이 적용되는 양도담보의 경우에는 동일한 권리가 대내외적으로 분리되는 현상이 발생하지 않는다는 점을 유의해야 한다. 따라서 양도담보 중에서 부동산을 목적으로 하는 것 또는 그 밖에 등기, 등록으로 공시되는 재산권을 목적으로 하는 것은 가등기담보법에 의하여 규율된다는 것을 주의해야 한다.

*가등기할 수 있는 권리유형

가등기할 수 있는 권리는 후일 본등기(부동산등기법 제2조의 권리)를 할 수 있는 권리이어야 한다. 이에는 소유권, 지상권, 지역권, 전세권, 저당권, 권리질권, 임차권 등이 있다. 여기서의 가등기는 순위보전의 가등기이다. 동산질권은 본등기 자체를 할 수 없기 때문에 가등기를 할 수 없다. 권리질권, 저당권, 전세권은 청구권을 보전하기 위한 순위보전의 가등기를 할 수 있고, 이에 기하여 본등기를 할 수 있다. 예를 들어 저당권이전청구권을 보전하기 위하여 저당권에 가등기를 할 수 있다. 그런데 권리질권, 저당권, 전세권은 담보물권이다. 따라서 이러한 물권의 이전을 목적으로 하는 청구권을 순위보전하기 위한 것이 아니고, 가등기담보법상의 담보물권의 성질이 있는 담보가등기를 설정할 목적으로 가등기를 하는 경우에는 가등기담보법이 이를 허용하고 있지 않는다. 만약 이를 허용한다면, 이미 우선변제권이 있는 담보물권에 대하여 다시 우선변제권을 행사하기 위하여 담보물권의 성질이 있는 담보가등기를 하는 것이므로, 이를 허용할 실익이 없다고 생각한다.

민법

제348조(저당채권에 대한 질권과 부기등기)
저당권으로 담보한 채권을 질권의 목적으로 한 때에는 그 저당권등기에 질권의 부기등기를 하여야 그 효력이 저당권에 미친다.
제361조(저당권의 처분제한) 저당권은 그 담보한 채권과 분리하여 타인에게 양도하거나 다른 채권의 담보로 하지 못한다.

*저당권부채권의 입질

저당권부채권 위에 권리질권을 설정하면, 담보물권의 수반성에 의하여 그 저당권도 권리질권의 목적이 된다. 그런데 채권의 입질은 공시될 수 없다는 문제가 있다. 그럼에도 불구하고 만일 채권의 입질에 수반하여 저당권도 등기 없이 당연히 권리질권의 목적으로 된다면 저당권 위에 질권이 존재한다는 내용이 등기부에 공시되지 않게 된다. 이러한 점을 고려하여 민법 제348조는 저당권부채권을 입질하는 경우에는 그 저당권의 등기에 질권의 부기등기를 하여야 질권의 효력이 저당권에 미친다고 규정하고 있다. 만약 부기등기를 하지 않으면 어떻게 되는지가 문제된다. 그런데 제361조는 저당권을 피담보채권과 분리하여 양도하거나 담보로 제공할 수 없다는 것이지 채권 자체를 양도하는 것을 금지한 것은 아니다. 따라서 질권자는 저당권의 담보 없는 채권에 대하여만 질권을 취득한다고 보아야 한다.

부동산등기법

제2조(등기할 사항)

등기는 구분건물(區分建物)의 표시와 다음 각 호의 어느 하나에 해당하는 권리의 설정, 보존, 이전, 변경, 처분의 제한 또는 소멸에 대하여 한다.

1. 소유권

2. 지상권

3. 지역권

4. 전세권

5. 저당권

6. 권리질권

7. 임차권

제3조(가등기) 가등기는 제2조 각 호의 어느 하나에 해당하는 권리의 설정, 이전, 변경 또는 소멸의 '청구권'을 보전하려는 때에 한다. 그 청구권이 시기부 또는 정지조건부일 경우나 그 밖에 장래에 확정될 것인 경우에도 또한 같다.

가등기담보등에관한법률

제3조(담보권의 실행의 통지와 청산기간)

① 채권자가 담보계약에 따른 담보권을 실행하여 그 담보목적부동산의 '소유권을 취득'하기 위하여는 그 채권(債權)의 변제기(辨濟期) 후에 제4조의 청산금(淸算金)의 평가액을 채무자 등에게 '통지'하고, 그 통지가 채무자 등에게 도달한 날부터 2개월(이하 "청산기간"이라 한다)이 지나야 한다. 이 경우 청산금이 없다고 인정되는 경우에는 그 뜻을 통지하여야 한다.

② 제1항에 따른 통지에는 통지 당시의 담보목적부동산의 평가액과 「민법」 제360조에 규정된 채권액을 밝혀야 한다. 이 경우 부동산이 둘 이상인 경우에는 각 부동산의 소유권이전에 의하여 소멸시키려는 채권과 그 비용을 밝혀야 한다. [전문개정 2008. 3. 21]

③ 청산금의 지급채무와 부동산의 소유권이전등기 및 인도채무(引渡債務)의 이행에 관하여는 동시이행의 항변권(抗辯權)에 관한 「민법」 제536조를 준용한다.

④ 제1항부터 제3항까지의 규정에 어긋나는 특약(特約)으로서 채무자 등에게 불리한 것은 그 효력이 없다. 다만, 청산기간이 지난 후에 행하여진 특약으로서 제삼자의 권리를 침해하지 아니하는 것은 그러하지 아니하다. 제4조(청산금의 지급과 소유권의 취득)

① 채권자는 제3조 제1항에 따른 통지 당시의 담보목적부동산의 가액에서 그 채권액을 뺀 금액(이하 "청산금"이라 한다)을 채무자 등에게 지급하여야 한다. 이 경우 담보목적부동산에 선순위담보권(先順位擔保權) 등의 권리가 있을 때에는 그 채권액을 계산할 때에 선순위담보 등에 의하여 담보된 채권액을 포함한다.

② 채권자는 담보목적부동산에 관하여 이미 소유권이전등기를 마친 경우에는 '청산기간'이 지난 후 청산금을 채무자 등에게 지급한 때에 담보목적부동산의 소유권을 취득하며, 담보가등기를 마친 경우에는 '청산기간'이 지나야 그 가등기에 따른 본등기(本登記)를 청구할 수 있다.

*양도담보와 가등기담보법의 관계

　양도담보라고 하여 언제나 가등기담보법이 적용되는 것은 아니다. 가등기담보법은 양도담보 중에서 소비대차 또는 준소비대차에 기한 채권을 담보하기 위하여 등기 또는 등록을 할 수 있는 재산권을 목적으로 하는 대물변제의 예약이나 매매의 예약을 하고 채권자에게 권리 이전의 등기나 등록을 한 경우에(등기, 등록은 물권변동의 효력요건이다. 그런데 물권행위로서의 양도담보계약은 언제 체결된 것인가? 일반적으로 등기서류를 교부한 경우에 물권적 의사표시의 합치로서 양보담보계약이 체결된 것으로 본다) 담보설정 당시의 담보목적재산의 가액이 차용액 및 이자의 합산액을 초과하는 경우에 한하여 적용된다. 만약 가등기담보법이 적용된다면 양도담보는 대내외적 모두 담보물권으로 취급되고, 예외적으로 당해 권리를 취득한 제3자가 선의인 경우에는 당해 권리를 유효하게 취득할 수 있다.

*신탁관계의 유형

　신탁관계는 다양한 원인에 의하여 형성된다. 첫째, 신탁법상의 신탁관계이다. 이것은 신탁자가 자기의 재산을 수탁자에게 이전하면서 신탁자는 그 계약에 기한 이익을 받을 채권만이 발생하게 되는 관계이다. 둘째, 민법해석학상의 신탁관계이다. 이것은 신탁재산의 소유권이 외부적으로는 수탁자에게 이전되지만, 내부적으로는 여전히 신탁권자기 보유하는 관계이다. 셋째, 명의신탁관계이다. 이것은 대내적, 대외적 모두 소유권이 이전되지 않지만, 다만, 부동산명의수탁자로부터 선의, 악의와 상관없이 제3자가 소유권을 이전받아서 유효하게 취득할 가능성은 있다. 특히 부동산의 명의신탁의 경우에는, 부동산실명법에 의하여 당해 명의신탁계약은 무효가 된다. 물권행위의 유인성을 인정하고 있는 판례에 의한다면 명의신탁계약이 무효이므로, 무효인 명의신탁계약에 기한 물권변동도 무효가 된다. 왜냐하면 등기원인(부동산명의신탁계약)이 무효이므로 이에 기한 물권변동도 무효로 보는 것이 일반 국민의 법 감정에도 합치되는 것이다. 여기서 일반 국민의 법 감정은 민법의 법원(法源)이라고 할 수 있는 조리에 해당될 것으로 생각한다. 아무튼 부동산명의신탁의 경우에는 대내외적 법률관계에 있어서 소유권자는 모두 신탁자라고 보아야 한다. 특히 부동산명의신탁의 경우에 대내외적 관계에서 소유권이 이전된 것이 아니지만, 제3자에게 소유권이 이전된 경우에는 물권행위의 무효를 이유로 제3자에게 대항할 수 없다고 규정하고 있다는 점을 유의할 필요성이 있다. 따라서 명의수탁자로부터 제3자는 선의이든, 악의이든 상관없이 소유권을 취득할 수 있다. 그런데 여기서의 소유권 취득은 물권변동에 의한 취득이 아니고 반사적으로 소유권을 취득하게 된다는 점을 주의해야 한다. 어떤 견해에 의하면, 부동산실명법에 의하면, 부동산명의신탁이 무효이고, 이에 기한 물권변동도 무효이지만, 명의수탁자가 제3자에게 소유권을 이전한 경우에는, 그 제3자는 소유권을 취득하게 되므로, 결국 부동산명의신탁의 경우에는 대내적으로는 신탁자가 소유권자이지만, 대외적으로는 수탁자가 소유권자라고 보는 견해가 있다. 그런데 제3자가 선의이든 악의이든 상관없이 소유권을 취득한다고 하여, 대외적으로 수탁자가 소유권자이므로 제3자가 선의이든 악의이든 소유권을 취득한다고 이론구성을 하는 것은 잘못된 것으로 생각한다. 왜냐하면 부동산실명법에 의하여 수탁자로부터 제3자가 소유권을 유효하게 취득하는 이유는 수탁자가 대외적 관계에서 소유권자로 취급되기 때문에 처분행위가 유효하다는 것이 아니기 때문이다. 즉 여전히 부동산명의신탁계약의 수탁자는 대내적 관계는 물론이고 대외적 관계에서도 무권리자라고 보아야 한다. 물권변동이 발생하지 않았기 때문이다. 이와 관련하여 부동산명의신탁의 적용법규인 부동산실명법의 제정목적을 살펴볼 필요가 있다. 부동산실명법은 "부동산등기제도를 악용한 투기·탈세·탈법행위 등 반사회적 행위를 방지하기 위하여 제정된 것이라고 명시하고 있다(제1조). 얼마나 부동산명의신탁이 문제가 되었으면 이러한 특별법이 제정되었던 것일까를 생각해 보아야 한다. 결국 부동산명의신탁이 상당할 정도로 일반적으로 악용되고 있다는 점을 고려하여, 그러한 악용을 방지하기 위해서는 불가피하게 선의, 악의와 상관없이 제3자가 반사적으로 소유권을 취득하는 것으로 허용할 수밖에 없다는 판단에서 제3자가 소유권을 반사적으로 취득하도록 규정한 것으로 보아야 한다. 그리고 부동산실명법은 부동산명의신탁을 무효로 규정하고 있는데, 그 근거는 반사회질서에 해당되기 때문으로 보아야 한다. 동법 제1조도 부동산등기제도를 악용한 투기ㆍ탈세ㆍ탈법행위 등 반사회적 행위를 방지할 목적으로 제정된 것이 부동산실명법이라고 규정하고 있다. 물론 부동산명의신탁을 무효로 하는 이유에 대하여 통정허위표시라는 견해도 있지만, 자금융통의 목적으로 매매대금을 수령하면서 그 수령한 매매대금을 담보해 주기 위하여 반대급부로서 소유권을 이전한다는 점에 대해서는 의사의 합치가 있었다는 점에서 통정허위표시는 아니라고 생각한다.

양도담보는 채권담보를 목적으로 소유권을 이전한다는 점에서 가등기담보의 목적과 유사하지만, 공시방법에 있어서 차이가 있다. 즉 양도담보는 이전등기(즉 본등기)의 형식을 취하지만, 가등기담보는 가등기를 경료한다. 특히 양도담보의 경우에는 담보권의 실행방법으로서 처분정산형(즉 경매에 의한 실행)을 할 수 없다. 왜냐하면 이미 형식적으로 소유권이 이전되었기 때문이다. 다만, 가등기담보법은 채권자가 담보목적부동산에 관하여 이미 소유권이전등기를 마친 경우에는 청산기간이 지난 후 청산금을 채무자 등에게 지급한 때에 담보목적부동산의 소유권을 취득한다고 규정하고 있다(제4조).

2) 양도담보의 유형

양도담보의 유형과 관련한 종래의 일반적인 설명은 다음과 같다. 양도담보는 당사자 사이에 채권ㆍ채무관계가 남는지의 여부, 즉 융자자가 자금의 반환을 청구할 수 있는지의 여부에 따라 매도담보와 협의의 양도담보로 구분된다고 한다. 매도담보는 소비대차가 아닌 재산권 매매의 형식으로 자금을 융통하면서 당사자 간에 자금융통에 관한 채권ㆍ채무가 남지 않는다고 한다. 이 경우 채권자는 변제청구권을 갖지 못하고, 목적물에 대한 소유권을 되찾아 올 수 있는 권한을 확보하게 되는데, 이를 위하여 환매특약부 매매나 재매매예약부 매매를 하게 된다고 한다. 협의의 양도담보는 소비대차의 형식으로 신용을 수수하고 이를 담보하기 위하여 목적물의 소유권을 채권자에게 이전하기 때문에 당사자 사이에 소비대차계약상의 채권ㆍ채무관계가 남는다고 한다. 따라서 융자자는 그 반환을 청구할 수 있다고 한다. 협의의 양도담보는 원리금의 만족방법에 따라 약한 의미의 양도담보와 강한 의미의 양도담보로 구분한다. 강한 의미의 양도담보는 채무자가 변제하지 않으면 목적물의 가치가 피담보채권액을 초과하더라도 잔여가치를 반환할 필요가 없다(즉 유담보형). 따라서 강한 의미의 양도담보는 매도담보와 그 실질에 있어서 차이가 없다. 그런데 현행 가등기담보법은 유담보형을 인정하지 않고 청산절차를 거치도록 규정하고 있기 때문에 부동산에 있어서는 강한 의미의 양도담보는 무효로 평가될 수밖에 없다. 약한 의미의 양도담보는 채무자가 변제하지 않으면 채권자는 목적물에 대한 소유권을 취득하지만, 그 전에 잔여가치를 반환하여야 할 의무를 부담하는 경우를 말한다.

전술한 것처럼, 종래에는 매도담보의 개념적 요소로 당사자 간에 채권·채무를 남기지 않는다고 하면서, 매도담보는 신용의 수수를 매매의 형식으로 한다는 점에서 소비대차에 의하는 양도담보와 구별된다고 함이 일반적이었다. 그런데 피담보채권이 없는 채권담보란 존재할 수 없고, 또한 법률행위의 제1차적 해석은 자연적 해석인데, 이러한 자연적 해석에 따라 양자의 관계를 살펴보면, 매도담보에 있어서는 매매라는 형식보다는 자금융통을 위한 담보목적의 이전이라는 실질을 중시할 필요성이 있다. 그렇다면 매도담보는 그 실질에 있어서 소비대차관계로 이해하는 것이 타당하다. 특히 구민법과는 달리 현행민법은 제607조·제608조의 규정을 두고 있을 뿐만 아니라 가등기담보법이 시행되면서 부동산양도담보·가등기담보에 관하여 위 법이 적용되어 매도담보를 비롯한 모든 양도담보에 있어서도 청산절차를 밟아야 하므로, 양도담보 및 가등기담보의 여러 유형(정지조건부 매매계약, 정지조건부 대물변제계약형, 매매예약형·대물변제예약형, 취득청산형, 처분청산형)은 현행법하에서는 특별한 의미가 없고 오로지 청산형 양도담보와 가등기담보만이 존재하게 된다고 보아야 한다. 판례도 가등기담보법이 적용되는 경우에는 약한 의미의 양도담보만이 유효성을 가질 수 있고, 만약 당사자 간의 약정이 강한 의미의 양도담보로 되어 있다 하더라도 그와 같은 약정은 무효이지만(민법 제607조, 제608조), 무효행위전환이론에 의하여 약한 의미의 양도담보로 전환될 수 있다는 입장이다(민법 제138조).

민법

제607조(대물반환의 예약) 차용물의 반환에 관하여 차주가 차용물에 갈음하여 다른 재산권을 이전할 것을 예약한 경우에는 그 재산의 예약당시의 가액이 차용액 및 이에 붙인 이자의 합산액을 넘지 못한다.

제608조(차주에 불이익한 약정의 금지) 전2조의 규정에 위반한 당사자의 약정으로서 차주에 불리한 것은 환매 기타 여하한 명목이라도 그 효력이 없다.

제138조(무효행위의 전환) 무효인 법률행위가 다른 법률행위의 요건을 구비하고 당사자가 그 무효를 알았더라면 다른 법률행위를 하는 것을 의욕하였으리라고 인정될 때에는 다른 법률행위로서 효력을 가진다.

관련 판례를 소개하면 다음과 같다. 재산권을 이전하기로 한 당사자 간의 약정이 담보목적이 아니라 대물변제의 의사로 한 것이라 하더라도 위 약정을 함에 있어 약정 이후 3년 이내에 채무자가 그간의 원리금을 지급하면 채권자는 목적물을 채무자에게 되돌려 주기로 하는 약정도 함께하였다면, 이는 결국 대물변제의 예약이라고 보아야 한다. 따라서 그 약정 당시의 가액이 원리금을 초과하므로 대물변제의 예약 자체는 무효이고 양도담보로서의 효력만 있다. 이 사건 토지에 대한 소유권이전등기가 대물변제가 아닌 담보목적으로 경료된 것이라면, 약정된 환매기간을 도과하였다 하더라도 그 담보권실행에 의한 정산절차가 있기까지는 채무자는 채무원리금을 변제하고 담보물의 반환을 받을 수 있다(91다11223). 이미 확정된 차용원금 및 이자의 합계액을 변제하는 방법으로 토지를 채권자에게 양도하되, 그 때부터 3년 이내에 채무자가 그간의 원리금을 지급하면 이를 되돌려 받기로 하는 환매특약을 한 사건이다. 당사자 간에 약한 의미의 양도담보의 합의가 있었다면 제607조·제608조를 거론할 필요 없이 정산을 요하고, 그렇지 않고 대물변제의 예약이 있었다면 제607조·제608조에 의해 약정 당시의 가액이 원리금을 초과하면 대물변제의 예약 자체는 무효이고 양도담보로서의 효력만 있다. 부동산의 양도담보인 경우에는 가등기담보법이 적용되므로 환매기간을 도과한 후 담보권실행에 의한 정산절차를 거쳐야 담보권자가 소유권을 취득한다.

2. 법적 성질

양도담보는 외관상 전형적으로 인정하는 담보권을 등기부상에 설정하지 않고 소유권을 이전하는 것이어서 채권담보라는 목적과 소유권이전이라는 형식이 일치하지 않는다. 따라서 채권담보라는 실질적 내용을 중시할 것인지(담보권설), 아니면 소유권이전이라는 형식을 중시할 것인지(신탁적 소유권이전설)의 여부에 따라 그 법적 성격이 다를 수 있다. 채권담보라는 목적을 중시하면 채무자 보호에 유리하지만 거래안전을 해치게 되고, 소유권이전이라는 형식을 중시하면 그 반대가 된다. 가등기담보법이 시행되기 이전의 다수설·판례는 신탁적 소유권이전설을 취하였다.

1) 학설

(1) 담보물권설

채권자는 양도담보권이라는 특수한 제한물권을 취득하고 목적물의 소유권은 여전히 양도담보권설정자에게 있다는 견해이다. 부동산양도담보를 설정하여 소유권이전등기를 한 경우에도 가등기담보법 제4조 제2항에 의해 소유권은 양도담보권자에게 이전되지 않는다고 한다. 가등기담보법 시행

이후의 다수설이다. 그리고 등기·등록과 같은 공시방법이 없는 보통의 동산 기타 재산권을 목적으로 하는 변칙담보에 관하여는 가등기담보법이 적용되지 않지만, 동산양도담보 등에 관해서는 부동산양도담보에 있어서와 동일한 이론구성을 하고 그에 준해서 규제하는 것이 합리적이라고 한다.

(2) 신탁적 양도설(신탁적 소유권이전설)

양도담보권자는 대외적으로 목적물의 소유권을 취득하므로 목적물을 양수한 제3자는 선의·악의나 변제기 전·후를 불문하고 그 소유권을 유효하게 취득하지만, 양도담보권설정자와의 관계에서 양도담보권자는 대내적으로 담보목적을 넘지 않는 범위 내에서 소유권을 행사할 채무를 부담하므로 이에 위반하면 채무불이행책임을 진다는 견해이다. 양도담보설정 시의 소유권이전에 의해 양도담보권자는 대외적인 소유권만 취득하고 청산금을 지급한 때에 비로소 가등기담보법 제4조 제2항에 의해 대내적으로도 소유권을 취득한다고 한다. 예를 들어 형식상의 소유자인 양도담보권자가 목적물을 제3자에게 양도한 경우에 양수인의 선의·악의를 불문하고 양수인은 유효하게 소유권 취득하게 된다. 왜냐하면 양도담보권자는 대외적으로는 소유권자로서 정당한 처분권을 보유하고 있는 자이기 때문이다. 다만 이 경우에 내부적으로 양도담보권자는 설정자에게 채무불이행책임을 부담하게 된다.

2) 판례의 입장

판례는 가등기담보법 제정 이전에는 신탁적 소유권이전설을 취하였지만, 가등기담보법 제정 이후에는 가등기담보법의 적용을 받는 양도담보에 대하여는 담보권설을, 그 적용을 받지 않는 양도담보에 대하여는 여전히 신탁적 소유권이전설을 취하고 있다.

(1) 가등기담보법 제정 전

양도담보권자는 목적물의 완전한 소유권을 취득하지만, 그 소유권을 행사함에 있어서는 양도담보권설정자에 대하여는 담보목적을 넘어서 그 소유권을 행사하지 않을 채무를 부담할 뿐이라고 한다. 따라서 이에 위반하면 채무불이행으로 인한 손해배상의무를 지게 된다. 그러므로 채무변제기 전이라도 목적물을 제3자에게 양도하면 양수인은 선의·악의를 불문하고 목적물의 소유권을 유효하게 취득한다고 한다.

(2) 가등기담보법 제정 후

① 단지 채무의 담보를 위하여 채무자가 자기 비용과 노력으로 신축하는 건물의 건축허가명의를 채권자명의로 하였다면 완성된 건물의 소유권은 일단 이를 건축할 채무자가 원시적으로 취득한 후 채권자명의로 소유권보존등기를 마침으로써 담보목적의 범위 내에서 위 채권자에게 그 소유권이 이전된다고 보아야 한다(대법원 1990. 4. 24. 선고 89다카18884 판결).

② 부동산이 귀속청산의 방법으로 담보권이 실행되어 그 소유권이 채권자에게 확정적으로 이전되었다고 인정하려면 우선 당사자로부터 담보권의 실행이 귀속청산의 방법으로 이루어졌다는 주장이 있어야 하고, 또한 채권자가 가등기에 기하여 본등기를 경료하였다는 사실만으로는 부족하고 담보부동산을 적정한 가격으로 평가한 후 그 대금으로써 피담보채권의 원리금에 충당하고 나머지 금원을 반환하거나 평가 금액이 피담보채권액에 미달하는 경우에는 채무자에게 그와 같은 내용의 통지를 하는 등 정산절차를 마친 사실이 인정되어야 한다(대법원 1996. 7. 30. 선고 95다11900 판결).

③ 양도담보의 경우에 채권담보를 위하여 신탁적으로 양도담보권자에게 건물의 소유권이 이전될 뿐 확정적·종국적으로 이전되는 것은 아니고, 또한 특별한 사정이 없는 한 양도담보권자가 건물의 사용수익권을 갖는 것도 아니다(대법원 1995. 7. 25. 선고 94다46428 판결).

④ 동산에 관한 양도담보권자는, 그 청산절차를 마치기 전이라 하더라도, 담보목적물에 대한 사용수익권은 없지만 제3자에 대한 관계에서는 그 물건의 소유자로서 권리를 행사할 수 있다(대법원 1994. 8. 26. 선고 93다44739 판결).

이러한 판례의 입장에 찬성한다. 왜냐하면 소비대차계약에 기한 동산의 양도담보의 경우에는 동산의 가액이 부동산에 비하여 크지 않고, 특히 일반적으로 소비대차계약상의 채권담보를 목적으로 당해 동산을 양도한 경우에도 그 급부간의 균형이 유지될 가능성이 있기 때문에 불합리한 계약관계를 형성할 가능성이 없다고 생각한다. 만약 불합리한 계약을 체결한 경우에도 제103조 내지 제104조에 의하여 개별적으로 이해관계인의 법익 형량을 판단할 수 있다. 특히 소비대차계약에 기한 부동산의 양도담보나 대물변제의 예약의 경우에는 일반적으로 불합리한 계약관계를 체결하는 것이 종래에 만연하였고, 이를 규율할 목적으로 가등기담보법이 제정된 것이라는 점에서 그 적용범위를 확대할 필요는 없을 것으로 생각한다.

3) 검토

현행 가등기담보법의 입법취지와 관련규정을 고려한다면 담보물권설이 타당하다고 생각된다. 왜냐하면 담보물권설에 의하지 않는다면, 양도담보권자가 등기명의자로 등기부에 기입된 것은 분명하지만, 가등기담보법 제4조 제2항과 제11조의 규정내용을 설명할 수 없기 때문이다. 우선 가등기담보법 제4조 제2항은 "담보부동산에 관하여 이미 소유권이전등기가 경료된 경우에는 청산기간 경과 후 청산금을 채무자 등에게 지급한 때에 비로소 채권자(즉 양도담보권자)가 목적물에 대한 소유권을 취득한다"고 규정하고 있다. 즉 채권자에게 소유권이전등기가 경료되었다고 하더라도 청산절차를 거치지 않으면, 양도담보권자는 소유권자가 아니라는 것이다. 그리고 가등기담보법 제11조는 채무자는 청산금을 완제받기 전까지는 채무액을 채권자(즉 양도담보권자)에게 지급하고 소유권이전등기의 말소를 청구할 수 있다. 그러나 채무자의 말소등기청구권은 다음의 경우에는 행사할 수 없다. 채무의 변제기로부터 10년이 경과한 때, 선의의 제3자가 목적물에 대한 소유권을 취득한 때이다. 이렇게 가등기담보법 제11조의 규정에 의하면, 양도담보권자가 목적물을 제3자에게 양도한 때에 만일 그 제3자가 악의인 경우에는 제3자의 소유권취득이 부인된다고 규정하고 있다. 즉 가등기담보법에 의하면, 양도담보권자가는 원칙적으로 소유권자가 아니라는 전제에서, 거래안전을 고려하여 예외적으로 선의자인 경우에 소유권을 취득할 수 있도록 특별규정을 둔 것이라고 보아야 한다.

가등기담보등에관한법률

제4조(청산금의 지급과 소유권의 취득)

① 채권자는 제3조 제1항에 따른 통지 당시의 담보목적부동산의 가액에서 그 채권액을 뺀 금액(이하 "청산금"이라 한다)을 채무자 등에게 지급하여야 한다. 이 경우 담보목적부동산에 선순위담보권(先順位擔保權) 등의 권리가 있을 때에는 그 채권액을 계산할 때에 선순위담보 등에 의하여 담보된 채권액을 포함한다.

② 채권자는 담보목적부동산에 관하여 이미 소유권이전등기를 마친 경우에는 청산기간이 지난 후 청산금을 채무자 등에게 지급한 때에 담보목적부동산의 소유권을 취득하며, 담보가등기를 마친 경우에는 청산기간이 지나야 그 가등기에 따른 본등기(本登記)를 청구할 수 있다.

③ 청산금의 지급채무와 부동산의 소유권이전등기 및 인도채무(引渡債務)의 이행에 관하여는 동시이행의 항변권(抗辯權)에 관한 「민법」 제536조를 준용한다.

④ 제1항부터 제3항까지의 규정에 어긋나는 특약(特約)으로서 채무자 등에게 불리한 것은 그 효력이 없다. 다만, 청산기간이 지난 후에 행하여진 특약으로서 제삼자의 권리를 침해하지 아니하는 것은 그러하지 아니하다. 제11조(채무자 등의 말소청구권) 채무자 등은 청산금채권을 변제받을 때까지 그 채무액(반환할 때까지의 이자와 손해금을 포함한다)을 채권자에게 지급하고 그 채권담보의 목적으로 마친 소유권이전등기의 말소를 청구할 수 있다. 다만, 그 채무의 변제기가 지난 때부터 10년이 지나거나 선의의 제삼자가 소유권을 취득한 경우에는 그러하지 아니하다.

3. 양도담보의 설정 및 이전

현행 법률에 의하면, 양도담보는 부동산 및 동산 모두를 할 수 있다.

＊독일에 있어서 양도담보의 대상

독일의 경우에는 양도담보의 목적물은 동산에 한정된다. 독일에 있어서 부동산소유권 이전을 내용으로 하는 법률행위는 Auflassung에 의하여야만 하는데, 이 Auflassung(부동산소유권이전의 합의)에는 조건과 기한을 붙이지 못하도록 법률이 규정하고 있다(독일민법 제925조 제2항). 따라서 채무변제를 할 경우에 소유권을 다시 이전할 것을 조건으로 하는 부동산 양도담보는 독일에서는 가능하지 않다. 한편, 우리의 경우에는 민법상 그러한 특별규정이 존재하지 않으므로 물권행위가 비록 부동산소유권이전의 합의이라도 조건, 기한을 붙이는 것이 허용된다.

다만, 다수의 집합물에 대한 양도담보가 가능한지 문제가 된다. 원칙적으로 현행 민법은 일물일권주의를 채택하고 있기 때문에 물건의 집단에 대하여 하나의 물권이 당연히 성립될 수는 없다. 즉 물건의 집단(집합물)에 대하여 사인 간에 양도담보설정계약을 체결하였다는 것과 당해 계약에 의하여 담보권이 유효하게 설정되었다는 것은 구별될 필요가 있다는 것이다. 왜냐하면 일물일권주의를 채택하고 있는 현행 민법의 기본입장을 관철시킨다면, 집합물에 대한 양도담보설정계약에 의하여 하나의 담보권이 유효하게 설정된 것으로 보기 위해서는 특별한 사정이 충족되어야 하기 때문이다. 판례에 의하면, 일반적으로 일단의 증감 변동하는 동산을 하나의 물건으로 보아 이를 채권담보의 목적으로 삼으려는 이른바 집합물에 대한 양도담보설정계약체결도 가능하며 이 경우 그 목적동산이 담보설정자의 다른 물건과 구별될 수 있도록 그 종류, 장소 또는 수량지정 등의 방법에 의하여 특정되어 있으면 그 전부를 하나의 재산권으로 보아 이에 대해 유효한 담보권의 설정이 된 것으로 볼 수 있다는 입장이다(대법원 1990. 12. 26. 선고 88다카20224 판결). 다만, 부동산양도담보와는 달리 동산 양도담보의 경우에는 제3자가 양도담보의 존재를 알지 못한다는 문제가 발생한다. 따라서 은행의 관행은 명인방법과 유사하게, 양도담보의 존재를 알리는 일정한 표식을 하는 것이 보통이다. 관련판례를 소개하면, 제강회사가 제품생산에 필요하여 반입하는 원자재를 일정기간 계속하여 채권담보의 목적으로 삼으려는 소위 집합물양도담보권설정계약에 있어서는 목적동산의 종류와 수량의 범위가 지정되고 그 소재장소가 특정되어 있으면 그 전부를 하나의 재산권으로 보아 담보권의 설정이 가능하다. 그러한 경우 양도담보권자는 담보권설정계약 당시 존재하는 원자재의 점유를 점유개정에 의해 취득하면 제3자에 대해 그 동산의 소유권(담보권)을 주장할 수 있다. 그 후 새로이 반입되는 개개의 물건에 대해 그 때마다 점유개정의 표시를 해야 하는 것은 아니라고 한다(85누941).

＊○× 문제

• 일반적으로 일단의 증감 변동하는 동산을 하나의 물건으로 보아 이를 채권담보의 목적으로 삼으려는 이른바 집합물에 대한 양도담보설정계약을 체결하는 것도 가능하다(○).

• 일반적으로 일단의 증감 변동하는 동산을 하나의 물건으로 보아 이를 채권담보의 목적으로 삼으려는 이른바 집합물에 대한 양도담보설정계약을 체결하는 것도 가능하기 때문에 이러한 경우에는 특별한 사정이 없는 한 전부를 하나의 재산권으로 보아 이에 대해 유효한 담보권이 설정이 된 것으로 볼 수 있다(×).

　집합물에 대한 양도담보설정계약에 의하여 하나의 담보권이 유효하게 설정된 것으로 보기 위해서는 목적동산이 담보설정자의 다른 물건과 구별될 수 있도록 그 종류, 장소 또는 수량지정 등의 방법에 의하여 특정되어 있으면 그 전부를 하나의 재산권으로 보아 이에 대해 유효한 담보권의 설정이 된 것으로 볼 수 있다.

＊대법원 1990. 12. 26. 선고 88다카20224 판결 【제3자이의】

【판시사항】

　가. 일단의 증감 변동하는 동산의 집합물에 대한 양도담보설정계약이 유효하기 위한 목적물의 특정방법

　나. 양도담보계약서 중 양도물건목록에 특정 양만장 내의 뱀장어 약 백만마리라고 기재되어 있는 경우의 의사해석

　다. 특정 양만장 내의 뱀장어 등 어류전부에 대한 양도담보계약의 효력 유무(적극)

　라. 집합물에 대한 양도담보설정계약의 효력이 미치는 범위

【판결요지】

　가. 일반적으로 일단의 증감 변동하는 동산을 하나의 물건으로 보아 이를 채권담보의 목적으로 삼으려는 이른바 집합물에 대한 양도담보설정계약체결도 가능하며 이 경우 그 목적 동

산이 담보설정자의 다른 물건과 구별될 수 있도록 그 종류, 장소 또는 수량지정 등의 방법에
의하여 특정되어 있으면 그 전부를 하나의 재산권으로 보아 이에 유효한 담보권의 설정이 된
것으로 볼 수 있다.

나. 양도담보계약서 중 양도물건목록에 소재지, 보관창고명과 목적물이 양만장 내 뱀장어,
수량 약 백만 마리라고 기재되어 있을 뿐이고 특별히 위 양만장 내의 뱀장어 중 1,000,000마
리로 그 '수량을 지정'하여 담보의 범위를 제한한 사실이 인정되지 않는다면 위 양도담보계
약서에 기재된 수량은 단순히 위 계약 당시 위 양만장 내에 보관하고 있던 뱀장어 등의 수를
개략적으로 표시한 것에 불과하고 당사자는 위 양만장 내의 뱀장어 등 어류 전부를 그 목적
으로 하였다고 봄이 당사자의 의사에 합치된다고 할 것이다.

다. 성장을 계속하는 어류일지라도 특정 양만장 내의 뱀장어 등 어류 전부에 대한 양도담
보계약은 그 담보목적물이 특정되었으므로 유효하게 성립하였다고 할 것이다.

라. 집합물에 대한 양도담보권설정계약이 이루어지면 그 집합물을 구성하는 개개의 물건이
변동되거나 변형되더라도 한 개의 물건으로서 동일성을 잃지 아니하므로 양도담보권의 효력
은 항상 현재의 집합물 위에 미치는 것이고, 따라서 양도담보권자가 담보권설정계약 당시 존
재하는 집합물을 점유개정의 방법으로 그 점유를 취득하면 그 후 양도담보설정자가 그 집합
물을 이루는 개개의 물건을 반입하였다 하더라도 그때마다 별도의 양도담보권설정계약을 맺
거나 점유개정의 표시를 하여야 하는 것은 아니다.

【참조조문】
　가.나.다.라. 민법 제372조 / 나. 민법 제105조

【전문】
【원고, 피상고인】　한국외환은행 소송대리인 변호사 이재후
【피고, 상고인】　동화석유주식회사 외 4인 피고들 소송대리인 변호사 이상규
【원심판결】　광주고등법원 1988. 6. 23. 선고 87나604 판결

【주문】
　상고를 모두 기각한다.

상고비용은 피고들의 부담으로 한다.

【이유】

상고이유를 판단한다.

원심판결 이유에 의하면 원심은, 당사자 간에 다툼이 없는 사실과 거시증거를 종합하여 소외 대한제당주식회사가 1986. 6. 17. 소외 박도배에 대한 광주지방법원 86카5489호 유체동산가압류결정에 기하여 판시 박도배 경영의 대수개발양만장 내에 있던 뱀장어에 대한 가압류집행을 하고 피고 동화석유주식회사도 1986. 9. 6. 위 뱀장어에 대하여 위 박도배에 대한 위 법원 86카7983호 유체동산가압류결정에 기하여 강제집행을 한 사실, 위 가압류물건인 뱀장어는 그 보존관리에 특별한 주의가 필요하고 사육에 많은 비용을 요하게 되어 광주지방법원 소속집달관 염동헌은 1986. 9. 6. 위 양만장 내의 뱀장어 26,500킬로그램을 사육불능에 따른 특수보존처분으로서 이를 경매하여 환가한 대금 180,366,750원 중 경매비용을 공제한 나머지 금 176,875,500원을 보관하게 된 사실, 위 보관금에 대하여 피고 유진상교주식회사, 피고 유덕님, 피고 이성용 및 피고 박복균 등이 원심판시와 같은 각 집행력 있는 공정증서정본에 기하여 강제집행을 한 사실, 원고는 1985. 3. 20. 위 박도배와 당시 위 박도배가 원고에 대하여 부담하고 있던 채무 금 410,000,000원과 장래 부담하게 될 채무를 한도액 금 1,400,000,000원으로 하여 이를 담보할 목적으로 위 양만장 내에 있던 뱀장어를 약 1,000,000마리로 추산하여 이를 일괄하여 원고에게 소유권을 양도하고 이를 인도하되 점유개정에 의하여 위 박도배가 계속하여 위 뱀장어를 점유하고 관리, 사육하면서 원고의 승낙하에 이를 처분할 수 있음과 동시에 장래에 있어서 위 양만장에 입식하는 뱀장어도 1,000,000마리의 한도 내에서 위 담보의 목적으로 되어 원고가 그 소유권을 갖기로 하되 위 뱀장어는 치만(새끼뱀장어)을 구입하여 양만장에 입식시킨 후 약 1년 내지 1년 6월 정도 사육한 성만이 되었을 때가 그 성장도와 경제성에 비추어 상품으로서의 가치가 가장 높아 그 때에 처분하여야 하고 또한 이를 위하여는 계속적으로 치만을 구입하여 양만장에 입식시켜야 하는데 위 박도배도 위 양만장 내에 있던 뱀장어 중 적정크기의 뱀장어를 원고의 승낙하에 처분하여 그 대금을 채무변제와 인건비, 사육비 및 치만구입비 등에 사용하기로 하는 내용의 양도담보계약을 체결한 사실을 각 인정한 후 원고와 위 박도배 사이의 위 양도담보계약의 목적물은 위 박도배의 다른 재산과 구별되는 위 양만장 내의 뱀장어 1,000,000마리로 한정되어 있고 또한 위 뱀장어는 위 양만장 내의 개개의 뱀장어를 떠난 1,000,000마리의 한도 내에서 증감 변동하는 집합동산으로서 계속적으로 단일한 경제적 가치가 유지되어 양도담보계약의 목적물로 될 수 있을 정도로 특정되어 위 양도담보계약은 유효한 계약이라 할 것이고 따라서 피고들이 위와 같이 강제집행할 당시의 위 양만장 내의 뱀장어 약 26,500킬로그램 상당은 원고의 소유이며 이를 환가한 위 금 176,875,500원의 금원 역시 원고의 소유라 할 것이므로 피고들이 위 박도배에 대한 각 채무명의에 기하여 원고소유의 위 뱀장어 및 금원에 대하여 한 위 각 강제집행은 부당하다고 판시하였음을 알 수 있다.

일반적으로 일단의 증감 변동하는 동산을 하나의 물건으로 보아 이를 채권담보의 목적으로 삼으려는 이른바 집합물에 대한 양도담보설정계약체결도 가능하며 이 경우 그 목적동산이 담보설정자의 다른 물건과 구별될 수 있도록 그 종류, 장소 또는 수량지정 등의 방법에 의하여 특정되어 있으면 그 전부를 하나의 재산권으로 보아 이에 대해 유효한 담보권의 설정이 된 것으로 볼 수 있다 할 것인바(당원 1988. 10. 25. 선고 85누941 판결; 1988. 12. 27. 선고 87누1043 판결 각 참조), 살피건대 원심은 원고와 위 소외인이 이 사건 양도담보계약의 목적물로 위 양만장 내에서 사육 관리되고 있는 뱀장어 중 1,000,000마리의 한도 내라고 약정한 사실을 인정하여 위 양도담보계약은 목적물이 특정되었으므로 유효하다고 판단하였으나 원심이 인용한 양도담보계약서(갑 제2호증의 1) 중 양도물건목록에는 소재지란에 담양군 금성면 대곡리 646 등, 보관창고명란에 대수개발양만장, 물건의 종별란에 위 양만장 내 뱀장어, 수량 약 백만 마리라고 기재되어 있을 뿐이며, 원심 및 제1심증인 정대웅, 원심증인 최경남의 각 증언에 의하면 위 양도담보계약의 목적물로 계약당시 위 양만장 내의 모든 뱀장어 수를 약 1,000,000마리로 추산하여 그 전부를 목적물로 하였다는 취지로 증언하고 있고 달리 위 양만장 내의 뱀장어 중 1,000,000마리로 그 수량을 지정하여 담보의 범위를 제한한 사실을 인정하였다고 보기는 어려운 이 사건에 있어서 위 양도담보계약서에 기재된 수량은 단순히 위 계약 당시 위 양만장 내에 보관되고 있던 뱀장어 등의 수를 개략적으로 표시한 것에 불과하고 오히려 당사자는 위 양만장 내의 뱀장어 등 어류 전부를 그 목적으로 하였다고 봄이 당사자의 의사에 합치된다고 할 것이다.

그렇다면 비록 성장을 계속하는 어류일지라도 기본적으로는 원자재, 제품의 원료, 재고상품과 달리 볼 아무런 이유가 없어 집합물 양도담보의 대상이 될 수 있다 할 것이어서 위 양만장 내의 뱀장어 등 전부에 대한 위 당사자 간의 이 사건 양도담보계약은 그 담보목적물이 특정되었다 할 것이므로 그 담보계약은 유효하게 성립하였다고 할 것이며, 이러한 집합물에 대한 양도담보권설정계약이 이루어지면 그 집합물을 구성하는 개개의 물건이 변동되거나 변형되더라도 한 개의 물건으로서의 동일성을 잃지 아니한 채 양도담보권의 효력은 항상 현재의 집합물 위에 미치는 것이고 따라서 양도담보권자가 담보권설정계약 당시 존재하는 집합물을 점유개정의 방법으로 그 점유를 취득하면 그 후 양도담보설정자가 그 집합물을 이루는 개개의 물건을 반입하였다 하더라도 그 때마다 별도의 양도담보권설정계약을 맺거나 점유개정의 표시를 하여야 하는 것은 아니라고 할 것이다.

결국 원심이 이 사건 뱀장어 1,000,000마리만을 양도담보의 목적으로 한 듯이 설시한 점은 잘못이라 하겠으나 이 사건 양도담보계약이 유효하다고 보아 위 환가대금에 대한 피고들의 가압류 내지 강제집행을 부당하다고 본 결론은 정당하며 또 거기에 뱀장어 1,000,000마리만이 이 사건 양도담보의 목적이 된 것을 전제로 한 법리오해, 채증법칙위반, 심리미진 내지 이유불비의 위법이나 달리 소론과 같은 판단유탈의 위법이 있다 할 수 없다. 논지는 모두 이유 없다.

그러므로 상고를 모두 기각하고 상고비용은 패소자의 부담으로 하기로 하여 관여 법관의 일치된 의견으로 주문과 같이 판결한다.

대법관　　배석(재판장)　이회창　김상원　김주한

양도담보를 설정하기 위해서는 양도담보계약과 공시방법을 갖추어야 한다. 부동산의 경우에는 등기를 경료해야 하고, 동산의 경우에는 인도를 하여야 한다. 특히 동산양도담보에 있어서 인도는 점유개정의 형식으로 이루어지는 것이 보통이다. 이러한 점에서 점유를 반드시 이전해야만 질권이 성립하는 동산질권과 차이가 있다. 한편, 현행 가등기담보법은 양도담보의 법적 구성을 담보물권설의 입장에서 규율하고 있다고 생각된다. 따라서 양도담보권은 피담보채권과 함께 양도할 수 있다(제361조). 왜냐하면 양도담보권은 실질적으로 채권을 담보하기 위하여 외형상 소유권을 이전한 것이기 때문이다.

> **민법**
>
> 제361조(저당권의 처분제한)
> 저당권은 그 담보한 채권과 분리하여 타인에게 양도하거나 다른 채권의 담보로 하지 못한다.

4. 양도담보의 효력

1) 효력이 미치는 범위

(1) 피담보채권의 범위

담보물권설에 의하면, 저당권의 피담보채권의 범위에 관한 민법 제360조의 규정은 양도담보권에도 적용된다고 한다. 한편, 신탁적 소유권이전설에 의하면, 대외적 소유권을 양도담보권자가 가지므로 저당권에서와 같은 제한은 없다고 한다.

(2) 목적물의 범위

담보물권설에 의하면, 설정계약에서 정하게 되겠지만, 부합물·종물 등에 관하여는 민법 제358조의 규정 및 그에 관한 이론이 그대로 적용된다고 한다. 한편, 신탁적 소유권이전설에 의하면, 권리양도(매매)와 마찬가지로 설정계약에서 정하겠지만, 특별한 약정이 없으면 목적권리가 미치는 범위와 같을 것이며 종물에 관한 민법 제100조 제2항이 적용된다고 본다. 과실수취권은 목적물 용익관계에 의해 정해진다(96다25463 · 2000다20465).

(3) 물상대위성

담보물권설에 의하면 양도담보권은 일종의 담보물권이므로 당연히 물상대위성을 가지며, 민법 제342조가 유추적용되지만 동조 후문(지급 또는 인도 이전에 압류하여야 한다)의 규정은 적용이 없다고 한다. 한편, 신탁적 소유권이전설에 의하면, 목적물의 멸실·훼손 또는 공용징수로 인하여 받을 금전 기타 물건은 당연히 대외적 소유자인 양도담보권자에게 귀속하므로 대위의 필요성이 없다고 본다.

(4) 불가분성

담보물권설과 신탁적 소유권이전설 모두 불가분성은 인정한다.

2) 대내적 효력

신탁적 소유권이전설에 의하든 담보물권설에 의하든 양도담보권설정자가 목적물의 사용, 수익권

자이다. 왜냐하면 가등기담보법이 적용되는 경우에는 담보권설정자가 소유자이므로 설정자가 사용
·수익권자가 되고, 가등기담보법이 적용되지 않는 경우에는 대내적으로는 담보권설정자가 소유자
이므로 설정자가 사용·수익권자가 된다. 한편, 판례도 양도담보설정자와 양도담보권자 사이에 양
도담보권자가 목적물을 사용·수익하기로 하는 약정이 없는 이상 목적부동산을 임대할 권한은 양
도담보설정자에게 있고(2001다40213), 특별한 사정이 없는 한 양도담보권자는 사용·수익할 수
있는 정당한 권한이 있는 채무자나 채무자로부터 그 사용·수익권을 승계한 자에 대하여는 임료
상당의 손해배상이나 부당이득반환 청구를 할 수 없다(87다카2555)고 한다.

> ***대법원 1988. 11. 22. 선고 87다카2555 판결**
>
> 일반적으로 부동산을 채권담보의 목적으로 양도한 경우 특별한 사정이 없는 한 목적부동산
> 에 대한 사용수익권은 채무자인 양도담보설정자에게 있는 것이므로 양도담보권자는 사용수익
> 할 수 있는 정당한 권한이 있는 채무자나 채무자로부터 그 사용수익할 수 있는 권한을 승계
> 한 자에 대하여는 사용수익을 하지 못한 것을 이유로 임료상당의 손해배상이나 부당이득반환
> 청구는 할 수 없다.

담보권설정자와 담보권자는 모두 목적물의 처분 또는 훼손으로 인하여 상대방의 권리를 소멸시
킨다거나 해하지 않아야 할 의무가 있고, 이러한 의무를 위반하게 되면 양도담보계약상의 채무불
이행을 이유로 손해배상청구권을 행사할 수 있다. 그런데 양도담보권자가 목적물을 선의의 제3자
에게 처분하여 선의취득(동산인 경우) 또는 가등기담보법 제11조 단서에 따라 선의의 제3자가 소
유권을 취득한 경우에 양도담보권설정자는 담보권자에게 목적물 가액 상당의 손해배상을 청구할
수 있다. 한편, 동산의 경우에는 양도담보를 점유개정에 의하므로, 양도담보설정자가 제3자에게 처
분하여 제3자가 선의취득규정에 의하여 양도담보의 부담 없는 완전한 소유권을 취득한 경우에는
양도담보권자는 담보권을 상실하게 된다. 물론 담보권자의 손해배상액은 자신의 피담보채권 상당
액이 될 것이다. 다만, 동산양도담보에 있어서 점유개정의 경우에는 제3자가 선의취득을 할 수 없
다는 것이 판례의 입장이다.

> ***대법원 2004. 10. 28. 선고 2003다30463 판결**
>
> "금전채무를 담보하기 위하여 채무자가 그 소유의 동산을 채권자에게 양도하되 점유개정에
> 의하여 채무자가 이를 계속 점유하기로 한 경우 특별한 사정이 없는 한 동산의 소유권은 신
> 탁적으로 이전됨에 불과하여 채권자와 채무자 사이의 대내적 관계에서 채무자는 소유권을 보

유하나 대외적인 관계에 있어서 채무자는 동산의 소유권을 이미 채권자에게 양도한 무권리
자가 되는 것이어서 다시 다른 채권자와의 사이에 양도담보설정계약을 체결하고 점유개정
의 방법으로 인도를 하더라도 선의취득이 인정되지 않는 한 나중에 설정계약을 체결한 채
권자는 (무권리자로부터 양도받은 것이므로)양도담보권을 취득할 수 없는데, 현실의 인도가
아닌 점유개정으로는 선의취득이 인정되지 아니하므로, 결국 뒤의 채권자는 양도담보권을
취득할 수 없다"

부동산의 양도담보의 경우에는 선의취득이 인정되지 않고, 또한 양도담보설정자는 형식상 등기
명의인이 아니므로 처분할 수도 없다. 그리고 양도담보설정자의 경우에는 악의이므로 양도담보권
자의 처분행위에 의한 제11조 단서도 적용될 수 없다.

> **가등기담보등에관한법률**
>
> 제11조(채무자 등의 말소청구권) 채무자 등은 청산금채권을 변제받을 때까지 그 채무액(반환
> 할 때까지의 이자와 손해금을 포함한다)을 채권자에게 지급하고 그 채권담보의 목적으로 마
> 친 소유권이전등기의 말소를 청구할 수 있다. 다만, 그 채무의 변제기가 지난 때부터 10년이
> 지나거나 선의의 제삼자가 소유권을 취득한 경우에는 그러하지 아니하다. [전문개정 2008. 3.
> 21]

3) 대외적 효력

담보물권설에 의하면 양도담보권자는 대내적이든 대외적이든 소유권자가 아니지만, 신탁적 소유
권이전설에 의하면 양도담보권자는 대외적으로는 소유권자가 된다. 그런데 양도담보권자가 소유권
자로 되어있는 상태에서 목적물을 제3자에게 처분하는 경우에 제3자가 소유권을 취득할 수 있는
지가 문제된다. 담보물권설에 의하면, 소유자는 대내적 및 대외적으로 양도담보설정자가 된다. 따
라서 양도담보권자에 의한 처분행위는 무효가 된다. 다만, 가등기담보법 제11조 단서에 의하여 설
정자는 선의의 양수인에게는 대항하지 못하므로 선의의 제3자는 소유권을 반사적으로 취득할 수
있다. 물론 양도담보의 목적물이 동산인 경우에는 선의취득에 의하여 양수인이 소유권을 취득할
수 있는 가능성이 있다. 그런데 판례에 의하면, 현실의 인도가 아닌 점유개정으로는 선의취득이
인정되지 않는다는 입장이다(대법원 2004. 10. 28. 선고 2003다30463 판결). 그리고 양수인이 양
도담보권을 취득할 목적으로 소유권을 이전받은 것이라면, 담보권이전의 합의와 함께 피담보채권

의 양도도 함께 있어야 한다. 즉 채권양도규정에 의하여 양도담보권자가 설정자에게 통지하거나 설정자의 승낙을 얻어야 한다. 한편, 신탁적 소유권이전설에 의하면, 양수인이 선의이든 악의이든 소유권을 취득하게 된다.

한편, 양도담보권설정자가 목적물을 제3자에게 처분한 경우에, 담보물권설에 의하면 목적물에 대한 소유권은 여전히 양도담보설정자에게 있기 때문에 양도담보설정자는 제3자에게 처분할 수 있다. 다만, 부동산의 경우에는 담보권자가 등기명의자로 되어 있기 때문에 양도담보설정자가 처분하는 것은 실제로 발생할 여지가 없다. 그리고 동산의 경우에는 가등기담보법이 적용되지 않는다는 판례에 의한다면, 대내적 관계에서는 양도담보설정자가 소유권자이지만, 대외적 관계에서는 담보권자가 소유권자이므로 양도담보설정자가 제3자에게 처분할 수는 없고, 다만, 양수인이 선의취득의 요건을 갖추고 있는 경우에는 양도담보의 제한이 있는 소유권이 아닌 완전한 소유권을 취득할 수 있다. 한편, 신탁적 소유권이전설의 입장에서는 양도담보설정자는 대외적인 처분권이 없기 때문에 담보물권설정자의 처분행위는 무효가 된다. 양도담보권자의 일반채권자가 강제집행을 하는 경우에 양도담보설정자는 제3자 이의의 소를 제기할 수 있다. 왜냐하면 양도담보설정자는 목적물의 소유권자이기 때문이다. 만약 신탁적소유권이전설에 의한다면 양도담보설정자는 대외적으로 소유권자가 아니므로 제3자 이의의 소를 제기할 수 없다. 이에 반하여 양도담보설정자의 일반채권자가 강제집행을 하는 경우에 담보권자는 제3자이의의 소를 제기할 수 없다. 왜냐하면 목적물에 대한 소유권자는 양도담보권자가 아니라 양도담보설정자이기 때문이다. 담보권자가 파산한 경우에도 담보물권설에 의하면, 양도담보설정자는 담보권자에게 채무를 변제하고 환취권을 행사하여 자신소유의 물건을 되찾을 수 있다. 구 파산법 제80조는 "파산선고 전에 파산자에게 재산을 양도한 자는 담보의 목적으로 한 것을 이유로 그 재산을 환취할 수 없다"라고 규정되어 있었다. 따라서 구 파산법 제80조는 담보물권설의 입장을 취하고 있는 가등기담보법과 상충된다는 비판이 있었다. 그런데 파산법이 폐지된 이후에 제정된 '채무자회생및파산에관한법률'에서는 당해 규정이 삭제된 것으로 보인다. 양도담보설정자가 파산한 경우에 담보물권설에 의하면, 담보권자가 환취권을 행사할 수는 없고 다만 별제권을 행사할 수 있을 뿐이다.

채무자회생및파산에관한법률

제411조(별제권자) 파산재단에 속하는 재산상에 존재하는 유치권·질권·저당권 또는 전세권을 가진 자는 그 목적인 재산에 관하여 별제권을 가진다.

제3자의 권리침해를 이유로 물권적 청구권을 행사하는 경우에도 양도담보설정자는 소유권에 기하여 물권적 청구권을 행사할 수 있지만, 담보권자는 양도담보권에 기하여 물권적 청구권을 행사할 수 있을 뿐이다. 제3자의 권리침해를 이유로 손해배상을 청구하는 경우에도 양도담보설정자는 소유권 침해를 이유로 손해배상청구를 할 수 있고, 담보권자는 양도담보권의 침해를 이유로 손해배상청구를 할 수 있다. 한편, 제3자가 목적물을 멸실·훼손하는 등으로 불법행위를 한 경우에 담보물권설에 의하면 양도담보권자와 설정자 쌍방이 그 제3자에 대해 손해배상청구권을 취득한다. 양도담보권자가 청구할 수 있는 배상액은 피담보채권액을 한도로 한다. 양도담보설정자는 양도담보권자가 직접 가해자로부터 배상받은 때에는 그 액만큼 피담보채무를 면하고 나머지 금액만을 청구할 수 있고, 양도담보권자가 가해자로부터 직접 배상받고 있지 않은 때에는 양도담보설정자는 전액을 청구할 수 있지만 그로부터 피담보채무를 변제해야 한다. 한편, 신탁적 소유권이전설에 의하면, 대외적 소유자인 양도담보권자만이 손해배상청구권을 가진다. 또한 제3자가 법률상 원인 없이 목적물을 점유함으로써 임료상당의 부당이득을 얻고 있는 경우에 담보물권설에 의하면 양도담보설정자가 부당이득반환청구권을 갖게 되지만, 신탁적 소유권이전설에 의하면 대외적 소유자인 양도담보권자만이 부당이득반환청구권을 가지게 된다.

◆ 건축주가 타인의 대지를 매수하여 연립주택을 신축하면서 대지소유자와의 합의에 따라 대지매매대금 채무의 담보를 위해 그 연립주택에 관한 건축허가 및 그 소유권보존등기를 대지소유자의 명의로 해두었다면, 완성된 연립주택은 일단 이를 건축한 건축주가 원시적으로 취득한 후 대지소유자 명의로 소유권보존등기를 마침으로써 담보목적의 범위 내에서 대지소유자에게 그 소유권이 이전되었다고 보아야 하고, 이러한 경우 원시취득자인 건축주로부터 연립주택을 적법하게 임차하여 입주하고 있는 임차인에 대하여 대지소유자가 그 소유자임을 내세워 명도를 구할 수는 없다[96다9218]. 즉 양도담보권자가 담보물의 소유자임을 내세워 설정자로부터 담보물을 임차받은 임차인에게 명도를 구할 수는 없다. 담보물의 용익권은 설정자에게 있기 때문이다. 그러나 채무자의 이행지체를 이유로 양도담보권자가 환가절차를 통해 담보물을 제3자에게 양도하면 임차인은 그 양수인에게 대항할 수 없다(2000다47682).

4) 양도담보의 실행

가등기담보법은 양도담보와 관련하여 "담보계약이라 함은 민법 제608조의 규정에 의하여 그 효력이 상실되는 대물반환의 예약(환매·양도담보 기타 명목 여하를 불문한다)에 포함되거나 병존하는 채권담보의 계약을 말한다(제2조)"라고 규정하고 있다. 그리고 "채권자는 담보부동산에 관하여 이미 소유권이전등기가 경료된 경우에는 청산기간 경과 후 청산금을 채무자 등에게 지급한 때에 목적부동산의 소유권을 취득하며(제4조 제2항 전단)", "채무자 등은 청산금채권을 변제받을 때까지 그 채무액(반환 시까지의 이자와 손해금을 포함한다)을 채권자에게 지급하고 그 채권담보의 목적으로 경료된 소유권이전등기의 말소를 청구할 수 있다. 다만, 그 채무의 변제기가 경과한 때로 부터 10년이 경과하거나 또는 선의의 제3자가 소유권을 취득한 때에는 그러하지 아니하다(제11 조)”라고 규정하고 있다. 이는 귀속청산(권리취득에 의한 실행)에 관한 가등기담보법 제3조 내지 제11조는 동법 제2조 제1호에 규정된 양도담보에도 적용된다는 것을 의미한다. 그러나 경매신청 ·우선변제청구권에 관한 가등기담보법 제12조 내지 제17조는 ‘담보가등기’를 전제로 하므로 양 도담보에는 적용되지 않는 것으로 보인다. 한편, 양도담보의 경우에는 청산금을 채무자 등에게 지 급한 때에 곧 목적물에 대한 소유권을 취득하지만, 가등기담보는 청산기간이 지나서 그 가등기에 기한 본등기를 경료한 경우에 소유권을 취득하게 된다는 점에서 차이가 있다.

가등기담보등에관한법률

제4조(청산금의 지급과 소유권의 취득)

① 채권자는 제3조 제1항에 따른 통지 당시의 담보목적부동산의 가액에서 그 채권액을 뺀 금액(이하 “청산금”이라 한다)을 채무자 등에게 지급하여야 한다. 이 경우 담보목적부동산에 선순위담보권(先順位擔保權) 등의 권리가 있을 때에는 그 채권액을 계산할 때에 선순위담보 등에 의하여 담보된 채권액을 포함한다.

② 채권자는 담보목적부동산에 관하여 이미 소유권이전등기를 마친 경우에는 청산기간이 지 난 후 청산금을 채무자등에게 지급한 때에 담보목적부동산의 소유권을 취득하며, 담보가등기 를 마친 경우에는 청산기간이 지나야 그 가등기에 따른 본등기(本登記)를 청구할 수 있다.

③ 청산금의 지급채무와 부동산의 소유권이전등기 및 인도채무(引渡債務)의 이행에 관하여 는 동시이행의 항변권(抗辯權)에 관한「민법」제536조를 준용한다.

④ 제1항부터 제3항까지의 규정에 어긋나는 특약(特約)으로서 채무자등에게 불리한 것은 그 효력이 없다. 다만, 청산기간이 지난 후에 행하여진 특약으로서 제삼자의 권리를 침해하지 아 니하는 것은 그러하지 아니하다.

소유권을 이전하지 않는 가등기담보의 경우에는 양도담보설정자가 등기명의를 그대로 보유하고 있기 때문에 후순위권리자가 발생할 수 있지만, 양도담보의 경우에는 가등기담보와 달리 소유권이 전등기가 이미 경료되어 있다는 점에서 후순위권리자가 발생할 여지가 없다.

5. 양도담보의 소멸

양도담보권은 다음과 같은 사유가 존재하면 소멸된다. 첫째, 피담보채권이 소멸된 경우이다. 즉 채무변제가 이루어지면 채권이 소멸하고 이에 부종하여 양도담보권도 소멸한다. 예를 들어 청산금이 있는 경우에는 청산기간 경과 후 청산금이 지급될 때까지 변제할 수 있다. 다만, 채무의 변제기가 경과한 때로부터 10년이 경과하거나 선의의 제3자가 소유권을 취득한 때에는 양도담보의 목적으로 경료된 소유권이전등기의 말소를 청구할 수 없다(법 제11조 단서). 한편, 청산금이 없는 경우에는 청산기간 내에 변제하면 된다.

◆ 소유권이전등기나 소유권이전청구권 보전을 위한 가등기가 확정판결로 인해 경료된 경우라 하더라도, 위 각 등기가 채권담보의 목적으로 경료된 것인 이상 채권자가 확정판결 후에 그 채무액을 채권자에게 모두 변제하였음을 이유로 위 각 등기의 말소를 청구하는 것은 확정판결의 기판력과 저촉된다고 볼 수 없다. 채무자가 피담보채무를 변제공탁하는 과정에서 계산상의 착오로 채무전액을 소멸시키지 못하였다고 보인다면, 채무자의 소유권이전등기 말소청구 중에는 확정된 잔존채무의 변제를 조건으로 소유권이전등기의 말소를 청구하는 취지도 포함되어 있다[92다16157].

또한 피담보채권이 시효로 소멸하면 양도담보권도 이에 부종하여 소멸한다. 이와 관련하여 목적물이 부동산인 경우에 양도담보권이 소멸하면 채무자나 물상보증인은 소유권이전등기 말소등기청구권을 가지며, 이는 물권적 청구권이다. 목적물이 동산인 경우에 설정자가 목적물을 점유하고 있으면 특별한 절차가 필요 없고, 양도담보권자가 점유하고 있으면 설정자는 목적물인도청구권을 행사할 수 있다.

둘째, 목적물이 멸실 또는 훼손된 경우이다. 즉 양도담보의 목적물이 멸실 또는 훼손되면 그 한도에서 양도담보권도 소멸한다. 다만, 피담보채권에는 영향이 없다. 셋째, 담보권이 실행된 경우이다. 즉 양도담보권의 실행으로 귀속청산 또는 처분청산이 종료되면 양도담보권은 소멸한다.

6. 양도담보의 특수문제: 유동집합물의 양도담보

A는 양돈업을 하는 B에게 사업자금명목으로 5,000만 원을 빌려 주면서, 특정 돈사 내의 돼지들(수퇘지, 암퇘지, 정육용 돼지)의 소유권을 양도받기로 하였다. 다만, B는 양돈업을 하지 않으면 차용한 금액을 변제할 방법이 없는 상황이다. 이러한 이유로 A와 B는 점유개정의 방법을 선택하여 종래의 소유권자인 B가 돼지들을 계속 점유한 상태에서 사육하기로 약정하였고, 또한 B의 돈사에 있는 돼지 중에서 정육용 돼지는 출하해도 좋다는 특약을 체결하였다. 그런데 B는 수개월 전에도 사업자금명목으로 친구 C에게 3,500만 원을 차용한 적이 있다. 이후 B의 채권자 C는 자

신이 빌려준 금전채권(3,500만 원)을 변제받기 위하여 B의 돈사에 있는 돼지를 압류한 상태이다.

＊양도담보와 관련한 법적 쟁점

<1>

위의 사례에서, A와 B는 특정한 돈사에 소재한 돼지들에 관하여 양도담보계약을 체결한 것으로 볼 수 있다. 이렇게 증감변동이 예정된 동산에 대하여 하나의 물권을 설정할 수 있는지, 아니면 예외적으로 가능하다면 어떠한 전제요건이 충족되어야 하는지, 만약 B의 채권자인 C가 자신의 채권만족을 위하여 양도담보목적물에 대하여 압류를 한 경우에 양도담보권자인 A와 양도담보권설정자인 B가 제3자 이의의 소를 각각 제기할 경우에 법원은 어떠한 판단을 할 것인지를 기술하시오.

(1) 유동집합물에 대한 양도담보권 인정의 전제요건

현행 민법은 일물일권주의를 채택하고 있기 때문에 물건의 집단에 대하여 하나의 물권이 당연히 성립될 수는 없다. 즉 물건의 집단(집합물)에 대하여 사인 간에 양도담보설정계약을 체결하였다는 것과 당해 계약에 의하여 담보권이 유효하게 설정되었다는 것은 구별될 필요가 있다는 것이다. 왜냐하면 일물일권주의를 채택하고 있는 현행 민법의 기본입장을 관철시킨다면, 집합물에 대한 양도담보설정계약에 의하여 하나의 담보권이 유효하게 설정된 것으로 보기 위해서는 '특별한 사정'이 충족되어야 하기 때문이다.

판례에 의하면, 일반적으로 일단의 증감 변동하는 동산을 하나의 물건으로 보아 이를 채권담보의 목적으로 삼으려는 이른바 집합물에 대한 양도담보설정계약체결도 가능하며 이 경우 그 목적동산이 담보설정자의 다른 물건과 구별될 수 있도록 그 종류, 장소 또는 수량지정 등의 방법에 의하여 특정되어 있으면 그 전부를 하나의 재산권으로 보아 이에 대해 유효한 담보권의 설정이 된 것으로 볼 수 있다는 입장이다(대법원 1990. 12. 26. 선고 88다카20224 판결).

(2) A와 B가 제기한 제3자 이의의 소의 각하 여부

현행 민사집행법에 의하면, 제3자 이의의 소는 강제집행의 대상이 된 목적물의 소유권자만이 제기할 수 있다(민사집행법 제48조). 따라서 A 및 B의 법적 지위가 소유권자인지, 아니면 양도담보권자 인지의 여부에 의하여 부적법 각하 여부가 결정될 것이다.

현행 판례에 의하면, 동산에 관하여 양도담보계약을 체결한 경우에는 신탁적 소유권이전설의 입장에서 대외적 관계에서 양도담보권자가 소유권자라는 입장에 있다. 이러한 판례의 입장을 고려한다면, A는 소유권자로서 제3자 이의의 소를 제기할 수 있지만, B는 소유권자가

아니므로 제3자 이의의 소를 제기하게 되면 부적법 각하될 것이다.

<2>

위의 사례에서, 만약 특정한 돈사에 있는 돼지들의 수량을 지정하여 양도담보계약을 체결한 경우에 당해 돼지로부터 출산한 새끼 돼지와 이후 B로부터 당해 돼지들을 양수한 D에 의하여 새로 반입한 돼지에 대하여 양도담보의 효력이 미치는지의 여부 및 새로 반입된 돼지에 대하여 별도의 양도담보권설정계약을 체결하여야 되는지에 대하여 법원은 어떠한 판단을 내릴 것인지를 기술하시오.

(1) 출산한 돼지에 대하여 양도담보권의 효력이 미치는지의 여부

특정한 장소에서 기르면서 상시 증감 변동하는 동물 및 어류의 집단의 경우에는 비록 수량을 지정하였다고 하더라도 그 지정된 수량을 절대적 기준으로 삼는다고 합의한 것이라기보다는 개략적으로 표시한 것으로 보는 것이 당사자의 의사에 부합하다고 볼 수 있다(대법원 1990. 12. 26. 선고 88다카20224 판결). 위 사안처럼, 돈사에서 대량으로 사육되는 돼지를 집합물에 대한 양도담보의 목적물로 삼은 경우, 그 돼지는 번식, 사망, 판매, 구입 등의 요인에 의하여 증감 변동하기 마련이므로 출산한 돼지에 대하여 양도담보권이 효력이 미친다고 보아야 한다(대법원 2004. 11. 12. 선고 2004다22858 판결). 즉 증감변동을 당연히 예상할 수 있는 동물, 어류 등에 대하여 양도담보권을 설정한 경우에는 그 증감변동에 출산한 새끼가 포함되어 있고, 이에 대하여 양도담보권의 효력이 미친다고 보는 것이 당사자의 의사에도 부합하다.

(2) B로부터 당해 돼지들을 양수한 D에 의하여 새로 반입된 돼지에 대하여 양도담보권의 효력이 미치는지의 여부

양수인이 어떠한 이유로 새로 돼지를 반입하였는지에 의하여 양도담보권의 효력이 미치는지가 결정된다. 판례에 의하면, 돈사에서 대량으로 사육되는 돼지를 집합물에 대한 양도담보의 목적물로 삼은 경우, 위 양도담보권의 효력은 양도담보설정자로부터 이를 양수한 양수인이 당초 양수한 돈사 내에 있던 돼지들 및 통상적인 양돈방식에 따라 그 돼지들을 사육·관리하면서 돼지를 출하하여 얻은 수익으로 새로 구입하거나 그 돼지와 교환한 돼지 또는 그 돼지로부터 출산시켜 얻은 새끼돼지에 한하여 미치지만, 양수인이 별도의 자금을 투입하여 반입한 돼지에까지는 미치지 않는다는 입장이다(대법원 2004. 11. 12. 선고 2004다22858 판결).

(3) B로부터 당해 돼지들을 양수한 D에 의하여 새로 반입된 돼지에 대하여 별도의 양도담

보권설정계약을 체결하여야 되는지의 여부

양수인이 별도의 자금을 투입하여 반입한 돼지에 대해서는 양도담보권의 효력이 미치지 않는다(대법원 2004. 11. 12. 선고 2004다22858 판결). 이렇게 양도담보권의 효력이 미치지 않는 경우에는 당해 반입한 돼지를 양도담보의 목적으로 삼겠다는 별도의 양도담보권설정계약을 체결해야만 양도담보권의 효력이 미친다. 한편, 돈사에서 대량으로 사육되는 돼지를 집합물에 대한 양도담보의 목적물로 삼은 경우, 위 양도담보권의 효력은 양도담보설정자로부터 이를 양수한 양수인이 당초 양수한 돈사 내에 있던 돼지들 및 통상적인 양돈방식에 따라 그 돼지들을 사육·관리하면서 돼지를 출하하여 얻은 수익으로 새로 구입하거나 그 돼지와 교환한 돼지 또는 그 돼지로부터 출산시켜 얻은 새끼돼지 등의 경우에는 양도담보권의 효력이 미친다고 한다. 이러한 경우에 해당되는 것처럼, 돈사에서 대량으로 사육되는 돼지를 집합물에 대한 양도담보의 목적물로 삼은 경우, 그 돼지는 번식, 사망, 판매, 구입 등의 요인에 의하여 증감 변동하기 마련이므로 양도담보권자가 그 때마다 별도의 양도담보권설정계약을 맺거나 점유개정의 표시를 하지 않더라도 하나의 집합물로서 동일성을 잃지 아니한 채 양도담보권의 효력은 항상 현재의 집합물 위에 미치게 되고, 양도담보설정자로부터 위 목적물을 양수한 자가 이를 선의취득하지 못하였다면 위 양도담보권의 부담을 그대로 인수하게 된다(대법원 2004. 11. 12. 선고 2004다22858 판결)

<3>

위의 사례에서 양도담보의 목적물이 동산이 아니고, 부동산이라면 A의 법적 지위는 어떻게 되는지, 만약 A가 자신에게 등기명의가 있다는 것을 기화로 제3자에게 당해 부동산을 매도한 경우에 당해 목적물에 대하여 환매등기가 경료된 경우와 그러하지 않은 경우에 제3자는 유효하게 소유권을 취득할 수 있는지의 여부와 이 경우에 A는 어떠한 민사책임을 부담하게 되는지에 관하여 각각 기술하시오.

(1) A의 법적 지위

현행 가등기담보법에 의하면, A는 비록 등기명의자이지만, 소유권자가 아니고 담보물권자라고 보아야 한다. 왜냐하면 A가 소유권자라고 한다면 가등기담보법 제4조 제2항과 11조를 설명할 수 없기 때문이다. 즉 가등기담보법 제4조 제2항은 "담보부동산에 관하여 이미 소유권이전등기가 경료된 경우에는 청산기간 경과 후 청산금을 채무자 등에게 지급한 때에 비로소 채권자(즉 양도담보권자)가 목적물에 대한 소유권을 취득한다"고 규정하고 있다. 즉 채권자에게 소유권이전등기가 경료되었다고 하더라도 청산절차를 거치지 않으면, 양도담보권자는 소유권자가 아니라는 것이다. 그리고 가등기담보법 제11조는 채무자는 청산금을 완제받기 전까지는 채무액을 채권자(즉 양도담보권자)에게 지급하고 소유권이전등기의 말소를 청구할 수 있다. 그러나 채무자의 말소등기청구권은 다음의 경우에는 행사할 수 없다. 채무의 변제기로부터 10년이 경과한 때, 선의의 제3자가 목적물에 대한 소유권을 취득한 때이다. 이렇게 가등기담보법 제11조의 규정에 의하면, 양도담보권자가 목적물을 제3자에게 양도한 때에 만일 그 제3자가 악의인 경우에는 제3자의 소유권취득이 부인된다고 규정하고 있다. 즉 가등기담보법에 의하면, 양도담보권자가는 원칙적으로 소유권자가 아니라는 전제에서, 거래안전을 고려하여 예외적으로 선의자인 경우에 소유권을 취득할 수 있도록 특별규정을 둔 것이라고 보아야 한다.

(2) 제3자의 소유권 취득 여부

① 환매등기가 경료되지 않은 경우
가등기담보법 시행 이후에는 매도담보를 포함한 모든 양도담보는 청산절차를 거쳐야만 비로소 소유권을 취득할 수 있다(동법 제1조, 특히 제4조 제2항, 제11조 단서). 따라서 가등기담보법 시행 이후에는 약한 의미의 양도담보(청산형 양도담보)만이 유효하기 때문에, 만약 청산절차를 거치지 않고 양도담보권자가 제3자에게 부동산을 처분하였다면, 무권리자에 의한 처분행위로서 무효라고 보아야 한다. 왜냐하면 채무자인 양도담보권설정자는 청산금채권을 변제받을 때까지 비록 소유권을 채권자에게 형식적으로 이전하였다고 하더라도, 그 외관과 상관없이 여전히 소유권자이기 때문이다. 따라서 채무자 등은 그 채무액(반환할 때까지의 이자와 손해금을 포함한다)을 채권자에게 지급하고 그 채권담보의 목적으로 마친 소유권이전등기의 말소를 청구할 수 있다. 그런데 당해 채무의 변제기가 지난 때부터 10년이 지나거나 선의의 제삼자가 소유권을 취득한 경우에는 그러하지 아니하다(제11조). 즉 채무자는 채권자가 청산금채권을 지급하지 않고 있는 동안에는 비록 소유권을 채권자에게 이전해 주었더라도, 여전히 소유권자이므로 자신의 금전채무를 변제하고 소유권이전등기의 말소를 청구할 수 있다. 다만, 채권자(가등기담보권자)가 외관상 소유권이 있음을 기화로 제3자에게 처분한 경우에는 무권리자의 처분행위이지만, 제3자가 선의인 경우에는 유효하게 소유권을 취득할 수 있다. 이렇게 무권리자의 처분행위에 대하여 선의의 제3자가 유효하게 소유권을 취득한다는 점을 고려한다면, 현행 가등기담보법은 등기의 공신력을 제한적으로 인정하고 있다고 볼 여지가 있다.

② 환매등기가 경료된 경우
A와 B가 양도담보계약을 체결하면서 B가 환매권자로서 환매특약의 등기를 경료한 경우에는 A가 등기명의를 이용하여 제3자에게 당해 목적물을 양도하였다고 하더라도 환매특약의

등기의 대항력으로 인하여 B는 제3자에 대하여 환매권을 행사하고 당해 부동산의 소유권을 회수할 수 있다(제592조).

(3) A의 민사책임

환매등기가 경료되지 않은 경우에 거래상대방인 제3자가 선의라면 그는 소유권을 취득할 수 있다. 이러한 경우에 A는 채권담보의 목적범위를 넘는 행위를 하지 말아야 함에도 불구하고 고의로 무단양도행위를 하였다는 점에서 B에 대하여 채무불이행책임과 담보책임을 부담할 수 있다. 그리고 B에게 발생한 손해를 한도로 B가 대상청구권을 행사한 경우에 이에 응해야 할 책임이 있고, B의 소유권을 무단처분하지 말아야 함에도 불구하고 외견상 등기명의가 있음을 기화로 고의로 선의의 제3자에게 양도함으로써 B의 소유권을 위법하게 침해하는 손해가 발생했다는 점에서 불법행위책임을 부담할 수 있다. 환매등기가 경료된 경우 또는 제3자가 악의라면 그는 소유권을 취득할 수 없다. 이러한 경우에 A는 거래상대방인 제3자에 대하여 담보책임과 채무불이행책임을 부담하게 된다. 그리고 거래상대방인 제3자는 A의 법적 지위가 양도담보권자라는 사실을 알고서 매매계약을 하였기 때문에 타인권리의 매매로서 유효한 것이고, 또한 행위의 위법성도 없다고 보아야 한다. 따라서 거래상대방인 제3자에 대하여 불법행위책임을 지지는 않는다. 그리고 A가 배임행위를 한 것은 사실이지만, 제3자가 소유권을 취득하지 않았다는 점에서 B에게 손해가 발생했다고 볼 수 없다. 따라서 A는 B에 대하여 불법행위책임을 부담하지는 않는다.

<4>

위의 사례에서 A가 자신의 채권을 담보받기 위하여 B의 부동산에 가등기를 하였고, B는 이행기가 도래하였음에도 불구하고 자신의 채무를 불이행하고 있는 상태이다. 이 경우에 A가 자신의 가등기에 기하여 본등기를 경료할 경우에 당해 본등기의 유효성은 어떻게 되는지, 만약 가등기명의자를 채권자인 A로 한 것이 아니라 제3자로 한 경우에 당해 가등기의 효력은 어떻게 되는지에 관하여 기술하시오.

(1) 본등기의 유효요건

가등기담보등에관한법률이 제3조와 제4조에서 가등기담보권의 사적 실행방법으로 귀속정산의 원칙을 규정함과 동시에 제12조와 제13조에서 그 공적 실행방법으로 경매의 청구 및 우선변제청구권 등 처분정산을 별도로 규정하고 있는 점, 위 제4조가 제1항 내지 제3항에서 채권자의 청산금 지급의무, 청산기간 경과와 본등기청구, 청산금의 지급의무와 부동산의 소유권이전등기 및 인도 채무의 동시이행관계 등을 순차로 규정한 다음, 제4항에서 제1항 내지

제3항에 반하는 특약으로서 채무자 등에게 불리한 것은 그 효력이 없다(다만, 청산기간 경과 후에 행하여진 특약으로서 제3자의 권리를 해하지 아니하는 경우는 제외된다)고 규정하고 있는 점, 나아가 제11조는 채무자 등이 청산금 채권을 변제받을 때까지 그 채무액을 채권자에게 지급하고 그 채권담보의 목적으로 경료된 소유권이전등기의 말소를 청구할 수 있다고 규정하고 있는 점 등을 종합하여 보면, 가등기담보권의 사적 실행에 있어서 채권자가 청산금의 지급 이전에 본등기와 담보목적물의 인도를 받을 수 있다거나 청산기간이나 동시이행관계를 인정하지 아니하는 '처분정산'형의 담보권실행은 가등기담보등에관한법률상 허용되지 아니한다. 청산절차(가등기담보등에관한법률 제3조, 제4조)를 거치지 않고 본등기를 경료하는 등 가등기담보법상의 관련규정을 위반하여 담보가등기에 기한 본등기가 이루어진 경우에는 그 본등기는 무효라고 보아야 한다. 설령 그와 같은 본등기가 가등기권리자와 채무자사이에 이루어진 특약에 의하여 이루어졌다고 할지라도 만일 그 특약이 채무자에게 불리한 것으로서 무효라고 한다면 그 본등기는 여전히 무효일 뿐, 이른바 약한 의미의 양도담보로서 담보의 목적 내에서는 유효하다고 할 것이 아니다(대법원 2002. 12. 10. 선고 2002다42001 판결).

(2) 무효의 본등기가 유효로 될 수 있는 예외사유

가등기권리자가 가등기담보법상의 청산절차(제3조, 제4조)에 따라 청산금의 평가액을 채무자 등에게 통지한 후 채무자에게 정당한 청산금을 지급하거나 지급할 청산금이 없는 경우에는 채무자가 그 통지를 받은 날로부터 2월의 청산기간이 경과하면 위 무효인 본등기는 실체적 법률관계에 부합하는 유효한 등기가 될 수 있다.

(3) 가등기명의자와 채권자가 상이한 경우에 가등기의 효력

채권담보를 목적으로 가등기를 하는 경우에는 원칙적으로 채권자와 가등기명의자가 동일인이 되어야 한다. 그런데 채권자 아닌 제3자의 명의로 가등기를 하는 데 대하여 채권자와 채무자 및 제3자 사이에 합의가 있었고, 나아가 제3자에게 그 채권이 실질적으로 귀속되었다고 볼 수 있는 '특별한 사정'이 있거나, 거래경위에 비추어 제3자의 가등기가 한낱 명목에 그치는 것이 아니라 그 제3자도 채무자로부터 유효하게 채권을 변제받을 수 있고 채무자도 채권자나 가등기명의자인 제3자 중 누구에게든 채무를 유효하게 변제할 수 있는 관계, 즉 채권자와 제3자가 불가분적 채권자의 관계에 있다고 볼 수 있는 경우에는, 그 제3자 명의의 가등기도 유효하다고 볼 것이고, 이와 같이 제3자 명의의 가등기를 유효하게 볼 수 있는 경우에는 제3자 명의의 가등기를 부동산실권리자명의등기에관한법률이 금지하고 있는 실권리자 아닌자 명의의 등기라고 할 수는 없다(대법원 2002. 12. 24. 선고 2002다50484 판결).

제4편 저당권 분쟁과 관련한 대표판례

제1장 대표판례

대법원 1970. 12. 24. 선고, 70다1630 전원합의체 판결: 【소유권이전등기등】

[사 례]

원고 A는 95. 11. 17. 소외 C 소유 부동산(이하 이사건 부동산)에 채권최고액 3,600만 원으로 하는 근저당권설정등기를 경료하였으나, 96. 6. 19. 소외 C의 불법행위에 기해 수원지방법원 성남지원에서 해지를 원인으로 한 말소등기가 경료되었고, 회복등기가 이루어지지 않은 상태이다. 원고 A가 근저당권을 설저하기 이전에 소외 D은행은 93. 8. 23. 채권최고액 6,000만 원의 근저당권설정등기를, 소외 E은행은 95. 11. 16. 채권최고액을 4,000만 원으로 하는 근저당권설정등기를 경료한 사실이 있다. 97. 2. 20. 소외 E명의로 채권최고액 9,000만 원의 근저당권설정등기가 경료되었다가, 98. 1. 6. 계약양도를 원인으로 하여 피고 B를 근저당권자로 하는 부기등기가 경료되었다. 이후 경매법원은 1순위 근저당권자인 D은행이 이 사건 부동산에 관해 임의경매신청을 하고, 경매에 따른 배당금액 중 6,000만 원을 D은행에, 4,000만 원을 2순위 근저당권자인 E은행에 4,000만 원을 배당하고 피고 B에게 나머지 배당금액을 배당하는 것으로 하는 배당표를 작성하였다. 이에 원고는 근저당권은 불법으로 말소된 것이므로 원고 명의의 근저당권설정등기가 회복되는 경우에 원고는 피고에 앞서는 선순위 근저당권자로서 우선 배당받아야 한다는 이유로 배당표의 경정을 구하는 청구를 제기하였으나, 원심은 원고 주장과 같이 이 사건 근저당권이 불법하게 말소되었다고 하더라도 이 사건 부동산은 위 경매절차에서의 대금납입에 따라 그 소유권이 낙찰자에게 이전됨으로써 위 근저당권설정등기는 그 회복등기가 이루어지더라도 말소될 운명에 있어 원고는 위 근저당권설정등기의 회복등기절차를 구할 수는 없는바, 원고는 위 근저당권설정등기가 김명재의 위법행위로 불법 말소되었음을 전제로 후순위 배당권자인 피고에 대하여 부당이득을 구함은 별론으로 하더라도 이미 말소되어 회복 불능한 위 근저당권설정등기가 유효하게 존재함을 전제로 피고에 대하여 배당이의의 소를 제기할 수는 없다고 판단하였다. 원고의 주장의 타당성 여부를 검토하고 원심의 판단에 대해 검토하시오.

<사례 해결>

Ⅰ. 쟁점

　사례에서의 쟁점은 1) 불법 말소된 저당권설정등기가 회복등기를 경료하기 전 당해 부동산이 임의경매된 경우 불법 말소된 저당권은 소멸하는지 여부와 2) 불법말소된 저당권자가 임의경매에 의해 저당권이 소멸한다면 구제받을 수 있는지 여부 및 그 구제 방법이 문제가 되는데 특히 제3자가 관계되는 경우에 대해 검토할 필요가 있다.

Ⅱ. 임의경매에 따른 근저당권 소멸 여부

1. 민사집행법상 소제주의

　민사집행법 제91조에 의하면 다른 근저당권자 등 권리자의 경매신청에 따라 경매절차가 진행되어 경락허가결정이 확정되고 경락인이 경락대금을 완납하였다면, 원인 없이 말소된 근저당권은 이에 의하여 소멸하게 되어 사례에서의 원고 A의 근저당권은 소멸하게 된다.

2. 판례의 경우

　대법원1998. 10. 2. 98다27197에서는 부동산에 관하여 근저당권설정등기가 경료되었다가 그 등기가 위조된 등기서류에 의하여 아무런 원인 없이 말소되었다는 사정만으로는 곧바로 근저당권이 소멸하는 것은 아니라고 할 것이지만, 부동산이 경매절차에서 경락되면 그 부동산에 존재하였던 (모든) 근저당권은 당연히 소멸하는 것이므로, 근저당권설정등기가 원인 없이 말소된 이후에 그 근저당 목적물인 부동산에 관하여 다른 근저당권자 등 권리자의 경매신청에 따라 경매절차가 진행되어 경락허가결정이 확정되고 경락인이 경락대금을 완납하였다면, 원인 없이 말소된 근저당권은 이에 의하여 소멸한다고 판시하였다.

Ⅲ. 저당권설정등기의 불법말소 시 제3자에 대한 효력

1. 학설 대립

　저당권설정등기 불법말소의 경우 회복등기와 관련하여 제3자가 외관을 신뢰하여 이해관계를 갖게 된 경우 제3자의 법적 지위에 대해 문제가 된다. 이와 관련하여 회복등기부인설과 회복등기 인정설의 대립이 있다. 회복등기부인설은 등기는 부동산물권변동의 효력발생요건인 동시에 존속요건이라는 견해로서, 이러한 견해에 의한다면 등기가 말소되었다면 저당권자는 회복등기를 할 수 없다. 회복등기인정설은, 등기는 부동산물권변동의 효력발생요건일 뿐이지 존속요건은 아니라는 견해이다. 판례의 입장이기도 하다.

2. 학설 검토

현행 민법은 등기를 물권변동의 효력발생요건으로 규정하고 있지, 존속요건으로 규정하고 있지 않다. 그리고 현행 민법은 등기에 공신력을 인정하지 않기 때문에 불법말소등기를 신뢰한 제3자는 보호될 수 없다. 따라서 물권에 관한 등기가 원인 없이 말소된 경우에는 그 물권의 효력에는 아무런 변동이 없기 때문에, 비록 말소등기를 제3자가 신뢰하였다고 하더라도 보호되지 않는다고 보는 것이 일반 국민의 법 감정에도 합치되는 것이라고 볼 수 있다. 만약 등기의 불법말소등기로 저당권이 소멸되는 권리변동의 효과가 생긴다면, 이러한 외관을 신뢰한 제3자는 보호되어야 하는데, 이를 인정하게 되면 결국 말소등기에 공신력을 인정하는 결과가 된다. 그런데 등기의 공신력을 인정하는 규정이 없음에도 불구하고 해석에 의하여 이를 인정하는 것은 부당한 확장해석이라고 생각한다. 왜냐하면 물권변동은 제3자에게 미치는 영향이 크고, 또한 등기의 공신력을 부인하고 있는 현행 민법의 기본입장은 물권관계의 경우에 정적 안정을 중심으로 규율하고 있다는 점을 고려할 필요가 있다. 더욱이 등기는 권리의 표상이지 권리 그 자체를 의미하는 것이 아니라는 점에서 다수설 및 판례의 태도와 같이 불법말소등기가 된 저당권자는 말소회복등기를 청구할 수 있다고 보아야 한다. 따라서 회복등기 인정설이 타당하다.

Ⅳ. 대법원의 태도 검토

등기는 물권의 효력 발생 요건이고 존속 요건은 아니어서 등기가 원인 없이 말소된 경우에는 그 물권의 효력에 아무런 영향이 없고, 그 회복등기가 마쳐지기 전이라도 말소된 등기의 등기명의인은 적법한 권리자로 추정되므로(대법원 1997. 9. 30. 선고 95다39526 판결 등), 근저당권설정등기가 위법하게 말소되어 아직 회복등기를 경료하지 못한 연유로 그 부동산에 대한 경매절차의 배당기일에서 피담보채권액에 해당하는 금액을 배당받지 못한 근저당권자는 배당기일에 출석하여 이의를 하고 배당이의의 소를 제기하여 구제를 받을 수 있고, 가사 배당기일에 출석하지 않음으로써 배당표가 확정되었다고 하더라도, 확정된 배당표에 의하여 배당을 실시하는 것은 실체법상의 권리를 확정하는 것이 아니기 때문에(대법원 1988. 11. 8. 선고 86다카2949 판결 등 참조) 위 경매절차에서 실제로 배당받은 자에 대하여 부당이득반환 청구로서 그 배당금의 한도 내에서 그 근저당권설정등기가 말소되지 아니하였더라면 배당받았을 금액의 지급을 구할 수 있다고 판시하고 있다.

V. 사례 해결

회복등기 부정설에 따른다면 원고 A의 청구는 인정될 수 없다. 그러나 통설인 회복등기 인정설과 판례의 태도에 따르면, 원심이 근저당권설정등기가 위법하게 말소되어 아직 회복등기를 경료하지 못한 연유로 그 부동산에 대한 경매절차에서 피담보채권액에 해당하는 금액을 배당받지 못한 근저당권자는 이미 말소되어 회복불능한 근저당권설정등기가 유효하게 존재함을 전제로 배당이의의 소를 제기할 수는 없다고 판단하였으나, 거기에는 불법말소된 등기의 추정력 및 배당에 관한 법리를 오해한 위법이 있다할 것이다. 따라서 원고 A의 주장은 인용될 수 있으며, 피고 B를 상대로 부당이득을 원인으로 하여 배당금액의 반환을 청구할 수 있다.

제2장 대표판례

대법원 2010. 7. 23. 자 2008마247 결정 【결정경정】

[사 례]

　1순위 질권자인 갑의 신청에 의하여 개시된 채권특별환가절차에서 법원이 질권의 목적이 된 A수익권을 압류하고 추심에 갈음하여 유체동산 경매에 관한 절차에 따라 이를 매각할 것을 명하면서 그 최저매각가격을 10,000,000원으로 정하였고, 이에 갑은 그 이후 진행된 매각절차에서 위 매각명령에서 정한 최저매각가격 미만으로는 이 사건 수익권을 매각할 수 없다는 것을 알게 되자 특별환가명령에 대한 경정신청을 하여 법원은 이를 인용하는 결정을 하였다. 이에 2순위 질권자인 을은 위의 경정결정은 당초의 특별환가명령의 내용을 실질적으로 변경하는 것이어서 경정의 한계를 넘는다는 이유로 이 사건 경정결정에 대한 즉시항고를 제기하였고, 법원이 이를 받아들여 경정결정을 취소하고 경정신청을 기각하는 결정을 하자, 이에 불복한 갑이 2008. 4. 14. 재항고를 제기하였다. 한편 위 경정결정 취소 및 경정신청의 기각 결정 전, 채권특별환가명령 및 경정결정에 따라 매각절차가 진행되었는데, 갑은 2007. 9. 13. 제6차 매각기일에서 A수익권을 4,000,000원에 매수 신청하여 집행관으로부터 매각허가를 고지받은 후 즉시 그 대금을 납부하였다.

　1. 이러한 경우 1순위 질권자인 갑은 최저매각가격을 경정한 경정결정이 확정되지 않았음에도 A수익권의 소유권을 취득하는가?

　2. 사안과 달리 채무자 병이 변제로서 피담보채무 전부를 소멸시킴에도 불구하고 경매절차를 정지시키거나 취소하지 아니하여 경락인인 갑이 대금을 완납한 경우 갑은 A수익권의 소유권을 취득하는가?

〈사례 해결〉

Ⅰ. 쟁점

사례에서의 쟁점은 1) 채권특별환가명령에 따라서 매각절차를 진행하면서 최저매각가격을 경정한 경정결정이 확정되지 않았음에도 당초 최저매각가격에 못 미치는 가격으로 경락받는 등의 절차상의 하자가 있는 경우 경락받은 자가 매각대금을 납부한 경우 소유권을 유효하게 취득하는지 여부와 2) 피담보채권의 소멸 등과 같은 실체법상의 하자가 있는 때에 경매절차가 진행되어 경락인이 대금을 완납하게 되면 소유권을 유효하게 취득하는지 여부가 피담보채권의 소멸시기의 경매개시 전후에 따라 어떻게 달라지는지 여부이다.

Ⅱ. 설문 1의 경우

1. 판례의 태도

집행관이 질권에 기초한 채권특별환가명령에 따라서 매각절차를 진행하면서 당초 채권특별환가명령에서 정한 최저매각가격을 경정한 경정결정이 확정되지 않았음에도 그 효력을 가진다고 오인하고 그 경정결정에서 정한 바에 따라 당초 최저매각가격에 못 미치는 가격으로 매수 신청한 자에게 매각을 허가하였다고 하더라도, 매수인이 그 매각허가에 따라 매각대금을 납부하였다면 환가명령의 기초가 된 질권이 당초부터 부존재하였다거나 환가명령의 효력 발생 이전에 피담보채무가 변제 등으로 소멸하였다는 등의 사정이 없는 한 매수인은 그 채권을 유효하게 취득하게 된다. 그리고 이러한 매수인의 채권 취득의 효과는 그 채권 취득 이후에 위 경정결정이 즉시항고에 의하여 취소되더라도 번복될 수 없다(대법원 2010. 7. 23. 2008마247 결정).

2. 사안의 경우

설문 1의 경우 민사집행법 제267조는 제273조 및 민사집행규칙 제200조에 의하여 채권, 그 밖의 재산권에 대한 담보권의 실행의 경우에도 준용되고, 이에 따라 갑은 매각대금을 납부하여 채권을 피담보채무가 변제 등으로 소멸하였다는 등의 특별한 사정이 없는 한 유효하게 취득한 것이 되고, 이러한 논리는 대법원 2010. 7. 23. 2008마247 결정에 의하면 담보권의 소멸 등 실체법상의 하자가 있는 때와 더불어 매각대금의 결정 등 절차상의 하자가 존재하는 경우에도 적용되는 것이기에, 갑은 유효하게 소유권을 취득한다.

Ⅲ. 설문 2의 경우

1. 경매개시결정 후에 피담보채권이 소멸된 경우 판례의 태도

채무자가 경락인의 대금완납 이전에 채무를 변제하여 담보권을 소멸시켰다 하더라도 이를 근거로 이의신청을 하고 나아가 경매절차를 정지시키지 아니하여 경락인이 경락대금을 납부하기에 이르렀다면 이로써 경락인은 경매목적물의 소유권을 유효하게 취득한다(대법원 1992. 11. 11. 92마719 결정).

2. 경매개시결정 전에 피담보채권이 소멸된 경우 판례의 태도

피담보채권의 소멸로 저당권이 소멸되었는데도 이를 간과하고 경매개시결정이 되고 그 경매절차가 진행되어 경락허가결정이 확정되었다면 이는 소멸된 저당권을 바탕으로 하여 된 무효의 절차와 결정으로서 비록 경락인이 경락대금을 완납하였다 하더라도 그 부동산의 소유권을 취득할 수 없다. 현행 민사소송법 제727조는 "대금의 완납에 의한 매수인의 부동산 취득은 담보권의 소멸에 의하여 방해받지 아니한다"고 규정하고 있으나, 이는 경매개시결정 후에 담보권이 소멸된 경우에만 적용되고 경매개시결정 전에 이미 담보권이 소멸된 경우에는 적용되지 않는 것이다(대법원 1999. 2. 9. 선고 98다51855 판결).

3. 사안의 경우

설문 2의 경우 피담보채권의 소멸의 시기가 경락개시결정 전후인가에 따라 갑의 소유권 취득여부가 결정되는바, 대법원 1999. 2. 9. 선고 98다51855 판결에 따르면 민사집행법 제267조는 경매개시결정 후에 담보권이 소멸된 경우에만 적용된다고 판시하였기에 경매개시결정 전에 피담보채권이 소멸된 경우 부종성에 의하여 질권 역시 소멸되므로 소멸된 담보권에 기한 경매절차 역시 무효이고, 갑의 소유권 취득 역시 무효이다. 다만, 경매개시결정 후에 피담보채권의 변제가 이행된 경우에는 대법원 1992. 11. 11. 자 92마719 결정에 따라 민사집행법 제267조가 적용되어 경매절차를 정지시키거나 취소하여야 하는데 그러하지 않은 경우 갑의 대금 완납에 의하여 갑은 유효하게 소유권을 취득한다.

제3장 대표판례

대법원 2002. 6. 20. 선고 2002다9660 전원합의체 판결 【건물등철거】

[사 례]

　A는 제주시 아라동 소재 33-1 토지(이하 '이 사건 토지'라고 함) 중 1/3의 지분과 그 지상에 1.7㎡ 넓이의 미등기건물인 세멘트벽돌조 천막지붕 점포 및 0.1㎡ 지상의 미등기건물인 세멘트 벽돌조 천막지붕 통로(이하 '이 사건 건물'이라고 함)를 소유하고 있다. A는 이 사건 토지의 지분 및 건물을 B에게, B는 이를 乙에게 순차로 매도하였고, 그에 따라 乙은 1994. 8. 27. 이 사건 토지지분에 관한 소유권이전등기를 경료받았으나, 이 사건 건물은 미등기이었으므로 그에 관한 이전등기를 경료받지 못하였다. 그 후 乙은 2004. 10.31. 원고에게 이 사건 토지지분에 관하여 근저당권설정등기를 경료해 주었는데, 甲은 그 근저당권을 실행하여 개시된 경매절차에서 이 사건 토지지분을 경락받고 2010. 2. 16. 경락대금을 완납하였다. 甲은 소로써 乙에게 이 사건 각 건물의 철거와 토지의 인도를 청구하였고, 乙은 법정지상권 또는 관습상 법정지상권이 성립되었다는 항변을 하였다. 이러한 乙의 항변은 타당한가?

Ⅱ. 원심의 판단

　원심은 제1심판결을 인용하여, 미등기건물을 그 토지와 함께 양수한 사람이 그 토지에 관하여서만 소유권이전등기를 넘겨받고 건물에 대하여는 그 등기를 이전받지 못하고 있는 상태에서 그 토지가 경매되어 소유자가 달라지게 된 경우에는 미등기건물의 양수인은 미등기건물을 처분할 수 있는 권리는 있을지언정 소유권은 가지고 있지 아니하므로 토지와 건물이 동일인의 소유에 속한 것이라고 볼 수 없어 법정지상권이 발생할 수 없다고 판단하여 피고 乙의 항변을 배척하고 원고 甲의 청구를 인용하였다.

Ⅲ. 대법원의 판단

　1. 민법 제366조의 법정지상권은 저당권 설정 당시에 동일인의 소유에 속하는 토지와 건물이

저당권의 실행에 의한 경매로 인하여 각기 다른 사람의 소유에 속하게 된 경우에 건물의 소유를 위하여 인정되는 것이므로, 미등기건물을 그 토지와 함께 매수한 사람이 그 대지에 관하여만 소유권이전등기를 넘겨받고 건물에 대하여는 그 등기를 이전 받지 못하고 있다가, 토지에 대하여 저당권을 설정하고 그 저당권의 실행으로 토지가 경매되어 다른 사람의 소유로 된 경우에는, 그 저당권의 설정 당시에 이미 토지와 건물이 각각 다른 사람의 소유에 속하고 있었으므로 법정지상권이 성립될 여지가 없다.

2. 관습상의 법정지상권은 동일인의 소유이던 토지와 그 지상건물이 매매 기타 원인으로 인하여 각각 소유자를 달리하게 되었으나 그 건물을 철거한다는 등의 특약이 없으면 건물 소유자로 하여금 토지를 계속 사용하게 하려는 것이 당사자의 의사라고 보아 인정되는 것이므로 토지의 점유·사용에 관하여 당사자 사이에 약정이 있는 것으로 볼 수 있거나 토지 소유자가 건물의 처분권까지 함께 취득한 경우에는 관습상의 법정지상권을 인정할 까닭이 없다 할 것이어서, 미등기건물을 그 토지와 함께 매도하였다면 비록 매수인에게 그 토지에 관하여만 소유권이전등기가 경료되고 건물에 관하여는 등기가 경료되지 아니하여 형식적으로 토지와 건물이 그 소유 명의자를 달리하게 되었다 하더라도 매도인에게 관습상의 법정지상권을 인정할 이유가 없다.

Ⅳ. 평석

1. 논점의 정리

사안에서 원고 甲은 이 사건 토지의 공유지분을 피고 乙로부터 매수하였는바, 공유자로서 민법 제265조 단서에 의하여 보존행위를 단독으로 할 수 있다. 따라서 사안에서 甲은 보존행위로서 피고 乙에 대하여 이 사건 건물 철거를 청구하고, 이 사건 대지의 반환을 청구하고 있다. 이러한 원고의 청구에 대하여 피고 乙은 민법 제366조의 저당권실행에 따른 법정지상권이 성립하였음을 항변하고 있는바, 이러한 제366조의 법정지상권의 성립요건을 충족하는지 여부를 검토해 본다. 또한 피고 乙은 관습법상의 법정지상권이 성립하였음을 항변하고 있는바 이에 대한 성립요건의 충족여부도 검토해 본다.

2. 민법 제366조의 법정지상권의 성립 여부

가. 의의

저당물의 경매로 인하여 토지와 그 지상건물이 다른 소유자에 속한 경우에는 토지소유자는 건물소유자에 대하여 지상권을 설정한 것으로 본다(민법 제366조). 건물 또는 토지에 설정된 저당권의 실행으로 말미암아 건물과 토지의 소유자가 달라지면 건물의 소유자는 그 토지에 대한 이용권이 없으므로 그 건물이 철거될 수밖에 없게 되는데 이러한 결과는 사회경제적 손실이라 할 수 있고, 이러한 손실을 방지하기 위하여 일정한 요건하에 토지소유자는 건물소유자에 대해 지상권을 설정한 것으로 간주하는 데 본조의 취지가 있다.

나. 요건

1) 저당권 설정 당시 토지 위에 건물이 존재하여야 한다. 저당권 설정당시 토지 소유자가 지상에 건축 중이던 건물이 건물의 규모·종류가 외형상 예상할 수 있는 정도까지 건축이 진전되어 있었고, 그 후 경매절차에서 매수인이 매각대금을 다 낸 때까지 최소한의 기둥과 지붕 그리고 주벽이 이루어지는 등 독립된 부동산으로서 건물의 요건을 갖추면 법정지상권이 성립하며, 그 건물이 미등기라 하더라도 법정지상권의 성립에는 아무런 지장이 없다(대판 2004. 2. 13. 2003다29043).

2) 저당권 설정 당시 토지와 건물이 동일한 소유자에 속해야 한다. 저당권 설정할 때에 토지와 건물이 동일한 소유자에게 속하고 있어야 한다. 저당권 설정 당시 토지와 건물이 각각 다른 사람의 소유에 속하고 있었던 때에는 그 건물에 관하여 이미 토지소유자에게 대항할 수 있는 용익권이 설정되어 있을 것이므로 이를 무시하고 법정지상권을 새롭게 인정할 필요가 없기 때문이다.28)

3) 저당권의 실행에 의한 경매로 인하여 토지와 건물이 각각 다른 사람의 소유에 속하게 되어야 한다.

다. 소결

물권변동에 있어 성립요건주의를 취하고 있는 우리 민법에 있어서는 법률행위에 의한 물권변동

---

28) 김준호, 민법강의(제17판), 879쪽, 법문사, 2011.

이 발생하기 위해서는 부동산의 경우 등기까지 갖추어야 한다. 사안에서 乙이 이 사건 건물에 대한 소유권을 승계취득하기 위해서는 등기까지 갖추어야 한다. 따라서 A에게서 B로, B에게서 乙로 전전양도되면서 등기가 이루어진 이 사건 대지와 달리 이 사건 건물은 등기가 이루어지지 아니한바, 甲의 저당권 설정 당시 토지와 건물이 동일 소유자이어야 한다는 2)의 요건을 충족하지 못하고 있다고 할 것이므로, 민법 제366조의 법정지상권은 성립하지 않는다.

3. 관습법상 법정지상권의 성립 여부

가. 의의

동일인의 소유이던 토지와 그 지상건물이 매매 기타 원인으로 인하여 각각 소유자를 달리하게 되었으나 그 건물을 철거한다는 등의 특약이 없으면 건물 소유자로 하여금 토지를 계속 사용하게 하려는 것이 당사자의 의사라고 보아 지상권을 인정하는 것이 바로 관습법상 법정지상권이다(대법원 1987. 7. 7. 87다카634판결). 이러한 관습법상 법정지상권은 조선고등법원판결(朝高判 1916. 9. 29)에서 한국에 있어서의 관습이라고 인정한 이래 대법원에서도 인정되고 있다.[29]

나. 성립요건

1) 토지와 건물이 동일인의 소유이어야 한다.

토지와 건물의 소유자가 다를 경우에는 이미 건물 사용을 위한 용익권이 토지에 설정되어 있을 것이므로 관습법상 법정지상권을 인정할 필요가 없게 된다.

다만 처분될 당시에 동일인의 소유에 속하였으면 족하고 원시적으로 동일인의 소유일 필요는 없고, 또한 건물은 건물로서의 요건을 갖추고 있는 이상 무허가건물이거나 미등기건물이거나를 가리지 않는다(대법원 1988. 4. 12. 87다카2404판결).

2) 건물 또는 토지가 매매 기타의 원인에 의해 소유자가 달라져야 한다.

토지와 건물의 소유자가 다르게 되는 원인은 매매나 증여 등 당사자의 의사에 의해 달라지는

---

29) 오창수, 관습법상의 법정지상권에 관한 판례이론의 검토, 법률실무연구 21집, 1991.
　　단, 관습법상의 법정지상권을 인정하는 근거로서 조선고등법원은 '한국에 있어서의 일반관습'을 들고 있으나 우리나라에 과연 그러한 관습이 있었으며 지금도 존재하고 있는지는 의문이며…… 관습법상의 법정지상권은 관습에 의하여 인정된 지상권이 아니라 건물로 하여금 건물로서의 가치를 유지하게 하자는 국민경제상의 필요에 의하여 민법 제366조의 규정을 유추하여 이끌어 낸 법관의 법형성에 의하여 특수한 물권이라 이해할 수 있다.

경우와 강제경매·공매처분 등 당사자의 의사에 의하지 않은 경우가 있다.

3) 당사자 간에 건물철거의 특약이 없어야 한다.

건물 철거의 합의가 관습상의 법정지상권 발생의 소극적 요건이 되는 이유는 그러한 합의가 없을 때라야 토지와 건물의 소유자가 달라진 후에도 건물 소유자로 하여금 그 건물의 소유를 위하여 토지를 계속 사용케 하려는 묵시적 합의가 있는 것으로 볼 수 있다는 데 있다. 한편 관습상의 법정지상권은 타인의 토지 위에 건물을 소유하는 것을 본질적 내용으로 하는 권리가 아니라, 건물의 소유를 위하여 타인의 토지를 사용하는 것을 본질적 내용으로 하는 권리여서, 위에서 말하는 '묵시적 합의'라는 당사자의 추정 의사는 건물의 소유를 위하여 '토지를 계속 사용한다'는 데 중점이 있는 의사라 할 것이므로, 건물 철거의 합의에 위와 같은 묵시적 합의를 깨뜨리는 효력, 즉 관습상의 법정지상권의 발생을 배제하는 효력을 인정할 수 있기 위하여서는, 단지 형식적으로 건물을 철거한다는 내용만이 아니라 건물을 철거함으로써 토지의 계속 사용을 그만두고자 하는 당사자의 의사가 그 합의에 의하여 인정될 수 있어야 한다. 따라서 토지와 건물의 소유자가 토지만을 타인에게 증여한 후 구 건물을 철거하되 그 지상에 자신의 이름으로 건물을 다시 신축하기로 합의한 경우, 그 건물 철거의 합의는 건물 소유자가 토지의 계속 사용을 그만두고자 하는 내용의 합의로 볼 수 없어 관습상의 법정지상권의 발생을 배제하는 효력이 인정되지 않는다(대법원 1999. 12. 10. 98다58467판결).

다. 소결

사안의 경우 처음 매도인인 A에게서 B로 대지와 건물이 일괄적으로 매도될 당시에 건물과 대지의 소유자가 달라지는 현상이 형식상 발생한다. 하지만 본 사안의 전원합의체 판결에서 판시한 바와 같이 미등기건물과 토지가 일괄적으로 매도됨으로써 토지의 점유·사용에 관하여 당사자 사이에 약정이 있는 것으로 볼 수 있거나 토지 소유자가 건물의 처분권까지 함께 취득한 경우에 해당하여 관습상의 법정지상권을 인정하지 않는다고 봄이 타당하다. 따라서 피고 乙의 관습법상 법정지상권의 항변은 이유 없다고 할 것이다.

4. 결론

먼저 사안의 경우 을에게 법정지상권의 성립하는지에 대해서 본 전원합의체 판례는 저당권의 설정 당시에 이미 대지와 건물이 각각 다른 사람의 소유에 속하고 있었으므로 법정지상권이 성립될 여지가 없다고 판시하였다. 우리 민법은 물권변동에 있어서 성립요건주의를 취하고 있으므로 물권변동을 위해 부동산의 경우 등기가 필요하다. 이 사건 대지의 경우 A에서 B로 이전등기되었고, B에서 乙로 이전등기되었다. 따라서 저당권 설정당시 대지의 소유자는 B가 되게 된다. 이에 반하여 이 사건 미등기 건물의 경우 A가 원시취득한 이후 등기 없이 B, 乙로 전전양도되었으므로 소유권은 아직 A에게 있다고 할 것이다. 따라서 저당권 설정 당시에 이미 건물과 대지의 소유가 다른바 민법 제366조의 법정지상권은 성립할 수 없다고 할 것인바 판례의 판시는 타당하다고 하겠다. 을에게 관습법상 법정지상권이 성립하는지에 대하여 본 전원합의체 판결은 "토지의 점유·사용에 관하여 당사자 사이에 약정이 있는 것으로 볼 수 있거나 토지 소유자가 건물의 처분권까지 함께 취득한 경우에는 관습상의 법정지상권을 인정할 까닭이 없다 할 것이어서, 미등기건물을 그 대지와 함께 매도하였다면 비록 매수인에게 그 대지에 관하여만 소유권이전등기가 경료되고 건물에 관하여는 등기가 경료되지 아니하여 형식적으로 대지와 건물이 그 소유 명의자를 달리하게 되었다 하더라도 매도인에게 관습상의 법정지상권을 인정할 이유가 없다"고 판시하고 있다. A에게서 B로 대지와 건물을 일괄적으로 양도할 그 시점에 건물과 대지의 소유자가 형식적으로 달라지는 현상이 발생한다. 그러나 A와 B 사이의 일괄적으로 양도행위를 한 이상 건물을 위한 대지 사용은 당사자 간의 계약으로 해결되어야 할 문제일 것이다. 또한 관습상의 법정지상권은 건물의 소유자로 하여금 대지의 사용을 계속할 수 있게 하는 것을 그 취지로 하는 것인데, 사안과 같은 경우에는 미등기건물의 소유자인 A에게 B가 대지의 사용권을 인정하거나 용인하려는 것을 인정할 수 없다. 따라서 을에게 관습법상 법정지상권이 성립하지 않을 뿐만 아니라 A에게 B로 양도 당시 A에게도 관습법상 법정지상권이 성립하지 아니하므로 대위행사도 할 수 없다. 따라서 피고에게 관습상의 법정지상권을 인정할 이유가 없다고 판시한 판례의 판시는 타당하다고 할 것이다.

제4장 대표판례

대법원 2001. 3. 15. 선고 99다48948 전원합의체 판결 【배당이의】

[사 례]

　1996. 12. 5. A는 자기 소유의 대지를 B에게 4억 5,000만 원에 매도하면서, B가 그 명의로 소유권이전등기를 경료하기 전에 위 대지를 금융기관에 담보로 제공하여 대출받는 돈으로 중도금 및 잔대금을 지급하기로 하였다. B는 잔대금의 지급을 담보하기 위하여 A에게 액면 2억 원의 당좌수표를 발행·교부하였고 위 대지에 관하여 근저당권을 설정하기로 하였다. 다만, 아직 소유권이 A에게 있어 근저당권자를 A로 할 수 없기 때문에 편의상 근저당권자를 A의 처 甲, 채무자를 A, 채권최고액을 2억 원으로 하는 1순위 근저당권을 설정하였다. 1996. 12. 17. B는 乙은행로부터 4억 원을 대출받았고 위 대지에 관하여 채무자를 B, 근저당권자를 乙은행, 채권최고액을 5억 2,000만 원으로 하는 2순위 근저당권을 설정하였다. 그러나 B는 A에게 잔대금 2억 원을 지급하지 아니하였고, A에게 발행·교부한 당좌수표도 지급거절되었다. 한편, B가 乙은행에 대한 대출원리금 채무의 이행을 지체하자, 乙은행은 근저당의 실행으로 경매신청을 하였고 그 경매절차에서 위 대지는 4억 5천만 원에 낙찰되었다. 이 경우 배당금은 누구에게 얼마큼 배당되어야 하는가?

〈사례 해결〉

Ⅰ. 문제의 소재

　저당권은 피담보채권의 존재를 전제로 하여서만 성립할 수 있다. 이를 저당권의 성립상의 부종성이라고 하며, 명문의 규정은 없지만 통설 및 판례는 이를 인정한다. 이러한 저당권의 성립상의 부종성을 인정하면 원칙적으로 채권자는 저당권자가 되고, 채무자는 저당권설정자가 되어야 한다. 사안에서 실제 채권자는 A, 채무자는 B임에도 불구하고 1순위 근저당권설정등기는 근저당권자는 갑으로, 채무자는 A로 경료되었다. 따라서 이러한 근저당권설정등기가 저당권의 부종성에 위배되어 무효인지 문제된다.

Ⅱ. 저당권의 부종성의 완화

1. 문제점

우리 민법은 저당권의 존속상의 부종성과 소멸상의 부종성을 규정하고 있으며, 통설과 판례는 성립상의 부종성도 인정하고 있다. 그러나 저당권의 가치권으로서의 성질로 인하여 판례도 물권법 정주의를 벗어나지 않는 범위 내에서 저당권의 부종성을 완화하는 모습을 보이고 있다.

2. 제3자를 저당권자로 등기한 경우

판례는 제3자를 근저당권 명의인으로 하는 근저당권을 설정하는 경우 그 점에 대하여 채권자와 채무자 및 제3자 사이에 합의가 있고, 채권양도, 제3자를 위한 계약, 불가분적 채권관계의 형성 등 방법으로 채권이 그 제3자에게 실질적으로 귀속되었다고 볼 수 있는 특별한 사정이 있는 경우에는 제3자 명의의 근저당권설정등기도 유효하다고 보고 있다(대판 1995. 9. 26. 94다33583).

3. 제3자를 채무자로 등기한 경우

이러한 경우 판례는 원칙적으로 근저당권의 부종성에 비추어 원인 없는 무효의 등기로 본다. 그러나 명의신탁자의 채무를 담보하기 위하여 명의수탁 부동산에 관하여 저당권 설정등기를 하면서 편의상 채무자를 명의수탁자로 기재한 경우나 부동산을 매수한 자가 소유권이전등기를 마치지 아니한 상태에서 매도인의 소유자의 승낙 아래 매수 부동산을 타에 담보로 제공하면서 당사자 사이의 합의로 편의상 매수인 대신 등기부상 소유자인 매도인을 채무자로 하여 마친 경우(대판 1980. 4. 22. 79다1822)의 근저당권설정등기는 예외적으로 유효하다고 본다.

4. 사안의 경우

1) 문제점

사안은 위 두 가지 형태가 결합한 경우이다. 만약, 이러한 근저당이 유효하면 자신의 소유물에 저당권을 설정하는 이른바 소유자저당권이 인정되는 결과가 나타나게 된다.

2) 판례의 태도

(1) 다수의견

　근저당권은 채권담보를 위한 것이므로 원칙적으로 채권자와 근저당권자는 동일인이 되어야 하지만, 제3자를 근저당권 명의인으로 하는 근저당권을 설정하는 경우 그 점에 대하여 채권자와 채무자 및 제3자 사이에 합의가 있고, 채권양도, 제3자를 위한 계약, 불가분적 채권관계의 형성 등 방법으로 채권이 그 제3자에게 실질적으로 귀속되었다고 볼 수 있는 특별한 사정이 있는 경우에는 제3자 명의의 근저당권설정등기도 유효하다고 보아야 할 것이고, 한편 부동산을 매수한 자가 소유권이전등기를 마치지 아니한 상태에서 매도인인 소유자의 승낙 아래 매수 부동산을 타에 담보로 제공하면서 당사자 사이의 합의로 편의상 매수인 대신 등기부상 소유자인 매도인을 채무자로 하여 마친 근저당권설정등기는 실제 채무자인 매수인의 근저당권자에 대한 채무를 담보하는 것으로서 유효하다고 볼 것인바, 위 양자의 형태가 결합된 근저당권이라 하여도 그 자체만으로는 부종성의 관점에서 근저당권이 무효라고 보아야 할 어떤 질적인 차이를 가져오는 것은 아니라 할 것이다. 그리고 매매잔대금 채무를 지고 있는 부동산 매수인이 매도인과 사이에 소유권이전등기를 경료하지 아니한 상태에서 그 부동산을 담보로 하여 대출받는 돈으로 매매잔대금을 지급하기로 약정하는 한편, 매매잔대금의 지급을 위하여 당좌수표를 발행·교부하고 이를 담보하기 위하여 그 부동산에 제1순위 근저당권을 설정하되, 그 구체적 방안으로서 채권자인 매도인과 채무자인 매수인 및 매도인이 지정하는 제3자 사이의 합의 아래 근저당권자를 제3자로, 채무자를 매도인으로 하기로 하고, 이를 위하여 매도인이 제3자로부터 매매잔대금 상당액을 차용하는 내용의 차용금증서를 작성·교부하였다면, 매도인이 매매잔대금 채권의 이전 없이 단순히 명의만을 제3자에게 신탁한 것으로 볼 것은 아니고, 채무자인 매수인의 승낙 아래 매매잔대금 채권이 제3자에게 이전되었다고 보는 것이 일련의 과정에 나타난 당사자들의 진정한 의사에 부합하는 해석일 것이므로, 제3자 명의의 근저당권설정등기는 그 피담보채무가 엄연히 존재하고 있어 그 원인이 없거나 부종성에 반하는 무효의 등기라고 볼 수 없다.

(2) 소수의견

　매도인이 부동산을 매도하면서 잔대금 채권의 지급확보를 위하여 매도인과 제3자 사이에 아무런 금전 대차관계가 없음에도 불구하고 형식상 제3자로부터 금전을 차용한다는 내용의 차용금증서를 작성하고 그 제3자 명의의 근저당권을 설정하였다면, 아무리 당사자들의 일련의 행위를 종합적으로 파악하더라도 이를 가리켜 '매도인이 차용금증서를 작성·교부하는 방법으로 매매잔대금 채권을 제3자에게 양도하고 채무자는 그 양도를 승낙함으로써 그 매매잔대금 채권이 제3자에게 이전'되었다고 해석할 수는 없다 할 것이다. 한편, 근저당권설정등기에 '본래 채권자라고 되어야 할 소유자인 자가 채무자로 되는 것'을 허용하게 되면 이는 마치 우리 민법이 채택하지 않은 독일 민법의 유통저당권이나 토지채무제도를 승인하는 것과 같은 결과로 되므로, 이때에는 부종성의 관점에서 그 근저당권을 무효라고 보아야 하고 이를 유효로 하는 것은 비록 당사자 간의 의사의 합치가 있다 하더라도 그에 의한 새로운 제도의 창설을 금지하는 물권법의 대원칙인 물권법정주의에 반하게 되어 허용될 수 없다 할 것이다. 그리고 다수의견이 채권자 아닌 제3자를 근저당권 명의로 하여 근저당권을 설정하는 경우 그 점에 대하여 채권자와 채무자 및 제3자 사이에 합의가 있고, 채권이 제3자에게 이전 또는 실질적으로 귀속되었다고 볼 수 있는 특별한 사정이 있으면 제3자 명의의 설정등기도 유효하다고 보는 것은 부동산실권리자명의등기에관한법률이 규정한 부동산 물권에 관한 명의신탁금지를 잠탈하는 것으로 보아야 할 것이다.

3) 검토

우리 민법상 저당권의 성립상의 부종성이 인정된다고 하여 피담보채권과 독립된 순수한 가치권으로서의 저당권의 효력을 부정할 수 없다. 따라서 부종성의 원리를 정면으로 침해하는 것이 아닌 한 이를 완화해 나가는 것이 타당하다. 위 사안의 경우 저당권의 부종성의 원리에 정면으로 위배된다고 보이지 않으므로 1순위 근저당권은 유효하다.

Ⅲ. 사안의 해결

1순위 근저당권은 유효하다. 따라서 배당금 4억 5천만 원 중 2억 원이 먼저 1순위 저당권자인 甲에게 배당되어야 하고 나머지 2억 5천은 2순위 저당권자인 乙은행에게 배당되어야 한다.

만약, 대법원의 소수의견을 따른다면 1순위 근저당권은 저당권의 부종성에 위배되어 무효이므로 2순위 근저당권자인 乙은행이 1순위 근저당권자가 되어 원금 4억 원과 이자를 먼저 배당받게 된다.

제5장 대표판례

대법원 2002. 10. 25. 선고 2000다63110 판결 【건물명도】

[사 례]

乙은 제주시 아라동 270-7 지상에 지하 1층, 지상 7층의 주상복합건물을 신축하면서 위 건물 중 주택 부분인 7층의 옥상 부분에 무허가로 최상층과 같은 면적으로 증축하였다. A는 1992. 11.경 乙에 대한 대여금 채권을 담보하기 위하여 위 건물 7층 부분에 대하여 근저당권설정등기를 경료받았고, 1994. 1. 24.경 위 근저당권에 기하여 위 건물 7층 부분에 대하여 부동산임의경매를 신청하여 그 경매절차에서 위 건물 7층 부분을 낙찰받아 같은 해 6. 16. A 명의로 소유권이전등기를 경료하였는데, 증축된 부분이 경매 목적물로 평가되지는 않았다. A가 1995. 8. 2. 사망하자 그의 처인 甲이 협의분할에 의하여 위 건물 7층 부분을 단독으로 상속받아 소유권이전등기를 경료하였다. 증축된 건물은 상·하층 복층 구조로서 상층은 독립된 외부 통로가 없이 하층 내부에 설치된 계단을 통해서만 출입이 가능하고, 별도의 주방시설도 없이 방과 거실로만 이루어져 있으며, 위와 같은 사정으로 상·하층 전체가 단일한 목적물로 임대되어 사용되던 중, 乙은 A가 위 7층 부분을 낙찰받은 이후인 1994. 6.경 건물의 상층 부분의 출입을 위해 사용하던 그 하층 내부 계단설치 부분을 임의로 막고, 무단으로 이 사건 건물 외벽 쪽으로 철제통로 및 상층 부분의 독립된 출입문을 축조하여 증축된 부분을 점유하고 있다. 이에 甲은 乙을 상대로 건물인도 청구를 제기하고자 한다. 승소가능성을 검토하시오.

〈사례 해결〉

Ⅰ. 쟁점의 정리

1. 저당권의 효력이 미치는 목적물의 범위
2. 증축 부분이 기존건물에 부합되는지 여부에 대한 판단 기준
3. 경락인이 증축 부분의 소유권을 취득하는지 여부

Ⅱ. 저당권의 효력이 미치는 범위

1. 민법 제358조

저당권의 효력은 저당부동산에 '부합된 물건'과 '종물'에 미친다. 그러나 법률에 특별한 규정 또는 설정행위에 다른 약정이 있으면 그러하지 아니하다.

2. 부합과 부속의 구분

부합물에서의 부합은 어떤 물건에 다른 물건이 결합되어 '독립성이 상실'된 상태를 의미하며, 부속물에서의 부속은 어떤 물건에 다른 물건이 결합되었지만, 그 다른 물건이 '독립한 물건'으로서의 존재를 갖는 상태를 의미한다. 즉 독립성이 있다는 것이 전제된 것이다.

3. 증축 부분이 기존건물에 부합되는지 여부에 대한 판단 기준

건물이 증축된 경우에 증축 부분이 기존건물에 부합된 것으로 볼 것인가 아닌가 하는 점은 증축 부분이 기존건물에 부착된 물리적 구조뿐만 아니라, 그 용도와 기능의 면에서 기존건물과 독립한 경제적 효용을 가지고 거래상 별개의 소유권 객체가 될 수 있는지의 여부 및 증축하여 이를 소유하는 자의 의사 등을 종합하여 판단하여야 한다.

4. 사안의 경우

지하 1층, 지상 7층의 주상복합건물을 신축하면서 불법으로 위 건물 중 주택 부분인 7층의 복층으로 같은 면적의 상층을 건축하였고, 그 상층은 독립된 외부 통로가 없이 하층 내부에 설치된 계단을 통해서만 출입이 가능하고, 별도의 주방시설도 없이 방과 거실로만 이루어져 있으며, 위와 같은 사정으로 상·하층 전체가 단일한 목적물로 임대되어 사용된 경우, 그 상층 부분은 하층에 부합되었다고 보아야 한다.

Ⅲ. 경락인이 증축 부분의 소유권을 취득하는지 여부

1. 문제점

기존건물에 부합된 증축 부분이 기존건물에 대한 경매절차에서 경매목적물로 평가되지 아니한 경우 경락인이 증축 부분의 소유권을 취득하는지 여부

2. 경매절차에서 부합물 등의 평가 및 공시 여부

1) 원칙

부합된 물건을 제외한 경매부동산의 가격만을 평가하여 이를 최저매각가격으로 정하였다면, 최저매각가격의 결정에 중대한 하자가 있는 때에 해당하여 직권에 의한 매각불허가사유가 되며[30], 현황조사의 대상인 토지·건물에 부합물이 될 수 있는 물건이 있고 그로 인하여 경매목적물의 감정평가에 중대한 영향을 미칠 것이라고 판단되는 경우에는 이를 현황조사보고서에 적어야 한다.[31] 민사집행법 제106조 제1호에 의한 매각기일의 공고를 함에 있어 등기부상의 표시와 실제 면적이나 구조 등이 상이한 때에는 등기부상의 표시뿐만 아니라 현황조사보고서 등의 내용에 의한 실제의 면적, 구조, 부가물 등도 표시하여야 한다.

2) 감정평가를 누락한 채 진행한 경매의 효과

경매목적물로 평가하지 아니한 채 경매를 진행한 경우 이는 매각허가결정에 대한 이의나 항고사유가 되는 것이지만,[32] 경매목적물을 낙찰받은 매수인은 부합물을 함께 취득하므로, 매수인이 부합물을 취득한 것을 두고 법률상 원인 없이 이득을 얻은 것이라고 할 수 없다.

3. 사안의 경우

건물의 증축 부분이 기존건물에 부합하여 기존건물과 분리하여서는 별개의 독립물로서의 효용

---

30) 대법원 2000. 10. 28.자 2000마5527 결정.
31) 부동산 경매·입찰 절차에서 현황조사 시 유의사항(송·민 97-8) 개정 2002. 6. 26. 송무예규 제866-10호.
32) 대법원 2001. 9. 3. 선고 97다10314 판결.

을 갖지 못하는 이상 기존건물에 대한 근저당권은 민법 제358조에 의하여 부합된 증축 부분에도 효력이 미치는 것이므로 기존건물에 대한 경매절차에서 경매목적물로 평가되지 아니하였다고 할지라도 경락인은 부합된 증축 부분의 소유권을 취득한다.

Ⅳ. 결론

사안의 경우 증축된 8층이 부합되는 7층 부분과 같은 면적인 데다가 상한한 경제적 가치가 있다는 점 및 복층으로 사용되던 7층 부분과 8층 부분에 대한 분리공사가 진행되어 현재는 다소간 독립성을 갖추고 있는 듯 보이지만, 부합의 기준으로 판단해 보면 그 분리에 상당한 비용이 소요되는 물리적 구조, 용도와 기능적이 면에서 독립한 주거로서의 효용이 없고, 갑은 신축 시부터 7층과 8층을 분리하지 않았으므로 8층 부분은 7층에 부합된 건물로 보는 것이 타당하다. 따라서 甲은 증축된 부분의 소유권도 함께 취득하며, 乙에게 점유할 권원이 있다는 사정이 없으므로 건물인도청구는 인용될 것이다.

제6장 대표판례

대법원 2003. 12. 18. 선고 98다43601 전원합의체 판결 【건물철거등】

[사 례]

乙은 1989. 2. 11. 토지 및 그 지상에 건설된 단층주택('구 건물')을 丁에게 공동담보로 제공하고, 10억 원을 대출 받았다. 그리고 乙은 위 단층주택을 철거하고, 새로운 건물을 신축하고자 하는 의도로 1991. 9. 30.경 신축건물에 관하여 乙의 명의로 준공검사를 받아 준공하고, 향후 乙이 신축건물에 대하여 소유권보존등기를 필한 후 융자금 1억 원을 받아 건설업자인 丙에게 도급 공사비용을 지급하기로 하는 내용으로, 건설업자인 丙과 단층주택의 철거 및 새로운 건물의 신축에 관한 도급계약을 체결하였다. 이에 丙은 1991. 10.경 乙과의 계약 내용대로 위 단층주택을 철거하고, 새로운 3층 주택의 신축공사('신 건물')를 시행하여 1992. 3.경 완공하였다. 한편, 담보권자인 丁은 乙에게 설정 받은 담보권에 기하여 1991. 12. 5.경 위 토지 및 단층주택에 대하여 경매를 신청하여, 임의경매절차가 개시되었지만, 이 절차 과정에서 건축업자가 丙이 단층주택을 철거하는 탓에 단층주택에 대한 경매절차 부분은 취소되었고, 나머지 토지 부분만이 경매절차가 속행되어 1992. 4. 23. 甲에게 매각되었다. 이에 토지 소유권자인 甲은 현재 건물을 공동 점유하고 있는 乙과 丙을 상대로 위 신축건물의 철거 및 토지 인도청구를 제기하였는데, 이러한 甲의 청구에 대해 예측되는 소송결과를 판례의 입장을 토대로 서술하시오.

〈사례 해결〉

1. 甲의 乙에 대한 청구부분(乙에게 신 건물에 대한 법정지상권이 인정되는가?)

(1) 판례의 다수의견(소위 '전체가치고려설')

동일인의 소유에 속하는 토지 및 그 지상건물에 관하여 공동저당권이 설정된 후 그 지상건물이 철거되고 새로 건물이 신축된 경우에는, 저당물의 경매로 인하여 토지와 그 신축건물이 다른 소유자에 속하게 되더라도 그 신축건물을 위한 법정지상권은 성립하지 않는다고 해석함이 상당하다. 왜냐하면, 동일인의 소유에 속하는 토지 및 그 지상건물에 관하여 공동저당권이 설정된 경우에는, 처음부터 공동저당권자는 토지 및 건물 각각의 교환가치 전부를 담보로 취득한 것으로서, 저당권의 목적이 된 건물이 그대로 존속하는 이상은 건물을 위한 법정지상권이 성립해도 그로 인하여 토지의 교환가치에서 제외된 법정지상권의 가액상당가치는 법정지상권이 성립하는 건물의 교환가치에서 되찾을 수 있어 궁극적으로 토지에 관하여 아무런 제한이 없는 나대지로서의 교환가치 전체를 실현시킬 수 있다고 기대하지만, 건물이 철거된 후 신축된 건물에 토지와 동순위의 공동저당권이 설정되지 아니하였는데도 그 신축건물을 위한 법정지상권이 성립한다고 해석하게 되면, 공동저당권자가 법정지상권이 성립하는 신축건물의 교환가치를 취득할 수 없게 되는 결과 법정지상권의 가액상당가치를 되찾을 길이 막혀 위와 같이 당초 나대지로서의 토지의 교환가치 전체를 기대하여 담보를 취득한 공동저당권자에게 불측의 손해를 입게 하기 때문이다. 그리고 민법 제366조의 해석상 법정지상권이 성립하기 위하여 저당권설정당시 토지상에 건물이 존재하여야 하고, 따라서 나대지에 저당권설정 후 설정자가 그 지상에 건물을 신축 후 경매로 토지와 건물의 소유자가 달라진 경우에는 그 신축건물을 위한 법정지상권의 성립을 부정하는 것이 판례·통설인바, 이는 이러한 경우에도 건물보호라는 공익적 요청을 고려하여 법정지상권의 성립을 허용하면 당초 건물 없는 토지의 교환가치를 기대한 저당권자의 기대 내지 의사에 반하기 때문에 이러한 당사자의 의사를 고려한 것으로 볼 수 있고, 이를 미루어 보아 법정지상권제도가 당사자의 의사를 전혀 도외시한 채 건물보호라는 공익적 요청에 의한 것이라고만 할 수는 없다. 이러한 판례의 다수의견을 따른다면, 甲의 乙에 대한 청구는 인용된다.

(2) 판례의 반대의견(소위 '개별가치고려설')

민법 제366조가 법정지상권제도를 규정하는 근본적 취지는, 저당물의 경매로 인하여 토지와 그 지상건물이 다른 사람의 소유에 속하게 된 경우에 건물이 철거됨으로써 생길 수 있는 사회경제적 손실을 방지하려는 공익상 이유에 있는 것이지, 당사자 어느 한편의 이익을 보호하려는 데 있는 것이 아니다. 그런데 다수의견은 유독 저당권자가 그 설정 당시 가졌던 '기대'가 어떤 것이었느냐에 의하여 법정지상권의 성립 여부를 달리 판단하고 있으니, 우선 이 점에 있어서 법정지상권 성립요건의 객관성 및 강제성과 조화되기 어렵다. 그리고 공동저당권자가 당초 나대지로서의 토지의 교환가치 전체를 '기대'하면서 담보를 취득하였었다고 설명하는 견해는, 그 실질에 있어서 공동저당권자가 원래 토지에 관하여 파악하였던 담보가치를 무리하게 확장하는 것이라고 아니할 수 없다. 토지와 건물 양자에 대하여 공동으로 저당권이 설정된 경우, 원칙적으로 그 공동저당권자가 토지에 관하여 파악하는 담보가치는 법정지상권의 가치가 제외된 토지의 가치일 뿐이고, 건물에 관하여 파악하는 담보가치는 건물 자체의 가치 외에 건물의 존속에 필요한 법정지상권의 가치가 포함된 것이며, 법정지상권은 그 성질상 건물에 부수하는 권리에 불과하다. 따라서 구건물이 멸실되거나 철거됨으로써 건물저당권 자체가 소멸하면, 공동저당권자는 건물 자체의 담보가치는 물론 건물저당권을 통하여 파악하였던 법정지상권의 담보가치도 잃게 되고, 이에 따라 토지소유자는 건물저당권의 영향에서 벗어나게 된다고 보는 것이 논리적으로 합당하다. 그러므로 본사건의 신 건물을 위한 법정지상권이 성립하며, 다만 그 내용이 구 건물을 기준으로 그 이용에 일반적으로 필요한 범위로 제한됨으로써 공동저당권자가 원래 토지에 관하여 파악하였던 담보가치, 즉 구 건물을 위한 법정지상권 가치를 제외한 토지의 담보가치가 그대로 유지된다고 보는 것이 옳다. 이러한 견해에 의하면 乙은 甲의 토지 소유권에 기한 건물 철거 및 토지인도 청구에 대하여, 구 건물이 점유했던 대지 부분에 관하여는 법정지상권의 성립을 이유로 대항할 수 있어, 甲의 청구는 이유 없다(단, 신축건물의 대지 점유 면적이 구 건물에 비하여 넓다면, 갑의 청구는 구 건물의 대지 점유부분 외의 부분에 한하여 일부 인용될 수 있을 것이다).

2. 甲의 丙에 대한 청구부분

일반적으로 자기의 노력과 재료를 들여 건물을 건축한 사람이 그 건물의 소유권을 원시취득하는 것이지만, 도급계약에 있어서는 수급인이 자기의 노력과 재료를 들여 건물을 완성하더라도 도급인과 수급인 사이에 도급인 명의로 건축허가를 받아 소유권보존등기를 하기로 하는 등 완성된 건물의 소유권을 도급인에게 귀속시키기로 합의한 것으로 보일 경우에는 그 건물의 소유권은 도급인에게 원시적으로 귀속된다(대법원 1990. 4. 24. 선고 89다카18884 판결; 1992. 3. 27. 선고 91다34790 판결 등 참조). 따라서 본 신 건물에 대한 소유권자는 丙이 아닌, 乙이라 할 것이어서 甲의 丙에 대한 청구부분은 이유 없다.

제7장 대표판례

대법원 2005. 6. 23. 선고 2004다29279 판결 【배당이의】

> **[사 례]**
>
> 甲은 乙에 대하여 5,000만 원의 차용금채무를 부담하고 있으며, 그 변제기가 2008. 10. 30.이다. 甲의 친구 丙은 甲의 부탁으로 乙의 대여금 채권을 피담보채권으로 하여 자신의 부동산에 저당권을 설정해 주었다. 그 후 乙은 2008. 7. 5. 丁에게 위 대여금채권을 양도하고 저당권도 이전하여 주었다. 그런데 채권양도 사실을 알지 못했던 甲이 위 차용금채무의 변제기인 2008. 10. 30. 乙에게 채무 전액인 5,000만 원을 변제하여 주었다. 그 후 丁이 2008. 11. 5. 甲에게 채권양도 사실을 알리면서 채권양도에 대한 승낙을 요구하였고, 甲은 승낙의 의미를 알지 못한 나머지 아무런 이의를 유보하지 아니한 채 丁에게 채권양도에 대한 승낙을 하여 주었다. 丁이 甲에게 수차례 변제를 요구하였으나 거절당하자 丁은 丙의 부동산에 대한 저당권을 실행하고자 한다. 가능한가? 만약 丁이 저당권이전의 부기등기를 경료하였다면 저당권을 실행할 수 있는가? 또 그 전에 甲(혹은 丙)이 丁이 채권양수의 대항요건을 갖추지 않았음을 이유로 이의신청 하여 경매절차가 실효되었다면 어떠한가?

〈사례 해결〉

피담보채권을 저당권과 함께 양수한 자는 저당권이전의 부기등기를 마치고 저당권실행의 요건을 갖추고 있는 한 채권양도의 대항요건을 갖추고 있지 아니하더라도 경매신청을 할 수 있으며, 채무자는 경매절차의 이해관계인으로서 채권양도의 대항요건을 갖추지 못하였다는 사유를 들어 경매개시결정에 대한 이의나 즉시항고절차에서 다툴 수 있고, 이 경우는 신청채권자가 대항요건을 갖추었다는 사실을 증명하여야 할 것이나, 이러한 절차를 통하여 채권 및 근저당권의 양수인의 신청에 의하여 개시된 경매절차가 실효되지 아니한 이상 그 경매절차는 적법한 것이고, 또한 그 경매신청인은 양수채권의 변제를 받을 수도 있다.

1. 사실관계

가. 근저당권의 설정

전수학(1997. 3. 9. 사망하여 전익정이 재산상속)은 ① 쌍용캐피탈과 소외 강신열 사이의 1996. 9. 19.자 자기 소유의 이 사건 부동산에 관하여 채권최고액 56억 원, 채무자 강신열, 근저당권자 쌍용캐피탈로 된 1순위 근저당권을 설정하였고, ② 쌍용캐피탈과 자신 사이의 1996. 5. 29.자 대출한도액 50억 원의 제2팩토링거래 약정에 기한 자신의 채무를 담보하기 위해 1997. 1. 28. 이 사건 부동산에 관하여 채권최고액 71억 원, 채무자 전수학, 근저당권자 쌍용캐피탈로 된 2순위 근저당권을 설정하였으며(제1, 2팩토링거래 약정을 합하여 이 사건 각 팩토링거래 약정이라 하고, 위 1순위 및 2순위 근저당권을 합하여 이 사건 각 '근저당권'이라 한다), ③ 또 전수학은 1997. 2. 4. 피고로부터 88억 원을 이율 연 14.5%(연체이율 연 19.5%), 변제기 2000. 2. 4.로 정하여 대출받으면서 그 대출금 채무를 담보하기 위해 1997. 1. 28. 이 사건 부동산에 관하여 채권최고액 123억 2,000만 원, 채무자 전수학, 채권자 피고로 된 3순위 근저당권을 설정하였다.

나. 제1경매의 실행

쌍용캐피탈은 이 사건 각 팩토링거래 약정에 기하여 강신열에게 40억 원, 전수학에게 4,138,267,040원을 각 대출하였다가 강신열에 대한 대출원금 중 3억 8천만 원을 변제받았을 뿐 나머지 대출원금과 그에 대한 지연손해금 등을 변제받지 못하자, 서울동부지방법원에 임의경매(2001타경11578호)를 신청하여 이 사건 제1경매개지결정이 되었는데, 경매신청서에 신청금액을 '금 11,500,000,000원'으로 기재하였다.

다. 원고의 채권양수

쌍용캐피탈은 제1경매 절차가 진행 중이던 2002. 3. 15. 원고에게 전수학과 강신열에 대한 이 사건 각 근저당권부 대출원리금 채권을 대금 65억 원에 양도하고 2002. 3. 15. 원고 앞으로 이 사건 각 근저당권의 이전등기를 경료한 후, 2002. 3. 22. 경매법원에 채권양도통지서를 제출하는 한편, 2002. 3. 21. 경부터 2002. 7. 30. 경까지 전수학의 재산상속인인 전익정과 강신열에 대해 각 5회에 걸쳐 채권양도통지서를 내용증명우편으로 발송하였는데(그중 각 2회는 원고가 쌍용캐피탈을 대리하여 발송), 전익정과 강신열에 대한 위 각 채권양도통지서는 '수취인 부재' 등의 사유로 모두 반송되었다.

라. 원고의 계산서 제출

원고는 2002. 4. 2. 경매법원에 원고가 쌍용캐피탈로부터 전수학과 강신열에 대한 위 각 대출원리금 채권 및 이 사건 각 근저당권을 모두 양수하였다는 취지의 권리신고서와 쌍용캐피탈이 2002. 3. 22. 경매법원에 제출한 채권양도통지서와 동일한 내용의 채권계산서(양도일 기준 원리금 합계 15,907,488,618원)를 각 제출하였다.

마. 원고의 제2경매신청

원고는 2002. 6. 11. 이 사건 각 부동산에 대하여 제1경매 신청금액 115억 원과 이 사건 각 근저당권의 채권최고액 합계 127억 원의 차액인 12억 원을 추가 청구금액으로 서울동부지방법원에 이중경매(2002타경6245호)를 신청하여 경매개시결정이 되었다('제2경매'라고 한다).

바. 낙찰 및 대금납입

이 사건 각 부동산은 디앤드와이건설 주식회사에 2002. 6. 17. 대금 135억 5,000만 원에 낙찰되었고, 위 회사는 낙찰대금을 완납하였다.

사. 배당 및 이의

경매법원은 2003. 2. 14. 배당기일을 열어 배당할 금액 13,594,947,036원에서 집행비용을 공제한 나머지 금액 13,407,462,432원에 관하여, 1순위로 송파구청에게 282,851,440원, 2순위로 원고에게 115억원, 3순위로 피고에게 1,624,610,992원을 각 배당하는 내용의 배당표를 작성하였고, 원고는 위 배당기일에 출석하여 피고에 대한 배당금액에 관하여 이의를 진술하였다.

2. 재판의 경과

가. 원고의 주장: 이중경매 신청 주장

원고가 이중경매 신청 전에는 채권양도의 대항요건을 갖추지 못하였다 하더라도 채권양도통지는 채권양도의 효력발생요건이 아니고 채무자에 대한 대항요건에 불과한 것이므로, 이중경매 신청 후에 ① 경매법원이 원고의 이중경매 신처사실을 전익정과 강신열에게 통지하였고, ② 전익정과 강신열에 대한 채권양도통지가 공시송달의 방법으로 이루어진 이상 이로 인하여 채권양도통지의 흠결이라는 하자는 보정되거나 치유되어 원고의 이중경매 신청이 적법하게 되었으므로 그 이중경매 신청서에 기재된 추가 청구금액 12억 원에 해당하는 금액은 원고에게 배당되어야 한다.

나. 원심의 판단: 원고 청구기각

원고의 이중경매 신청 후에 채권양도의 통지가 공시송달의 방법으로 실행되었다 하더라도 채권양도통지의 효력은 그 공시송달에 의한 송달의 효력이 생겼을 때 발생하였다고 보아야 할 것이고 그 통지의 효력이 채권양도가 이루어진 때나 이중경매 신청 당시로 소급한다고 볼 수 없다(더구나 청구금액을 추가한 이중경매의 신청에 의해 그 추가 청구금액에 대해 배당을 받을 수 있으려면 적법한 이중경매 신청이 낙찰기일까지 있어야 하는데, 이 사건의 경우에는 전익정 등에 대한 채권양도통지의 공시송달의 효력이 발생한 때 원고의 이중경매 신청이 적법하게 되었다고 하더라도 이때는 이미 낙찰기일이 지나간 후이므로 원고는 추가 청구금액 12억 원에 대하여 배당을 받을 수 있는 지위에 있지 아니하다). 따라서 원고의 이 사건 이중경매 신청은 신청권한 있는 자에 의해 낙찰기일까지 제기된 적법한 신청이라 할 수 없다.

다. 상고이유의 요지

경매신청 당시 누락된 피담보채권액은 배당요구의 종기까지 이중경매를 신청하여 구제를 받을 수 있고, 여기서 말하는 경매신청이란 신청서 접수를 의미하므로, 경매신청 당시 누락된 피담보채권액에 대하여 이중경매신청서를 배당요구의 종기까지 접수한 경우에는 그 이중경매신청에 요건의 흠결이 있다 할지라도 그 신청이 각하되거나 기각되지 않는 한 이중경매신청서에 기재된 청구금액에 대하여는 배당을 실시하여야 한다.

또 경매신청에 요건의 흠결이 있다 할지라도 그 경매신청이 각하되거나 기각되지 않고 있는 사이에 그 흠결이 보정된 경우에는 그 경매신청은 유효한 것이므로 이 사건 이중경매신청 당시 이중경매신청의 원인이 된 피담보채권에 대하여 양도의 대항요건을 갖추지 못한 하자가 있었다 할지라도 그 후 그 흠결이 보정되어 하자가 치유된 이상 위 이중경매신청 자체가 부적법하다고는 볼 수 없다.

제8장 대표판례

대법원 1994. 5. 10. 선고 93다25417 판결 【근저당권설정등기말소】

[사 례]

　甲은 乙에게 10억 원을 대여하면서 채무자인 乙 소유부동산(A) 및 채무자 乙의 부탁을 받은 물상보증인인 丙, 丁, 戊 소유의 부동산(각각 B, C, D)에 대하여 1번의 공동근저당권 설정등기를 마쳤다. 한편 X는 위 공동근저당권 설정등기가 있은 후에 丙에 대하여 3억을 대여하면서 채무자인 丙 소유부동산(B) 및 물상보증인 丁 소유의 부동산(C)에 대하여 2번의 공동근저당권설정등기를 마쳤다. 그 후 채무자 乙이 위 대출금 상환을 연체하자, 공동근저당권자인 갑이 공동담보물인 A, B, C, D에 대하여 따로 따로 임의경매신청을 하는 바람에, 각 그 경매절차가 별도로 진행된 결과 A, B, C 부동산에 대한 경매절차가 먼저 종료되어 각 그 배당절차에서 피담보채권을 전부 변제받자 D부동산에 대한 경매는 취하하였다. 위 각 부동산에 대한 경매절차가 동시에 이루어지지 아니하고 이시에 이루어짐에 따라 후순위근저당권자인 X는 B, C부동산에 대한 경매절차에서 전혀 배당을 받지 못하였다. 위와 같은 사실을 전제로 아래의 문제에 답하시오.

　(1) 戊는 D부동산에 대한 피담보채권은 전부 소멸되었으므로 그 근저당권설정등기들은 모두 원인무효로서 말소되어야 한다고 주장하고 있는데 이 주장이 타당한지 검토하시오.

　(2) 공동저당에 있어서 후순위저당권자의 대위와 물상보증인의 변제자대위가 충돌하는 경우, 어느 쪽이 우선되는지 검토하시오.

　(3) X에게 인정되는 사법상의 구제수단에 대해 설명하시오.

〈사실 관계〉

1. 근저당권 설정등기 현황

　① 피고은행은 소외 코리아임펙스 트레이딩 주식회사(이하 소외회사라 한다)에게 금 1,218,

979,822원을 대여하면서, 채무자인 소외회사 소유의 원심판결 별지목록 제3기재 부동산 및 각각 물상보증인들인 원고, 소외 황세원, 같은 박준호, 같은 박준규 소유의 원심판결 별지목록 제1, 2, 4, 5기재 부동산(이하 이 사건 제1 내지 5부동산이라 한다)에 대하여 각 1, 2, 3번 공동근저당권설정등기를 경료하고, 그 후 추가로 위 박준규 소유의 이 사건 제5부동산에 대하여 5번근저당권설정등기까지 경료하였다.

② 소외 신용보증기금은 소외회사에게 금 7,022,460원을 대여하면서, 이 사건 제1 내지 제5부동산에 대하여 각 4번공동근저당권설정등기 경료하였다.

③ 피고보조참가인(이하 참가인이라 한다) 박상연은 위 박준호에게 금 3억 원을 대여하면서, 채무자인 위 박준호 소유의 이 사건 제4부동산 및 각각 물상보증인들인 황세원, 소외회사 소유의 이 사건 제2, 3부동산에 대하여 각 5번공동근저당권설정등기 경료하였다.

④ 참가인 주식회사 한국외환은행은 소외 태광상역 주식회사에게 금 291,695,643원을 대여하면서, 물상보증인인인 위 박준규 소유의 이 사건 제5부동산에 대하여 6번 근저당권설정등기 경료하였다.

	제1부동산 (물상보증인 원고 소유)	제2부동산 (물상보증인 황세원 소유)	제3부동산 (채무자 회사 소유)	제4부동산 (물상보증인 박준호 소유)	제5부동산 (물상보증인 박준규 소유)
1순위	피고서울신탁은행	피고서울신탁은행	피고서울신탁은행	피고서울신탁은행	피고서울신탁은행
2순위	피고서울신탁은행	피고서울신탁은행	피고서울신탁은행	피고서울신탁은행	피고서울신탁은행
3순위	피고서울신탁은행	피고서울신탁은행	피고서울신탁은행	피고서울신탁은행	피고서울신탁은행
4순위	소외신용보증기금	소외신용보증기금	소외신용보증기금	소외신용보증기금	소외신용보증기금
5순위		피고보조 박상연	피고보조 박상연	피고보조 박상연	피고서울신탁은행
6순위					참가인 외환은행

(2) 경매절차 실행

그 후 소외회사가 위 대출금 상환을 연체하자, 피고은행이 공동담보물인 이 사건 제1 내지 제5부동산에 대하여 따로 따로 임의경매신청을 하는 바람에, 각 그 경매절차가 별도로 진행된 결과 이 사건 제2 내지 제5부동산에 대한 경매절차가 먼저 종료되어 각 그 배당절차에서 피담보채권을 전부 변제받자, 이 사건 제1부동산에 대한 경매는 이를 취하하였다.

(3) 한편 위 신용보증기금은 이 사건 제5부동산에 대한 경매절차에서 그 피담보채권 전액을 변제받았으나, 위 각 부동산에 대한 경매절차가 동시에 이루어지지 아니하고 이시에 이루어짐에 따라 후순위근저당권자인 참가인 박상연은 이 사건 제2, 3, 4부동산에 대한 경매절차에서 전혀 배당을 받지 못하였고, 후순위근저당권자인 참가인 외환은행은 이 사건 제5부동산에 대한 경매절차에서 금 23,528,860원만을 배당받았다.

2. 당사자 주장

(1) 원고의 주장

원고의 이 사건 제1부동산에 대한 피담보채권은 전부 소멸되었으므로 그 근저당권설정등기들은 모두 원인무효로서 말소되어야 한다.

(2) 피고 및 참가인들의 주장

공동저당의 목적물 중 물상보증인 소유의 부동산이 있는 경우에도 민법 제368조 제2항은 적용되어야 하므로 먼저 이 사건 제2 내지 5부동산의 후순위저당권자인 참가인들은 동시배당이 되었더라면 피고가 이 사건 제1부동산의 경매대가에서 배당받을 수 있었던 금액 범위 내에서 선순위저당권자인 피고를 대위하여 근저당권을 행사할 수 있고, 그 범위 내에서 피고의 이 사건 제1부동산에 대한 1, 2, 3번 근저당권은 차순위저당권자인 참가인들에게 이전되었으므로, 원고는 근저당권이전의 기초가 되는 피고의 각 근저당권설정등기의 말소를 구할 수 없다.

3. 판결요지

(1) 공동저당의 목적인 채무자 소유의 부동산과 물상보증인 소유의 부동산에 각각 채권자를 달리하는 후순위저당권이 설정되어 있는 경우, 물상보증인 소유의 부동산에 대하여 먼저 경매가 이루어져 그 경매대금의 교부에 의하여 1번 저당권자가 변제를 받은 때에는 물상보증인은 채무자에 대하여 구상권을 취득함과 동시에, 민법 제481조, 제482조의 규정에 의한 변제자대위에 의하여 채무자 소유의 부동산에 대한 1번 저당권을 취득하고, 이러한 경우 물상보증인 소유의 부동산에 대한 후순위저당권자는 물상보증인에게 이전한 1번 저당권으로부터 우선하여 변제를 받을 수 있으며, 물상보증인이 수인인 경우에도 마찬가지라 할 것이므로(이 경우 물상보증인들 사이의 변제

자대위의 관계는 민법 제482조 제2항 제4호, 제3호에 의하여 규율될 것이다), 자기 소유의 부동산이 먼저 경매되어 1번 저당권자에게 대위변제를 한 물상보증인은 1번 저당권을 대위취득하고, 그 물상보증인 소유의 부동산의 후순위저당권자는 1번 저당권에 대하여 물상대위를 할 수 있다.

  (2) 물상보증인이 대위취득한 선순위저당권설정등기에 대하여는 말소등기가 경료될 것이 아니라 물상보증인 앞으로 대위에 의한 저당권이전의 부기등기가 경료되어야 할 성질의 것이며, 따라서 아직 경매되지 아니한 공동저당물의 소유자로서는 1번 저당권자에 대한 피담보채무가 소멸하였다는 사정만으로는 말소등기를 청구할 수 없다.

제9장 대표판례

대법원 1996. 3. 8. 선고 95다36596 판결 【근저당권설정등기말소등】

> ─ **[사 례]** ─
>
> 乙은 甲과 사이에 2000. 1. 1. 거래한도액을 5억 원으로 하는 어음거래 약정(결산기 미정)을 체결하였다. 그리고 丙은 乙의 甲에 대한 위 어음거래 약정에 기한 채무를 연대보증함과 동시에 그 소유의 Y토지를 담보로 제공하여 甲 앞으로 채권최고액을 7억 원으로 한 근저당권설정등기(1번 저당권)와 지상권설정등기를 각 경료하였다. 이후 2000. 3. 1.에 乙은 자신의 X부동산을 담보로 제공함에 있어 甲과의 2000. 1. 1.일자 어음거래약정으로 인한 채무를 담보하기 위하여 X토지를 공동담보로 추가하는 내용의 채권최고액 7억 원의 1번 근저당권설정등기를 경료하고, 이어 채권최고액 20억 원의 2번 근저당권설정등기와 지상권설정등기를 경료하였다. 2000. 5. 1. 甲에 대한 乙의 채무가 20억 원에 이르자 乙은 X토지에 관한 근저당권을 실행하여 17억 원을 배당받았다.

1) 丙의 물상보증인으로서 채무가 확정되었는가? 그렇다면 그 시기는?

채권자가 물상보증인 소유 토지와 공동담보로 주채무자 소유 토지에 1번 근저당권을 취득한 후 이와 별도로 주채무자 소유 토지에 2번 근저당권을 취득한 사안에서, 물상보증인에 대한 근저당권의 피담보채권의 발생 원인인 어음거래 약정이 그 결산기가 정하여져 있지 않고 물상보증인의 토지(Y)에 대하여 아직 경매신청이 되지 않았더라도, 먼저 주채무자의 토지(X)에 대하여 피담보채무의 불이행을 이유로 근저당권이 실행된 이상, 채권자와 물상보증인 사이의 근저당권 설정계약의 원인관계인 어음거래 약정에 기한 거래는 그로써 종료되고 그 경매 신청 시에 그 피담보채권이 확정된다.

2) 丙의 물상보증인으로서 채무의 범위는?

물상보증인은 채무자의 모든 채무를 위하여 아무런 제한 없이 자신의 부동산에 저당권을 성정해 준 것인가가 문제된다. 물상보증인은 채무 없이 '특정한 피담보채권'에 관하여 물적 보증의 의사로 책임만 지는 자이다. 즉 채무자소유의 부동산과 자신의 부동산에 관하여 공동저당권을 설정해 준 전제는 바로 특정한 피담보채권액을 보증해 주기 위한 것이라는 점을 유의할 필요성이 있다. 따라서 그 특정한 피담보채권액을 초과하여 채무자소유의 부동산이 경락된 경우에는 자신이 담보하는 피담보채권은 경락에 의하여 소멸하였다고 보아야 한다. 그 결과 물상보증인의 근저당권은 피담보채권의 소멸로 말소대상이 되는 것이다. 사안의 경우 甲이 丙소유 토지(Y)와 공동담보로 乙소유 토지(X)에 '1번 근저당권'을 취득한 후 乙소유 토지에 2번 근저당권을 취득하였는데, ① 甲은 X부동산의 근저당권 실행을 통해 17억을 배당 받았으므로, X와 Y가 공동담보하고 있는 1번 공동근저당권의 채권최고액인 7억 원(특정된 피담보채권액) 이상을 배당받게 되어 그 이상의 책임을 병에게 물을 수 없다. 또한 ②이 경우 변제자 대위의 법리를 비추어 볼 때 민법 제368조 제2항은 적용되지 않으므로 후순위(2번) 저당권자인 채권자는 물상보증인 소유 토지에 대하여 자신의 1번 근저당권을 대위행사 할 수 없고, 따라서 물상보증인의 근저당권설정등기는 그 피담보채무의 소멸로 인해 말소되어야 한다. 즉, 채무자소유의 부동산과 물상보증인 소유의 부동산에 공동저당권이 설정되어 있는 경우에, 채무자 소유의 부동산이 먼저 실행되어 공동저당권자가 우선변제를 받더라도 채무자 소유 부동산의 후순위저당권자는 물상보증인에게 동 규정에 의한 대위를 주장할 수 없다.

제10장 대표판례

대법원 1993. 4. 13. 선고 92다24950 판결 【건물철거】

─ [사 례] ─

　甲은 제주시 오라2동 3031-1(1,020㎡)의 대지를 소유하고 있다. A는 위 대지를 임차하여 그 지상에 3층 건물을 신축하고 자신의 명의로 소유권보존등기를 하였다. 그 후 A는 B로부터 금전을 차용하면서 위 건물에 대해 근저당권을 설정하였고 A가 변제기가 지나도록 채무를 이행하지 않자 B는 위 건물에 대하여 부동산임의경매를 신청하였으며 그 경매절차에서 乙이 낙찰받아 乙 명의로 소유권이전등기를 경료하고 사건대지를 부지로 사용하고 있었다. 이에 甲은 乙이 무단으로 대지를 점유하고 있다는 이유로 대지의 인도 및 건물의 철거를 구하는 소를 제기하였다. 승소 가능성이 있는가?

〈사례 해결〉

Ⅰ. 쟁점의 정리

　저당권의 효력이 미치는 목적물의 범위와 관련하여, 종물이론의 종된 권리에의 유추적용 여부, 임대인의 동의 없는 임차권 양도의 효력, 배신행위이론을 검토해 보고자 한다.

Ⅱ. 乙이 A의 토지임차권을 승계취득하는지 여부

1. 민법 제358조

　저당권의 효력은 저당부동산에 부합된 물건과 종물에 미친다. 그러나 법률에 특별한 규정 또는 설정행위에 다른 약정이 있으면 그러하지 아니하다.

2. 종물이론과 종된 권리에의 유추적용 여부

1) 종물이론의 원칙

저당권의 효력은 저당부동산의 종물에도 미친다.

2) 종된 권리도 종물에 준하여 취급될 것인지 여부

저당권의 효력이 저당부동산의 종된 권리에도 미치는지가 문제되나 제358조 본문을 유추적용하여 이를 긍정함에는 이설이 없다. 판례는 지상권에 기하여 건물을 소유하는 자가 그 건물 위에 저당권을 설정한 경우 저당권은 지상권에도 효력을 미치며,[33] 임차권의 경우에도 건물의 저당권의 효력이 미친다고 본다.[34]

3. 사안의 경우

A의 건물에 대한 근저당권의 효력은 대지임차권에도 미치며 乙은 A소유의 건물을 경락받음으로서 주된 권리인 건물이 소유권을 취득함과 동시에 종된 권리인 건물 소유를 위한 대지 임차권도 취득한다.

Ⅲ. 乙이 취득한 대지임차권으로 甲에게 대항할 수 있는지 여부

1. 문제점

乙은 A의 대지임차권을 취득하였는데, 이때 을이 A의 임차권으로 甲에게 대항할 수 있는지 문제된다. 왜냐하면 乙이 저당권의 실행을 통해 건물의 소유권뿐만 아니라 대지임차권까지 취득하였다면 제629조가 적용되어 토지의 임대인에 대한 관계에서는 그의 동의가 없는 한 경락인 乙이 그 임차권의 취득을 대항할 수 없는 것은 아닌지 문제되기 때문이다.

---

33) 대법원 1992. 7. 14. 선고 92다527 판결.
34) 대법원 1993. 4. 13. 선고 92다24950 판결.

2. 임대인의 동의 없는 임차권의 양도와 그 효력

1) 민법 제629조와 제622조 제1항과의 관계

민법 제629조에서는 임차인은 임대인의 동의 없이 그 권리를 양도하거나 전대하지 못하고(제1항), 임차인이 이에 위반한 때는 임대인은 계약을 해지할 수 있다(제2항)고 규정하고 있다. 제622조 제1항에서는 건물의 소유를 목적으로 한 토지임대차는 이를 등기하지 아니한 경우에도 임차인이 그 지상건물을 등기한 때에는 제삼자에 대하여 임대차의 효력이 생긴다고 하여 사안의 경우 충돌하고 있다.

2) 판례의 입장

제629조가 적용되어 토지의 임대인에 대한 관계에서는 甲의 동의가 없는 한 경락인인 乙이 그 임차권의 취득을 대항할 수 없다고 한다.[35]

3) 검토 및 사안의 경우

신뢰관계를 기초로 하는 임대차계약의 특성상 토지임대차관계에서 당사자의 변경이 생긴 경우에도 임대인에게 계약해지권을 주지 않는다면 임대인에게 가혹한 계약강제라 볼 수 있다. 경락에 의해 취득한 토지임차권을 종래와 동일하게 주장하기 위하여는 제629조에 의하여 임대인의 동의를 얻어야 함이 타당하다. 사안의 경우 제629조가 적용된다면 乙은 임차권의 취득을 甲에 대하여 대항할 수 없게 된다. 이때 배신행위이론을 적용할 수 있는지 검토해 보자.

3. 배신적 행위라고 인정할 수 없는 특별한 사정에 포함되는지 여부

1) 판례의 입장

판례의 입장을 설명하면 다음과 같다. 현행민법에 의하면, 임차인은 임대인의 동의 없이 그 권리를 양도하거나 전대하지 못하고(제629조 제1항), 임차인이 이에 위반한 때는 임대인은 계약을

---

[35] 대법원 1993. 4. 13. 선고 92다24950 판결.

해지할 수 있다(제629조 제2항). 이렇게 민법상 임대차계약은 당사자의 개인적 신뢰를 기초로 하는 계속적 법률관계이므로 임차인이 임대인의 승낙 없이 제3자에게 임치물을 사용·수익시키는 것은 임대인에게 임대차관계를 계속시키기 어려운 배신적 행위가 될 수 있는 것이기 때문에 임대인에게 일방적으로 임대차 관계를 종지시킬 수 있도록 하였다. 만약 임차인이 임대인으로부터 별도의 승낙을 얻은 바 없이 제3자에게 임치물을 사용·수익하도록 한 경우에 있어서도 임차인의 당해 행위가 임대인의 배신적 행위라고 인정할 수 없는 특별한 사정이 있는 경우에는 제629조에 의한 해지권이 발생하지 않는다. 그러나 배신행위가 아니라고 인정될 만한 특별한 사정의 존재에 관하여는 경락인이 양수인이 주장·증명하여야 한다.[36][37] 이렇게 판례는 임대인의 무단양도로 인한 임대차 계약의 해지의 효력을 제한하고 있다(배신행위이론).

2) 사안의 경우

건물을 목적물로 하는 저당권의 실행에 의하여 토지임차권을 취득한 경우는 임대인과 본래의 임차인 간의 신뢰를 파괴할 정도의 배신행위가 되지 않는 특별한 사정이라 할 것이고, 건물의 소유를 목적으로 하는 토지임차권의 양도에 임대인의 동의가 무의한 점을 볼 때 乙의 경우에도 배신행위이론을 적용하여 甲에게 임차권의 취득을 대항할 수 있을 것이다.

Ⅳ. 결론

저당권의 효력은 저당부동산에 부합된 물건과 종물에 미친다. 이는 종된 권리에도 유추적용되어 사안의 경우와 같이 건물에 대한 저당권이 실행된 경우 경락인은 건물소유권과 함께 토지의 임차권도 취득하게 된다. 그런데 신뢰관계를 기초로 하는 임대차 계약의 특성과 관련하여 민법 제629조에 의거, 사안의 경우 임대인의 동의 없는 양도에 준하여 임대인에게 해지권이 발생하는지에 대해 판례는 해지권이 발생한다고 보고 있다. 다만, 신뢰를 파괴할 정도의 배신행위가 되지 않는 특별한 사정이 있을 때에는 제629조에 의한 해지권이 발생하지 않는다. 사안의 경우 경락에 의해 건물소유권을 취득하고 토지임차권을 취득한 경우는 신뢰를 파괴할 정도의 배신행위가 되지 않는 특별한 사정에 포함된다고 보아 갑의 청구는 기각될 것이라 판단된다.

---

36) 대법원 1993. 4. 27. 선고 92다45308 판결.
37) 대법원 1993. 4. 13. 선고 92다24950 판결.

김성욱(金星煜, Kim Sungwook)

고려대학교 대학원 졸업(법학박사)
고려대학교 법학연구원 전임연구원
경찰대·고려대·서울시립대·한양대학교 등 강사
대한지적공사 법률자문위원
법무부 민법(재산법) 및 민사특별법 연구위원
현) 제주대학교 법학전문대학원 교수

『한국의 토지소유제도의 변천과정과 통일문제』
『법정채권관계』

「독일에 있어서 여행계약과 관련한 민법전 규정의 형성과정에 관한 연구」
「불법원인급여와 관련한 법적 쟁점」
「주택임대차제도의 개선방향에 관한 연구」
「주택임대차에 있어서 임차권등기명령 제도 및 대항요건 등과 관련한 법적 문제」
「주택임차인의 대항요건과 관련한 비교법적 고찰」
「일본 차지차가법의 시사점과 도입가능성에 관한 고찰」
「사이버 공간에서의 권리침해와 관련한 민사법적 고찰」
「가등기 담보의 규율범위 및 판단기준 등과 관련한 법적 문제」
「부동산물권변동의 공시와 관련한 고찰」
「부동산등기법 개정안에 관한 고찰」
「집합건물의 하자 및 등기와 관련한 법적 문제」
「공동주택의 하자와 관련한 민사책임」
「집합건물 분양자의 하자담보책임」
「재조선 미국 육군사령부 군정청 법령 제33호에 의한 소유권의 강제적 귀속」
「메이지시대의 소유권 사상에 관한 연구-독일 및 프랑스 민법의 영향을 중심으로-」
「현행 임야소유제도의 형성과정에 관한 연구」
「일제강점기 반민족행위자의 재산환수」
「북한의 토지임대법과 외국인세금법에 관한 연구」
「월북자와 월남자의 토지소유권 회복 문제」
「제조업자의 책임제한-미국 제조물책임법상의 오용(misuse)을 중심으로-」
외 다수

초판인쇄 | 2012년 1월 6일
초판발행 | 2012년 1월 6일

지 은 이 | 김성욱
펴 낸 이 | 채종준
펴 낸 곳 | 한국학술정보㈜
주   소 | 경기도 파주시 문발동 파주출판문화정보산업단지 513-5
전   화 | 031) 908-3181(대표)
팩   스 | 031) 908-3189
홈페이지 | http://ebook.kstudy.com
E-mail | 출판사업부 publish@kstudy.com
등   록 | 제일산-115호(2000. 6. 19)

ISBN   978-89-268-3022-2 93360 (Paper Book)
          978-89-268-3023-9 98360 (e-Book)